이제 들을 했다

기년(年)이 기년(年)이다

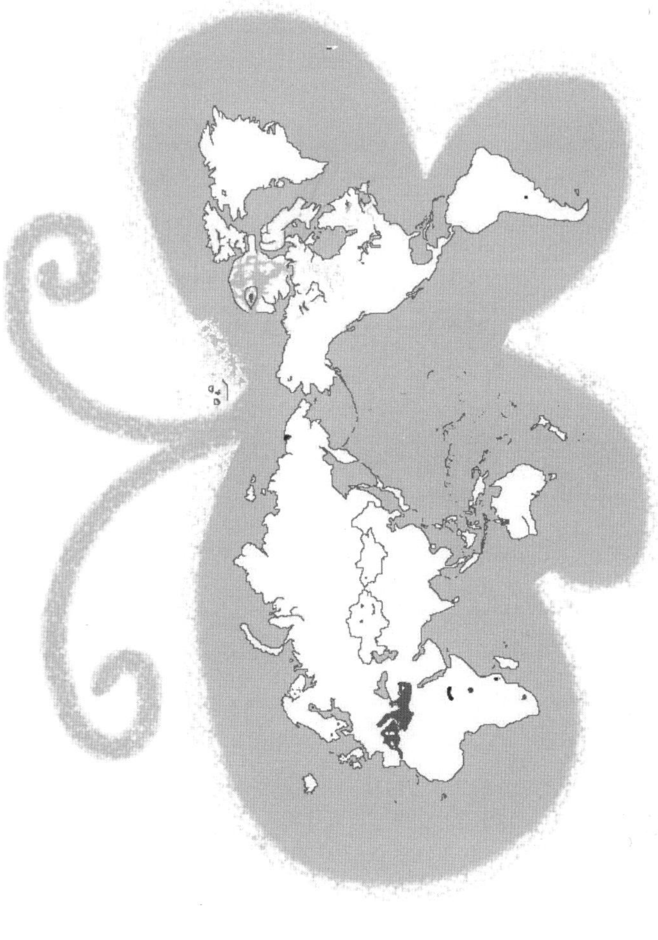

박허 흥(소)용

이제 돌아왔다 그 년(年)이 그 년(年)이다

초판 1쇄 인쇄 2017년 9월 19일
초판 1쇄 발행 2017년 9월 23일

지은이 백호 박선영
펴낸이 金泰奉
펴낸곳 한솜미디어
등 록 제5-213호

편 집 박창서 김수정
마케팅 김명준
홍 보 김태일

주 소 (우 05044) 서울시 광진구 아차산로 413(구의동 243-22)
전 화 (02)454-0492(代)
팩 스 (02)454-0493
이메일 hansom@hansom.co.kr
홈페이지 www.hansom.co.kr

ISBN 978-89-5959-478-8 (03810)

이제 돌아왔다

그 년(年)이 그 년(年)이다

하느님이 되엇다고

2014년 8월 11일 새벽한시

하느님이 강제로 깨운다
눈을 비비고 어기적어기적
하느님의 소리가 가슴으로 들려온다

너는 옥황상제의 딸로서 깨끗한 영을 가지고 세상에 나갓는데
이제는 하느님이 되엇다

그 소리와 함께 일어나 나 지나간 일기를 쓰기 시작이다

어릴 적 엄마에게 듣기를 태어나자마자 백일이 될 때까지 세상이 떠나가라
악을 악을 쓰고 울엇다고 늘 웃는 얼굴로 얘기 하신 게 생각난다

친척 한 분이 서울로 이사 온 우리집에 들리려 당들에서 오셧을 때도 집을
찾으러 다니다 아이 우는 소리가 하도 시끄럽게 들려 저 집 가서 좀 물어보자하고
들어갓는데 그 집이 우리 집이엇다고 어머니 웃으시며 여러 번 얘기 하셧다

무슨 이유로 악을 쓰며 세상에 왓음을 알리려 하는 걸까
아기 때는 전체를 본다 하는데 하늘에서 떨어진 것도 억울하고 다시 하늘로 돌아갈 수
없음이 억울하고 이승에서 임무가 막중함이 두려웟음을 인지하는 울음이 엇을까

세 살 때 일이 또렷이 생각난다
딱 한 가지 장면

잠을 잘 때 책을 베게 밑에 넣엇다
나 오빠 다섯 명인데 그중 막내오빠 국민학교 들어가기 위해
한글 깨우치게 하려고 어디선가 가지고 온 책
그 책을 베개 밑에 두고 자야 마음이 놓인다
글자 모양을 보면 입천장과 같은 모양이 되어 바로 글이 읽어졋다
누가 한글을 가르쳐 주지도 않앗는데 말 배움과 동시에 한글을 띠드라며
신기한 듯 신나한 듯 엄마는 말하셧다

막내 경식 오빠는 맨날 나가 노는 데도 다 읽는다

그런데 가족들은 내가 읽는 것에만 신기해한다
경식 오빠가 한글을 뗐는지 안 뗐는지 아무도 관심을
가질 필요가 없게 만들었을지도 모른다

너무 어려워 뜨박 뜨박 부르지 않고 아버이라 말끝을 흐려 부르는
아버이는 나 네 살 때부터 본격적으로 천자 책을 가르치시며 친척만 오면 그 분들
둘러앉고 나 또 목청 돋으며 천자 책 외운다 나도 자긍심이 하늘을 찔렀다
집안 가족들 나만 칭찬하고 이뻐하며 오빠가 시샘이라도 하면 오빠를 무조건 나무랐다

나 둘러앉은 식탁에서 오빠를 본다
오빠에게도 칭찬을 해주면 내 어깨가 펴질 텐데
인상 구겨져잇는 다섯 살 오빠를 보는 내 어깨도 쭈그러져잇다
내 마음에도 오빠에 대한 어른들의 생각이 들어와 잇는 건 아닐까

난 오빠와 단 둘이 남으면 두려운 마음이 들었다
둘이 남으면 오빠가 때릴 꺼라 생각햇다
마음을 열수가 없었다
숨 사~아악 죽이고 납작 엎드릴 수밖에

한 대도 안 맞다
희한하다
이번엔 분명히 오빠가 때릴 수 잇는 차례인데
오빠가 착한 얼굴로 더 잘해준다
내가 납작 엎드리길 잘 햇다고 생각햇다
늘 늘 늘 그리고 내가 잘낫다고 생각햇다

그 후 결혼을 하고 아이를 임신하고 잇을 때쯤
옆집 얼라 엄마 얘기를 들었다
자기는 오빠가 잇는데 부모님이 오빠만 이뻐하여 생겼던 분한
그 분한 마음을 털어낸다 깜짝 놀랏다
어 머 우리 오빠도 힘들 수 잇었겠구나
가족들이 오빠 앞에서 나만 예뻐한 것이 잘못이었다는 생각이 들었다

나는 그러지 말아야지
두 아이를 낳게 되고 각별히 신경 썼다
큰 아이 앞에서는 작은 아이를 쳐다보지도 않앗다
큰애 없을 때만 작은 딸아이 이뻐하고
큰 아이 잇을 때는 젖을 물릴 때도 다른 쪽을 보고 물리고
둘이 싸울 때도 절대로 아무편도 들지 않앗다
안방 문 뒤쪽에서 숨죽이고 싸우는 것을 재밋어라 훔쳐듣고 잇을 뿐이었다

나도 오빠랑 싸워 봣으면
그랫으면 좋앗을 걸
그러면 친해질 수 잇엇을 텐데
한 번도 싸워보지 못한 아쉬움과 답답함이 남아잇다
그럼에도 오빠와 행복햇던 기억들이 퇴 오른다
그런데 왜 오빠와의 기억부터 떠오르는 걸까

빨간 손줄까 파라 손줄까 하고 피 묻은 빨간 종이 파란 종이 슥 슥 나오는
똥뚠간에 오빠랑 둘이
오빠 앞에 나 뒤에 딱 붙어 걸쳐 앉아 오빠가 죽죽 찢은 종이를 얼기설기 쌓아놓고 성냥으로
불을 그어 아래쪽에 갓다 디밀면 어둠속에 발간 꽃이 피어나고 그러면 불꽃 향연에 온 가슴을
뺏긴 채 함께 똥을 싸던 기억

부모님 잃고 오빠와 둘이 지내게 되엇을 때
연탄도 떨어지고 이불 홑청도 없어지고
무진장 추운 밤에
등산용 버너를 방안으로 가지고 들어와
방을 따뜻이 덥혀 주려 햇던
오빠의 마음에 내 마음이 녹고 눈물이 그렁인다

아~ 우리 오빠 엄청 바보이다
생각나는 게 또 잇다
나 직장 다니고 오빠는 대학생이다
오빠가 시계를 사준다
나는 사달라고 한 적도 없고
칠칠치 못한 성격에 차고 다니다 잃어 버렷다
또 사준다 별 부담 없이 차고 다녓다
나중에 알고 보니 본인이 대학생활하기 위해 돈을 벌러 여기 저기 다니는데
시계가 무척 필요 햇다고 한다
그래서 힘들게 모은 돈으로 사준 시계라고
이제 또 힘들게 모아 본인 것 사려고 하고 잇는데
동생이 잃어 버렷다하니 또 동생 것을 산 것이다
한 번도 내색을 하지 않으니 난 전혀 몰랏다
돌아가신 남식오빠가 살아생전에 전해주기에 그래서 알앗다

이글을 쓰는 내 눈에 눈물이 하염없이 흘러내린다
마우스 패드위로 동그란 방울이 모인다
아프고 슬프고 뜨거운 진심의 눈물

이왕 하던 끝에 생각나는 멍청한 우리 오빠 얘기 실컷 하련다

생각이 난다는 것은 쓰라는 뜻이니까

그 옛날 생각에
두 팔을 잡고 머리를 지긋이 누른 채 의자에 기대어 숨을 고른다
서로 잘낫다고 튀어 오르는 지나간 시간들에게 순서를 정해야 주어야 하므로

제일 먼저 이놈이 튀어 오른다
중학교 시절 키는 멀대처럼 크고 이빨이 앞으로 삐드러진 친구와
교회 철야기도 갓다 온 그 신기한 얘기를 오빠에게 햇다
오빠 웃으면서

야 야 하느님도 밤에 잠 좀 자자 시끄러워서 잠도 못 자겟다

하느님 이 말이 제일 다급하게 전하고 싶으신가 보다
그 재미잇던 많은 생각이 다 사라지고 이 말에 멈추어 잇다

형제 중 칭찬이 편중 되면 다른 형제가 당연히 시샘하고 화가 나지
왜 그 점을 인지하지 못하셧을까
나는 사람들에게 꼭 이 점을 알려 주고 싶다
절대 자녀를 키울 때 편애하면 안 된다고
차라리 먼 산보고 잇으라고
나는 내 자식들 편애 없이 키웟더니
지금 둘이 얼마나 사이좋은 오누이 인지 밀어주고 당겨주고
서로 서로 걱정하고 극장도 같이 가고
책도 사러 같이 가고

우리 아이들은
액받이가 되어버린 엄마와 외삼촌의 관계
그 관계에 대해서 그 심정을 알기나 할까
지 둘이 잘 낫다고
지들이 잘 조화롭게 커서 그렇다고
거만이나 떨어대지

1988년 9월 4일 아들이 태어낫다
옆집에 두 살 터울 형이 잇다
우리아들 두 살 될 시 그 아이 네 살이라
네 살 되니 남성 됏다 주먹을 쓰기 시작이다

나는 고개를 돌렷다

가슴이 아프다
그러나 참자

우리 집에 놀러온 저 아이 상처받을라
내 아이 약해질라
때리거나 말거나
그냥 개입하지 말구 참아보자
나는 계속 계속 꾹꾹 참앗다

우리 아이 여섯 살 되니 놀라운 일 벌어졋다
방에 누워잇는데
툇마루에 걸쳐 앉아 하는 소리가 들린다
우리아이 여섯 살이 되엇구 그 아이 여덟 살 형이 되엇다
우리 아이 설교 시작이다

형이 그때 그때 그랫구 그랫구
우리 집에 왓을 때 이랫구 이랫구
형네 집에 갓더니 책도 못 만지게 햇구 저랫구 저랫구
두 시간이나 설교를 늘어놓는다

여섯 살 아이가 무어 그리 쌓인 게 많은지
방안에서 다 들린다
얼마나 웃기던지
그래 둘 싸움에 내가 개입하지 않기를 잘햇어

지금 성인이 된 둘은 형제처럼 지낸다
서로 위로하구 위안 받구
그래 그래 내가 걔들 싸움에 개입하지 않기를
잘햇어 잘햇어 정말 잘햇어
사람들에게도 꼭 알려줘야지
아이들 싸움에는 절대로 고개를 돌려야 한다구

내가 하느님이 되엇다구
조물주도 아닌데
하느님의 틀린 소리 아닌 것 같던데
그런데 도대체 뭔 소린지
가을바람이 느껴지네
딸아 토요일 가을 옷 사러가자
엄마도 예쁜 옷 두벌 걸쳐보게
갑자기 몸이 침대에 붙엇다

어찌 된일이지
생활한복 입으라구 하시는 건가 슬프네
스마트 폰에 보라색 생활한복을 찾아 딸에게 보여줫다

보배야
이거 좀 봐줄래
엄마 이런 것 사 입어야 되나봐

딸이 보더니 쌀쌀 맞게 말한다

엄마 맘대로 해
엄마꺼니까 엄마가 알아서 해

몸이 침대에 붙어 떨어지지 않는다
노랑 분홍 예쁘기라도 하면 입을 텐데
그런 건 아무리 찾아도 없다
이상한 스님 같은 바지는 더더욱 싫구
이제서 겨우 어여쁜 옷 입기 시작 햇는데
딸은 출근 하구 거실 쇼파에 누워 잇는 아들이 개입한다

엄마 무슨 일이야
생활한복 입게

어 어떻게 아니

그렇지 뭐
보배가 저렇게 얘기하는 건 그 것밖에 없지
도대체 하느님 왜 그래
하느님이 원망스러워 어떤 땐 엄마만 편애하는 것 같애
하느님 나한테 오라구 해

내가 얘기햇다

너 웃긴다 건방진 소리한다
하느님이 오라면 오고 가라면 가는 분이니
너 왜 살지 왜 죽지 딱 이 한 가지 생각만 10년 동안 해 본적 잇니

나도 생각 많이 해
내가 하는 생각 똑같은 생각 6년째 하고 잇어

그래도 건방지다
오라면 오고 가라면 가는 분이라고
나이트클럽 10년씩 끌려 다녀 봣어

아들이 들어와 문 쪽에 앉앗다

엄마 무엇이 문제야

엄마가 너에게만 얘기할게
다른 사람에게 얘기하면 미쳣다고 할 거야
하느님이 영생을 한다고 하셔

영생 그게 뭐가 중요해
다 죽고 나만 살면 그게 뭐야

아들 이상하네~
어떻게 노상 나와 똑같은 생각을 할 수가 잇지
영생이라는 게 어딧어 라고 부정을 하는 게 아니라
이미 그럼을 안다는 듯이 얘기하다니

이것이 책으로 되어 나올지는 모르지만
어쨋든 하느님의 영이 나에게 내리셧고
그 일을 얘기 해주어야겟다
누구에게 인지는 모르지만

엄마 장사를 따라 다녓다
머리에 탐스럽구 복숭아를 이구
가가호호 집 앞을 걷기도 햇는데
엄마는 꼭 남의 집 앞 한문으로 된 문패를 읽으라 하신다

내가 어찌 읽겟는가
내 나이 일곱 살까지 천자 책 한권 띠기는 햇지만
전체를 외우기는 햇지만 단지 노래처럼 음만 외워댄건지 아는 글자 별로 없다
그런데 그 문패를 못 읽으면 엄마가 인상을 쓰신다
엄마가 나에게 인상 쓸 때는 딱 그때 뿐이엇다

난 정말 오줌싸개엿다
모든 이의 상상을 초월 할 정도로
수도도 하수도도 없는 집이라 이불빨래하기 아주 힘이 드셧을 텐데
내가 그렇게 이불에 오줌을 싸도 웃으셧구
옆집아이 소금 꾸러 간 날도 엄마는 몰래 이불을 널어 주셧구
일곱 살 무렵 내가 태어난 집 본평리 380번지에 찾아 간 날도 오줌을 쌋는데
그 날도 엄마는 웃으면서 이른 아침에 이불을 널으셧다
나는 미안한데 엄마는 야단을 안치신다

어릴 적부터 할머니가 밥 짓는 법을 알려주셔서
5학년 때부터는 본격적으로 밥 짓는 당번이엇다
6학년이 되어 친구들이랑 세상을 휘어잡을 듯 토의를 하구 몰려 다녓다
금남시장 금강제화 공장 근처에서 엄마를 만낫다
엄마 웃는 얼굴로 나를 보셧다
그날 저녁이 늦엇다
꼼짝없이 엄마께 꾸중을 들으리라 생각햇다
당황해하며 저녁에 밥을 지으면서 부엌에서 만난 엄마는 너무나 사랑스러운 듯
웃어 주신다 난 꾸지람 하지 않는 엄마가 더없이 좋지만 두려웁기도 하다

엄마젖을 만지며 잠이 드는 나를 품에 안구 자주 이렇게 얘기 하시곤 햇다
엄마는 나를 돌아가시기 몇 달 전까지 늘 팔베개로 재워주셧다
나 열네 살까지 베개가 없다

아들 둘이 나와 또 아들이려니 햇는데 딸이 태어나 처음엔 서운햇는데 。。。
애구 내게 딸이 잇어서 얼마나 고마운지 라는 말은 마음속에 품기만 한 채
내 귀엔 서운햇는데 이 말만 들어오구
그 서운햇는데라는 말을 내게 해주지 않을 수는 없엇을까 자꾸 생각하게 된다
아주 작은 개미 콧구멍만한 방에 경식오빠 아버이 엄마 나 이렇게 딱 붙어 자는데

오빠와 나는 늘 엄마젖을 만지고 잔다
경식오빠는 잠결에 가끔 엄마젖을 찾아 대느라 아버이 귀를 잡기고 자기도하고
코를 잡고 자기도하고 경식오빠는 아버이도 웃게 만드는 재주가 잇다

엄마 따뜻한 품속이긴 하지만 입에선 냄새가 심하게 낫고
난 한 번도 내색을 하지 안앗다
혹시라도 엄마가 마음 상할까봐
이제 돌이켜보니 엄마는 간암으로 돌아가셧는데
그 때문에 역한 냄새가 지독하게 올라왓엇던게다

나는 가끔 시장 배추더미에서 멀쩡한 배추 잎을 고르는 일을 하기도 한다
그러나 이정도 일은 아주 약과다 누구 눈치 볼 일도 아니고
엄마가 아프시던 어느 날은 어떤 나물과 마늘쫑을 시장에 가서 팔아 오라고 하셧다
쑥스러움에 눈물을 범벅으로 흘리며 엄청 싸게 팔앗고 그 돈으로는 오다가 배가
고파서 50원짜리 국수를 사먹엇다
엄마에게 엄청 꾸지람 들을 거라 생각햇다
그런데 엄마는 웃으시며 사랑스럽다는 듯 나를 대하신다

메추리알이 처음 나오던 시기이다
메추리알을 삶아서 길거리 노점상에게 넘기셧는데
그때 가장 엄마에게는 황금기 사업시즌 이신 것 같다
엄마의 표정이 밝아 지셧다
바쁜 울엄마 사장님 대신 내가 혼자서 메추리알 값을 수금하러 간다

금호동에서 청구동으로 넘어 가는 지름길 하얀 산언덕 땡볕
8월에도 난 결코 그늘로 걷지 않는다
땡땡 내리쬐는 뙤약볕 아래를 걷는 것은 아주 행복하다
이 세상 무엇과도 바꿀 수 없을 정도이다
대지에 녹아들어 하나 된 느낌 나 홀홀 뜨는 물방울이다

요즈음 나를 가장 슬퍼하는 일은 썬 크림이라는 거다
내가 왜 태양을 가리고 걸어야 하나
도대체 내가 무슨 죄를 지엇기에
그러네 죄를 지엇네 죄를 가장 많이 지은 세대이네 너무나
자연을 많이 훼손한 세대
가장 큰 발전을 이룬 만큼 너무나 많은 파괴를 강행햇다
이일을 어찌할 꼬 대개의 사람들은 발전된 서울이라 표현하지만
내 눈에는 전체가 회색으로 보일 뿐이다
어느 정도 시간이 지나면 모든 아파트는 부수고 새로 지어야 할 것 아닌가

서울의 탁한 공기 그리고 무표정한 얼굴들 가슴이 답답하고 숨을 쉴 수가 없다
나 어릴 적 분명히 한강에서 빨래를 본 적 있고 드물지만 서울에 우물도 있었으며
제비집도 있었고 시골길은 개울물을 손으로 받아 마시며 걸었었는데

가장 원시적인 게 가장 진취적이라고 보여진다

엄마에게 도움이 되는지 안 되는지는 모르지만
엄마의 장사를 따라 다니며 난 엄마의 길동무였다
이 얘기 저 얘기 다해주시다가 너는 이담에 교회를 다녀라
결혼은 늦게 해야 돼 라고 얘기하셨다 그 진내를 들려주시진 않았다
그 중에서도 외가댁 얘길 많이 해주신다

어느 날 엄마가 애구 친정에서 벌써 9년째 양념을 가져다 먹는구나
친정에서 가져다 먹으면 못산다고 하는데 휴~우 하면서 한숨을 쉬셨다
그 해에는 김장배추 농사가 안됐다고 무만 잔뜩 가져다가 김장 항아리를 가득 채웠다
마당 땅속에 묻혀서 사는 커다란 항아리는 겨울에는 김장항아리 여름에는 물 항아리가
되어 주면서 우리를 지켜주었는데 그 해에 항아리는 무로 만든 김치만 가득 채워졌고
그것이 외갓집에서 가져다먹은 마지막 김장이며 양념이기도 하다

외할아버지는 9대째 한의사라고 하셨다
외가댁 몇 대 할아버지께서는 발에 동상이 걸려가면서
천릿길을 걸어 다니며 한의사를 하셔서 재산을 많이 모으셨다 하셨다
그런데 외할아버지께서 불쌍한 사람들에게 계속 약을 공짜로 지어 주셔서
재산을 다 잃으셨다 하신다
엄마는 든든해하는 얼굴로 얘기해 주신다

외할아버지는 엄마에게 한글도 안 가르쳐 주셨다 한다
엄마의 고모가 시집가서 날마다 친정에 편지 쓰는 데 그게 싫으셔서 그랬다고 한다
큰외삼촌 공부 하다 밖으로 나가시면
엄마는 외삼촌 나간 빈방에 들어가
들려왔던 소리를 따라 글을 읽어 보고 읽어 보고하여 글을 깨우쳤다 하셨다

그러던 어느 날 외할아버지가 10년 후 전쟁이 날거라 예지하시고
강원도에서 사시다가 괴산으로 이사를 하거라고 얘기해 주셨다
충청북도 괴산군 불정면 외령리 사현마을
큰 길 앵천에서부터 추산리 쪽으로 들어가려면 10리
저쪽 길로 들어가려면 15리 마을은 한 열댓 채
마을이 깊숙하다 공산당이 쳐들어오지도 않았다한다
엄마는 전쟁이 났는지도 몰랐다고 하셨다

춤추는 점박이 나리꽃

정말이지 어릴 적 외갓집 갈라치면 무진장 걸어서 들어간다
버스 없다
차 먼지도 모른다 무진장 걷는다
외사촌 석자가 다니는 추산국민학교 옆으로 지나간다
하나밖에 없다하는 간판도 좌판대도 없는 과자 파는 집도 지나간다

어마어마하게 커다란 저수지가
내 안으로 와락 달겨들었다가 또 옆으로 돌아앉았다가 한다

오른쪽으로 흘러내리는 경사가 뻣뻣하고 우르락 부르락 흙이 붙어있는
길을 지나갈 때는 그 흙 틈으로 내려오는 물을 손으로 받아 마신다
뱀 알이 삼켜질지도 모른다고 위협한다
그래도 두 손으로 세 번 받아 마신다
방학 때마다 갔다 너무 행복했다

석자랑 개울에서 첨벙거리고 놀기 너무 재밋다
산으로 들로 산딸기다 뱀딸기다 하면서 돌아치다
똥을 싸댈 때면 석자가 손바닥 마냥 넓적하고 부드러운 잎사귀 한 두어 장 따서 준다

뒤꼍 장독대 위로 피어난 주황색 점박이 꽃마저 좋아서 춤을 춘다
겨울이면 뒤꼍 언덕은 또 환상이다
비료포대 올라가서 쌩쌩 거리며 비벼댄다

뒤꼍 한쪽 옆으론 실가랑 개울물이 흐르고
그 물길 옆에 땅속에서 물이 올라오는 펌프가 너무 신기하고 재미지다
스텐대야에 올라와 있는 여름 물은 쌀쌀맞기 그지없어 손이 시려울 정도이고
그러나 겨울에 쫒아온 펌프 물은 또 모락모락 김이 솟아 오른다
내 목젖 속까지도 신기해하니
올라가는 김을 보느라 눈이 핑글핑글 해지지 않을 수가 없다
또 물을 그 자리에 쏟으면 그냥 실개울 따라 내려간다
겨울이면 펌프에 뜨거운 물을 한바가지 넣고 물을 길어 올리는 모습은
또 얼마나 신기한지

황소보다도 더 큰 가마솥엔 뜨거운 물이 가득하다

따뜻한 물 한 바가지와 널찍한 스텐대야 내 손도 녹고 내 마음도 녹는다

아궁이 앞에 앉아서 가랑잎이며 잔가지 지필 때면 가슴이 콩닥콩닥하다
시뻘건 아궁이 속에서 빨갛게 커졌다가 작아졌다가
또 이리 저리 탁 탁 튀기며 날아다니면 내 온 영혼이 빨려 들어간다
그러다가 불이 큰 장작으로 옮겨진 뒤 작은 새빨간 보석으로 변하여
다리달린 놋그릇 화로 속으로 옮겨 앉아 방안까지 따라온다

심지달린 호롱불가에 옹기종기 시끌인다
새언니는 뜨개질에 한창이고
우리는 웃방 가득 모여앉아 화투로 뻥을 치며 목청을 세웠다
집이 떠나가라 떠들어도 일찍 자라는 등 꾸지람하는 이 하나 없다

짚으로 지어진 뾰 달린 삼각형 집에는 동치미 항아리가 박혀있다
석연언니가 꺼내서 한 조각씩 나눠준다 무구덩이 무도 꺼내다 깎아 준다
문간방에 방한가득 쌓여있는 고구마는 저녁이면

외할아버지는 방안에 앉으셔서 마당에서 들고 뛰는 나에게 웃음지고 장난 가득한
얼굴로 어떤 말을 건네셨다 난 어찌해야할지 몰라 주춤주춤 거렸다

친할아버지는 엄격하시기에 그러하다
친할아버지는 언제나 근엄하셨고 미소는 없으셨으며
진지 드실 때는 신장병을 앓고 계신지라 간장을 반듯이 먼저 한술 드신 후
진지를 드셨고 늘 나에게 다리 주무르라 하셨는데 멈추라는 말씀도 하지 않으셨다

외할아버지 마당에서 한 살 더 많은 외삼촌하고 실갱이를 살짝 했다
옥수수 몇 알을 서로 먹겠다고 짱 깨 뽀를 했는데 외삼촌이 분명 졌는데 이겼다며
더 먹겠다고 우긴다 나에게는 잊지 못할 일이다
나는 늘 오빠들에게서 양보만 받아왔기에 누구와 티격태격 해본 적이 없다
시골에 흔하디 흔한 옥수수를 왜 외삼촌이 나에게 양보를 안했을까
정말 이해하지 못했는데 멍충이 나 이제서 이해된다 그냥 짓궂은 놀이였다
달랑 그 기억 하나가 외삼촌과의 끈으로 느껴지게 한다

외할머니 목소리는 나에게 참 다정하시다
나도 조금 자라 고민 고민 고르다가 슬그머니 옥색 비녀를 선물해 드렸다

외사촌 석자와 나는 나이가 같다
내가 생일이 빨라 나에게 언니라고 부른다
나는 막내로 태어나 그런지 언니소리 듣기가 영 어색하다

그래서 언니라고 부르지 말고 이름 부르자고 했다 잠깐은 그렇게 하였는데
이번에는 석자가 불편하다고 그냥 언니라고 부르겠다고 한다
석자는 석자대로 막내로 태어나다 보니 여자에게 무조건 언니라고 하는 것이
몸에 밴듯하다 난 반달눈 동갑내기 석자에게 자석처럼 딱 붙어 따라 다닌다
여름이면 건조실 앞에서 감자 구워 먹기에 바쁘다
한번은 크기가 비슷한 덜 익은 배도 구어서 먹어봤다 이건 아니다 맛이 뒤죽박죽이다
어느 날은 점심에 널찍하고 부드러운 초록 잎으로 밥을 싸먹었다
그날 처음 본 먹어본 음식인데 눈이 번쩍 떠질 정도로 맛이 내 안에 들어왔다
이게 무어냐 물으니 호박잎이라 했다
그 이후로는 같은 호박잎이라도 그와 같은 신기한 맛으로 들어오지 않았다

얼음 얼린 개울물에 고무장갑도 없어도 아랑곳 하지 않는다
움직이는 개울물이 알아서 헹구어 준다
비누칠하고 방망이로 펑펑 내리치다가 개울물에 흔들흔들 휘저으면
한사람은 대야가득 머리에 이고 개울에 빨래간다
새언니 둘이서 한사람은 왼 종일 밥만 하고
밥을 네 번 먹는다 아침 새참 점심 저녁

여름날 마당 한가득 동네사람이 다 모였다
품앗이 담뱃대 엮기에 한창이다
조그만 수첩에 누구 몇 줄 누구 몇 줄 꼼꼼히 적는다
웃음기 가득한 큰외삼촌 얼굴이 이리 저리 다니시는 모습 내 마음 가득하다
담배 조릿대 엮어대는 넓은 마당에선 조카들이 앉아서 똥을 싸고
또 그러면 개가 쫓아와서 바로 바로 먹어치운다

밤에 잠을 잘 때면 아랫목 자리에 큰외삼촌 외숙모 나란히 주무시고
그 위에 우리들이 자는데 큰외삼촌과 외숙모의 도란도란 얘기 소리가 들린다
하늘에서 내려온 물결 소리 같다

우리 집은 아버이는 정치 역사 얘기만 하시 엄마와 대화하는 모습을 보지 못했다
엄마가 살림의 어려움을 아버이에게 쏟아 놓으실 때
묵묵히 듣기만 하지 대꾸도 없고 화도 내지 않으신다

석자엄마 큰외숙모는 눈이 참 예쁘시다
몸은 통글통글 하시다
몸이 통글거나 말거나 나이가 많으시거나 말거나 그렇게 맑은 눈을 하고 계신다
나도 나이 먹을 때까지 꼭 저렇게 예쁜 눈을 만들어야지 생각했다

엄마는 가끔 외숙모 얘기도 하셨다
그 많은 식구 생일을 일일이 다 기억하고 챙긴다느니

큰며느리가 파를 싫어한다고 음식에 파를 쓰지 않는다느니
경의 하는 듯 한 목소리로 들려주신다

논둑에서 외삼촌이 『석자야』 하고 크게 부르신다
석자는 공손하게 『야아』 하고 대답한다
야 라고 대답하는데 아주 공손하게 느껴진다

6학년 무렵이다 외사촌 석난언니는 밭으로 일하러 간다고 했다
도와야겠다는 생각에 무조건 따라나섰다

올록볼록 황토색 땅은 신기하게도 줄 맞추어 한 줄은 봉곳 올라와 잇고
한 줄은 움푹 내려가 잇으며 또 다음 줄 봉곳 올라와 잇고 이런 모양이다

따라서 일을 하겠다 하는 나에게 언니는
『안 해두 돼야 안 해두 돼야 힘들어~』
라고 얘기하면서 밭에 쪼그리고 앉아 꼼지락 꼼지락 무언가를 한다
『뭐하는 거야
어떻게 하는 거야
이렇게 하는 거 맞어』
하면서 언니가 하는 대로 똑같이 따라햇다
언니는 내가 할 적마다 재밋다는 듯 웃으면서
『그렇게 하는 거 아녀엉
그냥 냅둬어
그렇게 하는 게 아녀~ 히 킥킥
그렇게 하면 풀이 도로 다 살아나
뿌리가 하늘을 보게 해야 혀』
『응 뭐라구』
『이렇게 뿌리가 하늘을 보게 혀』

언니는 잠시 손을 멈추고 내 얼굴을 쳐다보며 낮은 톤의 두려움의 목소리로
뿌리가 하늘을 보 면 죽어라고 말을 이엇다
그리곤 뿌리에 붙어 잇는 흙을 탁탁 털어낸 다음
그냥 옆에 아무렇게나 놓앗다

뿌리가 하늘을 보면 죽는 다고
뿌리가 하늘
뿌리 하늘

그렇게 잠깐 잠깐 놀러간 외갓집은
나의 어린 시절을 꽉 채워준 보석중의 보석이다

근데 딱 한 가지가 문제이다
그 그그 물갈이

서울물 먹다가 시골 물로 바꾸면 온몸에 분홍빛 두드러기가 올라온다
근지러워서 잠을 잘 수가 없다
게다가 모든 모기와 벌레들은 나만 잡아 뜯는다
겨우겨우 한 일주일을 채 넘기지 못 한 채
외삼촌이 읍내 가서 다사 놓은 새 운동화를 신고 서울로 짐을 꾸려야 햇다

게다가 갑자기 시골에 전기가 들어와
안방자리를 크다란 테레비젼에 빼앗기고 난 후

그 몽환적이던 밤은
너무 눈부신 밝음으로 걸터앉을 자리가 없어져서
그 모든 내음이 사악 한방에 날라 갓다

내 몸이 자라낫기 때문이라는 생각은 조금도 들지 않는다

내 사랑 금호동

서울 내 집은 온통 온통 온 통 회색이다
회색 통 안에서도 웃음은 새나온다
서울특별시 성동구 금호동 2가 290번지
검정색 루핑지붕 수도도 하수도도 없는 집
할아버지 할머니 아버지 엄마 그리고 왔다갔다 움직이는 남자들
우리가 살고 있는 방은 뒷 안방 옷방 그 앞에 기다란 마루 기다란 마당
나머지 문간방과 아랫방은 다른 이가 세 들어 살고 있다

나 세살 엄마 무릎에 앉아 있는데 어떤 처음 본 남자가 군복 입고 절을 한다
그날부터 그 사람보고 큰오빠라고 불렀다
내가 엄마뱃속에 있을 때 군대에 갔다가
엄마 무릎에 앉아서 같이 절 받던 날 그날 제대를 한 모양이다
그날부터 내 머리에 지진이 났다

그 큰오빠라는 작자는 나에게 찐빵이라 불러댔고
내가 괴로워 하거나말거나 나를 상대로 깝대기 벗기자
깝대기 벗기자 하면서 옷을 확 잡아 당겼다

할머니는 큰오빠를 향해 어쩌다 얘 그러지 마라 하셨지 크게 나무라지는 않으셨다
내가 힘들어 하거나 말거나 어른들은 그닥 아랑곳 하지 않는 것 같다

그 일로 밤마다 그리 오줌을 싼 거라고
사춘기 시절 얼굴 전체가 여드름으로 덮게 된거라고는 정말 생각도 못했다

하루가 멀다 하고 눈다락지가 나면 큰오빠는 붓으로
내 발바닥에 한문으로 地平 이렇게 써준다 발바닥이 간질간질하다
큰 오빠는 귀도 파주고 손톱도 깎아 주고 온화한 얼굴이다
5원만 달라고 따라다녀도 거절 하는 법이 없다
늘 주머니에 손을 넣고 구부정한 어깨로 비식비식 웃으면서
이따 줄께 내일 줄께 미루어서 탈이지

난 바쁘다 방바닥에 앉을 시간이 없다
어느 무릎에 걸터앉을까 휘둘르다 이내 할머니무릎 오빠무릎에

앉아 주어야 하므로 방바닥에 앉을 시간이 없다
아주 작아서 가능 했겠지만 할머니 살아생전까지는 방바닥에 앉을 일이 없었다

그럭저럭 왔다갔다 움직이는 남자들은 모두 다섯 명이고
내가 그들에게 모두 오빠라 불러야 하는 존재들이다
윤식 명식 두식 남식 경식
밑으로 잇는 남식오빠와 경식오빠에게는 그냥 이름을 불러댔다
다른 어른들이 그렇게 부르기에 나도 따라 그렇게 불렀다
그러다가 오빠들 몸에 중학교 교복이 딱 달라붙으면
그때는 이상하게도 오빠라는 호칭이 이름 꼬리에 저절로 붙어 나왔다

오빠들은 남식오빠 셋째오빠는 나에게 이년아 라고 부르는데
엄마는 남식오빠가 그렇게 부르면 그리 부르지 말라고 핀잔을 하시고
오빠들이 특히 셋째오빠가 이년아 라고 부를 때 눈에 웃음이 잔뜩 붙어 있는 게
너무너무 장난치고 싶어 하는 느낌이 느껴지고 늘 그리 부르니 당연시되어
무엇이 나쁘다는 지 잘 모르긴 하겠지만 그리 부르면 엄마가 싫다하시니
나도 그리 부르면 썩 좋아해서는 안 될 일 같이 느껴진다

네 살이다
나 엎드려 편지를 쓰고 있다

외할아버지 전상서
어쩌구 저쩌구

내가 쓰고 있기는 한데
옆에서 들여다 보는 엄마의 입에서 나오는 말이
내 손에서 종이에 옮겨지고 있다

그리고는 엄마는 함박 얼굴 되어 우리 딸 편지도 잘 쓴다고
침이 마르도록 칭찬하신다
내가 쓰고 있는 게 맞는 것 같기도 하다

아버이 얼굴은 두 가지 이시다
술을 드시면 한없이 인자하고 재미진 얘기를 많이 하신다
술을 드시지 않을 때면 입을 합하고 다물고 계시고 엄하셨기에
아버이 무릎에 앉고 싶었던 적은 없었고 한두 번 정도 자고 누워 있을 때
자기 위해 방청소 할 때에 나를 두 손으로 안아서 들고 계셨는데
너무 황홀하여 계속 자는 척 했고 잔다는 것이 굉장히 행복한 것으로 다가왔을 뿐이다

천박하다고 라디오를 듣지도 못하게 하시었고
아버이 혼자서만 뉴스를 들으셧다

대문 밖을 나가려면 문간방 앞을 지나쳐야 한다
그 집은 매일 맛 나는 음식을 먹고 잇다
나는 그 앞을 지나갈 때 왼쪽에 잇는 그 집 쪽을 보지 않으려고
정확하게 고개를 오른쪽으로 돌린 채 걸어 나간다
혹시 내가 바라보면 먹고 싶어 한다고 생각할 까봐
다른 아이들은 애들이 먹는 모습만 보면 한 입만 한 입만 하고 쫒아 다니는데
나에게는 어림 반 푼도 없는 일이다
그 모습을 엄마가 뒤에서 보시고 막 웃으신다

재 좀 봐 누가 뭐를 먹기만 하면 저렇게 고개를 반대로 돌리고 걸어 깔깔깔

나는 생일이 빠른 관계로 일곱 살에 학교에 들어 갓다
아이들이 어마어마하게 많다 학교가 아직 덜 지어졋다
학교 앞 언덕에 노란손수건을 가슴에 매달은 아이들이 한가득 서잇다
아이를 등에 업고 서잇는 커다란 애들도 보엿다
1부 2부 3부까지라고 햇다

교실에 들어가 앉앗다
금호국민학교 1학년 15반 우리 반은 72명 교실을 꽉 채웟다
선생님이 시험지 오른쪽 맨 위에 이름을 적으라 하셧다
나는 내가 알고 잇는 내 이름을 적엇다

朴宗植

담임선생님 얼굴이 찌그러졋다
한글로 적으라고 하신다
그때부터 한문에 대한 내 마음이 선생님 얼굴과 똑같이 찌그러져 버렷다
의자에 앉은 채로 엄마가 지어주신 회색 동글동글한
고무줄 바짓가랑이를 따라 오줌이 줄줄 내려갓다

며칠 후 학교를 안 갓다
학교 가다말고 로터리에 잇는 가게 앞에 앉아서 종미와 병뚜껑 가지고 놀앗다
엄마랑 남식오빠는 나를 찾으러 다녓다는 표정으로 다가와 나를 반가와하며
학교를 안가고 놀앗다는 사실이 그냥 재미지다는 듯 웃고
병뚜껑을 가지고 놀기에는 별반 흥미롭지도 않아

다음 날 부터는 아무 일 없었던 것처럼 자연스레 다시 학교를 다녔다

그래도 조금씩 숨을 쉬게 되었나 보다 짝꿍하고 가까워 졌다
짝꿍 집에 같이 갔다
우리 엄마랑 똑같이 생긴 짝꿍 엄마가 반가와 하는 마음으로
연탄아궁이 앞에 쪼그리고 앉아 계란 후라이를 해주셨다

이번엔 우리 집에 같이 왔다
얼굴에 웃음기 없는 할아버지가 꼿꼿하게 앉아 계신다
노발대발 다짜고짜 나를 쫓아내셨다

남녀칠세부동석인데
어디 집안에 남자를 데리고 오냐고

울면서 데려다 주려 쫓겨났다
문간방 종순이 엄마가 내다보더니 데려다 주면서도 손잡고 간다고 떠들어 댔다

지금서 선언한다 결단코 결단코 그날 손 잡지 않았다고
두 손으로 눈물을 훔쳐대느라 짝꿍 잡을 손이 없었다고
손이 세 개였다면 또 모를까

친척할아버지가 놀러 오셨다
할머니의 남동생쯤 되는 것 같다
그날도 한문을 다 아는 척 뽀대를 냈으리라
그분이 돌아가신다고 하여 가족 모두 배웅을 나갔다
멋지게 생긴 할아버지가 내게 악수를 청하신다
나는 길 가운데 서서 싫다고 삐팅겼다
그게 가당키나 한말인가
저자는 분명 남자인데 감히 나의 손을 잡으려 하다니
이게 될법하기나 한 일 이냐고
나는 몇 시간이고 서서 거절하고 삐팅겼다
아무도 그 이유는 알지 못한 채
머리 희끗희끗한 친척할아버지 할머니 그리고 식구들이
담벼락 아래로 박수무당이 굿하는 걸 볼 수 있는 그 골목 어귀에서
그렇게 고집 세우는 나를 보며 한참이나 깔깔이고 서있었다

가끔 친척들이 와서 내게 돈을 건 낼 때도 있었는데
그럴 때면 나는 한사코 거절한다

아니 속으로는 분해서 부들부들 떤다
아 글쎄 자존심 상하게 왜 나에게 돈을 주냐고

로터리 위쪽으로는 시장이다
할아버지와 서커스를 봣던 자리가 야채시장으로 바뀌엇다
그렇게 무표정의 근엄한 할아버지가 서커스 근처에 왓다갓다 햇다는 것이 믿기지 않는
일이긴 한데 그래도 할아버지는 나에게 무언가 보여주고 싶어 하시는 마음이 느껴지고
돌아오는 길엔 고개를 옆으로 돌리지 않으시고 앞만 보고 걸으시는 모습에서
다시는 갈 필요 없다하는 마음 또한 느껴진다

엄마가 그 야채 전에 앉아서 장사를 한다
한번은 집으로 나를 보내면서 내손에 가지를 쥐어 주셧는데
그 가지는 매끄럽고 길쭉하면서 살짝 휘어 잇는 모습이고
반짝반짝 윤이 나며 색깔은 자주색이다
한입 먹어 봣더니 속은 흰색이고 맛은 달큰 햇다

아니 이런 맛이 잇다니

한입 먹고 처다 보고 한입 먹고 처다 보고 깔끔하게 가지를 다 먹어 치웟다
날로 먹을 수 잇는 야채가 신기햇고 이런 맛을 내는 게 신기햇다

그 날도 엄마를 찾으러 시장으로 올라갓는지도 모르겟다
시장입구에 나 앉혀졋고 누런 커다란 돌을 잔뜩 싫은 트럭이 내 발위로 지나갓다
뒤에 잇던 과일가게 아줌마가 놀라서 나를 반짝 안고 파출소로 데려다 놓앗다
병원을 갓다 온 뒤 내 발등이 파랗고 높이 올라와 잇다
다음날 집으로 트럭 기사 아저씨 찾아왓다
나는 그 아저씨를 보며 빨리

안 아파요 안 아파요 보세요 이렇게 꼬집어도 안 아파요

아픈 느낌은 어깨까지 오는데 안아프다 햇다
마루 옆에 뻘줌히 서잇는 아저씨를 빨리 안심시키고 싶은 생각이 먼저 들엇기 때문이다

그 아저씨 간 다음 엄마는 발이 퉁퉁 부엇는데 딸내미 얼른 그리 말을 햇노라고
또 그 돌을 가득 실은 트럭이 내 발등 위를 올라서며 지나갓는데도
다치지 않앗다고 이사람 저사람 붙들고 자꾸 얘기하셧다

엄마는 나를 오실 토실 밤토실이라 부른다
사람들은 막내딸만 부엌에 감춰 놓고 멕이냐고 놀려댄다
오빠들은 날씬한 모양이다

난 노랑색을 좋아햇고 엄마가 진한 노랑색으로 스웨터를 짜주셧다
언제나 나를 보고 신퉁방퉁 오방퉁 우리 딸이라며 노랑색옷을 지어 주신다
나는 노랑색이 너무 너무 좋다
진한노랑

어느 날은 엄마는 빨래거리를 한 다라 가득 머리에 이고
경식오빠와 나를 데리고 한강으로 갓다
넘치도록 많은 물을 바라보며 가장자리에서 엄마는 빨래를 하고
경식오빠와 나는 물에서 어성 거린다
근처에 잇는 나무로 된 작은 배에 올라타니
슬금슬금 배가 돌고 강물은 물결을 만들며 같이 놀아주엇다
강물 속에서는 우리가 설거지 할 때 흘려버린 밥풀떼기를
정말 물고기가 먹는지 궁금하기도 하다

어느 날 갑자기 어떤 예쁘게 생긴 아줌마가 애기를 업고 우리엄마를 향해 엄마 라고
부르며 달려왔다
처음 본 여자이다 내가 두 살 때 시집간 언니란다
김포 살고 잇는데 6년 만에 처음 친정 온다고 햇다
언니에게 아들이 잇는데 아들이 신던 운동화가 작다고 나보고 신으라고 한다
나는 커서 신을 수가 없다 무어라 표현 할 수가 없다 신이 생겨서 좋은 건지 나보다
나이 어리다는 조카의 신발이 나에게는 커서 자존심이 상하는 건지
어쨋든 내게도 언니가 잇다는 게 실감이 나질 안는다
그리고 우리 동네 금호동으로 이사까지 왓다

2학년 9반 조금 해가 들어온다
선생님이 웃는 얼굴이다
구구단을 외우라고 하는데 귀찮아서 외울 수는 없다
앞에 나가서 발표해야 할 때에 머릿속으로 얼른 얼른 더하기를 햇다
수를 더해서 말하고 또 얼른 수를 더해서 말하고 외운 것처럼 감쪽같이 넘어갓다
외운다는 것 자체가 곰탱이 방탱이 같앗다
남식오빠는 내가 한글을 조금 일찍 떼고 한문 몇 글자 따라 한다고
내가 계속 천재일 꺼라 생각한다 골치 아프다

학교에서 돌아오는 길에 언덕이 가파른 골목 층층다리에서 종순이를 만낫다

니네 할아버지 돌아가셧대

뭔 말인지 잘 못알아듣겟다

대문밖에 커다란 주황색 등이 달려있고 손님이 아주 많이 오셨다
모두 누런 삼베로 옷을 지어 입었고
머리에도 그와 같은 모자를 높게 지어 입었으며
마당가득 대문까지 사람들이 엎드려
『아이고오 아이고오』
하고 박자를 맞추어가며 곡을 하였다
슬프면 그냥 울어야지 왜 박자를 맞추며 울까

오빠들하고 나는 책을 좋아한다
그렇다고 책을 누가 사준적은 없다
친척집에 책들이 많아서 좋다 어느 집이건 책이 있으면 우리꺼랑 똑같다
남식오빠가 빌려와서 제일먼저 남식오빠가 읽고 그다음 경식오빠 마지막에 내가 읽는다
친척집 책장이 가득해서 배가 부룩 하니 잠도 잘 온다

가끔 남식오빠가 시험지 사오라고 돈을 줄때가 있다
할머니 할아버지 가게에서 누런 시험지를 사오면 한 장 한 장 세어본다
만약 한 장이라도 더 왔으면
우리는 숨도 안 쉬고 맨발 벗고 달려가 시험지를 돌려준다 그래야 속이 시원하다
처음부터 시험지 세어 볼 때는 혹시 더왔을까봐 세어보는 것이다

골목으로 올라가면 할머니할아버지가 하는 작은 구멍가게 있고
그 아래쪽에 젊은 아저씨 아줌마가 하는 좀 더 큰 가게가 있다
보통은 할머니 할아버지 가게를 다니는데
그래도 한 번씩은 그 아래가게도 물건을 팔아주러 간다
그래야 공평해지는 것 같다

갑자기 경식오빠가 부엌에서 엄마를 다급하게 부른다
『엄마 엄마 이리 와봐 이리 와봐』
놀란 엄마가 달려가니 물 항아리 옆에 서서 시치미 뚝 떼는 얼굴로
『엄마 물 좀 줘』
엄마가 그 얘기를 하며 끄르륵 웃으신다

장난꾸러기 오빠 정말 철없다
힘든 엄마한테 물을 떠달라니
그런데 히한하기도 하다
엄마가 웃다니
나 엄마 웃게 하려고 매일 빨래개고 설거지 하고
빵꾸 난 양말 속옷 꿰매는데

웃게 하는데 다른 방법도 잇는거라니
엄마 얼굴이 저리 재미져라 웃다니
『엄마 물 좀 줘』

나에게도 장난을 친 적이 잇다
나는 쥐를 제일 무서워한다
부엌에서 일 하고 잇는 나에게
『으이구 쥐다』

하면서 회색 덩어리를 부엌 항아리 옆 턱에 척하고 던지는 게 아닌가
『아———————악』 얼마나 소스라치게 놀랏는지
그런 나 때문에 오빠도 당황하고 아버이도 놀라서 뛰나오셧다
아버이가 당황하여 어린 동생에게 왜 그러냐 하며 오빠를 나무랫고
아버이의 화난모습 처음 본 오빠도 놀라고 나도 아버이 화나심과 또 오빠를 나무라심에
당황 되엇다 그런데 바닥에 잇는 것은 젖어 잇는 짙은 회색 걸레 뭉치엿다
어쩜 그렇게 쥐 모양을 하고 잇는지 아무튼 그런 일은 단 한번 뿐 이엿지
오빠와 장난친 일도 없고 싸운 일은 아예 없다

사람들은 경식오빠가 말을 할 때 말끝을 우물우물해서 무슨 말인지 못
알아듣겟다고들 한다 그러나 내 귀에는 오빠 말이 또렷이 다 들린다
그러나 오빠가 시선을 다른 데 놓고 말끝의 우물우물함이
오빠에게 함부로 못하는 이유엿던 것 같다
공을 탁하고 던져야 착하고 받으면서 되던지는데
옆에다 슬그머니 갖다놓는 격이니 속도감에서 이미 슬로우 버젼이다
오빠가 우물우물 갖다 놓으니 나는 또 우물우물 생각을 해야 하고
그러니 남들처럼 형제가 싸울 일은 우리 사전엔 아예 잇지도 않다
꼭 싸우지 않는다 하여 꼭 좋은 건 아니지 싶다
좀 조심스럽다 할까
그나마 오빠와 의기투합 할 때가 잇기도 햇는데
장난 끼 가득한 오빠 눈과 만화방에 날아 갈 때뿐이다

남식오빠는 절대로 나가서 놀지 않는다
어릴 적 하도 안 나가 놀아 엄마가 나가 놀라고 하엿더니
밖에 나가서는 할아버지들하고 얘기를 하고 잇엇다고 한다
고집도 만만치 않아서 엄마가 몽둥이로 때리면 해가 넘어 갈 때 까지 때려도 잘못햇다
소리를 안 하는데 때리다 때리다 엄마가 팔이 아파서 그만 두엇다고 하셧다

남식오빠 중학교 가야 하는데 돈이 없어 보낼 수 없게 결정이 되엇을 때
오빠가 다락에서 종일 눈물을 흘렷고

어찌어찌 다행으로 중학교 가방을 들게 되었다했다

그럼에도 남식오빠는 졸업식 날
아무도 청소를 하지 않아도 되는 날
혼자서 교실을 깨끗이 청소하고 책상도 가지런히 정리하고 있는 모습을
오빠 담임선생님이 보게 되었고
엄마께 그 사실을 전하여 엄마는 자랑을 하느라 밥을 안 먹어도 배부르게 만들었다
여하간 엄마는 경식오빠 남식오빠 담임 선생님만 만나면 입이 싱글벙글 이다

어쨌든 우리에게 남식오빠는 영웅이다
오빠가 두 살 때 마당에서 똥을 옮겨 누면서도
『대통령이 누구냐』 물으면 『박정희다』 대답하고 『틀렸다 윤보선이다』 얘기하면
아니다 『윤보선이 아니고 박정희다』 라고 이름을 댔는데
진짜 그와 같이 되었다고 할 정도로 오빠의 모든 관심은 정치에 있고
모르는 한문도 없으며 새 학년에 올라가면
책을 가지고 온 날 단 하루만 들여다보는데도 늘 전교 1등만 한다
난 남식오빠가 대통령이 될 거라고 조금도 믿어 의심치 않았다

1970년 3학년이다
난 1번이다 나도 앞에 나란히 하고 싶다
양팔을 앞으로 쭉 뻗게 하여 앞 사람 쪽으로 손을 대고 앞을 바라보는 동작이다
1번은 맨 앞에 서기에 할 필요가 없다
선생님손이 내 어깨위에 붙어서 소리를 칠뿐이다
『앞에　나란히』

새 학년이 되어 선생님이 『박종식』 하고 부르고
내가 『네』 하고 대답하면 아이들이 까르르륵 웃어 재낀다
남자 이름에 여자애가 대답한다고 난 전혀 동의 할 수 없다
내 이름에 『ㅈ』 이 들어가는데 『ㅈ』 모양도 예쁘고
종　밑에 잇는 동그라미 받침도 예쁘고　식에 들어가는 시옷 모양도 예쁘고
무엇보다 우리 가족들이 나를 부를 때 아주 사랑스럽게
『종식아』 하고 부르기에 무조건 내 이름은 사랑스런 여자이름이다
그러나 아이들은 까르륵 까르륵 웃어대고
애들이 웃으니 나도 어깨에 뭐가 얹혀지는 느낌을 누르고 같이 히 하고 웃는다

그러나 나는 내 이름에 대단한 자긍심을 가지고 있다
아버이는 내 이름을 그리 지으신 연유를 얘기 해주시곤 했기 때문이다
『남 자 사주야』 태어난 사주팔자에 천권 천문 등이 들어잇어서 그렇대는 것 같다
그런데 남자 사주라는 말을 표현하실 때 그 느낌이

어우 신비해 든 든해의 느낌이어서 그 느낌 고스란히 내 안에 안겨져 있다
宗 마루 종 植 심을 식 산꼭대기에 심는 거다
늘 산마루 꼭데기에 심겨지는 나무를 상상한다

짝꿍은 남자이다
책상에 금을 그어놓고 서로 넘어오지 말라고 빡빡거렸다
넘어온 건 내꺼 라고 자도 지우개도 금을 넘어 온 만큼 잘라달라고 우겨댄다
참 재미있었다

한 날은 경식오빠와 마루에 앉아 있는데 아랫방에서 틀어놓은 라디오가 들렸다
하루에 한 번씩 어린이에게 퀴즈를 내어 상품을 주는 시간이다
내가 알고 있는 문제가 흘러 나왔다 『이산 저산 다잡아먹고 입 딱 벌리고 있는 것은』
내가 아궁이 하고 대답했더니 경식오빠가 놀래는 눈치다
오빠는 재미있는지 라디오에 응모해보자고 하며 엽서를 보냈다
그런데 정말 몇 일후 라디오에서 응모자들 중에서 내 이름을 불러 주었다
상품은 새 공책 10권인데 교실로 배달이 되어왔다
담임선생님이 신기한 듯 관심을 보이시고 여러 가지 질문을 하셨다
그러더니 이제 그만 들어가라고 화나는 표정을 하셨다

일기도 쓴다
오빠들이 군밤 멕여서 학교에서 집을 바라보면 눈물이 난다고 썼다
남식오빠가 일기를 봤다 다음날부터 군밤 따위는 사라졌다
한문공책을 보면 가방을 걷어차고 싶다고 썼다
또 남식오빠가 보고서는 아버이를 설득하여 한문쓰기의 고문에서도 벗어나게 되었다

집에 갔더니 월남으로 군인 갔던 둘째 오빠가 돌아와 있다
살아있는 뱀을 먹는 사진 책도 가져왔고 배낭가득 초코렛이며 깡통에
특이한 음식도 가지고 왔고 또 돈을 벌어 와서 엄마 빚도 다 갚아 주었다
오빠는 월남얘기에 폼을 잿고 그래서 월남은 영웅적이고 좋은 것 이라 생각됏다

둘째 오빠가 엄마 빚을 다 갚아 주었다
엄밀히 말하자면 아버이가 진 빚이었겠지만 어쨌든 엄마가 빚쟁이를 피해
밤늦게 오지 않아도 된다고 한다 얼마나 내 마음도 날아갈 것 같은지
둘째 오빠는 제대 후 전부터 다니고 있었다는 검찰청에 멋진 바바리를 입고 출근을
한다 둘째 오빠는 자꾸 내게 이렇게 말한다
『넌 영미다리 밑에서 주워왔어 니네 엄마는 다리 밑에서 장사해
니가 보고 싶다고 맨날 온대』 그 말이 맞는 것 같기도 하다
오빠들은 다 잘생기고 뚱뚱하지도 않고 작지도 않은데

나는 동글동글 빵빵 난장이 똥자루 같다고 하니 주워옴이 맞는 말일 수도 있다
다리 밑 자갈 위에서 나를 잃고 슬퍼할 엄마도 있을 테니 그 엄마가 걱정되기도 한다
오늘은 끝장을 봐야겠다
오빠가 멋진 바바리도 입었으니 나를 내 엄마에게 데려다 줄 수 있을 꺼다
내 엄마에게 데려다 달라고 악을 악을 쓰고 울어댔다
끝까지 따라 다녔다
어떻게 하든 내 엄마를 찾아야 한다
오빠는 웃으면서 요리 피하고 조리 피하고 나를 데리고 나갈 생각을 하지 않는다
멋진 바바리 입고 혼자만 나간다
내가 커서 스스로 찾아내야만 될 것 같다
엄마는 명동에 있는 유네스코라는 건물 꼭대기 식당에서 일을 하셨다
일이 끝나면 밤 열한시경 돌아오시는데 빵을 가지고 오시는 경우가 있다
빵 위에 벌레가 버글버글하다
빵 벌레는 좋은 거다
빵 벌레가 있으면 우리는 빵을 먹을 수 있다
그 빵 벌레가 바로 바퀴벌레였다는 사실을 알게 된 건 얼마 전의 일일뿐이다
『그 빵 벌레가 어쨌다구
짙은 밤색으로 반짝이면서 동그랗고 조그만 빵이 신기하기만 하더구만』

엄마는 내가 아둔하다고 하신다
차단스 안에서 뻰지를 가지고 오라고 하는데 찾지를 못한다
뻰지라는 이름이 도무지 논리적으로 정립이 안 되니 내가 도저히 인지할 수가 없다
맛있는 음식이 생기면 할아버지 드려야 된다고 올려놓던 그 차단스가
왜 또 갑자기 거기에서 뻰지를 찾으라면
머릿속은 뒤죽박죽이다
왠 조화속인지 듣도 보도 못한 뻰지가 도대체 뭐냐구
뻰쓰가 누렇게 되도록 갈아입지 않는다고 꾸중인다
그게 언제 왜 누래졌지 그 원리를 모르겠는데
내가 왜 그것 까지 신경을 써야 되냐구 도무지 이해가 되지 않는다

양쪽 무릎은 딱쟁이 투성이다
쌔 까맣게 눌러 붙은 더덕지
모래가 자글자글 붙어 눈물의 피하고 엉겨 있는 새로 생긴 더닥지
더덕더덕 성할 날이 없다
넘어지고 넘어지고 또 넘어지고
엄마는 『애구애구~ 돐떡을 못해줘서 자꾸 넘어지네』 라고 말하면서 웃으신다

세 살 무렵 홍역을 앓고 있었는데 약을 사줄 돈이 없어서 엄마가 나를 보고

『아이고 우리 딸 죽겠네 하였더니 눈을 반짝 뜨면서』
『엄마 나 안 죽어』 라고 말을 했다며 사랑스럽다는 마음으로 들려주신다
또 앉아서 책을 보며 『오빠들에게 얘들아 책 보자 책 봐 그러면 배고프건 잊어』
라고 종알거렸다며 엄마가 웃으며 얘기 하신다

엄마는 아주 신기하다는 듯 그 얘기를 하고 하고 또 하셨다
『글쎄에 두 살 때 콩을 가지고 놀더니 그 콩을 도로 다 제자리에 갖다 놓더라』
마당에 콩을 말리고 있었는데
더 어릴 때 얘기도 해주셨는데

엄마는 또 나에게
곰이로도 보였다가 여우로도 보였다가 그래 하며 얼굴을 찡그리셨다
그 말은 맞는 것 같다 내가 거울을 보면 어떤 때는 입이 뾰족 여우같고
어떨 때는 둥글 납작 곰같이 보인다
여우로 보이는 내가 예쁜 것 같기도 하고 불안하게도 느껴진다

엄마가 일 나가고 나면 난 할머니 치마폭에 매달린다
할머니는 내게 여자가 어디 문밖출입이냐고 대문 밖에 나가놀지 못하게 하신다
내가 누워 있는 사람 머리위로 지나가려면 할머니 펄쩍 놀라신다
양팔 양손을 앞으로 엉거주춤 내민 채
『어구 어구 사람 머리맡으로 지나가면 안 돼』
다리 쪽으로 갈라치면 『사람 타넘으면 못써』
나는 살곰 살곰 이리 저리 살피며 움직여야 한다
울 할머니의 왕 엄살 땜시
그러고는 나를 집안에 앉혀놓고 버선발 꿰매는 법이며 밥 짓는 법을 알려주셨다
나는 조신한 척 따라하다가 이내 할머니에게 투정을 한다
『할머니 나 손가락 끝 요기 아퍼』
날마다 아픈데는 새롭게 나오고 요기 아퍼 요기 요기 아퍼 배 아파
그러면 할머니는 할머니 손인 약손 종식이배는 똥배 쑥쑥 내려가라 쑥쑥 내려가라
하시며 날마다 다 받아주신다
『오늘은 요기 아이구 또 오늘은 구기여 날마다 아픈 곳이 많기도 하다』

낮에는 막걸리 사오라는 심부름을 내게 시킬 수 있으나
해가 넘어가면 감히 아무도 나에게 심부름을 시킬 수 없다
『감히 여자애를 어딜 할머니가 딱 버팅겨 주신다』

난 할머니 치마폭을 잡고 매달린다
할머니가 겉옷인 무엇을 입으셨는지 모르지만
치마 안에는 분명 하얀 속치마가 있고 그 안에 네모난 주머니가 있어

주머니에서 5원짜리가 송글 송글 솟아오른다
『할머니이 5원마안 5원마안』
쪼르고 쪼르면 돈이 솟아오르고 그 돈으로 냅다 만화방으로 날라 갈 수 있다

셋째 오빠는 국립 영화 제작소에서 보조로 일을 한다고 한다
하루는 나에게 줄 장난감을 사왔다 뭔가로 조종하면 물에 뜨는 배인데
그게 뭐냐 신기하긴 하지만 계집애용이 아닌지라 선뜻 다가가지 지 못하고
사가지고 온 셋째 오빠가 더 신기해하면서
『이건 말야 이건 말야 』하고 설명하는 눈꼬리는 내려갔고 입 꼬리는 올라간 채
어깨가 춤을 춘다 큰 대양물에 띄어놓고 오빠들 모두 꼼짝꼼짝 움직이는 배에다
절을 하며 어깨가 들썩인다
우리 식구는 열 한명이다
난 우리 식구 열한명이라 늘 외우고 산다
단지 언니가 나 눈 제대로 뜨기 전 시집을 갔다기에
자라며 얼굴을 보지는 못했다
그래도 꼭 언니까지 합쳐 열한명이라고 외우고 앉아있다
우리 집은 칠남매라는 소리를 늘 듣고 자라서 그렇기도 할께다

엄마가 밥을 풀 때면 난 엄마의 행동에 바짝 주시한다
내 밥을 가장 늦게 퍼주는 게 못마땅하다 밥 풀 때 마다 확인한다
『엄마 내 밥 먼저 퍼』『그럼 할아버지는』『할아버지 밥 푸고 내 밥 』
『할머니는』『할머니 밥 푸고 내 밥 퍼』『아버지는』『아버지 밥 푸고 내 밥 퍼』

큰오빠는 둘째오빠는 결국 다섯 오빠를 지나 끝까지 다 내려간다
엄마 바로 앞이 내 밥을 푸는 순서가 된다
엄마 밥도 나보다 앞서 퍼야 되는 건 지는 알아채리질 못했다
그 걸 인지하기까지 얼마나 많은 세월이 필요했는지 후 우
그런데 엄마 이상하다 그 밥 순서를 아예 노래로 만들어
이사람 저 사람에게 자랑하며 깔깔 웃으신다
엄마 진짜 이상하다
왜 처음부터 너는 막내니 꼴번이야 알려주지 않으시고
스스로 웃으며 뒤로 물러나게 만들고 또 그걸 그리 기뻐 하실까
엄마 나 꼴찌 만들어 놓고 왜 그리 좋아하실까
내가 언제 뭘 양보했다며 그리 좋아 하시는 걸까

그래도 내 밥을 풀 때 다급히『엄마 내 밥은 조금만 퍼』라고 한다
왜냐하면 밥이 혹시 엄마 밥이 모자를 까봐
큰오빠는 밥을 꼭 남긴다
그럼 나는 기다렸다는 듯 그 밥을 허겁지겁 먹어치운다

양반은 밥을 꼭 남겨야 한다고 한다
엄마는 엄마 밥그릇에 담겨진 밥이 수북한 모양이 싫으시다고
밥을 수북이 놓고 드시면 체한다고 엄마 밥만큼은 나즈막이 담으시고 평안해 하셨다

어느날은 세째오빠가 내게 화난 투로 말을 했다
엄마가 싸준 도시락 반찬이 뭐가 틀렸다며
도시락 반찬에 댐부라를 싸주었는데
엄마가 요리를 안했다며
맨날 그런다며
친구들에게 창피하다고
그냥 썰어서 넣어 주었다며

오빠 화를 낼 때 나는 그 순간 멎었다
아무생각도 안 났다
무슨 뜻 일까

아무도 가르쳐 주지 않았다 그냥 저절로 안다
큰오빠부터 셋째 오빠까지는 우리 엄마가 낳지 않았음을
저절로 느낀다
엄마는 큰오빠들만 새로 산 내복주고
엄마가 직접 낳은 남식오빠와 경식오빠와 나는 떨어진 내복준다
그래도 하나도 부럽지 않다
엄마가 우리에게 아무리 못해 주어도 엄마니까
기가 흐르니까
한 번도 불평하지 않았다

댐부라
그거 그날 처음 본 음식이다
세째오빠꺼라 먹고 싶다는 생각조차 못했다
엄마한테 오빠가 그러더라는 말을 전하지도 못하고 가슴에 묻었다
아무래도 엄마도 맛을 보지도 않고 셋째 오빠 도시락에만 챙겨서 넣어 주셨는가보다

이참에 나 고자질 좀 할라유

하느니임 우리엄마 데리고 계시쥬
엄마한테 귓속말로 전해주세유

엄마아 아 글쎄 셋째오빠가 댐부라 요리 틀렸다고 전해래요 오빠 멍충이쥬

아 이제 속이 후련 하네유
얼마나 말하고 싶었는지

10살 이다 나 이제 어른이다
다 자란 어른이야
나 이제 세상을 다 알게 되었어
이제 어른이 되었는데 앞으로 뭐 하고 살지
대통령을 해야 할 것 같은데
엄마는 내가 선생님이 되라 하시는데 노래를 못 부르니 선생님은 못할 것 같다
게다가 선생님 하면 1학년 담임선생님 얼굴이 떠올라 숨이 막히니 마음이 더 안
열리고 아버이 신문을 보니 여자는 국회의원이 제일 높은 사람으로 나왔는데
그걸 할 수 잇을 것 같기도 하고 없을 것 같기도 하다

밤새도록 나누는 남식 오빠와 아버이 얘기도 조금씩 귓구멍으로 들어온다
엄마는 밤에 잠을 잘 때면 한 겨울일지라도 가슴이 답답하다며
늘 방문을 조금 열어 놓이신다
엄마 품속에 폭 안겨 잇으므로 춥다는 건 느껴지지 않고
하늘하늘 들어오는 공기에 머리도 가슴도 개운하니 상큼하다

집은 어마어마하게 부자였다고 한다
다락에 돈을 자루로 쌓아 두었는데 엄마는 그것이 무엇에 써야할지 몰라 그냥 그렇게
두었다고 하셧다 그런데 내가 엄마 뱃속에 들어가면서부터 집이 기울기 시작햇다고
점쟁이가 나 때문이라며 나를 죽이라고 햇다 한다
그래서 나를 보는 할아버지 얼굴에 미소가 없이신 지도 모를 일이다

세 살 무렵 그러니까 한창 똑똑한 척 나낼 무렵 인가보다
어느 부잣집에서 나를 달라고 하였고 그 말을 들은 아버이가 나를 집어 던지셧다고
엄마가 웃는 얼굴로 얘기하신다 엄마가 웃는 얼굴로 얘기하시기에 나를 던지셧다하는
그 일로 아버이에게 미움의 가슴이 일지는 않는다 단지 나 때문에 급작스레
가난뱅이로 전락하게 되었다하니 얼마나 힘이 드셧을까 그 마음이 느껴질 질뿐이다

엄마는 금으로 된 태몽을 꾸시는데
나는 할아버지한테 금 항아리 받는 꿈이었다 하신다

죽이라는 점쟁이 말은 접어두고 할머니가 나를 받아주셧다
할머니는 열세 살에 시집을 오셧을 때
시집오자마자 시할머님이 위중하여 생사를 가르며 누워 계셧는데
손가락에 칼을 대어 흐르는 피를 입안에 넣어드려
열흘을 더 사실 수 잇게 하셧다 한다
그런 할머니가 그깟 재산 때문에 나를 미워하실 리는 없는 일이다
할머니 치마폭 덕분에 내가 기를 피고 살앗을 거다

아직 학교 문턱을 넘기 전에
할머니 따라 이웃집에 놀러 가면 그분들이 무어라 말을 시키고
내가 응수를 하면 모두 혀를 내둘렀다
『어휴 어린애가 어떻게 저런 말을 하지
어린애가 아니야 애가 아니라 어른이여 어른』
내가 무어라 종알 거렸는지 모르지만 나보고 노인이라고 하는 것 같기도 하여
나의 종알거림이 옳은 건지 그른 건지 혼돈스럽고 왠지 조심해야 겠다는 생각이
들었다

엄마는 『할머니가 큰 항아리 에서 다른 항아리로 간장을 옮기시는데
단 한 방울도 흘리지 않으셨어』 라고 말을 해주시곤 했다
가끔 엄마가 할머니 흉 좀 볼라 치며는 내가 엄마에게
『엄마아 시어머니에게 그러는 거야냐』 하며 사색이 되었다
난 늘 할머니 편 이었고 엄마는 할머니 편 드는 딸을 웃는 얼굴로
『우리애가 글쎄 그렇게 말했어』
라고 얘기하고 다니시며 좋아 하신다

그렇게 고고하신 할머니가 어느 더운 여름날 마당에서
대야에 물을 받아놓고 몸을 닦으신 허연 어깨에 어찌 저러실 수가 놀란 적이 있지만
또 일흔이 넘으셔서도 시집을 읽고 계시니 그 모습 내 마음 가득하다

남식오빠와 아버이는 오로지 정치와 역사 얘기로 채운다
유럽도 다녀오고 중세도 다녀오고 여기 저기 다 날아다닌다
날라 다니던 글자를 하나씩 낚아채어 늘어뜨려 보련다

아버이는 3 대 독자라고 하시는 것 같다
아버이는 열여덟에 양성면에 부면장이 되셨다고 하셨다
왜정시대란다 해방이 되었을 때 나라 관직을 맡은 이는 모두 마을에서 쫓겨났는데
우리집안은 끄떡 없으셨다고 마을에 인심을 전혀 잃지 않아서 그렇다 했다
나중 친척 박영근 아저씨에게 들은 얘기 하나 보태자면
울 할아버이 다락에 숨어서 밥그릇 뚜껑을 엎어놓고 태극기를 그려
독립군에게 몰래 전달하셨다는데 그 일과 무관하여 보이지 않는다
아버이는 양성 중학교도 설립하셔서 선생님이기도 하셨고
수리조합을 만들어 저수지를 만들기도 하셨다 위풍당당한 사진만 보여주셨다

날마다 박정희 대통령에게 편지를 쓰셨고 청와대에 초청받기도 하셨다
박대통령과 악수하시면서 내가 바로 박 아무개요 라고 말씀하셨다하고
박정희대통령 정권에서 들어오라고도 하였는데
왜정 시대 때 나라 녹을 먹은 죄인이라고 거절하셨다고 하셨다

그리고는 대통령에게 매일 한문으로 가득 찬 청원 문을 쓰신다
아버이는 직접 애국가도 지으셨고
한잔 술을 하시면 아버이 지으신 그 애국가를 불러주신다
난 아버이의 애국가를 들으며 마음속으로 무릎을 탁 쳤다

아이고 이거야 이거 바로 이거였어

내가 노래를 엉망진창으로 부르고 다들 음치라고 웃어대는 이유 바로 이거였어
아버이 애국가는 내가 음치인 이유만 알아 채릴 뿐이다

아버이는 모든 선거에 선거유원으로도 활동하셨다
대통령 선거에도 대의원 선거에도
대통령 선거 때는 김대중을 지지하셨다
매일 신민당 사무실에 드나드신다
우리 가족도 김대중의원 연설을 들어야 해서 장충동까지 갔다
사람들이 많이 모였고 난 『아~~~~이스 께끼 아~~~~이스 께끼』 하며
어깨에 통을 매달고 박자 딱딱 맞추는 똥글똥글한 사람만 보았을 뿐이다
집 골목위로 더 올라가면 연탄배달해주는 통장 집이 있는데
거기 가서 연탄을 시키면 통장 아저씨가 이렇게 얘기한다
『아　아　신민당집 신민당집 연탄 갖다 달라구~』
그렇게 꼭 신민당집이라고 강조하여 말하는데 김대중을 지지하는 게
그렇게 특이한 일인가 싶어 어깨가 들썩여지기도 하고 뒤꼭지 따갑기도 하다
그러던 어느 날 아버이 얼굴이 굳으셨다
김대중의원이 화내는 모습을 보았다 하신다
화를 내며 전화기를 던졌다고
화를 낸다
화를 냈다고 아버이가 실망하셨다는 말씀을 하시다니
큰일이나 나랏일 할 사람은 그리하여서는 안 되는 건가
무슨 말인지 알아듣기 어렵지만 마음에 담아둔다

아버이는 박권선생 12대 종손이라고 하신다
누가 자식이 없어서 큰집에서 양자 들여 이어 내려오는 거라 이야기를 실감나게
들려주시곤 했다 몇 대 조상은 무슨 벼슬 몇 대 조상은 무슨 벼슬 줄줄
늘어놓으시는 얘기를 남식오빠와 주고받는다

그러면 난 고운 한복을 입고 건넌방에서 대청마루를 지나 안방 문을
들어서는 그림이 기억하고 있는 것 것처럼 다가오는데
연상을 하고 있는 건지 전생을 기억하고 있는 건지 헷갈릴 정도다

그런데 엄마는 그런 아버이를 향해 맨날 뜬구름만 잡는다고 하신다

그렇다고 엄마가 더 낳은 것 같지도 않다
늦은 저녁에 나타난 엄마는 만면에 미소를 머금은 채
『내가 오늘을 이렇게 이렇게 말했더니 사람들이 깔깔거리고 웃었다
그 사람들이 엄마가 바보인줄 알았는데
어떻게 그런 말을 하냐고 깜짝 놀래며 막 웃더라』 하신다
일을 마치고 지친 몸으로 들어오셨을 텐데 사람들을 웃게 만들었다는
얘기를 앉지도 않고 서서 들려주신다

아버이 젊으셨을 때 드셨던 술에 대해서도 얘기해주신다
막걸리 두 말을 드셨다는 것도 같고 소주 두 짝이라고 한 것도 같고
엄마는 흉보느라 하는 얘기인데
내 귀에는 아 남자의 척도는 술로 가름 하는가보다 라고 생각들어질 뿐이다

말씀이 없어 입을 딱 다무신 아버이는
술을 드시고 오신 날은 웃는 얼굴 되셔서 다감하게 얘기 해주시고
딱 한 번 나를 안아 무릎에 올리신 일도 술을 드신 날이었고
암튼 술이란 좋은 거다 엄한 얼굴의 우리 아버이를 재미지게 풀어준다

어른이 된 셋째오빠도 경식오빠와 마루에서 술을 마실 때면
해가 뜨는걸 보면서 술상을 무른다 재미진 역사 조상 민화들을 얘기 하면서
역시 남자의 척도는 술이다

아버이는 아주 나쁜 사람을 보면 이렇게 욕을 하신다
매 친 놈 그러나 남식오빠는 할아버지 할머니 보다 욕의 강도가 쎄졌다고 한다
할아버지 할머니는
경을 칠 놈 같으니라고 이리 표현하심이 최고의 욕이다

엄마와 아버이는 열한 살의 차이가 나신다
아버이는 말띠 엄마는 뱀띠 아버이가 열한 살 더 많으시다
두 분은 단 한 번도 큰소리로 싸우는 일은 없으셨다
엄마가 생활고에 너무 힘이 든지라 다다다다 하시면 아버이는 입을 합하고
단 한마디도 안하시고 화투 육안만 피시는데 단 한 번도 놀음 하시는 건 본적이 없다
엄마가 다다다다하고 화가 가라앉은 다음날 나는 엄마에게
남편에게 그리하지 마시라고 그러는 거 아니라고 꼭 곱씹었다
엄만 그런 나를 보고 웃으시고 다니면서 자랑하신다

아버이는 엄마의 화가 차분히 가라앉고 난 후에야
의사 표현 하는 나를 늘 대견하시며 꼭 그리해야 한다 말씀 주신다
그리고는 나 자라도록 늘 선악이 개오사다 선은 선대로
악은 고쳐서 다 스승이 되는 거다 라는 말씀을

고개를 숙인 채 화토 옥안을 띠면서 고즈넉한 목소리로 들려주셨는데
그 말씀은 바람으로 소리를 만들어내는 자그마한 절의 풍경소리가 되어
내 가슴속에서 이따금씩 흔들린다

또 사람은 왔다가 그저 씨 뿌리고 가는 거야 씨 뿌리고 가는 거다
우주 안에 있는 모든 물질은 형태 가 바뀔지언정 그 어딘가에 다 있는 거야
없어지는 게 아니야 라고 하신 말씀들이 내 귀에 걸 터 앉아있다

그러다 어느 날 아버이는 앙성에서 서울로 이사를 오시게 되었고
이사 오는 중 건축업자에게 사기를 당하여 전 재산을 날렸다고 하신다
그 건축업자를 찾아서 혹시나 하며 엄마가 여러 번 빚을 받으러 가셨는데
그러면 무조건 나도 따라 나선다
한복점을 운영하는 가게 문을 드르륵 열면 노란 장판위에 쪽진머리 여자가
옷고름이 매달린 희고 좀 꼬질꼬질한 한복을 입고
바느질감을 손에 쥔 채 고개를 숙이고 앉아 있다
남자는 한 번도 나타나지 않았고 엄마는 그 아주머니와 마주 앉아 한숨만 나눈다
그 가게 안에 귀엽게 생긴 흑갈색 작은 항아리가 있기에 뚜껑을 들쳐 보았는데
그 안에는 구데기가 위로 아래로 버글거리는 된장이 담겨 있었다

엄마는 아버이에게 돈을 벌어오라 하였더니
남대문시장에서 지개에 고기를 지고 이러고 서있더라고
어이없다는 표정을 하시었다 그리하여 생활전선에는 엄마가 뛰게 들게 되었고
아침 일찍 일어나 밥도 지었으며 아버지 발 닦으실 물도 방안으로 대령하였다
한강 취로 사업 시 아버이는 취로반장을 하시며 검은 봉투를 옆구리에 끼고 다니셨다
그 후 영세민으로 등록 되어 나라에서 나오는 밀가루를 받아 수제비를 해서 먹었다

그 수제비 특이하기도 하다
어떤 때 화딱지가 나면 먹고 체해 죽으려고 수제비를 씹지도 않고
꿀떡 꿀떡 삼키는데 이상하게 그럴 때면 한번도 체하지 않는다
허구허날 체해 할머니 손은 약손 종식이 배는 똥배
할머니 손은 약손 종식이 배는 똥배
그 노래를 주구장창 들어야만 했으면서 말이다

우리집은 담벼락 아래로 초록지붕에 칠면조가 마당을 거니는
아랫집 볼 수 있는 높은 축대위에 지여져 있는 집이다
담벼락 축대에는 비올 때만 흘러내려가도 되는 작은 구멍이
아랫집과 우리 집의 통로노릇을 한다

아침이면 햇살이 쫓아와 늦잠도 못 자게 난리치고

안방 웃방 나란하여 그 앞에 찌다란 마루는 여름잠을 재워주니 삼삼하고
비가 오면 마당에 물을 휙휙 날릴 수 있어 짜릿하다

다락에는 고조할아버지 숨 쉬고 있는 누런 책이 그득 하고
날갯짓 하고 있는 빨간 학은 궁궐 안에 들어가려고 이제나 저제나 하면서 네모난
헝겊에 척하니 붙어있고 할아버지 의관으로 보이는 챙이 넓고 높은 모자도
박스에 고스란히 담겨있고 마당에는 백자도 있고
부엌에는 뒤주도 있고 다식 만드는 판도 있고 든든하다

꿈질꿈질 구데기를 키우면서 내 발목을 잡아당겨 똥둣간에 빠트린 변소는
대문 밖 오른쪽에 엄니가 똥통에 빠진 발을 보고 똥독 오르면 죽는다며 화급히
닦아주던 하수도는 대문 밖 왼쪽에 있다
하수도 너머로 비가 오면 물이 지나갈 수 있는 깊은 구로가 집에 붙어있고
창문은 깊은 구로를 지게삼아 땅위로 겨우 턱걸이 한 듯 올라와있다

골목길에서 엄마하고 종미엄마가 같이 앉아 참빗질도 해주고 머릿니도 잡아주고
자리피고 부업을 하기도 하였으며 봉숭아꽃에 백반 넣어 짓이긴 것을 손톱위에
올려놓고 넓찍한 호박잎으로 감싸 실로 칭칭 묶어 주기도 하고 아이들 딱지치기에
다방구 오빠의 총쌈 놀이 술래잡기 오름 망 땅 따먹기 고무줄놀이 다할 수 있다

거기에다가 그 골목길은 망태 할아버지도 하얀 망태자루 등에 매고 돌아다니시기
때문에 여차하면 잽싸게 숨어야 한다
눈꺼풀이 무진장 무거워져 아예 아래로 내려와 붙을랑말랑하는 껌껌한 밤이 되면
암흑을 뚫고 나타나는 시꺼먼 저승사자가 짙은 군청색 모자에 이 붙어있는
우아래 똑같은 옷을 입고 딱딱딱딱 막대기를 치면서 이리저리 눈 흘기며
잡아먹을 궁리한다 열두시 되면 신데릴러 울까봐 망보는 아저씨다
그러다가 아침 되면 어김없이 두부장수 딸랑딸랑 흔들어대고
때로는 아저씨들이 양팔저울 똥통을 어깨에 매달고
『아 똥퍼이~아 아 똥퍼이~아』 소리치며 진한냄새 휘젓는다

나는 방안에 가만 히 누워 있으면 골목 지나가는 발자국 소리로
누가 누구인지 다 알아 맞힐 수 있다 우리 아버이 발자국 소리가 가장 어려운데
신선이 구름 위를 걷듯이 보드라 왔으며 여간하여 소리를 집어내기가 조심스럽다

수도는 대문 밖 막다른 집 수도를 우리가 그 집 물세를 내주는 조건하에
호수로 대어 우리 항아리에 받아 놓고 써야한다
물을 받기위하여 대문 열어달라고 하기 너무나 어려웠고
밤에 물을 받을 시 대문 앞에서 떨떨 맺던 꼴이라니 딱하기 그지없다
우린 아예 그 집을 수돗집이라 부른다
물을 받다 물이 넘치면 또 부엌이 한강이 되어 바가지로 퍼내야 한다

하수도도 없으니 물을 쓰고 나면 그 물을 들어서 문밖으로 퍼 날라야 한다
여러 가지로 진땀나는 일이다

새벽이면 우리 아버이가 골목을 다 청소 하신다
맨 꼭데기 이후락인지 그의 비서실장이 산다는 집부터 맨 아래까지
시레기는 저 아래 로타리까지 가져다 버려야 하는데
동네 시레기도 아버이가 다 들어다 치우셨다
술을 드시고 오신 날은 다음날 더 이른 새벽에 일어나 동네를 청소하신다
함박 즐거운 얼굴로
그런 아버이가 비가 오는 날 나에게 학교 가지 말라고 역정을 내셨다
우산이 귀한 시절이긴 하다
아버이는 우리가 박혁거세 69대손이라고 알려 주셨다

4학년이다
그리고 여성이다
여자는 여자끼리 남자는 남자끼리 반이 나뉘어지는 걸 보니 여성 맞다
내 짝궁 여자하고 친해졋다
1년 내내 붙어 다녓다
화장실 갈 때도 꼭 붙어서 같이 갓다

입학할 때 샀던 등에 매는 네모난 가방이 많이 찢어졋나보다
아버이가 가방을 사줄까 전과를 사줄까 물어 보신다
나는 생각할 필요도 없이 전과를 사달라고 하엿더니 아버이는 기특하다 하시며
손으로 들고 다니는 곤색가방과 전과 두 가지를 다 사주셨다
전과가 생겨 너무 기뻤고 시험이라고 하길래 폼 재며 열두시까지 공부를 하엿다
그런데 점수는 오히려 공부를 안 하던 때보다 더 못햇다
오빠들은 공부도 안하고 놀기만 하는데도 시험을 잘 보는데
나는 폼만 잿지 공부를 그다지 잘하지 못하여 내가 나에게 실망되었다

아주 좋은 일이 생겻다
처음으로 나들이를 간단다
큰오빠가 엄마하고 남식오빠 경식오빠 나를 데리고 어디를 간 댄다
종로에서 내린다 전철 이다
엄마를 따라 앞문으로 내릴까 하다가 그래도 내가 할머니와 차를 탄 적이 많으니 좀
멋져보이게 뒷문으로 내릴까 하며 왓다 갓다 하다 나만 내리지 못한 채 차가 출발
하엿다 그 뒤로 무슨 일이 잇엇는지 기억은 하지 못하겟고 주먹만 한 내가 학교
수위실에 앉아잇고 누군가가 와서 나를 번쩍 안고 집으로 데려왓다
엄마는 십년감수한 기분으로 너무 기뻐하엿고 내년에 소풍을 다시 갈수 잇을 거라고

생각 했는데 단 한번뿐인 나들이는 그렇게 무산되어 다시는 그런 날이 다가오지도
않았다 잘난 척 폼 좀 재려다 폭삭 망한 기분이다

청구동으로 넘어가는 언덕 꼭대기에 교회가 있어 동네 애들이 다 그곳으로 몰려가있다
아주 큰 마룻바닥위에 군데군데 예쁜 선생님을 중심으로 둥그러니 앉아서
아주 재미지게 있다 노래도 배우고 까딱까딱 손도 흔들고
홍수가 났다는 얘기도 듣고 무엇보다 빵이랑 맛있는 걸 준다
크리스마스 때는 정신 차리고 꼭 와야 된다

그런데 크리스마스 날 불이 났다고 난리가 났다
대연각호텔 이란다
교회가면 보인다고 하여 애들하고 막 뛰어 올라갔다
저 멀리 삐죽삐죽 건물 지붕들 사이에서 더 도드라진 건물위로 연기가
마악 올라가는 게 교회 문 앞에서니 정말 보인다
그리고는 크리스마스 빵을 더 이상 얻어먹지 않았다

학년이 바뀌어 새 학년이 되어야 한다
귀한 내 여자 짝꿍하고 반이 갈라져 헤어지게 되었다
너무 슬프다 반이 바뀌면 다시는 얼굴을 만나 볼 수가 없다
갈라진 반 너무 많은 교실 어느 속으로 흩어졌는지
우연이라도 복도건 운동장에서건 만날 일은 정말 없는 일이다
1학년 2학년 3학년 친구들 이름 다 외우지만
그 친구들이 어디서 어떻게 됐는지 알 수가 없는걸 보니 분명하다
너무 충격이 커 누구에게 표현도 못 하겠다
다시는 누구에게라도 마음 주는 일일랑 하지 말아야겠다

5학년이 되었다
나름 생각이 깊어졌다
생각에 골똘하다보면 학교를 가는 길에 혼자서 키득이며
이쪽으로 가야하는데 저쪽 길로 가고 있다
맬마다 이쪽 길에서 저쪽으로 다시 옮겨 타는 일을 해야 했다
이 생각에 꽂혀 있다
왜 건장하고 의리의리한 둘째 오빠는 누워있고 엄마가 돈을 벌러 나갈까
멋진 바바리 선글라스 검찰청 나의리 둘째오빠가 어쩐 일인지 꼼짝도 않고 누워만 있다
엄마는 여전히 생업에 매달려야 하므로 얼굴 보기가 어렵다
이참 저참 생각이 많아졌다 단 1초도 생각을 놓지 못하겠다

할머니가 쓰러지셨다
친척이 감을 사오셨는데 그 감을 드시고 체하셨고 그만 며칠 이내로 돌아가셨다

장사를 치러야 할 큰오빠와 둘째 오빠는 술이 잔뜩 취해 싸운다
둘이 맨날 싸운다 둘째오빠 월남 갔다 온 3일 후에도 둘이 피를 흘려 가며 싸웠다
땅 때문에 그랬다
큰오빠는 매일 앉아서 땅이 어디 얼마큼 있고 어디 얼마큼 있고 노상 그것만 외운다
둘째오빠가 새퍼드라는 족보 있다하는 개를 가지고 왔었는데 그 개가 똥을 쌌다고
큰오빠가 패대기를 쳐 개가 죽게 하여 경식오빠하고 나를 엄청 울게 만들었다
추운 겨울날도 가슴이 답답하다고 문을 조금 열어놓고 주무시는 엄마는
자다가도 벌떡 일어나 엄마를 종종 땅에 묻지 말라고 하셨다
우리에게는 늘 땅에 조금도 욕심내지 말라고 신신당부하신다
할머니 장사는 이웃으로 이사 온 언니 남편 형부가 정성껏 치루어 주셨다

엄마는 할머니가 그렇게 돌아가심에 많이 애석해 하셨다
손님이 사온 감을 드시고 체해 9만에 돌아가셨다며 그 말을 계속
되 뇌이셨다 감 먹고 체하면 약도 없대 약도 없대라는 말과 함께

그런데 이게 웬일 할머니 장례를 치룬 후 엄마 얼굴이 환하게 피었다
이때까지 엄마에게서 본적 없는 그런 얼굴이다
엄마가 입으로 좋다는 내색을 하신 게 아니라
하얗게 피어난 얼굴에서 지금 다리를 쭉 피고 있다는 게 느껴지는 거다
마음이 많이 아팠다 엄마가 시댁어른 모시느라 많이 힘들었었나보다
다시는 엄마에게 시어머니에게 이래야 돼 저래야 돼 라는 말 따위는 전혀 하고 싶지
않았다 아니 그동안 엄마에게 또박또박 거린 게 애고 같잖은 일 이었구나 싶어
미안한 마음마저 들었다

내가 그렇게 좋아하는 할머니인데 엄마보다도 더 좋아 하던 할머니인데
돌아가신지 며칠 되지 않아 할머니는 슬픔에서 잊었다
아마 바깥에 나가 놀 수 있게 되어 너무 신나게 놀아 대느라고 할머니 존재를
잊었는지도 모르겠다 단지 돌아가신지 며칠 후 상식을 올려 드리기 위해 설치한
할머니 고염방이 불에 타는 꿈을 꾸었을 뿐이다

웃방 창문 아래 고염방을 설치했다
나무로 네모난 틀을 설치해 그 안에 한문으로 할머니 이름 석 자 적어 모시고 있다
상식은 1년만 올린다고 한다
허례 허식 줄이기 새마을 운동때문도 있었지만
잔소리 할 수 있는 권위 있는 집안어른 한 세대가 다 물러감에 따라
슬쩍 집안 여려움과 합쳐져 예절의식이 줄여진게다
왜냐하면 무언지 어깨가 허전해진 느낌이다 아주 간소해 졌다
할아버지 돌아가셨을 때는 웃방은 그냥 할아버지 상식 올리기 위한 방이었다
흰 광목천으로 꾸며졌고 상은 언제나 놓여져 있었으며

아침저녁 상식을 올림은 물론 손님이 사가지고 온 음식은
반드시 할아버지 상에 먼저 가져다 놓고 절을 올리고 난 다음이라야
비로서 우리는 음식 먹을 자격이 생기는데
빨리 먹고 싶은 가슴에 지루함도 있었지만
그러나 기다리는 동안 엄숙해짐에 마음이 차올라
턱은 꼿꼿해지고 어깨가 펴짐을 느꼈기에 그러하다 그렇게 3년을 모셨음에도
아버이 말씀은 원래는 부모가 돌아가시면 자식은 죄인이므로 묘 옆에 초막을 치고
상주는 거기에 기거하며 3년 동안 생업을 접은 채 머리를 깎지도 감지도 않고
부모를 기려야 함이 원칙이라고 배웠기 때문에
한 칸 고염방은 뭔가 빠졌다는 생각이 든다

바깥에서 자유롭게 놀 수 있게 되었다
양반집 아녀자라고 문밖출입을 못하게 하시던 할머님이 돌아가셔서
실복이 언니 영자는 고무줄 앞에서 펄펄 난다 굉장히 잘해서 깍두기이다
내게 자유가 주어진 건지는 미처 생각도 하지 못한 채 나는 하늘을 보며
땅을 디디고 아이들 세상에 흠뻑 빠져있다
고무줄도 할 수 있다
그런데 나는 줄을 잡고 쪼그리고 앉아야 한다
나는 너무 못해서 영자언니가 나를 불쌍하다고 못하는 사람 깍두기로 끼어 줬다
줄을 잡고 쪼그리고 앉아 있다
다른 놀이는 그래도 따라할 수 있다 땅따먹기 오름 망 자치기 술래잡기
긴 밤 지내고 해가 뜨면 문밖에 친구들이 종식아 노올자 박자 맞춰
불러내면 또 달려 나가 어두워 질 때 까지 놀았다
동네에 새로 이사 온 친구들과도 금방 한 통속이 되어 들고뛰고 내리뛴다
『짱 깨미 뽀요 아리 고다 메요 센셔다 뼈요
니 까 짓게 무어냐 덤빌 테면 덤벼라 짱 깨 뽀 』
신나는 새로운 고무줄노래도 배웠다
『장난감 기차가 칙칙 떠나간다 과자와 설탕을 싣고서
엄마 방에 있는 우리아기한테 갖다 주러 간단다』
하며 마지막에 고무줄을 오른 쪽 발로 팍 누르면 된다

어느 어두운 저녁에 엄마와 이웃집 마실을 갔다
그 집 아줌마가 나보고 『딸내미가 예쁘네』 라고 말하였다
그러자 나보다 나이가 한두 살 더 많아 보이는 그 집 딸이 한마디 거든다
『나도 어디가면 예쁘다고 해』
옴 깜짝이야
아 니 내가 예쁘지 않다는 뜻이네
나는 내가 세상에서 제일 예쁜 줄 알았다

정말 나 미스코리아인줄 알았다
왜냐하면 오빠들이 다 나를 다 예뻐하는 것 같으니까
그런데 그렇지 않음을 알게 되어 겉으로는 내색을 하지 않았지만
마음속으로 크게 실망되어 얼굴이 달아 올랐다
내가 예쁘지 않은 거였구나

희멀건 얼굴에 어깨는 구부정하고 키가 큰 그리고 왕국회관에 다니는 아줌마가
문간방에 새로 이사 왔다 그 아줌마는 언니가 둘인데 친정엄마는 딸들이 대학 갈 나이
정도가 되면 얄짤없이 집에서 내 보낸다 하셨다 스스로 알아서 살아가라고
그 친정어머니도 놀러 왔었는데 단단해 보였다
그 아줌마는 친정 엄마 대함에 군기가 잡혀있는 듯 정중했다
그 집 식구들을 따라 나도 멀리 있는 왕국회관을 가기도 했다 그런데
그 집에 손님이 한명 온다 멀대 같이 얼굴은 희고 키는 크며 덩치는 좋다
그 집 친척인데 테레비 보러 왔는지 앉아서 테레비만 보다간다
그 집 아줌마가 울 엄마에게 그 애는 성숙하고 공부는 못하고
나는 공부는 잘하는데 순진하다고 얘기한다
무슨 뜻이지 이 세상에 공부 말고 또 다른 것이 있나

엄마가 갑자기 당황하여 어쩔 줄을 모르신다
우왕좌왕 좌왕우왕
이를 어쩌누 어째어째 화끈 화끈 울긋불긋
요는 문간방 아줌마가 나에게 심부름을 시켰기 때문이다
『감히 남의 집 딸에게 심부름을 시키다니
어떻게 이런 일이 세 상에 이럴 수는 없어』엄마가 적지 안이 당황 하시는 거다
심부름 하는 나도 조금 떨떠름하긴 했지만 그냥 가게 가서 물건 하나 사온 정도인데
그렇다고 엄마가 그 집에 가서 왜 우리 딸에게 심부름을 시켰냐고 따질 것도 아니면서
그러나 나를 대하는 엄마의 마음이 고스란히 읽혀졌기에
또 다른 집 아이를 어떻게 대해야 함을 읽었기에
나의 궁둥이는 펑퍼짐하니 크다매지고
발걸음은 더 디비적 디비적 거리게 된다

깔깔깔깔 엄마가 웃으신다
엄마와 같이 길을 걷고 있다
금호동에서 신당동으로 들어서는 골목
구데기를 품고 살아야하는 집 근처로 엄마와 내가 걷고 있다
엄마가 장사하는 물건을 떼러 가는 길 같다
갑자기 엄마가 나보고 앞서서 걸어가 보라고 하신다
그러더니 저렇게 깔깔 거리며 웃으시는 거다

『걸음걸이가 나 닮 어 나 닮 어 아 하하하하』
내 뒷모습을 졸대로 내가 볼 수 없음에 영문도 모른 채 멋쩍어 하는 나를 두고
아예 배 꼽을 잡고 웃으실 판이다

아 그 걸음걸이가 나중에 보니 온 세상의 놀림거리 인거다
으 씨 사람들은 나의 걸음걸이를 보고 킥킥거리며 뒤에서 손가락질하기도 하고
멀리서도 걸음걸이만 보면 낸지 알아 본다하고 킥킥 거리고
결혼 후에 울 시누이 앞서 걷는 나를 보고 소리 빽빽 지르며
『다리 붙이고 똑 바로 걸어 이렇게 이렇게에 자 이렇게 해 보라구우』
라고 해대야 할 정도의 걸음걸이엿다니
어 휴 내 딸까지 똑 같애진 그 걸음걸이
따라가지 못하는 엄마의 성씨는 엉덩이와 걸음걸이에 붙어서 그렇게 따라다니시고 잇다

최고의 담임선생님을 만낫음이다
내가 사람이라고 인지해주시는 첫 번째 선생님이시다
키가 작으신 여자선생님인데 내가 일기를 쓰면 진심의 답 글을 주신다
골목에서 노는 것이 얼마나 신낫는지 그 상황을 그림으로 그렷는데 선생님이
칭찬을 해주시고 상도 주셧다 배경색이 노랑만 아니면 더 높은 상을 줄 수 잇엇는데
조금 아쉽다 하시며 그래도 상을 주셧다
그림 잘 그리는 경식오빠를 제치고 내가 상을 받게 되어 미안한 마음 어찌할 바를
모르겟는데 그러나 나도 사람이라고 생각해주는 선생님이 신기하고 고마웟다

아 멋진 친구도 잇엇다
이름은 성숙이다
국민학교 5학년 시절 교실과 운동장에서 만난 그 친구는 너무나 훌륭햇다
운동장에서 오재미를 하거나 다른 놀이를 할 때의 운동실력은 모두를 압도할 만큼
뛰어낫고 모든 친구들에게 평정하게 대하여 아이들 전부를 아우르는 성품에
모든 애들도 다 얘를 좋아하고 한마디로 최고의 인기엿다
내 눈에도 멋지게 보엿다
저런 친구를 본받아야 되겟다 싶엇고 뭐든지 배워야 겟기에 개내 집까지 따라갓다
그러나 실망하고 말앗다
자기엄마와 형제들에게 정성스럽지 않은 짜증스러운 말투로 말을 하는 거다
이거는 아니다 가장 가까운 사람도 소중할진데 가까운 가족에게는 소중하게 대하지
않고 다른 사람에게만 소중하게 대하면 그건 앞뒤가 같지 않기 때문에 진심이라고 보여
지지 않는다 마음속으로 하산해야겟다고 생각햇다 그래도 또 그만한 친구가 없기에
그 친구 사는 집이 철거되어 송파동으로 이사 간 후 고등학생 될 때 까지
몇 번 더 그를 찾아 갓으나 나를 바라보는 눈길이 더 이상 따뜻하지 않음이 느껴져

마음속으로 정식으로 하산하고 뒤 돌아섰다

처음으로 들었다 노래 소리를
학교에서 집으로 돌아서는 길목에서 너무 매일 들려서 나도 외울 수 있게 됐다
『저 푸른 초원위에 그림 같은 집을 짓고 사랑 하는 님과 함께 한평생 살고 싶어
』 다른 소리는 잘 모르겠다
그림 같은 집만 들린다
그림 같은 집
그림 같은 집 하얀 뭉게구름위의 집이 상상되어
내 마음도 구름위로 올라간다

조금 기가 죽고 약해 보이던 셋째오빠가 확 달라졌다
샤프해졌다
배지색 바바리도 잘 어울리고 세련된 기타하며
긴 줄이 달려있는 녹음기를 어깨에 착 매달고 다니는 거 하며
게다가 다 같이 음치만 버글 버글 한 우리식구 전체를 제치고 노래 음을 찾을 수 있는
유일한 사람이라고 뻐기며 얼굴도 환하게 피었고 어깨가 완전히 뒤로 짝 젖혀졌다

동네친구 실북이도 니네 오빠들 중에는 셋째오빠가 제일 잘생긴 거라고 하고
다들 내가 살랑살랑 눈웃음치는 모습은 셋째 오빠를 쏙 닮았다고들 해서 거울을 보니
내 얼굴에서 똑같이 생긴 셋째 오빠 얼굴이 보이기도 한다
우리식구들이 노래를 못하는 이유는 두 살 이전에 음을 인지해야 하는데
차단된 음악생활 때문이라는 대단한 논리도 우리에게 설명하고
우리는 신기한 노랫소리에 기타소리에 정신이 혼미해진 상태이다

그런데 갑자기 내 심기를 건드리는 노래를 틀어댄다
『얼굴만 예쁘다고 여자냐 가슴이 고와야 여자지
삐리리리 삐리리리리 삐리리 삐리리리리리리리 삐리리
한번만 마음 주면 변치 않는 여자가 정말 여자아지』
어 기분 나 뻐 모래는 거야
이유 없이 나는 다짜고짜 악을 쓰고 울어댔다
셋째 오빠는 그런 내가 재미지다고 종일 그 노래를 틀어대고
나는 그 노래만 나오면 악악거리고 울어댔다
셋째오빠가 녹음을 하려 하는데 녹음기에는 내 울음소리만 들어간다
그렇게 오빠의 향락 생활에 방해가 되니 화를 낼 만도 하건만
그저 재미있어 어쩔 줄 모른다 마침내는 녹음테이프 전체에 내 울음소리로 가득
채우더니 내가 시집갈 때 결혼식장에 이 울음소리로 입장시켜 주마고
아주 행복에 겨워한다

어 씨 감히 누구보고 이쁘니 어쩌니 저쩌니 떠드는 거야
우리 집엔 여자는 나밖에 없으니 여자 하면 나고 나보고 못생겻다 노래를 해대니
내가 악을 써서 그 노래를 아무도 못 듣게 틀어 막어야 되는 거다
이다음에 아무래도 예쁘지게 꽃집을 차려야 될래나보다
『꽃집에 아가씨는 예뻐요 그렇게 예쁠 수가 없어요
한번만 마음 주면 변치 않는 여자가 정말 여자지』

아버이가 앨범공장을 시작 하셧다
앨범 한두 권 집으로 가지고 오시는 것 같더니
금방 천장에 붙이는 판넬공장이라 하신다
좋은 사업 동업자를 만나셧다는 것 같다 멋진 명화 그림이 잇는 판넬이다
아버이가 한껏 들떠 설명을 해주신다
우리 금방 부자 되는 거다
판넬 만드는 공장에서 반지도 만든다 개미반지이다
주황색 투명한 반지 속에 개미가 한 마리씩 들어잇다
처음 만들어진 반지는 매끄럽지가 않아서 다듬어야 한다
웃방에서 둘째오빠가 다듬는 일을 한다
둘째오빠는 예리하고 치밀하다
설탕 뽑기도 바늘로 섬세하게 별이 깨지지 않게 잘 뽑아주어
뽑기 아저씨 인상이 구겨질 때까지 공짜로 더 탈 수 잇게도 해준다
지금은 즐거워하는 얼굴로 손가락에 손가락장갑을 끼고 개미반지를 빼빠로 곱게
다듬는다 둘째오빠는 꼭 나에게만 로타리에 잇는 약국에 가서 손가락에 끼는 장갑을
사오라 시킨다 열심히 사다 날랏다 그런데 왜 손가락장갑을 약국에서 사오라 하지

금방 부자가 될 것 같앗는데 길거리에 앉아서 반지를 팔앗다 하는 아버이를 상상하니
반지를 사가지고 간 사람을 신나게 설명 하시는 아버이와 달리 마음이 편치 않고 별로
실속 잇을 것 같아 보이지도 않다
어느 날은 보랏빛 돌 한 덩어리를 가지고 오셔서는 또 부자가 될 것같이 얘기하신다
이제 왠지 믿음이 안가기 시작이다 얼마가 지나니 이제 그 돌로 나에게 반지를
해주시겟다고 들뜬 목소리로 얘기를 하시는데 나는 그 반지 절대고 가지고 싶지가
않다 시큰둥해 하는 나를 눈치 채셧는지 자수정이라는 보석이고 아주 좋은 거라
얘기하시는데 도무지 달갑지가 않다

둘째 오빠가 송추로 움직엿다
할아버지가 여섯 살 때 상속 받앗다 하는 땅 중에 송추는 2만평이라 하는데 문인석이
서잇는 산소도 여럿 잇엇다
땅 중 일부는 종중이 개간하고 잇고 문인석이 서잇는 산소는
군부대에서 산소를 돌보겟다는 조건으로 부대에 흡수됏다고 햇다
그럼에도 놀고 잇는 땅이 잇엇는지 둘째 오빠가 개간을 하러 들어갓다

땅은 아주 비옥하다 황토색 땅은 조금만 뒤집으면 지렁이가 버글버글하구
아무거나 심기만 하면 엄청 잘 자란다
게다가 둘째 오빠는 굉장히 빠르다
엄마가 얘기하기를 둘째 오빠는 하루에 나무를 열두 짐을 한다구 한다
얼마나 빠른지 발바닥을 땅에 다 딛을 필요도 없이
다른 발이 벌써 앞쪽으로 나가있는 모양새다
그야말로 동에 번쩍 서에 번쩍 한다
그에 맞춰 성격도 급하다
정직할 수도 잇겟지만 남을 이해한다는 것은 완전 불가능해 보인다
눈썹이 굉장히 짙구 눈동자는 반짝 반짝하다
빨리 움직여야하기에 허리를 필 시간도 필요가 없어 배와 어깨가 약간 구부라져 잇다
엄마는 둘째오빠는 늘 애처럼 칭찬을 해주어야 한다며 웃으며 얘기한다
기억력은 메가톤급으로 좋아 몸에 술이 들어가기만 하면 늘 다른 사람의
500년 전 일도 다 기억해내어 계속 지적이면서 이를 갈구 숨을 깔딱깔딱 몰아쉰다

엄마는 큰오빠에게는 의지하는 것 같구 둘째오빠에게는 다독다독 거리며
정을 나누엇는데 셋째오빠와는 그러지 못햇을 거 같다
태어나면서 모친을 잃엇어야 하는 불쌍함에
또 자식이라구는 아버지 밖에 낳지 않으셧으니 자손을 귀히 여겻을 할머니가
셋째 손주를 더더욱 끼구 살으셧을 테니
엄마와 진정을 나누기에 부족하지 않앗을까 싶다

5학년에도 역시 짝꿍은 잇엇구 파마머리인지 곱슬곱슬 단발머리 여자짝꿍
1년 내 붙어 다니구 화장실도 같이 다녓지만 또 한 학년이 올라가니
또 반이 나뉘어지게 되어잇구 그러나 이번엔 다시는 누구에게도 마음을 주지 않겟다구
결정한 후이라 헤어짐의 슬픔 따윈 잇지도 않앗다
친구가 잇지도 않구 없지도 않은 거다

최고의 학년 6학년이다
모든 폼을 다 잡을 수 잇다
우리 반 애들 거의가 과외를 한다
중학교가 대단한지도 모르겟다
담임 선생님이 남자이신데 다 담임 선생님한테 해야 한다
나만 빼구 다
내가 공부를 잘 하는 거 같지는 않지만
과외비를 낼 형편이 안 되는 걸 어떻게 아시는 걸까

선생님은 총각이엇구 우리 집 근처에 사는 친구 집에서 지내신다

친구가 자기 엄마는 궁궐 마지막 상궁이라고 햇다
개내 집에 놀러갓는데 방 가운에 병풍이 세워져 잇엇고
병풍 이쪽은 친구엄마가 저쪽은 선생님이 주무신다고 한다

선생님이 구아원 방문기를 얘기해 주셧다
아이들은 얼굴에 로션도 바르지 않는데 겨울에 얼굴도 트지 않고 피부가
좋기에 왜 그런가 원장님에게 물엇더니 세수를 하고 수건으로 물기를 닦지
않고 자연 그대로 말리기 때문이라 햇다고 놀라운 듯이 얘기해 주셧다

체육대회를 한다
운동장을 향해 이쪽저쪽 방파재가 되어 쭈글쭈글 앉아잇다
파란모자 흰모자 갈라 쓰고 청팀이다 백팀이다 부추긴다
들뜬 마음이 들어 목이 터져라 응원햇다
수도꼭지 모여 잇는 수돗가에서 콸콸 쏟아지는 물로 손을 닦고
고개 재껴 기지개켜니 하늘도 응원 온줄 알겟다
저 멀리서 일곱 빛깔 물감 풀어 구름다리 만들고 샤르륵 걸터앉아 노랑 빨강 참견한다
하늘의 청아함의 푸르름은 또 얼마나 빨려들게 만드는지

우와 코발트색이다
코발트색이야라고 표현 할 수밖에 없고
내 온 마음 빼앗아 목이 아파 질 때 까지 마냥 바라보게 만들더니
기어이 그 아름다움에 눈물을 흘리고 싶어지게 만든다

체육 검사도 한다
선생님은 나를 향해 너무 못해서 기가 막히다는 표정이다
가를 줄 수도 없는 성적인데 그냥 봐줘서 가를 주겟다 하신다
그러나 가보다 더 낮은 평가는 없으니까 가를 주는 것이므로
만약 가보다 더 낮은 평가가 잇다면 그것을 줘야 속이 시원할 것 같다는 표정이다
삼각진 뜀틀 넘어가기 시간에는 아무리 시도를 해도 내 몸은 그 틀을 넘어가지 못한다
뒤에서 같은 학교 다니는 언니아들 조카가 나를 보앗다 한다
친구들에게 『우리 이모다』 라고 말하려고 하다가 너무 못해서 그냥 가만 잇엇다나
말앗다나 달리기를 해도 언제나 꼴찌이다 그냥 조금 차이나는 꼴찌가 아니라 내 앞
사람과도 아주 차이가 많이 나는 꼴찌이다
아이들이 재 좀 봐~아 하며 깔깔 거리기도 하고 경멸의 눈길을 보내기도 한다
그냥 웃고 넘기지만 가슴은 무겁고 자존심도 상하고 아프기도 하다
동네 사는 실복이는 자기네 집에 맛잇는 음식만 잇으면 맨발 벗고 우리 집 달려온다

나도 같이 가서 먹자고 쑥스럽지만 매일 못이기는 척 따라간다
개내 아버지는 매일 맛있는 빵이며 여러 가지를 사다 놓으신다
우리 아버이는 물건을 사서 손에 들고 다니는 일 따위는
양반 체통에 손상이 가는 일이므로 절대로 하지 않는 분이시다
실복이가 자기 아버지가 사오신 빵을 내게 먹으라고 떼어주면 나는 못이기는 척 그것을
먹고 속마음은 저것을 다 먹을 수 잇다 생각하지만 절대로 내색은 하지 않고
딱 주는 만큼만 먹는다 언제나 점잖게 조금씩 거절 하면서
『아니야 안 줘두 돼~
그만 줘~ 됏어~어 아냐 이제 그만 먹을께에』 라고 말했다
고맙다라는 말을 해야 한다는 생각은 해본 적 없다
안 먹으면 안 먹지 자존심 상하는 말이나 행동은 입이 열어지지도 않는다

우리엄마와 실복이 엄마는 친하게 지냇다
실복이 엄마는 우리엄마가 한글을 읽을 수 잇는 걸 부러워하는 눈치다
엄마는 실복이 엄마에게

글쎄 우리 딸이 아침이면 지 오빠들 양말을 딱딱 찾아서 챙겨주지 뭐야~
아 내가 저녁에 집에 돌아왓더니 빨래를 착착 개놨어~
오늘은 내 속바지 틑어진 걸 꿰메 놨어
내가 쑥스럽거나 말거나 계속 얘기 하신다
난 그저 힘들고 지친 몸으로 집에 돌아온 엄마가 오늘은 어떻게 하면 웃을까
생각하면서 이것저것 찾아서 했을 뿐인데 안할 수도 없고
엄마가 저리 행복해 하는 얼굴인데 그 자리에서 엄마에게 얘기하지 말라고 할 수도
없고 단둘이 엄마와 잇게 되면 다니면서 내 얘기 좀 하지 말라고 신신당부한다
그래도 엄마가 살금살금 내 얘기를 하고 다님이 느낌으로 알아진다

할머니 살아 계실 때는 감히 나가 놀지 못하게 하기 때문에
우리 집 출입이 자유롭지는 못했던 실복이가
이제는 풀 방구리 뭐 드나들 듯 내 집을 자유롭게 들락거린다

실복이네 집은 아버이가 수도국에 아는 사람이 잇어 수도를 놔주셧다
물론 비용은 실복이네서 지불햇지만
어찌하여 우리집도 같이 공사를 하지 않는지 궁금하지만 굳이 따지지도 못햇다
공사에 신이나 미소가 만연한 아버이의 심기가 행여 불편 하실 지도 모르기에

그래서 우리 동네 수도꼭지가 없는 집은 자경이네와 우리뿐이다
그나마 자경이네는 옆에 사는 자기주인집 수도를 끌어다 쓰니
눈치를 보는 것 같지는 않고 마당에 하수도는 잇으니 조금 낳은 편이다
자경이네 집은 실복이네 집 맞은편 쪽이다

개내집 주인은 육자엄마인데 머리는 세련되게 두건을 쓰고
몸은 통통하며 집에는 불독 같은 무서운 개를 키워 개 짖는 소리가 사납고
대문은 늘 닫겨 있으며 계 오야도하고 돈놀이도 한다고 한다
어느 날은 그 집안에서 싸우는 소리가 대문 밖까지 크게 들렸다

실복이와의 기억은 다섯 살 때부터이다
가끔 할머니가 시골 가시거나 하면 실복이와 논다
실복이네 창문 쪽 골목은 안쪽에 있는 집이 막혔기에 크기가 딱 돗자리만 하고
창문 밑 벽에는 툭 튀어나온 턱이 있어 그루터기 되어 소꿉놀이에 요긴하고
그 조그만 땅바닥은 공기놀이에 적당한 그야말로 우리들의 아지트다
기왓장이나 아니면 땅에 있는 다른 납작한 돌들을 주어
단단한 돌로 그 돌들 내리쳐 작게 만들고
작아진 작은 돌을 또 큰 돌로 동글동글 하게 다듬어 작은 공깃돌을 만든다
아주 많이 만들어 우리는 많은 공기 를 한다
많 은 공 기 세 번은 공기 돌 하나를 높이 던져 공기알이
공기 중에 떠있는 동안 손바닥으로 공기알을 모으고 마지막
기 에서 모아 놓은 공기알 전체를 낚아채는 놀이 이다
야 우리 많은 공기할래 하면 언제나 대답은
그래 이고 땅에 쭈그리고 앉아 세상을 평정한다

다음날 되면 툭 튀나온 담벼락 턱을 부뚜막 삼아
빨간 기왓장은 박박박박 부셔서 고춧가루 만들고
풀잎모아 김치 담그고 땅바닥 흙을 모아 물을 넣고 반죽하여 동글동글 떡도 빚고
강아지풀 도로록 뜯어 뿅뿅뿅 화장품뚜껑에 소담하게 담아놓고
다섯 갈래 풀로는 우산 지어 장만하고
살림을 차리는 거다 단 한 차례도 싸운 일은 없다

실복이 아버지는 중앙시장 쌀가게에서 일을 하신다
하루도 집에 머무르시는 일은 없고 술도 담배도 하지 않으시며
매일 집에 들어오실 때는 맛있는 빵 또는 다른 것을 사가지고 오는 낌새이다
말을 많이 하지지도 않고 표정은 편안하다

실복이 엄마는 집에서 부업으로 면장갑 꿰매는 일을 하셨다
코바늘로 장갑 손가락 끝에 있는 코를 낚아채어 꿰매는 일인데 실복이도 돕고 나도
돕는다 그 일 아니더라도 실복이 엄마는 부업을 많이 하셨는데
혹시 내가 가게 되면 나는 무조건 붙어 앉아서 거들었다

실복이네 집에 가서 영자 언니 본 일은 거의 없다

아마 우리 집 경식오빠마냥 가방 팽개치고 사라지나보다
실복이는 나와 나이는 같은데 학년은 나보다 하나 아래이다
실복이 엄마는 실복이를 동네오빠에게 과외 공부 시키셨다
그 오빠가 화산폭팔에 대해서 가르쳐 주는 걸 들었는데
사람 방귀 뀌는 거랑 똑같다고 했다
큰 소리 나오고 가스 나오고 똥 덩어리 뿡 뿡 나오고
실복이와 같이 과외 공부하던 성자는 가져다 버릴 연탄재를 포장하여 마당에 놓앗는데 그것을 누가 훔쳐갓는지 없어졋다고 하여 우리를 얼마나 웃게 만들엇는지 모른다

실복이는 몸이 빠르다
무슨 일이 생기면 로타리까지 가야 하는 일도 동시에 몸이 쌩하고 나간다
우리 집 올 때도 파라락 파라락 날아오지 걸어 온 적 한번 없다
체력장 검사 전날도 발이 삐엇는데 저녁내 발에 온찜질을 하고나서
다음날 A등급 받앗다 나는 다친 일도 없고 최선을 다햇는데 C 등급이다
나를 부를 때도 연거푸 부른다
『종식아 종식아』 근데 잇잖아 어쩌구 저쩌구
동네 소식을 전해준다
실복이네 아랫집에 사는 사람이 굿을 할 때 대를 잡은 사람에게 돌아간 분의 혼이
들어와 지나간 일을 재현한 이야기며 그 집에 이사 온 우리또래가 여자애가
이사왓다는 얘기를 허거허걱 숨도 못 쉬며 물어 나른다

로타리에서 집으로 올라오는 왼쪽 골목진집 담장엔 청포도가 주렁주렁 하다
실복이가 그 담장에 올라가서 포도를 따고 나는 멀뚱 멀뚱 밑에서 기다린다
그리고 나누어 먹는다
재미도 잇지만 또 얻어먹어야 하는 내 입장에선 기가 죽기도 한다
실복이도 나도 내가 그 담장을 밟고 올라설 수 잇다는 것은 생각조차도 안한다
한번 실복이가 내 엉덩이를 밀어주고 나도 온 힘을 다하여 올라가 본적이 잇는데
그 뒤로 더 그렇다 나 혼자엿다면 그곳에 포도가 잇다는 사실조차 인지하지
못 할 일이기도 하다

그쪽으로 올라오는 언덕빼기 넓은 길엔 비가 흘러내리면
빗물이 신발 속으로 들어와 물을 터벅터벅 치면서 걷는 거 또한 재미지다
가끔 땅바닥에 허연 기다란 회충이 허우적허우적 거리기도 한다

갑자기 대문가에서 시끄럽게 큰 소리가 들린다
방에서 숨도 안 쉬고 무슨 소리인가 귀 기울엿다
셋째오빠가 아버이에게 대드는 소리이다 무서움이 엄습한다
이상하기도 하다 큰오빠와 둘째오빠도 지난번에 아버이에게 대들더니

셋째오빠도 커지니까 아버이에게 대든다
크게 싸우듯이 남식오빠도 경식오빠도 이담에 셋째오빠만큼 나이가 먹어지면
큰 오빠들과 똑같이 아버이에게 대들게 되는 것일까
몸이 잔뜩 움츠러들었다

신당동 대문이 큰 집 앞 연탄 앞에 쪼그리고 앉아 엄마는 달고나 고객을 맞이한다
쫄딱쫄딱 해맑은 고객 앞에 형편없이 쪼그러져 있는 내가 시중들고 있다
아주 아련해진 기억인데 왠지 내 옷이 분홍 스웨터를 입었을 것 같다
사업이 시원찮았는지 엄마가 봐도 부잣집 아이들 앞 내 형색이 꼴이 아니었는지
한 이틀하고 바로 폐업 정리하셨다

겨울 방학이다
기상이 하늘까지 닿아있는 6학년의 겨울은 방학도 길다
시장 끝 학교담벼락 아래 있는 작은 양철 문을 열고 들어간다
스웨터 만드는 공장이다
아랫방 시골에서 상경하여 새로 이사 온
토옹통 뽀얀 피부의 웃는 얼굴언니가 다니는 공장을 따라왔다
내 또래 여자애들도 보인다

내가 키가 작다고 언니가 그렇게 놀려대는데
여기오니 나보다 한 살 더 많아도 키는 나와 비슷해 보인다
안따깝게 중학교를 포기하고 공장에 있다
라디오를 틀어놓고 일을 한다
라디오에서는 낙도오강 강바라~암에 어쩌구 저쩌구 노래는 쉼 없이 들려온다
열한시까지 일을 하고 봉급은 얼마인지 잊었는데
1 기분 등록금과도 같고 쌀값하고도 같다라는 생각을 하고 있다
토요일이라든지 일요일이라든지 그런 개념은 없다
그냥 눈뜨면 몸이 공장에 있고 깜깜해질 때까지 그렇게 움직거린다
야근 일을 할 때면 신기하게도 공장에서 밥을 준다
낯선 장소에서의 또 다른 음식냄새
그런 밥을 먹을 수 있다는 신기함이란
커다란 함철 다라이에 놓고 밥을 찌고
세상에서 처음 본 갈치 국이 곁들여 지기도 했다

아버이는 중학교 교복을 입어야하는 나에게 로타리 구둣방으로 데리고 가셔서
내 발바닥으로 모형을 그려서 만드는 까만 구두를 맞추어 주셨다
금호 여자중학교로 배정을 받았다

경식오빠에게 모처럼 물어볼게 생겼다
『오빠 나 금호여중이래 어디에 있는 거야』
오빠가 어이없다는 듯 웃는 표정이다
『여기서 탁 한번 엎어져 그럼 코가 닿을 꺼야 거기가 바로 금호여중이야』
한번 엎어지라고
엎어지라고
다행히 영자언니도 금호여중이라 그 언니 따라 중학교를 찾아갔다
뛰는 언니를 나도 따라 뛰어야한다

키는 아직도 땅에 붙어있다
아주 좋은 점도 있다
교실 맨 앞에 앉기 때문에 선생님 말씀이 귀에 쏙쏙 들어온다
그런데 에리는 희고 색깔만 곤색이건만 교복은 발목 까지 치렁치렁하다
두툼한 곤색 가방도 땅에 닿을랑 말랑 하다
분명 국민학교 다닐 때는 최고였고 6학년이나 되는 막강한 힘이 어깨에 붙어
있었는데 도로 아기가 되어버린 모양을 한 이 꼬락서니하고는
지나가는 사람들이 나를 보고 웃는다
『재 좀 봐 재 저렇게 작은 애가 교복을 입었어 가 방이 땅에 질질 끌려 깔깔깔』

학교에서 사진을 한 장 내라고 한다
6학년 졸업할 때도 앨범을 만든다고 하여 사진을 찍었고
생각지도 않게 엄마가 앨범비를 내주셨는데
도저히 엄마에게 또 사진 값 달라는 말을 할 수 ㄱ 없다
『엄마 걱정 하지마 졸업앨범 있잖아 거기에 있는 사진 오려서 내면 돼』
나의 못생긴 얼굴이 그러나 예쁘게 웃는 얼굴이
앨범에는 그 자리가 네모 낳게 파였고
나중 생각하니 앨범이 더 비싸고 귀한 건데
그러나 어쩌겠어 엄마에게 부담주지 않는 내 마음이 훨씬 편한 걸

음악시간이면 다 같이 일어나 피아노가 퍼질러 자고 있는 교실로 움직인다
가슴이 하늘에 붙어있을 것 같은 음악선생님도 따로 있다
『동그라미 그리려다 무심코 그린 얼굴 내 가슴 따라 피어나는 하 아얀~』
선생님은 직접 지으셨다하며 알려 주신 노래다
참으로 행복하게 만드는 노래다

국어 선생님이 시를 한편씩 외우라 하신다
하나가 눈에 들어왔다
『흙에서 태어났으니 흙으로 돌아가리라』
무슨 말인지 모르지만

멋들어져 보여 목에 힘주어 외우고 다녔다
지금은 다 도망가고 한 구절만 남아있다
『흙에서 태어났으니 흙으로 돌아가리라』

공부 좀 하는 척 폼 재는 건 여전했나보다
공부하는 폼 새를 보시더니 아버이가 처음으로 꾸지람을 하셨다
글씨가 이게 뭐냐 수학문제를 풀 때는 이렇게 가지런히 숫자를 써야 계산이 되지
경식이 오래비 봐라 글씨가 반듯하지 않느냐
어 그러고 보니 저 장난꾸러기 경식오빠의 글씨는 반 듯 반 듯 선비 같고
내 글씨는 자릿수가 위로 아래로 엉키고 있음이 보였고
생각해보니 5학년 때는 덤벙거림에 빵점을 맞은 적도 있다
시험지는 앞장 왼편 오른편 다른 과목이고 뒷장 또 다른 과목이었는데
자만심이 가득 차 앞장 왼편을 풀고 오른편에 붙어있는 미술과목은 보지도
않은 채 뒷장만 풀었더니 미술과목은 깨끗이 빵점으로 채점이 되어 있었다
그 상황이 재미있기도 했지만 덤벙댐의 끝을 보여준 꼴이었다
그 뒤로는 꼼꼼해져야겠다는 생각에 문제를 풀고 시간이 남으므로
두세 번 더 문제를 들여다보게 되는데
그러면 시험지 위의 글씨들은 모양이 해체되어
그저 직직 그어있는 작대기로 해체되어 글씨꼴을 찾아내기 힘들고
작대기 방향은 이리 저리 향하여 오리무중한 상태가 되고 만다

게다가 한 가지 더 고백하자면 오른손과 왼손을 구분하지 못하겠다
밥 먹는 손이 오른손이라고 하는데
이쪽 손으로 올려도 밥이 들어가고
요쪽 손을 들어도 밥이 올라가고 아무리 올렸다 내렸다 해도 점점 더 알쏭달쏭
이쪽이고 저쪽이고 밥만 다 잘 올라가는구먼 삿갈리게 시리

아무튼 연습이라도 오빠처럼 차분해져야 하나보다
게다가 다 잊으셨을 법한 나이이신데
중학교 과정을 기억 하시고 나에게 수학공부를 가르쳐 주시는
아버이도 존경스럽고공부를 함에 있어서 조금 침착해져야겠다는 생각이 들었다

그 무렵부터 일게다
수학문제를 풀다가 어려워 쩔쩔매다 엎드려 잠이 들면
잠에서 깨어날 때 신기하게도 눈이 반짝 떠지는 기분이 들고
어려웠던 수학문제는 명료해져 원리까지 한 눈에 샤악 들어와 문제가 술술 풀어진다
덕분에 반에서 3등정도 했다

그리 잘한 것도 아니건만 엄마의 얼굴에 꽃이 피었고 어깨도 신바람이 났다
다니면서 얼마나 자랑을 하셨는지 로타리 길가에서 장사하시는 분까지

『공부를 잘한다며 3등 햇다며』 라고 칭찬 하신다
마침내는 로터리에 잇는 약국집 딸 영선이를 소개 받앗다
얼굴도 가슴도 예리예리한 5공주 집 맏딸 5학년
내가 선생님이 되엇다
과외비는 3000원씩 받앗다
그 돈을 3개월 모으면 1기분 등록금비와 같다
내가 좋아하는 산수에 더 목청을 세워서 공부를 가르쳣다
어느 날 영선이가 산수를 97점 받아 왓는데 얼마나 기뻐던지
개내 엄마는 둘째딸 2학년 영희까지 나에게 맡겻다
추가로 더 주어야 하는 과외비도 없이
와 진짜 말도 안 듣고 얼마나 힘들게 하는지 식은땀을 줄줄 흘렷다

눈이 나빠졋다
비오는 날 엄마 몰래 이불 뒤집어쓰고 만화책을 봐서 그럴까
3학년 때 1년 내내 후미진 구석자리에 앉아서 그럴까
칠판 글씨 보는데 지장이 생겻다 남식오빠가 안경을 해준다고 한다
경식오빠는 저 멀리 덕소 중학교로 다니고
남식오빠는 집 위에 동산국민학교랑 붙어잇는 대경상업고등학교에 갓다
대경중학교에 다녓엇는데 연계된 고등학교를 가면 장학금도 주고
서울대학교에 들어가면 학비 전체도 대주고
연세대학교나 고려대학교를 가면 입학금만 대주는 조건이다
남식오빠는 중학교 다닐 때도 친구들과
왜뚜리 라는 문예부를 창단하여 몇 번 책을 출간하기도 하엿다

오빠 한번은 이런 얘기를 들려 준일이 잇다
매일 장학금을 타니 깡패친구들이 오빠를 몰아놓고 때렷다고 한다
오빠는 때리는 친구들이 불쌍하여 가만히 맞고만 잇엇다 한다
친구들이 아무리 때려도 반항을 하지 않고 맞기만 하니
이거 바보아냐 하고 그냥 돌아갓다고 한다

오빠는 도시락을 싸가지고 간적이 잇다한다
교실에서 먹을 수는 없어 주머니에 넣고 화장실에 가서 먹엇다 한다
그러나 아랑곳 않고 세계 평화만을 추구한다
오빠와 같이 왜뚜리 창단한 친구들도 멋지고 남식오빠는 우리들의 우상이다

우리엄마도 멋지다
오빠친구들이 말햇다고 햇다
오빠 친구들에게 존댓말로 해주는 분은 너의 엄마뿐이시라고
남식오빠도 과외 공부를 가르친다

혹시 대학 장학생이 되지 않으면 모아서 대학을 갈 계획이다
엄마는 남식오빠에게 간장을 사오라고 시키고
남식오빠는 간장을 사가지고 올 때 과외공부 받는 학생 앞을
지나쳐야 함에 엄마에게 서운해 하기도 했다

그 오빠가 나에게 장학금 타서 모은 돈으로 안경을 해주려고 한다
방범대장을 하고 있는 발 넓은 형부가 로터리 길 건너편 안경점을 소개해 주었다
안경을 처음 써보는 나는 어색하다
땅도 깊게 느껴지고 뱃속도 메스껍다
다시 안경점을 방문해야 했지만 또 적응하고 칠판 글씨 잘 보이니 살 것 같다

우리 집 변소가 길가에 있어서 문제가 되었을까
아버이가 대문 안에서 변소를 잠글 수 있는 장치를 만드셨다
형부가 그것을 보고
『장인어른은 머리가 좋아』 라고 감탄 말을 하였는데
그 말을 들은 엄마가 많이 언짢아 하셨다
누가 그렇게 어른에게 표현 하냐며
나이어린사람은 윗사람을 가타부타 평가해서는 아니 되는 일인가 보다
내가 듣기에 형부의 말 뉘앙스가
머리는 좋은데 돈을 못 벌어 라고 말하는 것같이 느껴지긴 했다

엄마가 걱정이 이만 저만 아니다 큰오빠가 설혼이 넘었는데 아직 결혼을 못시켰다고
큰오빠는 제대 후 10년 동안 동생들을 위해서 노가다판에서 일을 해야 했다
인맥 막강하신 할아버지께서 둘째오빠 검찰청 셋째오빠 국립영화제작소에 취직시켜
준 것처럼 큰오빠에게도 군대 제대하자마자 좋은 일자리를 소개 시켜 주었는데
큰오빠가 가지 않았다 했다 나중에 알게 된 이유는 면접 때 입고 갈 옷이 없는데
엄마에게 차마 그 말을 못 한 거라 한다
쌀 거리 대기도 힘든 상황이었을 테니

맨밥에 반찬은 소금 한가지인적도 있다
소금에 고춧가루를 섞어 밥에 살짝 넣고 비벼먹으면 그래도 고소한맛이 난다
아버이의 이종 검찰청에 근무하는 귀춘이 아줌마가 오셨을 때도 그렇게 먹었는데
그분도 맛있다고 키득거렸다 소금반찬만 내놓는 아버이는 창피해하지도 않고
당연시했음이 세월지난 나를 키득이게 한다

엄마는 큰오빠 결혼시키고자 하는 마음에 총력을 기울이신다
다행히 형부가 큰오빠에게 방범대원 자리에 취직 시켜주어
노가다판 미쟁이 일은 벗어난 상태이다
그 형부가 큰오빠 배필을 소개 시켰다

큰오빠가 엄청 예민해져 잇다
땅은 여기에 몇 천 평 저기에 몇 만 평 맨날 외우고 잇지만
그것이 당장 필요한 돈하고는 관계가 없나보다
먹고 살기 바쁜데 따로 결혼할 돈이 잇을 리 만무하다

우리 집 큰오빠 힘은 막강하지 싶다
할머니는 장손을 각별히 조심스레 대하셧고
또 에미를 잃게 된 손주들이니 더 마음이 쓰엿으리라
엄마는 할머니가 큰오빠들만 감쌋다고 늘 얘기하시기도 햇다

우리가 살고 잇는 모든 것에 권력이 큰오빠 손아귀라고 생각하고 잇나보다
물론 책임감도 없지 않아 우리를 먹여 살리긴 햇다
그러던 오빠가 술이 취해서는 우리보고 다 나가라고 한다
엄마와 종식이만 빼고 남식이고 누구고 다 나가라고 한다
나를 낳으신 엄마가 큰오빠에게는 새엄마 인데 서로 나쁜 감정은 없나보다
서로 고마워하는 존재인가보다
나도 미움의 대상에서 빠졋는데 왜인지 이해하기엔 어려운 나이이고
남식이도 나가라고 한 이유는 이해가 된다
새 어머니가 낳은 동생이 더 영특하여 아버지의 온 관심을 독차지 하고 잇으니
미웟을 꺼라는 마음이 헤아려진다
그러나 진정한 속심을 보게 된 건 아닐까 마음이 얄궂다
이때까지 미워하지 않은 것이 오히려 감사할 따름이다

그러나 큰오빠는 모르게 된 일이 잇다
결혼자금은 남식오빠가 혹시 서울대학교에 들어가지 못할시 학비에 쓰려고
모아 놓은 돈 고등학생의 신분으로 장학금 과외비로 모아 놓은 돈 모두 털어서
큰오빠 결혼 자금으로 사용햇다
지금까지 아무도 모르는 일이다
엄마와 남식오빠 그리고 내가 알뿐이다
큰 오빠의 자존심을 위해서 우리는 함구하엿다
큰오빠는 지금 그 사실을 안다 해도 코웃음 치겟지만
그러나 한사람의 인생이 달려잇는 일 이엇고
또 그것으로 큰오빠의 인생에 도움이 되엇으므로
적어도 진심으로 고마워하는 마음을
아픈 동생의 인생을 헤아려 주엇으면 싶다
물론 큰오빠가 동생들을 위하여 10년이나 노가다 생활을 하엿음을 안다
늘 마음에 품고 산다
그렇다 하더라도 서로서로 고마워하는 마음을 품어야 하지 않을까

나 학교 갔을 때 결혼식을 한 큰오빠와 새언니는 열두 살 차이라고 한다
두 분다 말띠
엄마와 아버지도 열한 살 차이이다
아버이 말띠 엄마 뱀띠 내가 보기에 결혼생활에 문제 있어 보이지 않았다
두 분이서 한 번도 싸우는 모습을 우리에게 보여주지 않기에
큰오빠와 새언니도 문제없이 좋을 꺼다

엄마는 큰오빠 장가 들인걸 너무 기뻐하였고
또 넉넉히 해주지 못해 안타까워한다
몇 개 없는 집에 있는 예뻐 보이는 그릇 백자니 뭐니 다 큰오빠 집으로 나른다

어머 그런데 이게 웬일 새언니는 스물 두 살 큰오빠는 설흔 네 살 전쟁이 났다
왕 전쟁이다 큰오빠가 발을 안 닦는 다고 난리가 났다
새언니가 새로 장만한 놓이니 뭐니 살림을 다 때려 부셨다고 한다
큰오빠는 언니에게 손을 올렸고

내가 보는 새언니는 엄청 세련되고 이쁘다
남진 이라는 이름도 알고 나훈아 라는 이름도 안다
새 옷으로 보이는 빨간 세타는 나를 입으라고 보냈다
새언니가 입기 싫다고 한다
그 옷이 입기 싫어서 나에게 보내진 그 입기 싫음을 이해한다는 게 나에게
벅찬 일이긴 하다 그래도 그렇게 가족이 되어간다

아버이는 토정비결 책을 들고 거리에 나섰다
거리에 쭈그리고 앉아 토정비결 보는 아버이를 생각하면 부끄러운 생각이 든다
내가 부끄럽다 생각을 하거나 말거나 아버이는 저녁에 돌아오셔서는 낮에 있었던 일을
재미지라 얘기하신다 제자를 만나서 기뻤다는 얘기도 하신다
양성중학교 선생님 시절 가르쳤던 제자가 양복을 입고 정성스런 모습으로 집으로
찾아왔을 시도 기쁨에 벅차하시는 것 같았는데 길에서 만난 제자 앞 에서도 챙피해하지
않고 기뻐하는 아버이를 이해하기 어려워진다 아버이와 남식오빠가 주고받던
알렉산더 대왕과 햇볕을 가리지 마시오라는 이야기가 자꾸 연상된다

겨울방학이 되니 내 몸은 어김없이 공장을 찾아 헤맨다
방학 중엔 가르치고 있는 과외공부도 방학이라 그렇다
이번에도 누군가를 따라왔다
골목길을 헤집고 찾아간 공장은 조그만 방에
얼기설기 칸을 위아래로 나누어 윗칸에서는 카리스마 있는 재단사가 재단을
아랫쪽에는 오밀 조밀 미싱이며 오바로꾸 기계가 가득하다
월남치마 만드는 공장이다

내 직분은 시다다
한두 달만 다니면 오바로꾸 정도는 칠 수 있다 하는데
도무지 내 몸은 기계 앞에서 전혀 작동되질 않는다
여전히 미싱이나 오바로꾸 기계 앞에 서서 미싱사나 오바로꾸사가 내보내는 천의
실밥을 쪽가위로 잘라내는 일을 하고 있다

학생임을 이야기 하지 않고 일을 시작했던게다
공장을 데리고 간 언니가 학생이라고 말하지 말라고 한 것 같기도 하다
방학이 끝나는 날 안경을 낀 땡글땡글하게 생기신 주인아주머니에게 어렵사리
그만두어야 한다고 얘기 했더니 어쩐지 학생인 것 같더라 학생인지 알았다면 일을
시키지 않았어 화가 나는걸 생각하면 봉급을 주고 싶지 않지만 너는 애가 착하더라
그러니 내가 봉급은 그냥 준다 근데 엄청 느리더라 라고 말을 하였다
꾸지람 아닌 꾸지람에 나는 사장아줌마 앞에서 눈물 콧물을 섞어 줄줄 쏟아 내고
서있다 학생임에도 공장생활 해야 하는 서러움 말을 하지 않았던 불안함
봉급을 안줄 수도 있다하는 무서움
그럼에도 봉급이 내손에 건네줌에 대한 고마움 등등

그렇게 그럭저럭 아기 같기도 하고 중간 사람 같기도 한 중학교 1학년이 지나
2학년 문턱에 서있다
어느덧 중학교 2학년이 되었고 갑자기 키가 쑥 자랐다
한 10센치가 자라 반에서 기적의 번호 12번까지 되었다
동네 사는 같은 반 친구 한명이 헐레벌떡 교실로 뛰어왔다
『그거래 그거 걔들이 하는 거 얘기가 그렇게 태어나는 거래』
그 무렵 아침이면 개 두 마리가 서로 다른 쪽을 보고 붙어있는 일이 많았다

엄마에게 가서 물었다
엄마가 조용조용 얘기하신다
『남자가 막대기처럼 되는 거야』
뭔 말이지 자세히 알고 싶지만 더 물어볼 수는 없었다
『길을 걸어 갈 때~
저쪽에서 남자가 오면 이쪽에서~
눈을 마주치지 말고 다른 쪽을 봐~』

엄마의 교육이 계속 이어졌다
『남자 앞을 지나가지 말구우
남자들이 모여 있으면 빙 돌아서 다른 길로 가
니가 입술이 얇아서 걱정이다
입술이 얇으면 입이 싸다고 하거든
커서라도 이쪽에서 들은 얘기를 절대로 저쪽 가서 전하면 안 된다

아주 조심해야 돼 입술이 얇어서 그래 』

여름방학이 되면 어김없이 공장이 나를 기다린다
이번엔 실복이와 영자언니도 같이 간 것 같다
로타리에 있는 와이셔츠 공장이다
점심은 건너편에 있는 여자들 기숙사방에서 먹었다
방 가운데 빨랫줄이 매달려 있고 여자들 속옷이 색색이 널려 있는 게 눈에 들어온다
공장에서는 라디오를 크게 틀어놓고 일을 한다
매일 광고 노래가 나오는데 도대체 무슨 광고인지 정말 알아 챌 수가 없다
『날고 싶어요 포니 포니 갖고 싶어요 포니 포니』
과자일 텐데 갖고 싶다니 과자가 아닌 것 같고
날고 싶다니 비행기일 텐데 비행기를 어떻게 갖지 이상하기도 하다
도대체 뭘 광고하는 거지 누구에게도 물어봐도 모를 것 같고
그렇게 세월을 흘렸다

그 무렵 엄마는 집 짓는 공사판에 다녔다
나는 학기 중에는 계속 영선이를 가르치고 있었고
공사판에 실복이 엄마하고도 같이 다니는 데
다른데서 일하는 것 보다 돈을 더 받기 때문에 그쪽으로 가시는 거다
그런데 엄마가 배 아프시다하여 진찰을 받기위해
엄마와 내가 새로 생긴 왕십리 한양 대학병원에 갔다
밥만 먹고 나면 졸립다 졸립다 하시며 하소연하기도 하셨고
또 살이 찌셨다 배가 나온다 하며 좋아 하기도 하셨는데
아무래도 너무 고된 일에 몸이 지치신 모양이다

그런데 병원에서 대기하는 동안 엄마는 식당으로 물을 한잔 먹으러 계단에 내려가면서
하시는 말씀이 『물을 마실 때에 물에 간장을 조금 타서 먹으면 배가 안고프다』
라고 마치 새로 알아낸 비법을 전해주는 듯
은근하고 따뜻한 말투로 얘기하셨다

내 귀가 멎었다

아니 엄마가 다니다가 배가 고프시면 그렇게 드셨다는 거네
내가 무어라 대답할 수가 없다
왜냐하면 그렇게 어려운 환경에도 엄마는 나에게 한 끼도 굶긴 적이 없기 때문이다
국민학교 2학년 때 학교 끝나고 집에 와서
밥통 한 가득 담긴 밥을 다 먹어 치웠는데 엄마께 꾸중 들겠다 불안했지만
엄마는 다정스레 나를 대해주셨는데 정작 엄마는 간장 탄 물로 배를 채우고 다녔다니
『그 누구에게 이 말을 하리오
누구에게 한들 듣는 이는 얼마나 아프오리』

아버이에게도 외할머니에게도 전하고 싶었지만 전하지 못한 이 말
이 말을 내가 글로 쓰게 될 줄이야
다 하늘로 가고 없어진 이 마당에
『그래도 아직은 남아있는 피붙이 자손이 있으니 이 사실 꼭 전해야겠소이다 』
멍멍해진 내 가슴을 조금이라도 이해할 수 있을지는 모르지만
나의 형제 중 현재 다섯이 생존하고
그에 따른 손자 열 증손 여섯 스물하나 남았는데
그자들에게 만이라도 할머니의 그 순수한 배고픔 달래기 비법을 전해드리리다

『얘야 딸아
물을 마실 때 간장을 조금 타서 먹으면 배가 안 고파진단다』

할머니뿐이 아니라 우리의 선조들은 낮아지고 낮아진 어미의 자세로
또 강해지고 강해진 아비의 가슴으로 만들어온 나라이고 세상이니
그 마음 헤아려서 잘난 척 살고 있는 건방짐에서 내려오길 바라는 마음이오
물론 그 반대의 자세로 살아온 조상 또한 있다 하겠지만
내 선친께 선물 받아 가슴 고이 간직하고 있는 보물 하나 펼치자면
선악이 개오사라 그러니 우리의 조상님은 버릴 것 하나 없는 그 모두가 스승이요

감히 건방지게 이래라 저래라 잔소리 하는 것 같아 나 또한 불편하나
나 혼자만 가지고 있기에는 아까운 보물 풍경소리이니
선악이 개오사라 저마다 가슴에 품고 가끔 흔들어 대면
온 누리가 다 스승 되어 저절로 이뻐지는 얼굴하며
저절로 젊어지는 동안의 비결이라 그 비법을 알려드리니다

진료시간이 엄마 차례가 되어 들어가니 의사 왈
『보호자는 같이 오지 않았냐』
하고 내가 멀뚱멀뚱 그저 있기만 할뿐이라 때마침 아버이는 지방 가서 아니 계시고
외가 쪽 친척 옥수동사는 언니와 다시 찾으니
무심하게 약 몇 봉지 쥐어 주길 래 터덜터덜 집에 돌아와
봉지 약만 털어댔지 무슨 일인지 어찌 열네 살 계집애가 무엇을 알 수 있었을까

엄마가 벌어 오신 돈은 쌀값으로 날라 갔고 내가 벌은 과외비는 약값으로 사라졌다
학교에서는 등록금을 내라고 매일 재촉인다
몇 날 며칠까지 안내면 퇴학이라 한다
그러면서 등록금을 못내 퇴학을 당할 시는 다음해 같은 기에
재등록하여 다시 학교를 이을 수는 있다고 한다

더 이상 10원 한 장 구할 가능성이 없나보다
남식오빠의 눈치도 그렇고 아무래도 학교는 중단해야 함에 결정 되어 진다

전혀 평정심을 잃지 않앗다
그 누구에게도 내가 흔들림의 모양새를 보여줄 수는 없는 일이다
오늘로서 마지막으로 학교에 온 날이다
내일부터는 더 이상 학교에 올 수 없다 남식오빠 말대로 1년 후 다시 올 수 잇다
하기는 하나 한번 떠난 이 마당에 과연 다시 올 수는 잇겟는가

그까짓 거 다시 안 온다 하여 니가 내가되고 내가 니가 되는 일이 일어나지도 않을
꺼고 오히려 더 꿋꿋해진 내 어깨가 자랑스럽게 느껴질 뿐이다

무슨 일일까
내가 무슨 잘못을 햇을까
등록금 문제인가

나의 금호여자중학교 2학년 담임 김민기 선생님의 손에 매서운 회초리가 들려잇다
이때까지 한 번도 매를 드신 적도 없으신데 내 손바닥위로
무서운 형벌이 된 회초리가 쉬지 않고 휙휙 바람을 가른다
이제 내일이면 더 이상 오지도 못 할 학교라는 거 선생님도 다 아시면서
어찌 한 치의 양보도 없으신지

나 절대로 울지 않는다
단단해 져야 한다
웃음으로 날렷다

그러나 40년이 지난 지금 키보드위에 손이 얹혀져 잇는 이 상황에
급작스레 쏟아져 내리는 눈물
그날의 억울함과 서러움이 북받쳐 울음 되어 터져 나오고 글을 쓰고 잇는 고시원
옆방으로 소리가 넘어갈까 조심스러워 나오는 울음소리를 삼키고 잇다
『어어어꺽꺽꺽』 주르르르륵
근 40년이나 갇혀잇다 튀쳐 나온 억장이 무너졋던 눈물마저
또 한 번 놀러야 하니 그 숨어 잇던 눈물이 튀어 나올 수 잇음은
그날의 바람 가르는 소리에 놓여져 잇던 손바닥은 멀쩡해진 것과는 달리
그 회초리의 흉 자국이 가슴에 선명하기 때문이라
혹시 그 김민기 선생님을 뵈면 어찌 그러실 수 잇냐고 물어 볼 수는 잇을 런지
아픈 가슴을 후려치는 매질이라니
그래 좋다 흐르는 기로 말씀을 알아채엇다
선생님의 말없는 매질은 내게 이렇게 하신 말씀 일 줄이야
『내 스승으로서 마지막 날까지 너를 놓지 않으리
회초리의 냄새가 너를 기억하게 되리라 』
선생님의 가슴에도 피눈물이 흐르고 잇엇음이 내게로 전달된다
한 번 더 뜨거운 눈물이 주르륵 쏟아져 내린다

내가 벌은 과외비도 다 털어서 엄마 약을 사날렀건만 엄마는 계속 누워만 계신다
맨날 밥만 먹고 나면 졸립다고 하시더니 배가 빵빵 올라왔다
배를 아파하신다
오이지 항아리 누를 때 쓰는 그만한 돌을 연탄에 뜨겁게 달구어 수건으로
감싸 엄마 배위에 올려놓는다 엄마는 평상시 『나는 이상하게 돌이 좋아』
하시며 거리를 다니실 때 땅바닥에 굴러다니는 아무 멋없는 돌을 주워오는걸
즐겨하셨다 달궈진 그 돌에 엄마가 한숨자고 일어나면 기운을 차리시겠지
그런데 돌의 크기가 점점 커지고 있다

기운이 딸려서 그런가봐 양을 먹어볼까
아버이가 회색 털이 북실북실한 징그러운 모양의 소양을 사 나르셨고
나는 그것을 잘게 다져 참기름에 볶다가 죽을 만들어 엄마께 드렸다
그럼에도 엄마의 신음소리는 점점커지고 나는 엄마 옆에 누워서 내가 대신 아플 수
있기를 소리 없이 간절히 빌고만 있을 뿐이다

사실 학교 생각은 나지도 않는다
그래도 학교라는 걸 나조차 잊혀지는 나에게 한마디 하고 싶었다
잠을 잘 때 잠꼬대인척
『학교 가고 싶어』
라는 말을 하고야 말았다 철도 없이
엄마의 마음인 헤아리지도 못한 채
두고두고 그 말을 한 후회스러움이 내 가슴만 치게 될 줄이야

영하 14도라 하건만
양말도 신지 않은 채 엄마 약을 사러 길을 지나는데 발시렵다는 게 느껴지지도 않았다
엄마는 점점 기운이 가라앉고
마침내 엄마는 나에게 엄마와 같이 장사 다녔던
대문이 꼭 닫겨 있는 동네 어떤 집을 가리키며
그 집에 복숭아나무가 있으니 가서 동쪽에 난 가지를 구해오라 하신다
화와 이거는 나에게 너무나 난제다
시장 통 야채더미에서 주워 오라던 배추우거지는
그저 소리 없이 주우면 되니 아무 문제도 되지 않는다
과연 내가 부자로 보이는 꽉 닫겨진 그 집 대문을 두들기기는 할 수 있을까
휴 우 무겁고 게으른 내발을 간신히 끌고 그 집에 가서 기어가는 목소리로 청을
하기는 하였는데 움츠러져있는 내 마음은 여전하고
다행히도 그 집 아들일 것 같은 무표정의 남자가 나오더니
대문 안쪽 담장에 딱 붙은 나무에서 약간 귀찮은 듯 한 표정으로
고개를 뒤로 제끼고 한쪽 팔은 쭉 뻗고 나머지 팔은 활모양을 한 채
가지 하나를 꺾어아무 말없이 내게 건네주었다

그 나뭇가지를 구하러 갈 때 정성이 부족한 마음으로
억지로 갔다 온 내가 너무 미워 마음을 무겁게 누르는 게 영 찝찝하고
그래서일까 엄마는 도무지 차도를 보이지 않는다
편지가 오간건지 누워있는 엄마 머리맡에 동글동글 웃음기 가득한 얼굴 큰외삼촌이
앉아 계신다
돌아가신지 10년이 지난 후에도 서울서 환자가 찾아왔다하는
외할아버지와 달리 큰 외삼촌은 동네 감기약 정도만 지어 주신다고 한다
그런 외삼촌이 엄마를 보더니 여전히 동글동글 예쁜 얼굴로
두말도 않고 엄마를 괴산으로 데리고 갔다 당연히 나도 동행이다

내 임무는 그저 빈들 빈들거리다 외삼촌이 지어주신 한약을 화롯불에서
부채질 몇 번해서 누런 삼베 보재기에 약을 쏟고
모서리가 동글동글한 막대기 두 개를 이용해 야무락지게
꽉 짜서 엄마께 드리는 게 고작이다

종합 놀이터 같았던 외갓집은 다들 읍내로 공부하러 나갔는지 텅 빈 뒤뜰 뿐이고
계절이 안 맞는지 담배농사도 없고 독일에서 몇 년간 일을 하여 돈을 벌어온 외사촌
큰오빠가 주 측이 되어 집 뒤 언덕에 사과 과수를 심어 수확을 꾀하고 있었다

이미 기가 죽어있는 나는 말 수도 필요 없고
마음은 네모난 모양을 하고 있어 얼굴엔 미소라곤 하나 없는 일자 얼굴이 되어있다
그 와중에서도 큰외삼촌은 뒷동수에 약장을 낀 사랑방에 앉으셔서 동글동글 내게 웃음
말을 건네시고 아랫집 사시는 부용이 아재는 하루도 거르지 않고 매일 이른 아침이면
투박한 듯 다감한 듯 양반냄새 나는 얼굴로 누이를 찾아와 이불 끝에 앉아
수레부레얘기 하다 가신다

그저 이불만 움켜쥐고 누워 있기만 하던 엄마가 일어나 앉으셔서 내게 말을 건넸다
『얘야 미안하구나 이제 더 이상 팔베개를 해주지를 못하겠구나』
그때 당시는 꿈벅꿈벅 두가리처럼 듣기만 하고 앉았었는데
또랑또랑 글로 옮기는 이 자리에선 더 이상 한글자도 옮기지 못하고
또 삼켜지는 눈물이 너무 아프게 쏟아 내린다 음음 흑흑흑
내게 그렇게 감추어진 눈물이 많았을 줄이야

소와 닭이 아래위층 한방 쓰는 외양간 앞
소여물 가마솥 걸쳐놓고 바깥손님 드나 들 수 있게 마련된 문간방에서
세모진 이불을 의지한 채 엄마는 내게 그리 얘기하셨다

그리고 며칠 후 큰 외사촌오빠가 나를 앉혀 놓고 얘기를 한다
『얘 종식아 서울 네 집으로 돌아가거라

나도 생활을 꾸려가기가 벅차구나 그리고 병원을 가 보거라』라며 돈뭉치을 챙겨주었다
주권이 큰외삼촌이 아니라 큰 외사촌오빠여서 놀랐고 서운함과 동시에 내가 민폐의
주역이라는 것이 너무 견딜 수 없이 낯 뜨거워 다음날 바로 짐을 꾸려 엄마를 모시고
서울로 돌아왔다 어려운 상황에서도 큰돈을 챙겨주는 오빠의 마음을 간직한 채

오는 길에 곧장 금호동 로터리에 있는 병원으로 바로 갔다
의사가 배를 보더니 병실 밖으로 나와서 나에게
『간암이네』라고 말했다
간암 이라는 말은 처음 들어본 말인데 의사가 간암이네 라고 말을 할 때
그 앞 글자 간에 약간 강한 어조로 말을 한 이 병이 무엇인지
누군가와 상의를 해야겠다는 생각이 들었다
엄마를 그대로 병원에 눕혀 논 채
그래도 가끔 들렸었던 구데기 품은 한복쟁이 아줌마를 찾아가 얘기를 꺼냈다
『엄마가 간암 이래요』
그 한복집에 손님으로 와 가겟방에 걸터앉아 있던 어떤 여자가 바로 말을 받았다
『간암 죽지 뭐 6개월 밖에 못살아』
그 말을 듣는 순간 눈물로 앞을 가리면서 문을 박차고 뛰어나왔다
갑자기 들은 아직 헤아리기 너무 어려운 말 만약 그 말이 사실이고
그대로 되어야 한다면 당연히 나도 엄마 따라서 엄마와 같이 죽을 꺼다

집으로 가니 경식오빠가 웃방에 혼자 있다
경식오빠에게 차마 6개월 얘기는 못 꺼냈고
『오빠 엄마가 간암 이래 』
그 얘기를 듣자마자 경식오빠는 벽에 머리를 박아대며 막 흐느낀다
그러더니 두 주먹을 불끈 쥐어 귀 높이까지 들어 올리면서 앞을 향하더니
몸을 부르르 떨면서
『나는 의사가 될 꺼야 엄마 병을 꼭 고치고 말 꺼야』라고 말을 했다
어 그래 나는 엄마와 같이 죽어야 된다고 생각을 하고 있는데
똑같은 상황을 전혀 다르게 생각해내는 오빠가 신기하게 느껴졌다

그런 상황을 모르는 엄마는 집으로 들어가기 싫다고 하셔서 근처 여관으로 갔다
여관에서 한 이틀 지낸 후 시골에 가셨던 아버이가 오셨고
신문지에서 돈 뭉치 몇 다발을 꺼내셨다
땅이 좀 팔렸다 하신다
국립중앙의료원에 입원을 하셨다 그제야 가족들이 함께 움직였다

병원에 아버이와 남식오빠 얼굴이 보인다
어느새 다들 집으로 돌아가고 병원에 나만 남아있다

엄마 옆에서 보호자용 딱딱한 나무의자 두 개 나란히 놓고 쪼그리고 잔다
옆 침대에 누워계신 아주머니 위는 구르륵 구르륵 폭포소리를 낸다
그렇게 일주일이 지난 후 의사와 면담을 하고 온 남식오빠 얼굴을 보더니 엄마가
『병 못 고친대』 물어보시더니 바로 『퇴원하여 집으로 가자』 하셨다
물론 오빠는 긍정적으로 얘기를 하였겠지만 엄마는 단호하게 『아냐 집으로 가자』
라고 하신다 오빠 표정에 병을 고칠 수 없다는 걸 인지하신 것이고 그렇다면 병원비를
절약해야 한다는 단호한 결정을 하신 거라고 엄마는 대단하다고 남식오빠는 말했다

집으로 돌아오셔서는 변소에서 앉았다 일어나는 걸 어려워 하셔서 아버이가 일어날 때
잡을 수 있는 새끼줄을 달아주셨다 딱 한번 사용하시더니 아예 출입도 못하시게 되었다
그래도 내 맘에는 그러다 저러다 밥만 조금 더 드시면 벌떡 일어나시겠지 이렇게
생각이 들 뿐이다 그러나 엄마가 누워계신 윗방에는 한가득 치럭치럭 기저귀를 널게
되고 비릇한 냄새가 나기시작 했다

엄마의 기저귀는 수돗집이 마침 집을 비운 터라 그 집 수돗가에서 고무장갑을 끼고
빨 다 추운 겨울이라 쌀을 씻을 때도 장갑을 껴야했고 같은 장갑을 사용했다
수돗가에서 쌀을 씻는 나를 보고 뜻하지 않게 남식오빠가 장갑을 달리해야 하지
않겠냐고 진지한 얼굴로 얘기할 때 섭한 마음이 들었다
엄마인데 무스은 더럽다는 건 전혀 느끼지 못하겠고 그래서 고무장갑을 굳이
달리해야함을 이해 할 수 없었다
우리 윗집 사람이 수돗집에 고자질을 했다 주인이 나가고 없을 때 똥 기저귀를 빤다고
치사하고 비겁하게 흘려 내려가는 물 그게 뭐 크게 문제인가 싶은데 하지만
얘기를 들었으니 기분이 상했겠다 싶어 가슴 졸여졌고
다행히 수돗집은 눈으로 보지 않아서인지 문제 제기를 하지 않았다
실북이 엄마도 언니도 엄마 병문안을 왔었는데
방안에서 냄새가 많이 난다 냄새가 나면 못 일어난다는 말이 있다는 얘기들을 했다

비릇한 냄새는 점점 진해졌다
남식오빠는 엄마의 옆에 비스듬히 누운 채 책장을 넘긴다
오빠 손의 책은 우리 집의 희망이다
오빠는 틀림없이 훌륭한 사람이 될 것이고 머지않아 대통령이 될 꺼다
그런데 엄마가 마음을 흘기신다 내게 슬그머니
『재는 엄마가 이리도 아픈데 책만 보냐
책이 엄마보다 중한가 보지』
라고 하셨다 오빠가 학업을 게을리 하지 않음을 시기하시는 엄마를 이해하기 어려웠다
그러면서 모든 것을 놓고 엄마만 돌보는 나를 안타까와하셨다

그렇게 엄마의 병마와 싸움을 한지
아니 병원에서 간암이라는 선고를 받은 지 6개월 지난 후

엄마는 음식을 삼키지도 못할 지경에 이르렀고
어느 춥지 않은 겨울 날 오후 5시경 언니가 다녀간 바로 직후
엄마가 숨을 거칠게 몰아쉬어서 아버이 남식오빠 경식오빠 나 이렇게
네 명이 엄마 얼굴을 들여다보고 있었다
그 순간 엄마는 숨을 거두었다
그런데 그 느낌이 아주 아름다왔다
너무나 아름다와 나도 옆에 누우면 엄마 따라 죽을 수도 있을 것 같은 황홀한 느낌이다
언니도 집으로 돌아서려는 시장 길목에서 이상하게 걸음걸이가 떼어지지 않아
그 자리에 멈춰서있게 되었는데 그 순간에 운명 하신 거라고 말했다

장사 치르는 내내 비가 왔다
비가 오면 우리는 다행이다
지붕에서 떨어지는 빗물을 사용할 수 있고 또 마당에다 물을 쏟을 수 있어 다행이다
언니는 지붕에서 떨어지는 빗물로 고사리를 씻으며 씻는 방법을 얘기했다
손님은 많이 줄었다 할아버지 장사 때는 대문까지 엎드려 절하던 손님이
할머니 때는 마당까지였고 엄마 장사 때는 마루 끝까지 손님이 엎드려 절을 했다
남식오빠는 경식오빠와 나에게 단단히 당부했다
절대로 울지 말라고 다른 사람 앞에서 약한 모습 보여서는 안 된다고
그러면 지는 거라고 그래서 한 방울의 눈물도 흘리지 않았는데 사람들이 의아해 하지도
않았다 계속 내려주던 비는 상여가 나가는 날은 딱 멈추어 화사한 날씨로 변해 있었다
엄마가 그리 거부하던 선산으로 갔다
나도 처음으로 장지를 따라가게 되었다
원주 문막 부론 우리가 도착하니 이미 산 아래 쪽에 하얀 천막을 치고 흰 두건을
쓴 사람들이 많이 모여 일을 하고 있었다
산 위쪽으로부터는 12대 조상님들이 차례차례 자리하고 계시다하고 바로 위는
할아버지 할머니산소가 계시다고 한다

산소를 다 쓰고 산소 바로 아래쪽 어느 집에 들어갔다
처음 와 본 곳인데 동네 사람들이 다 모여 있었고 음식도 많이 장만해놓은 상태이다
이렇게 서울에서 올라온 사람의 장사를 위하여 동네사람이 모여 당연하다는 듯 큰일을
치루는 상황이 아주 낯설고 고마웠다
그 집은 묘지기 집이라고 한다
선산을 관리하고 논밭을 부쳐 먹는다고 한다 그 분들도 아버이처럼 영 으로
시작되는 함자를 사용하는 친척 분들이다
우리 집에도 농사지은 거라 하며 해마다 콩을 두어 가마니 가지고 오기도 했었다
그 묘를 지키는 사람들 중 한 사람은 허락 없이 땅을 팔아먹었다고
아버이가 분해하기도 했다
셋째 오빠 말에 의하면 옛날에는 임금님이 벼슬 한사람들에게 녹으로 산을 통째로

주엇엇는데 그래서 우리 집에 산이 여기 저기 많다고 하는 것 같다
예전에는 재산관리가 허술하여 꼭 땅 주인이 아니더라도 대충 팔아도 다시 큰 문제
삼지는 않앗나보다 묘지기 분이 야금야금 결국은 다 팔아먹고 서울에 와서 고물장사를
하기도 햇다 또 묘지기 집안 형제분 중의 한 사람은 선산 위 빈자리에 산소를 썻는데
그 자손들이 갑자기 암에 걸리기도 하고 교통사고도 나고 하여 집안 전체가 흔적도
없이 멸족하게 되엇다고 햇다

엄마의 장사를 치르고 와서 라면을 끓이고 잇다
남식오빠의 아주 친한 친구가 왓기 때문이다
얄팍한 다리 양은밥상에 끓인 라면을 올려놓고 가다가 놓쳐서 다 엎엇다
오빠도 큰일 치르느라 바뻣고 세시경이니 허기질 텐데
다시 끓여가지고 가다가 또 상을 엎엇다
오빠가 화도 내지 않고 세 번째는 오빠가 끓이는 거다
내가 미안해서 이렇게 말햇다
『난 시집 못갈 꺼 같애 커피 타는 법을 몰라』 오빠가 이렇게 말을 받앗다
『커피 타주는 사람을 데리고 살 면돼』
못생긴 나를 든든하게 받쳐주는 오빠가 신기하다
저렇게 나를 이해해주는 사람이라면 내 속 얘기를 해도 될 꺼다
『오빠 우리가 사는 건 태어나기 전에 다 미리 계산해서
숟가락 올라가는 것까지 연습하고 나온 걸 이 세상에서는 그대로 하는 것 같애』
오빠는 전혀 이해 못하는 것 같다 경식오빠와 얼굴을 마주보더니
싱긋 웃으며 절대 그렇지 않다고 한다
내가 그렇게 생각하는 데는 충분히 이유가 잇다

현실에서 지금 일어난 이일
『어 이 똑같은 상황 분명 한번 잇엇던 일이야』
하고 휙휙 스치며 느끼는 일이 아주 많앗기 때문이다
엄마가 안계시니 집이 휑 하다
아무도 없을 때를 틈타 골목 밖까지 소리가 나가도록 엉엉엉 크 게 떠나가라
한참을 울어 보앗다 들어주는 이 말리는 이 없으니 울음의 끝이 멋적기만 햇다
나라의 어머니라는 육영수 여사도 돌아가셧다 하는데 내 어머니도
내 생일을 단 4일 앞에 두고
이제 겨우 48세의 나이에 그렇게 나에게서 떠나가셧다
생일상을 먹어 본 일도 없지만 앞으로도
내 생일은 어머니 생각에 슬퍼해야 돼서 망가진 구름조각 일게다
사실 나는 아무 문제 모르겟는데 남식오빠는 내가 놀랫다며 한약을 먹어야 한다고 한다

나를 고자질 햇던 윗집은 한약을 지어 파는 노인이 산다
오빠는 나를 이끌고 응봉동 넘어가는 언덕길 그 노인이 하는 한약방까지 데리고 갓다
맥을 보고서는 몸이 냉하니 어쩌니 저쩌니 한다
약을 타러 남식오빠 혼자 갓다
그 노인네 한의사와 같이 걸어가는 중에 어떤 여인네가 살 빠지는 약을 지어 달라고
햇단다 여인네와 돌아서서는 그 한의사가 중얼 거리길
설사약이나 잔뜩 지어 줘야지
어쨋든 남식오빠의 보호아래 한약까지 먹엇다

며칠 후 윗집 한약방에서 나를 식모로 보내달라는 얘기를 한다
식모는 그 집에서 먹고 자면서 집안일을 하는 사람이다
어이가 없어 숨도 못 쉬겟고 남식오빠와 아버이에게
흥분하며 그 사실을 고하엿는데 두 분 다 무반응이다
어 어 엄마는 옆집 아줌마가 나에게 심부름 시킨 일도 화를 참지 못하엿엇는데

신길동에 잠옷공장 하는 할머니 조카뻘 되는 친척이 살고 잇다
김 씨 집안인데 할머니로 보이는 분이 우리 아버이보고 오라버니라고 부른다
이모와 외사촌 석난 언니가 서울에 왓을 때 그 집에 취직하여 기거한 적이 잇다
이번에는 내가 그 집에 가서 기거한다
그 집 며느리가 부잣집 딸이라 공장을 차렷다고 한다
그 집 맏아들 그러니까 친척오빠가 사장님이다
살이 희고 투실투실 오만이 하늘을 찌른다
그의 안사람은 그래도 일명 나의 올케뻘 촌수일 텐데 눈을 맞춘 일이 없다
목소리에 거드름기가 그득하다
그분 입장에선 내 존재 따위는 관심가질 필요도 없나보다
잠은 방 하나에서 여자들 여럿이 잔다
이모도 언니도 이방에서 잣을까
어느 언니 한명에게 마음을 의지하며 기거햇다
여자들이 생리대에 대하여 얘기하는데 세상에 이런 얘기가 잇구나
싫고 쑥스러워 귀를 어디에 두어야 할지 모르겟다
공장은 집에서 한참 내려가 시장 길을 지나 큰길 건너 지하에 잇다
분홍색 나이롱 천이 그득하고 자수를 놓는 기계도 많다
그 오만한 사장오빠가 일요일 이른 아침 나에게 공장에 가서 신문을 가지고 오라고
시켯다 사명을 띠고 완수한 후 보고 하엿더니
사장오빠는 방안에서 자면서 그냥 문밖 마루에 놔두라고 햇다
순간 거렁뱅이가 된 느낌이다
어릴 적 친척들 앞에서 잇는 폼을 다 잡을 때는 구름위에서 살고 잇엇는데
분한 마음 삭이기 힘들다 그래도 그 집 원종배 아나운서 닮은 둘째오빠는 다감하다

내가 사람이라는 걸 인지하고 안타까와한다
할머니조카 친척 아줌마도 내 손금을 보면서 『손에 잔금이 많으니 초년에 고생을
다하고 나중에 좋을 껴』 라고 하시는데 그럼 어른이 되면 저절로 잔금이 지워 질라나

쉬는 어느 날 공장 바닥에 또래소녀들이 모여 앉 다 돌아가면서 노래를 한곡씩 하고
있다 다행이다 나도 외워둔 노랫말 딱 하나있다 이 친구들은 학교를 안다니고 그래도
나는 중학생이니 내 노래가 더 근사할 꺼다 의자에 앉아서 똥 폼을 최고로 잡고 읊어
댓다 『버들잎 따다가 연못 위에 띄워 놓고 쓸쓸히 바라보는 이름 모를 소녀』
다들 나에게 감동 할 께다 가만히 듣던 친구 하나가 드디어 말을 한다
『야 그 노래 그렇게 하는 거 아니야』
우매 먼 일이래 우째 이런 일이
쥐구멍 어디 메뇨 고개를 어따 놔야해 아 씨 얼굴이 발갛게 달아올랐다

따사로운 햇살 달콤한 신부님말씀 잠에 취해서 정신을 차릴 수가 없다
그러나 그 시간이 너무 행복하고 성당 문을 나서는 발걸음이 개운하다
무엇에 이끌렸는지 일요일이면 성당에 앉아있고
어김없이 고개는 사정없이 앞 뒤로 끄덕인다

동대문에 있는 평화시장에 배정을 받았다
공장에서 만든 잠옷을 팔고 있는 가게다
한 서너 평 되는 가게에는 사장님과 여종업원은 이미 두 명 있었다
공장에서 일하는 사람들과는 풍기는 이미지가 다르다
조금 더 세련된 것도 같고 깍쟁이로 보이는데
나에게는 친절한걸 보면 속마음엔 따뜻함이 있는 것 같다
나도 똑똑한 깍쟁이가 되어간다
손님 오면 흥정도 잘하고 장사도 재미있다
남식오빠가 나에게 집으로 들어오라 한다
대학 입학을 포기하고 공무원 시험에 합격했다
고등학교 졸업 후 시립도서관 두 달 정도 들락거리더니
4급 공무원을 수석으로 붙었다
최연소 합격이라고 공무원 신문에도 등재 됐다
오빠가 나를 다시 같은 학년 같은 학기에 복학할 수 있다고 하는 말을
그냥 지나가는 말일거라 생각했는데 정말로 나를 다시 복학 시킨다는 거다
평화시장 장사를 그만두고 학교를 돌아가게 됨에 당연히 기뻐해 줄 거라 생각했다
그런데 사장의 부인 친척 올케언니가 버럭버럭 화를 낸다
일을 그만둔다고 화를 내는 거다
내가 다시 학교 돌아감에 화를 내는 것을 이해한다는 것은 도저히 그러나
일을 오래 못했다 화를 내니 미안한 마음도 들고

그래도 어린애가 공부하게 됨을 화를 낸다는 것은 참으로 신기하게 생각이 되었다

날카롭기도 하고 대단히 유식한 남식오빠는 참으로 더 신기하다
책에는 조금의 흠집도 볼펜 한 점도 용납 하지 않는 오빠가
출근하는 양말은 빵꾸가 낫건 말건 짝짝이이건 말건 무감각하게 넘어간다
봉급을 탄 오빠가 로타리에 새로 생긴 슈퍼에서 초코파이를 사가지고 왔다
와　이런 모양 이런 맛 세상에서 처음 보는 거다
촉촉한 초코렛이 가장자리에 흠뻑 묻어있고 한입 물으니 입에서 사르르르 취직을
한다는 거는 돈을 번다는 거는 세상이 달라지는 건가 신비의 세계가 열리는 건가

자랑하기 좋아하는 아버이는 또 흥분되어 얘기하신다
아버이는 열여덟에 부면장이 되셨는데 남식오빠는 몇 살인데
몇 급의 공무원이 되어 더 높은 직급이라고 하시며 쉬지 않고 자랑하신다

그런데 문제다 시험을 턱걸이로 간신히 붙어야 귀하고 고마울 텐데
남식오빠는 이 시험에 붙음으로 인하여 인생이 끝났다고 생각하는 것 같다
오빠는 계장인데 과장이라는 분이
『오빠에게 자네는 공무원이 안 맞으니 공부를 더 하는 게 낫겠네』
라고 말하곤 했다고 한다
그때 당시 그 말을 들었을 때는 훌륭한 과장님이라고 생각하였는데
지금 종합하여보면 이렇다 납품업자가 담당자인 우리오빠를 지나쳐
과장님과 일을 결정하였다고 한다
오빠가 그자의 모든 납품을 반품을 시켰단다
그러자 그자가 며칠 후 오빠에게 봉투를 내밀었다고 하였다
오빠는 그 자리에서 그자 보는 앞에서 봉투는 열어보지도 않고 찢어버렸다고 했다
그랬더니 아주 품질 좋은 나무로만 가로수를 심었다고 하였다
후에도 오빠가 관리했던 가로수가 가장 튼튼하였다고 자랑스러워했다
이러니 윗사람은 눈에 가시였으리라
공무원이 안 맞으니 공부를 더하라고　쯧 쯧
아무튼 오빠는 공무원 정도는 오빠 꿈에 비하면 새 발의 피다 꿈꾸는 자에게 황무지다

다시 돌아온 중학교 2학년의 담임선생님은 단아한 여성　체육선생님이시다
우와 내가 그렇게 체육을 잘하는 줄 몰랐다 죽었다 살아난 나이기에 악착같아졌다
농구를 하는데 절대로 공을 놓치지 않고 끝까지 붙잡고 늘어졌다
선생님이 지독한 나를 다시 쳐다보셨고 나도 내가 놀랍다

집에 돌아가니 부엌에서 아버이가 나오신다
설거지를 하신 낌새다
그 순간　나는 지구가 무너진 거다

아버이가 부엌에서 나오시다니
나의 모든 삶의 가치관이 무너졋다
어디에다 기준을 두고 살아야 할지 모르겟다
나도 아버이 발 닦으실 물을 방으로 나를 수 잇는데
예민의 끝이 하늘을 찔럿다
아버이가 부엌에서 나오신 걸 보고 기겁햇다는 말은 절대 입 밖으로 발설하지 않고
내가 못되게 굴 수 잇는 모든 것을 다 동원하여 남식오빠와 아버이를 괴롭혓다

엄마 없는 상태에서 여자애가 생리를 하는 것도 문제이다
자고 일어나면 엉덩이에 꼭 조금씩 표시가 나고
오빠나 아버이는 또 모른 체 하지 않고 꼭 그것을 알려준다
예민의 끝은 더 정점을 찌른다
무엇 때문인지 밥 먹다가 또 기분이 확 잡아 돌려 양은 밥상 옆을 탁 쳐서 엎엇다
남식오빠와 아버이가 맥없이 당햇다
순하던 애가 갑자기 사나워지니 어떻게 해야 할지를 모르는 것 같다
야단도 치지 못하고 쩔쩔맨다
그런 모습조차도 견딜 수 없이 화가 난다
『그러게 왜 아버이가 부엌에서 나오셧냐고』
난 분명히 할머니 할아버지에게 남녀가 유별하다고 배웟다고
혹시 엄마 살아생전 엄마를 도우기라도 햇다면
그렇게 내게 충격으로 다가오진 않앗을지 모르지
분명 부엌에서 나오신 아버이 얼굴은 순해지고 기뻐진 얼굴이엇지만
그러나 무언가를 해냇다는 기쁨의 얼굴도 잇엇는데

여자 물상선생님은 여자의 누드사진에 대해서 얘기해주셧는데
결혼을 하면 남자 여자의 개념이 없어져 부부는 친구가 되는 거고
남편과 자연스레 누드사진을 보며 아름답다고 느낀다고 하엿다
그때 당시 우리는 그림이라도 사람의 벗은 모습을 본다는 거는
너무 쑥스러워 아예 고개를 돌리던 때이라서 그 말을 이해하기가 어려웟다

담임선생님은 종례시간이면 언제나 훌륭한 말씀으로 우리를 이끌어 주신다
집에 드는 모든 사람은 전기 검침원이라 하더라도 대접할게 없으면
물이라도 대접을 해야 한다는 말씀을 해주시기도 하고
또 중요한 정보를 전해주시기도 햇다
처녀가 순결을 잃게 되면 나무에 목을 매달고 자살을 햇다는 이야기다
순결이라는 거는 목숨보다 더 중요한가보다
나도 그런 일이 생기면 그리해야겟다고 생각햇다
두 여성선생님에게 들은 상반된 정보를 자꾸 되뇌이게 된다

정문 앞에 서 계시는 수위 아저씨는 정말 친절하다
우리가 등교할 때 정문 앞에 서서 모든 아이들의 인사를 받아주고
모든 애들에게 공평하게 친절하다
내가 잠깐 수위실에 들렀을 때도 뚱뚱하고 작고 못생긴 나에게도
따뜻한 차를 한잔 건네주시고 진지하게 대화를 나누어주셨다
얼굴인상은 정말 교장선생님이다 인품도 몰론 교장선생님이고

교문에서 교실까지는 가려면 아주 많은 층계를 올라가야한다
시간 아슬아슬 학교 도착하여 서둘러 뛰어 올라가야하는데 나는 급해 질수록
희한하게 침착해지고 몸은 더 느려진다
지각도장을 찍지 않음에 그저 감사드려야 할 일이다

조심조심 내 인생의 황금기 중학교 3학년으로 올라간다
배가아파 도저히 교실에 앉아있을 수가 없다
조퇴를 하여 가방을 들고 집에 가는 길은 전혀 배가 아프지 않았다
아주 감쪽같이 참으로 희한하기도 하다

동글동글한 영어선생님이 아이들 엉덩이를 치고 가슴도 툭툭 친다
아이들이 악을 쓰고 난리다
나도 궁금하다 선생님이 엉덩이 칠 때의 느낌이 어떨지
예쁘게 생긴 아이들만 선생님 공격의 대상이다

친구들 중 한명 임 경희가 나에 대해 한해 꿇었다가 돌아 온 거라고 애들하고
수군수군 얘기하며 불편하지 않을까 고민하는 것 같더니 그래도 나이는 우리와 같애
하며 안도를 하고 친구로 거리낌 없이 받아주었다 내가 일곱 살에 학교를 입학한 것이
도움이 된 거다
그런데 아이들과 어울리다보니 내 정신연령이 여기가 맞다는게 느껴진다
그동안 한 살 더 많은 아이들과 친구로 지낼 때는 공부는 그럭저럭 따라갈지 몰라도
정신연령이 따라가지 못했음이 지금 친구들과 지내면서 느낄 수 있다
더군다나 내가 다른 아이들보다 아둔한 감이 있어 더 그럴 수도 있다
어쨌든 전에는 끌려가는 느낌이었다면 지금은 친구들과 어깨를 나란히 하고 따따부따할
수 있는게 정신연령이 딱 맞는 것 같다
1년 쉬었다 돌아왔다는 상처도 잊었고 친구들과 한통속이 되었다
아니면 단1년이지만 세대차이가 있는 건가 아이들이 훨씬 더 밝다

경희 임 경희는 내 인생 최고의 친구고 스승이다
누추한 우리 집에 처음으로 찾아온 학교 친구이다
『니 생일이라며』 하고는 내가 보지 못한 그림 그려있는 하늘색 공책 몇 권을 가지고

볼따구에 보조개 달고 하얗고 해맑은 얼굴로
내가 장난으로 몇 월 몇 일이 내생일이야 라고 말한 적이 있는지
글쎄 그 날짜에 맞추어 주소를 들고 우리 집에 찾아왔다
내 얼굴도 해맑아 졋다

학교에서 집으로 가는 길
경희와 아이스크림을 하나씩 먹고 잇다 내가 경희에게 물었다
아이스크림 막대는 어떻게 버리니
『경희가 으응 지나가다가 쓰윽 손을 놔』
오우 너무 재미잇는 방법
나는 끝까지 쥐고 가다가 휴지통을 만나면 그때서야 놓는데 경희는 어찌하는지
궁금해서 물어 본거다
경희의 말을 듣고 나도 똑같이 길에다   쓰윽 하고 놓아 봣다
어찌나 마음이 불편한지 다시는 그와 같은 방법을 쓰지 않앗다
그 당시 내가 조금 더 똑똑하여 경희에게도 내 방법을 알려주엇으면 좋으련만

옆구리에 책을 끼고 폼을 재고 왓다리 갓다리 한다 경희 집에 갓더니 난리가 낫다
『이 새끼 누구야 이 새끼 응   이 새끼』
경희 둘째오빠가 내가 보낸 엽서를 보고 하는 소리다
킥킥 나도 그 엽서를 보니 다행히도 센티하게 내용을 적엇다
남자친구가 보냇다 해도 믿어질 만큼 오 호호호
그날 텅 빈 경희네 다락에서 참고서를 펼첫다

엄마 계실 때도 쌀을 씻을 때면 그 시간이 아깝다 생각에 눈물이 낫엇는데
이젠 생선까지 직접 씻어야 하니 눈물 가지고 될 일도 아니다
그 물컹한 느낌 너무 징그러워 토할 것 같다 좋아하는 반찬이니 안할 수도 없고
어머 그런데 한 날은 그렇게 매력 잇게 생긴 경희가 하는 말이
『나는 커서 생선장사 하고 싶어 물컹물컹한 생선을 만지작만지작 하는 게 재밋어』
그 말에 용기를 얻어 생선을 씻어야 할 때면 경희 생각하면 된다

경희가 다섯 명을 세워놓고
『야 우리 이렇게 5총사하자』
라고 말하여 5총사도 결성되엇다
전라도 말씨가 섞여 잇는 이 경자
개내 집은 비오는 날은 우산 장사 맑은 날은 볼펜 장사한다

까무잡잡 내 짝꿍 김 영주
개내아버지는 영주와 똑같이 날씬 까무잡잡하셧고 아주 젊으시다
처음 본 젊은 아버지 영주는 맏딸이라 그런가보다

집에는 호마이카 밥상을 아주 많이 말리고 있었다
이렇게 임 경희 나 박 종식 이 경자 김 영주 그리고 호선이
미안하게시리 경희는 순진하고 마음 넓은 경자 골려먹기 대장이다
그렇다고 골탕은 절대 아니다 경자도 웃고 우리도 웃는 일이다

담임선생님이 실내화 검사를 한다
내가 모처럼 빨아 신은 날
그럼 뭐 하냐
내 실내화는 이 경자 발에 딱 붙어있고 내발에는 경자와 바꿔 신은
새까만 실내화가 붙어서 한쪽 발 옆으로 내밀어 검사받고 있는 걸
선생님이 앞으로 나오라고 하신다
쌀쌀한 회초리가 내 손바닥을 정확하게 열 번 쌩쌩 거렸다
아프다고 엄살도 안 떨고 눈구리도 안 올라갔다
속으로는 억울해 죽겠다
아 경자는 왜 말 안하고 가만있냐
나라면 내 대신 누가 맞는다면 분명 씩씩하게 말 했을 텐데

애들이 좋아한다
내가 매 수업시간마다 너무나 졸아서 그렇다
성적이 떨어졌을 꺼라 생각한다
천만에 졸면서도 선생님말씀 다 들린다
조는 이유 따로 있다 사실은 어제도 밤을 새워 공부했다
친구들에게 미움 받을까봐 차마 밤새워 공부 했다는 말 못한다
밤을 새워 공부한 이유 따로 있다
도저히 잘 수가 없다
그놈의 빈대 때문에
오빠들이 헌 책방 가서 책을 사 날랐는데 그 책속에 빈대가 따라 왔나보다
너무 물어뜯어 새벽 두시면 어김없이 깨고 할 수 없이 책을 펼치는 거다
벽에 붙은 빈대를 발견하면 재빨리 손으로 찍 하고 문대 버린다
윽 하고 징그러워할 여유도 없다

수학시간이면 또이또이 하다
선생님이 칠판에 문제를 푸실 때 조금씩 실수를 하신다
신나라 꼭 지적한다
매 수업시간마다 세 번씩 찾아낸다
선생님   저거 저거 이거이거 아니예요
처음에는 선생님이 기특하다 칭찬하시더니 나중에는 싫어하셨다
그래서 그만 접었다 그런대로 수학이나 과학은 원리를 이해하고 따라가는데
국사나 사회는 젬병이다

그렇게 아버이와 남식오빠에게 과외를 받은 꼴이건만
국사선생님이 한판치워1875년
이와 같은 방법을 알려 주셔서 트집 잡을 궁리만 하면서 책을 뒤적일 뿐이다

행동반경이 넓어졌다
로타리에 생긴 독서실이다
세련되게 잠 오지 말라고 타이밍도 먹는다
아버이가 신이 나서 사다주셨다
경희는 훨씬 더 세련되게 생각도 커져버렸다
마음에 품은 누군가가 있다니 그런데 잘 안 되나보다
2시까지만 그 머이마 생각 열심히 하다가 더 이상 안하겠단다

우와 대단한 결단력 누군가를 좋아한다는 것도 아무에게도 발설해서는
안 될 것 같은 큰일인데
그 일을 해결하는 탁월하고 현명한 자세 내 마음 몰래 숨긴 스승이다
고등학교 졸업 경희가 근무하는 강남 어느 백화점 매장에 찾아 간 적 있다
내가 취직을 못하고 있던 때라 취직하고 있는 경희가 멋져보였는데
웬일인지 경희는 우울해 보였다
다음에 한 번 더 찾아 갔는데 너무 우울해 보여 마주치지 못하고 돌아서야 했다
이제서야 경희에게도 삶의 무게가 있었구나라고 이해가 된다

중학교 3학년은 고등학교 입학을 위한 공부이다
아버이는 아버이의 대고모 되시는 분이 여학교를 세우라고 하여 세운 서울여상이라고
내가 그 학교만 입학하면 장학생으로 만들어 주겠노라고 어깨에 힘주어 말씀하셨다
서울여상은 반에서 1 2등 정도는 해야 입학할 수 있는 학교이다
어쨌든 나에게 희망이 열리는 거다
마음 단단히 먹어야 할 일이다
24시간 나는 서울여상을 가야겠노라고 생각했다
국기에 대한 맹세를 할 때도 입을 앙 물고 굳게굳게 생각했다

학교 마지막으로 다니고 그만두던 날 내 손바닥에 회초리를 날렸던
김민기 선생님의 자녀도 나와 같은 학년이었나보다
내가 1년 쉬어 학년이 달리 되자 그분의 자녀가 쓰던 참고서를 나에게 챙겨 주셨다
예전 2학년이었을 때 짝꿍도 자기가 1년 동안 모아두었던 시험지를 챙겨주었다
체육이 걸림돌이다
체육이 끼지 않은 모의고사에서는 그래도 1등을 할 때도 있는데
체육이 끼면 절대 불가능할 일이다
한번 시험에선 부반장 목 향숙이가 1등을 했는데
그 친구도 체육이 70점정도 밖에 안 되는 상태이다

그런데 2등을 한 나는 목 향숙보다 체육이 20점정도가 뒤져잇다
정 시험에 1등이라는 것은 진정 불가능한 일이다

부반장 향숙이도 좋아한다
우리 집에서 학교 가는 길목에 살고 잇는데
그 동네는 제비집 품은 집도 잇고
눈물 아롱지게 만드는 어여쁜 장미가 담장 한가득 잇기도 한 동네이다
그 장미는 저 멀리서도 볼 수 잇어 그 아름다움이 심장 멎는 느낌이다
무엇보다 향숙이가 장미다
엄청 고지식하고 잘난 척도 안한다
아버지 말씀에 순종하는 것 같앗는데 답답해 보이기도 햇다
그 얌전한 향숙이 합창대회 지휘를 하게되엇는데
얼마나 책임잇게 잘하던지 우리 모두 갈채를 보냇다

담임 이상락 선생님은 얼굴이 희고 수줍음이 잇는 총각선생님이다
그리고 공정하시다
얼굴 예쁜 아이들에게만 편애하지 않앗다
어느 날은 선생님이 짝꿍 되고 싶은 아이들 이름을 적어 내라고 하셧다
착하게 생긴 최 씨 성을 가진 친구가 최고의 인기로 세 명에게 선택을 받앗다
그리고 나도 세 명의 친구가 나와 짝꿍 되기를 희망햇다
몸 둘 바를 모르겟다 그때 문득 떠오른 기억이 하나 잇엇는데
내가 아주 어린 서 너살 무렵 우리 집 위 2층집 대문 문턱에서
두 여자아이가 왜 그랫는지 서로 나를 차지해서 놀겟다고
내 팔을 양쪽에서 잡아 당겻던 일이 떠올랏다

그날 담임선생님은 우리 5총사에 대해서도 흡족해 하셧다
대부분 성적이 비슷한 친구끼리 몰려서 어울리는데
아마 우리 5총사는 고루 섞여서 그런 것 같다

그때 삼주 얼굴을 보앗다
삼주도 나를 선택햇햇다고 한다
삼주는 김마리아와 붙어 다닌다
금호 여중은 층계가 전설적으로 많다
한바탕 올라가면 1 2 학년 건물이 하나잇고
또 한바탕 올라가야 3학년과 교무실이 잇는 건물이 나온다
그 첫 번째 계단 오르면 연꽃이 잇는 연못이 잇엇는데
그 자리가 어느새 화장실 건물로 바뀌어 잇다
그 화장실 안에서 삼주가 일을 보고 잇고 김마리아와 내가 밖에 잇엇을 때
마리아에게 거칠게 종이를 달라고 표현한 삼주를 본거다

『야아 좋이 갖구와아』
차라리 나에게 그리 말햇으면 잇엇을지도 모르겟는데 나보다 더 순해 보이는
마리아에게 공손치 못한 표현에 화가 낫엇던 거구 전혀 대항하지 못하구 쩔쩔매는
마리아 때문에 그 일을 내 안에 품게 된거다
집에서 우리 오빠들은 나에게 심부름을 시킬 때
종식아 물 좀 가져다줄래 하구 아주 공손한 말투로 시킨다
야 물 줘 물 떠와 라는 명령조의 말을 들어본 적이 없기에 내 귀에 거슬렷을 게다
내가 더 나뻘 수도 잇다
그 당시 마리아를 대변하여 따따부따 햇어야 햇다
그런데 나도 좀 수줍음이 많은 성격이라 무어라 말할 용기도 내지 못하구
재는 그때 그랫어 라는 생각이 가슴 저 밑에 깔려잇다

그래도 삼주네 집에 따라 놀러가기도 햇다
삼주네는 금호국민학교 바로 앞에서 문방구를 한다
학교에 학생이 많아 굉장히 많은 어린이들로 북적이는 최고로 잘되는 가게이다
너무 손님이 많아 장사를 한다기보다 도둑을 지키는 일에 몰두한다구 햇다
내가 본 사람 중 돈을 벌어 점점 재산이 늘어난 유일한 집이다
개내집 놀러 갓을 때 다른 친구들의 집과 달리 손님을 반기는 기색을 발견하지
못햇구 웃는 얼굴도 보지 못햇다
장충여자중학교에 배정받은 실북이도 국민학교시절 삼주와 친하게 지낸 친구라구 햇다
난 실북이에게 삼주에 대해
『난 이상하게 삼주가 싫어』 라는 말을 하곤 햇다
속마음은 얘기하지 않구
그 누구도 싫다구 생각된 친구는 없엇는데
그리구는 아주 오랜 세월이 지나 50이 다되어갈 무렵
2010년도 드디어 용기가 생긴 나이가 되엇을 때 삼주를 싫어하게 된 이유를 말
하엿다 『그때애~ 그랫구우~ 그랫어 그래서 싫어 한 거야』
복실이가 이렇게 대답햇다 『넌 좀 이상한 애다』
허이구 참 33년이나 품은 말 앞에
그런데 그렇게 내속을 표현 하구 나니 삼주를 싫어하구 잇엇다는 사실을 잊게 되엇다

인기투표 아닌 인기투표 같은 같이 하구픈 짝꿍이름적기에 이어
이번엔 되구 싶은 사람에 대해 발표를 하라구 하셧다
내 속마음은 그렇다
나 사십 살이 되엇을 때 예쁜 얼굴 갖구 싶다
나 모든 사람이 슬며시 미소 짓는 세상에 살구 싶다
적어도 나를 아는 사람은 나를 생각 할 때만이라도
저절로 미소가 나오게 하는 그런 사람 되구 싶다

누가 더 높고 더 낮은 거 그런 거 싫다
그냥 마주보고 눈이 마주치면 우 아래 눈 들러붙고
광대뼈 삐쭉 마중 나가면 만사가 형통되는 그런 세상 되고 싶다

이런 마음 길게 표현하면 듣는 애들이 지루 할 테고
그러나 나도 꼭 한마디 하고 싶은데~
국민학교 선생님은 노래를 못하니 못하겠고
수학선생님은 할 수 잇을 것 같은데 애들이 여자애가
수학을 잘 한다고 미워하니 안 되겠고 짧게 한마디로 무어라 말 할까
아 이거다 이거
『선생님』 『저요』
용기를 내서 손을 들었다
『저는요~오 꽃집을 차리고 싶어요
  꽃집을 차릴 거예요』
아이들도 선생님도 웃었는데 말이 안 되는 얘기를 하고 잇네 라는
웃음이었고 그 순간부터 나는 無가 되었다
그냥 백지이고 숨 쉬는 공기일 뿐이다
밥은 먹어대는 식충이
꽃집은 들어왔다 나가면 웃어지며 나갈 꺼야
나름 계산 한 거고 진짜 꿈은 입도 뻥긋 못햇는데

중3이 왕 전성기인 이유는 좋아하는 친구들이 많아졋기 때문이다
1번 하고도 친하다 미옥이
등에 커다란 업이 하나 달려잇다
대부분 다른 사람은 그와 같은 상황이면 우울한 표정으로 살아가는데
얘는 다르다 성격이 얼마나 밝은지 성격 때문에 미래도 밝을 꺼다
결혼 후 이 친구가 운영하는 미용실에 찾아갓엇는데 내 머리카락 하나 자르고
거울보고 하나 자르고 거울보고 한 가닥 한 가닥 얼마나 정성스레 하는지
그 모습이 예쁘고 남편을 향해 툴툴거리는 모습도 예뻣다

우리 반에서 1등을 달리는 하 재순도 좋아한다
난 누구와 경쟁하는 게 싫다
경쟁할 일이 잇으면 그냥 내가 미리 져버린다
공부를 열심히 하는 거는 재순이를 이기고 싶은 마음이 아니라 내가 나와의 경쟁이다
그래서 즐겁다 옥수동에 사는 재순이는 속이 깊고 침착하다

그리고 사실 늘 마음 쓰이는 친구가 한명 더 잇다
얼굴에 점이 딱 한 개 잇는데 그 점이 원체 커서 얼굴 왼쪽을 다 차지하고 잇다

자주 고개 돌려 그 친구를 바라본다
그 친구는 키가 커 맨 뒤에 앉아 잇기에 키 작은 나와는 접촉할 기회가 없다
그래도 누가 그 애와 누가 친구인지 아닌지 꼭 살피게 된다
그 친구는 아주 겸손해보이고 말이 없으며 친구는 없어 보이나
다행히 얼굴이 평온해 보인다 물론 괴롭히는 친구는 없다

어느 날 남식오빠 키가 삐죽 길어지고 어깨는 딱하니 하늘에 닿은 채 이렇게 말햇다

여자로서 극복할 수 잇는 이름이 잇다 선영이다
선자는 구슬옥璇이다
이 구슬은 그냥 구슬이 아니야 임금의 옥좌 옆에만 놓는 구슬이야
이 이름이면 여자의 이름으로 사주를 극복할 수 잇어
오빠는 우리집안 이름의 원칙에 대해서도
한문 토 수 목 화 금이 들어가야 함을 알려주엇다
할아버지 대에는 토 아버이 대에는 수 우리 대에서는 목이
그 다음 대는 화 금 이렇게 순차적으로
그 글자의 부수가 들어간 한자를 선택해야 한다는 얘기이다

나는 내 이름을 세련되게 세옥이란 이름으로 갖고 싶은데
오빠의 설명이 멋잇어 그냥 가만히 잇어야 햇다
그렇다고 선영이라는 이름을 쓰기는 쑥스럽다
이름이 너무 예뻐 못생긴 나랑 어울릴라나

마침 실복이가 잡지책 여고시대를 즐겨 삿고
책을 다보면 내게도 보여주려고 뒤어온다
본인이 나보다 문화의 선두주자임을 입증하려면
계속 나에게 보여주지 않을 수가 없엇을 꺼다
나는 그 책을 왜 돈 주고 사야하는지 이해가 되지 않앗지만
그러나 그냥 조용히 그 책이 멋잇어 보이는 척 해주엇다

어쨋든 그 책 하단에는 매 페이지마다 이름과 주소가 적혀잇다
서로 편지를 주고받자는 의사표시이다
나도 오빠가 새로 지어준 예쁜 이름이 아까워 그 잡지사에 신청서를 보냇고
잡지책 하단에 두 번 정도 내 이름과 주소가 기재되어 나갓다

침침한 대문가에 알록달록 편지가 쏟아져 들어왓다
광대뼈가 덩실 덩실 춤을 추고
하얀 이빨은 가지런히 마중 나오며
눈동자에서는 보석이 쏟아져 내린다

오빠들이 더 신났다
편지 속에는 편지와 함께 새의 깃털이 들어있기도 하고
네잎클로바가 들어있기도 하다
어떤 자는 바둑판을 그리고 바둑 한 알 붙여왔다
오빠들 어깨에 지렁이가 꼼지락 꼼지락 거리며 웅수의 바둑알 그려 보냈다

남식오빠는 나에게 바둑을 가르쳐 주고 싶어 한다
이렇게 이렇게 저렇게 저렇게 말귀는 알아듣겠다
어쩌구 저쩌구 저쩌구 저쩌구 근데 머리가 돌지 않는다
슬그머니 포기하고 웅수에 재미 붙였다
남식오빠는 나보고 남자를 많이 사귀라고 채근한다
그래야 남자를 보는 안목이 생긴다나 만다나
몇 명과는 편지를 주고받기도 했다
그 중 한명과는 만나기로 약속도 하였다
마침 체크무늬 파란색 새 옷도 한 벌 입고 약속장소 시청근처로 나갔다
저 멀리 그자가 나타났다
무조건 실망이다
경상도에서 올라온 자는 나이도 많아 보이고 이도 삐뚜라진 것 같고
양파같이 동글동글 부드러운 느낌 없이 투배기 같다
어색함을 무릅쓰고 잠시 걸었는데 다행이기도하고 어이없기도 하게
그자도 나에게 실망이다
학생이 너무 화려하다나
허허허 웃겨 죽겠다
이후로 모든 주거니 받거니 편지도 사라져 버렸다

청소하며 아이들이 수군수군 난리가 났다
엘비스 프레슬리가 죽었대 엘비스 프레슬리가 죽었대
엘비스 프레슬리가 죽었다고
누구지
미국 대통령인가 봐

문화의 선두주자 실복이 언니가 실복이와 나를 신당동 떡볶이 집으로 데리고 갔다
커다란 후라이팬 앞에 서서 돈을 낸 뒤 빨간 떡볶이 한 개 두 개 세아리며
집어먹었었는데 우와 여기는 별천지다
동그란 식탁에 의자를 놓고 둘러앉아
커다란 납작 냄비위에 양배추 댐뿌라 라면 떡볶이
수북이 담아 불 위에 직접 올려 주는 거다
이 신비의 맛
또 떡볶이를 먹고 나서는 근처 가게에서

직접 만든 부드러운 아이스크림도 사주었다
눈이 번쩍 뜨이는 새로운 문화다

이 새로운 문화를 어찌 나만 즐기랴
하루가 멀다 하고 오늘은 이 친구 내일은 저 친구
내가 아는 모든 친구에게 문화를 전파해야 한다
너무 웃어 눈이 찢어질 것 같다

톡 톡 톡 톡 빗방울이 연주한다
침대보다 크지도 작지도 않은 키가 높은 툇마루
배 깔고 이불위에 엎드리니 공부가 달콤하다
또로록또로록 또로록또로록
별이 빛나는 밤에
온 우주가 나 공부하라고 반주도 넣어준다
밤새도록 공부하고 싶다
죽는 순간까지 공부하면 행복할 것 같다

세 들어 사는 사람들이 다 바뀌었다
아랫방 내 손잡아 공장 데리고 다녀 주던 통통한 언니는 이사 가고
양순이 언니가 이사 왔다
양순이 언니는 경식오빠와 같은 학년이고 노래를 뛰어나게 잘하여 콧대가 하늘이다
학교에서도 첫 번째로 노래를 시켜야 하지 두 번째로 시키면 하지 않는다 하였다
나는 마음속으로 그까짓 노래가 뭐길래 뭐를 완성할 수 있다는 거지
노래로 답을 끌어낸다는 것에 의아심을 가질 뿐이었다
단성사에서 겨울여자를 보았다며 대단하다고 흥분을 전한다
내 느낌엔 너무 시시하여 겨울여자 따위는 절대로 보지 말아야겠다고 생각했다
몰려다님도 시시하고 흥분하는 것도 시시하고 그러나 들려주는 줄거리 내용은 들었다
본인을 짝사랑하다 세상을 달리했다는 남자의 얘기를 듣고
쉽게 몸을 내어주는 여자가 된다는

어 현대판 황진이네
뭇 남자에 대한 연민으로 만인의 연인이 되다
몸을 버리다 몸을 버리다
몸으로부터 가슴이 자유로와지다
날개를 달다
내가 선생님께 배운 건 순결과 자결인데 다른 것에도 훌륭함이 있나보네
탈피와 날개라
날개 날개 날개 음

앙꼬 빠진 찐빵
끈 놓친 풍선
뿌리 없는 나뭇잎

이거 분명 작자가 남자일 거야
뭇 여성에게 바라는 남자의 마음
우리 선생님은 분명 순결과 자결이랬어
그게 더 멋져
1000명이 죽어나감 어때
알게 뭐야
나는 나야
눈 하나 깜짝 안 해
나쁜 놈
개똥따리 책 써놓고 여자들에게 몸을 달래
원 투 쓰리 퍽 져버려

작은 키에 고개를 뒤로 젖히고 찰랑찰랑 흔드는 양순이 언니
양순이 언니 때문에 경식오빠도 미소년이 되어있는 것 같고
오빠친구들도 기타들고 우리 집으로 몰리는 것 같다
경식오빠 친구가 오면 나는 시장에 가서 고등어 사다 맛있게 졸여 대접했다
엄마가 집에 손님이 왔을 때 했던 것 똑같이 흉내 냈다
엄마는 손님만 오면 함박웃음 얼굴이 되어 시장부터 내려가신다
겨울여자 따위는 읽고 싶지 않지만 멋진 책은 읽고 싶다
경식오빠가 빌려온 책일 께다
복카치오 데카메론
오빠가 빌려온 책은 당연히 내가 읽어 주는 게 정석이다
고부라진 제목과 작가
흠 이 정도는 읽어 주어야지
그 때 경식오빠 고등학교 친구가 집에 와 있었다
책을 잡고 있는 나를 보고는 미간을 찌그러뜨리며
『그 책을 읽을 때는 아무도 없을 때 읽어라』라는 이상한 충고를 남긴다
무슨 소린지 의아했지만 책 페이지를 넘기면서 바로 아이고 이래서 그랬구나 알 수
있었다 이제까지 내가 읽었던 책 소공녀 작은 아씨들 뭐 이런 것들을 확 뒤집어엎는
책이다 아이고 맙소사 어디다 눈을 두고 읽어야 할지 모르겠다
두 노인 바둑 두는데 한 점 두고 고개 돌리면 꽃이 피고
또 한 점 두고 고개 들면 꽃이 지고 뭐 이런 노인들은 다 어느 책속에 가서
바둑 두고 계시길래 이런 귀신들 안 잡아가고 참 망측하기도 하다
너무 망측하여 손에 침 무치고 페이지가 휙휙 잘도 넘어간다

문간방도 새로 이사를 왓다
왕국회관 다녓던 집은 문간방에 살면서 이사 간 후 찾아가지 않은 유일한 집이 되엇다
그 일을 주관하는 사람이 엄마인데 주최자가 없으니 행사도 없어졋다
그러나 그 아줌마에 대한 기억은 내게 고스란히 남아잇다
머리가 휑하니 비어잇는 그 집 아저씨는 감자볶음을 좋아 하신단다

나 연탄화덕 앞에 쪼그리고 앉아 후라이팬을 마주하고 잇다
한참을 뒤적여도 아직 안 익엇다고 한다
희멀건 꺽다리 아줌마가 누워잇다 익엇나 하나씩 맛을 보러 나온다
쌀을 씻을 때도 시간이 아깝다는 생각에 눈물이 흐르는데
엄마 살아 생전에 아줌마가 심부름 시켯다고 엄마가 몹시 우왕좌왕 햇엇는데
아무 말 없이 더디게 익는 감자만 휘젓인다

왕궁회관 문간방 아주머니 이사가고
이제 새로 이사 온 사람은 엄마를 보지 못햇다
그러고 보니 내가 안주인인 거다
다달이 전기세 물세 달라 하엿으니 내가 안주인 맞다
여수에서 올라온 가족이다
아저씨는 미장일을 햇고 아줌마는 아저씨를 따라 일터로 나간다
애들은 순옥이 원종이 그리고 막내딸까지 셋이다
순옥이 아줌마는 살짝 나에게 엄마 몫으로 소리 없이 도와 주셧다
김치 담그는 법이랑 된장찌개 조리법을 사사해 주셧고
나는 아줌마 나가고 난 뒤 아이들을 돌보앗다
밥도 차려주고 순옥이에게 열심히 공부도 가르첫다
돈을 안 받아서 그런가 효과가 잇는 것 같지도 않앗지만 눈으로 보이는데
안 가르치기엔 좀이 쑤시고 영희 때처럼 갈치는 스트레스는 없엇는데
내가 가르칠 때 순옥이아줌마가 든든해하는 게 느껴졋다
순옥이아줌마는 나에게 이렇게 얘기햇다
『하루에 열두 번 봐도 열두 번 다 웃느니라』
그래서 내가 사람을 보면 웃는다는 걸 알게 되엇다
내가 빨래 빠는 모습에서는 빨래 빠는 손에 힘이 하나도 없어 빨래를 워캐빠는지
모른다 하고 마루에서 공부하다 불 켜놓고 잠이 들면 전기가 아까워 불을 끄라고
말하고 싶엇지만 꾹 참 고 때로는 와서 꺼주기도 햇다고 햇다
그리고 실북이가 우리 집 드나들면 공부에 방해가 되니 오지 말라고 하고 싶은걸
정말 억지로 참노라고 숨을 누르며 얘기 하셧다

그런 얘기 속에 내가 집주인이엇구나 생각됏고
또 그 분에게 나를 향한 엄마마음이 잇다는 걸 알게 되엇다

아줌마가 아저씨와 싸울 때면 또 내가 나선다
아저씨가 죽는다고 해병대산에 올라갓다 하여 아줌마가 내랑 같이 깜깜한 밤 무서움을
제치고 정말 아저씨가 죽엇을까봐 두려움에 떨며 한참을 헤맷엇다
그 해병대산은 진짜 무서운 곳이다
커다란 바위 밑에 깊숙이 파인 공간이 잇엇는데
누군가에게 얘기 듣기를 저 속에 사람을 집어넣고 깡패들이 마구잡이로 돌맹이를 던져
댓고 그 안에 갇혀서 돌팔매를 당한 사람은 결국 죽엇다고 햇는데
말을 들려준 사람이 직접 본 것 같앗다
그 해병대 산은 풀도 많고 짓다만 건물 더미도 잇고
제품공장에서 버렷는지 알록달록 커다란 천 무더기도 많고 하여
놀기에 더 없이 좋은 곳 인데 그 말을 들은 후에는 너무 무서워
그 근처를 피하여 비 잉 돌아가고
혹여나 젊은 남자들이 무더기로 잇을까봐 긴장을 바짝 세우며 지나가는 길이다

별일 없이 모두가 무사해서 다행이라고 한숨 돌렷던 기억만 잇다
산으로 올라갓는데 어떻게 해결햇는지 세세한 기억은 없지만
머리끝이 쭈뼛 세워져서는 대나무 숲에 몸을 숨기고 잇을 아저씨를 생각하며

남식오빠가가 순옥이네 어른들에게 얘기 할 때 굉장히 정중하게 얘기햇다
학교선생님한테는 그렇게 당당히 대들엇다 하엿는데
순옥이네 어른에게는 노골적으로 신하가 대통령 대하듯
낮은 자세로 대하길래 의아스러워 고개 들어 남식오빠 얼굴을 처다 보앗는데
정성스러움이 양쪽 눈 아래로 주르륵 그려져 잇엇다
그 당시 집주인과 세입자와의 관계는 셋방살이라는 말이 나올 정도로 매서움이
보편적이엇는데 그 반대로 대함에 내 마음에 남식오빠는 기다란 네모로 들어왓다
여름방학에도 독서실은 다녓다 이참저참(신당동 문화전파 펜팔 관리)일과
자신감에 살짝 방심햇나보다 독서실에서도 친구들하고 키득대다 공부를 살짝 놓쳣다
그 와중에 친구 한명이 여름방학동안 순진하고 착실하게 열심히 노력하더니
성적을 따라잡앗다
아무튼 여름 방학 내 나와 같이 도서관 드나들엇는데
고삐 풀린 나와 그 친구의 순위가 깔끔하게 바뀌엇다
한 달 키득거린 여름방학은 아무리 쫒아가려해도 따라잡을 수가 없엇다
다른 친구들도 다 같이 긴장하고 잇다는 걸 생각하지 못햇다
나는 꼭 서울여상을 가야하는데
드디어 원서 쓰는 시기가 다가왓다
담임선생님이 일신여상 장학생으로 가라 하신다
아니 그럴 수는 없다
오빠처럼 또 장학생으로 팔려가기 싫다

김민기 선생님이 한양공고 장학생으로 보내주겟다 하신다
어 조금 호기심이 생긴다
남자애들만 잇으니
그런데 더 자신 없다
얼굴에 여드름이 득실득실하여 어디 나설 수도 없다
그리고 남자애들만 잇으면 내가 주목의 대상이 되어 정신 없을 것 같기도 하다
나는 꼭 서울여상만을 가야한다
서울여상만 가면 아버이가 분명 장학생 만들어 준다고 햇으니까
그런데 이 성적으로는 아슬아슬하다
아 이러면 되겟구나 서울여상 야간을 가는 거다
확률 100%로 합격할 수 잇으니까
설상 내가 계속 1등을 햇더라도 서울여상 주간은 합격여부가 불안할 수 잇지만
야간이라면 틀림없이 합격 가능하다
그래서 나는 서울여상 야간을 지원햇다

학교에서 추천을 받아 효녀 상을 주겟다고 한다
아니 이건 내가 받아야 되는 거잖아
생각해봐라
나는 수도 뻗쳐서 물도 받지
김치도 담그지
밥도 하지
징그러운 생선도 씻지
물을 길어다 빨래하고 또 그 물을 들어다 벼려야 하는 일도 하지
내가 나를 추천 하는 게 이상하긴 하지만 아무리 생각해도 내가 받아야 함이 마땅하다
아버이에게 효녀 상을 준다하니 편지를 써달라고 하엿다
아버이도 신이 나셧다
날마다 청와대에 편지 쓰시던 분 아니신가
그와 같은 실력으로 장장 여러 장 이어진 편지 한문 잔뜩 섞어서 적어 주셧다
읽어보지도 않앗다
좋은 말 한 가득 잇을 게다
담임선생님께 전햇더니 감동 받으신 표정이시다 쩝 쩝
계면쩍은 효녀 상이라 적혀잇는 종이 한 장 집으로 가지고 왓다

졸업식에 대한 기억은 없다
그 날 잇엇던 일에 대한 기억만 잇다
졸업식이 끝나자마자 미장원으로 갓다
머리를 요롱게 잘라 달라 하엿는데 조롱게 잘라 주엇다
분해서 참을 수가 없다

까라락까라락 넘어가는 나를 보고 새언니가 놀라는 표정이다
저런 면이 잇다니 하며
새언니는 미용사 출신이라 더 놀랄 노자가 된 것 같다

실북이가 내 얼굴은 눈 따로 코 따로 입 따로 따로따로 보면 이쁘다고 햇다
그 얘기는 합쳐놓고 보면 이쁘지 않다는 뜻이다 그 얘기를 남식오빠에게 얘기햇다
오빠 실북이가 나는 눈 코 입을 따로따로 보면 이쁘대
오빠가 말을 받아주엇다
『그럼 현대미술이야』
『응 뭐라고』
『현대미술은 따로따로 개성 잇게 표현해 』
용기를 주는 오빠의 말에 슬그머니 기분이 좋아진다

실북이는 또 내게 너는 네가 눈 코 입중 어디가 제일 이쁘다고 생각하니라고 물엇다
『나는 입이 제일 예쁜 것 같애』
『입이 이쁘다고 생각하는 건 남자를 좋아하는 거래 너는 코가 예뻐 코가 예쁘다아』
실북이가 그렇게 얘기를 해주어도 거울을 보면 입만 보이고 입이 예쁘다고 생각된다

오하하하이호이 중매가 들어왓다
눈이 하도 작아 위아래가 들러붙어잇는 만화방 주인아저씨가 나에게 중매를 선다
상대는 우체국에 다니는 자기네 친척 집 맏아들이란다
글루 시집가면 우리 집에 걱정 없이 쌀은 대줄 수 잇을까
아버이와 남식오빠에게 얘기하니 아무 말이 없다
이제 중학교 졸업인데 중매라니 괜히 신나고 자랑스럽다

경식오빠는 신문도 돌리고 과외공부로 동네 어떤 애를 가르치고 잇다
동산국민학교를 다닌 희멀건 남자애다
그 학교는 사립학교이고 단정한 곤색 교복과 모자까지 쓰고 다니며
학교 운동장에 다람쥐도 잇다 개내 엄마는 교양 잇어 보이고
사는 집은 담이 높고 그 애가 밖에 나와 노는 건 보지 못햇다

건방진 그놈이 내 앨범을 가지고 갓댄다
오빠에게 부탁해서 오빠가 가져다 준 모양이다
속이 부글부글 끓는다
그러나 자존심이 상하여 오빠에게 왜 갓다 주엇냐느니 그런 표현은 절대로 하지 않는다
부글부글 끓이고 잇는데 한 두어달이 지나서
턱걸이 문창호지 창문 앞에 와서 돌려주엇다
얼마나 뒤적엿는지 앨범이 너덜너덜 해졋다
앨범에 동그라미 표시를 잔뜩 해댓다

세어보니 딱 다섯 명이다
실복이가 예쁜 얼굴에 표시 한 거라고 호들갑이다

이런 호랑 말코 같은 시건방진 놈 같으니라고
과외나 해대는 놈이
내 얼굴엔 표시도 하지 않고

지금서 아무리 찾아도 그 앨범은 사라지고 없다
속이 후련하다

갑자기 경식오빠가 안방에서 엄마 앨범을 펼쳐놓고 엎드린 채
펑펑 주먹으로 쳐대며 대성통곡 폭풍오열을 한다
국비장학생으로 의대를 합격했댄다
합격 대자보에서 힐끗 오빠 이름이 보이자마자
안암동에서부터 금호동 집까지 달려왔다고 한다
그리고는 앨범을 펴놓고 통곡을 하는 거다
옆에 있는 내 눈에서도 진한 눈물이 소리도 없이 찐적거리고 나왔다

남식오빠가 군대 가야 한다
의대는 입학금만 내면 국비장학금으로 다닐 수 있는 제도가 생겼단다
남식오빠가 들뜬 표정으로 얘기했었다
그러니까 경식오빠 대학 입학금까지는 해주고 군대를 갈 수 있다고 좋아한다
군대를 갔다 오면 남식오빠도 대학을 갈 수 있으려나

그런데 남식오빠는 군대를 안 가게 될 거라고 했다
왜냐하면 군대를 가면 안 될 정도로 혈압이 높다는 거다
오빠 말은 틀림없으니 군대를 가지 않을 꺼고 별 문제 없을 꺼다
대학생이 된 경식오빠는 산악회라는 동아리에 들어갔다
매주 산에 가나보다
그림을 잘 그리니 미술 동아리에 들어갈 꺼라 생각했는데 산악회를 들어갔다니
의외라는 생각이 들었다
남식오빠는 경식오빠가 그림을 잘 그리니 섬세하고
눈매가 매서우니 의사가 잘 맞는다고 뿌듯해 한다
그런데 산악회 동아리에 들어갔다고 걔는 집안 사정이 이리 어려운데 어떻게 산악회를
들어갈 수 있냐며 내게 화난 표현을 했다
그런데 그 점을 직접 얘기 하는 것 같지는 않다
경식오빠 자존심을 건들기라도 할까봐 직언은 피하는 가보다
남식오빠가 그리 얘기하니 나도 걱정이 된다
대학생이 되면 놀고먹고 대학이라는 말이 있는 것처럼 흥청망청 사람이 되지는 않을까

은근 염려 아닌 염려가 되었다

병무청 신체검사를 다녀온 남식오빠는 병무청에서 대충 아무렇게나 검사를 하더니
무조건 적합으로 나오게 하였기에 군대 가야한다고 했다
남식오빠는 오빠 금방 갓다 올께 라고 말한 뒤 층계 밑으로 내려갓다
군대를 가는 거다 내 가슴 먹먹하고 울분을 어디에 쏟아야 할지 모르겟다
언니는 남식오빠가 언니에게 나의 생리대 값 1년치를 맡겻다고 말해 주엇다
아이고 맙소사
오빠가 관여해서는 안 될 일인데
안 그래도 예민한데 가장 예민한 곁을 치다니
그나저나 옆에 잇어야 못되게 굴어 의사 표현을 할 텐데
어 씨 도망가고 없으니 화 낼 곳도 없고

예측한대로 서울여상 야간은 안전하게 합격하였다
송 죽 매 난 국 행 율 일 곱반 중에서 난(蘭) 반에 2등으로 들어갓다
에이 이정도 성적이면 주간도 붙엇겟다 싶기도 하고
체육만 아니면 1등 일 수도 잇엇을 텐데 싶기도 하고
아무튼 그놈의 존경스런 체력검사
1등은 무조건 반장 겸 회장 2등은 부반장 겸 부회장이다
그동안 완장이라고는 일주일 분단장 한번 해봣을 뿐인데
다행히 부반장이래야 그닥 할 일이 잇는 건 아니엇다
회의 시간에 차렷 경례 한 다음에 국기에 대한 맹세만 대표로 외워주면 된다

나는 자랑스런 태극기 앞에
조국과 민족의 무궁한 영광을 위하여

모드라 모드라 그다음이 맨날 조금씩 헷갈린다
뭔가가 한 글자씩 틀렷나보다
애들이 웃긴다고 까르륵 거린다
다행이다
선생님도 밝게 웃어 주신다

중학교 때도 국기에 대한 맹세를 햇엇는데 마음 단단하게 먹는 데만 집중햇지
글귀는 생각한 적 없어서 그런가
매 회 급작스레 연구하여 같다 붙이면 애들이 까르륵 까르륵 난리가 난다
계속 맞을 것 같은 새로운 말을 갖다 붙엿는데 왜 또 틀리다는 건지
난 반이라 그런가
일 년 내내 까르륵 거리게 함이 책임감이 없지 않나 하는 생각에

마침내는 선생님이 화를 내실지도 모르겠다하는 두려움에
하루는 집에서 국기에 대한 맹세를 들여다보고 꼼꼼히 연습을 하고 갔다
오늘만큼은 뽀대 나게 하여서 내가 그런 사람이 아니라는 걸 보여주리라

나는 자랑스런 태극기

애그머니나 이게 웬일
오늘은 마지막 시간이라 회의를 생략 하겠다 하시고
선생님 말씀으로 대치를 하시는 거다
아이고 억울해라 억울해
연습함도 억울하고 뽀대 내보지 못함도 억울하고

머리는 양쪽으로 갈라 묶다가 조금자라면 따야 된다
혼자서 머리를 딸 수 있다는 것이 자랑스럽다
야간이니 학교 갈 때까지의 시간도 많은 것 같다
이제부터는 집도 깨끗이 청소를 하고 다녀야겠다
중학교 때는 청소에 손 댈 시간이 없었다 마음의 여유도 없었고
사실 방이 한가득 어질러져 발 디딜 자리도 없으면 공부가 잘 된다
엉켜진 이불 사이의 모양이 동물로도 보이고
걸려진 옷이 또 다른 모양으로 보이기도 하고
이것만 공부하고 치워야지라는 생각을 하면서
이제 학교도 오후 늦게 가도 되니까 뽀샤시 청소를 하고 가야지
설겆지 뽀샤시 걸레 빨아서 방 마루 바닥바닥 닦고
영자언니에게 배운 고북위에 붙이는 하얀 에리 파란잉크 한 방울 뚝
대야에 풀어 푸른빛 도는 흰색 만들어 반질반질 다리고
그리고 나서 아퍼진 허리를 쭉 피고 숙제를 하려고 보니까 아니 글쎄 2시가 되었다
아직 숙제를 못했는데 학교를 가야한다
하루정도야 뭐 내일은 잘되겠지
거울보고 머리를 요리조리 딴다
학교까지 버스를 한번만 타서 다행이다
예쁘척 머리를 흔들며 도도떠는 삼각형 빳지 가슴에 달고 버스에 오른다
흘끗흘끗 사람들 시선이 느껴지고 히잇 이빨 속에 미소를 감춘다
학교에 도착하니 영어선생님 질문에 나는 대답을 못 하는데
다른 아이들은 다 아는 듯 또각또각 대답을 한다
그렇게 두어 번 지나고 수업의 리듬을 놓친다
동쪽인지 서쪽인지 헤렐레에 헤렐레

학교는 뽕치 대단하다
으리으리한 개와집 건물 건물 뒤로 꺾아지는 산 절경

비가 오면 쏟아져 내리는 폭포 또한 으리ㄷ사하다
사진기사가 학교 내 상주하고 잇을 정도였다
건물의 양상은 절로 보이기도 하다
이렇게 멋진 학교를 가려면 같은 재단의 중학교 교정을 지나가야 도달 할 수 잇다
친구 한명이 우리학교를 찾기 위해 서울여상이 어디에 잇어요
라고 물엇더니 절로 가세요 라고 대답하여
절을 찾아 갓더니 우리학교이엇다고 하여 우리가 웃어 대기도 햇다
아버이는 이 절 모양 건물을 지은 사람은 바로 아버이의 6촌 동생 박영호라고 하셧다

입학식 다음 날 아버이가 교장실에 다녀가셧다
우리 아버이는 훌륭한 분이고
교장선생님도 아버이 동생뻘 이라하니 그럼 나도 친척일 테고
며칠 내로 나도 인사를 나눠야겟지
이제 장학생이 될 테니 걱정 없이 다리 뻗고 학교 다닐 수 잇게 생겻다
그런데 학교를 다녀온 아버이는 별말이 없으시다
이차저차 얘기가 잇어야 이해를 할 텐데 폼 재고 교장선생님 만난 얘기만 하신다
장학생에 대한 이야기는 씨알도 없으시다

아이고 맙소사
이게 뭐야
워쩌란 말이야
아버이가 속이다니
정신을 차릴 수가 없다
하늘이 샛 노랗다
무엇을 어찌해야 할지 모르겟다
하늘에 구멍이라도 난 것 같은 분노 어떻게 하든 이 분노를 아버이에게 전달해야겟다
너무 화가나 목이 콱콱 막힌다
이건 분명 우주와 땅이 아주 딱 붙어버린거다
어떻게 하면 아버이를 화나게 만들까

친구들하고 얘기하다 집에 가는 버스를 놓첫다
오늘은 아버지가 화난 모습을 볼 수 잇겟다
일단 파출소로 갓다
방범대원아저씨의 호위를 받으며 집으로 돌아갓다
방범대원 아저씨와 깜깜한 밤을 걷는 길이 무섭게 느껴져 쉬지 않고 말을 시켯다

좀 성공을 햇다
아버이가 실북이 아줌마에게 구민을 토로햇단다

『우리애가 늦게 들어와요 남자애한테 편지도 와요』
편지　여고시대 주소로 가끔 편지가 들어오기도 했었다
우리 아버이가 내 걱정을 하고 다니시다니
그러나 그거 갖고 아직 화가 풀리지 않는다
나는 어떻게 하든 나빠져야 한다
최고로 나빠지고 말 꺼다

우리 동네에서 문화를 칼로 가르며 앞으로 나간 자 그 이름 실북이네 영자언니
영자언니에게 나도 고고장을 데리고 가달라고 간곡히 부탁했다
고고장가면 학교에서 정학을 시키니 거기는 분명히 칼끝이 하늘에 닿아있는
최고의 블랙일 거다
체크무늬 한 벌짜리 파란색 옷을 입고
그 이름도 유명 찬란한 무교동 고고 장에 앉아있다
실내는 낮인데도 깜깜하다
어느 남자가 까만 옷을 입고 서서는 손을 요래요래 다리를 조래조래 흔들거린다
여기만 오면 답을 찾을 줄 알았다
그런데 요기를 봐도 조기를 봐도 내 가슴 걸터앉을 곳 보이지 않는다
그곳 주인으로 보이는 남자가 오더니 영자에게 내 평을 한다
『무슨 고등학생이 중학생으로 보여~』
아직 이곳에 받아들이기에는 가당치 않다고 말하는 거다
어어　최고로 뽀대를 부린 건데 편지 주고받은 남자도 너무 야하다한 차림이고
나도 이곳에 오니 마음이 발바닥 밑까지 내려가 딱 숨어버려
아무런 기쁨도 찾지 못하겠다
이렇게 재미없는 곳 처음이다
에 유 내려가자 아무래도 사람의 종류가 다른가 보다라는 생각이 들었다

로타리에 네모가 생겼다 농협 이다
4학년 때 친구와 골목에서 거품 물고 흥미진진하게 놀 던 은행놀이랑 똑같다
유리 안쪽에 앉아있는 언니들이 곤색 옷을 입은 것만 다르지
왔다　갔다한 돈을 조그만 수첩에 적어주는 것은 완전 똑같다
껍데기만 웃는 얼굴 주고받는 아이고 어쩌고저쩌고 얘기도 없고
간신히 숨 만 쉬는 완전네모다
농협창구에서 돌아서는데 저쪽에　아버이 뒷모습이 보인다
순간 챙피했다 학교도 지으시고 부면장도 하시고
저수지도 지으신 분의 뒷모습이 저렇게 초라한가
언제 저렇게 늙으셨지　부끄럽다 밖에서 아버일 만나게 될 줄이야

아버이가 진지 드실 때 소주를 같이 드신다
술을 드셧다하여 나에게 불편하게 한일은 없지만 건강에 좋지 않다하니
조금만 드셧으면 좋겟다
그렇다고 아버이에게 감히 『술을 조금만 드세요』 라는 말은 못하겟고
또 너무 직접적인 표현은 유치해 보이기도 하다
그래서 이 방법을 택햇다
『아버이 저에게도 술을 주세요』
아버이가 허허 웃으시며 그래 하고 밥주발 뚜껑에 몇 숟저 나주어 주셧다
아버이 술을 내가 조금 마셧으니 아버이가 마실 술의 양이 줄어든 거다

명자이 성미 나 여럿이 기타를 들고 숲으로 놀러갓다
숲이래야 어느 버스종점에서 내려서 찾아간 산 아랫자락정도
주최 측이 내가 아니다 보니 장소를 정확히 알지 못하겟다
어찌하엿건 산에서 카세트 틀고 어디서 배웟는지 춤도 흉내 내고
까르륵 거린 사진을 가지고 잇다
친구들하고 어울리는 건 즐거운데 춤을 추고 노는 거에는 희열을 느낀다거나
그 어떤 만족감을 찾지 못하겟다
다른 친구들도 대체적으로 그랫는지 다시 가자는 얘기가 없다

중학교 동창 삼주이와 약속을 하엿다
흥인국민학교 앞에서 기다린다
삼주의 걸걸한 친구들이 같이 나왓다
청구국민학교 앞에 잇는 문방구에 가더니
삼주는 문방구 앞에 서고 친구들은 안으로 들어가 노트니 뭐니 훔치는 거다
삼주가 밖에 서잇는 거는 망을 보는 거엿고 삼주가 턱을 툭 들어 고개를 문방구
안쪽을 가리키면서 나에게 빠른 말로 휙 날린다
『너도 들어가서 갖고와아』
깜짝 놀랠 일이다 역할 분담이 되어 일사분란하게 이루어지는 걸 보니
오늘이 처음은 아닌 게다 삼주는 자기네 집이 문방구를 하니까
그 고충을 알 텐데도 그런 일을 하다니
물론 삼주는 훔치지는 않앗다 그러나 똑같다고 생각이 든다
삼주에게 마리아와 종이 사건에 이어 한 번 더 큰 실망이다
내 아무리 사람 가리지 않는다 하나
삼주의 친구들하고는 가까이 하지 말아야겟고 생각햇다
아무리 깜찍한 고양이 그림이 잇는 공책이면 뭐하나
그 공책에 아무 글씨도 써지지 않겟다
그날 이후로 나는 모든 예쁜 그림이 붙은 거시기 뭐시기 와는 구별하엿다

학교에서 여름방학동안 하기 수련회를 간다고 한다

그래도 명색이 부반장인데 이 정도는 가주어야 뽀대가 나지 않을까
집에 가서 아버이를 졸라 부반장이라 가야한다며 남애 해수욕장으로 떠낫다
우리학교와 자매결연을 맺었다는 학교에 숙식을 정하였다

교실에서 게임도 하고 장기자랑도 하였다
나는 조금 머뭇거리다가 장기자랑으로 잠자는 연기를 하였다
어릴 적 내가 가장 행복햇던 잠든 척할 때 햇을 때
아버이가 안아주신 기억만이 생각나기에
끝나고 나니 어휴 밍구
내가 생각해도 답답
나보다 더 멍청한 사람 잇으면 나와 보라고 해
잠자는 연기라니 으윽

자매결연 부대에서 군인들이 왓다
어두운 저녁 뒷 운동장에 앉아 우리학교 대표와
군인대표가 각각 한명씩 나와 기타를 치면서 둘엣으로 노래를 불럿는데
얼마나 아름다운지 천상의 하모니 같앗다
내 느낌에 두 사람이 결혼해야 할 것 같다
그런데 아침에 들리는 소리는 그 노래 부른 애의 기타가 없어졋다는 거다
그럴 수가 잇을까
아침에는 군인들과 우리들이 어울려 함께 포크댄스를 배워가며 춤을 추엇다
상큼 발랄 유럽에 온 느낌도 들엇지만
언제는 남자와 어울리지 말라며 또 이렇게 같이 춤을 추라는 건 무슨 뜻이지

난생 처음 마주하는 바닷가를 갓다
파도타기를 하였다
파도에 몸을 맡겨 몸이 훅 올라갓다 철퍽 떨어지는
아싸라비야 콜롬비야 이 짜릿한 느낌
철썩 철썩 철퍼덕 아아싸

다음날도 파도에 몸을 맡기고 잇다
어어 오늘은 다르다
몸이 해안으로 들어오려 해도 들어와지지 않고 파도에 밀려나가진다
다행이 나보다 안쪽에 잇던 친구가 눈치를 챗다
웃고 장난치는 목소리로 입고 잇던 남방을 벗어서 훅 던져주면서 이렇게 말햇다
『찢어지지 않게 사알짝 잡아라』
나는 그 남방을 잡앗고 그 애가 끌어당겨 바다에서 빠져 나올 수 잇엇다
그리고는 바닷가에서 모래와 사람과 공과 범벅이 되는 비치볼들을 하며 거품 물고
놀앗다

다음날 또 바다에 몸을 담갓다
깊은 물은 가지 못하고 가장자리에서 왓다리 갓다리 하엿을 꺼다
조금 후에 우리학교 학생 한명이 바다 저 깊은 곳에서 나오질 못하고 잇엇다
두 분의 체육선생님이 그 친구를 구하려 수영을 하고 가다가 가지를 못하고 되돌아왓다
다행이 근처에 잇던 군인한명이 쫓아가서 안고 나왓다
이 친구는 실신한 상태엿고 수영복 끈이 내려가 한쪽 가슴이 밖으로 표출되어 잇엇다
무안한 생각이 들엇는데 어느 친구가 앞으로 나가 얼른 옷매무새를 가다듬어 주엇고
안고 나온 군인이 인공호흡을 하엿다
그 친구가 재채기를 하며 깨어낫다
멋쩍고 무안해하는 체육선생님들의 마음을 읽을 수 잇엇다

그 다음날도 또 바닷가에 나갓다 파도가 굉장히 높다는 게 느껴진다
선생님의 지시에 의해 바닷물에 들어가지는 않고 가장자리에서 놀앗다
바닷가에 잇던 사람들이 웅성거리기 시작햇다
사람이 빠졋다는 것이다
저 멀리 허우적거리는 사람이 이쪽에 한명 저쪽에 한명 둘 보인다
어저께 우리학교 학생을 구햇던 군인아저씨도 구하려 들어가다가 되돌아 나왓다
파도가 높아져서 더 이상 접근하기 어려운 것 같앗다
그 먼 바다 바라만 보고 잇는 거다
시간이 어느만큼 지나자 허우적거리는 몸동작이 멈추고 일자로 누워 둥둥 떠 잇기만
하엿다 아무래도 삶의 시간을 뚫고 나간 것으로 보여 진다
그리고 시간이 조금 지나자 해양경찰로 보이는 커다란 배가 근처로 왓다 갓다 하엿다
우리들의 지도 인솔 교사인 체육선생님을 보앗는데 식은땀을 흘리는 듯한 표정이엇다
하루차이에 우리학교 학생의 생사가 갈렷고
그 책임이 선생님 이엇으니 어찌 그러지 않으셧을까
그날 밤 교실에서 처얼썩 처얼썩 때려대는 으스스한 파도소리를
얇은 이불 속에서 몸을 움크리고 잠이 들엇다

다음날 철수 하엿고 짐을 꾸리는데 내가 정리한 책상 서랍에 하얀 산호가 잇엇다
바닷가라 산호는 흔할 테고 이것은 나를 위한 선물이리라 생각하여 집으로 가지고 왓다
원래 우리 집은 지붕이 검정색 루핑이라 여름이면 집이 뜨거워 머리카락 꼭지가 열리는
것처럼 더운 집인데 그 짧은 더운 기간 7일간 해수욕장을 다녀왓다고 그새 여름이
접어졋는지 태어나서 처음으로 덥지 않은 채 여름이 훌쩍 넘어갓다
하얀 산호는 아버이께 드렷더니 아버이 선물이라 생각하고 기뻐하셧다
며칠 후 아버이는 나의 수련회 비용을 대느라 힘들엇다는 표정을 지으시면서
다시는 가지 말라 하시엇다
큰 구비를 넘긴 학교에서도 다음해부터는 아예 수련회를 없애버렷다

학교엔 수영장도 잇다 체육시간에 수영을 배운단다
어떻게 소문을 챙겨 들은 건지 수영장이 보이는 동네 언덕엔 남학생이 새까맣게 앉앗
다 그럼 뭐하나 내 몸은 어찌된 일인지 둥둥 뜨기는 하는데 앞으로도 뒤로도
움직여지지 않는다 존경하는 체육님

장학생 되는 것은 물 건너갓지만 야간고등학교 다님의 좋은 점이 잇기는 하다
오전 동안에 회사 급사 일을 하며 돈을 벌수가 잇다는 점이다
우리학교는 회사로부터 의뢰가 많이 들어오는 것 같다
그도 그럴 것이 학교 친구들의 대부분 얼굴에 나는 양보하는 사람이요 라고 씌여 잇다
사실 포기한 얼굴 까지는 아니지만 큰 야망을 느낄 수 잇는 친구도 보이지 않앗다
인문고 갈 실력이 충분히 되는데 실업학교를 왓다는 사실 자체가 집안사정상 어느 정도
포기 햇다는 뜻이 담겨잇기도 한 거다
중학생 때도 담배피우는 학생이 한반에 두 명 정도엿는데
지금은 전교에서 두 명 정도 일뿐이다
그 작업은 화장실에서 이루어지는 일이라 비밀에 붙일 수 없어 다 알게 되는 일이다

나도 어디든 다니며 일을 해야 하는데 담임선생님이 추천을 해주지 않으신다
내가 여름 수련회를 다녀왓더니 선생님은 우리 집 가정형편이 다른 애들보다 낫다고
생각하시는 것 같다
일일이 설명하기도 어렵고 수련회 갓다 옴에 힘들어하시던 아버이 얼굴은 떠오르고
담임선생님 이름은 김 승일 이시다
처음 선생님으로 부임하신 총각 선생님이시다
순수한 열정을 갖고 계셧고 우리 집 셋째오빠처럼 덕수 고등학교를 졸업하셧으며
주산을 가르치셧는데 주산 놓는 새로운 획기적인 방법을 우리에게 사사하셧다
선생님도 선생님의 스승에게 배운 방법이신데 그 방법으로 높은 급수를 따셧다한다
내게 군인아저씨에게 쓴 위문편지를 잘 썻노라고 칭찬을 해주시기도 햇고
권위적인 선생님이엇다면 일 년 내내 국민교육헌장도 제대로 외우지 못하는
학생에게 미운 털을 박앗을지도 모를 일이기에 감사한 마음을 갖고 잇다
도무지 나에게만 어떤 사환일도 추천 해주실 생각조차 하지 않아서
내 머리 지진 나도록 무겁게 하기는 하셧지만

상업학교가 가슴 아프게 한다
입학할 때는 나름 우수한 성적의 학생이라 할지라도 졸업할 때는 깡통이 된다고 한다
수업내용이 돈 빨리 세는 법 숫자를 45도 각도로 기울여 쓰는 법
더하기 빼기 빨리하는 연습의 주산시간
타이프 정확하게 빨리 치는 연습의 타자시간
이런 짓을 몇 년 해야 한다 물론 영어나 수학을 지도하기도 하지만
대학진학을 하지 않으므로 큰 의미 없는 수업이다

졸업 시까지 주산 부기 타자의 급수를 따야함이 의무이기 때문이다
그러거나 말거나 나는 아무리 연습을 해도 주산이나 타자의 급수는 하나도 따지 못한다
타자연습은 머리가 빙빙 돈다
타자 학원까지 다니며 엄청 열심히 햇는데 3급조차도 나를 거부한다
그나마 부기과목은 돈의 흐름을 파악하고 정리하는 그래도 논리적으로 접근하면
되는 과목이어서 낙방 없이 무난하게 급수시험을 통과하기는 햇다

윤 정원 전 성미 나 박 종식 셋이 한 통속이 되엇다
내가 가장 아둔 햇을지도 모르지만
단 한 번도 나를 두고 둘이만 수군거린 일 없이 평화로운 깔깔거림 그 자체엿다
깜깜한 밤을 뚫고 집에 오기위해 오른 버스 안에서
우리는 그 당시 새로 나온 책 모모 생의 한가운데 라는 책 제목만으로도
깔깔거림의 대상이엇지 연예인을 좋아 한다는 일 따위는 차마 자존심 상하여 잇을
수 없는 일이다 대학가요제가 나오기 시작하고 감성이 열리기 시작한 나이인지라
노래에 빠져 들기는 하엿지만 노래 부르는 사람까지 좋아해야한다는 생각은 굳이
할 필요가 없엇다 좋아한다는 것은 존경해야 가능할진데 노래 잘한다고
존경의 대상으로 삼기에는 도무지 마음이 열리는 일은 아니다

낯선 손님이 웃는 얼굴로 우리 집을 찾아왔다
아버이도 처음 보는 사람이다 횡성에서 오셧다고 햇다
함자는 박 순감 족보를 찾다 우리 아버이와 12촌이어서 찾아왓다고 햇다
행사출신이라 하신다 아버이는 고개를 숙인 채 화토 옥안을 피시면서 듣기만 하셧다

경식오빠 위상이 높아졋다
친척들이 경식오빠를 달리 봄이 느껴진다
합정동 박영근 아저씨집에 갓더니 식구들이
『어유 경식이 그려대 의대야』
하며 위에 올려놓고 얘기함이 느껴지는데 속이 메슥거린다
비겁함의 극치를 보는 것 같다
오빠가 똑같이 노력하여 전문대를 갓어도 그와 같이 표현 해줄까
만약 그와 같앗다면 처다보지도 않겟다는 게 오히려 느껴질 뿐이다
아버이에게도 서운하다
어릴 적에도 똑같이 자랑을 해주엇다면 반감이 생기지 않앗을 텐데

경식오빠 친구들이 우리집 온다
실북이네 영자언니도
『어유 니네오빠 의대야
그럴 줄 알앗으면 데이트 신청할 때 받아들일 걸』 한다

실복이는 『야 니네오빠 친구는 고대 의대인데
게다가 다 잘생겻다』고 말하며 호들갑이다

체 그까짓게 뭐 대수야
나는 오빠친구들이 오면 오빠 체면이 잇을테니 시장 봐다 나름 정성껏 식사 준비한다
그러나 결코 고개 들지 않는다
오빠친구들이 수근 거리는 게 들린다
『야 너네 동생 어쩜 저러냐
조선시대 여자 같애』
천만에 만만에 콩떡
고대의대라고 혹시 나도 멋지다고 생각하는 줄 알까봐 갓잖아 쳐다보지도 않은 거다
엄마가 남자와 눈을 마주치지 말라고 한말도 잇고

하루는 잘생겻다는 오빠 고등학교 친구가 와서 창문을 두드렷다
내가 창문을 열자 창문밖에 쭈그리고 앉아서 물엇다
『야 너 나 모르니』
『아는데요』
『야 나 좀 들어가서 기다리자』
책을 읽을 때 주의 사항 주던 오빠친구이다
조금 전에 오빠 찾으러 왓을 때 절제 잇는 표정으로 대햇더니
차마 들어오지 못하고 로타리에서 오빠를 기다리다
기다리다 너무 추워서 집에 들어와서 기다리고 싶은 거엿다
나중 내 결혼식장에도 찾아 왓엇는데 정성스러운 마음으로 왓다는 게 느껴졋다
그래도 그 오빠는 고등학교 동창이라 얼굴 본적이 잇는 거지 대학친구는 밥은 차려
주엇을지언정 어떻게 생겻는지 코빼기도 모른다   본 적 없다

경식오빠가 알바를 햇는지 곤색 티셔츠와 배드민턴을 사다주엇다
오빠가 줌이 혹시 친구들 앞에 내가 뚱뚱함이 부끄러워 사준 건 아닌 가하는
마음도 들엇지만 내 존재를 인식하고 잇는 오빠에게 고마운 마음이 들엇다
남식오빠가 그와 같은 선물을 하엿다면 무진장 못되게 굴엇을 것이다
이유
아무 이유 없다
무조건 못되게 굴면 된다
경식오빠에겐 이상하게 반항을 못하겟다
안쓰럽게 느껴지기도 한다
어릴 적 어른들이 나만 칭찬하고 내 앞에서 오빠를 꾸지람 한 일이
미안함과 안쓰러움이 늘 저 바닥에 깔려 잇다

연로해 보이는 아버이에게 선물을 하고 싶다

고민하다 동대문 앞 지하상가에서 따뜻해 보이는 러시아 털모자를 샀다
아버지는 노인의 모자를 사다 주었다고 실망하시더니
이내 딸이 사다 준거라고 좋아하시며 꼭 쓰고 다니셨다

아주 나쁜 사람이 되고 싶은 마음이 굴뚝같지만
엄마가 나를 열네 살까지 팔베개로 재워주셨음이 도저히 나를 엇나가지 못하게
막고 잇다 차라리 지금 바로 죽으면 엄마를 만날 수 잇긴 하겠는데
아무래도 수녀가 되어야겠다
그러기위해 수녀님께 교리를 받고 잇다
수녀님말씀이 몇 가지로 정리된다
『사람이 모인 중 가장 헐벗은 사람이 예수님 이예요
그분에게 임금님처럼 대해야 해요』
『최고의 기도는 침묵의 기도예요』
『내 가장 소중한 것을 하느님께 드려야 해요』
『하느님은 티 없는 영혼만 받아요』
어 내 목적과 다르다
나는 수녀가 되려고 성당에 온 건데
수녀는 도피처로 삼으면 안 된다는 거네
더군다나 수녀가 되려면 3년 치 생활비 한 이백만 원 정도가 필요하다
하는데 그런 돈도 없고
다 엉키고 엉켜서 무엇을 해야 할지 모르겠다
대모를 서줄 사람도 찾지 못하고 수녀님이 대충 대모님을 서주신 것도 같고
생일이 1월이라며 아네스 라는 세례명도 대충 골라주고
그렇게 하여 세례를 받앗다
진작 성당을 다녀서 내가 간절히 기도를 햇더라면 엄마가 하늘로 가진 않앗을 텐데

아 생각이 더듬어 진다
괴산 작은 방으로 된 시골교회에서
서울에서 올라온 것 같은 여전도사와 이야기를 나누고 잇다
『어떤 사람이 되고 싶냐』는 물음에
『수녀가 되기를 희망하고 그러나 단정할 수 없다』고 대답햇다
그분이 왜 단정하지 않느냐고 물엇고 앞으로 혹시 어찌될지 모르니 단정한다는 것은
섣불러 보인다고 대답햇으나 속으로는 꼭 수녀가 될 꺼라 마음 먹어졋고
혹시 글을 쓰는 사람 이라는 그림이 저 속에 희미하게 그려졋엇다
듣고 잇던 여전도사님이 『어린애가 참으로 속이 깊다』 라고 말햇던 것이 더듬어진다
나는 똑 부러지게 말하지 못하는 내가 답답하게 생각되어 『왜 그리
생각하느냐』 묻자 『단정하지 않음이 오히려 더 깊게 느껴진다』고 대답해
주엇다 전도사님과의 대화에 수녀를 하겟다고 한게 기억이 잇고

6학년 무렵인 것 같은데 그렇다면 중학교 중퇴 시
수녀가 될 거라고 생각하고 그 일을 진행하려고 신길동에서 공장 생활 할 때
성당을 얼쩡거리며 창으로 들어오는 따사로운 햇살과 신부님의 말씀이 버무려져
고개를 사정없이 앞뒤로 흔들어 댄 게 우습지만 퍼즐처럼 조각조각 맞추어진다

그 당시 수녀가 되겠다는 생각을 그 이전부터 한 것은 아니고
전도사님 앞이라 갑자기 생각난 단어였다
깨끗하고 성숙하고 고고한 사람 되고 싶다는 표현을 하고 싶었는데
장황하게 늘어놓기 뭐하니 그냥 수녀가 되고 싶다고 했던거다
중학교 중퇴하게 됏을 때 그리 해야겠다 마음 먹은 거고
수녀가 될거라는 생각에 기가 빳빳하고 어깨가 꼿꼿했지 싶다
그런데 언제 어떻게 수녀를 인지하고 접했는지는 기억에서 미지수다

아무튼 제대로 교리시간을 채우진 못했지만
얼렁뚱땅 주기도문 성모송 그리고 다른 기도문 하나 더 외워서 세례를 받앗다
계획에 어긋나는 세례였지만 십자가에 매달려 돌아가셧다가
다시 살아낫다는 얘기는 믿어지기 어려우니까 그냥 넘어가고
증조할아버지도 고조할아버지도 뵌 적 없지만 계셧음을 믿고 잇으니
눈으로 본 것만 믿는다는 것에는 한계가 잇을 수도 잇겟고
수녀님 말씀도 그런대로 가슴에 와 닿고
무엇보다 수녀님들이 고아원을 운영하는 걸보니 헌금이 그쪽으로 사용되어 지는 것
같아 투명하고 올바름의 기분이 드니 어쩌지 못하고 그냥 따라가 본다

세례를 받고 성가를 부를 때 드디어 마음 놓고 자신 잇게 큰 소리로 성가를 불렀다
그런데 그 때 나와 같이 세례를 받앗던 하얀 교복 입은 여자애가 나를 툭툭 친다
『소리 안 나게 작게 부를래』
어 뭐라고
뭐래는 거야
이게 무슨 일이야
나는 분명 세례를 받앗고 그러면 노래를 크게 불러도 되는 거야
아니 세례를 받앗는데 왜 소리 나지 않게 부르라는 말을 들어야 되는 거야
하느님이라는 분 어디 계신 거야
기도를 하면 들어준다더니 이게 어찌된 거야
어구 챙피해
난 분명 세례를 받앗는데
기가 막혀 말이 안 나와

체력검사를 A 등급을 받앗건만 실북이와 실북이 친구 성자는 고등학교 입학시험이 잘
안되어 다시 시험 준비를 하고 잇다

나에게 과외비를 낼 테니 수학을 지도 해 달라고 한다
나름 최대한 쉽게 설명해주어도
『야 너는 머리가 좋다』 소리만 하지 가르친 보람을 못 느끼게 해준다
그래도 이번엔 시험에 통과하여 학년은 다르지만 같은 고등학생이 되어있다
실북이네 영자언니는
『얘내는 웃겨 종식이가 학교를 다니다 쉬어서 학년이 같아지더니
이번에는 실북이가 재수를 해서 또 학년이 달라졌어 호호호』 하고 웃어댄다

고등학교 2학년 드디어 실마리가 풀렸다
담임선생님이 나에게 일자리를 알선해 주셨다
한국은행으로 보내 주셨다
우리나라 모든 회사에 재무 상황을 각 분기별로 통계 내는 일이다
학교에서 4명 4개월에 한번 한 달씩만 일을 한다
봉급은 새로 만든 돈으로 일렬번호까지 맞추어 나오는데 등록금을 낼 수 있는 돈이다
점심은 기내식당에서 일반식당보다 싼 가격에
더 우아한 모양으로 나와 품위가 나는 기분도 든다
은행에는 우리학교 선배들이 우리를 많이 있었다
『선배언니는 일신여상을 가지 그랬니
 한국은행은 각 학교마다 두 명씩만 받기 때문에 일신여상을 갔으면
 이리로 취직할수 있는데』
라는 말을 하였고 은행은 탐나지만 학교 선택에 대한 후회는 전혀 없다
선배언니 두 명이 대화를 하는데 한 선배언니가 키도 크고 예쁘장한 성춘이를 두고
『이담에 결혼하면 성춘이가 애교는 가장 많을 것 같애』 라고 했다 나는 속으로
내 애교는 하늘 끝에 닿아 있는데~ 아무도 따라 올 수 없을 걸 하는 생각이 들었다
나를 담당했던 언니도 단호히 고개를 저으며
『아니야 종식이가 가장 애교가 많아』 라고 하였다
아무튼 덕분에 등록금이 충당되는 기쁨을 얻었다
여하간 가뭄에 단비를 뿌리듯 일자리 알선해준 담임선생님이 너무 감사하다

김 승일 선생님은 아니다
2학년 담임선생님은 박정숙 선생님이시다 대단한 선생님이시다
2학년 3학년 2년 동안 나의 담임을 맡아주셨는데
하루도 빼놓지 않고 나를 꾸지람 해주셨다
학교에 애들이 전반적으로 온순하여 사춘기를 앓는 친구가 거의 없다
아마 내가 아무도 모르게 그러나 심하게 사춘기를 앓고 있었을지도 모르는 일인데
전반적으로 사춘기에 대한 이해가 없었고 나도 내가 사춘기라는 생각 해 본적 없고
학교에서도 그저 공부 열심히 하는 애 노는 애정도로만 받아들였지 사춘기라는
말자체가 없었지 싶다

다른 애들은 졸업 후 취업 준비를 위하여 차곡차곡 자격증이 준비되어 가는데 도무지
내 손을 거쳐야 하는 자격증은 노력에 반비례하여 단 한 개도 협조하여 주지 않는다
아 존경하는 주산과 타자귀신들
내 생각에 내가 주산이나 타자를 아예 못하는 건 아니다
이상하게 자격증 시험이 나를 허락하지 않을 뿐이다
그나마 부기과목은 손가락을 거치지 않아도 되는 과목이어서 다른 친구들 보다
조금 빨리 자격증에 도달했다
다른 과목은 이미 끈을 다 놓쳐서 손을 쓸 수가 없다
공부시간에 단 1초도 졸지 않았는데 말이다
그래도 내 짝꿍이 반에서 1등을 달리고 있으니
그 옆에 있는 나 왠지 2등 할지도 모른다는 생각이 들었다
신기하다 정말로 2등을 하였다
57명중 56등 꺼꾸로 진짜 2등

담임 박정숙 선생님은 나를 안타까워하시는 것 같다
『종식아 어쩌구
종식아 저쩌구
종식아 고개 들어
종식아 똑바로 앉아
종식아 껌 뱉어라
종식아 종식아 종식아』
이제 종식아만 부르면 아이들이 웃는다
해도 해도 안 되니 딱하게 느껴지신 건지 교무실로 오라고 하셨다
나도 마음을 털어놓고 싶다
무언가 물어보고 싶다
알아야겠는 게 한 가득이다
선생님은 고개를 숙인 채 일을 하고 계시면서
『종식아~ 너는 머리는 좋은 애다 어쩌구 저쩌구』
하신다 나는 전혀 숨을 쉬지 않았다
선생님 눈도 보지 못했고 선생님이 내 눈도 보지 않았다
그러나 하루도 빠지지 않고 꾸지람으로 챙겨주신 선생님은 내가 졸업을 하고도
근 1년 동안은 하루도 빠지지 않고 나의 꿈에 나타나셨다
후에 인사를 드리려 학교에 찾아갔지만 연이 엇갈려 끝내 인사를 드리지 못했다

중학교 때는 그렇게 졸면서도 선생님 말씀이 다 들렸는데
단 1초도 졸지 않는 이 수업시간은 단 한마디도 선생님 말씀이 들리지 않는다
해결해야 할 일이 너무 많다
왜 사는지 알아야겠다

엄마 돌아가신 때부터 생각하고 있는 일이다
죽으면 너무 좋을 것 같다
엄마 가시는 모습도 아름다웠고 내가 죽으면 엄마를 만나는 일이기에 더 그렇다

노을은 왜 붉은지
왜 배구경기를 하여야 하는지
왜 애들은 악을 쓰고 저걸 응원하고 있는 건지
그깟 점 같은 동글 배기 왔다 갔다 할뿐인데

왜 살지
왜 살지
왜 애 살지   왜   왜   왜   왜

완성이란 그 일의 도착지점이다
마라톤의 도착지점이 골인선인 것과 같이 인생의 종착점은 죽음이다
그러니 삶의 완성은 죽음이다
그 시점을 찾아야겠다

지금은 조금 불편하다
속옷 벗은 거 다락에 숨겨 놨다
나 죽은 후 그 흔적이 남아 사람들이 보면 아무래도 부끄럽다
죽더라도 그 것만은 빨아 놓고 죽어야 한다
집에 수도꼭지가 없어 일단 빨래를 모아야 함에 다락구석에서 기다리고 있다

책속에 점이 있는지   검정이 있는지   하양이 있는지
선생님이 무어라 씨브렁 거리는지
내 마음 000001%조차도 줄 틈이 없다
내 온 마음은   왜 살지에 멈추어 있다
그러나 신기하게 매 수업시간마다 단 한 번도 빠트리지 않고
딱 한마디 말로 아이들을 까르륵 웃게 만들었다
말이 많으면 애들이 지루 할 것이고
그럼 매력이 없어 안 되고
두 번 웃으면 식상하기에 매 수업 시간마다 딱 한번
딱 한마디로 까르륵 거리게 만들었는데
그것만이 겨우 내가 숨 한번 쉰 거다
선생님께 꾸중을 심하게 들어 모든 아이들이 다음시간에 다들 풀이 죽어있었을 때도
한마디 하여 기어이 다 같이 웃게 만들고 말았다
애들은 이미 내목소리에 웃을 준비가 되어 있는 것 같았다
우리 반은 다들 노래를 잘했고 노래하기를 즐겨했다

『동네 꼬마 녀석들 연을 날리고 있다』
내 귀로 듣기에 꼬마가 나오니 경쾌함이 나오기를 기대했는데
슬픔이 느껴져 노래가 끝나자마자
『재미 하나도 없다』
라고 말했는데 자지러져라 까르륵 거리는 걸 보니 내 목소리에 아예 웃을 준비를 하고
있는 것 같았다
그런 예의 없는 말 품새에도 웃어 대다니
그래서였을까
윤리과목 정대웅 선생님은 나보고 선 머슴애 라고 하셨고
팽 영자는 나에게 빠삐코 같애 라고 했다
나는 빠삐용이라는 영화가 있다는 말을 들은 적이 있기에
아아 서양영화에 나오는 멋진 여잔가 보다 하고 내심 좋아했더니
세상에 알고 보니 고인돌 이라는 원시인 만화가 있고
그 만화에 나오는 여자 주인공이라는 거다
어우 또 못생겼다는 뜻인가

쉬는 시간에 아이들하고 팔씨름도 하고
머리카락싸움을 하기도 한다
팔씨름은 누구도 이겨보질 못하겠고
머리카락 싸움은 누구에게도 진일 없다
머리카락 싸움은 서로의 머리카락을 엇갈려 팅기면서 누구 머리카락이 끊기나 하는
거다 머리가 좋아서일꺼라고 생각하고 싶다
나는 누구에게나 늘 양보만 하였으니 고집이 세서는 아닐 꺼다
그렇게 믿고 싶다
머리카락 싸움을 주관한 팽 영자가 내 뒤에 앉았는데 내 머리카락을 만지작거리며
돼지털이야 돼지털 억세고 꼽슬거리는 게 꼭 돼지털 같애 라고 놀린다
그래도 머리카락 싸움에서 이긴 게 팔씨름 에 이긴 거 보다 좋기는 하다

앞에 나가 칠판에 글씨를 쓰고 있는 친구가 키는 크고 얼굴은 까무잡잡한데
엄청 착해 보였다 내가
『재 누구인지 데게 좋게 생겼다』
라고 말하니 뒤에 앉은 팽 영자가 깜짝 놀란다
『야 재애 너 짝꿍이잖아』
어우 순간 얼굴이 확 달아오를 정도로 너무 미안했다
팽 영자는 1학년 때부터 같은 반이었기에 잘 알고 있었지만
나의 쉼 없이 빠져있는 사념 때문에 고개를 옆으로 돌리지도 않았나보다
나도 내 짝꿍이라는 말에 깜짝 놀라 순간 어떻게든 마음을 표현해야겠다 생각했는데
또 그 순간 이후로 그 얼굴을 보지 못했다

개는 아마 얌전했을 테고 나는 내 세상이 너무 커 빠져나갈 시간이 없었나보다

1학년 때까지는 소외 될 것 같은 지나치게 턱이 없던 친구와
얼굴이 완전 창백한 친구에게도 혹시 의기소침해지지 않을까싶어
한마디라도 꼭 말을 붙이려 애를 썼었음에도 불구하고

로타리에서 경식오빠가 내 뒤통수에다가
『종식아 신발 똑바로 신어』
라고 인상을 쓰며 말했다
내가 운동화를 대충 꺾어 신었나 보다
그렇다고 그리 말하니 나를 신발로 콱 밟아 짓누른 느낌이다
그런데 경식오빠에겐 반항하기가 어렵다
경식오빠가 더 장난꾸러기 반항아겠지 싶었는데
신발을 반듯하게 신어야 한다고 생각하다니
신발을 바로신기는 했다

신당동 떡볶이 얘기가 나왔을 때도
나는 당연히 경식오빠가 신당동 떡볶이 집을 알거라고 생각했는데 전혀 모르는 거다
덕수중학교를 졸업하였으니 길만 건너면 나오는 집인데 모르다니
그러니 경식오빠는 대학입학에 성공하고 신당동 떡볶이 집을 동무대로 누빈 나는
고등학교 입학에 문제가 생겼음이 인지가 되었다
그래도 억울하기는 하다
경식오빠는 계속 놀다가 딱 1년만 공부하거고
나는 계속 책을 끼고 공부하는 폼 재다가 딱 한 달 키득댄 건데
하긴 내가 직업을 더 많이 갖기는 했지 집안 살림까지 다 했으니까

아버이가 금남시장에 있는 어느 병원에 다녀오시더니
급해진 얼굴로 책을 싸들고 남산도서관으로 향하셨다
의사분 우리 아버이 남루에 보이니 영어로 진단서를 써주고는 『큰 병원으로 가라』
하셨는데 아버이 보시니 간암이라는 진단이라며 당황한 기색이다
조상님 중 한분 백두산정계비를 세우신 박권 선생이 교과서에 올라가지 않아
그 일을 꼭 해야 한다며 조급해 하시는 거다
그러고 보니 남식오빠와 누구누구가 이래이래 저래저래 해서
백두산정계비를 세웠다는 얘기를 신명나게 하셨던 기억이 또렷이 있기는 하다
그렇다고 간암선고 받으신 분이 병원으로 향하지 않고 도서관으로 향함이
존경스러움으로 다가왔고 칠순에 시집 펼치신 할머니 모습이 연상 되어졌다

결국은 명지대 어떤 교수를 만나 서류를 넘기고 어쩌고저쩌고 얘기가 잘되어
교과서에 올라가게 되었노라 하시며 안도의 얼굴을 하셨다 그리고는 몸져 누우셨다

꿈을 꾸었는데 아랫 이빨이 빠지는 꿈이다
경식오빠 아버이 나 이렇게 동그란 양은밥상에 둘러앉아 밥을 먹으며
『아버이 꿈에 이빨이 빠졌어요』 라고 하였더니
아버이가 그래 하며 안 좋은 기색이다
경식오빠가 눈을 흘기며 눈치를 주길래
아차 싶어 얼른 이렇게 말했다
『그런데 그 꿈을 꾸고 나니 아프던 이빨이 안 아파요』
『그래 그럼 좋은 꿈이다』
아버이가 안도의 얼굴을 하셨다
순간 꿈에 이가 빠지면 부모를 잃는 다는 얘기를 주워들은 게 스쳐지나갔고
아프던 이빨이 아파지지 않아 그나마 위기를 모면하게 되어 다행이었다
문간방 순옥이 아버지가 새끼까치 두 마리를 들고 들어왔었다
순옥이 아버지가 데리고 왔으므로 순옥이네 까치임이 분명한데
순옥이 아버이는 일을 나가고 없기도 하지만 그것보다 아버이가 워낙 지극정성을
까치에게 들이니 오히려 순옥이아버지 눈은 흐뭇한 표정을 지으며 뒤로 물러난
양상이다 아 그 까치 문제다
처음에는 아버이가 주는 먹이를 먹었는데 아마 쥐가 다가와서 그 먹이를 같이 먹었던
모양이다 까치가 그 쥐를 공격하여 잡아먹었다
그 모습을 본 아버이는 눈에 웃음이 들어 있어서는 쥐를 잡아 까치에게 나르는 거다
움직임은 적고 잘 먹어서일까
덩치는 일반까치의 두 배 정도로 커졌다
비위가 상하여 나는 까치 쪽으로 고개를 돌리지도 않았는데
지금 생각하니 아버이 병중환일 때는 누가 까치에게 먹이를 주었을까 갑자기
그 생각에 머문다
『싸라리싸라리 싸라리싸라리』 이상한 소리를 내다가
골목 맨 아랫 집에서 들려오는 닭소리를 고스란히 따라서 내기도 했다
『꼬꼬댁 꼭꼭꼭꼭꼭 꼬꼬댁 꼭꼭꼭꼭꼭』
그 모습에 손주 재롱을 보듯 즐거워하시던 아버이 모습이 눈에 선한 것도 같고
아련하기도 하다

까치 먹이가 생각난 이유는 그 때 집이 텅텅 비었기 때문이다
버글대던 식구 할머니 할아버지 엄마는 세상을 달리하고
큰오빠 결혼으로 살림나고
둘째오빠는 송추오빠로 바뀌고
셋째오빠는 언니 집으로 옮기고

남식오빠는 군에 가잇고
대학생이 된 경식오빠는 친구 집에서 거의 살다시피 하여 한 달에 한번정도 집에 오고
어찌된 일인지 순옥이네 아줌마 아저씨도 공사판에서 자고 주말에만 한번 오고
아랫방은 방을 뺀 건지 기억에 없는데 아무도 없었다는 것만은 확실하다
텅텅 비어 커다래진 집에 아프신 아버이와 나 둘 뿐이다

새언니가 내가 없는 새 다녀갓다
아버이의 잣죽을 쑤어드린 모양이다
언니가 가고 난 뒤 혹시 남은 거 잇으면 다시 드리고 싶은데
한 방울도 남긴 게 없으니 당황스럽던 기억이 난다
학교에서 소풍을 갓다 온 날 이 잇엇는데
소풍갓다 오는 중에 친구들이 극장에 같이 가자고 떼를 쓴다
계속 거절을 하엿는데 더 이상 뿌리칠 수 없을 때 까지 조른다
도무지 집에 아버이가 아파 누워 계시다는 말이 입에서 떨어지지 않아 하는 수 없이
친구들과 극장을 다녀 올 수밖에 없엇는데 어두워져서야 집에 돌아오게 되엇다

아버이가 혼자계심에 두려웟던 모양으로 어디 갓다 왜 이렇게 늦엇냐고 노여워하시는데
가슴 너무 아프고 죄송하여 이러고 저러고 아무 말도 하지 못하엿고
그러고도 그 일은 쓰라린 생채기 가되어 내내 내 가슴 얼마나 저리게 햇는지
그 일이 잇은 후 며칠 더 학교를 다니다가 아버이 병환이 점점 위중해져
안면몰수 식으로 아예 학교를 나가지 않앗다

병원에 입원을 하시기도 햇다
영세민 자격으로
아직 풀이 무성하게 뒤범벅인 강남에 잇는 서울 시립병원에
일주일 정도 입원하고 퇴원한 것 같은데 결국 병원비
십오만원 정도는 완납을 하지 못 한 채엿다
나중 남식오빠 제대 후에 얘기하엿더니 그 책임감 강한 오빠가 무슨 일인지
셋째오빠가 내게 나두라고 하며 그럴 수는 없다는 듯 서운해 하는 표정이다
그래도 왠지 병원비는 무조건 남식오빠가 냇으면 좋겟다

아버이가 누워계신 윗방 문 앞 연탄아궁이 위에
작은 쪽 이불을 갓다 놓고 자리를 잡앗다
엄마가 아프셧을 때 돌맹이를 굽던 아궁이 이기도 하다
그러고 보니 엄마 병중 일 때는 아궁이 옆 마루 밑으로
족제비가 휙 휙 돌아다니기도 햇다
서울에 잇지도 않은 족제비가 나댐에 엄마는 불길해 햇엇다

횡성 순갑이 아저씨는 오시더니 나를 보고 아버이 방문 앞에서 잔다고 칭찬을 하시는데

아버이 방안으로 들어가지 않고 문 앞에 자리를 잡는 내가 이상하다고 생각될 뿐이다
왠지 방안으로 들어가기에는 검은 막이 가려져 있는 느낌으로 방안에서 자는 것은 선뜻
내켜지지 않는다
그동안 내가 잠시 심술은 부렸지만
그러나 이렇게 아픈 채라도 살아계셨으면 좋겠다 그래야 내 마음이 든든할 것 같다
평생 감기 한번 안 걸리셨고 건장한 장수이신데
병세가 확확 빠르게 진행되어 이내 화장실 출입을 못하시게 되었다
소 대변을 받아 내는 내가 밍그스럽고 눈물이 돌아
그연히 화내는 듯 큰 목소리를 내어 주위를 분산시켰다
그래도 아버이에게 한 가지 바램이 있다
그러나 아무런 말이 없으시다
이제라도 서울여상 장학금 사건에 대해 미안하다는 말 한 마디만 해주셨으면 좋겠다
한참 만에 집에 온 경식오빠는 안방에서 자고 있다
아프신지 얼마 안 된 듯싶고 대소변 받아 낸 것도 한 두 번 밖에 안 되는데
벌써 이상하게 오늘 밤은 숨을 거칠게 몰아쉬신다
밤 열두시쯤 경식 오빠가 공중전화로 가서 언니 집에 사는 셋째오빠에게 좀 와달라고
했는데 더 급하면 연락 하라고 했다며 눈시울을 붉히며 돌아왔다

경식오빠는 다시 안방에 가서 잠이 들고 나는
아버이 손이 자꾸 차가와 지기에 손을 녹여드리려고 가슴팍에 꼭 품은 채 잠이 들었다
새벽 다섯 시 경 아버이 움직임이 멈추셨다는 걸 인지하고
경식오빠와 나는 대성통곡을 하기 시작했다
장례를 어찌 지냈는지 기억에 없지만 또 언제나처럼
큰오빠 둘째오빠는 술 마시고 쌈박질에 형부가 큰일을 치른 건 기정사실이다

남식오빠는 군대에서 외출도 못 나온 채 치루어진 장례식이고
돌아오는 장례 차 앞자리에 앉았는데 하염없이 눈물이 흘러내리기만 했다

나 이제 죽어야겠다
나에게 응원을 보내던 사람이 다 사라지고 없으니 무슨 힘으로 살 수 있을까
지금은 남식오빠가 군대에 있으니 제대하면
오빠 얼굴만 보고 죽어야 겠다
그러자 그리하면 되겠다
돌아오는 장례 차에서 그리 마음을 정하였다
눈이 녹아 사라지듯 그렇게 죽어야겠다
울고 있는 나에게 경식오빠가 나에게 팩으로 된 배지밀 하나를 주었는데
하필 빨대가 도망가고 없다
배가 고파서 먹었으면 좋겠는데

슬픔을 표현해야 하는 체면에 빨대 달라는 말은 하지 못하겠구
배는 점점 더 고파오고
꽉 막혀 움직이지 않는 배지밀만 만지작거리고 있다

장사를 치르고 지쳤는지 힘이 풀렸는지 방에서 이불 덮고 누워있다
눈물이 옆으로 새어나와 베개를 적시며 새언니에게 그동안의 일을 토로했다
『아버지 죽을 지었으면 좀 남겨놓고 가지 하나도 남기지 않았어요
아무리 찾아 봐도 없어요 흑흑흑』
어린 시누이의 뜻밖의 투정에 당황됐는지 새언니가 웃는 얼굴로 멋쩍어 하는 것 같다
말을 하고나니 언니도 생활이 빠듯하여 어쩌질 못했나 보다하는 생각이 든다
사실 그렇게라도 와서 작은 절구에 잣을 손수 갈아 만든 죽이며
갈치튀김을 해준 언니가 고맙게 느껴진다
엄마 아프실 때도 잣죽을 쑤어서 나른 일도 겹쳐서 고맙다 생각이 들었다

거 이상하기도 하다
까치가 사라졌다
친척 수색할머님이 아버이가 병원에 입원 중이실 때
『이제 네 주인이 너를 거두기 어려우니 날아라가거라』
하면서 까지 집의 문을 열어 주었는데도 날아가지 않더니
문은 닫혀있고 구멍이 있는 것도 아닌데 까치가 날아가고 없다고 희한하다고 하신다

그렇게 싫어하던 까지였는데 까치마저 사라진 집안은 더 횡하니 썰렁하다
며칠 후 내가 수돗집에서 쌀을 씻으며 앉아 있는데
그 까지가 날아왔다
혼자서가 아니다
수십 마리의 까지를 몰고 나타났다
까치들이 다 같이 앉아 있는 나를 중심으로 가깝게 다가왔다
그러더니 쌀을 씻고 있는 나를 공격하기 시작했다
순간 저 많은 까치가 다 같이 나를 공격하면 나는 죽겠구나 생각되었다
그런데 우리 집에서 살던 커다란 까치만 나를 향해 두어 번 하강하여 머리를
공격하다가 옆에 맴돌던 까치한마리가 무어라 꺽꺽 거리고 저들끼리 또 까가꺽꺽
거리는 것 같더니 바로 다같이 날아갔다
신비롭기도 하지만 사정없이 나를 공격했더라면 시원했을 텐데
공격하다만 아쉬움이 생긴다
전쟁을 시작했으면 내가 쪼그린 채 피를 흘렸어야 할진데
그냥 지들끼리 까각 까치소리를 내더니 그냥 날아가 버리다니
아무튼 신기하다
까치 소리는 내지 못하고 닭소리 아니면 이상한 소리만 내는 까치였는데 무어라 신호를

보냈길래 서울에 잇지도 않은 많은 동족들의 까치가 몰려와 데려 간 거라니
또 아버이가 이승에 계심과 저승으로 가심은
어찌 그리 정확히 판단하여 행동으로 옮긴 건지
나는 아무것도 모르는 그저 미개한 동물이려니 생각하였는데
내가 미워햇던 건 또 어찌 알고 그리 가슴에 콕 품고 잇다가
정확한 타임에 쫓아와서 보복을 하는 건지
맥 놓고 하늘을 바라보며 언젠가 한번 다시 돌아올 꺼라 생각이 들었지만
그 뒤로 다시는 나타나지 않았다

해가 바뀌어 봄 학기에 학교에 돌아가 선생님께 아버이 사실을 얘기하니
결석을 크게 문제 삼지 않으셨다 그나마 다행으로 방학도 끼고 하여
아이들에게 돈을 걷지 않게 됨이 감사하게 느껴졌다
학교에서 같은 반 친구들의 대소사에 십시일반 돈을 걷어주곤 하였는데
그 일이 너무 빈번한지라 부담이 갓기 때문이다
황성 순갑이 아저씨가 까만 비닐봉지에 아욱이며 시장을 잔뜩 봐가지고 오셨다
내가 그것을 받아 옆으로 탁 놓으며
『이런 거 사가지고 오려면 우리 집 오지 마세요』 라고 단호하게 말햇다
부모가 안계시다고 동정을 하다니 피의 흐름이 멎는 것 같다
아저씨는 당황해 하셧으며 그러나 대견해 하셧다

아저씨는 성당에 다닌다는 내 얘기를 들으시고
기도하는 방법을 알려 주셧다
『기도는 참선 하듯이 하거라
 참선은 나를 잊을 때까지 앉아 잇는 거다
 마음을 비워야 하는 거다
 마음을 온전히 비워라』
그러면서 나에게 연꽃 이라고
연꽃은 더러운 물에서도 탁탁 털어내어 아름답게 피는 꽃인데
연꽃과 꼭 같다고 표현해 주셧다
부모님이 아니 계셔졋으니 나에 대한 책임이 나에게 잇다
아버이 계실 때는 이러구저러구 하엿지만
이제는 누구에게도 흐트러진 자세를 보여서는 안 되겟다는 생각이다
벌써 실북이 엄마는 실북이에게 종식이가 부모가 안계시니 어울리지 말라는
얘기를 햇다는 말이 내 귀에 들려온다
그러거나 말거나 차라리 잘되엇다
어차피 실북이도 대화가 되지도 않는 일이고 어쨌든 흐트러지지 않아야겟다

명동성당에 앉아잇다
나를 잊을 때까지 앉아 잇는게 기도라니 그리 해봐야 겟다

나를 잊는 건 뭘까
잘 모르겠어
나 학생이니 지우개만 생각나고
지우개로 머리를 지우기 시작했다
이쪽도 지워야지
저쪽도 지워야지
잘 지워졌나
또 지워야지 지워야지
그렇게 며칠을 다니면서 지우개로 지우는 연습만 하던 그때
성전앞에 예수님이 나타나셨다
작은 모습으로 나타나셔서
두 팔을 벌려 주시고
또다시 나타나셔서 내 머리에 두 손을 올려 주셨다
너무 중요한 일인 것 같아 쉽게 말해서는 안되겠다고 생각하고 마음에 품었다

그리고 며칠은 지났을 게다
친구 전 성미와 명동성당 밖으로 걸어 나온다 내가 성미에게 얘기했다
『내가 기도하는데 저 아저씨가 내 옆으로 오더니 나보고 연애하재
내 생각엔 내 손을 그 아저씨 머리위에 올려놓으면 그 아저씨가 착해질 것 같애』
『그러니 너는 확실히 착하다 나는 그 아저씨 따귀를 때려주고 싶었어』
기도한답시고 성당에 드나들었는데 얼굴이 동그랗고 뻔뻔하게 생긴 아저씨도 매일
같이 왔었고 앉아 기도하는 나에게 옆에 다가와 앉더니 슬그머니 하는 말이
나랑 연애할래였는데 그 똑 같은 말을 성미에게도 했던 모양이다

성미는 이담에 죽을 때 따사로운 햇볕아래 벤치에 앉아서
성경책을 읽으며 죽고 싶다고 하였다
성미는 차가움과 따뜻함을 동시에 가진 신비한 얼굴이다
너무 단정하여 차갑게 느껴지고 『종식아아』 하면서 다정하게 얘기함에 따뜻함이
묻어난다

집에도 따라가 보았는데 엄마는 이혼하셨다 했고 언니가 있다고 한 것 같다
성미엄마는 상실감과 원망이 커야할 것 같은데 나를 향해 엄마 없다는 점에
안타까와하는 느낌이고 야망이 있어 보이지 않았다 주저앉은 느낌
소풍날 엄마가 싸주었다고 내 김밥을 하나 더 싸가지고 왔다
소풍날 처음으로 받아본 김밥인데 김밥에 무엇이 들어갔는지 맛은 어땠는지는
모르겠고 아프실 것 같은 분이 나를 챙기고 싸주신 김밥에 목이 메이는 기분 이었다
그런데 내가 엄마가 없다고 생각하는데 나는 전혀 그렇지 않다고 생각한다
엄마가 없는 게 아니고 하늘에 있는 거다

그것이 내가 하늘에 가고 싶어 하는 이유이고 확 더 나쁜 사람이 되고 싶어도
엄마가 나를 돌아가시기 얼마 전까지 팔 베게로 재워 주셧다는 것 때문에
차마 어쩌지 못하는 거다
없는 게 아니라 하늘에서 돌봐주시는 거고 열네 살까지 키워주셧으니
이미 다 해주신 거다
1 2학년 같은 반이엇던 성미와는 3학년이 되니 반이 나뉘어져 성미교실로 찾아
갓지만 소원해진 느낌을 받앗고 성인이 되어 종로에서 키가 큰 남자와 지나가는
모습을 보 는데 내가 선뜻 나서지를 못하고 뒤에서 멀끄미 바라보기만 하엿다

집으로 돌어오는 길 우리 집 쪽으로 돌아서는 모퉁이 갈림길 껌껌함 속에서
동네 남학생이 바바리를 입고 담배 불 끝이 보인 채 서서는 나를 보더니 웃는 얼굴이다
본인은 멋있게 보이려고 폼을 잽겟지만 그 모습을 본 나는 등골이 오싹함에 소름이
끼쳣다 몇 일전부터 이상한 눈길을 보내온 터라 그렇다

우리 집은 아무도 없고 영 신경이 쓰인다
무언가 결심을 해야 한다
마침 외사촌 석연 언니가 가리봉동에 방을 얻어 자취를 하면서
금성사에 근무를 하고 잇엇다
바로 다음날 엄마생각이 나는 가구는 다 버리기 위하여 마당에 잔뜩 내놓은 채
짐을 싸들고 언니 집으로 거처를 옮겻다
언니도 생활이 빠듯하기도 하지만 나 역시 지나친 신세는 질색이라
생활비를 한 달에 오만 원씩 부담하기로 하엿다
나의 고뇌가 더욱 더 깊어지기 시작햇다

내가 거처를 석연언니 집으로 옮긴 바로 다음날
남식오빠가 군대에서 사흘간 휴가를 받아 나왓고 가리봉동으로 찾아왓다
어렵게 부친상으로 외출을 받아 나왓을 텐데 아버이는 돌아가셧고
집안에는 아무도 없고
게다가 마당에 뻐팅기고 잇는 차단스니 집안 살림살이를 보고
가슴이 훅하고 놀란 듯 햇다
허 하고 떠잇는 오빠의 마음을 느낄 수 잇엇다
오빠는 곧바로 부대로 돌아갓고 나의 고뇌는 점점 더 깊어졋다

내가 누굴까
나는 누구인가

반에서 최고조 인기인 영주가 친구들의 사진과 글귀를 스냅하고 잇다
나에게도 사진을 하나 달라고 한다
『과연 나는 누구란 말인가』

고민고민 하다가 그나마 근본에 가장 가까울 것 같은 백일 사진을 노트에 붙여 주엇다
그런 내 마음을 이해하는 것 같지도 알려고 하는 것 같지도 않앗다

옷을 다 벗고 알몸을 봐야겟다
거기에 내가 잇을 꺼다
석연언니네 큰 거울 앞에서 다 벗고 앉아서 바라보앗다
내가 어디에 붙어잇는지 찾아야겟다
아무리 찾아보아도 내가 어느 구석에 잇는지 감을 잡을 수가 없다

다리를 꼬고 앉아서 담배를 꼬나 물은 여자가 멋지게 보인다
담배를 피우면 내가 누군지 알 수 잇을 꺼다
담배를 한 갑 사가지고 방이 다닥다닥 붙은 석연언니 집 옥상으로 올라갓다
한가치를 피웟다
아무것도 모르겟다
한 번에 두 가치를 피웟다
그래도 모르겟다
세 가치를 피워 봐도 답이 나오질 않는다
열 가치를 한 번에 물어보면 알 수 잇을게다
쭈그리고 앉은 채 담배 열 가치를 동그랗게 모아 불을 붙이고 한 번에 입에 물엇다

뻐끔 뻐끔 뻐끔

그게 그거다
아무리 숨을 깊게 쉬어도
아무리 숨을 길게 내 뿜어도 도무지 답이 나오지 않아 마음이 답아압답하다
나머지 담배는 그냥 가방 속에 넣고 다녓다
가방 뒷주머니에서 실내화를 꺼낼 적마다 담배 냄새가 낫다
더 피워봣자이고 버리기도 그렇고 그냥 쑤셔 박고 다녓다
다음에 남식오빠가 휴가를 나왓다
어디선가 담배냄새가 낫을까
남식오빠가 눈치를 챈 것 같기도 하다
그런데 오빠가 나에게 이렇게 얘기햇다
『종식아
담배 가르쳐 줄까
담배가 뭐 별거니』
그 말에 또 화가 나서 견딜 수가 없다
가방 속에 처박혀 잇던 담뱃갑을 갖다 버렷다
만약 오빠가 너 담배피면 죽어 안돼 라는 말을 햇다면 난 골초가 되고도 남음인데

오빠가 책을 사다 주엇다

주인공 여자가 못된 여자다
또 화가 난다
내가 이렇게 못됐다는 건가
어으 화나

이번에 사돈 책은 또 주인공이 착한 여자다
기가 막혀 나보고 이런 사람이 되라는 건가
도무지 화가 나서 견딜 수가 없다
읽기는 다 읽었다만 책을 뽀개 버리고 싶다
화딱지가 머리카락 끝까지 매달려 있다
라디오에선 쓰잘데기 없이 어떤 이가
단발머리 그 쏘 녀 해가며 소리를 빽빽 지르고 있다

어린시절 아버이 강요에 의해 심하게 한문 공부 한 것이 사람들 앞에 과시용으로
키웠음이 그리 사춘기를 심하게 보냈음을 그 당시에는 전혀 알지 못했다
지나친 관심에서 벗어난 경식오빠는 좀 서운했을지 몰라도
큰 문제없이 무었이든 자의적으로 해결해 나가는 것 같다

석연언니가 다니는 금성사에서 시계를 팔아오라고 한다
공장원가로 물건이 나온다
그래도 엄마장사 따라 다니며 익힌 수완이 있었을까
너무 급한 나머지 꼴통 머리가 돌아간 걸까
마침 순옥아줌마 아는 사람들과 셋째오빠 동료들이 사다달라고 부탁을 해왔다
아무도 눈치 못 채게 조금의 이익을 살짝 붙여 팔아다 주었다
그래도 시중보단 훨씬 싼 가격이 되게 하였다
그렇게 그나마 생활비와 용돈은 조달 할 수 있었다

어느 날 자다가 악을 쓰고 잠에서 깼다 석연언니가
『도둑이 들어오는 꿈을 꾸었지』
라고 물었고 언니도 똑같은 꿈을 꾸었다고 하였다
우리가 머무는 집은 이층인데 옆집 계단을 통해 올라오면
그 집 이층 마당에서 우리 집 창문으로 들어 올 수 있는 구조다
꿈속에서 도둑이 한 발짝 걸치고 들어왔던 창문을 보니 요만큼 열려 있었다
둘이 같은 꿈을 꾼 것도 신기하고 그걸 알고 있는 언니도 희한하다
다닥다닥 붙은 언니집은 1층 2층 합하여 열아홉 가구다
일층에 주인이 살고 1층에 있는 변소는 공동으로 쓰며 방 하나에 부엌하나 붙어있고
그래 봐도 조그만 부엌에 수도랑 하수도가 붙어있어 밥도 짓고 빨래도하도
생활에 그다지 불편 하지는 않은데
방들이 닥지닥지 붙어 있다 보니 무시무시한 괴담이 나돈다

옆집 남자가 작은 구멍을 뚫어 여자들이 옷을 갈아입을 때 훔쳐본다는 거다
헤고 무시라 구멍이 어디 잇나 찾아야 한다

석연언니 고향 친구인가보다
집으로 놀러왓고 언니친구 남자와 나 언니 셋이 이런 저런 얘기를 나누엇다
그 남자분이 비행기가 대단하다고 얘기를 햇나보다
내가 그까짓 비행기가 뭐가 그리 대단하냐고 반문햇다
그쪽에서 무어라 응수 햇겟지 내가
『하늘에서 보면 하늘을 나는 비행기나 장난감 비행기나 다 거기서 거기 아니겟냐』
고 말을 하엿더니 석연언니가 혀를 내두르며
『넌 정말 똑똑하다
어릴 때도 너는 말을 잘해서 별명이 변호사엿어』 라고 말을 햇다
순간 나는 멈칫햇다
고개를 약간 숙인 채 말을 하고 잇는데
눈은 아무것도 보는 것 같지 않고 얼굴 근육이 정지된 느낌
그런 언니의 얼굴을 본 것이다

아하 어쩌면 나의 따발따발이 상대편을 질식하게 할 수도 잇겟구나
일단 말을 줄이고 하더라도 상대편의 즐거움을 유발할 수 잇는 말만 찾아야겟구나
나로 인해 누군가를 조금이라도 불편하게 하는 건 잇을 수 없는 일이야
마음깊이 새겻다

그렇게 석연언니 집에서 생활을 하다 집으로 돌아왓다
더 이상 생활비 부담할 돈이 되지 않고
집으로 쫓아 오던 머이마도 내가 없을거라 생각하여 오지 않을거란 생각이 들고
하여 집으로 돌아왓다

이럭 저럭 학교를 다니는데 차비가 걱정이다
주머니에 잇는 몇 장남은 회수권이 고작이고
친구들이 버스에서 25원 차비에서 차비를 얼마를 냇는데
차장언니 5원을 덜 거슬러줫다고 흥분햇을 때도 나는 그 말을 이해하기 힘들엇다
난 안내언니가 거슬러 준 돈을 세어본 적도 없고 받은 채 주머니 속에 넣고
만지작거리다가 더 작은 동전이 잡히면 어 5원을 나에게 더 거슬러 주엇나보다
생각하고 기분이 좋앗엇는데 그 거스름돈을 세어보고 또 기분나빠함에 좀 거슬렷엇다

그치만 지금 당장 내가 내야할 회수권이 문제이다
주머니에 달랑달랑 몇 장의 회수권
묘수가 하나 생각낫다
학교를 야간으로 다니기에 가능햇다
안내양 언니가 저녁이면 늘 끄덕끄덕 존다

그래서 이 방법을 택했다
버스에서 내리기 두 세정거장 앞서서 안내양 언니 옆에 서있는 거다
그러면 언니가 버스비를 냈다구 생각하구 차비를 요구하지 않을 꺼다
만약 달라하면 주머니 속 회수권 한 장 내면 되니까 위기를 모면할 수 있다
언니가 쫄지 않는 학교를 가는 길은 차비를 내구
집으로 돌아올 때는 안내양 언니 옆에 서 있다가 슬그머니 그냥 내렸다
희한하리만큼 한 번도 버스비를 요구하지 않았다
착하게 생겨먹은 내 얼굴이 한몫 한 것 같기도 했다
그러다가 점점 회수권의 개수가 더 적어지구 학교 가는 길의 차비마저 위협을 받았다
하는 수 없이 학교 가는 길에도 숨죽이구 안내양 언니 옆에 서있는 방법을 택했다

그럼에도 친구들과의 떡볶기나 냉면을 심지어 아이스크림을 먹을 때도 친구들에게
빌리기는커녕 단 한 번도 신세진 적 없구 내 주머니 사정으로 회피한 적도 없다
어떻게 그렇게 교묘하게 내 주머니 사정이 춤을 춘건지
돈을 꾸기는커녕 내 주머니 마지막 100원을 다 털어서라도
나는 절대 표시내지 않는다 그렇게 그렇게 질질 끌구 학교를 다녔다
진짜 질질 끌었다
내 걸음걸이가 정말이지 한도 끝도 없이 느리다
학교로 올라가려면 버스에서 내려 한참을 걸어 올라가야한다
내 뒤에서 가구 있던 애들이 전부 다 나를 앞질러 걸어가구
나는 아직도 흐느적 흐느적이다
어쩌다 친구들과 같이 걷게 되면 꼭 누군가가 한마디 한다
『어 우리가 왜 이렇게 느리게 걷지』
나는 그 걸음이 자연스러운데 친구들은 얘기하다보면
나와 걸음걸이가 맞추어지구 그러면 갑갑했던 모양이다
분명 내가 먼저 출발했어도 가장 늦어져 지각하기 1초 전에야
간신히 선도부 앞을 지나친다
아슬아슬 통과
크크 요거이는 스릴 만점이다
지리한 학교생활에 아주 작은 활력소라구 할까
그때 느낀 감정은 간첩활동의 스릴을 이해할 수 있을 것 같았다
구 무렵 젊은 사람들이 간첩활동을 한다구 뉴스에 나돌 는데
그 심정을 그쪽 방향으로 느낀다
죽을힘을 다해서 가는 기분이다
생에 모든 의욕은 사라지구 가기 싫은 학교를 꾸역꾸역 올라가는데
나를 칭찬해주던 사람이 다 사라지니 그런 것 같기도 하다
방구만 뀌어도 이쁘다구 눈을 반짝이던 엄마얼굴도 없구
버선 귀 같이 꿰매던 할머니도 없구

고개 숙이고 옥안 띠던 아버이도 없고
그렇게 칭찬을 해주다가 칭찬해 주는 이 하나 없으니
어디에다 기준을 두고 살아야하는지 의미를 찾을 수가 없다
그 어느 곳에도 삶의 의미도 기력도 어벗다
다락 문틈에 감쳐 놓은 팬티만 빨아놓고 죽어야겟다
학교 올라가는 중간에 구내식당이 잇어 국수를 한 그릇 사먹엇다
국수 속에서 파리가 한 마리 나왓다
그냥 건져놓고 먹엇다
한 마리 더나왓다
또 건져놓고 먹엇다
아이고 한 마리가 더나왓다
정말 국수 팔은 아줌마한테 한마디 하고 싶은데 대항할 기운이 없다
그 한 마리마저 건져놓고 눈물을 머금고 그 국수를 국물까지 다 먹어치웟다
기운이 하나도 없다
다락에 뭉쳐놓은 팬티만 빨아놓고 죽을 테다

어머니 차단스는 건들지 말앗어야 햇다
남식오빠는 혈압이 높은데다가 우리들의 책임자로써 무엇을 어찌해볼 수도 없는
상황이고 게다가 본인의 야망 또한 대단한 사람이니 많이 갑갑하였을 게다
내가 너무 어려 큰 실수를 한 것이다
남식오빠는 그대로 병이 돼버린 모양이다
군에 복귀하여 표출된 듯 화곡동 국인병원에 입원 하엿다
새언니 경식오빠와 같이 병원을 찾아갓다
그야말로 정신적인 충격에서 온 병인데
나중에 들은 얘기로는 그때 군대에서 무진장 맞앗다고 하엿다
부대에서는 모든 병을 매로 다스리려 햇던 모양이다
때려도 때려도 차도가 없자 하는 수 없이 입원을 시킨 거란다
그 상황이 내 마음 너무 저미게 한다

고려대학교에서 통계를 내고 잇다
조교분과 친구 몇 명이 앉아서 채점도 하고 통계도 하고 아무튼 일을 한다
경식오빠는 돈을 내고 다니는데 나는 이곳에서 돈을 받고 다니다니 신이난다
단 며칠이지만 아무튼 고려대에서 돈을 벌어왓다
오빠 입학식 날 배구코트 밑에서 만나기로 하엿는데
배구코트가 한군데가 아니어서 우왕좌왕 하다가 뭐시가 제대로 안되어서 입학식을
제대로 참여 하지 못햇던 기억이 함께 떠오른다
고등학교 3학년의 교실은 친구들이 하나 둘 취업을 나가기에
교실이 듬성듬성 비어지고 잇다

나의 취직
불가능하다
자격증이라구는 부기하나
게다가 부모님이 안계시지 추천을 받을 수도 없다
부모님 중에서도 아버지가 안계시면 더욱 어렵다
금전사구를 냇을 경우 뒤에서 감당해 줄 재력의 문제 때문에 그런 것 같다
나도 혹시 큰 오빠들처럼 인맥으로 취직이 될 거라 생각햇다
먼저는 친척 씨가 근무하는 경복궁 박물관으로 찾아갓다
내가 국민학교 때 경복궁 건너편 소격동 아저씨 집에서
아저씨가 방으로 들어오시길래 일어섯더니
방으로 어른이 들어오실 때 일어낫다구 칭찬을 한 적이 잇다
아주머니는 어려울 때 울엄마가 많이 도와준 일이 잇다는 말을 햇다
그러니 일이 잘 될 꺼다
그러나 나를 본 그분 얼굴은 웃는 얼굴인커녕 눈길도 제대로 주질 않앗다 작전실패

큰오빠는 송추 땅을 개간을 할 요량으로 송추로 이사를 가서
둘째오빠와 같이 살면서 아버지 환갑상도 차려주었었는데
구약한 성품의 둘째오빠와의 불화 때문에 다시 이사를 나왓다
한 10분거리 근처에 살면서 아버이 병수발을 도왓었는데
우리를 책임져야 된다는 생각이 들었는지 바로 옆으로 이사를 왓구
식사 때마다 우리가 가서 밥을 먹도록 해주었다
불같은 성품의 올케 언니는 우리에게는 정말 구마운 점이 잇는데
우리가 가면 무조건 부엌으로 들어가 밥을 차린다
큰오빠의 직업이 경비서는 일이라 수입이 겨울 쌀을 살 정도라 더욱 구맙다
큰오빠에게서 조카 두 명이 태어낫다
병욱이와 병민이 얼마나 좋은지 그렇게 세상에서 예쁜 애는 처음 보앗다
남식오빠가 엄마 스트레스의 방패막이였다면 첫 번째 조카 병욱이가
올케언니의 방패막이다 조카 병욱이는 밥 먹는 걸 너무 싫어해서 무진장 혼나야 하구
장난감을 사와서 혼나야하구 내가 같이 혼나는 기분이다
장난감을 사오면 그 자리에서 뺏어서 쓰레기통에 갖다 버린다
왜일까
장난감으로 집이 지저분해져서일까
한창 두뇌가 발달해야할 나이에 너무 꾸지람을 받아 뇌가 정지라도 될 지경이다
『야 욱아』 큰 조카를 부르는 올케언니 목소리가 카랑카랑하다

그래도 두 번째 조카에게는 부드럽게 대한다
언니가 유해졋던지 아니면 내리사랑이던지
자식은 내리사랑이구 조카는 첫사랑인 것 같다

언니의 구박을 한 몸에 받아야 하는 병옥이
그 애를 내 등에 업혀서 할머니에게서 들은 옛날얘기며 동화책 내가 알고 있는
얘기란 얘기는 모두 다 들려준다
등에 붙은 옥이는 응 응 하며 잘도 받아먹는다
이제 조금 자라 손잡고 거닐 만하다
이번에는 내가 숫자 세아리는 법을 알려준다
똑같은 방법은 재미없다
매일 다른 방법으로 선창한다
고모 손을 잡고 층계를 내려가는 조카도 똑같이 따라한다
『하나 하나 넷 넷 일곱 일곱 셋 셋 다섯 다섯 아홉 아홉』
오늘은 또 다른 방법이다
『일곱 일곱 셋 셋 하나 하나 여섯 여섯 둘 다섯 아홉 』
병옥이도 아무런 의심 없이 똑같이 따라한다
『둘 다섯 아홉』 내가 웃는 얼굴로 알려주었으니 병옥이도 편안한 얼굴이다

숫자야 헤아리라 있는 거지 그 명칭이 뭐 대수겠어
날마다 새로운 방법으로 알려 주었으니
옥아 넌 뭔가 새로운 것을 찾으려무나
나는 결혼 따윈 하지 않고 조카들이 잘 자라도록 뒷바라지 해야겠다

가기 싫어 구역구역 올라가던 학교가 오늘은 졸업식이다
하 난처하다 차비가 없다
경식오빠와 올케언니는 언니네 집에서 갈 준비를 하고 있다
나는 졸업 당사자이므로 먼저 가고 두 사람은 나보다 한 두 시간 후에 오겠단다
경식오빠 차비는 올케언니가 내겠지
연탄 광에 몇 번이고 가봤다
빈 소주병이라도 찾아야겠다
오빠들이 마시고 남은 빈 소주병을 팔아서 차비를 할 수 있을까하고
아무리 봐도 그동안은 자루로 쌓여있던 소주병 하나 없다
올케언니에게 차마 차비 없다는 말은 안 떨어지고
왔다 갔다 갔다 왔다 우짜노 나 혼자 라면 졸업식 안가고 말겠지마는
우와 아무 말도 않고 쩔쩔매기만 하는데
문간방 순옥이 아줌마가 기가 막히게 눈치를 채고는
『차비 빌려 줄 꾸마』 한다
휴 다행히 큰 위기를 넘겼다

시작이고 끝이다

어쩐지 한의사를 하면 잘 할 수 있을 거란 생각이 든다
제대를 한 남식오빠가 마루에 앉아있다
오빠에게 한의사가 되어야겠다고 얘기했다
오빠는 한의사는 부자들 뒷치닥거리 하는 일이라 안 된다고 한다
그리 말을 하니 더 이상 재고할 가치가 없다

경식오빠가 선배에게 힘을 실었나 보다
경식오빠가 내 신경을 쓰고 있었다니
sk회사에 가서 면접을 보고 오라고 전화번호를 적어준다
우리가 많고 엘리베이터가 있는 네모지고 숨 막히는 건물로 찾아갔다
좀 작은 듯한 사무실에 오빠 선배일 것 같은 실눈에
배가 나온 아저씨와 마주하고 있다
내 얼굴은 더욱 가관이었을 꺼다
작고 뚱뚱하고 못생기고 얼굴에 여드름은 덕지덕지
게다가 숭실대학교 시험에 합격하였는데 가면 안 된다는 말을 들은
다음날 면접을 본지라
얼굴엔 화딱지가 가득 붙어있고
자신감도 없으니 웃음기도 없고 오빠가 어렵사리 선배에게 부탁을 했을 진데
경식오빠에게 미안한 마음이 들었다
면접결과는 당연히 아무런 연락이 없는 게 정상이고

마침 신문에서 숭실대학교 전산원에서 학생을 모집하였다
내 적성에 딱 맞을 것 같다
전산이라는 말에 산이 들어가니 수학에 관계될 것 같고
표면에 수학이 나타나지 않으니 수학을 잘한다고 미움 받을 일도 없고
하여 일단 시험을 보았는데 시험의 내용이 아이큐 검사하는 것과
비슷한 내용이었고 합격하였다고 통지서가 왔다
남식오빠에게 인방을 빼서 그 돈으로 나에게 입학금을 대 달라고 하였더니
오빠가 안 된다고 전산은 아직 일반적인 게 아니라서 취직을 하려면 빽이
좋아야 하는데 그렇지 못하니 안 된다고 하였다
남식오빠도 대학을 가지 못한 입장인데 내가 바득바득 우길 수는 없는 일이다
하지만 꼭 해보고 싶은 공부이기도 하다

묘안이 하나 떠올랐다
술집에 다니면 저녁에만 일을 하니 낮에 공부를 할 수 있을게다
남대문에 있는 직업소개소를 찾아갓다
옆구리에 가방을 낀 사람과 상담이 이루어졋다
얼굴에 온화함과 부드러운 미소를 가지고 잇는 사람이엇다
룸까페를 처음 차리는 거라고 한다
나를 보더니 너무 순진하게 생겻다고 자기가 양심상 도저히 데려갈 수 없다고 한다
손님 중에는 대화상대가 되는 사람을 찾는 사람도 잇기는 한데
자기는 도저히 데려갈 수 없다고 남자 손은 잡아봣냐고 나한테 물어본다
딱히 남자 손을 잡을 일이 없엇던 나는 눈물만 주룩주룩 흘러내릴 뿐이다
그렇게 엉터리 상담을 끝내고 숭실대 전산원은 포기해야햇다
그리고 다음날 s k 면접을 보러 갓으니

안양시청 복귀한 남식오빠가 병과를 냇다
요양하러 송추로 가기로 햇고 올케 언니도 내가 오빠랑 같이 가라고 하고
당연히 나도 같이 가야한다
공무원 준비를 한답시고 수학의 정석 I을 사가지고 갓다
메가톤급의 기억력에 나무를 하루에 열두 짐을 해 나르는 돌쇄오빠는
잠깐 같이 살던 부인을 저세상으로 보냇지만 여전히 능력자이고 집도 새로 지엇다
처음으로 지엇던 집은 어느 토요일 실복이와 같이 가서 하루 잠을 자고 온 적도 잇다
실복이와 잠을 자는데 건너방에서 오빠가 올케언니에게 들려주는 얘기소리가 들려왓다
『새우깡이 왜 새우깡인줄 알아요
새우깡을 개발한 사람의 손녀가 아리랑 노래를 부르는데
아직 어려 발음이 안 되어서 아리깡 아리깡 하고 부르더래요
마침 새우로 과자를 만들고 이름을 지려고 하는 차엿는데
아리깡 아리깡 소리가 너무 재미잇어서 새우깡이라 이름을 지엇다네요』
올케언니는 듣기만 하지 그다지 대답을 하는 것 같지는 않다
우리에게 밥을 해 준 것 같기도 하고 허나 그리 대화가 이어지는 느낌이 아니다
친정 가족들이 성당을 다니는지 성당에서 결혼식은 올렷는데
아무래도 정신적 장애가 잇어 보인다
오빠와 같이 사는 것 또한 만만치 않앗을 텐데 그래서엿을까
일찍 세상을 달리하엿다

그렇게 처음 지어 살던 집은 다른 이에게 세를 주엇고
두 번째로 지은 집은 세멘트로 지어진 조금 더 반듯한 모양의 집이다
방 두개가 양쪽으로 나뉘어 잇고
가운데가 부엌이어서 양쪽 방으로 나무를 땔 수 잇게 되어 잇다
오른쪽 방에서 내가 지내고 왼쪽 방에서 오빠들이 기거한다

하 고 생쥐가 문제다
쥐가 어디선가 나왔다가 방의 벽 끝으로 기어간다
무서워서 까무러칠 것 같다
한번은 지나가는 생쥐를 보게 되었는데 크기가 딱 엄지손가락 정도의 크기다
어찌 보면 귀엽기도 하다
그럼에도 불구하고 머리카락이 솟구쳐서 잠을 잘 수가 없다
쥐 좀 잡아 달라고 떼를 써야 햇다
큰 쥐보다 새앙쥐 잡기는 하늘의 별따기 만큼 힘이 든 일인가보다
부엌에서 둘째오빠가 투투투투 투덜대는 소리가 들렷다
「으응 내가 쥐를 잡아먹으란 말이야 어쩌란 말이야」
그 화내는 소리에 둘째오빠가 더 무섭다는 게 느껴졋고 우습기도 햇다
그리고 아버이 생각이 낫다
아버이라면 절대 화 내실 리 없고 어떻게 하든 묘안을 짜내 분명 해결 해주셧을 텐데

공무원 시험 준비를 위하여 수학책을 펼쳣다 어느 만큼은 따라한다
어려운 부분은 훌륭한 가정교사 남식오빠가 잇으니 문제될게 없다
그런데 논리적으로 착착 정리되던 머리가 앵꼬가 낫나보다
과외선생인 돌아가지 않는 내 머리를 보더니 공무원시험은 어렵겟다고 낙인을 찍는다

동에 번쩍 서에 번쩍
둘째오빠가 산에서 버섯을 한 바구니 따가지고 왓다
소금물에 담그라고 나에게 주엇는데 이게 웬일
버섯 등에 벌레가 버글버글하다
과연 이걸 사람이 먹어야 하나 참으로 난처하다
애써 따가지고 와서 의기양양한 오라버니에게 무어라 말도 못하겟고
우와 어렵도다 시골생활

오빠들이 나무를 하러 갓는지 집에 나 혼자 잇다
워매 밖에서 사람소리가 들린다
몇 년 만에 들려보는 사람소리인지
반가와서 맨발 벗고 달려 나갓다
뭐래애~ 전기세 받으러 왓단다
이구~ 힘 빠져

어느 날은 누가 둘째오빠의 어깨에 손을 얹었단다
집에 돌아와 아궁이에 불을 지피며 까라락 까라락 성질을 내며 분을 삭이지 못하고
잇다 둘째오빠는 누구든지 어깨를 건드리는 게 제일 싫다고 햇다
그까짓 어깨가 무슨 문제이지 친근감의 표시 아닌가

둘째오빠가 처음으로 지은 집은 흙으로 지었나보다
그러니까 두 번째 집을 보구는
세련되게 세멘트로 네모 네모지었네 라는 생각이 들었겠지
첫 번째로 지어 살던 집에는 구물장수를 하는 대가족이 세를 들어 산다
구물 수집 기간인지 한참동안 다른 곳에서 지내다가 또 다 같이 들어와서 지낸다
큰아들은 서너 살 된 어린 아들이 있는데 아내는 없다
구약한 성격의 둘째오빠는 그 어린애를 창문 밖으로 집어 던진 적이 있다구 했다
말만 들어도 애가 다쳤을까봐 간담이 서늘해 지는데
창문 밖으로 던져진 아이는 반짝 일어나 걸어가더란다
얼마나 놀랬을까
그들은 세를 살아야하는 죄로 아무도 반항을 하지 않았단다
남식오빠와 송추오빠의 단단한 훈수를 방패삼아
그 아이 아빠 아저씨랑 내가 오목을 두고 있다
오빠들의 열렬한 훈수로 내가 이기고 있다
심심하고 무료한 시골생활을 깔깔거리는 웃음소리로
나뭇잎들을 약 올리며 그렇게 넘기고 있었다

갑자기 둘째오빠가 화를 내기 시작했다
앞집 아저씨와 오목을 두었다고 그러는 거다
그자와 단둘이 얘기한 적도 없고 오빠들이 부추겨서
오빠들과 함께 오목을 두었는데 왜 화를 내는지 이해를 못하겠다
더 이상 송추에 머무르지 못하게 되었다
큰 오빠에게는 같이 살다가 밤에 갑자기 몽둥이로 때리고 덤벼들어
한 밤에 짐을 쌌다고 하는데 몽둥이 들지 않은 것만도 감사한 일이다
아마 같이 오목 두었던 자가 나를 자기 배필로 오빠에게 말했던 모양이다
언감생심 떡 줄 놈 생각도 안하는데 김칫국 마신다더니
간신히 고등학교 졸업했구만
에 휴   암튼 유배지 같은 전원생활은 거기서 막을 내렸다

새벽에 출근을 하여 남대문시장 도매점 앞에 서있다
스카프가 수북이 쌓여져있는 것 같다
그나마 주인아줌마 얼굴은 또렷하다
얼굴이 둥글넓적하나 일자로 긴장되어 있는 눈
매대 안쪽에 하루 종일 앉아서 주로 돈 세는 일을 한다
나에게 서울여상을 졸업하였다고 수군대며 계산하는 걸로 생각한 건지
머리는 좋은데 느리다는 말을 한다
그까짓 돈 계산에 머리 좋고 나쁘고 할 게 또 뭐가 있다고

나 말고 좀 빠른 언니가 한명 더 있다
점심때면 근처 식당에서 뜨끈한 밥이 배달되어 온다
내가 일하는 매대 반대편 입구 쪽에는 내가 중학교 때 중퇴하고 다니던 잠옷공장
김 선경 사장의 누이가 그 공장에서 나온 잠옷을 팔고 있다
그렇다면 그 사람이 나의 일자리를 알선한 게다
나로서는 처음보는 얼굴이지만 그 분은 나와 우리가족을 잘 알고 있다는 듯이 얘기했다
아마 내가 아버이의 외사촌 누이 집에 가서 취직을 부탁한 모양이다
그 집을 드나들은 기억은 있다

그렇게 욕을 먹으며 공장을 그만두고 나중에 다시 그 집을 찾아 갔을 땐
신길동에서 이사하였고 전화로 물어물어 길을 더듬어가며 찾아낸 곳은
대림동에 단단하게 새로 지어진 2층집 이었다
우리아버이가 지으셨다고 하였다
아버이가 신이 나서 집을 지으신다고 하며 다닌 기억이 있다
남들은 집을 지으면 좀 돈도 좀 번다 하는데
우리 아버이는 남은 나무 조각으로 궤짝하나 만들어 오신 것이 고작일 께다

새로 지은 집은 요리조리 구조도 특이하고 튼튼해 보였다 왠지 목소리도 조심스러워
지고 소리는 울리는 것 같고 새집의 나무 향기가 코를 스치고 지나간다
그런데 내가 그 집에 대한 기억은 밥 먹고 난 후 주방에 가서 설거지 한 일뿐이다
친척올케언니는 기름기 꽉 찬 목소리로 당연하다는 듯
내가 손님인데도 나에게 설거지를 하게한다
그때는 나도 내가 없을 때는 어찌하나 걱정까지 하면서
또 즐거운 마음으로 설거지를 하였는데 돌이키니 좀 그렇다

그래도 친척아줌마는 나에게 스스럼없이 대해주어 가끔 드나들었고
어느새 머리전체가 하얀 노인의 모습으로 변했는데
마음은 청춘이신지 붓글씨를 쓰기 시작하시더니 나에게도 한 장 주셨다
나에게 남식오빠 아픈 얘기를 듣고
니네 증조할아버지도 그러셨어 날마다 개울에 가서 돌아간다 돌아간다 돌아간다
그런 말을 하다가 돌아 가셨어

내가 남대문 시장점원으로 일한 건 필시 내가 그 집에 가서 도움을 요청했을 게다
며칠이나 다녔을까 주인아주머니의 무표정과
나의 매출을 부추기지 못하는 무능력이 새벽잠을 깨우기에 불충분 하여
이내 그만 두어야했다

남식오빠가 복직하여 봉급을 타면 아직 어린 동생인데도 모든 돈을 나에게 준다
나는 그 돈을 서랍장 위에서 두 번째 칸 옷 맨 밑에 두었다
경식오빠도 남식오빠도 나도 서로 미안해하면서 상대편이 더 많이 가져가라고

돈을 안가지고 가려하는 걸 아니까 서로 편하게 가져가라고
그야말로 무인 금고 통에 넣어 논거다
어느 날부터 삼천 원씩 사라짐을 느낀다
경식오빠는 다녀가지 않앗는데 매일 삼천 원씩 비는 거다
이상하다
이상하기도하다
그러다 곧 문간방에 새로 이사온 새댁임을 알게 되엇다
내가 나갓다 들어오다 그분이 우리 방에서 서랍을 닫고 막 나가는 걸 마주쳣다
방법을 달리 해야겟다고 생각햇지만 더 이상 어쩌고저쩌고 할 돈도 없게 되엇다

실복이네가 금호동 1가로 이사를 햇다
나는 파도를 탓으면서 실복이네 이사는 세상이 뒤바뀐 느낌이고
이사 간 집 뒤편 장독대 옆에 서니 삐죽 내가 동상이 된 기분이다
내가 석연 언니네서 살고 잇는 동안 이사를 한 모양이다
그렇지 않으면 분명 이삿짐을 같이 날랏을 테고 그럼 이질감으로 다가오진 않앗을 꺼다

금호동은 딱 한마디로 산동네다
그래도 평지 쪽에는 대문과 마당 큰 집이 더러 잇기는 하지만
위로 올라갈수록 이 골목 저 골목 수많은 골목으로 나뉘면서
우리 몸에 실핏줄을 따라 그 옆에 세포가 다닥다닥 붙어잇는 것과 똑같이
골목길에 살을 바짝 대고 집들이 다닥다닥 붙어잇다
게다가 그 많은 집들은 땅의 모양도 집의 모양도 다 다른 모습이다
산을 오르는 땅에 제각기 터를 잡고는 그 모양에 따라 저마다
나름대로 편리하게 다듬다 보니 그 어느 것 하나 개성 없는 집이 없고
요모조모 이 구석 저 구석 창의적이지 않은 집하나 없다

분명 계단 꼭대기까지 올라가 대문 열고 들어간 집인데
반대편 대문은 평지에 연결되어 잇기도 하고
부엌에 난 쪽문을 통해 나갓는데 갑자기 길에서는 보이지도 않는
강아지풀들이 살고 잇는 작은 공터가 나오기도 하고
담은 이웃과 측량 때문인지 한 발짝 너비만큼 겹으로 하나 더 잇기도 하여
술래잡기나 총쌈놀이에 명당 아지트 되어주고
대문 안에 들어서면 요집은 요기에 조집은 조기에 요곳 조곳 숨겨놓아
저마다 사연을 풀어내기도 한다
그렇게 실핏줄이 되어 생명과 사연을 물어 나르는
그 골목길을 쑤시고 헤집으며 껄떡거리던 일은 머릿속의 회로로 남아잇어
어른이 되어 그 지역을 떠나서도 꿈속에서라도 헤매이고 다니며 내 온몸을 적신다

실복이네가 이사 간 집은 금호극장 아래 작은 시장 길로 들어간다

시작을 조금 지나가면 평지 길과 가파른 언덕길로 갈라지는데
무조건 언덕으로 가야한다
언덕길 오른쪽엔 미장원이니 세탁소니 하며 숨을 쉬고
왼쪽엔 더 높은 산동네로 오르는 골목길이 숨을 쉰다
두 번째 골목 담벼락을 지나고 돌계단 카펫트 달린 대문들도 지나고
요리 조리 돌아 오르다보면 오른쪽에 계단을 몇 개 달고 잇는 대문이 나오는데
그 곳이 실복이네 새 보금자리이다

실복이와 대화가 잘 되는 것 같지는 않앗다
실복이는 늘 무슨무슨 일이 잇엇어라 말을 하고는 곧바로
『아니야 거짓말이야
아냐 거짓말이야』 라고 노상 번복을 한다
단순무식한 나는 이 말을 해도 믿고
저 말을 해도 믿고
또 굳이 믿지 않을 이유도 없고
따질 이유도 없기도 하니
그래애 하고 들어만 주기만 한다

실복이는 우선 거짓말을 햇다가 꼭 다시 정정하여 결국은 참을 말하는 것 같다
사소한 자기 일상이므로 처음부터 거짓말을 할 필요도 없는 일인데
몇 번 『거짓말이야 거짓말이야』 하며 거짓을 말하고 나서
『사실은 이랬어~』 하고 말을 하는데
생각에 어떤 일에 엄마에게 꾸지람을 받으니까 일단 거짓말을 해야 하는 것이
필요햇나싶은 생각이 들엇다

실복이는 누구누구가 『나보고 임예진을 닮앗대』
소리를 하더니 미모에 자신감이 붙엇는지
미에 눈을 뜬 건지
세상에 눈을 뜬 건지 갑자기 거울을 붙들고 산다

앞뒤 꽉 막혀 답답하고 어눌한 나에게
여드름이 얼굴에 꽉 채워져 잇으니 보는 실복이가 더 답답햇는지
다다다다 뛰어 와서는
내 얼굴이지만 나도 거슬리는 징글징글한 화산더미를
여드름 짜는 게 재밋다며 달겨들고
또 어느 날은 여드름에 오이 맛사지가 좋대
하며 같이 얼굴에 붙이고 누워 잇기도 한다
실복이는 도대체 그런 방법을 어디서 알아왓을까도 싶다
오이를 써는 나를 보고 빨리 써는 것에 놀라기도 하고

영세민 자격으로 나온 밀가루로 수제비를 만들어 주면
내가 만든 수제비가 맛있다고도 해주었다
하라고 하니까 하지만 굳이 얼굴 맛사지 같은 걸해야 하나 싶고
사실 표현은 하지 않았지만 좀 귀찮다 느꼈다
실복이는 개를 엄청 좋아하기도 하고
작은 부엌하나 방하나 집에서도 커다란 개를 키웠던
실복이는 나를 만만한 강아지 한 마리 가지고 노는 거 같기도 하다

그런 실복이가 고맙게 느껴지기도 한다
세상을 뚫어준 통로 역할을 해주는 것 같다
게으르고 나대기를 귀찮아하는 내 성격에 가만 나두었으면
무한정 고립되었을 텐데 매일 대문턱을 넘나들며 세상을 물어다 주고
세상으로 끌어내주는 것 같다

실복이도 이듬해에 상업학교 야간으로 들어갔다
학교에 대한 자랑이 늘어지기 시작했다
숙경이니 오자니 해가며 내 친구는 키도 크고 예쁘다
교복도 예쁘다 선생님이 이랬다 등등 쉬지 않고 쏟아낸다
그런가 보다하고 꿈뻑 꿈뻑 그저 들을 뿐이다
그러나 자랑을 해야만 하는구나 싶어 안쓰럽게도 느껴진다
그래도 꿈뻑 꿈뻑 듣다보면 그 활력이 내게도 전달 된 건지 나까지 신이 난다

어느 날은 타자기를 샀다고 다락에서 꺼내왔다
애지중지 하는 모습으로 자랑을 한다
왜 샀나 싶은 타자기를 그렇다고 왜 샀냐고 물어보지도 않았고
한번 해보자고도 하지 않았다

실복이가 이사를 가더니
이번에는 하루가 멀다하게 자기 집에 가서 자자고 조른다
어느새 실복이의 두 오빠와 언니는 결혼 하여 출가를 하고 없는 상태이긴 하다

어느 날 실복이와 시집간 실복 언니 집에 갔는데
물건을 파느라 시댁의 구멍가게에 쪼그리고 앉아서는
팔고 있는 오징어 다리를 하나 뚝 떼어서 날보고 먹으라고 건넨다
그럼 어떻하냐고 깜짝 놀라는 나에게
『야야 괜 찮어 괜찮어』
하며 어깨가 쫙 펴져 있는 상태로 사람 좋은 웃는 얼굴을 한다
그 때는 구멍가게 하나만 해도 부자라고 생각 들을 때이기도 하지만
사람을 행복하게 만드는 성격에 그깟 오징어 다리 하나가지고는

문제 삼을 손님이없어 보이기도하다
그런 성격이 부럽고 나를 챙기는 아량이 부럽다
어릴 적 친구들과 약속이 있음에도 우리 집에 들렀을 때 빨래하는 나를 보고 그냥
지나치지 않고 같이 빨래를 해준 언니라 늘 고마운 마음 품고 있다

그 날 실복언니는 점심으로 시댁 안방에서 귀한 짜장면을 시켜 주었는데
먹다보니 다른 사람은 멀쩡한데 내 짜장면만 국물이 흥건하다
나는 늘 그렇다고 말했는데 한참 먹다가 실복언니는
내 짜장면 그릇을 보고 『무섭다야』 라고 말을 하였다
나도 내 짜장면 국물이 무섭다

실복이는 늘 이와 같은 방법으로 나를 구신다
『우리 집 가자 응
우리집 가면 맛있는 거 있어
빵 있어』
뭐있어 등등 먹을 것만 생기면 나를 먹여야 직성이 풀리는 건지
내가 자기 집에 가야 마음이 편한 건지 도무지 알 수가 없다
거절하다 거절하다 이내 따라 나선다
먹고 싶은 유혹도 없진 않지만 내가 따라 나설 때까지 실복이는 나를 향해 포기를 하지
않기에 어절 수 없이 움직인다
순옥이 아줌마 말마따나 나를 방어해줄 방패라고는 눈 씻고 찾아도 찾아 낼 수가
없으니 휴~
부모님이 안계시니 나와는 어울리지 말라 했던 실복이 엄마도 왠일인지
나를 싫어하는 눈치가 아니다
오히려 밥상에서 밥을 푸면 내 밥은 실복이 밥과는 달리 수북이 푸시고는
『얘야 많이 먹어라
더 먹어라
얻어먹는 밥은 먹어도 먹어도 배고프다
얘야 더 먹어라』
라는 말을 꼭 곁들이셨다
정말 아무리 먹어도 배는 안차고 허기진 건 사실이다
그래도 실복이 아버이가 쌀가게에서 일을 하셔서 다행이다
돈을 주시지는 않지만 매달 쌀을 한 포대씩 집에 갖다 놓으신다고 하셨다
광에서 인심이 난다고 하는데
쌀의 줄기가 단단하여 밥도 넉넉히 주실 수 있었을 테고
나도 밥을 많이 먹어 멋쩍기는 하지만 미안한 마음을 덜 가질 수 있어서 다행이다

실복이는 나를 지네 집에 데려다 놓는 것으로 임무 끝인가 보다
개내 집을 가면 사실 실복이와 따발따발 노는 일은 별로 없고

그저 실복이 엄마 말동무 되는 것이 고작이다
아직도 실복이 엄마의 목소리가 귓가에 맴돈다
『얘야 뭔 줄 아느냐
글쎄 큰 며느리가 이렇게 이렇게 햇다
작은 며느리는 저렇게 저렇게 하드라
얘야 뭔 줄 아느냐
글쎄 그러더구나~
얘야 아랫방 아무개가 이렇게 이렇게 햇다
저 방 새댁은 이러고 저러고 하더구나
배는 이렇게 들고 나오는 구나』
내가 굳이 참견할 일도 아니고 나설 일도 아니고 그저 『예에』할 뿐이다
그리고 꼭 끼는 말이 한가지 더 잇다
『얘야 뭔줄 아느냐 아프면 돈 생각하지 말고 빨리 빨리 약을 사 먹거라』
『얘야 뭔 줄 아느냐 배가 아프면 빨리 빨리 약을 사먹거라』
우리 엄마가 배가 아프다 돌아가심이 마음에 남아 잇이신
표현을 그리 하시는 것 같앗다
실복이 엄마는 내게 시영딸을 삼아야겟다고 엄마라고 부르라고도 하셧다
그러나 실복이도 그리하라 대답을 하지 않고 나 역시 내 엄마를 배신하는 것처럼
느껴지니 엄마라는 말은 입이 열어지지도 않는다
그러나 나를 막내딸 삼는다고 종종 얘기하셧고
나이 들으면 찾아갈 딸이 하나 더 잇으매 하고 기대 하셧다
나름 세련미를 한껏 치장한 실복이의 학교 친구들은 그리 달갑지 않게
대하셧는지 실복이가 이상하게 우리 엄마가 너를 집에 데려오면 화를 안내
라는 말을 한다

그 날은 실복이가 꼬실 때도 없엇던 음식이 나를 맞이햇다
기름에 튀긴 살이 투실투실 붙어 잇는 닭다리 한 조각이다
실복이 아버이가 종식이 오면 주라고 하여 남겨 놓앗다는 거다
실로 가슴이 울컥 할 정도로 감동을 받앗다
난 사실 닭고기를 먹지 않앗다
국민 학교 가는 길에 닭 파는 집 앞을 지나가야 하는데
그 때는 살아 잇는 닭을 닭장에 가두어 놓고
누군가 사러오면 그때 닭을 잡아서 어떤 기구에 넣고 돌려서
털을 제거하여 팔던 시기이다
좀 무섭기도 하고 냄새가 역겨워 고개를 옆으로 돌리지도 않는데
그 길을 지나가기가 고통스러울 정도다
그런 이유로 비위가 상해 도저히 닭고기를 먹을 수 없엇다
그런데 그날은 평상시 한 말씀도 한하던 실복이 아버이가 나를 생각하심에

감동을 받아 차마 『나 닭고기 안 먹어요』 소리가 나오지 않아 그냥 먹었다
의외로 닭 냄새도 나지 않았고 처음 느끼는 맛이 감동스러울 정도다

실복이네 식구들은 다 나에게 고맙다
새로 이사 간 집에서 처음 밥을 먹고 난 후
그때는 실복이 언니도 함께 있었는데 설거지 할 사람이 필요했다
새로 큰집으로 이사를 하였으니 부자가 된 거고 난 가난뱅이 고아가 아닌
고아가 되었으니 서열로 보면 내가 설거지를 하는 게 맞나보다
실복이 언니가 내 얼굴을 힐끗 보더니 아니야 하고는 웃는 얼굴로
상을 들고 나가서 설거지를 하였다
소격동에서 합정동으로 이사한 집안 아저씨 댁과 비교된다
분명 그 집 아줌마는 자기네 집이 어려울 때 우리 엄마가 도와주었다는
소리를 했으면서도 실복이네와 똑같이 두 명의 딸 순완이와 봉숙언니가 있어
한명은 내게 언니이고 한명은 나보다 동생인데 내가 모처럼 찾아 갔는데
밥을 먹고 난 후 당연하다는 듯 나에게 설거지를 시켰다
그까짓 설거지쯤이야 문제될게 아니다
나는 어차피 내 전문분야였고 상냥한 얼굴로 설거지를 해 치웠다
그러나 마음속으로는 무언가 살짝 자존심 구겨져 있음이 느껴진다

그런데 실복이 아버지는 나에게 『설거지를 시키지 말라』 하셨다는 거다
『안 그래도 기가 죽어있는 애 설거지를 시키면 안 된다』 라고 하셨단다
그러나 학교를 졸업하니 『이제는 설거지를 시키라』 하신다
『애가 미안해서 밥을 못 먹을 테니 밥을 먹고 나면 설거지를 시켜라』 라고
설거지는 꼭 실복이와 같이 한다
실복이가 워낙 일을 잘해 나는 거들기만 한다
같이 하기에 아무런 자존심이 상하지 않고 그나마 도울 수 있어 기쁘게 느껴진다

실복이는 정말 일을 잘한다
빨래도 같이 하였는데 내가 두 시간 걸려야 되는 일을 십오 분 만에 해 치운다
거기다가 부엌만 들어가면 바닥까지 깨끗하게 청소를 한다
그저 놀라울 뿐이다
집수리를 하여 벽돌을 날라야 했을 때도 실복이는 머리에는 세 개가 이어있고
내 머리에는 한 개만 이어있다
그러고도 실복이는 나를 보고 안쓰럽다고 『아이고오 아이고』 해주었다
실복이 말마따나 무슨 일에서든 약삭빠르지 못하고 필팍해서 그런지 모르지만
물론 실복이네 집안 공사이긴 하다
그러나 나도 밥을 얻어먹으니 같이 일을 해야 하고 그럼에도 실복이가 챙겨주니
작아져 있는 나이지만 한오큼 숨이 쉬어진다

그 날 실복이네 마당에서 아저씨들이 공사를 하고 있었다
소변보러 화장실을 가야 하는데 갈 수가 없다
안절부절 하는 나를 보고 『저년 시집가면 신랑 앞에서 오줌도 못 누겠네』
라는 말을 하면서 실복이와 실복이 엄마가 키득댔다

아무도 내게 취직의 손길을 내밀지 않는데 실복이 엄마가 구멍을 뚫어 주었다
청계천 2가 모서리에 위치한 공구상회 경리이다
앞쪽으론 좁고 기다란 가게에 무언지 모르는 공구가 꽉 채워져 있었고
안쪽에 한 평이나 될까 싶은 공간 짙은 세멘바닥 위에
물건이 보이는 쪽으로 머리를 돌린 책상하나 그리고 그 뒤로 1인용 쇼파 하나
그 책상 주인으로 취직이 되어 앉아 있다
업무는 출근하여 사무실 청소를 한 뒤
전화 받고 물건 팔리면 영수증 떼어 주는 일이다
사장은 실복이 이종사촌 형부이고 동업자로 최사장님이 한분 더 계시다
사장님 얼굴엔 미소라고는 없고 묵직한 분위기가 압도한다
동업자 최사장님은 좀 느긋한 표정이다
순경이 와서 작은 돈을 수금을 하고 난 후인지
말단 공무원이 2만원 3만원 챙기는 건 문제가 되지 않는다
그들도 먹고 살아야 하기 때문이다
위에서 뚝뚝 짤라 먹는 것이 국민을 어렵게 하는 거다 라는 말을 들려주었다
그 당시 공무원 봉급이 쥐꼬리 같아
공무원 똥은 개도 안 먹는다 라는 말이 돌던 시기이기는 하다

어쨌든 최사장님의 얘기를 들으니 꼭 우리 식구 같은 얘기를 한다싶어
내가 마음을 의지하고 일을 해도 되는 곳인가 하는 생각이 조금 든다
그러나 내목소리는 잘 나오지 않고 그러니 얼굴은 잔뜩 경직되어 있었을 꺼다
어느 날은 사무실에 앉아 있는데 다른 아가씨가 들어왔다
그 자가 들어와서는 전화기를 샤샤 닦는다
와이셔츠 단추 구멍 내듯 눈이 동그래졌다
어   내가 더럽게 닦아서 인가
무안하기도 하다
알고 보니 정기적으로 전화기를 소독하기로 계약되어 있는 사람이었다
뉴스에 전화기에 병균이 많다하더니 그래서 그런가보다
그래도 무안하고 우습다

한 달을 다녔을까
두 달을 다녔을까
사무실 분위기를 밝게 이끌지 못하는 책임으로 짤린 걸까

내가 그만 두엇을까
뭐 그게 그거이겟지만
암튼 해고이든 사표이든 숨을 쉬지 못햇음은 사실이다

그럴듯한 모집광고가 낫다
나도 취직을 할 수 잇으려나
찾아간 곳은 을지로에 잇는 높은 빌딩이엇다
족히 삼사백 명은 되는 사람들이 양복이나 정장을 입고
커다란 사무실을 가득 채웟다 아주 큰 회사다
3일간 교육을 받아야 한다
교육을 하시는 분은 아주 멋진 분이시다
75년도 미스코리아 진과 결혼 하셧단다
여자 분이 본인의 눈에 틀림없이 미스코리아 진이라고 한다
이 얼마나 멋진 생각인가
내가 최고라고 마음먹어 주면 그게 바로 온 세상에 최고인거엿어
중심이 나라는 거 아닌가

교육을 받으니 나에게도 용기백배 힘이 솟는다
지구도 뚫을 수 잇을 거다
담배와 관련된 카드인데 카드에 탈랜트 이순재 아저씨 얼굴이 잇으니
틀림없이 믿음이 가는 제품이다
가슴에 넣고만 다니면 담배를 끊을 수 잇다고한다

그 제품을 팔아야 한다
일가친척이나 지하철에서 팔라고 배웟다
지하철로 가야겟다
시시하게 아는 사람에게 아쉬운 소리 따위는 안한다
사실 그들 앞에서 입이 떨어질리 만무하다

나는 꼭 해야 하다
진정 내가 절대 못할 일이기에 해야겟다
꼭 내가 나를 뚫고 나가리라
지하철에서 따따부따 따따부따 큰 소리로 외쳐 청중의 시선을 다 받아내야겟다
제품을 지고 의기 청청 지하철에 올랏다
어찌된 일인지 그 다음 기억은 하나도 없다
제품을 무릎위에 놀리는 일까지 한 건지
그냥 휘 둘러보기만 한 건지
술에 취하면 필름이 끊긴다는 것과 똑같이 너무 긴장하기도 햇고
황망하기도 햇는지 그렇게 큰 사건이엇음에도 아무런 기억이 없다

다만 지하철 출입문 봉에 보라색 투피스를 입고
흐물흐물 붙어 잇는 내가 연상 되어지기도 하고
칸막이 문 앞에서 무릎을 꿇고 쪼그리고 앉아 잇는
내가 연상되어지기도 한다

이번에는 또 그 실복이 이종사촌 언니 집에서 잠을 자고 잇는 직업으로 바뀌어 잇다
그 분들에게 국민학교에 다니는 두 아들이 잇는데 그 애들의 가정교사 자격이다
실복이 엄마가 넌지시 보일러 가게에서 집에 와서 애들 좀 가르쳐 달라고
햇다는 말을 전해 주엇다 좀 고민이야 되엇지만 백수가 이것 저것 가릴
형편도 아니고 명확히 싫어요 좋아요라는 말을 쉽게 하지도 못한다
경리로서 적응은 못햇지만 지켜보기에 그리 둔한 건 아니엇는지 학교 간판 덕을 본
건지 숙식 하는 가정교사가 되어잇다

실복이는 성공한 사촌언니를 자랑하기도 햇다
그러고 보니 실복이는 내게 『야 니네 친척은 다 부자다아』 라는 말도 해주엇다
그렇다 내가 아는 우리 친척들은 다들 이층집이던지 마당에 연못을 기본으로 가지고
잇는 집들뿐이다 그러다보니 그들은 하인을 거느리고 살던 사람이라 그런지 사람을
하대하는 것이 몸에 밴듯하다 그들에게 무슨 일이 생기면 늘 엄마가 가서 거들엇고
물론 엄마는 늘 방실방실 웃고 잇엇고 음식을 얻어왓긴 하지만
아직 어린 내가 가도 허드렛일 함을 당연시하고
불쌍해진 나를 귀히 대해주는 실복이네 가족과는 전혀 다르다

암튼 전화번호를 들고 찾아갓을 실복 사촌언니네 집은 답십리다
버스정거장에서 그리 멀지 않게 들어간 그 동네는 약간 비스듬할 뿐
거의 평지에 가까워 보엿다 그런데 대문을 들어서니 경사가 가파른 계단이 잇어
아래층에는 세입자들이 살고 잇고 대 여섯 개 정도의 계단을 오른 뒤
나타난 현관을 중심으로 그 댁이 살고 잇엇다
현관 앞에는 기다란 난간이 잇고 난간 안에 큰 개가 자리하고 잇다
현관 안에는 쇼파가 꽉 채운 거실이 나오고 안쪽으로 왼쪽엔 커다란 안방
그 옆 나란한 곳에 턱을 내려서는 부엌 부엌 안 오른쪽으로 방문이 잇는데
그 곳이 두 아들의 방이라 나도 그 애들과 같이 지내야 한다
허여니 귀공자스러운 두 아들 중 큰아들은 통실통실한 체격에 의젓하고
작은 아들은 날렵한 몸매에 장난꾸러기인데 둘 다 나를 잘 따랏다

얘들과 동네 뒤로 올라가 언덕진 벌판에서 쑥을 뜯은 기억이 나온다
그렇다면 봄이란 얘기고
그러면 간신히 끼워 맞춘 과거의 기억이 또 엉키기 시작이다
과거로 돌아가는 시간여행은 머리에 금이 간다
에라이 한판 더 누워서 뒹글거려야 조금 가닥이 잡히려나

ㅋ 할 수 업지 뭥~~~

그렇다 대머리 민둥산이다
따사로운 햇살에 삐죽삐죽 초록이다
실복 이종 사촌언니의 두 아들들과 쑥을 뜯고 잇다
외갓집에선 계절이 안 맞아서인지 나물 하는 걸 본 적이 없기에
신비감이 가득 찬 내 겨드랑이에선 날개가 스믈스믈 기어 나와
요리 조리 폴랑거리며 초록을 담는다
반짝반짝 대머리 돌산위로 못난이 눈웃음이 반사된다

몇 일전 실복 이종사촌 언니와 같이 와 봣엇다
오늘은 일요일이고 실복사촌언니도 외출 하고 없어서
두 아들들과 같이 골목을 이리 저리 들어가며 올라온 작은 동산이다
처음 해보는 일이라 신나기도 하지만 조심스럽기도 하다
다 같이 마음을 모앗는지 어느새 봉지에 제법 소복하다
지난번보다 많이 땃으니 실복 사촌언니가 좋아 할 꺼다

집에 돌아와 봉지를 들여다보는 실복 사촌언니의 미간이 찌그러졋다
내 노력에 찌그린 얼굴을 보게 되니 순간 나는 점의 크기로 되엇다
어어 난 늘 칭찬만 받앗엇는데
못 먹는 쑥을 캣다는 것도 같고 그러나 그 모든 자체가 못마땅하다는 느낌이엇다
민둥산에 또 가고 또 가보고 싶지만 눈치가 그리하면 안 될 것 같고
게다가 해가 쨍쨍 따가워져서 더 이상 가서는 안 되는 상황이엇다

그래도 도도햇어야 햇어
가정교사니까 설거지 같은 건 하지 말아야 햇는지도 몰라
그런데 이미 기가 죽어 잇는 나는 밥을 먹고 나면 의당 밥상을 들고 나가게 되지
선생으로서의 권위 그저 숙제나 봐주고 설거지하는 가정교사겸 가정부 되어 버린 거야
초등학생의 공부 그리 많은 것도 아니고

안주인 없는 어느 날 내가 콩나물을 무쳣다
따로 요리 방법을 아는 건 아니고 그저 방법을 몰라 고춧가루를 넣고 무쳣는데
그 집 작은 아들이 자기 엄마가 한 것보다 내가 한 것이 더 맛잇다고 몇 번이고
말을 하엿고 그 말을 들은 실복사촌언니는 언짢아하는 표정 이엇다

실복 사촌형부 생일이 돌아왓다
사람들이 많이 모여 잡채니 뭐니 음식을 잔뜩 하엿다
실복이 사촌언니의 친정엄마도 오셧다
실복이 엄마의 언니라고 한다

실북 엄마와는 전혀 다른 성격이다
칼칼하다
내가 머리를 감고 다른 사람도 사용하라고 수건을 걸어 놓앗다
노발대발 화를 내신다
내 머리 문지른 걸 누가 다른 사람이 사용 하냐고 하는 거다
아직 그런 개념이 없던 때다
외갓집 갓을 때도 면으로 된 천 하나 걸어 놓고 누구든지 씻으면 그 천 하나로 같이
사용 햇고 실북이 네서도 그와 같길래 아무런 기억이 없는 거고
늘 칭찬만 받다가 어른에게 야단을 맞은 것이 처음이라 당황스럽고 내 머리가 그렇게
더러운 가 생각해야함이 천한 위치의 사람이 되엇다는 게 깊숙이 느껴졋다

그래도 책상에 앉아서 아이들 공부를 가르칠 때면 재미지다
아이들이 곧잘 공부를 따라하고 큰 아이는 겸손하기까지 하다
아이들이 느림보 선생님에게 야구를 같이 하자 조르기도 한다
작은 아들 2학년 아이의 미술숙제가 잇는 날
내가 도와줄 수밖에 없엇는데 그 도움에 그림이 그럴 듯 해졋나보다
복실이 사촌언니는 개념이 잇는 사람이엇던 게다
다른 사람과 달리 싫어하는 표정이다

내가 계획햇던 일을 실행에 옮겨야겟다
죽어야겟다고 세웟던 계획이다
생리통이 심할 때 사리돈을 한 알 먹으면 언제 그랫냐는 듯 진통이 사라지는데
아마 그 약이 엄청 독하기 때문 일 꺼다
한 삼십 알을 한꺼번에 먹으면 죽을 수 잇으리라
기어이 사리돈 30알을 사서 한 번에 다 먹고야 말앗다
그런데 희안하기도 하다
아주 감쪽같다
아무런 징조도 없다
뭐야 어찌 이럴 수가
이약 아니고 다른 약인가
에휴~ 잘 안되네 쩝

그러고 며칠 후인지 실북이 사촌언니가 나에게 조용조용 얘기햇다
해고 통보다
아무래도 미술숙제를 도와준 게 문제가 되엇나보다
그때는 그렇게 생각햇다
지금 돌이키니 혹시 쓰레기 봉지에서 약 포장지를 보앗을까 라는 생각도 드는데
해고 시킬 때의 표정이 화난 표정은 아니엇고 진중한 느낌인데 진중하다 못해
나지막이 깔리는 소리가 내 머리에 꽉 꽐려서는

일거리를 찾아야 한다
운전면허를 따서 택시 운전을 해볼까
이것저것 고민 중에 여군을 모집한다는 기사를 보았다
아 그거다 그거를 해봐야겠다
여군이 되면 취직 걱정 없이 평생 살 수 있겠다
서류를 넣고 면접을 보기로 한 날이 도래 되었다
그런데 느닷없이 면접 봐야 하는 날 아침 몸이 일어나지지가 않았다
묘하기도 하다
아플 일도 없고 그 어느 증세도 없었는데 갑자기 몸이 굳어지다니
여군은커녕 면접도 보지 못했다
체력검사가 두려워 몸이 말을 안들은 건지
하기사 매달리기 0초 실력에 군대 면접이라니
휴 뭐가 되는 게 없다

기운을 차리고 이력서 한 장 들고 또 집을 나선다
남대문 직업소개소의 문을 두드렸다
그 때 마침 안경을 쓴 눈이 작으신 분이 사무실 경리를 구하러 와있었고
덕분에 바로 그 자리에서 컨택 되었다
뒤뚱뒤뚱 찔뚝찔뚝 그분의 뒤를 따라 간 곳은 회색건물 2층이다
상사로 보이는 분에게 면접을 보고 있다
양 미간이 긴장된다
앉아 계신 분은 키는 작아 보이는데 이마는 뻔질뻔질 큰 눈 그야말로
꼭 찔러도 노랑 물 한 방울도 안 나온다는 그런 인상이시다
그렇지만 건물이 화려하지 않아서 그런가 그렇게 까다롭게 대하진 않는다
못생겼든 말든 크게 따지는 것 같지 않고
학교 간판에 대충 만족하는 것 같다
단지 집이 금호동이라면 너무 멀다고 한다
나는 얼른 안 그래도 두 달 내에 이사 할 예정이라고 하였다
일단 우선 좀 취직을 해봐야겠다
뭐 어떻게 되겠지
나도 이사라는 것도 해보고 싶다
태어나서 한 번도 이사를 안 해 봐서 다른 사람들 이사하는 게 부럽기도 하다
이리 삐죽 저리 삐죽 양은냄비 세숫대야 자전거 리어카에 따라가는
이삿짐은 신나 보인다
옆집 사람들 이사 할 때
짐 더미 옆에 앉아가 짐 지키는 일은 내 몫이긴 했다만서도
면접 보시는 분은 그러면 두 달 후에 이사 하는 걸로 하고 근무를 하라 하신다

허참 깐깐한 성격 티내시긴
채용에 이사가 조건이라는 아주 경우에 딱 맞는 요구사항까지 제시해가면서

드디어 출근 첫날
이제부터 내가 앉아서 일해야 할 책상 앞에 나 어리버리 표정으로 서 있다
때굴때굴 야무락 단정해 보이는 여자가 책상에 앉아서 나에게 이거는 이렇게 하는
거구 저거는 저렇게 해야 하구 전표정리랑 장부정리등 쉼 없이 알려준다
나는 나도 모르게 자연스레 언니라구 부르구 잇다
내 입을 통해 나오는 언니 라는 소리는 도도하다
자라면서 누구에게 언니라구 부른 적 없어서 그런 것 같기도 하다
그렇다구 내 오빠 아닌 다른 남자에게도 절대로 오빠라구 부르지도 않는다
내 입술에는 무뚝뚝을 가장한 도도가 숨어있는 것 같다
설명을 해대는 언니는 나에게 걸터앉는 의자를 인수인계 중이다
이렇게 야무지게 일을 잘 하는데 왜 그만두는지 어떻게 그만둘 수 있는지 의아하다
나보다 나이가 한 살 더 많기는 하다
빼곰히 고개 내밀어 배우는 위치다보니
무언의 사회의 중압감에 무릎이 꿇어지는 느낌이다
저절로 언니라는 소리가 나오는 걸 보면
『언니　　왜 그만 두시려구 해요』
『웅 나는 인문고를 졸업햇어 그래서 일이 벅차
　서울여상을 졸업 햇다구　　대단하다
　이번에 결산이 끝낫어 그래서 그만두는 거야』
그래도 나에게 설명을 꼼꼼히 해주는 거로 보아 일을 잘 할 것 같구
그만두는 것이 아깝다구 느껴졋다
쪼꼬맨 내 눈이 조금씩 퍼지는 느낌이다
졸업하구 꼭 1년이 지난 후에 간신히 사무실에 앉나보다

첫 출근을 하구 퇴근길 버스에 올랏다
돌아오는 중 누군가 버스에서 피운 담배꽁초를 창문 밖으로 던졋다
그 상황이 너무 놀라구 황당하여 눈물이 흐르기 시작햇다
내가 아버이에게서 학교에서 배운 것과 너무 상이하다
어찌 이럴 수가 잇는가
이리 한 없이 흐르는 눈물 나도 이해를 못하겟다
그러나 가슴 아파 한없이 흘러내리니 나도 어저질 못하겟다

회사는 염창동이다
한강다리를 건너면 인공폭포가 폼 좀 재구 잇구

쪽포에서 오른쪽 길로 조금만 더 가면 거기가 바로 염창동이다
회사는 염창동에서 등촌동으로 넘어가는 언덕길에 있고
활짝 열린 대문 옆엔 수위실 마당엔 차 몇 대와
작업하는 사람들이 군데군데 보인다
마당 왼쪽에 있는 회색 건물2층으로 간다
지하에선 공장소리 요란하고 1층에는 실험실
2층엔 왼쪽으론 연구실 오른쪽엔 설계실과 사무실이 있는데
제법 커다란 사무실 공간에는 책상이 양쪽으로 나뉘어져
사무실 안에는 사장실이 하나 더 있다
오른쪽에는 열 개정도의 책상이 니은자로 꺾어져 마주보고 있고
왼쪽에는 대 여섯 개의 책상이 디귿자 모양으로 하나씩 놓여있으며
그 뒤로 출입문과 나란한 문이 하나 더 있어 사장실을 드나 들 수 있게 되어있다

오른쪽은 성산 브레이크라이닝(주)로 자동차 부품을 만들고
왼쪽은 한남전기인데 군대 납품용 무인 낙하산을 제작한다
회사이름은 두 개이나 운영자는 한분이시다
나를 데리고 온 사람은 한남소속 경리과장님 인데
성산 브레이크사의 경리로 나를 소개 하려고 데리고 온 거다
내 의자는 오른쪽 배치에서는 끝자리이지만 사무실 전체에서는 제일 가운데
안쪽자리여서 내 양팔을 펼치면 오른쪽 왼쪽 그리고 앞쪽에 있는 사장실 문 까지도
길이가 공평하게 느껴진다 나름 커다란 사무실을 다 한눈에 볼 수 있어
가슴이 시원하다
게다가 쩔쩔매던 변비도 출근 첫날부터 저절로 완치가 되니
작은 실눈 끝에서 스물스물 평화가 퍼져 나간다
직원은 현장 연구실 실험실 설계실 사무실 통 털어 거의 남자이고
여직원은 딱 둘이다
한남에 경리로 키가 꺽달 만하고 빼샤당 말라 어깨마저 앞으로 숙여진 미스리
성산에는 작고 뚱뚱하고 여드름이 버글버글한 여자 바로 나인가보다

한남에 근무하는 미스 리에게는 요상하게도 절대 언니라는 소리가 안 나온다
나에게 서류를 인수인계 해준 사람과 나이가 같기에 드는 생각이다
나보다 나이가 한 살 더 많으니 생일이 빠른 나로서는 어찌 보면 두 사람 다
친구이기는 하다
아이러니하게도 한남 미스리는 내가 합격하고도 다니지 못한 숭실대 전산원을
야간으로 다니고 있었다
회사에서 일찍 퇴근 할 수 있도록 배려해준다
아아 그런 방법도 있구나싶지만 부럽지는 않다
오히려 그 사람이 다니니 나는 다니지 않기를 잘했다는 생각이 든다

나는 절대로 나도 시험 봤던 학교라고 입 밖으로 발설하지 않았다

전임 직원이 인수인계를 해주고 떠난 후 내가 의자 주인이 된 다음 바로 알게 되었다
이호광 상무님과 전임직원 언니가 그렇고 그런 사이라는 걸
이호광 상무님은 홍순길사장님의 조카라고 했다
사장님은 부인의 어머니가 6.25사변 북에서 피난길에 오를 때 금을 다섯 덩어리를
가지고 나왔다 한다 그 재력으로 회사를 설립했고 홍사장님은 한남만 운영하다가
조카 이호광 상무님의 권유로 성산을 시작했다고 했다
이 호광 상무님은 결혼 후 바로 부인이 몸이 많이 안 좋다고 한다
상무님이 키는 작고 다감하게는 생기셨다
그렇다고 그런 관계로 가버렸다니 나에게 인수인계를 야무락지게 해준
그 언니가 그랬다는 게 차마 믿어지지 않는다
이미 전임 직원과 연인이 된 사이라니까 그럴 리야 없겠지만
내가 부모님이 안계시다는 약점으로 나에게 접근할지도 모르니 긴장해야겠다

드디어 졸업하고 취직도 하다니
집은 금호동인데 직장이 염창동이다
중간에 한번 바꾸어 타야한다
아직도 차비는 없다
누구에게 꾸어 달라고 할 수 도 없다
말하기도 쑥스럽거니와 부모도 재산도 없는 내가 돈을 꾸어 달라하면
얼마나 불편해 들 할까
하는 수 없이 갈고 닦은 방법으로 버스를 타고 회사를 출퇴근 할 수밖에
아 드디어 내일이야
내일이면 나도 월급타고 그러면 나도 이제부터 당당히 차비를 낼 수 있어
그렇게 공짜버스를 타고 다닌 마지막 날 집에 오는 길에 어떤 남자가 쫓아왔다
집까지 따라올까 싶어 로터리 다방으로 들어갔다
나는 벌벌 떨었다
따라온 이유인즉슨 버스를 같은자리에서 갈아타기에 인연인가 싶어 쫓아왔다고 한다
조각 일을 한다는 총각님이다
남자하고 마주 앉은 게 처음이라 벌벌 떨리는 건지
차비를 안 낸 게 들킨 거 같아서 벌벌 떨리는 건지
들키지 않아 다행이라서 벌벌 떨리는 건지
난 마주 보고 앉아 사시나무 떨듯 떨고 있었다

조금 대화를 하다 다음 약속을 하면 헤어질 수 있겠다 싶어
일요일 만나자고 하였다
남자 멋지고 호기심 간다

그런데 아직 남자에게 어찌 대해야할지 도무지 알 수 없어
약속장소를 나갈 용기는 나지 않는다

또 나 자신 버스비를 제대로 내지 못하는 것이 습관되지는 않을까 걱정이 되었지만
봉급이 손에 쥐어진 이 후로 다시는 그런 일은 일어나지 않았다
버스비 못내는 여학생 처녀를 지켜준 하느님께 얼마나 감사를 드리고 있는지 모른다

나는 회사와의 약속대로 두어 달 후 이사를 하였다
이사하기 전날의 일이 먼저 자리를 편다
어쩐 일인지 경식오빠가 빨래를 한다
빨래를 하려면 부엌의 항아리에 가서 물을 떠다 대야에서 빨고
물을 들어서 밖을 내다버리고 그렇게 몇 번을 반복하며 헹굼을 하여야한다
그동안 가족들 빨래담당 수돗집에서 물받기등 모든 살림의 담당은 나였는데
왜 하필 오늘 내 앞에서 가슴 아프게 빨래 대야에 엎드려 꾸물럭꾸물럭

오빠도 슬프게 느껴지고 나도 아프다
그렇게 할 수 있는 거였으면 그동안 같이 거들었으면 안됐는지
그런 생각이 욱 치밀어 오르면서 꿈지럭거리는 오빠를 보고 있다
나도 오빠 옷인 오빠가 빨어 오빠도 같이해 라고
왜 소리 한번 못 지른 건지 내 잘못은 아니었나 하는 생각도 같이 든다
시장에서 처음 본 굴을 사다 경식오빠랑
식초 넣은 고추장에 맛있게 먹던 생각도 스쳐진다
연탄집게에 꽂혀 빙빙 돌아가며 만드는 번개탄의 연기가
눈코 입을 공격하며 시야를 가리는 건 그래도 황홀한 내음이다
그마저 사라져 신음소리도 잠재우고 까르륵 까르륵 웃음소리
받아주던 안방 웃방 이산 저산 다잡아먹고
아가리 딱 벌리고 있는 아궁이 되어 덩그러니 내 뒷모습을 지켜본다

이사하는 돈은 아마 남식오빠의 돈이겠지
차비도 없어 첫 달은 식은땀을 흘리며 빈 주머니로 버스에 올라야 했는데
갑자기 돈을 어떻게 융통했는지의 계산은 없지만 남식오빠 돈이 내 돈이므로
그렇게 저렇게 해결을 하였을 게다
방은 염창동을 버스를 한번만 타도 갈 수 곳으로 생각하여 북아현동을 선택했다
내가 가진 정보는 금호동과 금호동에서 서울여상이 있는 홍제동을 오갈 수 있는
버스노선이 전부인데 그래도 가당찮게 북아현동을 찾아낸 것이 내가 나지만 기특하다
그곳도 언덕진 곳이었다
낡은 유리문에 복덕방이라고 씌여진 가게로 들어가니 할아버지 한분이 계시다
이차저차 방을 구한다 하니 할아버지 앞장서고 내가 뒤따라갔다
낡은 대문을 열고 들어간 집은 깨진 수돗가에 수도가 있고

집 안으로 신발을 벗고 마루에 올라서면 양쪽으론 다른 이가 사는 방이고
그 곳을 지나가니 연탄아궁이가 있는 부엌과 그 안쪽으로 창문이 있는
삼각진 방이 있었다 방의 가격은 전세 60만원
그만하면 방이 좋아 보이기도 하고 나를 위해 수고해준 할아버지가 고마워서
또 다른 방을 보여 달라는 말은 차마 할 수가 없다
그냥 계약하겠다고 하니 할아버지도 안쓰럽다고 복비도 조금만 받으시마고 하신다
중고 가구점에서 그림이 살짝 있는 흰색 옷장 오만 원을 주고 방에 갖다 놓으니
뭐 그럴싸하다
일명 비키니 옷장이라 불리 우는 천으로 된 옷장은 석연언니네서 사용하는 것을 보니
너무 뜨네기 살림 같았는데 그래도 나무로 된 가구를 방안에 놓으니 안정감도 있고
공주풍이기도 하고 모처럼 실북이도 자기는 자기만의 방을 가져 본적이 없다며
부러워하는 눈치다
남식오빠가 모든 돈을 나에게 주었던 것처럼 나도 봉급을 타면 남식오빠에게 다 주었다
두 달째 주었나보다
남식오빠는 언니가 꿔달라고 했다고 2십만 원을 언니에게 꿔줬다 한다
그럼 내 봉급이 한 달에 십만 원이 확실 한 거다
내 봉급이 얼마였는지 기억은 못하지만 너무 어렵게 취직하여 받은 봉급 첫 번째 달
두 번째 달 돈을 언니를 꾸어주었고 그 돈이 2십만 원이라는 것만큼은 정확히
기억한다 언니는 그 돈이 내 돈 인줄 꿈에도 모를 꺼다
남식오빠도 나도 그 돈이 무슨 돈이라고 말을 하지 않았으니까
나는 속으로 부글부글 끓었다
오빠 왜 그랬냐 언니는 나에게 단돈 십 원도 용돈을 준적도 없고 내가 찾아가도 친절히
대해준적도 없다 따따따따 떠들고 싶지만 입 밖으로는 아무소리도 꺼내지 않았다
오빠가 결정한 일이므로 가타부타 따지지 않는다

그러고 얼마 지나지 않아 남식오빠가 7십만 원을 가지고 와서 내게 건넸다
큰 올케언니가 우리가 살던 집을 팔아 돈을 법대로 나누었다고 하였다
여자는 상속권이 적었는데 그때는 법이 바뀌어 여자도 상속권이 같아지고
나에게도 똑같이 배분 되었고 다만 시집간 딸에게는 상속권이 적어 언니에게는
적은 돈이 돌아갔다고 하였다
나는 속으로 어쨌든 언니도 돈을 받았으니 우리 돈 2십만 원을 돌려주지
왜 안돌려줄까 돌려 달라고 말을 해야 하는 거 아닌가 싶었지만
어떻게 말을 해야 하는 건지도 모르겠고
남식오빠는 또 구구절절 언니의 사정얘기를 전달하니 그냥 모르는 척 했다
결국 언니는 끝끝내 그 돈을 돌려주지 않았고 나도 달라는 소리 하지 않는다
어차피 내 돈인 줄도 모르니까
그저 마음속으로 알고만 있다

실복이 엄마에게 가서 집을 팔앗다고
『올케언니가 7십만 원을 나에게 보내왓어요』
라고 말을 하엿더니 금호동 할머니가 된 실복이 엄마가 펄펄 뛴다
『세상에 그 돈을 조각조각 나누다니 어린동생을 방 한 칸 얻어주지』
그러나 나는 학교 문턱 좀 밟아 봣다고 법대로 하는 게 맞는 거 같다
법보다 마음이 우선인 실복이 엄마를 이해하는 게 오히려 어렵다
사실 법이고 뭐고 마음이고 뭐고 자우지당간 상대먼저 챙겨주고
내꺼 낭중 챙겨야 그게 맞는 거 같고 마음이 개운하다

실복이도 취직을 햇다
공교롭게도 내가 다니다 짤린 청계천 공구가게이다
나와는 달리 실복이는 신기하게도 적응을 잘한다
공구와 보일러에 관계된 물건도 척척 외운다
실복이는 봉급을 타면 전부 엄마를 드려 결혼 자금으로 예치를 하고
용돈은 매일 아침마다 실복이 아버지가 챙겨 주신다

이때부터 본격적으로 시작이다
실복이는 자기 사생활의 모든 만남에 나를 대동햇다
처음으로 실복이 고등학교 동창들과 나이트클럽을 갓다
우리 고등학교에선 패스티발때 전 세계 나라 춤을 반마다 하나씩 선택해서
발표를 하는데 우리 반도 캉캉 춤으로 참여를 하여
그나마 나도 춤에 대한 리듬 감각을 배워놔서 다행이다
실복이 친구들이 수근 거린다
『야 서울여상이라며 그래도 춤은 좀 추네』

그럼 그럼
내가 춤의 정석을 좀 알지
학교에서 배운 게 좀 잇는데
리듬 좀 탄다구
오른발 오른쪽으로 갓다 놓고 왼발 들어 오른발에 탁 밀착시키고 그리고 손바닥 짝
왼발 왼쪽으로 오른발 왼발에 탁 밀착시키고 또 손바닥 짝 호호호 되는 거야
이러면 되는 거야 호호
그까짓 나이트클럽 한번만 갓다 오면 됏지 날이면 날마다 가야한다 우 괴로워
토요일이면 어김없고 휴일이면 어김없고
실복이는 뭐가 그리 날마다 신나는 걸까
안 가겟다고 무려 세 시간이나 뻐팅긴 적도 잇다
방패가 없는 나를 결국은 실복이가 이길꺼라는 걸 실복이는 아는 것 같다
나 공부해야 한다고

공무원 시험을 준비해야하겠다고 말을 하고
단호히 거절해야 함이 맞는 거지만
차마 내가 공부한다는 말을 못하겠다
그 말을 하면 왠지 실복이가 풀이 죽지 않을까 싶어
고개를 떨구고 저항하다 저항하다 결국은 강아지마냥 또 끌려 나간다

실복이가 나에게 자기 동창들을 자랑했듯이
이번에는 자기 친구들에게 나에게 이런 친구 있다고 조금 으스대는 것 같기도 하다
그런데 희한하게 실복이와 같이 아무리 많은 남자들을 만나도
단 한 번도 그들을 실복이보다 내가 더 좋아한 적이 없다
실복이가 좋다하면 나도 좋은 것 같고 실복이가 싫다하면 나도 그저 그럴 뿐이다
아무리 남자들을 만나도 마음의 동요가 전혀 일어나지 않는데 그것은 우리 오빠들
때문인 것 같다
착하게 생긴 남자는 큰오빠로 보이고
성깔 있는 남자는 둘째오빠
예쁘장한 남자는 셋째오빠
고집 있어 보이는 남자는 남식오빠
하얀 얼굴 귀공자 스럽게 또는 어떨 때는 못생겨 보이기도 한 남자는 경식오빠
단한명도 여기서 빠져 나가지 않는다
그들과 말은 스스럼없이 잘하는데 그저 다 오빠로만 보일뿐이기에
아무도 내 마음 근처에도 못 온다
그렇다고 그들도 나를 좋아하는 사람도 없었다
실복이 보기엔 이해가 안됐는지 나에게 이렇게 얘기 한다
『야　어디서 백마 탄 왕자님이 나타나는 줄 아냐』
그런가　그저 끔벅거릴 뿐　동요가 일진 않는다

아버이 돌아가신지 한 두 해 후
큰 외삼촌과 큰외숙모는 같이 위암을 앓으시다가　한 달사이로 두 분 다 돌아가셨다
그리고 갑자기 이모가 종로에서 만나자고 연락이 왔다
신기하다
내 주변에 여자가 있다니
이모는 젊다
서울에 와서 내가 머물던 잠옷공장에 잠깐 있었던 이모는 젊고 상냥하다
그래서 그런가보다
결혼도 금방 하셨다
늦게 늦게 노처녀로 있으면서 우리랑 놀아 주지도 않고 그렇게 빨리 가다니
그리고 아들이 둘이다
해마다 외갓집 가던 습관이 큰외삼촌이 안 계심으로 인하여

진천으로 시집간 이모 집으로 바뀌었다
도장이나 인쇄에 관련된 일을 하는 이모부가 어렵기는 해도
형식적으로 어려운거지 눈치를 주지는 않는다
어릴 적 많이 접해본 적이 별로 없어 조금 어렵게 느껴지는 이모지만
오히려 예전보다도 더 잘 대해주려고 애쓰는 게 느껴진다
어찌 보면 이모 얼굴에서 엄마 얼굴이 보이기도 한다

어느 날 이모 집에 갓더니 이모가 이종동생들 얘기를 해주셧다
두 녀석이 방에서
『아　시원하다 아　시원하다 하길래 뭔가　하고 들여다봣더니
글쎄 냉장고 문을 열어놓고 이러구 냉장고 바람을 쬐고 앉아 잇능 겨』
이모는 아이디어가 기발하다는 듯이 얘기를 햇다
아이구오 만약 옥이나 민이가 그랫으면 올케언니한테 엄청 혼낫을 텐데
같은 상황을 다르게 받아들이는 이모는 이마에 햇살이 가득하다
이웃하고도 예절바르고 따뜻이 지내고 잇엇고
역시 그 따뜻함을 나에게도 공평히 대해 주신다
마침 내가 생리를 하엿는데 이모가 굳이 손으로 빨아주셧다
싫다는 나를 이모는 엄마와 같은 존재라고 하면서
부끄러움을 넘어서 그 깊은 마음이 가슴에 콕 박힌다
그런 이모가 오늘은 서울에 볼일 잇어서 올라오셧다면서
일부러 나를 챙기고 밥을 사주신다
조금 덜 비싼 볶음밥을 먹겟다고 햇지만 아니라고 우기며 비싼 잡채밥을 사주셧다
노란 당면위에 주황색　초록색　게다가 이모 마음까지 올려져서 알록달록 예쁘기도
하다

신난다
이번엔 이모가 선을 보러 진천으로 오란다
만약 시집가면 이모 곁에서 사는 건가
오빠랑 너무 멀어지는 건 아닌가
남자는 공무원인데 나이가 30정도 되는 노총각이란다
이모 집에 갓더니 이모부와 이모가 나에게 당부를 햇다
『가서 너무 웃지 말고』
내가 언제 웃엇나
조금 자존심이 상하기도 햇다
내가 언제 웃엇지
낯선 방에서 나이가 들어 보이는 남자와 앉아잇다
갓 스물 넘은 내가 보기에 어린 나와 앉아서 선을 보는 나이가 좀 들어 보이는
상대편이 불쌍하게 느껴지기에 말끝마다 자꾸 웃어 줄 수 밖에 없엇다

나중에 들어온 얘기로는 나보고 좀 모자라는 거 아니냐고 했단다
기가 막히다 기껏 불쌍해서 웃어 줬더니 마음에 상처 주는 말로 응답하다니

이러저럭 회사생활은 재미가 잇다 학교에서 배운 부기도 잘 써 먹는다
전표 떼고 분류하고 거래처 전화 받고 사람들 상대하고
그럼에도 더 이상 우리의 반공일 토요일이 없어야 된다는 사실에
방학을 기다리지 말아야 한다는 걸 직면해야함에 눈물이 맺히긴 한다

손님이 내가 탄 커피가 맛잇다고도 햇다
나는 여드름 난 얼굴은 감추고
커피를 못 타서 시집을 못 간다는 걸로 합리화 시키려고 햇었는데
회사에선 그걸 표현 할 수도 없고 손님 오면 커피는 대접해야하고
마침 일회용 네모진 믹서포장지를 보니 설탕 프림 커피의 용량이 적혀 잇길래
그에 준하여 커피를 쉬였더니 사람들이 내 얼굴을 보며 커피가 맛잇다고 해주었다
허 되네~
그냥 흉내 내 본건데
합리화 시킬 명분 사라지네
그럼 곤란한데~
하기사 오빠가 커피를 못 타면 타주는 사람 데리고 살면 된다 햇지
음 쩝

회사일이 끝나고 직원들이 다들 어디로 간다
분위기상 나도 따라가야 하는 자리다
회사근처 어느 식당이다
식당 앞 도로가에서 화덕에다 고기를 굽고 술을 마신다
어머나 세상에
이런 맛 처음이다
고추장 범벅인 고기를 불에 지글지글 굽는다
아가씨가 많이 먹는다고 흉 볼까봐 안 먹는 척 하면서 자꾸만 집어먹었다
안 먹으려 해도 자꾸만 손이 움직인다
입에서 살살 녹는다
황홀 무아지경이다
다음날 나를 면접 봤던 황 이사님이 한마디 하셨다
미스 박 엄청 잘 먹던데
『그것두 비계만 골 라먹어~』
아고 창피해
그게 돼지고기 비계였구나
아이구 쑥쓰 그 뒤로 쳐다보기도 싫어졋다

간간이 로멘스도 일어날락 말락 한다
나와 동갑내기 홍성표씨
그도 사장님의 조카이고 시골에서 올라온 지 얼마 되지 않아 순수함도 잇고
아직 대학 공부를 하는 것 같다
우리는 서로 깍듯이 존댓말을 한다
하루는 그가 자기 친구를 소개 시켜주겟다고 하엿다
의경생활을 하는 친구라 한다
어 좀 호기심이 간다
곤색 의경복이 단정하니 멋질 것 같다
마침 잠실 종합경기장에 어떤 공연이 잇는데 그곳으로 그가 오라고 햇단다
공연도 볼 겸 만남도 주선해 주기로 하엿다
홍성표씨와 잠실을 같이 가는데 경기장이 너무 넓어서인지 경호를 하기로 한 장소가
달라진 건지 만남이 엇갈렷다는 거다
그렇다면 돌아오는 길을 홍성표씨와 둘이 동행해야 한다는 뜻이다
어쩐지 그러기 싫다
그와 가까이 하면 마음을 들킬지도 모르고 어쩌면 친해질 수도 잇을 것 같다
그러면 안 된다
그건 곤란하다
내가 학교 다닐 때 선생님들의 다른 얘기는 다 귓등을 스치고 지나갓을지언정
딱 한마디 마음에 새긴 말이 잇다
공업부기 선생님이시다
『회사를 다니면 말이다
같은 회사사람이 커피를 같이 마시자고 하면 절대로 마시면 안 된다
처음에는 커피를 마시고
두 번째는 밥을 같이 먹게 되고
그 다음은 영화를 같이 보는 거고
그러다 보면 결혼을 하게 되는 거야
회사 생활을 하면서 사내 결혼은 절대 안 돼』
당부 아닌 당부를 여러 번 하셧는데
내 엄마가 나에게 해준 말과 같이 그 말씀을 철저히 마음속에 안고 잇다
하여 내가 묘안을 짜냇다
버스에서 사람 많은 틈을 타 홍성표씨 몰래 한 정거장 전에 미리 내렷다
그리고 룰루 랄라 집으로 돌아왓다
월요일 출근하여 얘기 듣기를
홍성표씨는 내가 길을 잃은 줄 알고 나를 찾으러 한참을 헤매다가 찾지는 못하고 결국
집에 가서 술 마시고 울면서 잠꼬대까지 햇다고 햇다
『아이고 미스 박 아이고 미스 박』 해가며
『아이고 이래봬도 내가 대애충은 서울 토박이여

『길을 왜 잃겠어 호호호』
그러나 아무 말도 안하고 슬며시 미소만 지었다

업무상 이호광 상무님의 차에 타게 되었다
익히 과거를 알기에 긴장이 된다
아닌 게 아니라 차의 방향이 우리의 업무와 다른 쪽으로 간다
남한산성 드라이브를 간단다
내가 웃으며 농담 삼아 한마디 던졌다
『제가 땅콩 이예요』
『응 무슨 말이지』
『땅콩은 심심할 때 먹는 거라면서요』
그냥 흘려 다니는 말로
심심한데 우리 오징어에 땅콩이나 싸서 먹을까 라는 말이 잇길래
그냥 응응 조금 햇는데 상무님은 멈칫 놀라는 분위기다
본인이 마음속으로 무슨 생각을 햇는지 모르지만
정신 차리고 반성하는 모드로 돌아섯고
드라이브도 짧게 중단햇으며
그 뒤로는 나를 존중하고 함부로 대하지 않앗다
히히 그깟 농담 한마디에 음 허허허

이제 나는 잇었다
실복이에게 달렷다 오라면 오고 가라면 가는 게 아주 익숙하다
내 속 맘은 늘 할 일이 많은 것 같아 바쁘지만 단호히 거절을 못해
나의 온 마음은 재껴 둔 채 이리저리 끌려 다닌다
어느 날은 종로에 잇는 다방으로 2시까지 오라고 햇다
남자 친구가 생겻는데 나를 보여줘야 된다고 한 것 같기도 하다
나는 시간을 어기지 않는다
정해진 시간이기에 아무 이유 없어도 칼같이 지켜야 이빨이 시원하다
약속은 약속이니까
나는 죽더라도 손끝을
약속
그 자리에 쫙 뻗쳐서 그 지점에 닿게 해놓고 죽을 거야 라고 늘 다짐하던 터다

종로 2가 YMCA 근처 2층 다방
비엔나커피를 바라보며 앉아 잇다
커피위에 동동 떠잇는 아이스크림
그래도 이런 신 문화를 접할 수 잇게 해 준건 실복이가 아니면 또 누가
그런데 실복이가 안 온다

기다려도 기다려도 안 온다
나는 지구가 무너질 때까지라도 여기에 꼼짝 않고 앉아서 기다릴 테다
점점 지치고 지쳐간다
몇 시간이 지났을까
실복이가 좋아서 방방 뛰는 모습으로 들어왔다
어처구니없게 새로 생긴 친구와 즐거웠나보다
실복이를 보자 나는 아무 말 없이 눈에서 눈물이 주루룩 흘러내렸다
이빨이 다 빠져나간 느낌이다
실복이가 『아이구 아이구 아이구 아이구』
진심으로 어쩔 줄 몰라 한다
이제 드디어 실복이의 진심을 끌어 낸 것 같다
그 뒤로 실복이는 나를 함부로 대하지 않고 조금 조심스레 대하는 것 같았다
그렇다고 자기의 사생활에 나를 끌어들이지 않는 건 아니다
꼭 끌고 다닌다
내가 절대로 실복이를 앞서지 않은 건 확실하고
대화의 자리에서 적재적소에 한마디씩 던져 분위기 살리는데 일조했을지도 모를 일이다
사람에 대해서는 실복이가 좋다면 나도 따라서 좋은 사람이라고 느껴지고
싫다면 똑같이 그냥 싫은 사람이라고 느껴질 뿐이다
이제 실복이는 나에게 『거짓말이야 거짓말이야』 라는 말을 하지 않는다
이래도 믿고 저래도 믿고 하니 거짓말함에 아무런 의미가 없나보다
어느새 그 버릇이 말끔히 사라졌다

실복이와 나는 그렇다
나는 현실적인 것에 아주 많이 어눌하다
실복이가 다 해준다
목욕탕도 자기 언니와 갈수도 있음에도
굳이 나를 데리고 가서는 목욕 바가지며 대야도 챙겨다주고
옷도 같이 사러 다니면서 원색만 좋아하는 나에게 그건 촌스러워서 안 된다며
나름 어울리는 것 찾아주고 값도 깎아주고
미장원도 같이 가서 이렇게이렇게 저렇게저렇게 하며 예쁘게 코치하고
여드름 걱정도 하면서 병원도 찾아주고
게다가 눈썹 바르는 거며 화운데이션 베이스크림 다 알려준다
늘 실복이는 나에게
『으이그 너는 어떻게 그런 것도 모르냐 애가아』
라는 말을 달고 산다
내가 보기에는 죄다 그딴 걸 뭐 하러 알아야 되나 싶은 것들 뿐 이구만
그러나 시간이 지나자 슬슬 나도 실복이를 인정하게 되었다
어리버리한 나와는 달리 능숙 능란하게 사회생활을 아주 잘 한다

아직도 실복이 목소리가 귓가에 맴맴 거린다
『너는 도대체 왜 그러냐
  너는 그걸 곧이곧대로 믿냐
  넌 좀 이상하다아 얘가아』
그래서 점점 알게는 되엇다
책속의 내용과 실생활의 내용은 별개의 세상임을
진짜 비밀은 책속에 잇지도 않더라
공부가 장땡이 아니구나
이미 어디로 사라져 찾을 수도 없는 선생님들
공부에 AS를 받아도 한참 받아야 되겟구만
아무짝에도 쓸모없는 공부 공부 공부

그러나 나도 실복이에게 해주는 게 잇다
실복이가 회사생활이나 다른 사람들과의 문제를 얘기하면
내가 이렇게 이렇게 해라 저렇게 저렇게 해라   진심으로 온 마음 바쳐 코치 한다
왜냐하면 나는 매순간 죽을 준비가 돼 잇으니까
무슨 일이든 나와 상관이 잇건 말건 온 마음 다 바치는 거다
실복이는 내말을 듣고는 꼭 웃으면서
『야   너는 개 똥 철학자야 개 똥 철학자』 라고 한다
실복이는 개똥철학자라 부르지만
난 내 사상이 완벽함에 확신하고
내가 실복이를 가르치고 잇다는 생각이 든다
아무튼 실복이의 모든 문제는 내가 고뇌한다

그러나 실복이 내말에
『그러냐 그러냐 아무튼 넌 개똥철학자야』 라고 얘기를 하던 것이
어느 날부터는 코를 찌그리며 『넌 좀 이상한 애다』만 반복하기 시작햇다

내 인생의 축이 되어 돌아다닌 남식오빠 일을 정리해야
이야기 앞 뒤 맥락을 잡을 수 잇는데   떠오르는 기억은 생생한데
그 시점을 짚어 낼 수가 없다
그 생생한 기억은 바로 이거다
그 날도 실복이네 집에서 잠을 잣다
잣다라기 보다 자야햇다가 맞겟지만
실복이네 집에서 잘 때는 다락에 이브자리 놓고 다락에서 잘 때도 잇고
실복이 부모님과 방에서 잘 때도 잇고
작은 마루지만 마루에 이불을 펴고 잘 때도 잇다
그 날은 마루에서 잠을 자고 잇다

그런데 이상하게도 잠을 이룰 수가 없다
밤을 온전히 다 새웠다
중간 기억은 없어지고 그 날 병이 난 남식오빠와 로타리에 서있다
남식오빠가 병이 난거다
오빠는 일주일 동안 단 한 숨도 잠을 이루지 못했다고 한다
오빠는 허상스러운 말을 하고 있다
눈빛도 초점이 흔들렸다
오빠를 따라다니며 오빠 얘기를 들어주고 있다
오빠의 얘기를 듣자니 오빠 말이 맞는 것 같다
오빠와 순옥이아저씨 찾으러 다니던 해병대산에 있는 기분이다
그러자 오빠는 내 눈을 보더니
『너도 눈이 지금 이상해지고 있어』 라고 말을 한다
또 오빠의 얘기를 들으며 이건 아닌데 라고 생각을 하자
오빠는 또 내 눈을 보더니
『어 이제 괜찮아 지는 구나』 라는 말을 한다
그렇게 두 번 정도 반복한 것 같다
그리고는 오빠는 병원에 입원을 해야 했고 다니던 안양시에도 병과를 냈다
나는 생각을 했다
『아 나는 죽으면 안 되겠다
죽더라도 오빠를 살려놓고 죽어야겠다』 고 생각을 하였다

그런 일로 오빠는 두세 번 병원 입원과 퇴원을 반복했고 두 번째 퇴원했을 때 내가
오빠에게 병원에서 병명이 무어라고 하냐고 물었더니 조울증이라고 대답했다
그렇다
정신분열증은 아니다
오빠가 완전히 정신 줄을 놓은 것 같아 보이진 않았다
병원에 입원해도 금방 좋아지고 별 문제가 없으므로 얼마 안가 바로 퇴원을 시킨다
조울증이 무어냐 다시 물었더니 기분의 기복이 심하다는 거다
기쁠 때는 확 떠오르고
슬플 때는 축 가라앉는 뭐 그런 거란다
잠이 문제다
잠을 전혀 못 잔다고 한다
잠이 오지 않아 잘 수가 없단다
자신의 힘으로 어떻게 콘트롤할 수 있는 병이 아니다
혹시 조금 자게 되면 계속 소 꿈을 꾼다고 한다
소가 밀어내는 꿈이란다
그러면서 소는 조상이라는데 무슨 뜻인지 모르겠다고 하면서도 알려고도 하지 않는다
때로는 좋은 꿈도 꾼다

내가 오빠에게 복권을 사라고 햇더니
오빠는 내 인생을 복권과 바꿀 수 없다며 절대로 사지 않는다
공무원은 병과를 낸 상태에서도 공부에 대한 꿈마저 저버리진 않앗다
오빠의 병은 어찌 되엇건 군대에서 처음으로 발병되엇는데
그저 매로 다스리려고만 햇던 거다
오빠에게 종교는 그다지 없다
고등학교 시절 학교 선생님이 예수는 정의를 사랑한 그 시대의 미치광이라는 말을
햇다고 하는 걸로 보아 그쪽으로 치우친 것 같다

나는 수녀님께 배운 것에 대해 십일조에 대해 짐을 안고 잇는 건지
내 중요한 걸 하느님께 드려야 된다는 걸 짐으로 안고 잇는 건지
잘 분간은 안가지만 어찌되엇건 내게 돈이 생겻을 때 그 전부
아니 남식오빠 봉급이 내 손에 쥐어졋을 때 일게다
4십만 원을 성당에 냇는데
후에 그 사실을 오빠에게 얘기하엿더니 오빠는
『너랑 경식이는 돈 때문에 그렇게 고생을 하는데 어떻게 돈을 모르냐』
며 화를 내 내를 깜짝 놀라게 한 적이 잇다
내가 한 일은 무엇이든 격려만 해주던 오빠가
내가 옳다고 한 일에 의의를 걸다니 쉽게 이해가 되지 않은 거다

그렇다고 남식오빠가 돈을 밝히는 사람은 절대 아니다
돈이 생기면 전부 나를 주는 걸보면 돈에 관심 잇어 보이지도 않는다
그러나 야망은 잇다
아무리 아파도 꿈을 놓치는 않는다
늘 책을 가까이 끼고 산다
점점 공부하기가 어려워지더라도
잠을 이루지 못해 약으로 잠을 자는데 약이 독해 손을 떨기 시작한다
손의 떨림이 점점 심해져서 밥을 먹을 때 흘리기도 해야 한다
만약 오빠가 잘못돼서 죽기라도 한다면 나도 꼭 따라서 죽을 테다
남식오빠는 나에겐 하느님이고 엄마이고 아버지이고 마지막이 오빠다
내가 무엇이든 물으면 언제나 올바른 지혜의 답을 주고
내가 아프다고 하면 오빠 몸이 귀찮을 텐데도 벌떡 일어나 어떻게든 약을 구해다 준다

아 그렇다
세례 받고나서 남식오빠가 봉급타서 갖다 준 돈이 잇기에 40만원을 성당에 냇고
그랫다는 사실을 나중에 북아현동 방에서 남식오빠에게 얘기 한 거다
내가 확실하게 하느님께 첫 헌금으로 40만원을 냇다
그리고 마음에 안고 잇던 짐을 덜어 홀가분해졋다는 걸 느꼇다

그러나 이것이 가장 소중한 걸까라는 점에는 의구심이 생기기에
여러 가지 묻고 싶은 것도 많고 알고 싶은 것도 많아 신부님께 다가갔지만
신부님은 어머니들과 야유회일로 바쁘다하시며 표정은 딱딱하니 굳어있고
곁을 주지 않으셨다
그 이후 또 기억이 더듬어 지는 건 내가 답십리 성당 앞을 거닐고 있다
하느님께 소중한 거를 내야 하는데 지난번에 40만원을 드려봤는데
그게 그렇게 내게 소중한 거 같지는 않다
수녀님은 소중한 거를 드려야 한다고 했는데
무얼 드리지 무얼 드리지 고민을 하다가 결정을 했다
내가 고등학교 졸업할 때 학교에서 반지를 만들어 준 게 있다
서울여상 문양이 들어간 자랑스런 반지인데 이것은 나에게 한 개 밖에 없는 거고
다시는 내가 받을 수 없는 거니 이것이 가장 소중할 꺼다
그래서 답십리 성당에서 하나밖에 없는 내 귀한 반지를 헌금 통에 넣었다
그리고 그 후에 생각하니 성당에서는 그 반지가 별로 쓸모가 없을 거고
신부님이 버렸을 거라는 생각이 들었다
그 이후로는 무엇이 소중한지 알아내지 못하겠고 헌금 자체에 관심이 사라졌다

어느 날 회사에서 회식을 한다고 했다
아주 특별하다
이렇게 다 같이 정식으로 회식 한다는 것은 처음이라 마음이 들떴다
식당에 도착하였는데 지난번처럼 문 앞 조그만 의자에 걸터앉는 게 아니라
기다랗게 차려진 상차림에 다 같이 대등하게 얼굴 마주보고
우아하게 앉아서 먹을 수 있는 거다
식사를 다하자 이호광 상무님의 얼굴이 그늘지고 진지한 모습으로 바뀌었다
그러더니 사무실 전 직원이 사직서를 내야 한다고 얘기한다
어쩌고저쩌고 장황하게 얘기했겠지만 뭔 말인지 알아듣지도 못하겠고
간신히 다 같이 사직서를 내라는 말만 주워들었다
다 같이 라는 말이 사람을 위축되게 만들지는 않는다
뭐 나 혼자도 아니고 내가 잘못 한 것도 아니고

우리 성산 사무실 직원 들은 이렇다
이 호광 상무님이 운영자이고
그 아래 상무님 친구이면서 나를 면접 봤을 황 이사님
영업부에 김 과장님 김 과장님의 친구 이과장님
구매부 미스터 최 경리부에 김 계장님 그리고 나
연구실에 민부장님 공장장님 실험실 홍성 표씨 그리고 현장직원분과 수위아저씨
내가 하는 일은 돈이 들어오고 나가고 전표를 띠고 돈에 대한 결재를
매일 사장님에게 받는다

영업부 이과장님이 가끔 짓궂은 정도이다
아마 대화를 하다 얘기에 밀린 건지 어쩐 건지 느닷없이
『미스 박 생리는 언제 해』라는 말을 하여 나를 당황 시킨 적이 있다
더 심한 말도 할 수 있는데 봐주는 거란다
이과장님과의 대화만 조금 조심하면 아무 문제가 없는 즐거운 사무실이다

아 김 계장님과의 트러블은 잠재적으로 깔려있다
그분은 수학과를 나왔고 꼼꼼한 성격이다
무슨 일인지 뚜렷하게 설명할 수 없이 나는 그분이 싫다
어느 날은 7만 원 정도의 가짜 영수증을 나에게 해결해 달라 하여서 내가
거절하였더니 『도둑질도 손발이 맞아야 하지』라고 화를 낸 적은 있으나 뭐 견딜
만하다
아무튼 스산한 회식을 한 다음 날 출근을 하니 키가 기다란 사장님이 나를 흘깃 보고
사장실로 들어가시면서 『다 잘라도 미스 박은 짜르지 말아라』라는 말씀을 하신다
나를 소개했던 한남 경리 김 과장님도 사장실에서 결재 받고 나오면서
『다 잘라도 미스 박은 짜르지 말래』라고 말하며 좋아하는 표정을 지으신다
무슨 소리지
왜 그러지 내가 제일 나중에 들어왔으니 어리버리 일을 잘 못 하는 거 아닌가

이렇게 하는 거다
회사는 봉급도 늘 두 달 밀려서 나올 정도로 경영이 어려우니 몸무게를 줄여야 했고
그냥 해고는 문제가 되니 전 직원에게 사직서를 받고나서 끌고 갈 사람은 사표수리를
하지 않는 방법을 택한 거다
정확히 반으로 줄였다
영업부 이과장님 경리부 김 계장님의 사표가 수리됐다
내 생각엔 경리부가 의외다
한사람만 남으려면 더 능력자가 남아야 할 것 같은데 신참인 나를 남기다니
표현 없으신 사장님이 나를 챙기다니
그러나 이런 일들은 잊었다
생산직원들은 경영은 어려워도 얼굴에 웃음 끼가 넘치는 반면 한남 직원은
생산을 끌고 나갈 만큼 흑자이나 직원들 얼굴에 웃음을 찾기가 어렵다
사장님도 마찬가지로 얼굴에 미소가 없으시고 근엄하여 사장실에만 계시지만
그래도 내 눈엔 한구석 요만큼은 큰오빠로 보이기도 한다
근처 개업 집에서 떡을 한 접시 가져왔을 때
그 떡을 사장님께 드리고 싶은 마음에 집안의 어른이라 생각하고
스스럼없이 갖다드렸는데 아마 떡 드시라고 하면서
나 생긴 대로 생글 거렸을 지도 모르겠다
사장님은 의외라는 듯 쇼파에 앉으신 채 내 얼굴을 올려다보았다

그리고도 가끔 사장님에게 편한 말을 건네려고 나름 축을 세우긴 했다
그리고 그것뿐이다

그리고 아침이면 한남 미스 리도 나도 각자 전날 일어난 입출금 장부를 사장실에
들어가서 결재를 받는다
그러면 상고 출신인 사장님이 주판으로 검산을 하신다
두 번 정도 계산이 틀린 적이 있다
그런데 희한하게도 한남 미스 리는 회사에 적자 되는 실수를 걸려
사장님이 『네가 돈을 떼먹으려고 그러냐』며 역정을 하셨다 했다
나도 사장님의 주판에 걸렸는데 그 반대의 상황이다 사장님은 『애구 네 돈을
꿀어박으면 어떡할려고 그러냐 응』하며 나를 걱정하시는 투여서 살짝 놀라긴 했었다

암튼 다 짤라도 나만 남기란 사장님의 모습이 더 큰오빠로 느껴진다
그 일로 경리부 김 계장님 영업부 이과장님의 사표가 수리 되었다
큰 일 났다 덕분에 경리가 내 책임이다
회사에 공장을 같이 운영하다보니 매월 전기세가 200만 원 정도 나오고
전화세는 20만 원 정도 나온다
전기세는 매월 5일 납부하는데 금액이 크니 상무님이 꼭 책임지고 있다가 제 날짜에
낸다 그런데 전화세는 그리 크지 않으니 상무님이 신경을 안 쓰시고
내가 멍청해서인지 한 번도 연체를 안 시킨 적이 없다
다행히 상무님의 얼굴은 약간 굳었지만 화는 안내시고
『미스 박은 머리는 좋은데 정신이 오락가락해』라는 말로 넘어 가신다
멍청한 나를 보고 머리 좋다고 해주시는지 그것만 귀에 들려 왔었다
그런데 이제 내가 책임을 져야하니 큰일이다
전화세를 계속 연체비를 물 수는 없는 일이다
남식오빠가 다니던 정신병원에 가서 상담을 하니 여자 의사 선생님이 약을 추천해
주었다
뇌 영양제다
뇌에 산소를 공급하는 거라고 한다
그것을 먹으면 머리가 좋아지는 효과가 있다는 거다
그리고 남식오빠를 담당했던 의사선생님을 보니 나도 좋다
냉냉한 표정이기는 한데 평정심이 있어 보인다
내 오빠도 이분이 진료하겠지
나는 당장 약을 사서 먹었다
그리고는 다시는 전화료를 연체시키지 않았는데 실북이가 얘기를 듣더니
어떤 약이냐고 머리 좋아지는 약이냐고 흥분된 목소리다
실북이는 늘 흥분된 목소리이기는 하지만

북아현동 집에 남식오빠가 같이 지내겠다고 왔다
나는 기쁘다
마음의 안정을 찾을 수 있다
그런데 이상하기도하지
남식오빠가 어디에서 머물다 왔는지를 모르겠어
내 인생의 축을 쥐고 흔든 남식오빠 인생인데 계속 의식하며 살았는데
오빠의 일이 잘 떠오르지가 않아
시간이 지우개로 지운건가 송추 외가 속리산 좌우지간 셋 중에 하나임에 틀림없으니
그냥 넘어가야겠다 인생의 축이 그깟 세월 앞에 녹아내린다니

1983년 아니면 1984년 아무튼 1월 1일은 정확하다
남식오빠가 나보고 왜 휴일인데 갈 데가 없냐고 좀 밖에 나가 놀으라고 한다
그런가 싶어 문밖을 나섰다
특히 어디 갈 데는 없고 전철을 타고 끝까지 가서 내렸다
인천 바닷가 근처이다
하얀 눈밭을 얼쩡얼쩡 걷고 있는데 어 저쪽에 실복이 같이 생긴 애가 보인다
실복이도 나를 보더니 반가와 죽겠다는 소리로 『야 종식아』 하고 불렀다
신기하고 신기하다
내가 모처럼 아니 처음으로 나 혼자 놀러갔는데 실복이를 서울도 아닌
이 인천에서 만나게 되다니 그런데 이런 우연이 처음이 아니다
고등학교 갓 졸업해서 고등학교 친구들과 가평을 놀러갔는데 가평 기찻길
저편에 자기 친구들과 놀러온 실복이를 마주했다
그때는 무슨 연유인지 서로 틀어져서 말을 하지 않던 때라 서로
아는 체는 하지 않고 지나쳤지만 그러나 분명 그런 인연을 서로가
기억하는 터라 더 반가와 방방 뛴다

실복이는 자기 친구들과 몇몇 남자와 같이 놀러왔다
아마 미팅이라는 건가보다
실복이는 당연하다는 듯 내 팔을 끌어 합석시켰다
근처 주점에 가서 술과 안주로 산 낙지를 시켰다
얼마 전 이후광 상무님 말씀이 사무친다
횟집으로 회식을 갔을 때 나는 처음 보는 음식이고 게다가 물고기 심장이 팔딱팔딱
상태에서 살점을 먹으니 차마 입에 댈 수가 없다
그때 상무님 던지는 말이 『먹는 음식을 보면 어렸을 때 무얼 먹고 자랐는 줄 알아』
라고 뼈에 사무치는 말을 했다
감히 내 아버이를 건드리는 말이잖아
하늘을 찌르는 내 아버이 위상인데
그 뒤로 어쩌구 저쩌구를 무릅쓰고 회를 먹기로 작정했다

꼬무락거리는 낙지를 먹는 다는 건 정말 용기가 필요하지만 그래도 나는 기회가 되면
이를 악물고 연습햇다
매달리기야 이를 악물고 연습해도 헛일 이지만 먹는 거는 그래도
오늘은 그 실전을 발휘 할 날이 왓다

웬일로 내 옆에 얼굴이 희고 키도 크니 지적으로 보이는 잘생긴 남자가 앉앗다
눈 질끈 감고 꼬무락꼬무락 낙지를 상추에 싸서 입에 넣어가며 내심 의기양양햇다
실복이도 나 먹는 모습에 놀라는 눈치다
『야　너 그런 거 먹을 줄 아니　웬일이야 얘가아』
왜냐하면 평상시 실복이 즐기는 닭발 소간 등은 손도 못 대기에 그러하다
그런데 진짜 웬일이 생겻다
내 옆에 앉아잇던 그 잘생긴 남자가 눈이 커지더니 슬그머니 일어나 다른 자리에 가서
앉는 거다
『아이고오　아이고
　상무님 때문에 내 잘생긴 놈 날라 갓다 아이고오 아이고』

비슷하게 생긴 놈이 한 번 더 걸리긴 햇다
실복이와 종로에 잇는 나이트크럽에 잇다
사실 나는 그 깸깸한 분위기부터 싫다
음악이 빠를 땐 그래도 갈고 닭은 춤 대충 꿈지럭 거려 주지만
음악이 느려지면 재빨리 자리로 들어온다
가끔 부르스 춤을 추자고 잡는 사람도 잇지만 요리조리 뿌리치고 들어오면 된다
그날은 매친 놈이 우리가 앉아잇는 의자까지 따라와 나를 잡아당긴다
그자도 크고 잘생긴 게 대학생으로 보인다
좀 순진해 보이는 구석도 없지 않아 잇다
나는 싫다고 싫다고 뻐팅겻다
그자는 계속 잡아 다닌다
나는 쪼그리고 앉은 채 뻐팅겻다
실복이가 『왜 그래~애 나가서 춰어』 한다
버티다버티다 하는 수 없이 끌려 나갓다
그 날 밤에 실복이네 다락에서 잠을 자는데 밤새 헛소리를 햇다
『아싸리까뿌까리 부까리까부까리 우까리빠리따따 우빠리빠빠바 우짜리우짜우짜』
실복이가 자다가 한소리 한다
『좀　식아 왜 그래애』
실복이가 내 안부를 물어주는 소리에 마음의 안정을 찾고 잠이 들 수 잇엇다
그 뒤로 다시는 부르스 춤 따위는 출 일이 없어졋다
실복이도 나를 재는 좀 모자라는 애 라고 제끼는지 기대를 안 하는 것 같다

그래서 그랫나보다

실복이가 나에게 너는 남자가 어디서 백마 타고 나오는 줄 아느냐
너 혹시 니네오빠 좋아하는 거 아니냐능
그렇다고 실복이가 나에게 남자를 소개시켜 준적도 없고
물론 나도 그런 부탁 할리도 없고
실복이와 같이 만난 남자 중에 뭐 나를 소개 시켜달란 사람도 없었건만
왜 그런 얘기 한 게 이상했었는데
굳이 따진다면 부루스 춤 거절한 거 하나 밖에 없구만
『실복아 그때는 내가 그냥 가만히 듣고만 있었지만 지금 확실하게 반박해 줄게
내 생각에는 그렇단다
난 그 남자와 눈을 마주친 적도 없고
대화를 나눈 적도 없고
뭐 영혼을 부둥킬만한 아무 일도 없었는데
어떻게 그와 밀착하여 같이 호흡을 할 수가 있냐
난 그를 위해 죽을만한 동기를 찾은 적도 없는데
봐라
나는 그날 그 남자와 부르스 춘 기억을 뚜렷이 하지만
과연 그가 나와 그렇게 강제로 춤을 추었건만
개놈 나를 기억이나 하겠냐고
토해 죽을 것 같다야

우리 오빠는 그래
나 오빠 좋아해 존경해
오빠가 죽으면 나도 따라 죽을 거야
오빠는 나에게 하느님이고 엄마이고 아버지야
그다음이 오빠 같은 느낌이 들어
근데 그게 뭐
오빠처럼 존경할 수 있는 사람이 나오면 내 마음을 빼앗길지 모르지
그런데 그런 사람이 있다면 또 그 사람도 나와 마음이 같아질 수 있을까 싶기도
하다 실복아 내가 개놈이라고 했다고 나한테 뭐라 하지 마라
내가 20대 때는 아직 그런 욕을 배우진 못한 나이였지만
지금은 그 나이보다 훌쩍 넘어가니 그 정도는 저절로 나온다야
그리고 그 작자는 아무나랑 아무 생각 없이 그저 부둥키고 춤을 추니 개놈 맞어』

북아현동 집은 방도 크진 않지만 이불도 실복이 언니한테 산거 하나 밖에 없다
자다가 어쩌다 내 발이 오빠 발에 닿으면 오빠가 탁 오므리며 치우는 게 느껴진다
서운하게
엄마는 내 차가운 발을 녹여 주는데

그런데 그 무렵 자다가 잠깐 잠에서 깨면 문득 드는 생각이

내가 여자인지 남자인지 생각이 안나 이다
여잔가
남잔가
아무튼 자다가 매일 어렴풋 잠이 깨서는
내가 여자인지 남자인지 생각이 안 난다는 생각이 떠오르는데
도대체 왜 그런건지는 나도 모르겟다
혹시 그 순간 무아세계를 거닐기라도 한 건지 어쩐 건지

한 날 남식오빠에게 조심스레 물엇다
『오빠 나는 왼쪽과 오른쪽을 구분을 못하겟어』
『그리고 쉰과 예순이란 말도 구분이 안 돼』
오빠도 피식 웃으며 『나도 그래 나도 잘 구분이 안 돼』라고 햇다
그래 천재오빠도 그러네
다행이다
나만 그런 게 아니라니
오빠는 음악을 클래식만 듣는 다고 햇다
이 음악이든 저 음악이든 어쨋든 모르니 남들이 보기 멋잇으라고
클래식만 듣는다며 키득 인다
오빠는 뭘 해도 멋잇다
오빠는 내 결혼이 슬슬 신경 쓰이나 보다
오빠 고등학교 친구 중 같이 장학금을 타던 친구가 잇는데
그자를 나의 배필로 생각햇다고 한다
그런데 하필 그자도 박 씨라서 어쩌질 못햇다고 아쉬워한다
쑥스럽기도 해라
엄청 부족한 동생인데 오빠 눈에는 그렇게 문제 잇어 보이지 않는 건지

제목은 기억나지 않는 어떤 유럽작가의 책을 읽엇는데
그 책에서 묘사한 세세한 감정에 매료되엇다
오빠는 그 책은 자신의 일생을 쓴 거라며 자기의 일생을 책으로
쓴다는 건 대단히 어려운 일이야 라며 극찬햇다
거참 이상하다 소설이 어렵지 잇엇던 일 쓰는 게 뭐가 어려운 일일까라는
생각이 들엇지만 오빠가 그리 얘기하니 한번 더 심도 잇게 생각하게 된다

『오빠는 나보고 너는 고집이 엄청 센 애야
사람의 개성은 고집으로 평가하는 거야』 라는 말을 해주엇다
희한하기도 하다
오빠는 내게 주문이라도 외우듯이 센이란 말에 힘을 주면서
너는 고집이 센 애라는 말을 자주 해준다
내가 오빠에게 고집부린 적도 없고 무슨 일이든

가족들 위주로 순종 햇는데 물렁텅이 날보고 고집 센 아이라니
오빠는 내게 왜 고집 세게 살아야 한다고 강조 하는 걸까
그 말을 해줄 땐 왜 할머니 생각이 나는 걸까

오빠는 모든 명제는 다 풀엇는데 뫼비우스의 띠를 못 풀엇다며
그 그림을 가지고 다닌다 그것만 풀면 다 해결되겟다한다
그게 뭐냐고 물엇더니 이쪽으로 가도 저쪽으로 가도 빠져 나올 수 없는
형이상학적 논제 수학적 난제라 하엿다

실복이 아줌마가 오빠랑 같이 먹으라고 음식을 싸주엇다
집에 와서 풀어보니 약식이엇고 약식에는 발바닥 자국이 선명하다
실복이네서 약식을 만들엇는데 누가 밟앗는지 발자국이 낫다고
내가 잠결에 오줌 누러 나가다가 그랫을 거라고 한다
나도 내가 그런 건지는 전혀 모르겟다
그렇다고 그 약식을 싸서 내게 주니 기분이 팍 나쁘다
차라리 버리고 안 준 것만도 못하다

실복이는 가끔 용하다고 소문낫다며 점쟁이 집으로 나를 데려가기도 한다
남식오빠 때문에 일부러 찾아가 본적도 잇다
경기도 이리저리 찾아간 점쟁이 집에서는 오빠에게 신기가 잇으니 내림굿을 해야
한다고 한다
말도 안 되는 소리 같기에 접엇다
그리고 몇 년 후 또 용한 다는 집에서는 쌀을 밥상에 훅 뿌리더니
그 분의 말이 할아버지가 나를 보고 너무 착하다고 자꾸 돈을 주라고 한다며
점을 치는 엽전을 내손에 쥐어 주는 거다
이번엔 실복이 때문에 갓는데 나에게 그러니 민망하기도 햇고
내가 착한지를 잘 모르겟으니 착하다는 말을 이해하기가 어렵다
그런데 상속 받을 때 갑자기 법이 바뀌어 시집 안간 딸에게도
똑같이 분배하는 걸 보니 점쟁이 말이 맞는 것 같기도 하다
어느새 회사에 출근한지 1년이 되엇다
이제 아침에 출근하면 『안녕하세요』 라는 인사를 할 수가 잇다
그동안은 그럭저럭 사람들과 대화도 잘 하고 회사생활도 잘 하는데 아침에 가자마자
『안녕하세요』 라는 말을 하려면 너무 쑥스러워 턱이 몸 쪽으로 내려가 움직이지
않으니 어절 도리가 없엇다
출근하기 시작하여 『안녕하세요』 인사하는데 1년 걸리다니 호호호
당연히 나를 다 쑥맥으로 알 꺼다
그러나 천만의 말씀 만만의 콩떡
실상 나는 그렇지 않다
내면에선 끓어오르는 불이 잇음을 느낀다

쇠를 씹어 먹어도 몸에서 녹을 거 같다
올케언니가 시집와서 화가 나서 유리고 놓이고 부셨는데 나도 그 나이가 되고 보니
그 기분 충분히 이해된다
회사에서 현장직원 전화가 걸려오면 마이크로
아무개 씨 아무개 씨 사무실로 올라오세요 안내 하는 내 목소리는 꾀꼬리마냥
카랑카랑 경쾌하다
내 온몸에 사과 바이러스가 가득하다
회사 마당을 지나칠 때도 현장 직원들이 휘파람도 불어주고 『어이 미스 박』
『미스 박』 소리쳐 이름도 불러주고 인기도 하늘을 찌른다 그 분위기 너무나 당연하다
자랄 때도 남자형제만 있는 것처럼 회사에도 여직원이 귀하니 당연히 귀한 대접
그러나 한남 미스 리는 키도 크고 날씬한데 오늘은 이 직원과 싸우고 울고
내일은 또 다른 직원과 싸우고 울고 매일 누구와 그렇게 싸우고 울다보니
내가 조금 더 점수를 딴 것 같긴 하다

거래처 손님이 돈을 받으려고 작정을 하고 싸우러 온 적이 있는데
잠시 나와 얘기를 나누더니 웃으며 돌아갓다
가면서 자기도 이상했는지 고개를 돌려 나를 다시 한 번 처다 보고 갓다
나도 내가 무슨 마술을 부렸는지 모르겟다
마음을 탁 내려놓고 그 사람 얘기를 들어준 것 밖에 없다
어떻게 하지 같이 걱정을 하긴 했지만 해결까지 해주진 못했음이다

거래처 손님 중에 대구에서 금형공장을 하는 사장님이 계시다
그분이 사무실에 자주 들르시는데 내가 툭툭 던지는 말에
『아하 미스 박은 첫다하면 안타야 안타』 라는 말을 하셧다
이 후광 상무님은 내게 『미스 박은 시집가면 잘 살 거야』 라는 말을 입버릇처럼
달고 하셧다 점점 더 공장장님도 영업부 김 과장님도 내 곁을 지나며
『미스 박은 시집가면 잘 살거야』 라는 말을 하신다
그러고 보니 어릴 때 세 들어 같이 살던 아저씨들도 내게 똑같은 말을 햇었다
『종식이는 시집가면 잘 살 거야』 처음에는 못생겨서 시집을 갈지 안 갈지도 모르는
나에게 그런 말을 하니 놀리는 거라 생각햇지만 말투를 보면 놀리는 투는 아니고
그저 그냥 지나가는 말이려니 생각하다가 하도 많이 들으니
시집가서 부자로 잘살라고 덕담을 해주는가 보다 생각이 들었다
천만 명의 덕담을 선물로 받은 기분이다

실북이한테 오늘도 호들갑스러운 목소리로 전화가 왓다
옷을 샀는데 자기가 도저히 못 입겟다고 나보고 사라한다
곤색과 파랑의 중간색으로 윗옷은 단추 없는 블라우스모양이고
아래는 폭이 넓은 치마인데 면에 가까운 천이다

정말 실북이가 입으니 날라리처럼 보인다
그러나 내가 입으면 너무 얌전해 보여서 수녀처럼 보이니 나도 입기 싫다
이상하다
같은 옷인데 왜 그렇게 느낌이 확연히 달리 보이는지
실북이는 그 옷을 물릴 것이지 기어이 내가 입어야 했다
실북이 엄마는 나에게 아예 촌닭이여 촌닭 이렇게 부른다
노인네가 실북이의 다른 친구는 인상을 구기며 그년들 그년들 하고 부르며
내겐 미소 진 얼굴로 촌닭이라 부르니 그리 싫은 건 아니지만 나도 20대 아가씨고
나름 엄청 신경 쓴 건데 도대체 실북이 동창들은 얼마나 꾸며댓기에

퇴근길에 회사 정문 앞에서 키가 길쭉한 한남 직원이 서있다
그가 커피한잔 마시자고 한다
내가 싫다고 하자 마시고 가라고 나를 잡았다
계속 싫다고 하자 나를 잡아당긴다
계속 빠팅기다 그가 잡고 있는 회색 마이를 확 벗어 버리고 몸만 빠져 나갓다
그가 놀라서 옷을 돌려주고는 다시는 귀찮게 하지 않았다
『후후후
안 돼 클 나
우리 공업부기 선생님이 남자랑 커피 마시지 말랫단 말이야
절대 안 돼 우 우후후』

사무실 안에서 사장실도 갈 수 있지만 설계실도 갈 수 있다
설계실에는 한남직원이로 낙하산을 그리는 설계사가 한명 있고
한옆으로는 커피를 탈 수 있는 공간이다
커피를 매일 타야하는 나로서는 매일 드나들 수밖에 없다
늘 고개를 숙이고 큰 설계기구를 이용해 줄을 죽죽 긋는 설계사가 은근 멋있다
그는 고집이 쎄 보이는 게 꼭 남식오빠를 닮아 보인다
그도 내가 그를 멋지다고 생각한 걸 눈치 챗나보다
얌전히 일만 하던 그가 결혼을 햇다
좀 서운하긴 하지만 그래도 멋지다
결혼을 하더니 약간 산만해 진 것도 같고
안하던 말을 하는 걸 보니 용기가 생긴 것도 같다
하루는 그의 친구가 찾아 왓기에 내가 커피를 끓여서 대접햇다
커피를 건네는 순간 그가 나의 손을 잡앗다
순간 놀랏기도 햇지만 너무 화가 나서 커피 잔을 확 던져버렷다
커피 잔이 다른 커피 잔과 부딪치는 요란한 소리를 내며 박살이 낫다
기분 나빠 견딜 수가 없다
주먹으로 다 부수고 싶지만 그자도 친구 앞에서 무안 햇을 거라는 생각이 들엇다

그래서 내가 먼저 미안하다고 해 주었다
그런데 이 작자 당연하다는 듯 사과를 받고 자기는 사과를 안 하는 거다
감히 아녀자의 손을 이유 없이 잡고는 미안하다는 생각조차 안하다니
아주 괘씸하다 그렇다고 가타부타 따질 수도 없고 그의 앞길에 어떤 일이 생기던지
말던지 아무런 관심도 가지고 싶지 않다
내 귀를 의심했다
잘못 들었겠지
잘못 들은 말일 거야
잘못들은 말이라면 좋으련만
현장에서 일하던 사람이 기계에 손가락이 잘려나갔다 했다
그 말을 들은 사장님이 대뜸 한다는 소리가
『하기 싫은 일 억지루 했구먼』 하 받아들이기 힘들다
아픈 상황 먼저 생각해야 할 것 같은데 일 먼저 생각나다니
그 순간 얼마나 놀라고 아팠을까
없어진 손가락 평생 안고 가야 하니 우짜면 좋노
그깟 산재로 해결하면 다 된다니
가슴이 콱 막혀 뭉쳐진다
차라리 내 귀가 고장이 난 거라면 좋으련만
나는 저리되지 말아야지 말아야지
그 어떤 상황에서라도 저리 판단하는 사람은 되지 말아야지 말아야지
상처난사람 헤아려야지 헤아려야지
아 눈물 나 사슴이 아프다 아퍼
마음속깊이 그 말이 묻혔다
하기 싫은 일 억지루 했구먼

어느 주말 회사에서 낚시를 간다고 한다
공장장님 황 이사님 영업부 김 과장님 연구실 민 부장님 그리고 나도 동행했다
공장장님은 이름은 잊었지만 사장님 친척 홍인표씨의 형으로 기억되는 데
공정하고 의리 있으시다
지난번 회사에서 회식 후 밤무대에 갔었을 때도
먼저 나를 귀가하도록 도왔으며 돌아가는 택시번호까지 체크해주는 고마운 분이시다
낚시터로 가는 길은 차가 몇 대 이동했는지 모르지만 내가 황 이사님 차에 타고 있다
황 이사님은 불편하게 내 손을 잡고 운전을 한다
지금처럼 좀 똑똑했으면 좋으련만 아직 똑똑함이 자라지 않아 사납지도 못하다
날씨가 추웠던 게다
이사님과 손을 잡으면 내손은 얼음장처럼 차가와 진다
나는 내 손을 등 뒤에 붙여 따뜻하게 만들었다
따뜻해진 손을 이사님은 또 차갑게 만든다

황 이사님은 따뜻했던 손이 차가와짐에 『이상하다 이상하다』 하며 의아해 한다
왜 따뜻해지는지에 대해서는 시치미를 뚝 뗏다
그러나 왜 차가와지는지는 나도 알지 못하는 일이다
낚시터에 도착하여 물고기를 잡기 시작햇는데 왕 왕초보인 나에게 고기가 가장 많이
잡혓다 황 이사님을 납작 눌러서 내심 기분이 좋앗다

그 일이 잇은 다음 날 사무실에서 김 과장님이 나에게 턱을 문쪽으로 돌리면서
얘기하기를 황 이사님이 도로가 어디에서 기다린다고 나보고 오라고 햇다는 거다
어림 반 푼도 없는 소리
내가 그를 왜 개인적으로 만나겟는가
나는 단호히 싫다고 햇다
김 과장님은 심부름 하는 입장에서 자꾸 기다리신다고 가라고 하지만
그러나 강제로 할 수는 없는 일
김 과장님은 황 이사님을 굉장히 존경하고 추종하는 분이다
김 과장은 얼굴도 둥글둥글 몸매도 둥글둥글 자세 또한 곳곳하지 않고
둥글둥글하시다 과장님의 부인이 이발소를 운영한다고 한다
과장님은 술을 못하기에 부인이 술을 마시는 게 싫지 않는 모양이다
부인에게서 술의 종류와 향을 느낀다고 햇다
어느 날은 부인이 외박을 하엿는데 상대가 일본인 고객이라고 햇다
이분이 어찌해야 할까하고 고뇌에 쌓엿는데
황 이사님이 한번은 넘어가주라고 설득하여 그리하기로 하엿다
그러나 황 이사님은 나중에 김 과장님이 없을 때 말하기를
나라면 어림도 없어 이혼이야 라고 말을 하엿다
김 과장님은 부인의 수입이 더 좋기에 그 점도 간과할 수는 없는 건지 그러니 눈을
약간 내려 뜨고 턱으로 나보고 황 이사님에게 가라고 몇 번이고 얘기를 하는 거지
결국은 김 과장님이 황 이사님에게 가서 나의 거절을 전할 수밖에 없엇는데
왠지 차를 잡고 『안 온대는 데요』 하고 전할 때의 뻘쭘 햇을 두 사람 모습이 상상된다
김 과장님이 착하고 너그러운 사람이란 건 아는데
공장장님이라면 그런 심부름 따위엔 절대로 연류 되진 않앗을 껄

그러고 며칠 후 김 과장님 황 이사님 내가 다방에 잇다
다방엔 부드러워 보이는 미인 마담이 황 이사님과 특별한 사이라는 걸 티를 내며
그 분에게 더 애틋하게 대햇는데
왠지 내가 보기엔 황 이사님이 그 상황을 나에게 과시하는 것 같앗다
그러거나 말거나 나는 그저 모르는 척 하면 그뿐이다
그러고 또 며칠이 지난 후 무슨 연유인지 회사직원들과 이번에는 황 이사님 집에 잇다
어느 빌라 2층에서 주방 동그란 식탁 앞에 지고지순한 모습으로 서잇는
황 이사부인의 대접을 받고 잇다

한 눈에 봐도 현모양처이다
이번에는 자기는 가정을 탄탄하게 지키는 자라는 걸
은근히 나에게 과시하는 것 같이 느껴진다
그러거나 말거나 나는 또 꿈벅꿈벅 이쪽 벽 저쪽 벽 벽만 쳐다본다

우헤헤 이모가 또 선을 보러 오란다
상대는 이모부 친동생
남식오빠도 많이 좋아하는 눈치다
나를 맡길 수 있다고 생각하는 것 같다
진천에서 만났겠지만 그 기억은 없어졌고 같이 서울 길에 오르는 버스에 앉아 있던
어렴풋한 기억과 용산 터미널에서 내려 근처 다방에서 얘기를 나눈 기억만큼은
선명하다
우선 맞선남의 인상은 나에게 강제로 부르스를 추게 했던 자와 비슷하게 잘생겼고
올라오는 버스 안이건 다방이건 대화의 주도권은 나였다
따발따발 따따발 따따따따 따따발 쉬지 않고 내가 얘기 했다
얘기의 내용으로는 소주는 고구마로 만드는 거고
맥주는 보리로 만드는 거고
모든 술의 원료와 유래에 대해서 쉬지 않고 얘기했다
그리고 헤어질 때 육교위에서 내 전화번호를 적어 갔는데 며칠을 기다려도 전화가 없다
생각을 해보니 본인의 전화번호는 알려주지 않았으며 내 번호 받고
돌아서는 모습이 빨리 뒤돌아서려는 느낌 이었던 것 같다
또 생각해보니 내 대화에 문제가 있었음이 생각난다
쉬지 않고 술에 대한 얘기만 했으니 나를 도대체 어떻게 생각했을까
애주가
음주가
술쟁이
술장사
아이고 되는 게 없다

그런데 그렇게 술에 대한 상식이 많아진 데는 이유가 있다
바텐더 학원에 다닌 거다
바텐더는 술만 만들어 주는 사람이니 굳이 술을 팔기 위한 제스추어는
필요하지 않을 꺼라 생각하고 낮에는 공부하고 밤에 돈을 벌 수 있는 직업을
찾아본답시고 때 마침 바텐더 학원을 다닌 찰나였다
그래서 가지고 있는 상식이 술술 쉬지 않고 술 얘기만 나온 거다
휴~

그래서 선보러 가서 또 딱지 맞앗다
되는 게 없다

실복이는 자기 모임에 술이 올라온다 싶으면 꼭 『종식이 술 마실 줄 알어
얘 술 잘 마신다』 라고 말하여 꼭 내 앞에 소주잔이 잇게 만든다
사실 어처구니 없고 기분 나쁘다
우리 아버이 술 드실 때 좀 적게 드시게 하려고 내가 조금 거든 건데
내가 술꾼도 아니고 그렇다고 사실은 오짜고 조짜고 해서 술 마신 거지
사실은 마시기 싫어 이딴 소리 하면서 거절도 하기 싫고
마음속에 한숨만 묻은 채 술잔을 받아 놓는다
아버이를 마음에 안고 흔들리지 않으리라 다짐한다

그날도 실복이가 옆에서 바람을 잡고 거든 건지 아니면 다른 모임인지
좀 모호하다
이 작자 아주 마음을 먹엇나보다
진토닉이라는 술을 시킨다 45도 정도 되는 술이란다
아 긴장해야겟다 아차하다 큰일 나겟다
가슴속으로 바짝 긴장햇다
한잔 마시면서 나는 취하면 안돼 하고 마음먹고 또 한잔 마시고
절대 취해선 안돼 마음먹고 긴장에 긴장을
겉은 웃으며 장난말 하지만 안은 이를 악물고 잇는 거다
내 앞으로 한 병정도 마시게 한 것 같다
눈곱만큼도 흔들리지 않앗다
술을 사준 상대가 놀라는 눈치다
술에 취해 좀 기대길 바랫나보다
마실수록 명료해지는 내가 정떨어지는 눈치다
고개를 흔드르더니 다시는 술 마시자는 얘기를 하지 않는다
섭하게스리
회사나 거래처는 아니엇던 것 같고
그러나 내가 꼭 깻어야 하는 자리엿고
그렇다면 실복이 친구가 이 비싼 술을
하 누구엿드라 누구엿지 누구엿을까 에라 모르겟다 안녕가세요 기억세포님

회사에서는 1년에 한 번씩 결산서류를 세무서에 보고하여야 한다
대차대조표와 손익계산서
거래처에서 세금계산서를 끊지 않는 경우가 많은데 세무서에 내는 것이므로 세금계산서
발행에 대한 결산만을 하는 형식적인 일이다
지난해는 김 계장님이 햇던 일인데 이번에는 나 혼자의 힘으로 한다

단 1원이라도 오차가 없어야 하는데 주판으로 하다 보니 오차가 생긴다
학교에서 배운 대로 꼼꼼하게 체크하고 대조하고 그래도 마무리가 안 돼서
마지막 날은 서류를 집으로 싸가지고 왔다
남식오빠가 자고 있는 옆에서 밤을 온전히 새워가며 씨름을 하다가 출근 준비할
시간이 다 되어서 마침내 마지막 1원의 오차를 찾아냈다 얼마나 개운하고 기쁜지
남식오빠도 대견해하고 기뻐해주었다
서류를 한남 김 과장님에게 드렸더니 날보고 몇 번이고 대단하다고 하며
기뻐하는 얼굴이다
어차피 일을 하라고 시킨 거면서 대단하다고 칭찬을 하니
어안이 벙벙하다는 말은 이럴 때 쓰라고 있나보다 딱 그 기분이었다

그럼에도 사장님도 칭찬을 해 주시겠다 기대가 됐는데 사장님이 출근을 안 하셨다
갑자기 회사가 질풍노도의 길을 걷게 되었다
세상에나 사장님이 감옥에 잡혀가셨다는 거다
적자회사 성산은 화기애애한 분위기임에 반해
흑자회사 한남은 늘 냉랭한 분위기인데 그 결과가 이렇게 된 거다
이유인즉슨 사장님은 충남대를 졸업하셨고
그 밑에 일하는 상무님은 고려대를 졸업하셨다
상무님은 그것이 늘 못마땅하여 자세도 삐딱 입도 삐딱한 상태인거다
상무님이 회사를 나가 똑같은 회사를 차리고 사장님을 고발을 했다는 거다
무인 낙하산은 군인들 사격용으로 쓰는 물건이라 군대 납품을 하다 보니 장군들에게
뇌물을 많이 주어야하는 비리가 발생하는 모양이다
그 약점을 이용하여 그와 같은 지경으로 끌고 가 회사가 비상사태가 되었다

사장님의 부인이 회사를 나오게 되었고
또한 회사를 살리려고 은퇴한 장관을 사장으로 채용하였다
사장실도 있고 하니 회의할 일이 있으면 사장실에서 하면 될 텐데
사모님과 장관사장님은 계속 다방에 가 있다
내가 보기에 영 이상하게 느껴지고 사모님이 장군사장님을 좋아하는 건 아닐까
불안하다
게다가 봉급날 직원들 봉급을 줄 형편이 되지 못한 상태에서 장관사장님만 봉급이
지급되었다
사장님 봉급은 200만원이나 된다
크기로 보자면 나보다 20배 많은 금액이다
직원들이 술렁술렁 난리가 났다
내가 봐도 그렇다
사장이면 일의 진행에 힘을 써야 할진데 매일 다방에서만 일을 하고 직원봉급을
먼저주어야 할진데 본인 봉급만 챙기고 이건 무언가 잘못 되었다고 생각이 들었다

늘 다방에 가잇는 장군사장님은 얼굴 보기조차도 힘들다

그래서 의리의 내가 발동되엇다
일을 바로 잡기 위해서 무언가 해야 햇다
그래서 단식투쟁을 하기로 결심햇다
내가 쓰러져 죽어지면 직원들의 뜻이 전달되어 사장님이 달리 생각을 하시겟지
독하고 똑똑하고 우렁찬 성격의 소유자 나 미스 박은 단식을 하기 시작햇다
굶은 티를 내지 않으려면 어찌해야 할까 생각하다가
박카스를 마시면 괜찮을 것 같기에 그 방법을 택햇다
아주 괜찮은 아이디어 같다
박카스를 계속 마시고 잇으면 아마 산뜻한 모습으로 끝까지 끌고 갈 수 잇을 거다
그렇게 사나흘 지낫는데 회사에서 그만 쓰러지고 말앗다
연구실 민부장님이 업고 병원으로 갓다
뭔가 크게 한방 터트리고 싶지만 뭐 별일 없이 링거를 한대 맞고 몇 시간 누워 잇으니
금방 괜찮아져 택시 타고 집으로 왓다
일은 어떻게 해결 햇는지의 기억은 또 사라지고 없다
다만 장군사장님이 두 달 정도 다니다 시시하게 금방 그만 두신 것 같다

그럼에도 어쩐 일인지 우리 성산에 여직원을 한명 더 채용햇다
실복이 엄마가 나보고 촌닭이라 부르지만 새로 채용된 이 친구 딱 봐도
시골에서 금방 상경한 게 틀림없다
시집간 언니에게 키가 작다고 놀림을 받는 나보다 더 작은 키하며
볼따귀에 잔잔한 주근깨까지
어쨌든 여형제가 없는 나는 여자만 보면 신기한 느낌이 들고 신이 난다
그 친구도 나에게 자기 친구들은 회사에 갓더니 선배언니들이 못되게 굴고
잘 안 가르쳐 준다는데 어쩜 언니는 그렇게 친절하게 잘 가르쳐 주냐고
너무 행복해 하는 표정이다
갓 졸업한 그 친구는 집은 염창동이라 햇고 성은 신씨다

한남과 분류가 된 건지 한남이 사라진 건지 성산회사만 이사를 하엿다
공장은 부천으로 갓고 사무실은 염창동 큰 도로가에 2층으로 옮겻다

부천에 옮긴 공장으로 두어 번 출근을 하엿다
동네에 공장이 많이 잇다
근처 다방에서 어느 언니가 오더니 주전자에 커피를 한 숟갈 넣어 주면서 보리차로
마시라고 한다
아이디어 같기도 하고 엉터리 같기도 하고
올라오는 길은 사람들 사는 동네가 잇기는 한데 공장 마당 쪽에서 보면 마을 전체가

공장이라 공기마저도 낯설고 공장 특이의 타이어 냄새가 나는 것 같다
황 이사님은 나를 공장 사무실로 발령을 내리셨다

북아현동에서 다니기엔 아무래도 멀다
내 생각엔 미스 신이 염창동이라 나보다 더 가까우니
내가 서울 사무실로 가고 후참 미스 신이 부평으로 출퇴근 하면
각각 버스를 한 번씩 타니까 공평하다는 생각이 드는데 황 이사님 결정은 단호하다
그리고 나보고 부천으로 이사를 오라고 하는 거다
어림 반 푼도 없는 소리를 또 한다
내 좁은 속으로는 나를 향한 사심이 있지 않을까 오해 아닌 오해만 생긴다
부평으로 이사를 왔을 때 회사 남자직원들이 특히 황 이사님이 게다가 공장장님까지
날마다 저녁이면 포장마차 가서 한잔 하자고 할 것 같고
나의 자취집 앞에 와서는 사정없이 문을 두드리고 어쩌지 못하는 내가 연상될 뿐이다
어렵게 취직했고 일도 재미있고 정도 들었지만 과감하고 냉정하게 사표를 낼 수밖에
없었다　그 무렵 추석이었는지 영업부 김 과장님이 우리 집 주소를 묻는다
황 이사님이 사과를 한 상자 보내겠다는 거다
우습다
내가 왜 우리 집 주소를 알려줄까
그렇다고 쪼잔 하게 안 알려 줄 수도 없고
그래서 큰오빠 집 주소를 알려 주었다
사과 받는 올케 언니도 든든해지고 나도 위신 좀 스고
아니나 다를까 그깟 사과 한 박스지만
막내 시누이 회사에서 받은 사과에 언니 표정이 든든해하는 모습이 보인다
얘이 올랏을 황 이사님 꿀이 웅골짜다
나중에 영업부 김 과장님이 얘기하기를 황 이사님이 나보고 남자랑 놓거 하는 거
아니냐고 했다는 거다
허허허 어이가 닐니리 짬뽕
지 욕심을 못 채우니 헛소문 내고 있다
그러거나 말거나

그러나 정말 사표가 수리 될지 몰랐다
내가 열심히 일을 잘했으니까 튕기면 서울 사무실로 바꿔주길 바랬는데 쯧쯧쯧
그러나 그만둔다하니까 나의 충정심을 알아주셨는지 사장님의 사모님이
애장품 목걸이 두어 개를 선물해 주셨다
사모님께 인정을 받으니 뭔가 해낸 느낌이라 의기청청 가슴이 하늘을 찌른다
곤색 옷이 내게 잘 어울릴 것 같은 느낌이다
목걸이를 본 실복이는 말하였다
『너는 이상한 애다 어떻게 윗사람의 부인하고 친하니』

다니던 회사를 그만두니 더 이상 북아현동에 살아야 할 의미가 없어졋다
방을 빼기 위해서 집주인을 만나러 다녓다
남식오빠와 주소 들고 헤매고 헤매어 어렵사리 북아현동 집주인을 찾아갓다
집주인이라 부자일꺼라고 예상햇지만 남편 잃고 집이 싫어져 본인 집은 세를 주고
다른 곳에서 사는 건지 밤이 늦어서야 일을 끝내고 역시 누추한 집으로 들어오는
어려운 생활을 하고 잇엇다
방이 빨리 빠지지 않으면 어쩌나 걱정햇지만 내가 쉽게 이사를 들어왓듯이
나갈 때도 다음 세입자가 바로 연결되어 금방 이사를 하게 되엇다
다시 시작을 해야 하니 원점으로 가야한다

그래서 금호동으로 이사를 한다
나는 당연히 남식오빠도 같이 이사한다고 생각하엿다
그런데 우리 집 들어올 때 마루방을 쓰는 아줌마가 날보고 자꾸 동거하는
게 아니냐고 묻는 거다
그 아줌마가 막내아들이 쓰러졋을 때
『아이고 우리 똥강아지 똥강아지』
하며 울부짖길래 남식오빠랑 같이 어떻게 사람에게 똥강아지라고 하냐 하며
몰래 키득거렷는데 복수를 당하나보다
금호동이라면 전혀 잇을 수도 없는 이상한 의심을 받다니
내가 아니라고 오빠라고 정색을 하며 얘기해도 아닌 것 같다고 하더니
냉중엔 좀 닮은 것도 같다 한다
나는 잘생긴 오빠랑 하나도 닮지 않앗는데
그 아줌마가 그 쓸데없는 소리를 오빠에게도 햇던가보다
오빠는 나의 혼삿길을 막을 수 잇다며 거처를 다른 데로 옮기겟다고 한다
가슴이 먹먹하지만 내가 오빠의 생각을 무슨 수로 꺾겟는가
하여 나만 금호동 큰오빠가 사는 집 옆으로 방을 얻어갓고
남식오빠는 외가집으로 요양을 하러 갓다

금호동으로 방을 옮기고 보니 오마야 내 주민등록이 말소가 되어 잇엇다
별것도 아니지만 그 허전한 감정이란
그야말로 이뿔도 뿌리도 빠져버린 떠돌이에
우 세상에서 내가 사라지게 된 거라니
고연히 올케 언니가 원망스럽다
선거 나올 때 나 좀 잇다고 해주지 왜 안 해주엇을까 싶은 생각이 든다

새로 금호동으로 이사 간 집은 그래도 어느 정도 평지에 해당되고
성당 뒷길이면서 또 큰오빠네 옆 골목이다
대문을 들어서나마자 마당에 수돗가가 잇고

작은 툇마루가 붙은 내방이 보이며 내 방 바로 옆이 변소이다
주인은 크다마한 마루 낀 안방을 사용하고 있는데 이집도 바깥어른은 보이지 않는다
주인아주머니는 따로 직업이 있어보이진 않았고
교회 권사직을 맡고 있는데 교인들 안수기도를 주로 하고 있었다
자녀로는 조금 정신이 불안해 보이는 아들과
목소리가 아주 예쁜 나와 동갑내기 딸이 한명 있다

밥은 큰오빠 집에 가서 먹는다
올케언니가 생활비 조금내고 그리하라고 해주었다
올케언니는 요리를 참으로 맛나게 한다
그 점이 올케언니 성격이 칼칼해도 큰오빠가 불쌍하지 않은 이유이다
그러나 밥을 먹을 때는 내가 너무 많이 먹는 건 아닌 가 늘 조심스럽다

하루는 큰 오빠네서 재료를 사다가
신당동에서 먹은 떡볶이를 똑같이 재연해서 식구들 모두에게 대접 하였다
큰오빠가 올케언니에게 『종식이두 시집갈 때가 되었으니 요리 좀 가르쳐』 라고 말을
하였는데 그 떡볶이 맛을 본 올케언니는 『요리 안 가르쳐 주어도 돼 잘 해』 라고 말을
하고 아무것도 가르쳐 주지 않았다
올케 언니도 신당동에 떡볶이를 처음 먹어보나 보다 그래서 사실 결혼을 하여서는
모든 요리를 신당동 떡볶이와 똑같은 방법으로 휘둘러 친다

나는 아무에게도 내 의사표현을 못한다
그런데 남식오빠에게만 모든 의사표현을 할 수가 있다
남식오빠와 얘기하는 나를 보더니 큰 올케언니는 『만나기만 하면 싸워』 라고 말을
하였다 깜짝 놀랐다 나는 솔직하게 대화하는 건데 다른 사람 보기엔 싸우는 거라니
그렇다면 싸운다는 거는 아주 친한 사이라는 거네
오빠도 나도 전혀 오해가 없는데
어느 날을 큰오빠 집에 올라갔다
큰오빠가 술이 잔뜩 취에서는 나에게 얘기했다
『종식아 사실은 산을 하나 팔아서 집을 한 채 더 샀다』 그 말을 들은 나는 기뻤다
큰오빠가 고생을 하더니 집이 두 채가 되는구나
그러나 그 말을 남식오빠에게 전하니 오빠가 화를 낸다
『맙소사 그 돈이 있으면 내 병을 고칠 텐데』 남식 오빠 말을 들으니 그런 건가 싶어
나도 화가 난다
우리 그 작은 집은 팔아서 법대로 또각또각 나누더니
큰 산은 도장을 몰래 파서 그렇게 혼자 뚝딱 해결하다니
또다시 들리는 얘기는 그렇게 우리 몰래 해먹기 위하여 산 하나는 합정동 작은 아저씨
명의로 바꿔주고 또 하나는 횡성 순갑 아저씨명의로 바꿔 주었다는 거다
나도 덩달아 화를 내며 남식오빠에게

『재판을 걸을 까
나는 아직 미성년일 때 오빠가 도장을 몰래 팟으니
재판을 걸으면 되는 거 아니야』
남식오빠가 이렇게 말을 받앗다
『놔둬라 불쌍하다
나이어린 색시 데리고 사느라고 형이 고생이 많다』
나는 늘 큰오빠랑 올케언니 나이차이가 많아서 늘 올케언니에게 미안한 마음이
잇엇는데 그걸 반대로 생각하다니
『그래도 형수는 고생을 안 한 거야 파출부 나갓냐 뭘 햇냐』
그러고 보니 올케언니는 큰오빠가 술을 마셔서 가슴고생을 많이 하기는 하지만
엄마처럼 생활 전선에 뛰어 들지는 않앗다
어쨋든 우리 도장을 몰래 새겨 땅을 팔아 집을 장만한 거는 옳지 않다
화를 내서 끝장을 보고 싶지만 남식오빠가 놔두라 하니 그리한다
남식오빠는 생각을 거꾸로 뒤집는 능력이 잇다

일단 다시 취직을 해야 한다
우선 아쉬운 대로 종로에 잇는 직업소개소에서 식당에서 서빙 하는
아르바이트 자리를 구햇다
을지로 1가 뒷골목에 새로 생긴 따로국밥집이다
음식을 정성껏 만든다
오래 끓인 질 좋은 뼛국에 대가리와 뿌리를 제거한 콩나물 무 파를 넣고 다시 끓여
깔끔하게 준비한다
김치를 담글 때는 풀 대신 소고기 스프를 넣는 비법을 사용한다
수저도 매일 삶는다
주인 부부도 선량해 보인다
아직 손님이 그리 많지도 않은데 늘 웃는 얼굴로 주방아줌마와 대화를 하며 적자가
나더라도 아랑곳 않고 최고의 재료로 충분히 사용하여 깔끔하고 맛잇게 준비한다
나에게도 착하다고 칭찬을 해준다
느리다는 말은 이곳에서도 빠지지 않고 꼭 나오는 말이긴 하다
내가 하는 일은 점심시간 두 시간 근무이고 홀에 밥상을 차리기도 하지만
주문이 오면 커다란 쟁반에 한상차려 배달을 하는 일이다
때로는 높은 층까지 들고 올라가 팔이 아프기도 하지만 주인이 착하다고 칭찬까지
해주고 뭐 그럭저럭 견딜 만하다
그런데 얼마 지나지 않아 이들이 적자식당을 그렇게 즐거운 마음으로 운영하는
이유를 알게 되엇다
운영보다 다른 곳에 계획이 잇는 거다
적자나건 말건 상관없이 손님이 많아지게 만들어 권리금을 받고 넘기겟다 한다
나는 어리지만 무섭다는 생각이 들엇다

일이 많아졌는지 저녁 8시까지로 근무시간이 늘어났다
그러더니 갑자기 직원을 한명 더 채용했다
식당 안엔 테이블 네 댓 개 정도가 고작이라 너끈히 나 혼자 해 낼 수 있을 것 같은데
왜 그럴까 싶은 생각이 든다
새로 들어온 사람은 나보다 조금 더 나이가 들었지만 결혼을 한지 얼마 안 된
예쁘장한 얼굴이다
그런데 이 분 기술이 대단하다
나이 지긋한 아저씨 손님이 왔는데 손님 앞에 앉아서 웃음을 흘리며 몇 마디 나누더니
바로 한쪽 손을 들며 『여기 오징어 볶음 한 접시』 하며 음식과 술을 더 시키는 거다
주인아줌마는 놀라움에 눈이 휜둥그레지고 입꼬리가 출렁인다
나도 놀라 눈이 쑥 나왔다
그 사건은 바로 무능력의 나와 비교가 되었고 그리하여 며칠 이내로 식당알바는
졸업하게 되었다

이제 알바는 접고 정식으로 취직을 해야 한다
그렇다면 이번엔 신문 모집광고이다
눈에 띄는 광고를 따라 찾아간 곳은 영어 카세트테이프 판매회사였다
우리 팀에 여섯 명 정도 배정되었고 팀장은 나와 나이가 똑같은 스물세 살 여자이다
침착하고 착해 보이는 얼굴에 팀장이 되었다는 게
역시 예쁘장한 얼굴 이어서라는 생각이 든다
우선 제품이 내 마음에 쏙 든다
제일먼저 내가 구입했다
책과 비교하며 듣고 듣고 또 듣고 재미있다
달달 외워 이 책을 마스터 해야겠다
팔기위해 문을 나서기는 했는데 그 다음일은 아무것도 기억에 남는 사항이 없다
단지 고민했던 기억은 남아있다
경식오빠도 아르바이트로 브리태니커 책을 팔기도 했을 때 합정동 친척집에서도
팔아주었다 했는데
그나마 오빠는 의대 간판에 팔아주었겠지 아마 내가 가면 문전박대할지도 몰라
경식오빠를 봐서 그렇게 까지는 안할지라도 무시와 멸시 눈으로 나를 대하겠지
몸은 움직거려지지 않고 영업 교육만빵 받은 마음만 판매 왕이 되어 지하철에 오른다
지인에게는 팔려고 생각도 안하다 보니 나 이외의 사람에게는 단 한 개도 팔지 못했다

나는 지금 성당을 향해 걸어가고 있다
사람이 산다는 것은 욕심이 있다는 뜻이다
욕심을 내려놓으면 사르르 사라지듯 죽어지는 거다
내 손에 있는 다이아 반지를 버려야 한다
다이아반지가 손에 있다는 것은 욕심이 있다는 뜻이다

조금 더 걷다보니 다시 생각이 떠올랏다
이 반지를 길에다 버리는 것과 똑같은 것은 반지에서 마음을 버리면 된다
굳이 땅에다 버리지 않더라도 이 반지가 소중하다는 마음만 버리면
반지를 버린 것과 똑같아 지는 거다
반지가 소중한 게 아니야 그냥 거기에 잇을 뿐이야

성당에 가서 무릎을 꿇고 앉앗다
욕심을 버리니 주먹이 쥐어지지 않앗다
주먹을 쥘 수 잇다는 것은 욕심이 잇기 때문 이엇다
주먹이 욕심이엇다니
주먹과 욕심
주먹이 쥐어지지 않으니 볼펜이 잡혀지지 않는다
죽는다는 것은 욕심을 버린 다는 뜻이다
사람들에게 알려야한다
욕심을 버려야 한다고

집으로 돌아가기 위해 터벅터벅 걸어서 버스 정류장 앞에 섯다
술에 취하고 거칠어 보이는 남자가 자기를 따라 가자고 한다
순간 생각햇다
내가 이자를 예수님으로 모실 것인가 말 것인가
당연히 이자는 내 앞에 서 잇으니 예수님이다
주저 없이 의심 없이 그를 예수님으로 모셔야 한다

그를 따라 간 곳은 좀 어두운 방에 쇼파 하나 쇼파 위에 과일 접시 뭐 그렇다
그런데 옆에 앉아 잇던 그 자가 내 몸을 덮치려 햇다
내게서 이상한 소리가 나기 시작햇다
나도 모르는 언어
그 남자가 더 큰 힘으로 덮치니
더 큰소리가 낫다
하늘의 천둥소리가 이 소리 보다 클까
지배인으로 보이는 사람이 놀란 눈으로 쫓아왓고
햇살이 밝은 가게 밖까지 나를 끌고 나와
미친 여자는 가라는 식으로 쫓아 내주는 덕에
나는 무사히 집으로 돌아 올 수 잇엇다

다음날 나는 아침 운동을 하러 해병대산으로 올라갓다
산에 오르면서 고개를 들어 하늘을 보앗다
나무엔 동글갸름한 잎이 무성햇고 사이 사이로 햇살이 찰랑인다
그리고 나뭇잎이 흔들렷다

흔들리는 나뭇잎을 본 순간 나는 뛰기 시작햇다

그거야 그거
시작이고 끝이야
매 순간이 시작인거고 매 순간이 끝 인거야
순간과 영원은 하나야
똑 같은 거야
하나야 하나
온 세상은 하나야
모두가 하나로 합쳐진 거고 또 각자가 하나인거야
하나야 하나
시작이고 끝이야
성경이 알파로 시작 할 꺼고 아멘으로 끝날 거야
알파이고 아멘이야
그러니까 시작과 동시에 끝은 알멘 이야
매순간이 끝과 동시에 시작인거야
전체가 하나님인거고 하나 하나도 하나님인거야
그렇다면 나뭇잎도 하나님인거도 돌도 산도 하나님인거야
온 누리가 하나 그 자체인거야 바로 하나님이라 볼 수 잇지

나는 이 사실을 공표해야 해야겟고 설법을 해야겟다
큰오빠 집으로 가서 마당 가운데에서 의자에 앉아 잇다
그리고 올케언니를 나무라기 시작햇다
왜 집을 남편 앞으로 사지 않고 여자 앞으로 삿는가
큰오빠가 술 마시고 집이 한 채 더 잇다고 나에게 고백 한 거는
비밀로 얘기한 거니 비밀로 부쳣다
나에게 얘기한 걸 알면 큰오빠가 올케언니에게 또 미움을 받을지 모른다
그리고도 많은 이야기를 햇을 텐데 나머지는 아무것도 기억에 없다
여자가 남자를 하늘로 섬기라 배웟는데 올케언니가 혹시 오빠를 무시하여
언니 앞으로 집을 장만한 게 아닌 가하고 내면적으로 불편 햇던 터이다
마음속에서는 뉴스에서 들은 것 같은 내용이 흘러갓다

『한국에서 착한 여자아이가 태어나 온 세상을 구한대』
큰오빠와 남식오빠가 두 오빠가 변소 옆 내방에 서잇다
오빠들이 나를 끌고 온 건지 나를 따라 온 건지
큰오빠는 힘으로 막무가내 나를 제재한다
또 내게서 알지 못하는 언어가 큰소리로 쏟아져 나왓다
나중에 알게 된 바로는 방언이라고 하는 것도 같앗고 심령언어라고 하는 것도 같앗다
그러자 큰오빠가 나에게 따귀를 세차게 때렷고

옆에 잇는 남식오빠는 아프니까 때리지 말라고 애달파한다
내게서 그 알지 못하는 언어는 계속 쏟아져 나오고 곧이어 여러 남자들의 힘에 끌려
나는 눈을 감은 상태에서 승합차에 실려졋다
얼마나 시간이 지낫을까
눈을 떠보니 내가 감옥에 잇는 거다
내가 무엇을 잘못햇을까
방문은 닫겨 잇고 방문 위 작은 창문에 쇠창살이 잇는 걸 보니 여기가 감옥 맞다
그러나 곧 왓다 갓다 서성이는 사람들을 보며 나를 가둔 이곳이 정신병원이라는 걸
알게 되엇다
커다란 방 나란히 두 개에
장판 마루가 벽 쪽에 꽉 차게 붙어 잇는 홀
화장실도 나란히 두 개
주방과 연결된 배식구 창문
그리고 지나가는 차를 볼 수 잇는 쇠창살 창문
바깥에서 잠겨져 잇는 회색 출입문

아침 열시경이면 우리는 다 같이 방에 앉아야 한다
그냥 앉앗을 터인데 느낌은 무릎 꿇고 앉은 기분이다
그러면 하얀 가운을 입은 젊고 아담한 여의사가 들어와서 한 바퀴 돌면서
동태를 살피고 나간다
표정은 온화하고 단정하다
개인병원에 채용된 의사이다
원장이라는 남자가 경영자인데 짙은 쌍커풀에 눈이 부리부리하다
떼를 쓰거나 반항하는 환자가 잇으면 이자가 힘으로 제압을 하기도 하고
의사의 처방 없이 어떤 약을 가져다 환자에게 먹이는데
그러면 환자는 금방 온순해지고 종일이라도 잠만 잔다

그래도 이 원장이 나에게는 공정하게 대햇는데
나와 비슷한 또래 여자애가 같이 입원하고 잇엇다
그 애는 태권도에서 지압하는 법을 배웟다고 하여 나도 그 애에게 지압을 배웟다
같이 입원한 나이든 여자분들 시원하게 해주겟노라며 배운 지압을 써먹고 잇엇다
어쩌다 차량기사에게도 지압을 하게 되엇는데 팔을 뒤로 꺾고 발로 밟기도 하고
의료행위라면 올바른 일이지만 그렇지 않다면 좀 무안한 느낌이 든다
그래도 그 마음을 누르고 지압을 행하고 잇는데 원장이 그런 지압 기술을 신기해하며
조금 지켜보더니 그만 하라고 제재해주엇다
그때는 고마운 마음이 들엇다

시간되면 밥이 나오기는 한다
그러나 상당히 괴로운 수준이다

한 번은 미역국의 맛을 보았더니 곪이지 않은 쌀뜨물이다

볼펜이 잇엇으면 좋겟다
공책도 잇엇으면 좋겟다
사람들에게 내가 전하고 싶은 말들이 잇다
꼭 해야 한다
그러나 그런 것이 필요하다는 말조차도 못하겟다
어떤 엄벌이 올지도 모르겟고 또 이상하다고 생각할 거다
이런 저런 생각을 하면서 앉아잇는데 창문에서 햇살이 사선으로 내리쏘며 들어왓고
햇살 안에서 무수한 먼지들이 공중에 떠서 반짝이며 팔락이고 잇엇다

그거야　　그거
먼지엿어 먼지
먼지가 사랑이야
이 모두는 먼지로 이루어 진거야
공책도　건물도　나도
먼지는　사랑이고　사랑이　먼지야
뭉치면 이루어지는 거고　흩어지면 사라지고

때 마침 어디서 나타낫는지 모를 볼펜을 하나 주엇고
나는 두루마리 휴지에 글을 쓰기 시작햇다
욕심이 아직 손에 돌아오지 않앗는지 주먹이 꽉 쥐어지지 않아
글씨는 연하고 흐느적 흐느적 거리며 휴지의 넓이를 꽉 채울 만큼 큰 글씨엿다
그러나 흩어지지 않고 기록할 수 잇음에 너무 감사할 따름이다
소리 없이 병원에 순응하며 일주일이 지낫을 때엿다
마음속으로 하느님의 음성이 들려왓다

이제　약을　그만 먹어도　된다

약은 줄을 서서 받아먹는데 멕여 주는 사람이 잇고
또 옆에서 삼켯는지를 검사하는 사람이 잇어서
내 마음대로 약을 먹거나 안 먹거나 할 수 잇는 게 아니다
다음 날　역시 약을 먹기 위해　한 줄로 쭉 늘어섯고
내 뒤에도 열 명 정도는 서잇다 약을 어떻게 안 먹지 마음속으로 고심을 하다가
내 차례가 돌아왓고 내입에 약이 들어갓다
그때　하늘의 음성이 내 마음속으로 크게 들려왓다

잘 봐라

그러자 놀라운 일이 벌여졋다

약을 입에 넣어주는 사람은 옆에
물을 주면서 입을 검사하는 사람은 앞에 마주보게 서있는데
물을 주는 사람이 앞사람이 먹고 남은 물을 버린 대야를 가지고
갑자기 뒤돌아서서는 그 대야물을 비우러 목욕탕으로 가는 거다
그리고 내 뒤에 줄 서서 약 먹을 차례를 기다리던 사람들은 일제히 뒤를 돌아보았다
그래서 나는 약을 내 입에 물고 있다가
목욕탕 따라 가는 척 하면서 아무도 몰래 입에서 뱉어 버렸다
그리고 그 다음 부터는 약을 주면 혀 밑에 감추었다가 뱉어 버리는 방법을 개발하여
다시는 약을 먹지 않아도 되었다

느낌에 그 때 잘 봐라 소리와 함께 사람들이 일제히 뒤를 돌아보았는데
후에 일제히 무언가가 몰려날꺼에 대한 암시라는 생각이 들었다

다음 날 또 소리가 들렸다

내일 반찬은 북 어

희한하다
내일 반찬이 북어라고
그리고 정말 북어 반찬이 나왔다
이제 내가 보지 않고도 맞추는 통찰력이 생긴 건가 싶어
다음 반찬을 내가 묻고 내가 답하는 방식으로 여러 번 시도를 해보았지만
그 이후로는 한 번도 적중하질 못했다

보이지 않는 오랏줄로 챙챙 감아 놓고 오도 가도 못하게 하니
기껏해야 방에서 홀로 홀에서 방으로만 왔다 갔다 하다가
침 흘리며 창문 밖 한번 바라보고
옥상에 드나드는 사람 부러워하며 그렇게 시간에 꽉꽉 묶였다
집에 있어도 꼼짝 않고 방안에만 있을 수도 있겠지만
타인에 의해 자유가 묶인 몸이 되니 누가 내 콧구멍을 막고 쑤셔 대는 기분이다
다른 사람은 면회를 오기도 하는데 나는 아무도 면회를 오지 않는다
아마 나를 여기다 갖다 버렸나 보다
실북이도 그렇게 나를 끌고 다니더니 내가 궁금하지도 않은지 소식도 없다
그렇게 멈춰진 것 같던 시간 한 달이 지나서 의사의 방에 불리어 갔다

이제서야 개인 진료를 하는 거다
의사에게 나는 내가 생각하고 있는 것을 솔직하게 얘기했다
더불어 음식에 관한 얘기는 차마 안했지만 원장님이 어떤 사람이 어떻게 했을 때
약을 주었고 약을 먹은 사람은 이렇게 되더라라는 말을 해야 했고

글을 써도 되냐고 묻자 된다고 하여 공책을 요구하기도 했다
나의 얘기를 들은 곧고 단정해 보이는 여의사의 표정에서 원장의 일은 일부 아는 듯
보였고 허나 나를 비정상적으로 보고잇다는 걸 느꼈기에 퇴원을 하기 위해서는
앞으로는 정직하게 내 마음을 얘기해서는 안 되겟다고 생각햇다
그래도 의사는 지식인이니 며칠 내로 공책 정도는 줄 꺼라 생각햇는데
공책은 커녕 국물도 없었다

의사와 상담한 며칠 후 드디어 남식오빠와 큰 올케언니가 면회를 왓다
남식오빠에게 원장의 만행과 미역국의 만행을 드디어 털었는데
우와 퇴원을 위해서는 앞으로 오빠에게도 말을 골라서 해야 되겟다
내 말을 들은 오빠는 나에게 더 입원을 해 잇어야 한다고 결론을 내리는 거다
그래도 오빠가 입원해 잇던 복음병원은 그와 같은 만행은 없었고나 싶어
다행이라는 생각도 들었다

그 이야기도 못 믿는데 진짜 내 속 마음은 어찌 이해하겟나
다시 이빨마저 꽉꽉 묶인 채 두루마리 휴지에 속을 풀어 낼 수밖에 없었다
휴지 2통에 글을 다 채우고 다시 한 달이 지난 후 나는 의사에게는 의사가 듣고 싶어
하는 말만 해주고 남식오빠 왓을 때도 오빠가 듣고 싶어 하는 말만 해주었더니 오빠가
이제 퇴원을 해도 되겟다고 판단하여 드디어 그 작은 감옥에서 탈출 하게 되었다

큰오빠네 집은 가파른 층층다리 꼭데기에 잇다
그 계단아래에서 밖을 나가다 뒤돌아보니 남식오빠 옆에 서 잇는 경식오빠가
애잔해 하는 눈으로 나를 한참을 보고 서 잇었다
경식오빠가 내 병문안은 안 왓지만 마음을 끓였나보다라고 생각햇다

내가 퇴원하고 얼마 지나지 않아
남식오빠는 놀란 얼굴로 내가 입원해 잇던 병원이 뉴스에 나왓다고 내가 말한
내용 그대로 의사가 원장을 고발하여 원장이 잡혀 갓노라고 그런 병원인 줄
몰랏다며 미안해하는 얼굴이었다
의사는 자그마한 여자이고 원장은 체격 좋은 남자라 도저히 자기 힘으로는 안 되겟다는
생각이 들었을 거고 또 의사는 거의 의사 방에서만 잇고 원장이 우리들이 지내는
방 안에 많이 들어오기 때문에 도저히 어떻게 해 볼 도리가 없었을 꺼다
그나마 의사가 올바른 사람이라 고맙고 다행이다
마음이 한결 개운하지만 그러나 우리 사회에 얼마나 많은 그와 같은 일들이 자행 되고
잇을까 염려와 의심이 가득해졋다
병원에서 배운 지압을 실복이 엄마에게도 해드렸다
조금하니 시원하다고 하면서도 이내 내 팔 아프다고 하지 말라고 성화시다
그래서 조금 하는 척하다 말앗다

큰오빠 집에 가서 올케언니에게도 해주었는데
나는 손 끝의 촉감으로 『요기가 아픈 데지요 요기 아프지요』하면서
아픈 곳을 잘 찾아 지압을 해나갔다 그런데 언니는 계속해서 해도 멈추라는
말을 하지 않았다 내 팔이 아파왔는데도 그만하라는 말을 하지 않는다

어쨌든 이제 자유의 몸이 되었으니 일을 착수해야 한다
나는 분명 하느님 목소리를 들었고 그 사실을 세상에 공표 해야겠다
우선 책으로 만들리라
병원에서 두루마리 휴지에 중요한 내용을 적어 두었으니 그것을 토대로 하면 된다
책을 다 쓰면 김수환 추기경께 가지고 가야지
추기경님이 성당의 수장이므로 그분께 전해 드려야 해
그러면 그분은 깜짝 놀라시면서 기쁜 마음으로 이 사실을 온 세상에 드러나게 할 거야

책의 제목을 정했다
하나이다
내 이름도 새로 지었다
지은이 하나
내용은 어린 시절부터 성당을 다니게 된 경위
예수님이 두 팔을 벌리고 환형으로 나타나신 일
그리고는 다시 머리에 두 손을 올려 주신 일
마음을 버리게 된 상황
이상한 언어로 술집에서 나를 구해 주신 일
온 우주가 하나로 되어있으니 온 우주가 하나님이라는 설법 등등
내가 체험하고 느낀 점을 정확하고 생동감 있게 묘사하여 공책에 적었다
아직 기억을 놓치지 않은 나이이고 하여 일사천리고 진행되었다
마음 뿌듯하여 볼따구가 통통 붙어 올랐다

계획대로 공책을 들고 제일 먼저 김수환 추기경을 찾아갔다
그 분의 처소는 명동성당 오른편 저 안쪽 이었다
초인종을 누르고 공책을 가슴에 껴안은 채 돌계단 한쪽 끝에 앉아서 기다렸다
시간이 조금 지나 키가 크고 마른 듯한 40대로 보이는 남자분이 나왔다
내가 추기경님께 드릴 말씀이 있어서 찾아뵈러 왔노라고 설명했겠지
그분의 말이 또렷이 기억난다
『그 분은 아무나 만나주는 사람이 아니다
어서 돌아가』
새 쫓듯이 쫓겨난 기분은 아무리 바꿀래도 바꿀 수가 없다
아무나 만나주는 사람이 아니라고
아무나 만나주는 사람이 아니라고
아무나

아무나
아무나가 뭐지
뭐가 아무나지
무얼 가지고 아무나라고 하는 걸까
점이라는 얘기인데
하잘 것 없다는 얘기인데
이건 수녀님의 가르침과도 위배되고
납득하지 못하는 내 머리와도 위배되고
마음이 갑갑하다
이제 보니 추기경이라는 명칭은 형편없는 쫄 다고네

내가 직접 출간을 해야 되나보다
출간을 하여 세상을 깜짝 놀라게 해야지
어렵사리 수소문하여 출판사를 찾아냈다
청계천 6가 끝자락 한적한 거리의 2층 사무실에서 어느 아저씨와 상담을 하고 있다
그분은 책을 보더니 이런 책을 출간 하는 데가 아니라고 한다
출판을 하려면는 어떤 경로가 따로 있나보다
크게 실망을 하고 집으로 돌아왔다
이 일을 어찌할꼬

마침 실북이가 고려대학교 재학 중인 실북이 남자친구를 데리고
변소 붙어있는 한 칸짜리 내 집에 찾아왔다
실북이는 나 병원 있을 시 면회를 못 갔다고
사실은 무서워서 못 갔노라고 미안하다는 말을 한다
그런 말을 해도 내색은 안하지만 서운함은 가셔지지 않는다
그래도 집을 찾아오니 반갑고 내가 쓴 책을 읽으라고 보여주었다
나의 온 마음 온 진심으로 써내려간 책이건만 실북이는 단박에
『이상해애~ 책이』
실북이 남자친구도 같은 표정이다

그렇게 다니는 와중에 눈에 착용하고 있던 렌즈 한쪽이 없어졌다
학교 졸업 1년 후쯤 처음 렌즈를 맞췄던 날의 기억이 뚜렷하다
렌즈를 착용하고 안경가게를 나서면서 첫발을 내딛을 때 깜짝 놀랐다
세 상이 이렇게 환하다니
온 사물이 선명하게 들어옴에 가슴이 벅차 순간 나도 모르게
『아 살고 싶다』 라는 생각이 확 들어왔다
그렇다하더라도 그 렌즈 한쪽이 저절로 없어 졌다는 것은 다시 한 번 생각해 볼일이다
눈이 란 하늘의 마음을 담는 곳인가 보다
눈을 함부로 해서는 안 되나보다

없어졋다고 하여 다시 렌즈를 맞추지 말자
눈만큼은 자연 그대로 두어야겟다
화장도 하지 말아야겟다
이것저것 잘 되는 건 없어도 마음은 경쾌하다
세상에 종말이 온다는 말이 사실 일게다
일단 그날을 기다려 보자

나를 좋아하는 남자는 잇지도 않은데 실북이를 좋아하는 남자는 많기도 하다
그 점에 잇어서 실북이는 나에게 자신만만 득의양양이다
어느 날은 실북이에게 반햇다는 남자가 왜 나를 쫓아왓는지
그자가 실북이와 나와 만남을 같이하고 나를 몰래 뒤 따라온 건지 어쩐 건지
술이 약간 취해서는 내가 좋다며 결혼을 하자고 조르고 나를 잡고 강제로
여관을 끌고 들어가려 한다
우습다
게다가 하필이면 엄마가 아프실 때 묵었던 여관 앞에서
내가 꾀를 냇다
여기는 돈이 들지 않느냐 우리 집으로 가자 우리 집이 이곳에서 가깝고
아무도 없다고 하엿더니 그자가 돈 생각이 낫는지 좋아하면서 나를 따라 나섯다
나는 변소 옆방 우리 집으로 데리고 가서 그를 자게 햇고
나는 같은 동네에 잇는 한 칸 방 경식오빠 집으로 갓다
낯선 밤길이 무섭게 느껴졋지만 이 방법이 최선이다
큰 올케언니는 금호동 2가 290번지 우리 집을 팔아서 또각또각 나누엇던 돈으로
경식오빠에게는 올케언니 집 근처에 방을 하나 얻어주고 식사는 올케언니 집에서 하게
햇다 가보니 마침 약을 타러 서울에 내려온 남식오빠가 자고 잇엇다
남식오빠가 웬일이냐고 묻길래 우리 집에 남자가 와서 자고 잇다고 솔직하게 대답을
하엿는데 남식오빠는 차마 상상을 못 한일인지 귀신이 무섭다는 말로 알아듣고 엉뚱한
말로 응수를 하는데 꼬치 꼬치 얘기하고 어렵고 그냥 그 덕분에 나는 아무 문제없이
오빠 곁에서 잘 수 잇엇다
나보다 늦게 들어 온 건지 친구 집에서 자고 일찍 들어온 건지
이른 아침에 경식오빠가 등산에 간다고 나갓다
나는 앉아서 낯설게 느껴지는 오빠 방을 휘둘러보앗다

벽에 걸려 잇는 옷가지며 펼쳐져 잇는 방바닥 이불 그리고 책상
그런데 책상에는 블랙 필름 엑스레이 사진 한 장이 잇엇다
이게 무어냐 물엇더니 남식오빠가 말하길 경식오빠 가슴사진이라고 햇다
경식오빠는 어렷을 때 신장병을 앓앗기에 그 말을 듣자 하늘이 까매진 기분이고
심장이 쿵 내려앉는 것 같앗다
어디가 아파서 사진을 찍엇는데 별 문제 없다고 햇다

단지 사진만 보구도 가슴이 쿵 내려앉는다
마음으로 느껴지길 이래서 피는 진하다구 하는구나 싶었다

그리구는 서둘러 실복이 집으로 올라가 실복이를 데리구 우리 집으로 왔다
멋쩍어하면서 팔로 눈을 비비며 일어나는 남자 꼴하구는
남자를 가지구 나에게 그리 잘난 척하던 실복이도 좀 수그러들었다
지를 좋아한다던 남자의 실체를 내 앞에서 보게 되었으니 으이그
그래도 차마 나와 결혼하자구 졸랐다는 말은 전하지 않았다

한날은 꿈을 꾸게 되었는데
경식오빠가 연탄위에 죽어있구 바싹 말라 아주 작은 크기이다
꿈에 죽으면 잘된다는 것 같으니 경식오빠는 아무 걱정 안 해도 되겠다
큰 사람 될 모양이다
남식오빠는 꿈속에서 웃는 것 같으니 내가 바짝 신경 쓰인다

금남시장을 걷구 있다
자판 둥그란 그릇위에 딸기가 잔뜩이다
아 먹구 싶다 먹구 싶다 저 딸기
딸기의 값과 내 주머니의 돈의 크기가 꼭 같다
차마 주머니로 손이 가지 않는다
나 혼자 먹자구 저 딸기를 사질 못하겠다
꼭 참구 집으로 올라갔다
하구 몸살이 왔다
몸살이 와 꼼짝을 못하겠다
그 딸기를 먹어야 했나보다
아무튼 또다시 찾아온 무직업자의 방랑생활
터덜터덜 걷다가 전봇대 벽보에 눈이 갔다
그래 공장이라도 가보자
잘난 척하구 오만했던 학교 간판 따위는 발바닥에 붙여야 될래나보다
이번엔 길거리 벽보가 끈이 되어 내 인생을 안내한다
인맥이 바닥이니 길맥에게라도 의지하는 수밖에

찾아간 곳엔 편물기계가 가득하니 마음이 편안하다
편물기계는 내가 6학년 긴 방학 때 처음으로 간 공장에서 보았기에 눈에 익숙하다
편물 기계에 실을 걸쳐놓구 가로로 쓱쓱 밀어대면 편물 옷이 만들어져 축축 내려오구
그 만들어진 옷의 가장자리 코를 도구를 이용하여 다른 기계에 슥슥슥 걸친 다음
올이 풀리지 않도록 사슬모양으로 이어가며 마무리한다
별것도 아니다
그 정도는 나도 할 수 있을 꺼다

다른 사람들은 공장 다니다 금방 미싱도 배우고 오바로꾸도 하는 것 같은데
나도 그래도 공장을 여러 번 다녔으니 이젠 저절로 기계를 다룰 수 있을 꺼다
편물 공장을 조금 다니다가 나도 그 마무리하는 기계를 충분히 다룰 수 있으리라
생각했다 몇 번 연습도 해봤다
안 될 건 또 뭐야
잘되네
마침 같이 일하던 안경 끼고 날씬한 마음씨 착해 보이는 아줌마가 나를 챙긴다
기술자 자격으로 다른 공장에 소개를 시켜 주었다

허이구
그런데 이게 왠일
마무리하는 기계 앞에 앉아서 코까지는 잘 걸쳤는데 팔을 왼쪽으로 밀자마자
기계가 이쪽으로도 안가고 저쪽으로도 안가고 옴짝 달싹 안한다
식은땀이 난다
나는 내일에 꼭 마무리를 해야 속이 시원하다
공중화장실에서 큰일을 보고 물이 안 나올 때도 물을 길어다가 뒤처리를
꼭 하고 나오는 습성이 있다
그래야만 머릿속이 개운하다
아마 애기 적 콩을 가지고 놀다 다 제자리에 놓다는 그 이치와 같은지도 모르겠다
그런데 내가 다루었던 기계가 멈추니 신경이 이만저만 쓰이는 게 아니다
공장에서 기계를 고치는 사람에게 얘기를 해도 이 사람도 저 사람도 별 관심이 없고
고칠 수 없을 정도로 망가진 건지 아무튼 그 상태다
한쪽에 멈추어진 기계가 잔뜩 있기는 하다
그래도 영 불편하고 나를 소개해준 아줌마에게도 미안하여
그 사실을 말해도 별거 아니라는 듯 대수롭지 않게 여긴다
휴 공장에 피해를 주다니 기계 앞에서 폼도 좀 잡고 돈도 좀 더 벌어보려 했지만
내 둔한 세포신경들은 도무지 협조 해 줄 생각이 없나보다
그 일에서도 하산 해야만 했다

금호극장 위 언덕에 있는 건물 2층 미싱이 일렬로 줄 서있는 장갑공장의 시다로
다시 강등되었다
미싱에서 나오는 천의 끝에 붙어있는 실지느러미를 쪽가위로 똑똑 끊고 있다
앞에 있는 미싱 끝만 바라보고 집중해야 한다
안 그러면 일거리가 바닥에서 금방 산 모양으로 차오르고 그러면
또 한소리 들을까봐 불안하다
그러나 그곳에서도 회사가 이사를 가는 건지 없어진다고 하여 이내 그만두게 되었다
노 저으려 휘둘러보지만 물살에 이리저리 쓸려 다닐 뿐이다

이번에도 실복이 엄마가 나섯다
시장에서 그릇가게 하는 친구가 잇는데 그의 아들이 경리아가씨를 구한다고 한다
전화번호가 적혀잇는 찢어진 종이쪽지를 주셧다
사무실은 동호대교 건너 한정거장만 더 가서 내리면 된다
산동네 금호동과는 달리 땅바닥 전체가 판판하다
도로야 포장이 되엇지만 도로 옆 빈터는 옅은 황토색 땅이 딱딱하게 굳어진 채
그대로 드러나 잇기도 하다
주로 단층 건물이고 컨테이너 사무실도 보인다
내가 근무하게 된 사무실은 도로가 가게이다
근처에 듬성듬성한 주택하며 상가로 활용하기 난처하니 사무실로 사용하는 것 같다
단순한 내 머리로는 떡볶기 가게 안에 잇는 쪽방이다
그 작은 방에 책상하나에 쇼파 하나놓고 책상머리에는 내가
쇼파에는 기사 분들이 앉아잇다
기사는 모두 네 명이다
나이가 약간 지긋하여 머리가 하얘진 분
너무 착해 멀대처럼 보이지만 때로는 혈압 올리며 열변을 토하는 분
생각이 깊어 지혜로와 보이는 분
그리고 가장 젊은 30대 성격이 급해 보이는 사람이 한명 더 잇는데
그가 그릇가게 아줌마 아들이고 나를 이곳에 오게 해준 사람이다
그렇게 네 명의 용달차를 가진 사람들이 물건 운반의 의뢰가 들어오면
고대로 일을 나간다
나는 전화로 고객의 의뢰를 받아 장부에 잘 기장을 하엿다가
그분들에게 전하면 되는 일이다
일은 꾸준히 들어온다
그러고 보니 그 네 사람이 다 나의 사장인 게다
성산에서 팔팔 날며 일을 하던 내가 이상하게 별 말을 이어가지 못한다
처음 보일러가게에서 일할 때 같이 쑥맥 모양으로 앉아잇다
일이 어렵거나 많지 않아 일의 스릴을 못 느껴서 그런 건지 도통 나도 모르겟다
찾아오는 손님은 거의 없는 편인데 그릇가게 아줌마 아들의 친구가 가끔 찾아왓다
그분의 말에 나는 완전 쇼킹이엇다
얘긴즉슨 그는 저축은행에 다니는데 보너스가 1000프로라는 것이다
돈이 남아돌아 직원들의 복지며 연수며 얘기를 늘어놓는데 세상에 그런 회사가 잇나
싶어 알다가도 모를 일처럼 들린다
그런 별천지가 정말로 나와 공존하고 잇는건지
나는 지금 봉급이 팔만원인데 차비에 뭐에 기초 생활조차도 도저히 견디기 힘든
수준이다 그런데 지혜로와 보이는 분이 다음달부터 2만원 올려 주기로 햇다고 넌지시
얘기를 해주어 그나마 작은 기대를 하고 잇다

올케언니가 고개를 숙인 채 눈을 꿈벅이며 선을 보라고 한다
언니 고향에 살고 있는 사람이란다
집이 전주인데 그 마을에서 둘째라면 서럽다할 정도로 최고 부잣집 아들이라 한다
이렇게 다리를 놓는 사람은 올케언니의 친정어머니이시다
그분은 우리엄마하고도 면식이 있고 하여 내가 신경 쓰이나 보다
소리 없이 뒤에서 당신과 연이 닿는 고향 총각을 나에게 다리를 놓으시려 한다
내가 부잣집으로 시집을 가는 것 까지는 괜찮겠지만 전주는 너무 멀어 남식오빠를
챙길 수나 있을까 아스미리하게 걱정이 된다
선을 보기로 한날 올케언니 집으로 와서 대기하고 있다
선을 보기로 한 남자가 로타리 다방에 와서 기다린다고 전화가 왔다
그런데 올케언니가 선을 보러 나가라고 말을 하지 않은 상태라 나가기가 멋쩍다
그래도 체면이 있지 뭐가 그리 급하다고 촐싹거리고 먼저 나갈 수 없다
웬일인지 올케언니는 집을 비우고 몇 시간이고 들어오질 않는다
두세 시간이 지난 것 같다
나도 약간은 조급해지긴 하지만 그러나 지킨다
세시간 정도 지나 드디어 올케언니에게 전화가 왔다
로타리 ○○ 다방에서 아무개가 기다리니 선을 보러가라고
올케언니는 그 때 마침 친척 할아버지가 갑자기 돌아가셔서 그곳을 가게 되어 미처
나에게 연락을 못했다는 거다
기어이 언니의 하달을 받고나서 몸을 움직였다
멀리서 올라오느라 힘들었을 배지색 바바리 입은 총각이 다방의 주방을 등 뒤로 하여
앉아있다
멀리서 오느라 힘들었고 기다리느라 지쳤을 테고
그래도 나를 보고 반기는 기색이다
그런데 그 여러 가지 스트레스를
다방 아가씨에게 차를 시키면서 날카롭고 거칠게 대한다
『아가씨 여기 물가지고 와
  어쩌고저쩌고』
아마 나에게 자신의 위치라든지 권위를 내세우고 싶었을지도 모를 일이다
그런데 내 생각에는 후담에 나와 결혼을 하게 되면 다방아가씨에게 부린 날카로운
스트레스와 똑같은 스트레스를 고스란히 나에게 풀 것이 연상되고
그런 성격에 감히 내가 남식오빠를 챙길 마음의 여유가 생길 것 같지 않다
나는 바로 마음을 접었다
그런데 웬일 딱지만 연거푸 맞던 나인데
이분은 시골에 내려가서도 내가 마음에 있다고 하며
연이 닿게 해달라고 연락을 한 모양이다
모든 딱지에서 벗어나게 해준 건 감사하고 감사하지만
언니에게 그분의 문제점이나 내 생각은 절대 전하지 않고

그냥 딱 잘라 아니라고 고개만 저엇다

그런 와중에 남식오빠의 병의 차도는 보이지 않아 거의 포기상태기분이다
하니 더 이상 근무를 할 수도 없고 병과를 내면서 휴직할 수 잇는 기간도
다 사용하엿기에 이제는 사표를 낼 수 밖에 없는 상황에 이르렀다
올케언니는 이제 남식오빠는 더 이상 돈이 없으니 경식오빠하고
나하고 한 달에 삼만 원씩 남식오빠의 약값과 차비를 부담해야 한다고 말한다
오빠 외가에서 다니는 차비와 약값이다

경식오빠는 군인이 되어 청송보건소에서 진료를 하고 잇다
적지만 봉급이 나오는 모양이다
내가 근무하는 용달 사무실에서는 월급을 올려주기로 한 날 올려주질 않앗다
그러지 않아도 월급이 적어서 식은땀이 날 지경이고
게다가 오빠 약값도 책임져야 하는데 사무실에서 약속마저 안 지키니 난처하다
옴싹달싹 못하겟다
월급을 올려주지 않은 다음날 아침 화가 머리꼭지에 가서 붙엇고
더 이상 어찌 해 볼 도리가 없다
용달 사무실 경리일을 때려치게 되엇다

묘안이 없는 건 아니다
성산 회사에 다니면서 바텐더 학원에 다닐 때 만난 친구에게 들은 정보가 잇다
다방에 취직을 하면 봉급을 20만원을 준다는 거다
그곳은 어떻게 취직할 수 잇냐 물엇더니 직업소개소에 가면 알선해 준다고 햇엇다
성산 다닐 때 봉급이 10만원 이엇으므로 회사보다 딱 두 배다
그곳에 취직을 하면 남식오빠 약값 대는 건 해 낼 수 잇겟다
나는 지금 발등의 불이다
고민할 여지가 없다
만일을 위해서 그와 같이 결정과 행함을 실북이에게는 얘기를 하고 직업소개소를
통해서 어렵지 않게 그 자리에서 바로 일자리를 구햇다
찾아간 곳은 삼선교 길가에 잇는 지하다방이다
그 곳에서 먹고 자고 해야 한다고 햇다
선택의 여지는 없다
나는 어떻게든 남식오빠를 살려야 한다
그곳에는 나 말고 다른 여자도 두어 명 잇고 마담언니 주방아줌마에 카운터 보는
주인아줌마 그리고 사장아저씨가 전부이다
다방은 지하 계단을 내려가면 출입구 그 옆에 계산대 그리고 테이블 열 댓개 정도
안쪽에 커피를 만드는 주방 주방 안쪽에 잠을 잘 수 잇는 방이 잇다
근무시간은 아침 7시부터 밤 11시까지이다

봉급이 많은 데는 이유가 있었다
아침 7시에 주방 아줌마가 끓여 놓은 보리차를 한 주전자씩 여러 개를 담아
근처 상가에 써비스로 하나씩 날라다 준다
그러면 그들이 답례로 커피 배달을 시키는 거다
그러나 보리차를 성실하게 끓이는 게 아니다
쌔까만 보리를 조금 넣고 대충 끓이다 물을 타서 나르는 방법으로 아주 뒤죽박죽이다
우리가 먹을 밥도 주방 아줌마가 해주는데
아니 정말 이걸 어찌 먹지라는 생각이 들 정도로 열악했다
우리는 숙식을 그 방에서 해결하는데 주방아줌마는 집이 가깝다고 출퇴근 한다

주인아줌마는 카운터에 앉아서 꼼짝도 안한다
손님이 차를 마시자고 해도 절대로 마시지 않는다
그리고 치 치 거리며 종일 비웃는다
부잣집 딸인데 깡패 신랑을 만나 결혼을 했대나 보다
절개를 지킴은 멋있다고 생각했었지만 어른이 된 지금 보니
내 집에 온 손님에게 함부로 대하는 것은 오히려 상당한 문제가 있는 일인데
그럴 수밖에 없었던 상황이 애초롭게 느껴진다

어느 날은 연세가 조금 지긋하신 듯 어른이 오셨는데
한분이 나를 보며 옆에 있는 친구에게 이렇게 말을 건넸다
『손이 저렇게 생긴 여자가 마음씨가 착한 거여』
아마 친구 분이 여자에게 상처를 받았나보다라는 생각이 들었다
우리엄마는 나에게 일을 많이 시켜서 손마디가 굵어진다고 걱정을 하던 손인데

근무한지 딱 한 달 되는 날이다
눈 쌍꺼풀이 짙은 그러나 의리 있어 보이는 사장님 옆에 내가 앉아있다
사장님은 내게 하실 말씀이 있는 게다
딱 이말 만 여러 번 되뇌이신다
『착하긴 한데~
  착하긴 한데~』
나에게 그만두라는 말을 하려는 게다
다방이 팔려 넘기려 하는데 다른 사람은 계속 같이 일을 해도 되는 상황이고
아마 나는 부적격인가보다
그 때 당시는 단순히 내가 못생겨서 그런 거라고 생각했다
지금 보니 쫌 꼬리를 흔들며 매출을 올려야 하는데
물장사 영업을 사무적 업무로 접근하고 있으니 사장님 입장에선 엄청 갑갑했을 꺼다
나는 그런 부적격 이유로 해고를 당하였고 마담언니는 새로 오는 주인은 마담이 필요
없었는지 그만 두어야 했다
마담언니는 장안동에 새로 생긴 다방으로 가기로 했는데 내가 착하다며

나를 데리고 가겟다고 햇다
해고를 당햇지만 동시에 스카웃도 되니 그렇게 물 따라 흘러간다

스카웃되어 옮긴 곳은 장안동 로타리에 새로 생긴 건물 지하이다
주인아줌마가 채용된 마담언니보다 더 젊고 아리땁다
그래서인지 나를 데리고 간 마담언니는 옮기자마자 바로 그만두엇다
이곳에서는 주인은 처음이라 그런지 주방에 관여 하지 않앗고
주방아줌마가 정직하여 가짜 보리차에 대해서는
그럼 못써 해가며 물도 제대로 끓여 돌리게 해주고
커피도 최고의 맛을 내려고 정성을 쏟는다
더운 날은 물병에 얼음을 채워서 돌려야 한다
주방아줌마는 잠도 우리와 같이 자는데 우리가 먹을 밥도 맛나게 해주려고 애 쓴다
퉁퉁하고 얼굴이 동글동글 이쁜 아줌마다
대접받는 느낌이라 볼에 살이 오르고 몸무게도 퐁퐁 불어나기 시작이다

손님으로 건물 사장님도 자주 오신다
그분의 말에 내가 응수를 해주면 그분은 깜짝 놀라며 나보고 자꾸
아이큐가 140은 되는 것 같다고 140이 맞냐고 되물으신다
초등학교 아이큐 검사 때 100 조금 넘은 것 같아 아니라고 해도 말하는 게 보면
아이큐가 140은 되는 것 같은데 뭔 소리냐며 오히려 본인이 더 긴장하는 모습이다

주인아줌마 잇으면 민망하니까 그분 나가고 없을 때
내가 이곳저곳 걸레질을 햇는데 또 그런 점을 눈여겨 보앗는지
주인에게 다른 친구와 비교하며 아무개는 카운터에서만 알짱거리는데
미스 박은 어찌어찌햇다고 얘기를 전해주엇던 게다
걸레질 그거 별일도 아니엇는데 주인언니는 이런저런 얘기를 들엇다며
거울을 보며 화장하는 얼굴에선 궁둥이가 펴지는 편안한 미소가 피어낫고
그 뒤로 나를 좀 다르게 대해주기 시작햇다
너를 보면 든든하다 신뢰하는 마음이 생긴다라는 뉘앙스를 보내 주는 것 같다

이쁜 주방아줌마는 커피를 이렇게 준비해준다
커다란 함석 다라이에 물을 뜨끈뜨끈하게 해놓고 그 안에 컵을 계속 넣어둔다
커피 잔의 따뜻한 온도를 유지시키기 위함이다
그리고 주문이 들어오면 커다란 밥숟가락으로
커피 한 수저 설탕 한 수저 프림 한 수저 듬뿍듬뿍 넣는다
그리고 펄펄 끓는 물 부면 땡이다
그러나 늘 맛잇기를 주문 외우듯 정성스레 한다
배달주문이 오면 스텐 쟁반위에 재료가 담겨진 따뜻한 커피 잔
그리고 끓는 물을 마호병에 담고 보자기로 묶는다

주로 근처 가게에서 오전 물 배달에 대한 답례로 주문을 하는데
가서 물만 부어주고 한번 저어주면 또 땡이다

어느 날은 임무를 마치고 보자기 든 채 털레털레 돌아오다 트럭 뒤에 얼른 숨었다
다방 옆 공사하는 건물이 잇는데 그곳으로 용달사무실에서 같이 일하던
멀대같은 얼굴에 착햇던 아저씨가 트럭 옆에 서잇는 게 보이는 거다
용달 업무 차 왓나보다
내가 남자라면 나서서 악수 좀 하고 인연에 기뻐 술이라도 한잔 나누련만
그러나 그분의 차가 출발할 때까지 콩탁콩탁 도둑질하다 들킨 사람처럼 숨을 몰아쉬며
서잇엇다 반가운 마음 크지만 내 행색하며 그냥 슬픔으로 묻는다

휴일 집으로 돌아오니
변소 붙은 내 집 나랑 동갑내기 주인집 딸이 결혼을 한단다
야리야리 몸도 야리고 목소리가 예쁜 이 친구는 나랑 이불 덮고 앉아서
도란도란 얘기한 적이 잇는데 내가 목소리가 예쁘다고 감탄하며
아나운서 햇으면 좋겟다고 하자 그러냐고 좋아하며 안 그래도 여고시절
방송반에서 활동햇다는 얘기를 하면서
사귀는 남자가 잇는데 엄마가 무조건 반대 한다고 햇었다
엄마는 엄마가 다니는 교회 전도사와 결혼하기를 바란다는 거다
그런데 이 친구는 엄마와 다른 교회에 다니고 잇고 자기가 다니는 교회 전도사와
이미 마음을 나누고 잇다고
집에 데리고 와 슬쩍 보게 되었는데 키도 장대고
얼굴에 나는 교인이요라고 쓰인 느낌이다
엄마의 반대가 이만 저만 아닌 것 같더니 결국 딸의 의견을 따르기로 햇나보다
결혼을 하면 남편의 집에 잇는 건물에서 주산학원을 할 거란다
몹시 좋아 보인다
숫자를 외치는 낭창한 소리가 유리를 통통 칠거다
샘이 날 지경이다
다방으로 돌아와 물 잔을 나르는 24살 종식이도
막연히 시집가고 싶은 마음이 들었다

다방에는 가끔 장사꾼은 커다란 보따리에 옷을 한 가득 채워서 가져오기도 하고
머리핀이나 귀걸이가 담긴 까만 가방을 들고 오는 장사치도 잇다
까만 가방 눈여겨 볼일이다
어쩌면 나도 그 일은 해 낼 수 잇어 보인다

이게 웬일이야
이쁘고 반듯해 보이는 주인 마담언니가 바람이 나서 도망을 갓단다
상대는 손님으로 오는 배가 나온 경찰이란다

남편도 좋은 분인 것 같던데 왜 그랬을까
경영이 어려웠을까
경영이 어려워 보이기는 한다
사먹는 이는 커피 값이 비싸겠지만 내가 머리로 계산을 해보면 그 돈 받아야 일하는
사람 월급에 임대료 도저히 운영자체가 불가능해 보이기도 하다
풍지 박산이 되어 우리는 다 흩어져야 햇다
나는 웬일인지 실복이네 집에 머물러 잇다
집으로 간 나를 실복이가 또 데려다 놧는가 보다
그래야 몇 달 다녓을 진데 10년은 다녓던 것 같구 일이 얼마나 힘들었는지
계속 잠을 잔다
그렇게 꼬박 일주일을 밤낮을 가리지 않구 잠을 자구 나서야 몸에 기지개가 켜졋다

변소 붙은 내 집으로 돌아오니 주인집 딸이 결혼을 한 건지
그 집에 손님이 많이 왓던가 보다
깨끗하게 걸레질 되어 잇는 방안에서 아침이구 밤이구 쪼그리구 계속 잔다
실복이엄마는 왜 이렇게 잠만 자냐구 눈치를 줄만도 하건만
한마디도 하지 않구 그냥 자도록 내버려 둔다
내방에서 내 이불을 그 집 큰 아들이 덮구 자구 잇는 거다
분해서 깔딱깔딱 넘어 가겟다
그 자리에서 이불을 박박 빨아 널구서도 분을 삭이지 못하는 모습을 보더니
실복이는 별 대수롭지 않은 일인데 뭘 그러냐며
오히려 나의 성격에 그런 점이 잇다는 거에 적지않이 놀란다
나도 내가 이상하다
그러나 내 이불을 외간 남자가 덮엇다는 게 견딜 수 없이 소름 친다
여자 손님도 잇을 진데 왜 하필이면 처녀 이불을 자기 아들이 덮도록 하냐구

헤구우 또 다음 일자리를 찾아야 한다
나름 머리를 썻다
다방에서 일을 하다 보니 주방아줌마도 월급이 같다는 걸 알게 되엇구
어깨 너머로 커피 타는 법 완벽히 익혓구 밥도 어릴 적부터 해먹엇으니
주방일 정도는 거뜬히 할 수 잇을 거다
부천에 잇는 다방에서 주방아줌마를 구한다는 소개를 받앗다
낯선 곳 가는 두려움에 실복이와 같이 갓다

실복이는 그날도 내게 『넌 이상한 애다』 라구한다
다른 친구들은 다방에서 일을 하면 그 다음 일로 더 쉽게 더 돈을 많이 벌기위해
술집으로 전향하는데 너는 어때 그러냐며
나도 모른다 나는 그저 내 상황에서 최선을 다할 뿐이다
우선 오빠를 살려야하는데 당장 수술비까지는 아니어서 그런지도 모르겟다

병원비 약값에 도움이 되는 정도의 돈이 필요하기 때문이다

그날은 눈도 하얗게 내려있어 새로운 세상을 가는 느낌이 어깨에 싸하니 와 닿는다
다방은 버스정거장 바로 뒷길에 2층 작은 다방이다
한적하지 않아 그다지 두려워 보이지 않기에 일을 하기로 약속을 하고 집으로 돌아왔다

올케언니 집에 갓더니 올케 언니가 남식오빠에게 짜증을 내며 대햇다
마음아파 견딜 수 없음을 눈치 못 채게 조심스레 언니에게 표현햇다
올케언니 하는 말이 의사가 될 경식오빠도 지쳣는지 남식오빠에게 짜증스럽게 말하는
걸 들엇다는 거다
그러면서 남식오빠가 경식오빠 대학 보낸 거냐고 내게 확인을 한다
무슨 뜻 일까
올케언니는 경식오빠에게 가끔 차비를 줫다는 얘기도 한다
그러니까 경식오빠가 의사되는데 공헌을 햇다고 본인 스스로 치하 하는 거다
내가 무어라 대답을 할 수 잇을까
이 상황에 나까지 콩타닥 팥타닥 하고 떠들어야하나
그저 잠자코 듣기만 한다
그러나 가슴은 아프다
올케언니가 경식오빠 가끔 용돈 준 것 감사하다
그러나 몸이 아픈 사람은 남식오빠 아닌가
약한 사람 위주로 먼저 생각을 해야 하는 거 아닌가
그리고 차비 가끔 준 것과 내 인생을 송두리째 바쳐 동생들 학비 댄 것과 무엇과
무엇을 어찌 비교 하라는 건지
마음 같아서는 『큰오빠 결혼비용도 남식오빠 장학금 모아서 댄 거예요
아따따 바따따』 하고 싶지만 그러나 그냥 묻어둔다

하늘이 놀랠 일이다
사춘기 시절 경식오빠는 아버지보다도 남식오빠를 최고로 존경한다고 말하는 걸
여러 번 들엇기에 하늘이 무너진 느낌이다
그러나 경식오빠도 나처럼 남식오빠 편하기에 하고 싶은 말 하는 것을
올케언니가 그리 생각햇을 것 같다
나도 남식오빠와 하고 싶은 얘기하면 싸운다 생각하엿으니
그러나 나 당장 청송보건소에서 군의관으로 잇는 경식오빠에게
주저리주저리 긴 편지를 썻다

오빠가 힘든 거 안다
나도 남식오빠 약값을 대기 위해 다방에서 일을 한다
사무실 경리 봉급으로는 도저히 불가능하기 때문이다
다방에서 일을 하는데 이번에는 다방 주방에서 일을 하기로 햇다

난 언제나 약한 사람에게 온 마음이 간다
남식오빠가 아프니까 남식오빠에게 신경이 가는 거지 만약에 오빠가 아팟다면
난 똑같이 오빠를 위해서 이와 같이 최선을 다해 노력 할 꺼다
지난번 오빠 엑스레이 사진을 봣는데 내 심장이 멎는 것 같더라
그러니 남식오빠에게 짜증 내지마라
오빠가 짜증을 냇다고 새언니도 남식오빠에게 함부로 해도 된다고 생각하더라 등등
구구절절
긴 편지를 경식오빠에게 보냇다
그리고 적어도 경식오빠에게 만큼은 내가 남식오빠 약값을 벌기위해
다방에서 일하고 잇다는 것을 알려야 할 것 같앗다
내가 그와 같은 편지를 써서 경식오빠에게 보냇다하니
실복이가 정말 다방에서 일한 걸 오빠에게 편지로 보냇냐며 놀라는 눈치다
내가 죄지은 것도 아니고 떳떳하고 당당할 뿐인데
당연히 경식오빠에게 알려야 되는 일 아닌가
게다가 다방에서 일을 하다 술집으로 빠지는 게 상례인데
더 힘든 주방 일을 하겟다고 결정한 내도 자랑스러운데

옷가지를 싸가지고 부천으로 갓다
직원들 숙소는 주방 옆으로 난 계단으로 올라가니 다락방이 나왓고
그 방에는 이불이 가득 깔려 잇엇다
방에 머무를 시간이라고는 잠자는 시간이 다니 그럴 만도 하다
화장실은 건물 아래로 내려가 옆 건물과의 사이 골목으로 들어가면 잇다

어머 그런데 이게 웬일
변소를 치우지 않아 똥이 수북이 올라와 잇다
세상에 엉덩이에 닿을 랑 말랑
어쩌다 닿은 적도 잇다
어휴 살 데가 못된다
게다가 난 주방 아줌마인데 어린 여자애가 주방을 보는 게 낯설 은지 손님 중에는
차를 사주는 손님도 잇다
그러면 다방의 매출과 관계되므로 거절할 수도 없는 일이다
그 점도 기분이 몹시 언짢은데 변소까지 그러니 어찌 해볼 도리가 없다
주인아줌마는 돈이 아까워 변소를 치우지 않는 모양새다
그만두겟다하니 주인아줌마가 화를 냇고 더 잇으라 한다
그러나 더 이상 견딜 수 없다고 생각되어 봉급 타고나서
일주일 정도 일을 더 해준 다음 슬그머니 새벽에 가방을 챙겻다
또 골머리를 써야한다
주방도 안 되니 다른 방법을 모색해야지

그래
나도 검정 가방을 사서 악세사리를 담아 다방을 돌아다니며 팔아보자
그동안 일이 힘들었지만 그래도 든든하게 돈도 모아졌으니
이것 저것 준비해서 해서 한번 해보는 거야
검정색 얇은 가방을 장만하고 평화시장 도매상에서 핀이며 목걸이 귀걸이 등 가방
가득 채우도록 물건을 띠고 가방에 악세사리를 진열할 수 있도록 장치도 했다
그리고 올케언니에게도 멋진 악세사리와 가방을 보여주었다
신기해하는 언니 앞에 한번 으쓱거려본다

그러나 막상 가방을 들고 나가니 눈앞 시야는 이미 흐려져 있고
심장은 정지 상태에 머리가 맹맹하다
일단 버스 종점까지 가자
그곳부터 시작하여 올라오는 거야
휴~ 숨 막혀
그래도 들어가 봐야 해
첫 번째 가게에서는 아예 목이 따갑더니
두 번째 세 번째는 그래도 조금씩 목소리가 기어 나온다
예쁘다며 몇 개는 팔렸다
그래도 너무 떨려 눈은 헤롱헤롱하다
두 번째 날은 망우동 종점에서 내려 가장 끝일 거라 보이는 다방으로
쑥 들어갔다
그랬더니 그곳에 장안동에서 며칠 같이 일했던 단발머리 주방언니가
주방에서 일을 보고 있는 거다
그 언니는 나를 보고 놀란 얼굴을 하며 자갈밭에 던져도 살아 날거라며
걱정 없다고 대견해 한다
헤구 떨려서 말도 잘 안 나오는 내 마음은 알지도 못하면서

그래도 내 멋진 사업을 자랑하고파 가방을 들고 삼주네 집에도 갔다
금호국민학교 앞에서 문방구 하던 삼주네는 돈을 많이 벌어 강남으로 이사를 갔고
삼주오빠는 총포상 삼주는 레코드 가게를 한다
학교 다닐 때 라디오를 많이 들어 음악에 관련된 일이 제격이란다
좀 욱 치밀어 오르는 감정을 느낀다 선생님의 가르침과 위배되는 내용이었고
아버이는 노래를 듣지도 못하게 하였는데 그러나 그 반대의 상황이니
그렇다면 선생님의 가르침이 옳지만은 않다는 뜻인 거고
레코드 가게는 손님이 엄청 많아 잡지책에 삼주가 나오기도 했다
실복이는 삼주는 두꺼비상 복이 많은 거라한다
그래서 그런지 하는 일마다 잘되는가 보다
내가 아는 사람 중에서 유일하게 재산도 쑥쑥 불리고 돈을 잘 버는 사람이다

강남 멋진 양옥집 삼주네서 은근 맛있는 음식 나오기를 기대한다
실북이네처럼 자고 가라고 잡을 지도 모른다
뱃골이 먼저 등짝에 가 붙어서는 부잣집 맛있는 음식 좀 데리고 오라고
은근 채근 해댄다
그러나 둘째 언니가 요리학원을 다닌다고 자랑만 할 뿐
배가 고픈 채로 대문을 나서야 했다
그저 삼주네 둘째언니는 내가 007가방 들고 다닌다고 용기백배라는 말만 해대지
따뜻한 국물 한 사발 없다

팔리건 안 팔리건 때가 되면 포도청에 납품은 해야 하니 식당으로 들어간다
식당에 들어가 혼자 밥을 시켜먹는 내가 든든하다
그런데 그 많던 내 사업자금이 쑥쑥 들어간다
분명 팔리기도 하고 마진도 붙였건만
돈이 늘어나야 되는데 차비에 점심값에 이상하게 돈이 줄어든다

일주일 되는 날 이번에는 화곡동 종점부터 시작했다
두 번째 다방 계단을 내려가는데 에구머니나 계단 아래 저쪽 성산회사 이호광
상무님이 다방아가씨들 서너 명과 머리를 테이블에 박은 채 재미져 하는 게 보이는
거다 놀랍고 반갑지만 차마 아는 척 못하겠다
또 이 상태로 만나면 나를 얕잡아보아 함부로 생각할 지도 모를 일이다
놀랍고 반가운 인연을 뒤로 한 채 슬그머니 밖으로 나왔다

사업은 계속하고 있는데 자금은 술술 녹아서 사라진다
겨우 점심 한 그릇 사먹었을 뿐인데 그놈의 돈님이 사그르르
허이구 얼마 없네 오빠 약값
얼마 가지 않아 내 첫 사업은 그만 스르르르 폐업 정리 흠흠 흑흑흑
사실 아무런 감각이 없다
마음 너무 바빠 울거나 슬퍼할 시간도 없고 분석할 여유도 없다
그 많은 재산 사업 한방에 다 날렸으니 빨리 일자리를 찾아야할 뿐이다

다시 이문동에 있는 다방으로 취직을 했다
아주 작은 곳이라 일하는 사람은 주방 할머니와 나 둘 뿐이다
사장은 젊은 청년으로 다방에 물건을 대주다 인수한 모양이다
키가 작달막한 젊은 사장이 얌전하고 착하니 실북이 아버지를 닮아도 보인다

주방할머니는 내가 화장실에서 변비 때문에 오랜 시간을 머물다 나왔더니
담배를 피웠다며 나에게 나쁜 사람이라고 몰아세운다
아무리 설명을 해도 믿지 않는다
그깟 담배 한가치 누가 피우겠는가

필려면 한꺼번에 열 가치를 물던가
그러나 내심 할머니가 좋은 사람을 찾으려 하는 마음이 잇다는 사실에 기분 좋아진다
아무리 얘기를 해도 믿지 않고 통하지도 않지만
나의 매출능력부족으로 젊은 사장이 다른 직원을 채용한 것도 같고
사장이 다방을 팔은 것도 같고
어찌되엇건 이곳도 얼마 다니지 않고 이내 그만두게 되엇다

다시 이사를 하엿다
변소 붙어잇는 옆방은 냄새가 고약해 계속 살기에는 너무 괴롭다
1년만 살기에는 약속한 것 같아 한 해 더 살고 그 아래로 이사를 하엿다
넓은 마당에 주인안채는 따로 잇고 마당 한쪽구석에 딱 붙어잇는 방 한 칸이다
수돗가도 내 방 앞에 따로 잇어 평상시에는 주인과 마주할 일이 없다
얌전해 보이는 주인 가족은 늘 웃음기 없는 냉랭한 얼굴로 대문을 열어준다
스산한 가을바람이 수돗가에 앉아 쌀 씻는 내게로 몰려오더니
견딜 수 없는 외로움이 뼛속까지 파고들어 몸이 오그라 붙는다
온 동네에 찢어진 쪼가리 나뭇잎이 휘휘 휘날리고 잇는 게다

실복이가 드디어 짝을 만낫나보다
이런 저런 자질구레한 사생활은 다 정리하고 결혼을 하겟다고 한다
다니던 보일러 가게도 그만두엇다
그리고 좀 달라졋다
그렇게 모든 만남에 주구장창 나를 끌고 다니더니
결혼하기로 한 사람을 만날 때는 인사만 시키는 정도도 하고 그렇게 지나치게
나를 끌고 나가지 않는다   제대로 된 임자를 만낫는가 보다

깍쟁이 실복이는 결혼 날을 잡고 어디서 알아냇는지 마장동에 전자공장이
잇는데 결혼 날까지 한 달 정도 다닐 수 잇다며 같이 가자고 한다
마침 직업이 없는 나는 달리 거절할 이유도 없고 하여 따라 나섯다

공장에 가서 일을 하기로 하고 나오면서 공장 앞에 쫄면이라고
씌여잇는 분식가게에 들어갓다
실복이가 난 이상하게 쫄면이 맛잇어 하며 쫄면을 먹자하여
500원짜리 쫄면을 먹엇다
나에게는 아무런 선택권이 없다
실복이 뜻에 맞추어 그대로 함이 너무 몸에 익숙해졋기에
나는 내가 무엇이 먹고 싶은지
먹고 싶은 건 잇는 건지에 대한 생각할 틈조차 없이 실복이가 쫄면이
맛잇다하니 나도 아 맛잇는 거고나 하고 생각 들어질 뿐이다
그렇다면 실복이 입장에서

실복이는 왜 나에게 내 의사는 물어 볼 생각조차 안했을까

아무튼 그렇게 하여 실복이와 종식이는 같이 공장을 다녔다
실복이는 부장님과 야시랑야시랑 얘기도 잘 하고
종식이는 뚝뚝하니 말 한마디 제대로 못 한다
빠릿빠릿 실복이는 일도 잘하고 느릿느릿 종식이는 답답덩이다
그렇게 촉망받는 실복이와 민충이 내가 전자공장을 같이 다녔다

그래도 그런 나와 똑 닮은 친구가 공장에 또 한명 있었다
그 아가씨도 나처럼 안경 쓰고 구박받고 있다
그 안에서 우린 그나마 마음을 주고 받았다

그러다가 실복이는 시집을 갔드래요 시지입 간 날 첫날밤에~~

실복이 결혼 선물 준비해야한다
실복이는 고등학교 친구들 이름을 대며 누구는 뭐해준다했다 뭐해준다했다라는
얘기를 한다 그 말에 좀 신경 쓰이기도 하고 거슬리기도 한다
내가 뭐를 해주었는지는 기억에도 없지만 친구들이 준비한 물건보다
값이 비교 안 되는 비싼 거 였다는 것만 기억한다
그래도 그건 그거고 진심의 선물을 하고 싶다
무얼 할까 무얼 할까 몇일을 고민하다 구약신약 다 있는 두꺼운 성경책을 준비했다
성경책을 받는 실복이는 코를 찌그린다
시어머니가 불교라며 성경책을 감추어두겠다는 말을 한다
그 무렵 우리 성당에서는 주로 신약성서만 보기에 나도 갖지 못한
신구약 다 있는 성경책을 준비했구만 히구

실복이가 결혼을 함으로 곧 그 공장은 그만두었고
나는 나와 똑 닮은 친구와 서로 의지하며 뒤뚱거리고 다니고 있다
어느 날 나와 똑 닮은 친구가 찢어진 신문지쪼가리 하나를 가지고 왔다
직원을 모집한다는 광고문이다
신설회사에서 경력자 경리 공장직원 영업부직원 기사 등을 모집했다
경력자 경리 솔깃하다 그래도 나는 결산까지 해봤는데

그리하여 민충이 두 아가씨는 작정을 하고
찢어진 신문지 조각에 이력서 한 장 들고 나섰다
이력서와 함께 자기소개서를 요구했나보다
처음으로 써보는 자기소개서
왠지 더 신이 난다 폼 나게 하지만 진심으로 작성했다
작성하고 보니 하나의 시구가 되었다

어떤 이는 그림이 취미이고
어떤 이는 음악이 취미인데
나는 일하는 것이 취미인 가 봅니다
언제 어디서나 일을 할 때면
웃고 있는 나를 발견하기 때문입니다

웬일인지 면접관이 여자 분이다
무어라 면접을 보았는지는 모르지만 쉼 없이 생글거렸던 기억은 남아있다
아 『왜 먼저 회사를 그만두었느냐 물었고』 회사가 부천으로 가는 바람에
따라 갈 수가 없었다하자 면접 보시는 분이 여자 분이라
바로 『그렇지 거기까지 갈 수는 없지』하고 이해 해주시는데
그런 내 마음을 알아주신 것만으로도 목이 메여 눈물이 왈칵 솟을 뻔 했다

면접을 보고 오니 왠지 기대가 된다
그러나 며칠을 기다려도 전화가 없다
뚱뚱하고 못생김에 또 접어야 되나보다
포기하고 잊으려 하고 있는데 일주일 후
남식오빠가 큰오빠 집으로 나를 찾는 전화가 왔고 다시 하겠다고 했단다
이상하다 나에게 올 전화가 없는데
그 날 토요일 정말 나를 찾는 전화가 다시 왔고 나를 면접 봤던
카랑카랑한 여자 분의 목소리가 내 귀에 속속 들어온다
월요일부터 출근 하랍신다
우와 채용통보다
발그레 들뜬 내 얼굴에 신통해 하며 기뻐하는 남식오빠
생글거리다 선보러가서 딱지까지 맞 는데 생글거림으로 취직이 되다니
회사는 월곡동이고 안암동에서 버스를 갈아타면
금호동에서도 충분히 다닐 수 있다

회사는 과자를 만드는 회사이다
이미 공장은 완공되어 여러 가지 신제품이 출시되는 중이고
영업은 아직 이루어지지 않았다
본사겸 공장은 경기도에 소재하고 영업부와 총무부만 서울사무실에 배치한다
나는 영업부에 배정되었다
맡은 임무는 영업부 사무 관리와 제품창고 관리이다
나와 같이 이력서를 냈던 친구는 현장 직에 지원했는데
지방에서 숙식을 해야 한다니 무서워서 못 다니겠다한다
또 나만 사무직에 지원을 하니 왠지 잘난 척하는 것 같아
미안한 마음에 길게 얘기를 꺼내지도 못했다
지금의 성격이라면 밥이라도 한 번 샀으련만 그 당시는 나도 수줍음이 있고

그 친구도 의기소침한 것 같아 그냥 입안에 말을 넣고 얼버무리다 갈림길로
들어서게 되엇다 은근 미안한 마음이 내 안에 남아잇다

영업부는 부장님과 네 명의 남자직원 그리고 여자직원 두 명이다
우와 감동이야 회사에서 유니폼도 맞추어 주엇다
하얀 블라우스에 주황색으로 된 스커트와 조끼 얇다리 얇은 리본
좀 면적스러운 나까지 예뻐 보인다
면접관으로 앉아잇던 사람은 사장님부인 전무님이시고 사장님은 주로
본사에서 연구를 하시고 전무님이 서울 사무실을 지키신다
활달 발랄 명랑 유쾌한 전무님 덕분에 내 목소리까지 커지더니
아예 춤을 추고 날라 다닌다
그래 나 원래 괜찮은 사람이야 여자 앞에서는
그러니까 실복이 아줌마도 나를 챙겨주는 거고 고등학교 선생님도 매일 나를 챙겨
주셧잖아

내가 바보같이 생기긴 햇다 나도 그거 안다
옆에 이철종대리님이 세금계산서 띠는 법을 본인이 모르는 척 하며 나에게 물어본다
내가 아는지 모르는지 체크 하는 거다
내가 콩 나와라 콩 팥 나와라 팥 또박또박 설명하니 슬그머니 물러선다
치사해 못생기면 머리도 꼴통이냐 그런 식으로 체크하게
면접 때 이미 다 확인 하셧구만

다른 사람은 다 좋은데 영업부 이병철 부장님이 밉다
웬지 미워 죽겟다
미워서 부글부글 끓고 나면 한 이틀 후에 꼭 생리를 한다 희한하다
지난번 성산회사 다닐 때는 내 옆에 앉아 근무하던 경리과 김계장님이 그렇게
밉더니만 가는데 마다 견딜 수가 없을 정도로 미운사람이 꼭 한명씩 잇다니
가는데 마다 그런 사람이 잇다는 건 아무래도 내가 문제인가보다
그 사람들에게 문제가 잇는 게 아니라 내 안에 누군가를 미워하는 미움의
싹이 잇나보다 이 마음을 버려야겟다
신기하게도 그와 같은 생각을 하고 난 뒤 부터는 더 이상 부장님이 미웁지
않앗다

사무실에서 일을 보고 잇는데 사장님 친구분이 오셧다
허걱 우예 친구 분 얼굴이 눈에 익은 사람이다
내가 장안평 다방에 근무할 때 길 건너편 자동차 중고매매센타 사장님이다
그리 대화한 일은 없지만 늘 물 배달 가던 곳이고 분명 그 사장님 맞다
전무님도 장안평에 계시는 사장님 친구 분이라 소개하신다

우예노 나 힘들게 취직햇는데 내 얼굴 알아보고 나 자르라하면 우예노
가슴이 콩타닥 콩닥 거리며 붉어진 얼굴로 쩔쩔 식은땀 흘리는데
그때 내 책상에 잇던 한 무더기 동전이 바닥으로 와르르 쏟아졋다
휴~ 덕분에 바닥에 쪼그리고 앉아 동전을 하나하나 주워야햇고
사장님 친구 분은 인사만 받고 윗층으로 올라가셧다
자주 놀러 오시면 어쩌나 햇는데
다행이도 다시는 우리 영업부 사무실에 들르지 않으셧다

아뿔사 실복이 친구 미선이에게 전화가 왓다
학교 서무과에 자리가 낫다는 거다
시집간 실복이 대신 실복이 친구 미선이와 가깝게 지낸다
미선이와 이태원에서 미선이 친구를 만낫다
일본계 미국인 남자다
내가 카셋트 테이프 장사하면서 외워두엇던 영어문구 몇 개 나열하니
놀라는 눈치다
미선이와 더 오랜 시간 지냇는데 대화가 많이 힘들엇던 게다
내가 문구 몇 개 나열햇다구 놀라는 걸 보면
나도 신기하다
배운 문장 몇 개 늘어놓으면 외국인과 대화가 되는 거라니
그런 미선이가 학교 서무과에서 근무를 하고 잇는데 자리가 하나 낫다고
내게 연락을 해온 거다
아이구야 우야꼬 회사에 다니는 것보다 학교 서무과가 더 안정적으로
느껴지는데
우야노 옮기면 좋으련만
이제 막 입사하여 유니폼까지 맞추어 주셧건만
우야노 이 유니폼
에휴 아니되겟다 거양 자리에 앉아 잇자
아쉽지만 학교 서무과는 거양 접어야 햇다

어쨋든 난 늘 신나는 마음으로 일한다
단지 영업부 사무직이지만 현장 판매 경리 모든 일에 마음이 쓰인다
몸은 영업 경리지만 마음속으로는 회사를 경영하는 그야말로 회장님이다

영업부 남자 직원들이 사장님의 불만을 토로한다
세세한 기억은 없지만 장부 결재에 대한 이야기다
그 불만이 어느 정도 일리가 잇는 것 같기는 하다
사장님이 영업부 사무실에 들르셧는데 아무도 앞서서 그 얘기를 하지 않는다
영업부 장부를 기장하는 나도 조금 관계잇다
내가 사장님께 직언을 하였다

사장님의 심기가 불편하셨는지 장부를 툭하고 던지셨다
남자 분들은 분명 뒤에서 툴툴 댓으면서 왜 나서서 얘기를 안 하는지
죄송하지만 내 눈에 사장님은 그저 큰오빠로 보일 뿐이다
하필이면 우리 큰오빠와 나이도 같고 이름도 두 글자가 같으며 호리호리한
몸매에 순수해 보이는 모습마저

어떻게 알고 부천으로 이사 간 성산 영업부 김과장님이 내게 전화를 하셨다
수화기 너머로 들려오는 김과장님의 목소리는 마음에 억장이 느껴진다
『미스 박이야
　미스 박
　살아잇으면 됏어』
단지 그 말만 하고 끊으셧다
내게 황이사님 심부름을 전달하느라 애쓰셧지만
그 일로 미안햇다는 걸 전하는 것 같다
본인의 속마음은 그게 아니엇다고
그래도 나의 안부를 걱정하시는 김과장님 목소리를 들으니 마음이 뭉클하다
전쟁터에서 살아남은 건가
살아잇으면 됏다하시니 호호
아무래도 내가 성산 나의 후참 미스 신에게 안부 전화를 햇었나보다
어깨에 힘주고 통통 튀는 목소리로

느끼기에 영업부 직원들은 다른 부서에 비해 말이 거칠다
본인들이 슬슬 즐기고 과시하는 것 같다
내 옆자리 이철종대리님도 마찬가지
의리는 잇어 보이시고 그 점 또한 과시하는 게 느껴진다
부인이 약사라 어깨에 힘이 약간 들어갓는지도 모르겟다
내게 쉽게 장난치려 한다
내 어깨를 껴안듯 손을 올리셧다
그 자리에서 팔을 책상에 딱 밀착시킨 채 내 책상위의
모든 서류와 집기를 샥 쓸어버렷다
서류와 볼펜이 날라가든지 말든지 뽀사지든지 말든지
별일도 아닌데 이분 깜짝 놀라며 다시는 그와 같은 장난은 하지 않으신다
그 대신 내게 이름대신 별명으로 부른다
『박핑』 『이이그 박핑』
히히 그다지 듣기 싫지는 않다 좀 boy스럽게 들린다
송추오빠가 어깨에 손 올리면 분해서 파르르르 떨더니
아무래도 그게 내게로 전염된 모양이다

실북이에게 전화가 왔다

『야야 종식아 종식아 우리아버지가 너 오래』
실복이아버이 환갑날이시다
환갑상을 받으시는데 막내딸 자격으로 내 절도 받고 싶어 하신단다
자기 아버이가 내를 좋아하면 샘도 나련만 실복이가 더 좋아한다
전무님께 양해를 구하고 근무시간에 잠깐 다녀왔다
실복이 가족들이 다 반긴다
『어어 종식이 왔니 어서와라』
유니폼을 입은 채 쑥스러운 절을 올렸다
실복이아버이는 이다음에 내게 상복도 입히라 하셧단다
무슨 의미인지 모르지만 밍구시렵다

실복이가 병원에 누워잇다
방금 아들을 낳앗기 때문이다
아이고 맙소사 양말로 얼굴을 문지르고 잇다
아기 낳을 때 신엇던 양말로 얼굴을 문지르면 기미가 없어진대나 어휴
내보기엔 답이 없다 어찌하면 그게 믿어질까
그런 얘기는 도대체 어디서 듣는 걸까
말을 할 수도 없고 그리 믿고 열심히 문지르는데

이제 막 태어난 아기 어진 양(良)이 나왓으니
올바른 말(언어) 올바른 행위의 발걸음으로 잘 기르라는 깊은 뜻이엇을진데
나 역시 그 당시 그 뜻을 모르니 그 행위가 어처구니없다고 생각햇을 뿐이다

큰 병원인가보다 복도엔 의자가 편편한 모양으로 많이 잇다 순간 떠오르는
생각이 저기에 누워서 자면 등이 배기진 않겟다는 생각이 들엇다
엄마가 입원햇던 병원 나무의자가 등이 많이 배겻던 생각이 낫기 때문이다

실복이 엄마는 나에게 내 방을 빼서 실복이 엄마 집으로 들어와서
살기를 제안하셧다
『얘야 우리집에 와 살어라
이제 시집도 가야하니 방을 빼야 할 꺼아니니
그러니 우리 집에 와 살고 한 달에 나 5만원만 다고
할아버지가(실복이아버이) 돈을 안주니 내가 돈이 좀 궁하구나』
노인네가 돈이 궁하다 하시니 내가 오만원이라도 드리면 도움이 될 거 같기도 하다
그 의견을 집에가 전하니 남식오빠도 올케언니도 그리하라 한다
내 하얀 옷장은 올케언니가 『다른 사람 누구 주어야겟다
그리 해도 되겟냐』 묻기에 『그럼 그러시라』 하고
나는 하얀 옷장과 아쉬운 이별을 한 채 실복이네 집으로 들어갓다

그렇게 해서 시집가고 없어진 친구 집에 내가 들어가서 살게 되었다
실복아버이 어머이와 달랑 방 한 칸에서

사람들은 대학에서 배운다하는데
우리 집안 다 부자이고 배움이 넘친다하는데
나는 사는 방법을 한글 모르는 실복 어머니에게서 배운다
남들 시시하다 생각할 일이지만 난 소중한 배움이라 옮겨 적으련다
달랑 방에서 잠자는 위치이긴 하다
겨우 방에서 자는 걸 뭘 그러냐 하지만 나에겐 큰 가르침인지라
실복이 결혼 전
창문가 벽 쪽으로는 실복아버아 그 옆에 실복엄마 그리고 나 그리고 방문 쪽 가장자리에
실복이가 잔다 어느 날 실복이 사촌 동생이 왔는데 실복엄미 나에게 저쪽 가서 자라한다
그래서 그날 실복 엄니 옆에 사촌이 자고 사촌 옆에 나 맨 가장자리에 실복이 누웠다
정말 깜짝 놀랐다
그렇다면 그동안 나를 옆에 재우신거다
나에게 흐르는 기가 부족하니 옆에다 재운 거였다
세상에나 세상에나 눈이 번쩍 띄였다
표현하지 않았으나 마음속에 늘 품고있다
우리 엄마가 큰 오빠들에게만 내복 사주고 맛있는 것 먹게 하는 것과 꼭 같다

집을 그리 해결하고 회사가려고 백을 어깨에 걸친다
회사 여직원들과 몰려다니면 든든하니 아주 좋다
총무부에 김옥영과 또 다른 미스 김
영업부에 앙큼 미스 고와 나 미스 박
점심시간에도 뭉쳐야 하고 일이 끝나면 또 떡볶기집 만두집으로 들고 쑤신다
뭉쳐서 키득거릴 땐 가슴이 둥둥 떠올라 구름위에서 축구하는 기분이랄까
아무튼 손을 놓고 돌아서서 집을 가야한다는 게 이해가 안 될 정도다
다들 나에게 언니라 부르는데 그 소리만 빼면 더 좋겠다
내겐 어울리지 않는 이상한 소리
언니라고 부르고 어떻게 할까의 결정을 나에게 물으니 거참 쑥스럽다
언니라 부르니 책임감을 느껴야 되는 것 같고 다들 안위를
걱정해야하는 마음까지 생기는데 위치가 사람을 만든다더니 정말 그런 걸까
그런 거 생기면 곤란한데
나는 늘 막내였고 그것이 내게 어울리는 건데
총무과 김옥영이는 까다롭다
전무님이 이전회사하실 때 연으로 같이 일을 한다하는데 돈을 취급해서
그런지 원리원칙에 냉철하다 권위까지 느껴질 정도다
그럼에도 사석에선 그깟 한 살 차이에 내게 꼬박꼬박이 언니라 부른다

내겐 어려운 그녀가

어느날 자려고 이불피고 누웠는데 거반 열두시가 다되어 전화벨이 울렸다
실북아버이가 나를 바꿔 주시기에 받아보니 전무님은 내가 집에 잘 들어갓는지
확인 전화를 하신 거다
미스오가 집에 안 들어왓다고 회사로 전화가 걸려 왓다한다
그 날은 수출문제로 늦게까지 일을 하고 밤 10시경 퇴근햇다
김환세 대리님과 미스고가 내가 타는 버스정거장 반대쪽으로 가는
뒷모습을 보기는 햇다

김환세 대리님은 영업부에서 그중 나이가 가장 잇으시다
그러나 나는 그분의 소년스러운 장난 끼를 느낀다
재혼한 부인이 미장원을 운영하는데 수입이 꽤 되는가보다
월급을 부인에게 가져다 주니 봉급 봉투 끝을 잡고 흔들면서
『애게~』라는 표현을 햇다한다
월요일 출근하니 회사가 난리가 낫다
늦게까지 야근 근무를 한 직원들이 집으로 안전하게 들어가지 않음에
전무님 많이 신경 쓰이시나보다
그 다음은 어떻게 처리햇는지 기억에 사라졋다

그러나 미스고 앙큼 표현은 뚜렷하다
일요일 김세환 대리님과 명동을 걷다가 쇼 윈도우 안 치마를 보며
사달라고 햇다는 거다 그래서 치마를 사주엇다고 자랑한다
하 신기하다
그런 말을 어떻게 할 수 잇는 거지
나라면 감히 생각도 못할 일인데
내가 못생겨 의기소침 한 건가

사실 미스 고가 내 영역 밖의 사람이라고 생각들은 사건이 잇다
조금 늦게 일이 끝난 날 미스 고와 둘이 안암동 로타리에 잇는
지하 다방에 갓다
미스 고가 세련되게 신청곡을 디제이 박스에 적어서 넣는다
미스 고는 디제이를 보더니 벌써 두근반 세근반 펄떡인다
내 눈엔 얄상하니 딱 세째오빠다

미스고 재촉에 다음 날 한번 더 가야햇다
다방이 끝날 시간이 다 되어 가는지
그자가 우리들의 테이블에 와서 미스 고 옆에 앉앗다
미스 고가 좋아서 팔딱이기도 하고

나에게 과시하듯 기고만장의 표정이 되기도 하고

어쨋든 능력자 미스고가 신기할 따름이다
그가 한쪽 팔을 뻗쳐 미스 고의 어깨를 지나 소파위에 걸쳐졋다
내 생각에 초면에 너무 실례가 아닌가 싶어
그 뻔질뻔질하면서도 끈적끈적한 디제이 얼굴을 보며
그 팔 내리라고 정확하게 말햇다
미스 고가 깜짝 놀란다
『언니 그래
　나는 내 머리카락 만지고 잇엇는데 가만히 잇엇어』
아이고 맙소사 본인이 머리카락을 만지고 잇는데도 가만히 잇는데
내가 나섯다는 건 내가 오버하는 행동이엇네
내가 그런 줄 몰랏다고 오히려 미안하다고 하엿다
그 이후로 미스고의 생활은 내 영역 밖이니 간섭해서는 안 된다고 다짐한 터다

크리스마스 날일 게다 나이트 크럽을 가자한다
그 정도야 나도 적응한다
그동안 실복이가 종로 이태원은 충분히 실습시켯으니
낯선 장소 청량리쪽 나이트 크럽이다
어떻게 놀앗는지 그 기억은 또 지워졋고 마무리가 특이하다
이친구들 당연하다는 듯 나이트가 끝나자 여관으로 향한다
화 그래도 실복이는 여관까지 가지는 않앗는데
실복이와 아주 늦은 밤새 나이트 크럽에 잇다가
아침 버스가 다니기 시작할 때 집으로 돌아왓다
뭐 그렇게 큰차이겟냐만서도 여자애들이 자연스레 여관을 잡으니
이해하기 벅차다
내가 나이가 제일 많으니 모르는 척하기도 그렇고 그 친구들 하는 대로
따라 하긴 하지만 그야말로 내 취향 아니다
그동안 실복이와 나이트를 졸업하엿더니 그새 세월이 바뀐 건지
아무튼 우리할머니 아시면 펄떡 뛰겟다
엮혀사는 입장도 난처하다
민망하지만 어째 이러지도 저러지도
일단 실복아버이에게 전화를 드렷다
어정쩡 쩔쩔매는 목소리엿겟지
회사 동료들과 어울려서 집에 들어가지 못한다고
다행히 실복이 아버이는 편안하게 전화를 받아주셧다
그동안 실복이는 연락도 없이 안 들어갓기에 아주 많이 단련되셧나보다
아무튼 우리 미스 고 맹랑해

퇴근하려고 영업부 가족들이랑 도로가에 잇는 사무실 앞에 서잇다
셔터를 내리는 걸 지켜보는 가운데 이철종대리님이 내 엉덩이를 툭 건드린다
승질이 확 치밀어 올라 가방을 패대기 치려고 하는데
순간 갑자기 내 나이가 스물다섯 살이라는 생각과
내가 그와 같이 행동햇을 때 이철종대리님의 입장이 떠올라
폭팔력이 저절로 누그러들엇다
그래도 분을 못 이겨 발로 땅을 팍 찍고 팩 돌아서서 뒷길로
가는 걸로 마무리 한 것 같은데
그다음은 어찌햇는지 잘 생각이 나질 않고
그 순간 내 나이가 떠올랏던 것만 기억에 선명하다

1987년 1월 1일날 한복을 입고 전무님 댁으로 오라고 주문을 하셧다
나는 아주 큰 결심을 하엿다
올해 처음 눈 마주치는 사람하고 무조건 결혼을 해야겟다
실북이네서 살고 잇는데 숨이 쉬어지지 안는다
내가 감히 영혼을 고를 자격이 잇는가
아무하구나 눈이 마주치면 그자와 그냥 결혼하자
한복을 곱게 맞춰 입고 전무님 댁을 향햇다

회사가 특이하다
지난번 다녓던 성산과 다르다
아주 맑고 통통 튄다
재료도 최고급만 사용한다
과자에 들어갈 땅콩 한 자루가 들어왓는데 알이 엄청 굵고 흠집이
하나도 없어 내 눈이 휘둥그레 졋다
이런 건 도대체 어디서 팔까 싶을 정도이다
전무님은 거래처에 돈도 정확하게 딱딱 제 날짜에 지불하고
대신 최고급 물건만을 요구한다
추석 때 직원에게 주는 보너스도 새 돈으로 주려고 신경을 쓰신다
지난번 성산은 거래처에서 돈을 달라고 조르면 달라고
조르는 게 지쳐서 돈을 주는 게 일반적이고
운영자 이호광 상무님을 통해 운영비가 줄줄 새기도 하고
이럭저럭 운영이 어려워 회사가 휘청휘청
월급도 두 세달 후에나 직원에게 주고
수위아저씨는 회사 전표 뭉치 들고 회사 협박하고
그게 내가 알고 잇던 세상이엇는데

회사 영업도 승승장구이다
경험 있는 영업부 직원들과 탄탄한 사장님의 뒷받침 맛을 보면
바로 알 수 있는 좋은 제품 가격이 비쌀 수밖에 없는 제품이기에
큰 매장과 백화점만 납품함이 원칙이다
수금도 월말이면 거의 다 현금으로 수금이 되는데 제품을 납품하고
머리 숙이며 어음 쪼가리 받아야 했던 성산과 확연히 다르다
현금만 움직이는 슈퍼와 거래를 해서 그런 모양이다
머리핀을 이리이리한 007가방에 채워 놓고
한 개 한 개 낱개로 팔 던 내 영업과도 정 반대세상이다

회사의 전무님 경영방식에 존경을 넘어서 내 마음이 열린다
전무님과 사장님은 어려운 시기에 만나 리어카 끌며 자수성가 하셨다는데
부를 일으키고 일으킨 부를 움켜쥐기보다 부를 통하여 사랑의 메시지를
전달하는 게 느껴지니 내가 날개를 달고 펄펄 나는 기분이다

어느 날은 늦게까지 일을 하고 전무님께 보고 드리러 갔을 때 전무님이
봉투에 금일봉을 담아 주셨다
친척들 누군가가 내게 돈을 주면 분해서 펄펄 뛰었었는데
신기하게도 전무님이 주신돈은 엄청 기뻤다
땀 흘려서 번 돈은 기쁨으로 다가오는 거라니 게다가 내 노고를 인정하여
금일봉을 주시니 그 돈이 크건 작건 관계없이 가슴 콩닥거려 히죽인다

그런 전무님이 내게 이리 말씀하셨다
『미스 박은 이상해
판촉직원도 공장직원도 다 미스 박 좋다구해』
그리고 한마디 더하셨다
『그런데 느려』
나는 쉬지 않고 열심히 일하는데 왜 다들 느리다는 말을
빼트리지 않고 하는지 실북어머이도 내게 이리 말씀하셨다
엄청 구민 끝에 하신 말씀인가보다
『얘야 시어머니 없는 데로 시집가거라』
무슨 뜻이 내포되었는지 다는 모르지만 아마도 너무 느려 시어머니에게
쫓겨날까 걱정되시기도 한 모양이다

글구 나는 내가 좋은 사람인지 어떤 사람인지 알지를 못하지만
백화점 판촉 나가있는 친구들이나 현장직원들이 전화가 오면
나를 최대한 낮추려고 애를 쓰기는 한다
남식오빠가 순옥 아줌마에게 했던 것 처럼

판촉직원 누군가와 대화를 나눈 적이 잇는데
나를 마주보고 앉아잇는 미스 고는 내게 하는 말이
저렇게 생긴 언니 입에서 어떻게 그런 말이 나오는 줄 모르겟다고하며
놀라는 표정이다
내가 히브적거리게 생겻다는 거 나도 알지만 내가 무슨 말을 햇는지는
나도 모른다 그저 내 생각 전달 햇겟지
더군다나 나는 맹하여 모든 지혜를 남식오빠에게 구하는 입장인데

전무님이 우리 여직원에게 『아예 미스 박이라는 호칭 빼고 종식아 옥영아』
라고 이름 부르는 게 어떠냐고 물으셧다
아마 더 가족 같은 분위기를 그리셧나보다
그런데 『나는 싫어요 박종식씨라고 불러주는 게 좋은데요』 라고 대답햇고
그래서 그냥 미스박인 채로 남앗다

어느 날은 전무님이 방에서 지나간 넋두리 처럼 풀어 놓으셧다
사장님과 결혼 할 때 대학을 보내주기로 하고 결혼 하셧다는 얘기도 하셧다
벽에 기대 쪼그리고 앉으셧는데 양말을 신지 않은 맨발이엇다
이리 부잣집 전무님에게도 고민과 슬픔이 잇엇다니 또 그런 하소연을 어린
나에게 풀어 놓으시다니 실북 엄마에게 햇던 것처럼 숨죽이고 듣기만 하엿다

전무님 딸 중 공부를 곧 잘하는 딸이 고등학교에 입학하려는 시기이다
공부에 지쳣는지 인문고등학교를 지원하지 않고 상업학교 서울여상을
지원하겟다한다 전무님 걱정이 이만저만 아니시다 나에게 얘기 좀 하라신다
서울여상을 졸업한 사람으로서 자문을 들려주라 하시는 것 같다
따님과 잠깐 얘기를 나눠보니 자유를 갖고 싶다고 햇다
아마 공부로부터 자유롭고픈 모양이다
내가 생각을 정리하여 한 번 더 얘기하고 싶엇는데 전무님이 괜찮다고
그냥 나두라 하신다
그래서 내가 편지를 썻다
내가 보니 자유라는 건 문밖에 잇는 게 아니고 내 안에 잇는 것 같더라
내가 이렇게 이렇게 해 봣는데 그 안에는 자유가 잇지 않더라
내 마음을 이렇게 이렇게 다져야 그제서 자유가 생기는 것 같더라라는 내용을
담앗다 세세한 내용은 기억이 안나 이렇게 라는 말로 얼버무렷는데
그때는 내 경험과 생각을 그대로 펼쳐놓앗다
편지를 쓰고 나니 내 안에 언제 이런 생각이 자랏는지 나도 모를 일이다
희한하게 지혜는 파내면 파낼수록 나오는 것 같앗다

1월 1일 다 같이 한복을 입고 사장님 댁을 방문하엿건만

전무님 기막히게 눈치를 채신다
그 날 이후 전무님은 『미스 박이 달라졌어 달라졌어』
『아냐 미스 박이 올해부터 뭔가 달라졌어』 라고 말씀하신다

2월 14일 처음 들어보는 말 발렌타이데이
뭐 유럽에서 여자가 남자에게 초코렛을 주며 고백한다는
말을 신문에서 읽어보기는 했다 하지만 우리에게는 생소한 말이다
과자회사 이다보니 크리스마스니 발렌타이니 그런 날에 민감하다
크리스마스에는 귀여운 인형을 만들어 인형과 함께 과자를 포장한다
바쁘기에 사무실 직원도 모여서 늦게까지 일을 하는데 실북이 엄마 부업 돕는
일에 일가견이 있는 나로서는 괜히 들뜨고 신이난다
사장님도 바렌타인대이 행사는 처음인지 기획 상품으로 호박으로 인형을 만들고
그 안에 캔디를 같이 포장하였다
처음 본 물건에 신기하고 크리스마스 때처럼 홈런을 날리리라 기대를 하였는데
낭패를 보았다 나중에 할로윈대이니 발렌타인대이니 그런 말들을 구분하게
되었을 때 지난 번 만든 호박인형은 귀신의 등불이 되어 밝혀주는 호박귀신이었고
할로윈대이에 사용한다는 걸 알고 그 실수가 얼마나 재밌던지

아무튼 2월 14일 발렌타인데이
우리 회사 여직원들이 들뜨기 시작했다
물론 주동자는 앙큼이 미스 고
이런 일엔 머리가 반짝반짝 돌아간다니까
아이디어가 기발하다
『모든 남자직원에게 쪽지를 돌리자
쪽지 모든 쪽지는 꽝 두 장에만 당첨이라는 메모를 넣자
공략은 사장님이야
왜냐하면 사장님이 돈이 제일 많으시니까
그래서 우리 같이 나이트크럽가자
다른 한 장은 김 형원씨에게 넣자
왜냐하면 그 사람이 제일 순진하니까
그러면 사장님도 다른 직원도 감쪽같이 속을 거야』

김형원씨는 나와 같이 우리 회사 1기 공채사원이다
구매부에 배정되었다
얼굴에 나 반듯한 사람이요라고 씌여있다
얼마나 반듯한지 시식용 과자 몇 개가 필요해 타야 할 때도 저울로 달아준다
내가 너무 재미있어서 고과서 27페이지라는 별명을 붙여주었다
책을 읽으면 페이지가 넘어가야하는데 도대체 넘어가지 않고

매일 27페이지만 읽고 있다
교과서 27페이지라고 놀려도 무슨 뜻인지 묻지도 않고 웃어넘긴다

전두지휘 작전은 짜놓고 사장님 실에 쪽지 가져다드리는 걸 겁내한다
그러나 나는 자연스레 쪽지 한 장 들고 우리 큰오빠 사장님께 드리면서
정말 우연히 당첨이라는 글이 나온 양
김 형원씨에게도 당첨이 나왔는데 가짜였다면 그 사람에게서 당첨이
나왔겠어요라고 되물었더니 사장님도 그러네 하고 넘어가셨다

전무님을 따돌릴 수 밖에 없는 상황이고
전무님에게 미안한 마음 가득이고
내가 뒤로 물러설 수도 없는 상황이고
그 마음을 안은 채 일을 진행시켰다

사장님 김형원씨 우리 여직원들 식사를 하고 커피 점을 간 건지
처음부터 양식집을 간 건지 기억은 없지만
사장님과 대화를 나눈 건 정확히 기억한다
대화의 주도는 주로 내가 끌고 나간 것 같다
나는 간첩생활은 스릴이 있을 거라든지 그래서 젊은이들이 가담을 할 꺼라든지
뭐 그런 얘기들 쉬지 않고 또또발 또또발 거렸다
그런데 맘소사 사장님은 단 한번도 나이트 크럽을 가본 적이 없으시단다
나이트크럽이 뭔지도 잘 모르시는 것 같았다
일본에서 거래처사람과 한번 가본 적이 있는 것 같다고 말하신다
우와 쇼크다 돈이 많은 사람은 홍청망청 사는 줄 알았더니
매일 새로운 제품 연구에 골몰하셨나 보다
울 오빠 학교 앞 신당동 떡볶이 집 모르는 거랑 똑같다
무언가에 성공하려면 그곳에 완전 몰입하여야 하는 가보다
우리의 계획 나이트라는 말은 꺼내보지도 못하고 공부만 한 꼴이다
미소년스런 사장님 얼굴이지만 무어라 표현할 수 없는 조심스러운 마음이
들었다 사장님도 집에 돌아가셔서 전무님께 미스 박 똑똑하던데 라는 말을
하셨다고 했다

사장님은 크리스마스 때도
자녀들에게 선물로 새우깡을 들고 오셨다 한다
사장님부인 전무님도 마찬가지이시다
유명 상표를 오려서 아이들 옷에 꿰매주신단다
그럼에도 거래처나 직원에게는 월급날도 정확하게 지켜주시고
새 돈을 준비하시기도 하고 지극정성이시다
올림픽 주화가 나왔을 때도 많이 구입하셔서 직원들에게 선물로 나누어 주셨다

내 궁둥이가 들썩들썩 할 수 밖에 없는 이유다

2월 21일 사무실로 생각지 않은 전화가 한 통 걸려왔다
대뜸 한다는 소리가
『오늘 생일이라면서요
　제가 저녁 살게요』
『예　왜요 아이구 싫어요 됏어요』
어처구니없어 단숨에 거절햇다

전화를 건 사람은 영업부 이정관씨다
그는 얼핏 보아도 그저 놀기만 좋아하는 얼굴을 하고 잇다
그리고 어지간히 순해 보인다
내가 창고 일을 할 때 가끔 아무 말 없이 다가와서 박스 옮기는 일을 도와준다
두어 번째 박스 나르는 일을 돕다가 박스에 긁혀서 팔에 흉이 지기도 햇다
그는 괜찮다고 하지만 나는 몹시 마음 불편하다
그러나 그뿐이다 상처가 난거는 마음 불편하지만 그러나 내가 뭐를 어찌해줄 수
잇는 것도 아니고

그리고는 퇴근할 때 매일 태워다 주겟노라고 한다
그렇다고 내가 응할 사람도 아니고
싫다해도 지치지도 않고 매일 똑같은 얘기를 한다
『따요 집에 태워다 줄게요』
『아이구 아니예요』

어느 한 날 나도 정보를 들었다
그가 그 날 선을 본다고 한다
잘 되었다 매일 태워 달라하는 거 거절만 하니 상대를 사람취급 안하는 것 같아
조금 미안하기도 햇는데 오늘 태워다 달라하자
선을 본다하니 나를 데려다주고 바로 약속장소로 갈 것이고 하니
무슨 일이 생길 틈이 없는 오늘 데려다 달라하자
해서 장난기 가득 찬 얼굴로 그의 차에 올랏다
그는 청량리에 잇는 부림 호텔에서 선을 본다고 하엿고
그럼 나는 그곳까지만 타고 가겟다햇다
사실 난 청량리가 처음 가보는 곳이다
내가 가장 익숙하다고 생각되는 길은 할머니와 다녓던 홍은동길
금호동에서 홍제동에 잇는 서울여상 가는 쪽에 거치게 되는
장충동 종로 을지로 청계로 광화문 이정도

염창동 북아현동 장안동 뭐 이런 쪽에서 일을 하였지만 청량리를 가본 적이 없기에
일단 하차지점이 청량리니 뭐 어찌되겠지 하는 마음이지만 자신 있는 거리는 아니다
그러나 내색 할 수는 없는 일

그의 차가 부림 호텔 앞에 멈췄다
내가 집으로 가려하자 그가 커피를 마시고 가라한다
무슨 소리냐 이 안에서 약속이 있지 않느냐
그럼 안 되지 않느냐고 내가 거절을 하였다
그는 부탁코 커피를 마시고 가라고 내 가방을 잡아끈다
가방을 사수하려고 나도 가방을 잡아 당겼다
전 같으면 옷이고 가방이고 팽개치고 빈 몸으로 그냥 갈 텐데
거리도 낯설어 차비 없으면 자신 없는 길이고
가방끈을 서로 맞잡고 끝까지 실갱이를 하였다
결국 가방끈이 툭 끊어지고 말았다
애구머니나 우쩌나
그럼에도 그자는 포기를 하지 않고 커피 마시고 가라고 팔을 잡아끈다
하는 수 없이 호텔 커피숍으로 들어갔는데
선보기로 약속하였던 사람은 기다리다 지쳐서 갔는지
혼자 앉아 기다리는 여자는 좌석 어디에도 없었다
그도 그럴 것이 일곱 시경부터 실갱이를 시작하여
열시까지 가방을 서로 잡아당기고 서 있었던 것이다

다른 웬만한 남자는 내가 튕기면 그냥 대충하다 가버리는데 이사람 참 질기기도 하다
그래도 가방 끊어 먹은 건 미안한지 사줄 테니 걱정마라 한다
커피를 마시면서 선보기로 했던 여자 분에 대해 얘기를 하는데 본인은 어머니가
아프신데 선보기로 한 여자는 팔을 떨어서 라는 말을 하며 말끝을 흐렸다
지난번에 본 적이 있는가보다
그래도 선보기로 한 여자인데 어떻게든 이어가고 잘 되겠지
그리고 이제 마무리 되었다
매일 나보고 한번 태워다 주겠다 한 거고 나도 한번 탓으니
그것으로 이제 일은 마무리 된 거다

그 이후로 더 이상 태워다 주겠다느니 그런 말로 귀찮게 하지 않았다
아 그리고 가방을 사다주었다
자주 빛과 밤색 중간 정도의 색깔에 조금 동그란 모양으로 촌스럽고 마음에 들지 않았다
그러나 가방이 따로 있는 건 아니니 그 가방을 들고 다녀야 했다
가방을 두 개 이상이여도 된다는 생각은 상상도 못했다
그래도 비오는 날 우산은 빌려주었더니 잃어 버렸다며 다시 새 걸로 사오기는 했다
뭐 그렇게 사무실에서 생기는 일이 있는 정도다

한 가지 더 있었던 소소했던 일을 끄집어내자면
내가 손등을 데인 적이 있다
월요일 새벽 목욕을 갔다가 목욕탕에서 뜨거운 물이 나오는 수도꼭지에 손등을 스치며
데었는데 사람들이 어쩐 일이냐 자꾸 물었고 나는 아침부터 목욕탕 갔다는 얘기하기가
쑥스러워 집에서 수도꼭지 뜨거운 물에 데었다고 얘기했다 사람들은 안 믿는
눈치지만 그래도 그냥 계속 밀고 나갔는데 이정관씨가 내 책상 옆에 앉더니
데인 내손을 잡아서 자기 손바닥위에 놓고 물끄미 내손을 바라본 적이 있다
무어라 말은 하지 않았 지만 애잔해하는 느낌이랄까
원래 내 몸은 남자의 손길만 닿아도 펄떡펄떡 뛰고 토악질을 해대는 몸인데 이상하게
그 순간에는 마음이 편안해지고 아무 반응이 일어나지 않았다
아마 상대편이 순수한 마음으로 다가오면 큰 문제가 없기도 한가보다

한 가지 더 곁다리로 가자면 그 후에 남자의 손길에 내 몸이 토악질 해대는 이유를 알게
되었다 그 문제 때문에 실북이에게 『너는 이상한 애다』라며 구박을 받았었는데
그 이유를 TV 드라마를 통해 정확히 알게 되었다
사랑이 뭐길래라는 연속극에서 신애라라는 연기인이 극중에 나와 똑같은 현상을 겪고
있었고 그 이유로는 모든 남자를 오빠로 보기 때문에 무의식중에 손길을 거부한다는
것이었다 그 프로그램이 얼마나 고마웠는지
그러고 보니 내 경우와 너무나 똑같은 상황이다
모든 남자가 1번부터 5번까지의 경우를 빠져 나가지 못했고 그저 우리 오빠로 보이니
무의식중에 내가 남자의 손길을 거부했던 모양이다 다시 한 번 짚어보자면 1번은
인자한 오빠 2번은 성깔 있는 오빠 3번은 이쁘장한 4번은 고집 5번은 허여 멀거니
못생긴 해서 남자만 보면 바로 그 자리에서 몇째 오빠다 몇째 오빠다 하고 탁탁 나오니
설레는 감정은커녕 뭐 갖고 골려 먹을까가 먼저 튀나온다
TV덕분에 내 상황을 실북이에게 이해시킬 수 있어서 다행이다

그리고 한 가지 더 붙이자면 1학년 때 내 짝꿍 데리고 왔을 때 할아버지에게
쫓겨난 사건과 손을 잡지도 않았는데 손잡고 갔다고 떠들던 아줌마 사건과
무관하지 않을 것 같기도 하다

그 때문에 남자의 손길을 병적으로 거부하는 지도 모르겠다

아무튼 그 남자가 오늘 내 생일이라고 나에게 밥을 사겠단다
영업부 소속 이정관씨
사무실 직원 누군가가 내 생일을 그자에게 알려 주었나보다
나는 생일이라는 건 있지도 않은 사람인데 태어나서 한 번도 생일상을 받아 본 적 없고
장난삼아 던진 말에 중학교 친구에게 생일 아닌 생일날 선물한번 받아본 정도
그러니 생일 밥 사겠다느니 어쩐다느니 하는 건 당연히 거절
그런데 그가 밥을 사마고 계속 전화를 해대고

그러다 갑자기 골탕 먹이고픈 생각이 들었다
아 우리 여직원들 다 데리고 나가서 떡볶기를 먹이면 되겠구나

여직원들 전부에게 아무개가 밥 산대 가자라고 약속을 받아낸 후
다시 밥을 산다고 전화가 왓을 때 그럼 그러자고 약속을 하엿다
김환세 대리님이 이정관씨가 땅도 많고 부자래라는 말을 몇 번 하엿으니
우리 여직원들에게 밥 한번 사는 건 문제 되지 않겟지 뭐

김환세 대리님은 이런 얘기도 하셧다 이정관씨는 어머님이 편찮으셔서 빨리 결혼을
해야 한 대 선도 여러 번 봣는데 여자 앞에만 서면 한마디도 말을 못한대
우리 회사 여직원들 중 누가 제일 마음에 드느냐 내가 해주겟다 하엿더니
미스 박이 제일 좋대 라는 말을 하면서 나를 쏙 쳐다보신 적이 잇다

호호 그럼 내가 통통 튀는 매력이 잇지 나 말고 또 누가 잇겟어
그 사람만 나 좋다고 한 것도 아니고 판촉직원이나 공장 직원도 나 좋다고 햇는데 뭐
그중 한명이지 언감생심 저렇게 나 놀기만 좋아하는 사람이요 라고 얼굴에 씌여잇는
사람에게 관심을 가질 사람은 잇을까
그런데 어머님 편찮으시다는 말엔 얼른 내가 어떻게 해드려야할 것 같다
다른 뜻은 아니고 그저 본능적일 뿐이다

이정관씨는 가는데 마다 이부자리를 펴
말인즉슨 공장에도 친근하게 지내는 아가씨가 잇고 매장에도 잇는데
가락시장에 잇는 다농 매장 제일제당 아가씨와 아주 가깝게 지낸다는 얘기다
질투를 하라는 얘기인지 그 친구 알고 보면 괜찮은 사람이라는 얘기인지
그러나 나는 다행이라는 생각이 든다
나를 좋다는 말은 그냥 해보는 말이고 마음을 주고 받는 사람은 따로 잇을
거야 현장아가씨와는 친근하고 매장 아가씨와 더 친하다는 것 같은데
모든 여자에게 그리 친근하게 대하는 사람이라니 부담스럽지도 않고 본인이
밥을 산다고 저러니 이참에 우리 여직원들에게 한번 쏘게 하지 뭐

그런데 희한하게 그렇게 맨날 뭉치던 여직원들이 갑자기 퇴근시간이 다되어
일이 생겻다며 다 뿔뿔이 흩어지는 거다
하 난처하다 그자가 밥을 사기로 햇는데
안 되겟다 뒷길로 슬쩍 도망가자
살짝 도망가면 알께 뭐야 약속햇다가 삐그리는 게 내 전문인데
퇴근시간이 되엇고 영업차량들이 들어오기 시작햇다
우리만 뭉쳐 다니는 게 아니라 영업 기사들도 뭉쳐 다닌다

서울사무실에서 공장으로 이동할 때 기사 네 분이 서로 니가 앞섯다 내가 뒤섯다 하며
떠드는 걸 보면 우리 여직원들만 들썩이는 게 아니라 그쪽들도 아직 총각들이라

펄떡펄떡 뛰는가보다
그러다 김환세대리님이 사직을 하셧고 그분의 대타로 최 아무개씨가 막 입사햇다
스물여섯 살 정도의 젊은 나이이고 순수해 보이는 분이다

김환세 대리님이 어떤 이유인지 며칠까지 더 근무하고 퇴직한다하였다
영업 장부를 담당하는 나는 이병철 부장님에게 매달 말일이면 이곳 이곳에서
결재가 들어왓는데 김환세 대리님의 거래처이고 아직 입금이 안 되엇다고하였다
부장님은 그런 걸 체크하는 나를 놀라는 듯 한 번 더 바라보더니
큰 거래처는 얘기를 하고 작은 거래처는 모르는척하겟다고 하셧다
죄도 도망갈 구멍을 만들어 주고 쫒아야 하는 거라면서
아닌 게 아니라 바로 큰 거래처의 결재대금은 입금을 시키고
작은 금액은 입금되지 않은 채 회사를 정리하셧다
통을 넓게 운영하시는 드럼통 배를 가진 이병철 부장님의 마음 쓰심이 색다르기도 하다
그렇게 하여 최 아무개씨가 김환세 대리님 대타로 입사하여
이 정관씨와 막 한 팀이 되어잇다

1987년 2월 21일 저녁 일곱 시 영업차 한 대가 막 들어오기 시작하는데
퇴근시간 딱 맞춰 나가도 되는 토요일이니까 얼른 가방을 챙기고 뒷길로 살곰살곰
빠져 나갓다 가는 길에 이정관씨 차가 나를 쫓으려 온 듯 나 가는 쪽으로 지나
가길래 벽으로 붙어 걸엇더니 다행히 보지 못햇는지 지나쳣다

동덕여대 오거리에서 꺾어져 작은 길에서 큰길로 합쳐지는 버스 정거장에 다다라
모서리에 잇는 약국 기둥 옆에 얼른 올라서서 숨죽이고 섯다
건너편엔 이정관씨 차가 서잇고 고개를 큰 길 쪽으로 돌리니 버스 바로 뒤에
회사차가 한 대 더 버스 앞쪽으로 조금 위에 회사차 한 대가 더 서잇는데
나를 찾으러 따라 왓음이 느껴졋다

이 작자들 아무래도 내 생일임을 알려주고 설레발쳐서 모의들을 한 것 같다
마침 버스가 내가 타는 번호가 와서 냉큼 버스에 올랐다
그런데 그 많은 눈을 피할 수 없엇나보다
신호를 받앗는지 이정관씨 달리는 버스를 손을 들어 세우더니 잽싸게 올라탓다
버스는 출발햇고 회사 영업차 두 대가 버스 앞 뒤를 바짝 밀착하여 따라왓다
평상시 얌전하고 말도 없던 이 남자
나를 언제 봤다고
나보고 버스에서 내리라고 소리친다

내려

내려

내려

나중엔 소리가 너무 커져 하늘이 뚫리는 듯한 소리가 났다
사람들 보기 너무 민망하여 다음 정거장에서 내릴 수밖에 없었다
나는 뒤따라오던 영업차에 탔다 이정관씨는 다른 차에 탄 모양이다
차안에는 그와 같은 팀 최아무개씨가 타고 있었고 그자는 나보고
『내려요 내려서 저차에 타요』 라고 한다
이정관씨 차에 타라는 소리다
말도 안 되는 소리고 겁나기도 하고 해서 단호히 싫다고 하였다
최 아무개는 은근하게 달래듯이 같은 말을 계속 반복했다
그 때 마음을 살짝 내려놓게 되었다
아이구 내가 뭐라구 이렇게 까지 하는데 좀 숙여주자 라는 마음이 들었다
그때 내 첫 번째 고집이 꺾였다

그는 차에서 케잌과 장미 한 송이를 건네 주었다
그리고 2층에 있는 어느 다방으로 갔다
나는 내 생일은 슬퍼야 한다
바로 3일 후면 엄마의 제사이기 때문이다
그 마음을 알고 그의 얘기를 들었다
다짜고짜 청혼이다
『사람들이 절보고 재산이 많다고 놀리는데 사실 가진 건 아무것도 없어요』
나는 남자들 재산 많다는 말 믿지 않는다
남자들의 허풍 이미 백신 만 빵이다
다섯 오빠가 그냥 폼은 아니었나보다
오빠들도 맨날 땅 타령만 하는 데 그게 뭐하고 관련이 있다는 건지
없다는 건지
차라리 재산이 없다라고 말하는 것이 훨씬 좋다
그런데 화가 난다 이상하기도 하다
그 화가 남식오빠나 아버이에게 냈던 똑같은 색깔의 화딱지이다
나는 아무에게도 화를 내지 못한다
단 남식오빠와 아버이 딱 두 사람에게만큼은 예외다
이상하게 이 두 사람에게는 골부리고 화를 낼 수 있다
그런데 왜 내가 처음 대하는 이 사람에게 왜 화가 나지
그것도 오빠와 아버이에게 내는 화딱지와 똑같은 느낌으로 참으로 이상하기도
하다

그리구는 이 아저씨 쉬지 않구 얘기를 한다
분명 여자 앞에서 한마디도 못한다구 들었는데 아마 김환세 대리님이
이런 얘기해라 저런 얘기해라 세세하게 시시콜콜 코치를 햇는가보다
세 시간 정도 쉬지 않구 얘기를 해댓다

거참 이상하기도하지
나는 모든 남자들 앞에서 말 발에 진 적이 없는데 왜 이사람 앞에서
갑자기 아무 할 말도 생각 나지 않구 한마디도 못하구 잇는 거지
거참 이상하기도 하다
들판엔 가지도 않앗는데 내가 왜 그의 얘기를 논둑길에 앉아서 들었다구
연상되어 지는 거지
그날 밤 집에 가서 잠을 자는데 더 희한한 꿈을 꾸었다
하늘에 무지개가 가득하다
한 두 개가 아니라 빼곡할 정도로
신기한 꿈에 내 다리에 힘이 다 풀린 기분이다

할머니 할아버지가 된 실북어머이에게
『결혼할 때 어떤 꿈을 꾸셧나요』라구 물어보앗다
왜냐하면 두 분 생활에는 쌀이 떨어지지도 않구 큰소리 나는 일도
없으니 그중 괜찮은 백년회로같이 느껴진다
할머니는 『응 꿈에 무지개가 하나 떳더라』라는 말씀을 하셧다
나는 내 꿈 얘기는 아직 함구하엿다 무슨 뜻인지도 모르겟구
아직 발설하여서는 안 될 것 같다

다음 날 다시 만날 약속이 되어잇다
일단 상대와 헤어질 때는 약속을 하여야 헤어질 수 잇으니까
이때까지의 내 전공은 일단 약속을 하구 무조건 그 자리에 안 나가는 거다
그러면 연은 끊어지구 더 이상 귀찮게 하는 일이 없으니
그러나 이번엔 좀 다르다 같은 회사직원이니 무조건 바람 맞추기엔 난처하다
적어도 못 간다는 말은 해주어야 할 것 같다
거절의 뜻을 정확히 전달하려구 2시간 정도 늦게 안암동에 잇는 약속장소
눈 내리는 샤갈의 마을로 가는 중이다
거절의 뜻만 정확히 전달하면 된다 그뿐이다 그리구 아무 일도 없을 것이다
그런 마음으로 까페가 잇는 골목으로 들어서려는데 그가 기다리다 포기하구
돌아가려구 막 나오는 중이다 하필이면 그 코너에서 만난 거다
허 참 인연도 묘하다
다시 까페에 들어가서 자리에 앉자마자 내가 한마디 햇다
『나 사랑해요』
속으로 까불지 말구 꺼져라는 뜻을 품은 채

그가 당황하여 말을 얼버무리고 말을 다른 방향으로 돌린다

집으로 돌아가 또 꿈을 꾸었다
이번엔 하늘에 가득한 먹구름이 모두 바다에 빠지는 꿈이다
먹구름이 모두 빠지고 그 옆에 사람이 하나 서 잇다
다음 날 또 약속이 되어잇다
일단 약속을 해야 헤어지는 거니까
이번만큼은 내 의사 표현을 정확히 전달해야겟다
또 똑같이 두 시간 늦게 그 골목길에 들어서려는데 그의 차도 돌아가려고
또 막나오고 잇다 아이고 맙소사 또 여기서 만나지다니 그놈의 인연 묘하기도
하다 그가 여성스러워 보이는 고급시계를 내게 건넷다 묘한 인연에 취햇는지
칼질의 말은 꺼내지도 못하고 시계도 거절도 못한 채 집으로 받아들고 왓다
다음 날은 또 내게 반지를 건넨다
아무리 봐도 리어카에서 파는 삼천 원짜리 반지다

회사에선 난리가 낫다
내가 무슨 일이 잇는지 미리들 다 알고 잇다
그야말로 실시간 cctv중계다
어저께 시계 사줬다며 반지 사줬대
회사직원 전체가 중매쟁이가 되어서는 들썩거린다
하 이마짝 근지럽게
아무래도 그 작자가 일부러 더 공공연히 떠벌림이 틀림없다
사실 나는 뜻하지 않은 일에 가관이 아니엇을 게다
기본적으로 입이 댓발 나와 잇다
아버이와 오빠에게 못된 짓
그보다 열두 배는 더 구약을 떨어댓다
도대체 눈에 차는 구석도 하나도 없어가지구

일단 집에 가서 실복어머이에게 보고를 햇던 게다
시계와 반지를 본 문간방 새댁은 반지가 정말 비싸 보인다며
부잣집 남잔가 보다고 호들갑이다
이까짓 꺼 쓰레기통에 버리면 땡인데
리어카에서 삼천원에 파는 거라고 말할 수도 없고
그깟 시계와 반지에 나 이런 사람이야 폼 재는 기분이다

아직 안 돼 라는 말 할 틈을 찾질 못햇다
확실하게 트집거리를 찾아 단호히 쳐내야겟다

일요일 청량리에서 만낫다

월미도에 같이 갓다
저쪽에 선착장이 보인다
배를 타본 적이 없기에 호기심 생긴다
배를 탈거라 생각햇는데 남자 말을 흐리며 배를 타지 않는다 한다
뱃삯이 없어서 그럴까
그래도 배가 잇는 근처에 왓으면 배를 타야지 뭔 남자 저런다냐
나중 알고 보니 배를 타고 섬에 들어가면 그날 돌아 나오는
배가 없어서 그리 하엿노라 한다
고마운 마음 좀 들고 신뢰가 쪼깨 생긴다
며칠 후엔 술좌석에 안게 되엇다
이자가 어느 정도 술을 마시더니 그만 마시겟다고 한다
아니 이럴 수가
술을 마시다가 중단하는 경우도 잇나
술이란 자고로 해 뜰 때까지 마셔야 되는 거 아닌가
이자 남자 맞나
믿음을 줘야 되나
말아야 되나
이 남자 지독하다
무슨 남자가 본인이 두 번 비용을 내면
나보고 한번은 내라고 한다
그러나 그런 깍정이 같은 점이 약간 믿음이 간다

아무래도 그에게 내 얘기를 해야겟다
혹시 나에 대해서 환상적인 오해를 하고 잇을지도 몰라
늦은 밤 차에서 얘기가 터졋다
나에겐 아픈 오빠가 잇다 혹시 결혼을 하게 되면 내가 어머니에게 하는 것
만큼 내 오빠에게도 해주어야 한다를 중점으로 친구 집에서 지내고 잇다는
것도 얘기를 햇겟지 얘기를 듣는 그가 놀랏는지 미사리 차도에 차가 그대로
멈추어 잇다
바로 교통순경이 쫓아오더니 딱지를 뗀다
하 인연이 아닌가 나를 도울 때 팔에 흉이 남더니
고백 조금하려는데 딱지를 떼여야 한다니

열릴까 말까 하던 마음 아무래도 접어야 할까보다
몇 번은 못 되게 굴다 좀 미안해지면 한 번 머리숙여주고 이런 꼴이다
마주보고 앉아 잇는 미스 고는
언니 그러다가 결혼해서 다 복수 받아 라는 말을 한다

그러더니 하루는 내게 사진 한 장을 건넨다
이정관씨와 동물 동상 위에 앞뒤로 나란히 앉아 찍은 사진이다
앙큼 미스 고 별걸 다 과시한다
질투나 의심도 가지 않는다
마음약한 그가 여자가 찍자니 그저 찍었나보지
질투를 바란 건지
언제든 내가 마음먹으면 뺏앗을 수 있어 하는 표정에서
내 무덤덤한 표정을 보더니 허리를 옆으로 꺽어 서랍을 만지며 한마디 곁들인다
언니 김수홍 기사님이 나는 아무나 다 따라가고 언니는 아무도 안 따라간대
판촉직원 이순애씨도 한마디 햇다
『언니 이정관씨는 속이 깊어』
속이 깊다는 말이 무슨 뜻인지 이해가 잘 되지 않는다
순해 보이는 건 알겟다만서도

그래도 그가 위에서 나를 내려다 보는 그의 눈을 보앗는데 그 눈이 얼마나
보드랍고 따뜻한지 순간 내 마음이 풀어지기는 햇다 그러나 고약한 콧대는
가라앉지 않고 남정네 눈에 눈물 흘리기 일보직전까지 도도를 떨어댓다

그 날도 고약을 떨다가 집으로 돌아갓을 게다
조금 후에 과일가게 아주머니가 수박 한 덩이 집으로 가지고 오셧다
이런 이런 남자가 집으로 가져다 주라고 햇단다
본인은 술을 마셔서 찾아 갈 수가 없노라고 햇다며
아주 괜찮은 남자라고 한 껏 추켜 세운다
실북어머이는 좋아서 춤이라도 덩실덩실 출 기세다
『여자는 저렇게 쫓아 다니는 남자와 결혼을 해야 잘 살어
집에 한번 데리고 오너라』
그러자 실북어머니에게 오빠에게 일단 인사를 시키자
그래 이자는 사람이 순하여 남식오빠를 건사 할 수 잇을 것 같기도 하다
시장에서 월세 방에 살게 되엇을 때라도 동그란 양은 밥상에서
같이 밥 먹는 남식오빠에게 눈치 주진 않을 것 같다
그런데 그 누구라도 단 한명이라도 이사람 안 되겟다 말하면 그때 접자
단 한 번이라도 나쁜 꿈을 꾼다면 그 땐 확실히 정리하자 그 때까지 가보자
아마 누구라도 보면 다 반대할걸
그리고도 한 가지는 꼭 지켜야겟다
만일 내 몸을 강제로 취하려 한다면 그때는 처음부터 없엇던 일로 하자
사람을 존중하지 않는다는 뜻이므로
그런 남잔 내게 필요 없어

실복이네 집으로 인사를 왓다
실복이어머이가 나에게 밥을 안치라 하신다
남의 집에 내 손님 인사시키는 게 긴장 됏을까
그래도 밥 좀 해봣다하는 여자인데 곤로 위에서 밥은 5층 밥이 되엇다
날쌀 설은 쌀 그래도 좀 익은 쌀 살짝 탄 쌀 새까만 쌀
해도 해도 이런 밥은 처음이다
무안하고 미안하고
그도 긴장햇는지 한 톨도 안남기고 다 먹엇다
좀 고마운 마음이 들엇다
그가 다녀가자 실복이어머이는 이렇게 얘기하셧다
『저년 어디 가서 지 아버지랑 똑같은 남자를 데리고 왓어
손이 두툭두툭 한 것 까지 똑같애』
그런가 1번에서 5번까지 걸쳐지는 우리오빠들의 향기가 없는 건 확실하다
반듯한 어깨선이며 훤칠한 키 또렷한 이목구비는 아버이와 비슷한 것도 같고
그리고 신기한 게 하나 잇기는 하다
이 남자 가 피우는 담배 연기에선 구수한 냄새가 난다
이상하기도 하지
아버이도 남식오빠도 담배냄새가 어마무지하게 독한데
구수한 담배 냄새나는 사람이 잇다니
아주 쬐끔만 더 따라가 보자

나도 그의 집에 갓다
그가 금곡에서 차를 세우더니 어머니에게 드린다며
홍씨감을 사서 까만 봉지를 들엇다
허 깜짝이야
무슨 남자가 손에 봉지를 들지
우리 아버지는 절대 손에 무엇을 들고 다니시지 않앗는데
저사람 저거 남자 맞아
그런데 어머님을 드린다며 감을 사다니
신기하다 어머니 드린다며 까만 봉지를 들다니
허참 남자가 아닌 것도 같고 어머니를 생각하는 면은 감동이기도 하고

버스는 금곡을 지나고 초록이 양쪽으로 무성한 길을 지나
어느 버스 종점에서 내렷다
나를 맞이하려고 집안 사람들이 한 가득 모여 음식준비를 햇다
긴장햇는지 주위를 살필 여력은 안 되엇는데 런닝만 입은 남자가 기억난다
그가 집에 들어가더니 런닝만 입고 잇는 거다
하 낯선 환경 어색하다

우리오빠들은 아무도 내 앞에서 속옷인 채 잇은 적이 없는데
내가 손님인데 내 앞에서 허연 속옷만 드러내다니
눈 두기 민망하게 하 무어라 말도 못하겟고 이 집안 뼈대가 의심된다
그러나 상대는 내 흉만 보이는지
음식 준비한 집안 사람은 내가 신고 온 신발만 흉을 본다
시집오는 사람이 무에 인사 오는 날 단화를 신엇다며
그게 무슨 흉인지 도대체 모르겟는데

청량리에서만 만나는 것은 불공평하다
내가 아는 종로에서 만낫다
걸엇다
걷기를 좋아하는 내 취향을 살렷는지
종로 6가에서 1가를 지나 명동까지
얼마나 걸엇는지 다리가 완전 끊어질 것 처럼 아팟다
다음 날 만남에서는 차가 한강고수부지에 도착하더니
이번에는 그가 나를 업엇다
아무리 내려 달라 해도 내려주지 않고 족히 두 시간 정도 업고 주위를 돌앗 다
다리가 아팟을 거 라는 둥 이러고저러고 긴말 없이 묵묵히 업어줌에
아무리 내려 달라 해도 자기 고집대로 밀고 나감에
나중에는 푸근해지는 느낌과 믿어지는 마음이 들어왓다

다음에는 남산에 올라가게 되엇다 나를 조금 업어주더니 이번에는 본인을
업으라고 뻐팅긴다 하는 수 없이 고대로 업어가며 내려왓다
아이고 누가 보면 연애하는 줄 알겟다
아이고 누가 보면 열렬히 사랑하는 줄 알겟다
그냥 강요에 못 이겨 흉내 내는 거다

실북이어머이는 노인이니까 반대를 안햇지만 큰오빠는 반대를 하겟지
큰오빠에게 인사를 시켯다
올케언니가 좋아한다
『아이고 나는 아가씨가 시집 안 갈까봐 벌벌 떨엇어
못생겻지 키 작지 가방끈 짧지 부모님 안계시지 돈 없지
고집만 세지 시집안가고 조카들만 챙길 줄 알앗지
아가씨 결혼해봐 여자는 대통령이고 뭐고 다 필요 없어
나한테 잘해주는 남자가 최고야 저 사람 아주 가정적이겟어』
무조건 환영하는 눈치다
맙소사 나를 갓다 버리기라도 할 모양이다

내가 이거 저거 가진 거 다 없어도 언니가 모르는 게 하나 잇지

딱 하나 그건 비밀인데
사실 콧대야
콧대하나는 확실해
콧대가 하늘이야
가진 거라고는 오로지 콧대 하나 그 뿐이야
가진 게 너무 없어 콧대 만큼은 놓을 수 없었는지도 모르지만

글고보니 큰오빠마냥 궁둥이가 빈대떡 모양이다
바람을 안 핀다는 그 유명한 빈대떡궁둥이
실복이네 집에 찾아갔다
실복이는 친구니까 그래도 솔직히 고백을 해야겠다
실복이가 그런 남자 왜 만나냐 할지 모른다
이런일 저런일 털어놓으니
실복이도 별 답을 내 놓지 않았다
실복이네 집에 여지없이 잡지책이 있고 궁합 페이지가 있기에 들쳐봤다
공교롭게 궁합이 좋다고 씌여있다
다만 내가 창문을 한번씩 열어야 한다나
아마 나보고 칼칼거리며 못되게 굴라는 말 인가보다
그런 딱 맞는 궁합인 것 같다

여름휴가 되어 조카 병욱이 손을 잡고 남식오빠가 있는 속리산으로 찾아갔다
우째알고 눈 앞에 앞장서서 설쳐대는 날파리를 손으로 헤치며 찾아간
곳은 속리산 법주사 뒤로 한참을 더 올라가니 나타난 작은 절이었고
그 절엔 여승들만 머물고 있다 하였다
오빠 말고도 공부하러 온 사람들이 한 두어 명 더 있었는데
돈을 따로 받지 않는다고 한다
오빠는 여승들만 있으니 산적들이 위험해 공부하는 남자들을 수용하는 것 같다고 한다
오빠 방에는 법에 관련된 아주 두꺼운 책이 여러 권 있었다
오빠 방에서 도란도란 얘기하며 잔 기억이 없는 걸 보아 아마 나는 스님들 방중에서
밥을 해주는 보살님과 잠을 잔 것도 같다
절에서 맥아리 없는 밥을 먹은 기억은 있다
간이 약해서 음식이 맥아리 없다고 느낀 것 같다
남식오빠와 병욱이 내가 속리산 정상도 오르고 관광을 한 기억이 살포시 나는데
이 농담 때문에 그나마 건진 기억이다
병욱이가 여러 개 붙어 있는 화장실을 다녀왔다
화장실에는 파리가 윙윙 나는 곳이다
내가 병욱이에게 『파리가 너에게 무어라 했는 줄 아니』
라고 물었더니 아직 어린 순진한 병욱이는 모른다고 했고

내가 『나는 봣다 나는 봣다』 라고 햇다며 놀렷다
그냥 잇는 유머인데 오빠는 마치 내가 처음 한말이라 생각하고 신통하다고
생각하는 것 같다 그거 잇는 유머라 오짜구 조짜구 얘기하기도 그렇고
화장실이 여러 개 잇은 걸로 보아 관광지임이 확실 하다
그런 소소한 기억들이 이야기를 끌고 나간다

남식오빠에게 보고하엿다
『오빠 결혼할 사람이 생긴 것 같애』
오빠가 바로 물엇다
『그래 어느 대학 무슨 과니』
『그런 거랑 거리가 멀어
그런데 사람이 덕이 잇어 보여』
『그래애 니 말이 옳다』
오빠가 바로 동의해 주엇다
맙소사 나를 아끼는 사람이 하나도 없나보네
아무도 반대를 안 하네
우짜냐 이 결혼 진행 시켜야 돼 말아야 돼
엄마 나 어떻게 해
아무리 내 처지가 딱해서 거지가 되는 한이 잇더라도
어거지 결혼은 할 수가 없어 어때

실복이네 집 바로 아래 불상을 차려놓은 점쟁이 집이 잇다
실복이를 뒤로하고 나 혼자 점쟁이 집을 찾아가 보기는 처음이다
점쟁이는 분명 이 결혼은 하면 큰일 난다 말을 할 거야
점을 치시는 분은 힘이 없어 보엿고
결혼을 하면 아들을 낳을 거라는 말만 하엿다
그러나 판단은 내가 하라는 식으로 마무리 지엇다
아 어찌하나

교과서 27페이지 구매부 김형원씨가 내게 다가왓다
내 곁에서 부드럽게 조용히 한마디 해주엇다
『결혼이란 서로 부족한 걸 채워 주는 거예요』
어 그래애 그런 거야
그런 거라면 나 조금 할 수 잇을 것 같은데
아무도 눈치 못 채게 도와주는 거 나 잘 할 수 잇어
내가 다 잘 난 사람도 아닐 테고

미스 고가 몸이 아프다며 회사를 그만 두겟다고 연락이 왓다
앙큼여사 미스 고가 그만두고 아주 착하고 순진해 보이는 미스 장이 입사를

하엿다 미스 장은 어릴 때 체조하던 습관으로 모든 음식에 식초를 넣어서
먹는다 그리고 나에게는 박 언니 좋다며 잘 따른다
미스 고는 나에게 박 언니 무섭다는 말을 하엿는데
나는 한 사람이고 누구에게나 똑같이 대햇는데
무섭다는 사람과 좋다는 사람으로 표현이 되는 걸 보니
그자의 눈으로 나를 보는가보다
착한 미스 장은 내가 좋아 보이고
앙큼 미스 고는 내가 무서워 보이고
그런데 미스 장이 아버지에게 받은 교육에 대해 얘기햇다
깜짝 놀랄만한 교육이다
『우리아버지는요 남자가 하재는 대로 따라하래요』

이게 뭔 말이여
도대체 뭔 말이여
난 이런 말은 어디서도 배운 적이 없는데
미스 장 어머니가 내처럼 고집이 세셧는가
데이트 할 때 많이 힘들게 하셧는가

나도 긴장을 햇나보다 어지럽고 몸이 휘청 인다
잘해보려고 박카스를 마셧더니 아예 쓰러졋다
그가 나를 데리고 병원에 가서 닝게루 주사를 맞게 해 주엇다
퓽퓽하고 못생긴 나를 잘생긴 남자가 챙기니 우수운가보다
기분 나쁘고 멋쩍게 간호사들이 키득거린다
다음날 출근하려고 버스정거장까지 갓으나 도저히 출근할 기운이
없어 집으로 되돌아 갓다
죄송한 가슴에 전무님께 전화를 드렷더니 그래도 버스정거장까지 나왓엇냐며
오히려 대견해하신다

전무님께도 말씀을 드렷다
이러이러 저러저러해서 아무개와 결혼을 하게 되엇노라고
전무님 깜짝 놀라신다
전무님 최고
드디어 반대를 해주시는 사람이 나타낫다
나는 내 조카 며느리 삼으려고 햇는데 이정관씨는 안된다며 반대를 해 주신다
너무 고마워 눈물 날 것 같다
그런데 신기하다
누구라도 반대하는 사람 한사람만 잇으면 접으리라 생각햇엇는데
반대하는 자가 나오니 이상하게 그와 마음이 딱 달라붙는 걸 느낀다

『안 돼 이사람 내가 지켜야 돼』

고집과 고집을 꺾어 드디어 10월 25일 결혼하기로 약정을 하였다
그러나 이게 웬일 아침에 출근을 하니 영업부 박창배 과장님이 한마디 하신다
『어이 미스 박 11월 1일에 결혼 한다며』
『아닌데요 10월 25일 이예요』
『아냐 11월 1에 결혼한대』
확인해 보니 이 남자 11월 1일에 결혼을 해야 한다는 거다
아이고 이게 뭐야
무슨 남자가 그래
적어도 결혼 날은 내가 먼저 알아야 되는 거 아니야
아무리 회사 직원들이 중매를 섰다지만
이건 아냐 저 남자 믿어야 돼 말아야 돼

이병철 부장님이 한마디 하신다
『둘이 결혼해서 살 수 있을까
  한사람은 느긋하고 한사람은 느려터지고』
그런가
힘든 건가
한강 강가에 서있다
결혼하기로 결정 난 것을 알고 있는 영업직원 한 분이 내게 이리 말했다
『이제 결혼하면 끝이네요』
내가 까르륵 웃었다
『무슨 소리예요 나는 이제 시작인데』
나 결혼 했다는 이유로 주저 않지 않겠다
쉬지 않고 움직일 거다
어떤 일이든 다 해 낼 거다
엄마처럼 계속 직업을 가지고 있을 테다
나이가 70 80 정도로 많아져 비위가 좋아지면 산에 다니며 쓰레기 줍는 일 할 꺼다
그것도 나라에서 취로사업처럼 돈을 받아가며 하는 일 우리 아버지처럼
나 쉬지 않는다

또다시 꿈을 꾸었다
바다인 듯 호수인 듯 맑은 물 가득한 꿈이다
다음 날 전무님이 결혼 준비하라고 봉투를 주셨다
아하 맑은 물은 돈이 들어오는 꿈이로구나

결혼 날을 정하고 실복이어머이와 상의 하니 그래도 올케언니가 있으니
올케언니와 결혼 준비를 하거라라고 말씀을 하신다

방을 빼서 가지고 잇는 돈
이백만 원을 큰 올케언니에게 건넷다
애석하게도 내가 모은 돈은 하나도 없다
아마 이랫나보다

맨 처음 60만원 남식오빠 돈으로 북아현동 방을 얻고
70만원 내 몫으로 상속받고 남식오빠 몫으로 상속받은 돈 70만원을
나에게 주엇을 꺼다 오빠는 무슨 돈이든 나에게 주엇으니
북아현동 방은 60만원 이엇는데 금호동 방은 200만원이엇던 게다
돈을 벌지도 못햇지만 원금을 날리지도 않앗다
주머니가 빵구가 나진 않앗다

돈을 받아든 올케언니는 돈이 안 맞는다고 따진다
지금 봉급 받는 걸 다 무얼 햇냐고 묻는 거다
허이구 취조 심문이다
오만원 생활비 내구요 차비하구요
그래두 안 맞는단다
일 끝나구 배고파서 떡볶기 사먹엇어요
그래두 안 맞는 단다
아이구 고백을 해야 햇다
재형저축 삼만 원씩 넣구 잇어요
그제서야 맞는단다
우와 돈 앞에선 완전 귀신이야
어떻게 내주머니 비상금까지 나보다 더 정확히 계산이 나온다냐
재형저축 딱 한번 부웟구만

올케언니는 나에게 사람다루는 기술이 잇다고 말햇다
그 말엔 정말 화가 낫다
세상에 내가 늘 언니 입장 먼저 생각한 건데
그걸 어떻게 사람을 다룬다고 말을 하냐
정신 차릴 수 없을 정도로 어이없엇지만 표현도 하지 못햇다

모든 결혼준비는 올케언니가 해주엇다
내 결혼으로 회사에 조금의 지장도 주고 싶지 않앗다
숟가락 하나 사는 것 조차도 내 의견은 반영하지 않앗다
결혼을 보름정도 앞둔 날 실북어머이가 내게 말씀하셧다

얘야 남들 보는 눈도 잇고 하니 큰오빠집에 가서 살거라
그래도 큰오빠 집에서 살다 시집 왓다 해야 떳떳하지 않겟니

그래도 나가라는 말 같아 아프고 그 말을 하시는 게 얼마나 힘드셨을까
생각하니 아프고
그래서 마음아파 하시지 말라고 다락 계단에 과자 한 봉지 놓고 나왔다

큰 오빠에게 그 얘기를 전하니 오빠가 좋아라 햇고 오빠가 좋아라 햇다고
올케언니가 화를 내며 밖으로 나가더니 안 들어오는 거다
그 날밤 마침 큰 오빠네는 세를 주었던 옆방이 비어있었고
그 방에서 남식오빠와 내가 잘 수 있었다
아무리 기다려도 올케언니는 들어오지 않앗다
두려워서 덜덜 떨엇다
나 때문에 화가 나서 집을 나간 올케언니
나 때문에 큰 오빠네 이혼하면 어쩌나

남식오빠와 대화가 이어졋다
남식오빠는 송추에서 약을 타러 나온 상태다
오빠가 결혼하는 나에게 덕담을 하려햇나보다
내가 울기 시작햇다 힘아리 없는 울음이 쏟아졋다
차마 오빠 때문에 결혼 결심을 한 거라고 말을 하지는 못 하겟다
오빠가 이리 말햇다
『종식아 울지 마라
 니가 울면 나도 울어야 한다
 내가 울면 내 울음은 멈출 수가 없어』
그 말에 내 눈물을 거두엇다
밤이 새도록 아침이 될 때까지 올케언니는 들어오지 않앗다

이 무렵 남식오빠는 송추로 다시 들어가 잇다
송추오빠는 새로운 올케언니를 맞이하엿고 이번에 들어온 둘째올케언니는
성격이 굉장히 칼칼하다
무서운 둘째오빠를 이기고도 남을 성격으로 보인다

다음 날 큰오빠네도 갈 수 없고 이때까지 건사해준 실북이네도 갈 수 없고
하여 외사촌 석난 언니 집으로 갓다
석난언니네는 세명의 자녀에 동생 석자와 언니의 외사촌 사돈처녀도 잇엇다
부업에 손에서 눈을 떼지 못하는 석난 언니가 하소연을 늘어놓기 시작햇다
『애들이 샴푸도 히프고 뭐도 힘들고 뭐도 힘들고 쩔쩔매야』

그 날 저녁 하루는 잣지만 결혼 때까지 며칠만 재워달라는 말이
도저히 안 나온다
그래서 결심을 햇다

아 실북이 애기 날 때 보니까 병원 복도에 의자가 잇던데 그곳에서 자야겟다
시치미 뚝 때고 옷가지를 챙기러 실북이네 갓더니 실북이어머이가
어찌 눈치를 채셧는지 아무 말 없이 나를 붙잡고 우셧다
나도 머리를 맞대고 울엇다
『얘야 시집갈 때까지 여기 잇거라』
아마 나와 결혼 날 잡은 남자가 전화를 햇는데 없으니
큰오빠 네도 전화를 햇고 여기저기 전화하며 들구 쑤셧나보다
덕분에 병원 복도에서 잠을 자지는 않앗다
결혼 날을 받은 처녀얘기다

신랑 될 사람이 주책을 떨엇다
내 살림살이 하나를 사주겟다고 한다
가스렌지를 사주겟다고 한다
올케언니가 이자가 돈을 써도 되는 사람이라고 생각햇는지
함을 지고 오는 대신 50만원을 직접 준비하라고 한다
아니면 함을 받지 않겟다고
남자 골탕 멕이기 좋아하던 나도 왠지 이 부분에선 강력하게 남자편이
들어진다 이상하기도 하다
해서 함은 받지 않기로 햇다
함 받는 날 신랑이 혼자 왓고 경식오빠가 함 받을 요량으로 왓는데
받지 않는 함에 마음이 아팟는지 신랑을 데리고 가서 술을 한잔 하는 것
같앗다 그럼에도 남자는 끝까지 가스렌지를 사주엇다

나가 말어

11월 1일 결혼식 날이다
아침 일찍 목욕탕을 갓다
저울에 몸을 달아보니 50키로다
힘들엇나보다 5키로나 빠져잇다
아무튼 내가 시집가는 날이고 50키로로 출발한다

고문리 동원예식장
신부 입장 하기 위해 입구에 서잇다
머리가 몽롱하다 몽롱하다 못해 혼미하다
가슴속 갈등이 엄청나게 요동친다
이 결혼식장을 뛰쳐나가고 싶다
내가 그저 현실에 적응하고 잇는 건 아닌가
내가 진심으로 원한 것도 아닌데 그냥 편하게 안주하려하는 건 아닌가
내가 이 길을 도대체 왜 지나가야해
아 끌려가는 이 기분
뚫고 밖으로 나가고 싶어
나가야 돼 말아야 돼
나가 말어 나가 말어 나가 말어

그러나 몸이 굳기라도 햇는지 몸은 밖으로 나가지지 않고 입만 뛰쳐나갓는지
입이 일그러진 채 주례사 앞으로 나갓다
그렇게 내가 나를 허락하지 않는 억지 결혼을 치럿으면서 뻔뻔스럽게도
깃털이 달린 다이애나 분홍베레모를 쓰고 피로연에 앉아잇다
그랫음에도 주인공이 나인 것처럼 나 결혼햇다 온 세상에 공표하고 잇는 거다
그랫음에도 그 모자를 쓴 채 고속터미널까지 왓다
신혼여행 가는 버스 타야하니까
동행해 주던 현실의 친구 실복이가
귀에다 대고 속삭엿다
『이제 그 모자 벗을래』
그 꼴이 어지간히 촌스러웟는지
옆에서 엄청 챙피햇는지
그 말을 들으니 밍구스럽고 정신이 깨나는 기분이다

많은 사람들이 축의금과 선물을 주·었는데
딱 세 개가 기억에 남는다
첫 번째는 내가 졸업 후 처음 취직한 남대문 도매점상
그곳에 일자리를 알선해준 분
잠옷공장 김선경의 누이
그분이 내게 여러 벌의 잠옷을 선물해주·셧다
살포시한 하얀 면 드레스 잠옷
매끌매끌 분홍 잠옷
우아한 꽃무늬 부·부·셋트 한 벌
하지만 선물보다 더 귀한 한 말씀을 전해 주·셧다
그분이 어려울 때 우리엄마가 많이 도우·셧다고·
나는 그분과 그리 대화를 나눈 적도 없고· 얼굴도 제대로 모르기에
새 하얀 면 잠옷을 입을 때마다 그저 마음으로 품는다

두·번째 선물은 외사촌 석자가 사준 다리미다
서로 품앗이로 선물이 오갓을 진데
내가 무·얼 해주·었는지 기억에 없고· 다리미만 내게 안겨잇다

세 번째 선물이 특이하기에 완전 기억한다
나보다 겨우 한 살 더 많은 대웅이 외삼촌의 선물이다
아직 미혼인 남자이니 생활에 무·엇이 필요한지도 잘 모를 텐데
파란 꽃 장식 수저 10벌이 들어 잇는 케이스를 선물을 하였다

늦은 저녁 시간 신혼여행 버스에 올랏다
제주·도로 가게 될거라 생각햇다
부·자라고· 만빵 소문 내놓기에
통영으로 간단다
부·곡하와이로 가자고· 햇다
통영으로 간단다
부·곡 하와이로 신혼여행 다녀온 실복이가 재미잇엇다고· 얼마나 자랑하였는데
처음만난 사람들과의 단체여행 그 날의 만남에 대해 구·구· 절절 얼마나
신명낫는데 나도 똑같이 해봐야 하는데
제주·도는 못가도 하와이는 가봐야 하는데
나도 처음 만나는 단체 여행 해봐야 하는데
그러나 그는 아무·런 계획 없는 그런 여행을 해야 한단다
통영으로 간단다
통영으로 신혼여행을 갓다
이사람 도대체 누·가 코치한 거야

신혼여행지
차가 밤새 달려 아침에 도착을 한 건지
내리자마자 나를 미장원으로 데리고 갓다
덥수룩한 내 머리가 보기에 고약햇나보다
어씨 존심상해
신혼여행지 첫날부터 머리를 잘리다니
흉한가본데 안자를 수도 없고
싸우고 싸우고 싸웟다 바락바락 싸웟다
분명 결혼식 전에는 다 양보하는 것 같더니
이상하게 같이 싸운다
고양이 두 마리의 팽팽한 기 싸움이 이보다 심할까
잠을 잘 숙소를 묻는다
값이 저렴한 곳으로 고르라는 눈치를 한다
헹 어림 반 푼도 없는 소리
물어보지 말고 그냥 정하든지
값으로 따지지 말고 가까운 데 고르든지
가격을 기준으로 고르라니
어림 반 푼도 없는 소리
『나는 최고 아니면 안가』
최고로 비싼 호텔을 잡앗다
하루에 이십만 원이라나
알게 뭐야 산수 갑산이 뒤집어지기라도 하겟어

부자라고 소문난 이 남자
또 고백한다
터미널에서 지갑을 잃어버렷어
돈을 아껴 전기 밥솥을 사가야 돼
나는 내가 혼수로 무엇을 준비햇는지 전혀 모른다
그냥 적은 돈 올케언니에게 미안해하는 마음으로 주엇을 뿐이다
숟가락 세 개를 샀는지 네 개를 샀는지
단지 장롱이 칠십만 원이라는 말만 주워 들엇다
올케언니는 다른 건 몰라도 장롱만큼은 튼튼해야한다며 신경을 가장
많이 썻다는 말을 해주엇기에 안다
그리고 사실 그런데 관심 갖고 싶지도 않앗다
혹시 회사 일에 지장 생길까 걱정이기도 하고
회사일이 훨씬 보람 잇고 재미잇게 느껴지기도 한다
그래도 내가 준비한 혼수가 딱 하나 잇는데 그것은 다리미 판이다
어디서 누가 시집 혼수에 다 준비햇는데 딱하나 다리미 판이 빠졋다

소리를 들어 정신 바짝 차리고 다리미판 하나 준비했다
그런데 나를 보고 올케언니는 꼼꼼하다 칭찬한다
그런데 혼수 중에 전기밥솥이 빠졌고 누군가가 흉을 본 게 틀림없다
신혼 여행지에서 새신랑이 밥솥을 걱정하는 걸 보니
올케언니는 시댁에 들어가서 사니 중복되지 않게 살림을 준비한다 했고
어머님도 전기 밥솥이 없으셨나보고
애고 이래저래 그 남자 미웁다
싸움으로 치자니 머리끝부터 발끝까지 싸울 일 투성이다
한 치의 양보 없이 계속 계속 싸웠다
사진 속에서도 싸웠다

호텔 안 첫날 밤이다
그러나 아직 해결하지 않은 기 싸움이 남았는지
첫날밤을 고이 치룰 수 없었다
새신랑은 웃으며 이러다 내가 소박맞겠는 걸 하였다
속으로 나는 그런 일로 절대 헤어지지는 일은 없을 거야라고 생각했다

다음날도 싸우면서 걷다가 문득 전에 읽었던 선데이 서울이 생각이 났다
어느 남자가 술집여자와는 사랑을 나누는데 부인과는 사랑을 나눌 수 없다는 그런
내용 그 부인은 기가 세고 계모임의 오야 봉이었다고 했다
혹시 여자가 무조건 남자를 이기면 안 되나 보다 라는 생각이 들어 신혼여행
두 번째 날은 내가 자존심을 조금 내려놓고 그의 의견에 따라주기 시작했다
그랬더니 정말 그 두 번째 날에는 신혼 초야를 치를 수 있었다
아무래도 남편이 내게 권한 포도주가 범인인 것 같다
그렇게 첫날밤을 치르고 나니 어찌나 억울한지 엉 엉 울었다
갑자기 돌아가신 할아버지 생각이 떠오르고 뭔가 분하다는 생각도 들고
엉엉 울어댔다
새 신랑이 새 신부가 울어대니 미안한 건지 기가 막힌 건지 밖으로 나가려 한다
나는 울면서 엉엉엉 가지마라고 말했다
낯선 곳에서 이 자가 사라지면 무서우니 할 수 없이 잡았다

신혼여행에서 이제 드디어 시댁으로 들어왔다
깜깜한 밤 열한시에 낯선 장소
시골의 풀냄새와 나무 때는 냄새가 나는 경기도 남양주시
고집피우고 배를 한 번 탓더니 시간이 완전 지체 된 거다
새신랑 시간이 늦는다고 배타고 관광하는 것은 하지말자 했지만
이 먼 곳에 또 올 수도 없을 텐데 한려수도 배를 안타면 얼마나 섭섭할까
충무공 이순신 생각이 나는지라 도저히 그냥 돌아 설 수가 없었다
그래서 고집을 피웠더니 신혼여행지에서 돌아오자마자

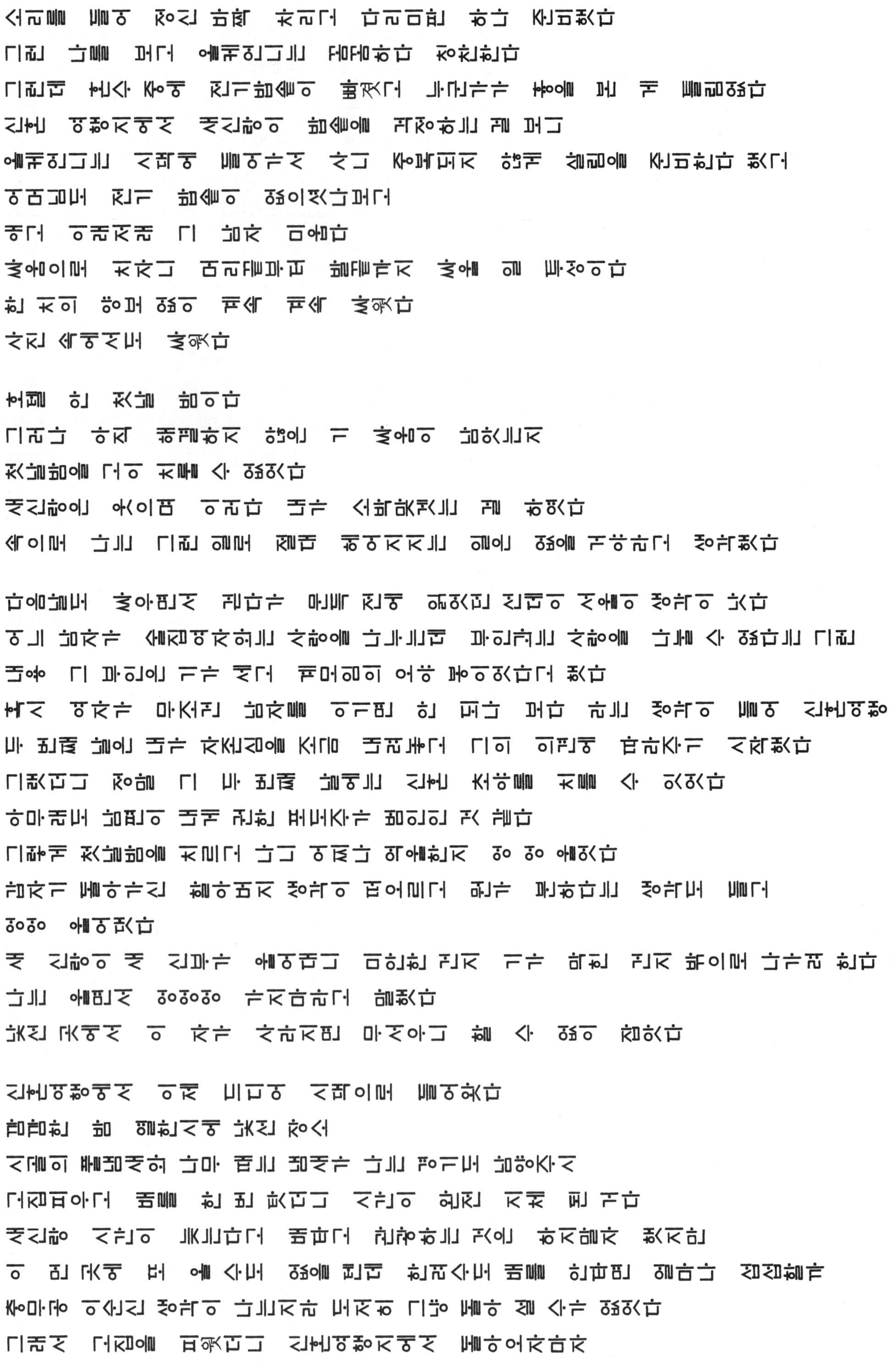

시어머니께 꾸지람 듣고 앉아 있다

다음 날 시댁 집안 사람들이 모엿다
새색시는 일을 하지 않는 거라 하며 가만히 앉아만 잇어고
집안내들이 쉬지 않고 음식상을 날랏다

허 내일 출근해야 하는데 신혼여행지 빨래도 하지 못햇는데
출근해야 하는 첫날 새벽 네시 빨래를 시작햇다
후 펌프질 그렇게 재미잇는 펌프인데 마음은 바쁘고 물이 잘 올라오질 않는다
안되겟다 싶어 새신랑을 깨워 빨래를 같이햇다
신혼 첫날부터
시어머니 모르실거라 생각하고

결혼 후 어머님은 곧바로 부엌에 수도를 놔주셧다
그런데 수도는 두 시간 사용하면 물이 나오질 않는다
펌프로 사용할 때는 물이 모자르지 않앗는데 수도는 물을 아끼며 써야한다

어머님은 또 우리 방이 추울까 늘 노심초사이시다
새벽이면 일어나 연탄 아궁이 옆에 잇는 나무 아궁이에 또 불을 지피신다

일요일 집에서 일을 할라치면 어머님은 내가 방으로 가면 방으로 따라오시고
부엌으로 가면 부엌으로 따라오시고
그런데 분명 이뻐서 따라 오시고 잇다는 게 느껴진다

그래도 아직 어렵기만 하다
콩나물 국을 끓이면 무치지 왜 끓엿냐 하시고 동태찌개에 고춧가루를 넣으면 왜
넣엇냐 하시는데 대꾸도 못하겟고 왜 그런 일이 생겻는지 그 문제를 어떻게 풀어야
하는 건지 모르겟어서 이 종이 저 종이에 끄적여 놓앗다
그 때는 어려 그저 잘하려고만 하엿지 먼저 여쭙고 다음에 행해야 한다는 사실은 알지도
못햇다

내가 예쁜 그릇을 골라 음식을 담으니 어머님은 예쁜 그릇이 올려두고
미운그릇을 쓰라 하셧다
내가 딱 멈추고 저는 예쁜 그릇 쓰고 싶은데 라고 말씀을 드렷더니
어머니 웃으시며 받아들이셧다
나 안다 예쁜 그릇 쌓아둠이 얼마나 덧없음을
친정엄마 돌아가신 후 엄마 살림 마당에 한가득 쌓아놓은 아픔이 잇다
예쁜 그릇 맛잇는 거 다 먼저 해치우는 게 순서이다
그런데 이상하기도 하다

어머님은 며느리 들어오면 쓰라고 그릇을 사놓으셨는데
올케언니가 혼수로 보낸 그릇과 똑같은 종류의 그릇이다
흰색 사기그릇에 한쪽에 살포시 보라 꽃이 그려있는
그 시기에 출시된 그릇은 딱 그 한가지이기라도 했는지

우리도 가족계획이라는 걸 세워야지 싶다
남편에게 조심스레 물었다
아이는 어떻게 할 것인지
남편은 아이는 바로 낳아야 한다고 했다
아무래도 어머님이 아프시니 그리 마음 쓰는 것 같았다
남편 품에서 그러나 턱을 들쳐 위쪽으로 향하여 기도를 올렸다
『하느님 이쁜아기 주세요
얼굴 얘기하는 게 아니라는 거 하느님도 아시죠』

시어머님은 허리가 많이 굽으셨다
밖에 나갈 때 내가 어머니 손을 잡았다
어머니가 잡지 말라하셨다 남이 본다며
서운하기도 했지만 남에게 단단하게 보이려 하심에 놀라왔다

새해가 되어 시댁 큰집과 친정이 된 큰오빠 집 한 바퀴 돌았다
남편에게는 형이 한분 누이가 한분 계신데 형은 남편과 나이차이가 엄청나시다
우리 친정 큰오빠가 나보다 스므살 더 많으신데 우리 큰오빠보다도 열 살이
더 많으시다
그래서 시아주버님의 맏아들과 시누이의 나이가 같고
아주버님의 둘째아들이 남편과 나이가 같다
인천에 사시는 큰집을 들려 차례를 지낸 후 금호동 큰오빠집이다

6학년이 된 조카 욱이는 세뱃돈 받은 동전 한 꾸러미 모아 놓더니
나에게 『고모 이거 갖으세요』 한다
은혜를 갚는다며 굳이 가져가라 한다
그동안 데리고 다니면서 차비 낼 때마다 장난삼아 은혜 갚아라 라고 하였는데
그것을 정말 마음에 담고 있었을 줄이야 그리고 어른이 되어 갚으라는 얘기였는데
국민학생 어린애가 갚겠다고 나오니 민망하고 당황되어 웃음만 펄펄 날리고 왔다

어머님이 아프시다
혼수준비로 요리책을 준비한 게 있어
책을 뒤적여 찾아 굴과 무를 사다 새벽에 죽을 쑤었더니 맛이 근사했다
저녁에 퇴근하여 먹어보려 했는데 한 숟갈도 남아있지 않았다
어머니도 맛이 괜찮았는지 다 드셨다 뿌듯했다

어느 날 출근하려 오바를 입는데 어머님이 옆에서
『얘야 삼천 원만 다구』
내 주머니에는 오천원짜리 하나 그리고 천원짜리 세 개 8천원이 있었다
어머님이 내게 돈을 달라하셨는데 너무 좋다
누가 내게 돈을 달라 하겠는가
그동안 실복이와 실복이 엄마가 돈 가지고 티각태각 하는 걸 보기만 하였는데
내게도 돈 얘기하는 어머님이 계시다니
너무 좋아서 어머니 이것밖에 없어요 하고 5천 원짜리를 드렸다

며칠 후 시누이와 시매부가 오신다 한다
빨래를 널고 계시는 어머니께 내가
장을 봐야 하지 않냐고
닭을 잡아야하지 않아요라고 말씀을 드렸더니 무뚝뚝하신 어머님은
그 말이 고마우셨는지 눈가에 눈물이 맺히셨다
별 얘기도 아닌데 쩝

하얀 눈이 내리는 밤이다
밤 열한시가 되었는데 어머님이 대문 밖 길에 서계시다
불빛이 없는 시골 동네는 까맣고 소복해지는 눈에 길은 하얗다
깜짝 놀랐다
『어머니 왜 여기 서 계세요』
세상에 아직 들어오지 않은 아들을 서서 기다리시는 거다
난 그런 광경 처음 봤다
아들을 문밖에서 기다리시는 어머니라니
그냥 들어가시라고 얘기해도 계속 서계신다
그러니 내가 들어갈 수도 없는 일
사실을 말해야 했다
사무실에서 들은 얘기가 있다
영업부 동료 한 분이 알려주셨기에 이미 알고 있었다
『어머니 사실 오늘 그 사람이 여자 만나고 있어요
제일제당 미스 김이라는 여자인데 오늘 만나고 있다네요』
그래도 어머님은 아랑곳 않고 아들만 기다리신다
역정의 마음도 나를 달랠 마음도 없어 보이신다
그 동료 분은 내 남편이 다른 여자를 만남이 분하다는 생각이
들어 내게 알려 준 것이다

사실 그 말을 듣고 남편에게 많이 미안한 마음이 들었다
애구 내가 아직 도도를 떨고 마음을 열어주지 않아 힘이든가 보다
열두시가 거반 다되어 남편이 들어왔고 내가 부담주지 않으려고
키득거리며 오늘 누구 만났는지 다 안다고 얘기를 해주었다

남편 눈이 동그래 졌고 나는 즉각 즉각 보고가 들어오니
무엇이든 다 알고 있다고 키득거려 주었다
신혼의 기 싸움은 접어두고 이 문제 만큼은 미안한 마음이 앞서
마음으로 남편을 품었다
다음날 아침 출근하려 보니 신발이 보이질 않았다
당황되어 찾는 나에게 어머니는 방문을 열고 방안에 들여놓은
신발을 꺼내 주셨다
남편을 꾸지람 해주는 대신 아들과 며느리의 신발을 방안에 들여놓고
주무셨나보다 어머니 방에서 나온 신발은 참으로 따뜻하기도 했다

신혼 방은 춥지 않을지언정 이 지역은 내게 어마무지하게 춥게 느껴진다
서울과 기온차가 상당하다 추워서 몸 둘 바를 모르겠다
몸이 오그라 붙은 정도가 아니라 얼굴은 푸른퉁퉁 얼었고
울퉁불퉁 잔뜩 솟아 올랐다
먹은 밥은 자꾸 체하고 시도 때도 없이 자꾸 졸음이 쏟아진다
사무실에서 전표 끊으며 순간순간 자꾸 끄덕이고 아예 의자 옆으로
내려앉아 의자에 머리를 박는다
남편이 내가 자꾸 체한다는 얘기를 했는지 영업부 김수홍씨의 부인이 아기를
갖은 것 같다고 병원에 가보라는 얘기를 했다 한다
친구 실복이가 아기를 가졌을 때 같이 가보던 강남에 있는 병원으로 갔다
의사는 임신이라는 얘기를 하며 뱃속의 아기 사진을 찍어 주었다

그 이후 무슨 연유인지 남편과 서울을 다녀오는 길이다
아 짜장면 먹고 싶다 짜장면 짜장면 짜장면
짜장면을 먹지 않으면 숨이 넘어갈 것 같은 기분
상봉동 근처 중국집에서 짜장면을 먹고 집으로 돌아왔다
집에 돌아온 남편은 내게 어머님과 다시 저녁을 먹으라고 하였다
마치 아무것도 먹지 않은 것처럼

그리고 꿈을 꾸었는데 손가락에 금반지의 여러 장식들이 스르르르 사라지고
가운데 금두꺼비가 또렷하게 빛을 내었다
친정어머니도 금반지와 관련된 태몽 꿈을 꾸셨다 하였는데
나도 똑같이 금반지 태몽 꿈을 꾸다니

남편은 내게 꼭 국을 끓이라고 하였는데 찌개를 준비하였어도
또 국을 끓이라 하였다 어머니께 꼭 국을 끓여 드려야 한다며
찌개와 같이 또 국을 끓였더니 어머님이 찌개가 있는데 왜 국을 끓이냐
얘기를 하셨다
그래서 내가 봐 찌개가 있을 땐 국이 없어도 되는 거잖아 라는 뜻을 담아
남편을 살짝 쳐다보았고 남편도 알겠다는 느낌을 주었다
이 사람 효자라서 그러는 걸까 나를 군기 잡으려 그러는 걸까

밤에 자려고 할 때는 우리 방은 자기가 훔칠 테니 가서 어머니 방을 닦아
드리라고 나를 시킨다
남편에게 이런 면이 있다니 일단 시키니 걸레를 들고 어머니 방으로 들어간다

어머님의 얘 들어와봐라 소리를 한번 더 들었다
어머니 방안 무릎 꿇고 있는데 이리 말씀하신다

너희는 신혼인데 왜 웃지들을 않니

어어 나는 혼자이신 어머님 앞에서 조심하고 있는 건데
그런가 그런가 그렇기도 한건가
기싸움이 더 팽팽해지긴 했어
결혼 전에 분명 숙여주던 저 사람이 꼿꼿해졌거든
눈치를 채신건가
어머님은 말씀을 이으셨다

결혼 하기 얼마 전 재가 미리 델고 와서 살면 안되겠느냐 물더라 그래서
내가 안 된다 했어
그런데 올케가 살림을 가지고 왔을 때 보니 언간히 이해는 되더라
그 때 방안에 장롱이 안 들어가서 천장을 뜯었는데 천장에서 쥐가
떨어지고 얼마나 챙피하던지
그리고는 왜 혼인신고를 하지 않느냐고 손수 혼인신고를 하시겠다 말씀하신다
에구 이 남자 내가 오갈 데 없다는 걸 눈치 챘다는 거 아냐
그러면서 어쩜 한번도 내색을 안했대 그 약점으로 나를 기죽일 수도
있었을 텐데 그 점 고맙고 감사하긴 하네

그리고 뭐시라 뭐시라 혼인신고라
하 그러면 안 되는데
어쩌다 잘 곳도 마땅치 않고 하는 수 없이 시집을 왔지만
여차하면 튀어야 하는데
아무리 봐도 시집을 잘 못 온 것 같은데

집안이고 어디고 동네 다 돌아다녀 봐도 집에 책 한권 잇는 집 없어
노란 책 빨간책 요즘 나온 책 말고 우리 집 다락에 잇던 한지로 된 누런
책 여기는 시골이니 아직 간직하고 잇음직도 한데 말이야
암튼 한번만 더 걸리면 내 되야 한단 말이지
꿇고 앉아 잇으니 속내를 털 수도 없고

그런데 이집이 내 집인 것 같은 구석이 잇기는 하다
실복이네 집에서는 기십년을 드나들며 살앗어도 단 한번도 똥을 놓지를
못햇는데 이 집은 시집온 다음날 부터 매일 한번씩 화장실을 간다
이건 기적과도 같은 일이다
그렇게 변비에 시달려 펄펄매고 얼굴에 여드름마저 한 가득이엇는데

집도 꼭 내가 자란 금호동 집처럼 생겻다
아침이면 해가 잠을 깨우는 동향집에다 돌로 둑을 세운 터 위에 지어진
집하며 또 마당에서 사용한 물이 둑으로 내려 아래로 떨어지는 모습까지
집은 그렇다 쳐도 매일 화장실을 갈 수 잇다는 게 신기하니
하루만 더 참는다 그래도 하나만 더 걸려라 다른데 가서 똥 싸면 된다

신기한 게 한 가지 더 잇기는 하다 나는 할머니와 자라서 진밥을 좋아하는데
연로하신 어머님과 살아서인지 남편도 진밥을 좋아한다
살다 살다 진밥 좋아하는 젊은 사람 처음 보앗다
진밥 좋아하는 거 겨우 겨우 닮은 구석 하나 찾아냇다
그래도 어림 반 푼도 없다
하나만 더 걸려 존경해야할 마음 사라지면 얄짤없이 될 테다

다음날부터 어머니는 혼인신고 하신다면 면사무소에 드나드시기 시작하셧다
눈이 녹지 않은 추운 겨울날
하루는 도장이 없다고 되돌아오시고
하루는 무엇이 안 됏다고 되돌아오시고
하루는 내 주민등록이 말소 되어 안됏다 되돌아 오시고
다시 금호동에 가서 벌금 4만원을 내고 말소된 주민등록을 살려서
서류를 가져다 드렷다

또 드나드시기 시작이다
무슨 면사무소가 그리도 까다로운지
허리는 굽으셧고 심장병을 앓고 계신지라 숨마저 가쁘신데
그렇게 아홉 번을 드나드셧다 하더니 혼인신고는 마무리 되엇는데
그 일이 힘에 부치셧는지 바로 몸져 누우셧다

며칠 누우시면 일어나시겟지 하엿는데

다음날 밥상 앞에 앉아 있는 내가 이빨이 빠지는 꿈을 꾸었다
아이고 안 되겠다 이거 큰일 나지 싶다 내가 회사를 아무리 좋아한들
어머니 병간호가 먼저이다 생각에 당장 남편과 상의 후
회사를 그만두려고 전무님께 전화를 드렸다
죄송하지만 어머님이 편찮으셔서 회사를 그만 두어야 되겠노라고
전무님이 화를 내리라 생각하였지만 놀랍게도 전무님은
『그렇지 여자는 시댁이 우선이여』라고 편안하게 받아주셨다
죄송하고 감사하다
결혼할 시 그만두라 하셨건만 내가 다니겠다 우겨놓고
또 이리 그만둔다하건만 그대로 받아주심에 그 마음 고스란히 안았다
어머님은 곧바로 서울 경희대학병원에 입원을 하셨고 곁에서 밤을 지켰다
쏟아지는 졸음과 신음하시는 어머니 사이에 몸이 뚜거덕 거리고 잇을 때
제천에서 살고 있는 시누이가 올라왔고 시누이가 병원을 지키게 되었다

시기는 3월 초 화이트데이를 앞두고 있었다
나는 전무님에게 빚이 있다
작년 발렌타이데이 날 사장님만 낚아채다시피 하여 시간을 가진 점에 대해
죄송한 마음을 갖고 있는 터라 올해는 꼭 그 반대의 날 전무님에게
선물을 보내려고 마음먹고 있었다
꼭 손으로 만든 멋진 꽃마차에 사탕을 한가득 꽃아 드리고 싶다
어머님이 아프셔서 시간이나 마음이 넉넉지는 않지만
그러나 내가 꼭 해야 할 일이라고 생각되어진다
그러나 막상 하려니 고민되어 생각 골똘 걸어가는 중 마침 부평
어느 가게에 나무로 만들어진 수공예 마차가 전시되어 있는 것을 보았다
아이고 잘됐다 조금 비싼 가격이었지만 내 마음에 꼭 드는지라 그 마차를
사서 마차위에 막대사탕과 꽃으로 장식을 하였다
이리 꽃아도 눈에 안차고 저리 꽃아도 허전하고 하는 수 없이
얼기설기 꽃은 채 포장하여 남편을 통해 전무님께 전했다
『작년에 죄송했어요』라는 속마음을 마차에 실어서

입원하신 어머님은 일주일 만에 집으로 모시라는 병원 측의 명에
집으로 모셔와야 했다
다음 날 인천에서 형님이 올라오시어 어머님이 아프신 일로
나를 데리고 길 건너 골목을 빙빙 돌아 옥자네 점쟁이 집으로 가셨다
점쟁이는 나와 남편의 생년월일을 받더니 나를 향해 화를 내기 시작이다
한발을 들여놨다아 뺐다 한다며 야단을 쳐댄다
아니 이사람 어찌 알앗대 내가 발을 뺐다 넣었다 하는 걸 요상두 하네

어머님은 성당에서 세례를 받으신 분이다

무당에게 갓다 온 다음 날은 성당에서 여러분이 오셧다
시누이는 나에게만 성당을 다니니 방에 들어가라 하여
기도하는 성당사람 옆에 앉아 잇엇다
다음 날 밤에는 인천 큰 형님이 어디서 무당을 데리고 와
나에게 또 며느리이니 방에 들어가라 하엿고 무당은 서서
칼을 휘두르며 춤을 추는 듯한 동작을 해댓다
그리고 나서 내방으로 돌아온 나는 들어 누웟고 위급할 때
나타나던 그 심령언어가 밤새 쏟아져 나왓다
시누이는 당황해하며 이제 더 이상 점쟁이나 굿은 하지 말자는
얘기를 나누고 잇는 소리가 들려왓다
그리고 다음 날 시누이가 어머니 곁에서 병간호를 해드렷는데
저녁 무렵 어머니는 이내 눈을 감으셧다
몸져 누우신지 단 열흘 만에
그 날은 바로 친정어머니 제삿날 이기도 한데

정말 기가 막혓다
더더욱 놀란 것은 『얘야~ 내가 너희 신혼 신고하러 다니다 쓰러졋구나~』 라는
말씀을 한번을 안 하시는 거다
누가 봐도 분명 혼인신고 하러 다니시다 쓰러 지셧음을 아는 일이건만
장례식 내내 가슴이 먹먹하여 흐르는 눈물과 딸꾹질이 멈추질 않앗다

아이고 내가 하찮게 생각한 이 남자
이 남자가 이 분에게 이렇게 소중한 아들이구나
흐느끼며 딸꾹거리며 그제서야 마음의 고집을 꺾엇다
휴 ~ 이집에서 뿌리를 내려야겟다
이 남자를 나의 서방님으로 잘 보필해야겟다
무인도에 이 사람 나 둘밖에 없다고 생각하자
간장도 된장도 담그고 이 집안의 맥을 잘 이어 나가야겟다

남편은 인심을 잃지는 않앗는지 장례식 손님은 엄청 많앗다
옆집 뒷집 아랫집 등등 다섯 집을 내집삼아 손님을 대접하여 초상을 치르는데
더더욱 희한하기도 한 일은 그 많은 손님을 치르도록 물이 딸리지가 않는 거다
평상시에는 두 시간만 사용하면 나오지 않던 수돗물이 장례 기간 동안은
멈추지 않고 계속 나옴에 그저 신기하기만 할 뿐이다
그리고 장례가 끝나자마자 다시 두 시간 사용하면 물은 한참을 기다려야
나오는 상태로 되돌아갓다

허참 친정어머니 장례 때도 평상시 물을 마음대로 사용할 수 없어 힘이
들엇는데 그 날 만큼은 비가 많이 내려 물을 충분히 사용할 수 잇엇는데

그런 친정 엄마 제삿날 세상을 뜨시고
또 그와 같이 물을 풍족하게 사용하고 잇으니
아무래도 우리 엄마가 어머니를 모시고 가신 것이 틀림 없다 느껴진다

울며 딸꾹질을 해도 뱃속에선 여전히 먹을 것을 싫어 나르라 요구를 한다
그것도 평상시 먹지 못하는 고구마를
하나만 먹어도 체하는 그 고구마가 아무리 먹어도 체하지도 않고

장례식 내내 남편은 술은 입에도 대지 않앗다
이상하기도 하다 친정 우리오빠들은 장례식이면 이때다 하고
끝없이 마시는 것 같앗고 싸움으로 끝을 보앗데
술을 입에도 대지 않고 큰일을 치르는 이 남자
이제 조금 믿어도 되는 느낌이 온다

어머니가 세례자이셔서 양수리에 잇는 천주교 묘원에 모실 수 잇엇다
가파른 산 꼭데기는 흘러가는 한강이 훤히 내려다보여 속이 탁 트이는
그야말로 누가 봐도 명당이라 할 만한 자리이다 그러나 명당이라는 말은
자손들의 욕심이 들어가 잇는 말이라 느껴지므로 입 밖으로 내지는 않앗다

산소를 쓰고 내려오는 길은 내 다리의 힘이 다 빠져 나가
재대로 서지를 못하여 푹 주저앉앗다
장례 때 상주는 일을 하는 것이 아니라 하여 일을 하지는 않앗데
그래도 임산부엿고 여러 가지 심적 부담에 쓰러진 것 같앗다
놀란 남편이 나를 업고 산에서 내려왓다
나는 부끄러워 아예 기절한 척해야만 한다
산에서 내려오니 사람들이 큰 솥에 국을 거하게 끓여 식사를 하면서
내게는 쓰러져 잇다고 먹으라는 소리도 하지 않는다
꼬르륵 꼬르륵 아 배고파 밥 좀 주지 다리에 힘만 풀린 거지 기절한 건
아닌데 무어라 무어라 얘기하는 소리 다 들리고만
배는 너무 고픈데 새댁이라 차마 밥을 달라는 소리도 못하고
상여 차 맨 앞자리에서 기절한 척 누워 잇어야 햇다

집으로 돌아오니 어머니 방엔 문갑식 서랍장이 그대로 놓여잇다
윗 칸은 문갑이고 아래쪽에는 서랍으로 되어잇다
어머니에게 죄송스런 마음 어머님이 사용하시던 물건은 하나도 버리지 않겟다
고리짝 냄새가 나는 문갑식 서랍장 내가 고이 간직하겟다

장례를 치른 후 인천에 들렷을 때 형님은 내게 몇 가지 당부를 하셧다
내게 친 형님은 한 분이신데 이미 며느리를 보신 뒤라 동서인 내게는 많이

너그러우시다 『남편과 싸우게 되면 친정으로 가지 말고 형님이 받아 줄 터이니
형님 집으로 오라』는 말씀을 하셨다 『그리고 장사 때 보니 집안 질부들이
밥상 앞에서 소주잔을 기울이고 혀 꼬부라진 소리를 하니 흉하지 않더냐 내게
절대 본받지 말라』는 말씀을 하신다 이 때까지 날보고 술 마시지 말라는
말을 해주는 사람은 처음 보았다
맞는 말인지 틀리는 말인지 모르겠다만서도 그 말씀이 얼마나 고마운지 깊이
호흡하여 두었다

덩그러니 집안에 남편과 나 둘뿐이다
아니 어찌 이럴 수가
저녁에 자려고 누우면 자꾸 전쟁고아 같다는 느낌이 든다
허참 이상하기도 하다
할아버지 남녀칠세부동석이라 불호령 내리시더니
어찌 남자 하나에 나 이리 묶어놓고 그리 잠잠하시다니
고개를 돌려도 돌려도 전쟁고아로만 느껴진다

그나저나 어머니 병구완하겠다고 회사에 사표까지 냈는데
어머님은 열흘 만에 돌아가시고 다시 직장을 찾아야할까 고민이다
내 성격상 무슨 일이든 해야 하지만 곧 아기가 태어날 테고
아기가 태어나면 아기를 끼고 누워 뒹굴거리며
아기와 눈을 맞추는 일이 내 일생일대 최고의 행복일거라는 생각이 든다
그 행복만큼은 다른 어떤 거에도 빼앗기고 싶지 않으므로
엉덩이를 펑퍼짐하게 풀어 놓는다

날이 따사로와져 회사 다니던 길을 따라 나섰더니 땅 바닥에 푸릇푸릇
냉이가 올라와 있었다
한소쿰 뽑아 저녁에 돌아온 남편에게 보여주며 나 살림 잘하는
여자라는 걸 알리듯이 자랑하였다
『나 냉이 뽑아 왔어』
바구니를 보더니 남편이 웃었다
『이건 냉이가 아니라 쑥이야 쑥』
헤구 시골 생활 쉽지 않네
허나 처음으로 편안해진 남편의 미소를 보았다
아하 이거야 이거 나 조금 힘이 나기 시작이다

내게 6촌 형님 되신다며 우리 어머니를 작은어머니라
호칭하시는 노인인 우리 집을 드나드시기 시작하셨다
그 분은 시어머니보다 한 살 적다 하셨으니 칠십 하나 정도 이시다

집안 친척들은 남편이 손이 높은지라 나이가 20살 정도 많으면 조카이고
70정도 되어야 내게 형님벌이시다
어머니와 비슷한 연배의 6촌 형님은 봄이면 여기저기 나물을 해다 팔아
앞주머니에 두둑이 차고 다니신다
당신 막내 딸이 우리 남편과 한 날 태어났다는 얘기며 또 동네에서 최고
부자가 잇는데 그가 부자가 된 이유는 육이오 때 다 피난을 내려갓는데
그 집만 피난을 내려가지 않고 빈집을 털어 재산을 장만하여 지금 마을에서
최고의 부자가 되었다는 얘기며 알고 계시는 모든 동네며 집안 역사를 다니며
뜯은 나물 한주먹과 함께 다 내게 쏟아 놓으신다
안방에 가만히 앉아있는 나는 모르는 것도 없고
아는 것도 없는 사람이 되어간다

5월 어버이 날이 되어 딸기를 사가지고 금호동으로 갓다
실북 어머니에게 한 박스 큰 오빠 집에 한 박스
먼저 실북 어머니 집에 들렷다
실북 어머니는 그동안 세를 들어 살던 새댁과 점심이면 밥도 같이 먹고
즐겁게 지냇는데 어느 날 장판 밑에 삼천원이 없어져
화가 나서 세입자들을 다 내보냇다고 하엿다
그리고 새로운 세입자가 들어왓는데 새로 이사 온 사람들은
문들을 꼭 닫고 생활을 하는지라 외롭기도 하고 아주 답답하신 모양이엇다
내 드는 생각이 『아 사람과 헤어져야 할 때는 복을 실어 보내야
되는가보다』 라는 생각이 강하게 들어왓다
다음은 큰오빠 집으로 갓다
내를 재워주기 싫어 집을 나간 큰 올케언니이긴 하지만 그거야 언니
성격이 불같다 하니 어쩔 수 없는 일이고 내가 고마운 건 고마운 일이니

올케언니는 대화중에 집을 새로 삿고 이사를 한다고 햇을 거다
그리고 이어진 말은
『앞으로 경식오빠는 내가 데리고 잇기로 햇어』 라는 말을 하엿다
어 순간 한 대 딱 맞은 느낌 정지된 마음 말없이 집으로 돌아왓다
그리고 다시는 큰올케 언니를 보지 않기로 마음 먹엇다
도저히 용서할 수가 없다 나는 별 볼일 없는 사람이니 그 며칠도
재워주지 않은 거고 앞날 창창 미래가 의사인 경식오빠는
데리고 살겟다는 거 잖어 만일 경식오빠가 양아치라도 데리고 살아줄까
집으로 돌아와 송추에 머물고 잇는 남식오빠에게 전화를 걸엇다
그야말로 처음으로 하는 이간질 일꺼다
『아 글쎄 금호동 올케언니가 아따따 바따따』 화를 털어내고

그리고도 분노가 가라앉지 않아 식식대고 잇다

뱃속에 들어와 잇는 아가는 어느덧 발길질 하기 시작이다
태교는 따로 하지 않앗다
태교라는 자체가 비겁하다는 생각이 들엇기 때문이다
평상시는 그리 살지 않다가 아이에게 이리 보여주기
위함이 태교라 느껴지기에 역겹기까지 하다
아기의 입장에서도 뱃속에서부터 부모에게 무언의 압력을 받게
되는 것 같아 도무지 내키지가 않앗다

친구 실복이가 자기가 입던 임산복을 다 싸서 내게 보냇다
퇴근하는 남편 손에는 하루도 빠지지 않고 좋다는 건 매일 들고 들어왓다

나도 임산 복을 하나 사 입고 싶다
어깨끈 모양의 새빨간 원피스가 만원이기에 얼씨구나 하고 하나 사 입엇다
아기가 뱃속에서 8개월 되어갈 무렵 금호동 큰 올케언니에게서 전화가 왓다
가라앉은 목소리로 내게 서울로 오라는 얘기다
선뜻 내키지는 않지만 오라니 가지 않을 수가 없고 새로 산 빨간 끈 다리
임산 복을 입고 길을 나섯다
뒤에서 건넛방에 이사 들어온 내 또래 아이엄마가 무어라 소리를 지른다
잘 갓다오라는 소리로 알아듣고 가는 길을 옮겻다
올케언니 집으로 곧장 가지 않앗다
오란다고 한번에 쏙쏙 가고 싶지 않아서다

실복이 엄마네 집으로 갓다
실복이 손에 끌려만 갓는데 내가 자발적으로 가서 잠까지 자기는
처음 잇는 일이다만 서도 거기서 자고 아침에 올케언니
집으로 올라갈 요량이엇다
왠일일까 실복이네 집에서 잠을 자는데 잠이 오지 않는다
한 숨도 자지 못하고 밤을 꼬박 새웟다
남식오빠 처음 발병할 때도 그와 같이 밤을 꼬박 새운 일이 잇는데
이번에도 홀라당 밤을 새고 아침을 맞이햇다

아침이 되어 거만한 발걸음으로 큰 올케언니 집으로 올라갓다
큰 올케언니 집은 이사를 한 상태여서 알려주는 길과 번지수로
이사한 집을 찾아내어 안으로 들어갓다
집안에는 아무도 없다
어 이상도 하다 날보고 오라고 해놓고 집안에는 아무도 없다니

조금 잇으니 집으로 전화가 걸려왓고 전화를 받자 어느 병원으로
오라는 얘기를 한다
좀 불길한 생각이 들어온다
남식오빠가 아프기라도 한 걸까
병원에 입원을 하엿나

불안한 마음에 다르다르 떨면서 병원에 도착을 하엿고
병원입구에서 누구인지 기억을 못하지만 가족을 만낫다
아마 시집간 언니엿던 것 같기도 하고 앞에 서서 가는 쪽으로 뒤에 서서 따라
가는데 영안실 쪽으로 가는 게 아닌가
설마 설마 하고 잇는데 영안실로 감이 확실하엿다
나는 나도 모르게 땅바닥에 대자로 누어 악을 악을 쓰고 울어댓다
큰올케 언니가 곁으로 왓다
『내가 이럴 줄 알앗어 내가 이럴까봐 연락을 안 하려고 햇어』
아이고 아무래도 남식오빠가 맞는가봐 나는 설마 설마 아니기를 바라며
그냥 울어지는 거엿는데

그런데 이상하기도 하다
그동안 남식오빠만 잘못되면 나도 죽겟다고 늘 다짐하고 다짐하엿는데
이상하게 죽어야겟다는 생각이 들지 않는다
뱃속 아가가 죽어야겟다는 생각이 들지 않게 함이 강하게 느껴진다
얼마나 더 땅바닥에서 하늘을 향해 두 팔을 허우적 거리고 울어대다
또 추스르고 일어나 영안실로 갓겟지
남식오빠 이름이 아니길 또 바라고 또 바라고
아무도 내게 직접 알려주진 않앗으니
그러나 남식오빠임이 기정사실화 되어 잇고
경식오빠 얼굴이 보이기 시작하고
비가 억수로 쏟아지기 시작햇다

엄마가 돌아가셧을 때보다도 훨씬 더 많이 앞이 보이지 않을 정도로
이 슬픈 마음을 하늘도 같이 울어주시는 게다
남식오빠 친구들이 전부 병문안을 왓다
연락도 끊겨잇고 연락처를 아는 것도 아니다
경식오빠가 길을 건너려고 횡단보도에 섯는데
비가 너무 많이 쏟아지는 지라 비를 피하려고 옆 건물에 섯는데
거기서 마침 우리 집에 드나들던 남식오빠 친구를 만낫다는 거다
그래서 그 친구 분이 연락을 취해 남식오빠의
모든 친구들이 장례식에 참석을 하엿다

오빠 친구들은 애석해하며
남식이는 하늘나라의 대통령이 될 거다라고 말을 해주었다

오빠가 왜 그리 갈 수 밖에 없음을 알게 되었다
송추에서 더부살이 하고 있는 남식오빠에게 송추 올케언니가
큰오빠 집으로 가서 지내라 하였고 큰오빠 집으로 온 남식오빠에게
큰 올케언니는 하룻저녁 재워주고 다시 송추로 가라고 했다는 거다
정신병원에 다니던 남식오빠는 그동안 모아둔 약이 있었는지
대낮에 금호 1가 공원에서 한번에 약을 털어 넣은 모양이다
유서를 옆에 적어놓고
또 나를 더 슬프게 하는 일은 큰올케 언니 집에 세 들어 사시는 할머니에게
묻기를 『아이가 뱃속에서 8개월 되면 안전하지요』 라고 물었다는 거다
그 할머니는 전에 내게 남식오빠에 대해 고개를 약간 숙여 얼굴 표정이 딱
정지된 채 『그 오빠는 점잖은 사람이다 정말 점잖은 사람이야』
라고 얘기를 해준 일이 있는데 이런 얘기까지 전해주시다니
세상을 뜨면서도 내 뱃속의 아기까지 걱정하고 있었으며
안정되기를 기다렸다는 거 아닌가 그렇다면 남식오빠가 잘못되면
나도 세상을 뜨리라 다짐했었음을 읽고 있었다는 거 아닌가

화장을 하라는 가족들의 의견에 송추 둘째 오빠가 『아니다 무슨 소리냐
선산으로 가자』 했고 큰오빠가 강하게 반대를 하였다 송추오빠는 『그럼 송추로
데리고 가겠다』 하였는데 13대 종손 큰오빠는 그도 안 된다 강하게
나오므로 벽제 공동묘지로 모셨다
장례를 치르고 집으로 돌아오니 얘기를 들은 옆방 아이엄마는
『거봐 내가 왜 빨간 옷을 입고 가냐고 소리를 질렀잖아
내 눈에 빨간 옷을 입고 가는 게 영 거슬리더라고』 라고 말을 하였다

나는 내게 잘 다녀오라는 소리로 받아들였는데
그 말이 그 말이었다니 헤고 참
그나 저나 더 이상 살 의욕이 없다
남식오빠 보내고 나 이리 살아있음이 밍구스럽다
아무래도 아무것도 먹지 않고 조용히 세상을 떠야함이 옳다 그리해야겠다
아침을 먹고 남편은 출근을 하였는데
나는 더 이상 살 의욕과 기운이 하나도 없다

남편이 방바닥에 지갑을 놓은 채 나갔다
지갑을 열어보았더니 지갑 안에 누런 종이 쪽지가 하나 있었다
그 종이에 삐뚤 빼뚤 보이는 남편의 글씨체
『제일제당 미스 김』 그리고 적혀있는 전화번호

옵스 갑자기 살아야겠다는 힘이 확 솟구쳤다

아니 이 인간 제일제당 미스김 전화번호를 가슴에 품구 다녓다니
집에 들어오면 바가지 긁어야 되네 아 바쁘다 바뻐
저녁에 집에 돌아온 남편에게 누런 종이를 디밀며 무어냐며
반은 키득거리며 반은 진심 취조를 햇는데
방문 앞에 선채 종이를 구겨 입으로 넣고는 자기는 모르는 일이라며
아무리 물어도 완전 함구 시치미 뚝
휴~ 이걸 묵과하고 넘어가야하나 말아야하나

대문 밖 길가에서 시끄러운 소리가 들린다
사람들이 싸우는 것 같다
가만히 숨죽이고 집안에서 듣고 잇다
밖에서 욕하는 소리가 들린다
『아니 밖에서 큰 소리가 나는데 내다보지도 않냐』
옆집 아줌니 나 들으라구 하는 소리다

아니 이게 뭔말이여
나 어릴 적 엄마께 듣기를 시장 통에 사람들이 싸우면 쳐다보지 말고
이렇게 돌아가라 배웟는데
여기는 뭔 나라 뭔 법이여
세상이 바뀌겨 나라가 바뀌겨
아무래도 다른 세상 다른 문화인가 벼
아녀자가 문밖 싸움에 구경을 해야 하다니
그 다음부터는 삑 소리만 나도 맨발 벗고 뛰어 나간다

8월 중순 아기의 산달이 다가왓다
결혼 날 몸무게 50키로에서 58키로가 되엇다
뒤뚱거리며 걷는 나를 남편이 우리 집 펭귄이라 놀려댄다
출산 예정일 8 23일경 배가 아프면 산통이라 하는데 아침이면 싸르르
싸르르 배가 아픈것도 같고 그러나 조금 지나면 아픈 것이 사라지고 며칠을
며칠을 기다려도 산통이라는 게 오질 않는다
병원에 가니 출산 예정일 보름이 지나도록 아기가 태어나지 않으면
사과가 나무에서 똑 떨어지듯 뱃속 아이도 그와 같이 위험한 상황이 오니
병원에 와서 유도 분만하여서라도 아이를 낳아야 한다고 한다
그 후로도 몇 날 며칠 배가 아파오기를 기다렷지만 도무지 산통이 오질
않으므로 남편이 경식오빠와 상의를 하여 대학병원 산부인과에 입원을 하엿다

워매 지옥이 어디인가 햇더니 여기가 바로 지옥이다
넓은 광장 같은 병실엔 칸막이로 막힌 침대위의 여인들이 악이란 악은 다
끌어다 소리를 지르구 바닥은 여기저기 피가 잔뜩 보이구
워매 무시라 무서워 내가 지옥에 올라온 거여
나의 자리는 그나마 문 쪽에서 가장 가까운 자리엿다

의사는 내가 양수가 하나도 없다구 이상하다구 고개를 갸우뚱 거린다
출산 촉진제 주사를 맞구도 도무지 산통이 오지 않더니 갑자기 심하게 배가
아파오기 시작햇다 그러나 예비 고통도 없이 한번에 통증을 느껴 감당하기
벅찻던 것 같다 통증에 나도 똑같이 악을 쓰다 하늘이 노랗게도 보이구
정신도 들락 날락 깜박 거리구 통증이 까무러침으로 이어졋다 다급해진
의사들이 수술실로 데리고 가 제왕절개 수술로 아기를 탄생시켯다

수술에서 깨어나니 억울해서 눈물이 쏟아졋다
이제 아기를 한명밖에 더 낳을 수 밖에 없다니
다섯이구 열이구 내 의지에서 멈추는 게 아니라
꼭 한명만 더 낳을 수 잇는 거라니
나는 적어도 아기가 세 명은 잇으면 좋겟는데

『아내 산통소리 시끄러워서 코메디 쓰리랑 부부 본사람 잇으면 나와 보라구
해』
맘소사 남편에게 산통 겪느라 악쓰는 소리를 들엇느냐 물엇더니 소리가
시끄러워 1층 로비에 내려가서 코메디 프로 쓰리랑 부부를 봣다는 거다
기가 막히구 코가 막혀 말도 나오지 않는다
출산 후의 몸은 홀가분햇다 수술후유증 정도는 산통에 비해 아픈 것도 아니다
바로 벌떡 일어나 돌아다닐 수 잇엇다
나는 몸도 통통하구 건강 하나는 타고 낫으니 아무 걱정이 없다
게다가 병원에서 일주일이나 입원을 하고 잇으니 산후 조리도 동시에 되는
것이구
출산 사흘 만에 병원 화장실에서 머리를 감앗다 그런데 이게 웬일 머리
정수리로 바람이 술술 들어가는 게 느껴지는 게 아닌 가 아이구 맘소사
아무도 내게 닦지 말라는 말을 하는 사람도 없엇구 병원에 나를 위해
산간해주는 사람은 커녕 문병 오는 사람도 없엇던 것이다 그나마 다행
인 것은 시집간 언니가 내게 아기를 낳으면 딱딱한 것은 먹지마라 꺽두기도
먹지마라라구 알려주어 그것 하나만 지킨 것이다 해구 해구 해구 친정어머니나
시어머니의 향기만 잇엇더라도 머리는 감지 안앗을 텐데 헤구 헤구 헤구
출산 3일이 돼서야 내 몸에서 난 아기를 볼 수 잇는 거란다
신생아실 앞에서 기다리구 잇다 기다란 복도를 거쳐 회색 문을 열구 나온

간호원은 포대기에 쌓여진 아기를 내게 보여주었다
아이고야 오마나 어디서 이렇게 쭈글쭈글 괴물모습의 아기가
그러나 일주일 후 퇴원 시 아기를 받아 에레베이타 안에서 안겨 있는
아기를 내려다보니 쭈글이 아기는 어느새 쭈글거림이 다 펴져
뽀얘니 세상에서 제일 예쁜 아기로 바뀌어 있었다
집에 산간을 해주겠다고 시누이가 왔는데 시누이도 자궁외 임신이 되어
수술한지 얼마 되지 않은 몸이라 얼굴이 부어있는 상태였으나 내가 훨씬 가벼운
몸으로 느껴졌기에 하루나 이틀정도 돌봐주고 시누이도 집으로 돌아가게 했다

이제 오롯이 내가 아기 엄마다
무엇이든 다 완벽하니 해내고 싶다 오줌을 싼 기저귀도 매번 삶아대고
잠시 쉴 틈이 없다 일주일후 배에 꿰맨 실밥 뽑으러 병원에 가는데
버스 안에 앉아서 보니 이제야 겨우 쉬는 몸이 된 거였다
벽을 잡고 마음을 토하는 기분이다

아기가 태어나자마자 최대 빠른 시일 안에 유아세례를 해주었다
나는 이제 아기에게 해줄 거는 다 해준 거다
아기에게 신을 붙여 주었는데 더 이상 무엇이 필요하겠는가
중간에 내가 사라지더라도 아이 자라 힘이 들면 신을 찾을 테고
그러니 내가 이제 아기 때문에 걱정할 일은 하나도 없다
만일 내가 아기에게 더 해주는 것이 있다면 그건 그냥 덤이다

출산 한 달 후 하혈하기 시작했다 처음에는 그냥 생리이려니 생각을 하였는데
멈추지도 않고 수돗물 세게 틀어 놓은 것 마냥 콸콸콸 한 달가량 지속되었다
병원에서 약을 받아왔지만 아무 소용이 없었고 마지막 약을 받았을 때는
그래도 멈추지 않으면 자궁 척출을 해야 한다고 하였으나 여전히 콸콸 거리고
쏟아졌다 기운마저 다 빠져나가 힘이 하나도 없다 이렇게 죽으려나보다
더 이상 내일이면 일어나지 못하고 죽어있을 거라는 생각에 마지막으로
친정 아버지 생각을 하면서 벽장 안에 담가 놓은 포도주를 꺼내 한 컵을
마셨다
그리고 잠을 자고 아침에 눈이 떠졌는데 이게 웬일 콸콸 쏟아지던 하혈이
한순간에 딱 멈추어 있는 것이다
조금씩 낳아지다 멈추는 것이 아니라 그대로 딱 멈추니 참으로 희한하기도
하다 그리고 며칠 후 테레비를 틀으니 민간요법 자궁수축에 포도가 효염이
있다는 내용이 나왔다
어쨌거나 신기하고 감사했다

양가 부모님이 계시지 않는 상황에 아이를 키우기에도 긴장이 되었다

경험도 아는 것도 없으니 잔기침 한번이면 들쳐 없고 병원으로 달려가는
수밖에
그나마 다행인 것이 지난 시아버지 제사 때 큰집에 갓더니 육아에 관련된
책이 잇엇고 이게 무슨 책이냐 시숙 어른께 물으니 큰며느리 주려고 삿는데
가져가지 않는다고 서운해 하시는 표정이엇고 그 말에 내 눈이 번쩍 띄어
제가 가지고 가도 되겟냐 하니 시숙어른 그러겟냐고 하며 좋아하시는 표정을
하셔서 냉큼 가지고 와 그 책을 펼쳐놓고 아기를 키우고 잇는 중이다

10일 되어 밥물부터 이유식을 하라하면 그리하고
20일되어 사과즙을 먹이기 시작하라하면 그리하고
신기하게 아기는 책과 똑같이 움직이고 잇엇다
5개월이 되어 아기가 뒤집기 시작한다는 글이 잇으면 딱 5개월이 되는 날
아기가 뒤집고 7개월 되면 기어 다닌다는 내용을 읽엇는데 정확히 7개월
되는 날 아기는 기어 다니고 단 한 가지 책과 다른 점이 잇엇다면
옹알이는 참으로 빨리 시작 하엿다
태어난 지 20일 정도 되자 옹알이를 시작하여 엄청나게
아따따 바따따 옹알이를 해댓다
옆집 아주머니가 오시더니 당신 손주가 넉 달 빠른데 지금 옹알이를
시작하는데 얘는 옹알이를 엄청나게 해댄다며 신기해 햇다

아기의 뱃골이 엄청나다
출산 시 병원에서 말하기를 아기가 밤새 너무 많이 운다 하엿고
얼마나 울어댓는지 머리 전체가 땀띠로 가득할 정도엿다
그런데 집에 와 가만히 보니 책에 나와 잇는 정량보다 훨씬 더 많이 먹는
거다 아무래도 병원에서 정량대로 주엇을 거고
식사량이 부족하여 그리도 울어 댓지 싶다
이유식을 먹일 때도 내 손이 날아갈 정도로 빨리 움직여 야하고
한 대접을 다 비웟다
옆집 할머니가 보시더니 놀라며 그만 먹이라고 성화를 하실 정도다
애기가 배가차야 수저를 밀어내는 거지 내 맘대로 하는 게 아니다
땀은 또 어찌나 흘려 대는지 땀돌이라 별명을 지어주엇다

그리고 나머지는 내 생각대로 키워야 하는 일이다
세 살 버릇 여든 간다는 속담이 잇으니 세 살 안에 모든 버릇을 갈켜야
된다는 뜻이렷다
그 시기 아기의 예쁜 뒷통수를 위하여 엎드려 재우는 게 유행이엇다
한번 더 생각을 하엿다

세 살 버릇 여든 간다는데 얘가 이다음에 죽게 되었을 때
엎드려 죽는 게 행복한 가 반듯하게 누워 자는 게 행복한 가
아무래도 반듯하니 하늘을 보고 세상위로 올라가는 게 행복할 거라는
생각이 들었다 그래서 반듯하게 뉘어서 재웠다
아기가 혹시 머리가 나빠질까마 살림을 망가트리거나 장난 하는 건 모른 체
뒤로 물러섰다
그러나 예의에 어긋남은 강하게 대응했다
아기의 팔에 힘이 강해졌는지 어느 날 아들이 손으로 내 뺨을 후려쳤다
아프기도 하지만 무엇보다 그것이 어떤 것이라는 걸 알려주기 위하여 나도
똑같이 똑같은 힘의 크기로 내 손으로 아기의 뺨을 후려쳤다
그 후로 아기는 다시는 누구를 때리는 일은 절대로 하지 않았다
그러나 아기의 뺨을 후려친 게 아이 성인 되도록 얼마나 두고 두고 가슴이
저리고 아팠는지 아마 아들은 상상도 못할 거다

아기에게 그 유명한 도리도리 짝짜꿍도 절대 가르치지 않았다
만일 내가 그런 동작을 가르친다면 아기는 나를 따라할 것이고
그러면 아기의 주인이 아기 자신이 아니라 내가 되는 것이기에
조심하고 또 조심하였다
아기가 떼를 쓰기 위해 울고 다가올 때는 다른 일로 바쁜 척 못 본 척하고
반듯하고 상냥하게 대할 때 나도 똑같이 상냥하게 대하고
절대로 내가 아기보다 똑똑해서 아기가 스스로 찾아야 할일을
막아서는 안 될 일이다
아기보다 아주 조금 정신연령이 낮아진 상태에서 같이 놀아주면
내가 할 일은 오직 그 뿐이다

어느 새 아들의 돐이 다가왔다
내가 아는 음식 천 가지 만 가지 억가지 다 차렸다
남편 아는 사람 천사람 만사람 억 사람 다 초대했다
시골 생활은 저 집은 어찌 사나 다들 궁금해 한다
내가 외부에서 시집을 온지라 나에게 조금 더 시선을 꽂는 것 같기도 하다
우리 집은 남편이 왕이고 왕의 대접을 받으며 왕 노릇 하고 있음을
천하 만하 온 세상에 공표하여야 한다
그러려면 남편 친구란 친구는 다 초대 할 수 밖에 없다

돐날 집안 사람들도 모였는데 바로 그날 친목회를 결성하였다
두 개를 붙여 놓은 밥상 끝 내 무릎에 앉아 있던
돐 잡이 아들은 한사람 한사람 다 순서대로 훑어보아
다같이 박장대소하게 만들었다

저녁에는 회사사람들이 모였는데 안방에는 남자직원 건넌방에는 여자직원으로 가득 찼다
건넌방에 낯선 여자 얼굴이 한명 보이는데 키가 크고 날씬하니 얌전해 보이는 모습이
제일제당 미스김이 저 여자구나 하고 직감적으로 느낌이 왔다
결혼사진에서 보았던 낯선 얼굴이었기 때문이다
사무실 여직원들이 『저 사람이 제일제당 아가씨다』 말을 하면서 『어떻게 여기를 올
수 있냐』고 수군댔지만 그저 나는 남편이 아들의 돐이라 기뻐서 초대했을 거라는
생각이 들고 왠지 나도 설렌다
초면이고 바쁜지라 이야기를 나누지 못해 아쉬웠다

결혼 후 공장에 있던 아가씨가 남편에게 편지를 보내왔고 남편이 내게 보여준 일이 있다
나와도 잘 지내고 있는 예쁘장하니 마음씨 또한 착해 보이는 아가씨이다
내가 아니면 남편은 그 친구와 결혼 했을 거라는 생각에 미안한 마음이 들었다
그 이상도 그 이하도 아닌 굳이 질투할 이유도 없다
정말 신나게 손님이 아주 많이 왔다
일주일 내내 손님상을 차렸다

돐 잔치가 끝나자 사람들이 동생을 봐야 한다고 귀띔을 해주었다
이 또한 남편이 결정을 해야 할일
내가 남편에게 물었다
아기를 한명 더 낳아야 하느냐고 만일 또 낳아야 한다면 지금 아기를 가져
서른 안에 출산에서 졸업하고 싶다고
남편은 3일 생각할 시간을 달라 하였다
3일 후 남편은 아기를 한명 더 낳겠다 하였고 나는 남편의 팔에 안긴 채
또 똑같이 떡을 위로 향하여 기도를 하였다
『하느님 예쁜 아기 주세요
얼굴이 아니라는 거 하느님도 잘 아시죠』
기도가 떨어지기 무섭게 아이가 뱃속에 들어왔고
첫아이 때 그리도 사 나르던 남편의 손은 사흘에 한번 꼴로 줄어들었다
아기가 눈이 빠지게 기다리게 했다가 짠 하고 나타나야 대접을 받았을라나
첫 아이 때와 마찬가지로 입덧이라는 것도 없고 단 한번 연탄가스에 욱 하고
한번 신호를 보냈을 뿐이다

바바리를 입고 머리기 길쭉하니 아래쪽만 구불구불한 모양의 여자가 집에 왔다
우리 집을 잘 안다 하여 방으로 들어왔다
아직 시집오지 얼마 안 된 새댁이니 집안 사람이니 이웃을 다 아는 게
아니니 접대를 하려고 아기를 업은 채 부엌으로 갔다
음식을 준비한 상을 들고 방으로 들어가려는데
긴 머리 바바리 입은 여자 손님은 급한 일이 생겼다며 급히 그냥 갔다

때는 겨울이라 방바닥에 이불을 깔아 놓고 지냇는데 이불속에 손을 넣어보니
아기 돐 때 들어온 반지 케이스가 가득이다
아들 돐 날 반지는 열 개가 들어왓다
아기가 자라 옷을 넣어 둘 때가 마땅치 않아
새로 서랍이 많이 붙어잇고 맨 윗칸은 장식장으로 쓸 수 잇는 차단스를 삿고
차단쓰 맨 윗 서랍에 돐 때 들어온 반지를 옷 밑에 넣어 두엇엇다
그러다 어느 날 반지만 따로 꺼내 열 개를 구리를 엮어 만든 뒤 다락에
잇는 재봉틀 아래에 난 동그란 구멍에 밀어 넣어 두엇엇다
그리고나서 사나흘 후 그 여성이 찾아온 거고 내가 부엌에 들어간 새 서랍을
털엇을지니 가엾게도 빈 반지 통만 가득햇을 거다 챙겨가지 못한 그 여성이
가엾기도 하고 세상이 무섭게도 느껴졋다
그 이후로는 시장을 가더라도 방문을 잠그게 되엇다

아랫방 아줌니가 놀란 얼굴로 나에게 알려준다
이제 1학년이 된 그 집 둘째 딸아이가 학교 변소에 안에 앉아 잇는데
밖에서 언니들이 하는 얘기를 들엇단다
학교 앞 얘기 잇는 집에 가면 다락에 돈이 많다고 오늘도 가질러 갈 거라며

그 때 가방을 들은 초등학교 어린애들이 매일 놀러 왓고 아이들이 놀러오니
나는 먹을 것도 챙겨주고 하엿는데 내가 부엌에 간 새 벽장문을 열엇던 게다
그러고 보니 아이와 놀 테니 나보고 나가 일을 보라 재촉하기는 햇엇다
다락 오르는 옆에는 작은 벽장이 잇어 남편이 타온 봉급봉투를 거기에 두고
사용을 하엿는데 매일 조금씩 실리끼 하엿던 모양

아니 이런 황당감과 배신감
돈을 세어보니 보니 이만 원 부족해졋음도 확실하다
이를 두고 참을 수 없는 일
어린 여자아이인데 이 일을 지속 시키게 할 수 없다
아기를 업고 그 애 집을 찾아갓다 찾아간 곳은 부모님이 공장을 하고 잇고
어머니에게 얘기를 하여 돈을 받아왓다
그리고 얼마 후 무슨 연유인지 그 여자아이의 이모부가 그 여자애를 산으로
데리고 가 죽이고 도망을 갓다는 뉴스가 뜨고 그 아이와 이모부의 사진이
경찰서 앞에 붙어 잇엇다
어 휴 ~ 오싹한 등골
다시는 누가 무슨 잘못을 하든 끝을 보지 말아야 겟다는 생각이 들엇다

아랫방에는 세 명의 딸아이와 젊은 부부가 살고 잇다
아줌니는 나 시집오기 전에 이사와 살고 잇기에 우리어머님이

내 얘기를 하며 상의를 하기도 햇나보다
가끔 나에게 함부로 무시하기도 하고 질투하기도 하는 느낌을 받는다
그 집에 사람이 한명 찾아오셧다
아이들의 할머니라고 햇다
일찍 혼자되어 아들을 데리고 재가 하엿는데
새 남편도 세상을 뜨신지라 아들집으로 찾아오신 거다
말없는 고부간의 전쟁이 만만치 않다
아들과 며느리는 어머니를 요양원에 보내기로 결정을 하엿다고 한다
그 분의 아들이 오토바이를 타고 수동에 잇는 요양원에 접수하고 오다가
서잇는 트럭을 쎄게 받앗다고 햇다
사고가 큰지라 식물인간에 가깝게 되엇고 본인이 낸 사고라 변변히 보상조차
받을 수 없다 하엿다
아무리 생각해도 어머님과의 문제로 느껴진다
다른 집으로 재가를 하면서 아들을 데리고 가 키우실 때는 잘해주지
못햇더라도 그 얼마나 마음고생을 하며 품엇을 텐데
그 은공을 저버리니 그 자리에서 벌하신 것만 같앗다
표현하지는 않앗지만 그렇게 밖에 생각이 들지 않는다

그렇게 시간이 흐르다 나 스물아홉 되는 8월에 둘 째 아기가 태어낫다
자랄 때 오빠들 틈에 자라다 보니 여자에 대한 동경이 잇을 정도엿는데
감히 희망도 걸지 않은 딸아이가 태어낫다
그런데 딸아이는 생긴 모습이 아들과 너무 똑같이 생겨
누가 누군지 혼돈이 될 정도이다

딸아이 출산 후 큰집 장조카 질부가 몸조리를 해주엇다
질부가 돌아간 후 또 출산 한 달 되는 날 부터 하혈이 시작되엇다
한약을 먹어 멈추면 다음 달에 또 하혈을 하고
몸을 아주 많이 조심해야 햇다 이제 한약도 듣지 않아 집안 질부님에게
아기를 맡기고 병원에 가려할 때 그 분이 『포도주 먹어봐』 라는 말을
하엿다
아차 포도주가 잇엇지 포도주
포도주를 먹엇더니 정말 거짓말처럼 씻은 듯이 낳앗다

이번에는 설사다
처녀 때 그리 변비가 심해 고생을 햇건만 이번에는 설사가 심하여
시장을 갈 수도 없을 지경이다
체력은 점점 약해지고 출산 후 남편은 호박에 가물치 모든 약을 구해주다가

강원도 시장에서 설사에 좋다며 여러 종류 한약이 잔뜩 들어있는 커다란
한약봉지를 만원에 사가지고 왔다
큰 들통에 넣고 약을 끓여 먹었는데 6개월 이상 지속되던 설사병이
한번에 딱 멈추었다
그러나 몸은 많이 야위었고 체력이 바닥으로 내려간지라 제대로 걷지도
못하고 남편 아침 밥상도 차려주지 못하고 있다

그러다 해가 바뀌어 새해가 되었다
마음으로 결심을 하였다
몸이 아프다 하나 내가 죽지 않고 살아있음이요 그렇다면 1월 1일부터
남편에게 아침을 세 번만 못 차려주면 스스로 짐을 싸자라고 다짐을 하였다
그랬더니 아침 밥상은 저절로 차려지는 기분이다
무슨 일이 있어도 일단 아침 밥상을 대령한 뒤 다시 스러져 누워있다
남편이 누워있는 나를 위해 열심히 물어날랐다
늙은 호박 여섯 개 가물치 열 마리 한약 다섯 첩을 먹었음에도 아직 일어나지
못하니 남편은 집안 사람에게 부탁하여 흑염소로 약을 내려왔다

다행히 아이들은 울어대질 않는다
기진맥진 자고 있는 엄마 곁에 딸아이는 마냥 앉아 있다가 오전 열한시 경이
돼서야 내 어깨를 툭툭 친다 그만 자고 일어나 같이 놀아달라는 신호다
옆에 이사 오신 할아버지는 어쩜 아이들이 그리 울지를 않느냐 기저귀 빨아
널은 걸 보고 아이가 있는 줄 알았다 라는 말을 하셨다

햇살이 따사로와 지기 시작할 때 흑염소까지 다 먹고 나니 그제서야
몸을 일으킬 수 있었다
일어난 첫날은 대청 마루에 붙어있는 유리문을 깨끗이 닦았다 그리고
그 다음날은 작은 아이를 업고 큰아이는 손에 잡고 컴퓨터 학원을 갔다

컴퓨터 학원만큼은 남편 몰래 라도 다니고 싶은 심정이다
마침 남편 봉급이 딱 학원비 만큼 올랐으니 다닐 수 있을 것도 같다
학원을 갔다 온 날 저녁에 조심스레 남편에게 컴퓨터 학원을 다니고 싶은데
가도 되겠냐 하였더니 그리해도 된다하여 너무나 고마웠고 떳떳하게
학원을 다닐 수 있게 되었다
한 일주일이나 다녔을까 아이들 감기에 뭐에 펄떡 대느라
공부고 뭐시깽이고 다 접어야 했다

신기한 꿈을 꾸었다
우리 집 부엌 지붕 위 하늘에 용의 머리가 선명하게 떠있더니
서쪽으로 높이 날아가는 꿈이다

이거 태몽 꿈이라는 것 같은데
아기는 다 태어낫는데 희한하네
혹시 시누이 아들이 연예인이 되기라도 할려는가
인천 형님께 얘기하니 아니라하고
시누이에게도 얘기하니 시큰둥하고

어느 여름 날 건넌방 턱마루에 옆집 아줌니들과 앉아 잇는데
남편이 신나하는 얼굴로 플라스틱 그릇 몇 개를 내놓앗다
농협에서 사은품으로 주어서 가지고 왓다고 언제나 처럼 신나고 들떠잇는
표정이다
아줌니들과 하나씩 나누어 가졋다
그러나 내 속마음은 바짝 긴장에 들어갓다
농협 사은품이라면 매장 앞에서 행사하는 여직원들이 주엇다는 얘기이고
그렇다면 남편이 그들에게 커피라도 대접을 햇다는 얘기고 그런 일이 만약
한번 두 번 늘어난다면 그 뒷일을 수습하기 어려워 질 수도 잇고
그러나 내가 만약 이런 생각을 입으로 발설 한다면 말이 씨가 된다하니
발설해서는 절대로 아니 될 이고
내 입으로 누구에게라도 절대 아무것도 발설하지 아니하고 남편이 그 여자분
들에게 커피를 사지 않게 해야 할일이다
그 여자분들 에게 커피 살 돈이 잇어서는 안 될 일 이다
그렇다고 남편 주머니에 돈이 없어서도 절대 안 된다
주머니에 돈이 없으면 그 때 그 호프집 아줌마 목소리 내 귀에 맴돌테니
늘 남편 호주머니에 돈이 떨어지지 않게 최고로 신경 쓰기는 한다
그런데 이렇게 플라스틱 그릇 한가득 가지고 왓다는 것은
돈이 남아 커피를 돌렷다는 게 분명하다
옆집 아줌마들과 글쎄 우리 신랑이 분명 아가씨들에게 커피를 사줫으니
그릇을 줫을 거고 등등 오방사방 수다를 떨고 싶은 마음을 꾹 누르고
다음 날 부터 낮에 남편이 집으로 전화를 걸어오면
매일 매일 집에 사가지고 와야 할 것이 생기기 시작햇다

분명 처음 데이트 할 때 어머니 드린다고 감을 까만 봉지에 사서 드는 것을
봣으니 이 분은 무언가 돈을 쓰는 걸 좋아하는 거고 무언가 사기를
좋아하는데 내가 못하게 하면 다른 여자들에게 매일 사 줄 거야
그러니 집에 사가지고 들어와야 하는 뭔가가 필요해

그런 부탁을 할 때의 목소리가 중요하겟어
사과보다 상큼하고 사탕보다 달콤하고 둥둥 떠다니는 신랑의 마음보다
더 신나는 목소리여야 해

사실 텔레비전 보며 은근 공부해 둔게 있기도 하다
남편들이 어찌 여인네 영업집에 가면 그리 편하다하고 그 여인들과 바람이 날까
대화는 어떤 방법으로 하는가 등등
스스럼없이 막연한 사이로 대화 하는 것 같아 보였다

그렇게 본인의 영업을 위하여 남자를 유혹하는 여인네들보다
더 깜찍하고 유혹적 이어야해
전화 받는 사람이 질리지 않게 조심조심

나 그런 목소리 잘 알지 실북이가 맨날 나를 꼬실 때
아주 신이나 둥둥 떠다니는 목소리로 야 종식아 종식아 불러댔거든
나이트크럽 가봐야 별 볼일 없구만 안가면 큰일이라도 날 듯이
신이나 나를 꼬셔댔지 눈은 미리부터 실실 웃는 함박눈을 만들고
목소리엔 사탕과 사과를 잔뜩 넣어가지고
맨날 배운 게 그건데 좀 써먹지 뭐

『자기야 오늘 분유가 아슬아슬해 분유 좀 사다줄 수 있어』
『아기가 울까봐 나가질 못하겠어』
『자기야 오늘 휴지가 부족한 것 같은데 혹시 오다가 사올 수 있어』
『자기야 쌀은 어디서 사야 되는 거지 나는 이 동네 잘 몰라』
『자기야 연탄은 어떻게 시켜야 되지 나 우리집 설명을 잘 못하겠어』
『자기야 자기가 아는 정육점 있어 있으면 고기 좀 사오면 안 될까』
자기야 자기야 사야 될 것도 많고 도와주어야 될 것도 많고

호 호 호 정말이지 다음부터 남편은 한 번도 플라스틱 그릇 따위는
들고 들어오지 않았지롱
돈이 샐래야 샐 구멍도 없었을 걸
혹시라도 남편이 과일을 사오면 이리 말했다
『어머 어쩜 자기는 과일을 이렇게 좋은 걸 잘 골라
정말 맛있다』
사실 속마음은 어휴 이렇게 큰 건 비쌀텐데 감히 나라면 사지도 못하는 걸
돈을 팍팍 쓰네 였지만 만에 하나라도 그리 말했다간 그 이쁘고 좋은 과일을
지나가는 여자에게 사주고도 남을 테니 내 속마음은 꽉꽉 숨기고
『과일은 확실히 자기가 사야 돼 너무너무 맛있어
내가 산건 맛이 정말 별로였거든』 라고 말을 한다
휴~ 내가 생각해도 내 꼬리가 열두 개도 넘는 것 같다
그러나 아무리 맛있는 과일을 사와도 남편이 들어오지 않으면
절대 꺾지 않는다
왜냐하면 남편이 밖을 돌아다니면 술은 마실지 몰라도 과일을 먹지는

못할 것이고 내가 먹어치우면 남편이 대접을 못 받는 것이고
처음에는 남편도 본인이 없을 때 맛있는 음식을 먹지 않는 다는 것을 믿지
않았다

정말이냐고 물으며 냉장고를 열어 과일을 보더니 자기가 사온 개수와 똑같음에
정말이네 하며 든든해 하는 얼굴로 과일을 꺼내 손수 깎아 주기 시작했다

과일 깎아주는 이 남자
이 사람 내 임금님이니 죽으라면 나 죽는시늉이라도 할꺼다 마음먹고 있다
근데 이 남자 나 과일 깎는 모습 들키면 시집 못 올꺼라는 거 알고 있는 거 아냐
남 보기에 얌전해 보이는 이 여자 나
마늘까지 과일까기 파다듬기 그런 비슷한 일하면 숨이 차 터질 것 같은 거
숨키고 앉아 있는데

두 돐 며칠 앞두고 아들은 동생을 보았다
옆집 아줌니가 자랄 때 부모님이 오빠만 귀히 함에 서운해 함을 상기해야한다
나 자랄 적 온통 시선이 나에게 꽂혀 마음 고생 심했을 오빠를 잊지 말아야
한다

나는 절대로 아들아이 앞에서 딸을 쳐다보지도 않았다
큰 아이가 나가 놀 때는 딸아이의 얼굴을 보며 같이 놀아주다가도
아들애가 들어오면 고개를 돌려 아들과 시선을 맞추고 대화를 하였다
단 한번도 아들 앞에서 딸아이를 예뻐하지 않았다
아들 녀석 단 한번도 동생에게 젖 시샘 하지 않는다

옆집은 과자를 팔고 있는 가겟방이다
아들의 호기심이 왕성해졌다 날마다 가겟방에 가서 과자를 사와야 한다
꼭 엄마 것도 사오라고 시켰다
얘가 엄마가 사람이라는 것을 인지하면 다른 사람이
사람이라는 것을 인지 할 수 있을 거다
나처럼 엄마도 갈치를 먹고 싶었을 것이라는 생각을 전혀 하지 못하는
그런 사람으로 자라게 해서는 안 된다
가겟방 할머니는 엄마 것도 챙긴다며 효자라고 매일 칭찬이시다
내 것도 사오라고 압력을 넣었다는 말은 차마 하지 못했다

아이가 한 행동에 대해서 절대로 칭찬을 해주지 않았다
만일 잘했어라고 칭찬을 해주는 순간 아이의 주인은 아이가 아니라
내가 되기 때문이다
속으로는 좋을지언정 겉으로는 모르는 척했다

철저하게 너는 너 나는 나를 인식시키고 있는 중이다
늘 아이를 지켜보고 있다
한시도 눈을 떼지는 않는다
아주 위험한 상황은 미리 치워 놓는다
그리고 그 안에 벌어지는 일에 대해서는 한 발 뒤에 서서 다른 일에
바빠 잘했어도 못 본척하며 스스로 해결 하도록 기다릴 뿐이다

길에서 무언가 사달라고 조르며 악쓰고 울 때도 있다
두어 번 그리하니 졸라야 울어야 해결 안 됨을 인지한 모양이다
안 된다 설득해도 듣지 않고 무작정 가게를 붙잡고 울어댄다
다른 놀 거리를 찾아내 더 활기차게 놀아댄다
그럴 땐 슬그머니 앞서가 골목에 숨었다
잘했어도 못 본 척 못했어도 못 본 척 그래야 자기의 행동과
자기 생각의 주인이 자기 자신이 될 것이다
그러나 아직 어리므로 어떤 상황이 생길지 몰라 계속 주시하고 있다

아이도 눈치 챘다
마당에서 넘어진 아들이 넘어짐과 동시에 오뚜기처럼 팔딱 일어나는 거다
사람들이 깔깔 웃었다
대견하기도 하고 미안하기도 하다
그러나 계속 자제를 하고 있다
아이가 냉혈적이 되지 않을까 염려가 된다
아이가 엄마 몫으로 사온 과자는 조금 먹다가 꼭 남겨서 다시
아이 손에 쥐어 주었다
낮에는 모르는 척하였지만 잠이 들 때는 꼭 안아서 재우고
잠이 들 때쯤은 뽀뽀를 아주 많이 해주었다
자면서라도 엄마 사랑을 듬뿍 느끼게 해주어야 할 것만 같았다
ㅎㅎ 아이도 다 알고 있는가 보다
내가 잠들려 하자 아이가 내게 사정없이 뽀뽀를 해댔다

김치를 담그는 날이다
세 살 버릇 여든 간단다
그럼 집안 큰일엔 가족이 함께해야 함을 세 살 이전에 몸에 배이게 해야 한다
두 살 아들에게 마늘을 까라고 시켰다
맡은바 임무를 수행해야 하는 아들은 아주 진지한 표정으로
마늘 앞에서 조물락거린다
옆집 할머니 오시더니 효자아들이라며 감동하신다
명령 수행중이라고 차마 말을 못하겠다

남편은 여전히 토요일과 월급날은 다음날이 되어야 집에 들어온다
편지를 써서 마음을 전달해 보려 햇지만 읽기는 커녕 건넴과
동시에 내 소중한 편지를 찢어 버렷다
옷을 사놓고 기다려 보기도 하고 화를 내기도 하고 그 아무것도
약효를 받지 못한다
다음날 들어온 남편은 괜히 이불을 꺼내 다라에 넣고 밟는 척 한다
그나마 다행인 것은 본인이 다 가져다 쓸망정 봉급 봉투 만큼은
아주 동네에서 다 알정도로
고스란히 가져다 주엇다
그럼에도 남편이 요구하는 용돈은 막을 수가 없다
남자의 바깥 생활에 혹시라도 누가 되지 않을까 싶어
남편은 매일 아침 돈을 챙겨 나가도 필요한 만큼 보다더 더 드려도
다음날 아침이면 어김없이 늘 십 원도 없다며 또 챙겨 나간다
날마다 챙겨야 할 사람이 많기도 한가보다
남편의 봉급 삼십만 원 중 남편의 용돈이로 10만원 동네 동네 부조돈
7만원 그 나머지로 생활비를 하여야한다

집에서 입을 내 옷을 산다는 건 꿈에도 생각할 수 없는 일이 되어
남편이 총각 때 입던 푸른색 츄리닝을 입고 살아야 햇다
나는 그 옷을 입음에 불편함을 몰랏는데 동네 아줌씨들의 수근거림이 잇다는
걸 나중에서야 알게 되어 창피함에 얼굴이 후끈거리긴 햇다

그럼에도 매월 3만 원 정도 생활비가 부족하여 옆집에 가서 아쉬운 소리를
하며 꾸지 않을 수가 없엇다 결혼 전에는 아무리 어려워도 되돌아 바로 갚을
능력이 되지 않으면 단돈 백 원도 꾸지 않앗는데
아기 분유 값 병원비 앞에서는 체면이고 나발이고 아무 문제가 되지 않고
돈을 꾸워서라도 해결할 수 잇느냐가 더 중요한 일이엇다
그런데 이달에 삼만 원이 부족해 돈을 빌려 쓰고 그 돈을 갚으면
다음달에 또 삼만 원이 부족해져 매달 삼만 원씩 빌려 쓰고 갚고 해야 햇다
매달 그리하다보니 자존심 상하기 그지없다
한번 더 생각을 하엿다
내가 지금 삼십만 원의 경제를 운영하지 못하여 허덕인다면 이다음
삼천만원보다 더 큰 경제를 어찌 운영 할 수 잇겟는가
어느 한 달 돈이 부족함을 아주 이를 악물고 참앗다
해서 그달부터 다시는 돈을 꾸러가지 않아도 되엇다

옆집 아줌마는 정이 많아

매일『놀러 와』
『밥 먹으러 와』 라고 부른다
갓을 때 그 집 할머니가 계시면 편히 앉아잇고 또는 사람이 없으면
조금 시간을 지체하여 앉아 잇지만 동네 여인들이 둘 셋 모여
얘기 꽃을 피우기시작하면 이상하게도 그 자리는 내자리가 아닌 것
같아 슬그머니 집으로 돌아온다
『왜 가아』『왜 가아』 라고 묻지만 그 대화는 나와 관계가 없어 보인다
『누가 누가 뭐를 삿다』『어젯밤 내가 무슨 무슨 일을 햇다』 등등의 대화
도무지 적응이 되지 않으므로 슬그머니 집으로 돌아와 조용히 육아서적 들쳣다
여인네 들이 남편과의 잠자리에 대해서도 거침없이 얘기를 하는데 어찌 그런 일에
입이 열어지는지 이상하게 느껴진다
어느 한 아줌니에게 난 도무지 입이 열어지지도 않는 얘기라 운을 뗏더니
내가 내성적인 성격이라 그런 거라 햇다
그래도 사람에게 비밀은 잇어야 할 것 같다

그러나 이번엔 달랏다
그 유명한 고스톱을 가르쳐 주기 시작햇다
매일 우리 남편이 집에 들어오지 않는 그 이유 그 고스톱
어릴 때 할머니와 민 화토 갑오육백 외갓집에서 뻥치기 옥안 띠기 다 마스터
햇지만 고스톱은 큰오빠와 두어 번 해보기는 햇지만 이번에는 적극적으로
배울 수 잇게 되엇다
민화토에서 중요시하던 알짜배기는 멍텅이라하고 민화토에서 껍데기라 치지도
않던 것은 피라 이름을 바꾸어 중요시 하고
엎어져 잇는 화투짝을 뒤집어
내가 같은 모양에 대고 내린 친 것과 같은 모양의 화투짝이 나오면
설사를 햇다 똥을 쌋다하며 가지고 가지도 못하게 하고
이번에는 먹을 게 없어 그냥 버리려고 냇을 때 같은 모양이 나오면 쪽이라고
이름 붙여놓고 다른 사람 피를 하나씩 뺏어오고
알맹이와 띠는 다섯이 모이면 1점으로 쳐주기 시작하고
껍데기는 10을 모아야 1점으로 쳐주기 시작하고
모인 점수가 3점이 되면 승자가 되어 진행하거나 멈추게 하는
명령권이 생기고 멈추면 돈으로 환산
고라는 이름으로 계속 진행하면 돈이 더 들어오기도 하고
그 와중에 상대가 점수가 되면 고박을 썻다며 진행시킴의 책임을 물어
돈을 다 지불해야하고
진행햇음에도 본인이 점수를 올리지 못하면 그냥 돈을 100원도 챙기지
못하고 다 무산시켜 또다시 새로 패를 돌린다

모아놓은 피가 여섯이 되지 못하면 피박을 썻다며 돈을 두 배를 내야하고
설사를 햇다 똥을 싸다 피를 빼어왓다 고박을 썻다 뒤집어썻다 피박을 썻다
우후 흥분되는 이 어휘들 으아 너무 재밋다
보이지 않는 화투짝 하나를 뒤집으면
판도가 바뀌고 또 돌면 판도는 다시 바뀌고
또 돌면 흥과 망이 바뀌고 또 돌면 세상이 바뀌고 바뀌고
돌고 돌고 바뀌고 바뀌고
엎어져 잇는 그 화투짝 하나에 온 시선을 꽂아서 핏발을 세운다
너무 재미잇어 침이 고인다
신나하는 나를 보고 아줌마도 신나한다
밥보다 더 재미지니 환상의 세계다
이거를 내가 마스터하여 끝장 보고 싶다
밤에 잠을 자려하면 눈 앞에 화투짝이 어른거린다
그 얘기를 들은 아줌니는 더 신이나 보엿고 아침 일과가 끝나기 무섭게
함께 모엿다
매일 밤 잠자리에서 내 눈에 화투 짝이 어른거린다
이거 안 되겟다
너무 재미지기에 멈추어야겟다
아줌니 이번엔 앞집으로 오라한다
싫다고 안 간다고 하엿다
『왜 화투 짝이 어른거린다며』 라고 물엇지만
그 말이 사실이기에 가지 않앗다
마음은 날마다 두근거린다 온통 화투 생각이 가득하다
그래서 가지 않고 잇다
『내 인생을 복권과 바꾸지 않겟다』는 남식오빠의 말도 같이
어른거리기 때문이다

아들 녀석이 엄마도 가서 화투 좀 쳐라 라고 화를 냇다
화투를 치러 가면 엄마들을 따라 아이들도 같이 왓고 그 옆에서
아이들은 아이들대로 세상을 뚫기라도 할 기세로 놀아대기 때문이다
그래서 미안한 마음에 작은 아이 업고 큰아이 손을 잡은 채
두어 번 더 얼굴을 디밀어 화투짝을 내리치긴 햇지만
나를 사정없이 두근거리게 하는 이 화투에 거리를 두고 잇다
그러나 아랑곳없이 밥마다 화투가 아른거리고 두근거림이 스믈 네 시간
내내 멈추지는 않는다

아구우 그라고 봉께 삼광을 빠첫네 광을 세 개 모으면 1점으로 시작하여
3점을 채우면 또 칼자루를 쥐고 진행권을 휘두를 수가 잇재

그라고 봉께 광으로 점수를 내거나
멍텅으로 바뀐 십끗짜리 모아 점수를 내거나
띠를 모아 점수를 내거나 껍데기를 모아 점수를 낸단 말이지

그라니까 하늘에 잘해 삼신의 마음을 얻어내거나
부모에게 잘해 삼신을 낚아 채거나
형제에게 잘해 삼신을 구하거나
피를 가지고 잇는 스치는 모든 인자의 마음을 얻어야
삼신의 마음을 잡아내는 거 아녀
그라고 봉께 옆집에 가게가 잇는데 똑같은 가게를 또 차리면 설사를 하고
똥을 싸서 하나도 못가지고 간다는 거 아녀
그라니까 가설라므네 마음을 비웟는데
하늘이 도와 딱 맞으면 쪽이라 함시루
옆에서 다들 조공을 가지고 옹께 챙길 것이 잇다는 거 아녀
그라니까 시방 지나가는 인자에게 헛하게 대하면 피박을 써서
쫄딱 망한다는 거 아녀

그라니까 설라매 청단이니 홍단이니 고도리니 약을 하면 점수를 얻어
또 돈을 챙길 수 잇음은 이로운 약이 되는 일을 하면
또 거시기 뭐시기가 생긴다는 거 아녀

청단이요 홍단에다 초단까지 고도리라
그람 정의롭고 따뜻하게 살면스리 초목을 돌보며
동물들을 잘 다스리라고 새가 다섯 마리 아녀 시방
뭐여 이게 뭐냐고
그람 고 안에 옥황상제가 숨어잇엇다는 거 아녀
거시기 뭐시기냐 고람 고안에 숨어설라미 우리에게 인생을 갈키고 계셧다는
거 아녀 옥황상제라는 나으리가
아이고 맙소사 만상에 진상에
고 속에 숨어서 밤마다 우리신랑 꼬셔내고
고 속에 숨으셔서 날마다 우리 신랑 돈 다 따먹고
고 속에 숨으셔서 눈 꿈뻑 내 돈일랑 다 낚아채고
워매 음흉쟁이 옥황상제 워매 징그러운 옥황상제
도대체 그 돈 다 따다가 뭣에다 쓰셧담
으리으리 옥황상제 나으리

우짠지 사람들이 화토침서 피라고 함부로 볼게 아녀
피 함부로 보면 안되아 피박써 피박 해쌓드라구

야야 나 옥황상제 으르신이다
사라졋다 팔자타고 까꿍 까꿍 하며 들락거리는 거다 갤켜주느라
마흔 여덟 장 직고 흔들어대느라 아따 허리 솔찬이 아프다 좀 잘 좀 혀라 잉
하시는 거 아녀 시방

동네 아줌니들이 점점 더 몰려다니기 시작햇다
아이업고 지나가면 아낙들이 한가득 모여 떠들고 찬밥 비벼먹고
까르륵 소리가 들린다
그럴 땐 나를 부르지 않기 시작햇다
그러나 정식으로 밥상을 차릴 때는 꼭 부른다
가령 돐이라든지 집안 어른 생신이라든지
그러면 그때는 봉투에 돈을 담아가야 한다
은근 슬쩍 왕따인 듯 아닌 듯하다
나도 찬밥 먹으며 떠드는 소리에 끼고 싶기도 하다
막상 가면 나와 방향이 다름에 주눅들고 슬그머니 빠졋으면서도
또 나를 부르지 않으니 궁금하고 서운하다

그리 모여 다니던 아줌씨들이 들썩이기 시작햇다
매일 불러내어 밥을 챙겨주며 까르륵 거리게 해주는 아줌니에게
온통 시선을 빼앗기기 시작햇다
쓰던 냉장고를 버리고 큰 걸 새로 삿다는 뉴스가 크게 돌며 소용돌이치고
뭔가를 새로 삿다고 뉴스 되어 쫒아가고
그 냉장고 새로 삿는데 왜 몸을 움직여 가봐야 하는지 도무지 알 수가 없는데 말이다
이번에는 그 아줌니가 그리 돈을 잘 쓰는 이유를 알게들 되엇다
사람들에게도 돈을 크게 불려준다 햇단다
돈을 빌려주면 아주 높은 이자를 쳐준단다
언니가 술집을 하고 잇는데
그곳에서 일하는 아가씨들에게 돈을 빌려주는 거라 햇다
아이고 맙소사
그 말을 듣고 돈을 가져다 주려하는 옆집 아줌니 아랫방 아줌니
눈만 마주치면 하지 말라 신신 당부를 하엿다
이자를 내야하는 아가씨들은 도대체 뭐냐고 눈으로 보지는 않앗지만 안쓰러움이
한 가득이다
자랄 적 동네 계 오야 옥자아줌마 집 싸우는 소리가 담장 밖을 넘긴 걸
기억한다
돈이 많아 휘앙찬란 온몸을 휘감고 오만한 걸음걸이가 어느새 야반도주의
얘기로 바뀐 걸 기억한다
그러나 아무리 설명해도 내 말은 씨알도 먹히지 않앗다

오로지 이자를 받을 기대심에 잔뜩 부풀어 있는 모양이다
동네 여성들 하나도 빠지지 않고 다들 뒷주머니 옆 주머니 통장 적금
언니돈 오빠돈 통통 다 털어 그 여인에게 상납했다
다들 두어 번 이자를 받다가 예상대로 나 튕그러 졋다
헤구 그게 내가 왕따아닌 왕따가 되어버린 형국이다
같이 돈을 뜯기어 공감대가 형성되어야 친구가 되었을 텐데
거기서 나만 삐져 나오게 된 꼴이다

마을이 해체 된다는 얘기가 나올 때 다시는 만날 수 없는
순수한 마음들의 사람으로 느껴지는 지라 내가 모임을 갖자고 수차례 제의를
했었다 다들 시큰둥 했는데 후 담에 보니 그들만의 모임이 있는 것 같다
나는 왕따 아닌 왕따가 돼버렸다
여전히 청첩장은 건네 온다
그래도 이번엔 좀 참한 여성이 근처 생로 생긴 빌라에 이사왔다
말수도 별로 없고 교육도 받은 여성으로 느껴지고 대화가 좀 통할 것 같다
그 집에 놀러가고 싶다
용기를 내 한 번 방문하였다
나처럼 아이를 키우고 있고 역시 말이 그다지 많지 않음이 마음이 통하는 기분이다
그러나 다시 가지 못했다
내가 만일 그 집을 드나들며 그동안 가까이 지내면 옆집 아줌마 서운할거란 생각이
들었다
옆집 아줌마도 나처럼 고등학교를 나왔으면
나와 동등하니 그까이꺼 서로 마음 통하는 이 찾아 나서련만
그와 같지 않음에 혹시 서운해 하지 않을까 싶어
날마다 가고 싶지만 그 자리에 멈추고 말았다
서운하게 그 분 얼마되지 않아 이사를 갔다 소리를 듣고 말았다

딸아이 피부가 이상하다
팔에 빨갛게 도돌도돌 돌기모양 튀어나온다
뭐가 문제일까
이일을 어찌할까
아기에게 약을 먹이기에는 피부과 약이 독하다는 말을 듣기도 하였고
마침 남편을 따라 원주에 갔다가 남편 일이 끝나도록 기다리는 동안
근처 서점에 들어갓다
서점에 신약이라는 제목의 민간요법에 관한 책과
사상의학에 관련된 책이 있기에 그 두 권을 사가지고 왔다
책의 내용이 복잡하여 이해하긴 어렵지만 다 읽어본 결과
피부는 현미를 먹고 플라스틱 그릇을 없애면 된다는 것 같다

당장 그리 실행하엿더니 몇 달이 지나자
정말 딸아이 돌기모양 도돌이는 조용히 물러낫다
수두를 요란히 앓아 콧잔등에 커다란 훈장을 하나 남기고
장독대에 올라가 빨랫줄을 잡고 턱걸이를 하는 통에 훈장위에
또 하나의 커다란 훈장을 달기는 햇지만 피부는 깨끗이 낳앗다

어머니를 요양원으로 모시려다 실패를 한 집은 어머니는 따로 나가서
혼자 지내시고 아들 내외는 이사를 나갓다
그리고 나서 우리 아이들과 또래의 자녀를 가진 부부가 이사 들어왓다
키가 크고 성실한 남편에 살림을 알뜰히 잘하는 아내
간장하나 휴지하나도 비싸고 싼 곳을 비교하여 각각 싸게 파는 가게를
이용한다
비교 분석은 커녕 단 한 가지 품목의 가격도 기억 못하는
내가 보앗을 때 아주 탁월한 두뇌를 가졋다
어차피 비교도 못하긴 하지만 한 가지 싸게 삿으면 한 가지는 비싸게
사주어야 그쪽도 남지 않을까 하는 생각이 먼저 든다

사실 비교 분석은 커녕 거스름돈도 챙기지 못한다
물건을 받고 돈을 내는 그 순간 다른 생각에 휩싸인 건지 어찌된 건지 도무지
한번도 거스름돈을 달라하지 못하고 그냥 돌아선다 그러면 꼭
주인이 가는 나를 세워 거스름돈을 챙겨준다
『어이 어이 이거 가지고 가야지』 『예 뭐요』 『거스름돈 받아가야지』
나는 생각지 못한 돈이 생기니 고맙고 주인은 양심을 지키니 고맙고
늘 서로 웃으며 헤어지게 된다

하루는 이 알뜰한 여성이 신이나 자랑을 한다
돈을 내고 거스름돈을 받앗는데 만 원짜리 가운데 십만 원짜리 하나가
끼워 잇다는 거다
물건을 판 가게는 장사가 아주 잘되는 집이라 별 문제가 없다지만 과연
그 돈을 챙길 수 잇어지는 건가하는 생각이 들엇다

며칠 후 나도 아이들과 목욕탕을 갓는데 아닌 게 아니라 나에게도 그와 같은
기회가 생겻다 거스름돈 천 원짜리 중에 오천 원짜리가 더불어 따라왓다
나는 신이 나서 그 자리에서 되돌려 주엇다
내가 발견하고 되돌려줄 때 받는 사람의 웃는 얼굴이 보고 싶어 신이 낫던
것이다 돌아오는 길에 후회도 되지 않앗고 마음이 가벼웟다

그 집 알뜰 여성에게는 두 딸아이가 잇다
큰아이는 우리 아들보다 한 살 많은 다섯 살 될 때는 우리 딸과 같이 두살

사납기가 동네 아이들 아무도 이겨내질 못한다
큰 아이는 빗자루로 때리기를 잘하고
작은 아이는 무조건 물어뜯는다

우리 아들도 동을 크게 물렸다
한 번은 아이 엄마가 아이를 나무랐는데
그 다음에는 그마저 귀찮았는지 아들이 새 파랗게 물렸는데 엄마가 아이를 나무라지
않았다 이번에는 내가 크게 화를 냈다
아이들끼리 있을 때 싸우면 그 누구 편도 들지 않고 지키지만
적어도 아이의 부모는 말렸어야 한다는 생각이다
동네 아줌마들은 나도 화를 낼 줄 아느냐며 믿어지지 않는다는 눈치를 보였다
그러나 또 그렇긴 하다 사내아이 주먹질에는 참고 있을 수 있지만
물어뜯는 건 보고 가만있지는 못할 일이다

이번에도 알뜰 아내는 신이나 들어왔다
거리를 지나는 데 어린이 세바퀴 자전거가 있어 주워왔다는 거다
새까만 락카를 사다 뿌린 후 아이들이 타고 놀게 했다
자전거를 그냥 그 자리에 놔두면 주인이 찾아가지 않을까 싶은데 말이다
그리고 며칠 후 집 앞에서 사고가 났다
두 자녀가 자전거로 서로 싸우다 트럭과 충돌이 난거다
사고 소리에 놀라 쫓아 나갔더니 트럭과 자전거 충돌에 거리가 복잡해졌고
우리 아이들은 어디 있나 살폈더니
그 집 딸아이보다 한 살 어린 네 살배기 우리 아들은 길 건너 학교 앞에서
저보다 두 살 어린 동생 손을 꼭 잡고 서있었다
아무리 아니라 해도 그 새까맣게 칠한 자전거에 문제가 있어 보였다
그 집 두 살배기 작은 아이가 목을 다쳐 병원에 입원하여 치료를 받았다
병문안을 가서 아이를 보고 있는 내 눈에서 눈물이 주르륵 흘러 내렸다
아이 엄마가 지난 번 물린 일로 화를 낸 내가 눈물을 흘리니 나를 다시 보는 것 같았다
그건 그거고 일단 아이가 다치니 내 마음 괴롭다
퇴원 후에는 아이엄마가 그 자전거를 밖으로 내다 버렸다

지금 살고 있는 집이 나 자란 금호동 집과 닮아 있는
축대는 축대 아래의 사정이 다르긴 하다
금호동은 축대 아래 공터와 다른 집이 있었지만 지금 집은 축대 밑으로
우리와 우리 옆집이 버린 하수물이 지나가는 또랑이 흘러가고
그에 붙어 있는 땅이 우리 밭이라고 한다
집이래야 두 채에 네가 구가 살고 있는데 또랑물은 새까맣고 냄새가 고약하다
가끔 우리 딸이 저기 빠지면 어쩌나 더러워서 버려야하나 라는 생각이 들었다

그러다가 정말 딸래미가 또랑물에 빠졋다
그런데 더럽기는 커녕 똥글똥글 눈망울이 어찌나 어여쁜지
그렇게 예쁜 아기는 처음 보앗다
화급히 반짝 안아다가 깨끗이 닦아주엇다 아이가 입고 잇던 옷은 냄새가
어찌나 고약한지 버릴 수밖에 없엇다
내가 어릴 적 변소 똥통에 빠졋을 때 우리 엄마도 이랫을까

동네에 회오리 바람이 불어재낀다
마을 전체가 이사를 해야 한단다
동네에 새로운 마을이 들어서므로 집이나 밭은 비워주고
대신 돈으로 지불해 준다고 한다
우리도 이사를 해야 한단다
그런데 우리는 나라에 편입이 되고 한쪽에 땅이 남으므로
그 터에 집과 가게를 꾸릴 수 잇다한다
남편하고 상의 중이다
과자박스를 농협에 납품하는 남편은 사탕이 무거워 무릎이 아프다는 소리를
자주하니 아무래도 집에서 장사를 해야하지 싶기도 하다
『신랑 그럼 무슨 가게를 차릴까 신발가게 할까』
『아니』『가구점할까』『아니』『문방구할까』『아니』
남편이 할 수 잇는 일 그리고 내가 생각해 낼 수 잇는 일
천 가지 백가지 이름을 대도 신랑은 아니 아니 아니라고만 한다
『그럼 컴퓨터 학원 차릴까』
맙소사 남편이 그러자고 하네
세상에 뭘 믿고
하구야 나 그럼 컴퓨터 자격증을 따야 하잖아
남편이 그리 말하는데 차마 나 못해 소리가 나오지도 않고
허 참 이일을 우찌할꼬

아랫방 사시다 따로 살림을 내서 사시는 할머니에게 하루 두 시간 아이들을
맡겻다 그리고 자격증 가르치는 날짜에 맞추어 학원을 다니기 시작햇다
6학년 아이들과 같이 공부를 시작한다
이럴 줄 몰랏다
책을 잡는 순간 마음이 10년 젊어진 기분이다
선생님이 2진법에 대해 질문을 하엿다
6학년 남자아이는 따박따박 대답을 하건만 나의 입은 붙어버렷다
분명 다 아는 내용들인데 마음까지 아는 것 같은데

도무지 머리도 입도 돌지 않는다
집으로 돌아가 공책에 요점정리를 시작햇다
요점 정리한 공책을 가지고 다시 요점정리를 하였다
그렇게 세 번을 하니 내용을 훤히 꿰찰 수 잇게 되엇다

낮이면 우리 집은 동네 아이들의 천국이다
동네 아이들이 다 모여 우리 집에서 노는 데 장난을 하거나 말거나
방안에서 놀게 놔두고 나는 한쪽 끝 구석에 앉아서 책을 보앗다
어릴 때 행복해야 평생 행복한 마음을 심어 줄 수 잇을 거란 생각에
무엇을 망가트리건 말건 내가 뒤로 물러나 잇다
아이들도 엄마가 없는 건 아니니 불안 하지도 않을 테고
동네 형 누나들은 방안 가득이고 장난감이래야 동화책뿐이지만
책을 펼쳐 길도 만들고 탑도 쌓고 책 위로 펄떡거리고 날라다니며
목청으로 천정을 뚫는다 아이들의 시끄러운 째잭 짹짹짹 소리가 들려야 안심이
되어 공부가 쏙쏙 들어온다
남편 월급이 그다지 많지 않은지라 동네 아이들의 점심을 건사하는 일은
사실 식은땀이 흐르는 일이긴 햇다

저녁이 되어 집으로 들어오는 남편 발자국 소리가 들리면 얼른 책을 덮어
옆으로 치웟다 혹시라도 건방지게 보이지는 않을까 염려가 되엇기에
학원 나서는 길은 꼭 고개를 푹 숙이고 걸엇다
혹시 시골동네에서 건방져 보일까 두렵고 혼자 공부하게 됨이 미안해서 그렇다
며칠 후 남편은 책상을 사가지고 왓다
남편이 사준 책상 가보로 물리고 싶엇는데 상태가 그리 좋지 보이지 않는
책상이니 툭 치면 부서질 것 같은 모양새다
컴퓨터도 삿다 어찌어찌 돈을 마련하여 장만한 이 시커먼 화면의 컴퓨터
손바닥만 한 네모진 디스켓을 넣고 컴퓨터를 켜면 가동이 된다
화면에는 영어로 Micro 어쩌고 저쩌고 뜨는데 사실 무슨 말인지 모르겟다
저 씨꺼먼 화토 짝 한 장을 어찌 다루어야 할지 모르겟단말이다
모르기에 그냥 대가리 디밀어 보는 거다
모르니 신기해 보이는 거다

아기를 봐주러 오신 할머니를 보면 딸아이가 아주 좋아하다
무릎 위에 앉히고 꼭 안아주기 때문이다
얼마간 시간이 지난 후 할머니가 오시자 아이가 아연질색 경기를 하다시피
한다 할머니는 아이가 움직이면 방을 어질고 귀찮아지므로 무릎위에 꼭
앉혀놓고 움직이지 못하게 하고 잇엇던 것이다
큰 아이가 놀다 화분을 쏟앗는데 할머니는 흙이 묻을까봐 딸아이
무릎에 안은 채 한쪽에 쪼그리고 그대로 앉아 계셧다

마침 할머니 다른 일이 생겨 아이를 못 보겠다 하신다
집안 여고생 아이에게 맡겻는데
이번에는 마당에서 엉금엉금 기어 다니는 딸래미
아랫방 아줌니 마당에서 고기 굽는 후라이팬 참견하러갓는지
다리를 데어 종아리에 작대기 두개 달앗다
여고생 아이 놀라서 은퇴햇다

나 고스란히 두 아이를 모시고 다녀야 한다
한명은 업고 한명은 손에 잡고 목에 가방을 걸엇다
두꺼운 책 한권이면 될지언정 난 세권이 필요하다
각기 다른 출판사의 내용을 가지고 보면 다른 각도에서 접근하기 때문에
좀 더 포괄적으로 이해를 할 수 잇기 때문이다
그렇게 하여 무지막지 무거운 가방을 목에 걸고 다른 한 손은 우산을 들엇다
후 죽을 것만 같다
두 아이를 교문리 어린이 방에 맡기고 그 옆에 잇는 학원을 다녓다
정보처리 기능사를 따러 다니는 중이다
그런데 이 자격증만 가지고 학원을 차리는 건 허가가 되지 않는단다
해고 진작 알앗으면 덤비지도 않앗을 텐데
한 날은 학원에서 화장실에 갓는데 그 안에서 신문지 작은 쪼가리를 보앗다
정보처리기사를 따면 컴퓨터학원 선생으로서의 자격이 주어지고
그 기사 자격증을 따려면 대학교에서 운영하는
2년제 전산원을 다니면 된다는 그런 기사의 내용이엇다
내게 꼭 필요한 내용 눈에 확 띄므로 일단 마음속에 Keep 해두엇다

공부하는 그해에는 바쁘기도 하엿다
밭에 고추 심엇다
처음 시집온 해에도 오이 가지 호박 고추를 하나씩 사다 심엇다
그런데 썩 잘 자라지를 못햇다
어느새 심지도 않은 풀들이 더 크게 자라 내가 심은 것들을 숨켯다
사람들이 자꾸 밭을 매줘야 한다고 한다
밭에 가서 아무리 들여다봐도 밧줄도 없고
도대체 무엇을 어떻게 묶어주라는 건지 알 수가 없다
그 세세한 걸 물어보자니 자존심 상하고 계속 밭에 가서 밧줄이 어디잇나 찾기만 햇다
그래도 내가 심은 채소는 배반을 하지 않고 작은 오이 한 개 가지 한 개를
주엇다 각자 딱 한 개씩
풀보다 작아지긴 햇지만 그래도 저 할 일은 해 낸 것이다
얼마나 감사하고 예뻣는지

올해는 옆집에서 남편에게 포크레인으로 밭을 갈아 줄테니 본인과 밭을 나누어
심자고 제안을 햇다
왠지 강압적으로 목을 조이는 것 같아 싫엇지만 남편이 그러자고 하엿다
내가 심기로 한 땅은 다시 반을 나누어 집안 신학이네 조카님에게 심으라고
하엿다 그 조카님은 부모님께도 끔찍허니 잘햇고 우리 애들도 이뻐하고
성당도 다니고 살림이 어려워도 돈을 꾸지도 않고 정도 많고 암튼 같이
나누어 심엇다
내가 고추를 심자 사람들이 내게 고추서리를 달라 한다
고추서리가 무어냐 물으니 빨간 고추를 따고 난 뒤 서리 오기 전
마지막으로 파란 고추를 다 따야 하는데 그 마지막으로 따는 고추를
고추 서리라고 한단다
눈 마주치는 사람마다 고추서리를 달라 햇다
누가 누가 달라햇지 헤아리니 열 명이다
자라는 고추를 보면서 나중에 고추 서리 나누어 먹을 집을 계속 외웟다
한집이라도 누락되지 않도록 손가락으로 열이 되는지 헤아리고 또 헤아린다
나는 지나가는 말로 한 약속도 꼭 지켜야 속이 시원하다
고추가 빨개져 고춧가루를 만들면 그중 일부는 꼭 큰집도 가져다 줄 생각이다
땅이 큰집과도 공동의 땅이라기에 늘 그리 생각하고 잇다
나 어릴 적 부른 사시는 묘지기라는 분 농사 지은 거라며 콩을 우리 집에
가지고 오셧던 걸 기억하기에
고추가 빨갛게 익기 시작하여 빨간 고추를 따다가 햇볕에 말려야 한다
신기하기도 하다
우리 집 고추만 훨씬 많이 열렷다
땅을 파준 집도 그리 신통치 않게 되엇고
나와 땅을 나눈 집도 내가 심은 것에 반밖에 열리지 않앗다
거참 이상하기도 하다
똑같은 땅에 똑같은 모종을 갓다 심엇는데
농약도 비료도 하지 않앗는데 우리 집 고추만 엄청나게 많이 달렷다
밭에서 고추를 한 광주리 따가지고 집으로 들어왓는데
아들 녀석 딸아이 둘 다 똥을 한 아름 싸놓고 엄마를 기다리고 잇다
하 진땀 난다 누구먼저 닦아 주어야 할지 난감하다
빨리 정보처리 공부도 해야 하는데 하고 너무 힘들다 어엉어엉엉엉 울고 싶다

옆집 아줌니와 그분의 남편이 나를 호출하엿다
가서 얘기를 들은즉슨 건방지게 안경 끼고 옆구리에 책 끼고 다닌다는
이유엿다 설마 남의 부인 무릎이야 꿇엇겟냐마는 내 기분은 무릎 꿇고
꾸지람 당하는 기분이다

남편이 컴퓨터 학원을 한다 해서 공부를 하는 중이라 얘기를 했다
정말 남편이 시킨 거냐고 확인했고 그렇다하자 취조에서 풀려주었다
이웃도 동생으로 생각하고 있고 나라는 생각이 들었지만
차마 그런 일이 있었노라고 남편에게 전하지는 않았다

하 이상도하다 내 눈 시력이 0.2 였는데 아들 녀석 출산 후 시력이
좋아졌다 0.7까지 좋아졌으므로 굳이 안경을 쓸 필요가 없었는데
딸아이 임신 중에는 남편이 매일 빈손으로 집에 들어오더니
아이 출산 후 바로 눈이 원래대로 돌아갔다
공부까지 해야 하니 안경을 쓰지 않을 수가 없었던 것이다
안경을 쓰니 마당을 쓸어야함이 눈에 들어와 껄적지근 하기도 하다

남편이 내게 공부를 시키는 이유가 알아지기도 한다
동네사람이나 집안사람이 나를 사람취급하지 않는다
화장을 하지 않기 때문인 것 같다
다행히 남편도 화장하는 걸 싫어한다
내가 보았을 때는 화장한 사람이 안타까와 보이고
그 자들이 보기에는 내가 사람으로 보이지 않는 듯 했다
아기 업고 가는 나를 길에서 만난 원색적인 화장을 한 질부는
미간을 찌그리며 위 아래로 나를 훑는다
그 질부의 남편이 우리 남편과 나이가 같음을 알고 있는데 말이다
대체적으로 남자들은 대화는 그럭저럭 되는 것 같은데 나를 여자로 보는 것 같지 않고
대부분의 여자는 나를 사람으로 보지 않는다
그 자리에서 바로 무시하기가 다반사다
아무래도 화장의 문제이다
그런데 내 얼굴 이상하기도 하다
나름 실북이 가르쳐 준대로 얼굴에 갖다 붙이는데
실북이 늘 내게 말했었다
『넌 이상하다
 너한테는 화장품 냄새가 안난다』

나도 유모차 너무 너무 끌고 싶다
유모차 끌며 엉덩이 씰룩거리며 걷고 싶단 말이다
이곳은 금호동처럼 산동네도 아니고 충분히 유모차를 끌 수 있지만 주머니
사정이 넉넉지 않으니 남편에게 유모차 갖고 싶다는 말도 꺼내보지 못했다
그런 남편을 앞에 두고도 집안 질부님들은 나에게 함부로 대하기 부지기수이다
남편이 촌수가 높다보니 나에게 아줌마라고 부르는데 그러나 함부로 말하고
길에서 만나면 위아래 훑고 있음이 느껴진다

그러면 오장육보가 오미라들어 영 마음이 편치 않다
남편은 잘생겼는데 왜 그리 후지게 생겼냐라고 말함이 느껴진다

그렇다고 나도 똑같이 맞짱 떠지지 않는다
이미 세상을 다 아는 양 세상을 다 가진 양 득의양양해 보이는 그 분들
내 가방끈도 그다지 길지는 않지만
그 분들의 가방끈이 한눈에 보이기 때문이다
그러나 그들이 있기에 내가 있을 테고
배우지 못한 자가 있기에 배운 자가 있을 터이다
가령 형제 중에 가정 형편상 어느 형제는 배우고
어느 형제는 배우지 못하게 되는 경우가 허다하다
그러면 배운 사람은 배우지 못한 사람의 선택적 양보일 수도 있고
시기적으로 녹녹치 않음으로 인해 밀렸을 수도 있다
그러니 배운 형제는 배우지 못한 형제에게 미안한
마음 정도는 가지고 있어야 한다
다같이 배웠다면 굳이 배운 자라는 말조차도 없을 테니 말이다
그런 면에서 배운 자는 그렇지 않은 자에게 미안한 마음에 머리를 숙여야
할 테고 가진 자 또한 그렇지 않은 자에게 같은 이유로 머리를 숙여야함이다
아주 건방지지만 사실 그런 생각에 고개를 들지 못하고 있었음이다

그러나 같이 회사 생활을 해 보았던 남편은 나를 조금이나마 인정을 하고
그런 대접 받는 것이 안타까워 공부를 시키는 게 아닌가 생각이 든다
같잖은 눈물이지만 내게는 진지했고 그렇게 다니며 자격증을 따내긴 했다

나에게 위아래 훑어주던 질부 남편 친구와 눈이 맞아 집을 나갔다고
얘기가 들어왔다 눈 맞은 남자와 얼마 가지 않아 또 깨졌단다

우와 대단히 멋진 여성이다
나는 바람나 집을 나간 여자가 굉장히 부럽다
그 한순간을 위하여 일생을 불사르는 뜨거움
이 얼마나 멋지냐 말이다
앞뒤 재며 돈을 세다 게슴츠레한 눈을 뜨느니
순간의 뜨거움을 위하여 모든 것을 던질 수 있음이 찰나의 나한으로 보인다

나도 매순간 던질 테다
그 한순간을 위하여 내 인생 전체를 던질 테다
매 순간이 불사름 그 시점이다
앞뒤 재는 계산이 아니라 뜨거움의 불사름이다

아무래도 내 첫사랑은 아들이지 싶다
아들 아직 걸음도 못 뗀 아가일 때는
나 엄마는 엄마로서 교육시키는 중이라 겉은 엄격할 수 밖에 없었는데
그런 엄마가 싫었는지 아들은 옆집 새댁을 보면 좋아라 안긴다
그 새댁은 자기를 더 좋아한다며 내 얼굴을 보며 나에게 위세를 하는 거다
그 새댁 품에 안기면 집에서 탈출할 수 있어 그런거 같기도 하다
두어 번은 그냥 놔두었는데 세 번째는 내가 화난 표정을 지어 제제를 했다
내가 지금 아들에게 것으로는 냉랭해 보여도 그럼 그럴수록
속은 온갖 정성을 다 들이고 있는 거란 말이다

이번에는 더 심하다
내 눈팅이가 툭 튀나오고 말았다
아들 녀석 아랫방 사는 저보다 한 살 더 많은 여자애와 너무 좋아해
서로 죽고 못 산다
봐 줄래야 봐 줄 수가 없다
그 애만 보면 까르륵 까르륵 숨 넘어간다
아니 이 녀석 엄마말고 다른 여자를 좋아하며 방방 뛰고 히덕거리고
시어머니들 심정이 고스란히 이해가 된다
샘이 나고 약이 올라서 내 눈팅이가 튀나왔다 찢어졌다 입이 삐뚤락 거렸다
질투의 화신이 들락거린다
아들도 눈치를 챘다
이담에 결혼하여 엄마랑 같이 산다면 뻥 돌아 저 구석에 자기 방을 만들
거라 한다
정말 그럴까봐 딸아이 등에 칭칭 업고 있는 내 마음은 콱 막히고
시야마저 멈춰 눈앞에 뭐가 보이지도 않는다
내 아들은 내 눈앞에서만 알짱거리고 왔다갔다 해야 하는데 말이다

어느덧 아들 녀석은 다섯 살이 되었다
어느 정도 교육은 끝났다
무엇이든 대화로 이루어진다
내도 의견을 얘기하고 아들도 자기 의견을 얘기하고
아주 민주적으로 해결하고 있다
아들이 낸 의견을 실현에 옮겨 속살을 채워주고 있다

딸아이는 신기하기도 하다
무슨 일이든 스스로 한다
두어 살 된 딸아이 양치도 스스로 한다

단추를 잠그는데 종일 걸릴지언정 본인이 스스로 잠궈야 한다
동네 아줌니가 단추 하나를 채워줬다고 해가 넘어갈 때까지 울어댔다
울고 있는 아기를 보며 웃지 않을 수가 없었다
평상시 거의 울지 않는 아기라 나무랄 수도 없다
아무래도 뱃속에서부터 밖에 나가봐야 엄마라는 작자는
도와주지 않는 사람 하고 인지하고 나왔나보다

딸아기 고맙기도 하다
마치 엄마를 공부시키러 나온 아이 같다
옆에서 엄마가 공부를 하거나 말거나 울지도 귀찮게도 하지 않는다
시어머니와 친정어머니가 곁에서 아이를 돌봐주시는 게 분명하다
그러고 보니 딸아기 뱃속에서부터 효녀이긴 했다
새벽 세시 들어오지 않는 남편을 찾아 뱃속에 아기를 넣고 아들을 업고
남편 있는 곳을 찾아간다 오늘은 어디에 있을 거다 하고 찾아가면 정확히
그 자리에 있다
아기가 태어난 이후로 그 기능이 완전히 사라졌다
남편이 어디에 있을 거라는 가늠도 되지 않는다
신기하기도 하다

남편이 아기들 옷을 사왔다
시장에서 한 벌에 천원 한다며 아들 꺼 딸 꺼 두벌을 사왔다
내가 때굴때굴 굴렀다
『내 꺼는 내 꺼는 내꺼』
나를 쳐다보는 남편의 얼굴은 이런 무슨 개뿔 뜯는
더 많이 졸랐다 『내꺼』『내꺼』『내꺼두』『내꺼 내놓으란 말야』
다음날 남편은 딸 꺼 세개 아들 꺼 두개 내꺼 천 원짜리 귀걸이 한개
어휴 겨우 하나 챙겼다
남편에게 내가 어른으로 각인되면 큰일이다
남편 앞에서마저 어른행세 하고 싶지 않단 말이다
내가 남편보다 어른 되면 골치 아픈 일 생길지 모른다
우찌됐건 남편의 쫄따구가 장땡이다

아침에 출근했던 남편이 두어 시경 얼굴이 불그레하니 한잔 하신 모습으로
집에 들어와 누웠다
어찌된 일인가 물어보니 회사로 출근 하는 길 안골을 지날 적에
상갓집이 있었단다
동네 선배인데 그 선배가 세상을 떴고 세상 뜨기 전 인심을 잃어

상갓집에 일 할 사람이 하나도 없엇다고 한다
출근 하다말고 장사 치러주고 왓단다
회사에서 짤리면 짤리고 나도 모르겟다하고 누워잇다

우와 우리 신랑 멋잇다
이제 보니 믿어도 되는 사람이엇네
대학교수보다 멋지다
존경해도 되겟는 걸

남편이 사람들과 서로 소통이 잘 되는 건 인정한다
옛날 집이라 일요일마다 집수리를 해야 하는데
남편 지붕에 올라가 잇건 어디잇건
지나가는 사람이 그냥 지나치지 않고 꼭 같이 거든다
남편도 차가 없는 곳에 차를 끌고 갈시 낯선 사람이라도 다 태워주고
그 바로 집 앞까지 바래다 드린다는 말을 하기는 하엿다
너무나 당연한 일이라 생각되어 그냥 넘겻는데 요즈음 그러하지 않아 한 번 적어본다

아들 녀석 유치원에 갓다 왓다
갓다 온 첫날 아이가 부르르르 떤다
뭔가가 잔뜩 긴장하고 분한 얼굴이다
바지 주머니에 손을 꾸겨 넣고 그대로 서잇는 채
『엄마』
『왜』
『아빠이름 써봐』
『이 정관』
『엄마이름 써봐』
『박 종식』
『내 이름 써봐』
『이 용규』
『보배 이름 써봐』
『이 보배』
『영인이 이름 써봐』
『신영인』
동네 친구이름 다 적으라 시키더니
이름이 죽 적힌 종이를 들여다보며 아들 녀석 배가 불뚝 나왓다
『이제 됏어』
유치원에 갓더니 한글을 모르는 아이는 저 하나엿던 게다

분해서 브르르르 떨고 왔다

흐흐 이거야 이거
스스로 하고 싶어 할 때까지 기다리고 만 이유가

몸이 요술이다
남편 아침준비는 알람을 맞추어야 일어나지던 몸이 아이가 유치원을 가자
아침준비에 저절로 몸이 일어나 진다
아마 남편은 빈 속에 길을 나서도 사서라도 먹을 능력이 되지만
아이는 그럴 능력이 안 되기에 그럴꺼다
아이를 논리적인 생각에 맞추어 키우는 못된 엄마에게 모성애가 잇을 리 없다
ㅋㅋㅋ

돌던 소문이 기성사실화 되기 시작햇다
우리 마을은 토지개발공사에서 새로운 도시로 만드는 모양이다
어머니 돌아가신 얼마 후 꿈에 시어머님이 나타나신 일이 잇다
어머님은 신문지를 우리 밭 가장자리에 놓고 태워 불길이 밭 가장자리를
따라 번지고 그 옆에는 변소가 세워져 잇엇다
그리고 잊엇는데 몇 년 지나니 그 꿈속의 일이 현실화 되는 느낌이다

우리는 낡고 허름한 집 그 아래 700평정도 논이 우리 꺼라 한다
마을 안쪽의 시세는 논은 평당 7만원 도로가의 땅은 평당 20만원 정도엿다
몇 년 째 거래를 못하게 묶어놓고 잇는 상태다
토지개발공사에서 7만원 하는 안쪽의 논은 20만원에
우리 집은 중심가이고 논은 시찰을 하던 시점에 버섯농과 점프하는 운동시설
퐁퐁이가 설치되어 잇어서 그런지 평당 70만원에 쳐주겟다고 찾아 가라
연락이 왓다 집은 그보다 좀 높은 시세로 쳐주엇던 것 같다
마을 사람들은 시세보다 높게 주는 덕에 아무도 불만 없이 다 보상을 찾아갓다
우리 집은 5억 5000만 원 정도 보상가가 나왓던 것 같다
상속받을 가족으로는 인천에 형님이 시누이 한분 그리고 남편이다
그 당시 법은 부모님을 모시는 자식에게 지분이 더 돌아가던 때이라
어머님을 모신 우리에게 지분이 더 많이 나왓다
그래서 우리가 3억
　　　큰댁이 2억
　　　누이가 5천만원 정도가 상속 지분이엇다
놀라고 당황스러다
밤에 이불속에서 남편을 꼭 껴안으며 얘기햇다

우리가~ 큰집보다 재산이 더 나왓다고~ 더 갖지 말자~

남편도 그래애 그리 대답하였다
드디어 인천아주버님이 우리 집에도 오셨다
땅 보상에 대해서 내게 얘기하신다
『사실 내게 형이 있었는데 육이오때 전쟁에 나가서 돌아가셨어요
그래서 그 보상금으로 땅을 장만한 거예요』
듣는 나는 깜짝 놀라 가슴이 멎었다
『예에 그럼 제를 올려드려야 하지 않아요』
아주버님이 멈칫하며 놀라는 눈치다
『아녜요 그럴 필요 없어요』 그리고 더 이상 말을 이으시지 못하셨다
슬프고 아프다
나라도 그분이 그렇게 가심을 절대 잊지 말자
그 돈이 무슨 돈인지 아들이 자라면 꼭 알리리라

누이는 시집간 딸이라고 누이도 가져갈 마음이 없고 큰집도 남편도
시집간 사람인데 뭐 하며 챙겨 줄 마음이 없어한다
내가보기에 시누이는 홀어머니와 남동생을 데리고 사는 소녀 가장 이었던 것 같다
위로 오빠는 결혼하여 딴 살림을 하고 있기에 그렇다
시누이 몫을 챙기는데 악착같이 신경을 썼다
시누이에게는 꼭 챙기라 닦달하고 남편에게도 무슨 소리냐 말도 안 된다
누나 꺼 챙겨주라고 화를 내듯 강하게 얘기했다

사실 시누이가 남식오빠로 보이기에 그렇다
내가 여기 있음이 남식오빠의 희생이었기에 목이 메여 그렇다
남식오빠 비슷한 향기만 나도 목이 메인다
안가져 가겠다 하던 누이 영 걸렸는지 천만 원씩 두 집에게 양보하고 조금만 챙겨갔다

옆집 아줌마 내게 보상이 얼마 나왔는가 묻는다
내 내입으로 얘기하고 싶지 않다
그런 얘기 남편을 통하여 돌아다니는 것은 괜찮지만 내 입으로 먼저 발설하기
조심스럽다

이리 말하였다
편지가 왔는데 남편이 보지 않았기에 나 아직 뜯지 않았노라

그럼 뜯으라 한다
아니다 나는 남편먼저 편지 뜯지 않는다
신문도 남편 읽기 전에는 절대 먼저 읽지 않는다고 얘기했다

사실은 사실이다
남편에게 물으니 신문을 보자는 말을 하였고

신문이 매일 들어온다
나 절대 신문 펼치지 않는다
내가 신문을 읽고 나도 모르게 혹시라도 남편 앞에서 읽은 기삿말이 튀나와
잘난 척으로 돌아서지 않을까 염려되어서 이다
나 그래도 자랄 때 동아일보 연재소설 읽고 자란 여자애다
신문 궁금하다
만화도 연재소설도
신문에 써있는 여러 가지 글자 글자 글자들
그러나 남편 펼치기 전에 나 펼치지 않는다
당연 우리 남편 신문 따위엔 관심 없다
펼치지 않은 신문만 수북히 쌓인다
그런데 신기하다 내 배가 부룩해짐을 느낀다

정 많은 옆집 아줌니의 시동생이 결혼하여 그 집에 둘째 며느리가 들어왓다
어느 날 그 둘째 며느리가 나에게 급히 달려왓다
『아줌마 아줌마 우리 집에 좀 와 봐요 어머님이 토하셧어요』
마침 맏형님이 외출중이시라 내게 달려온 것이다
나도 비위가 약한지라 고무장갑을 끼고 갓다
가보 더니 음식을 토한 것이 아니라 방바닥에 피가 흥건하다
간경화가 잇다는 얘기를 듣기는 하엿는데 갑자기 일어난 일이다 장갑을 끼고
치우는 게 예의가 아니라는 생각에 얼른 장갑을 벗고 바닥을 닦아냇다
비실 비실 아무것도 못하는 내가 어디서 그런 용기가 나오는 건지 나도
모르겟다 겁이 나거나 역겹게 느껴지지 않고 할머니를 품어야 된다는
마음이 들며 대담해 지는 게 느껴졋다

아주 좋은 일이 생겻다
직원으로 잇던 남편이 직접 오파상이 되엇다
하는 업무는 똑같은데 본인이 직접 팔고 마진을 받기로 햇단다
커다란 탑 차를 삿다
우리는 성당에 다니므로 고사를 지낼 의향이 없다
그런데 남편 친구들이 남편 차 삿음을 더 좋아라 햇나보다
자기들의 돈으로 돼지머리를 사서 차 앞에 놓고 절을 햇다는 얘기를 한다
친구들의 의리가 고맙게 느껴졋다

그런데 이게 웬일입니까
다음 날 새벽 술에 잔뜩 위한 남편이 잔뜩 상기되어 들어왓지 뭡니까

하구 하구 하구 술에 취해 사고를 내고 뒤로 도망 왓다 아입니꺼
술이 깨며는 경찰서에 찾아가겟노라 얘기를 합디다
음주가 걸리면 면허가 취소되고 면허가 취소되면 직업이 사라지고 직업이
사라지면 앞일이 캄캄하고 하 난감하니 순간 튀엇는가 봅니다
잡혀가야하는 것이 너무나 기정화된 사실
무서워서 덜덜 떨려 어찌할바를 모르겟나이다
남편이 감옥에 잡혀가게 생겻나이다
남편은 경찰서에 갓다 왓고 이어 다시 유치장으로 들어갓나이다

아무래도 고사지낸 것이 화근이라 생각되나이다
그 어떤 상황에서도 접촉사고도 없엇는데 말입니다

차 사고를 당하신 분의 병원을 찾아 갓나이다
부부가 병원에 누워잇고 부인에게 세 시간 이상의 설교를 들어야 햇습니다
이만저만 해서 저만이만 햇는데 차가 저 골목으로 날라갓고
그 길로 갓다면 동네사람이니 잡아라라고 얘기를 해도
경찰도 동네사람인지 시큰둥 햇다면서 분해서 팔팔 뜁니다
그래도 본인이 직접 자수햇다며 나쁜 사람은 아니고
아무래도 음주엿을 거라 짐작을 합디다
본인은 보험회사에 다니기에 무엇이든 훤하다 합니다
세시간 설교를 하더니 혀를 다쳐 한마디도 못한다고 딱 눕습니다
나 세 시간 동안 한마디도 못들엇니다 혀를 다쳐 한마디도 못하신다니
합의금으로 오백만원을 제시햇습니다
병원에서 나오며 계단을 오르려다 푹 스러졋습니다

사실 오백만원이라는 숫자를 잘 헤아리질 못하나이다
보상금은 잔뜩 받아놧지만 내가 번 돈이 아니라 사실 돈의 크기를 잘
가늠하지 못하겟나이다 그냥 다음에 집을 지어야 할 때 써야 되나보다
하고 은행에 그냥 짱 박아 놓기는 햇는데 그 돈을 이렇게 여기에
써야 하는 지 어째야할 지 알아내기 어렵다 말입니다

아무리 생각해도 오백만원이라는 숫자는 굉장히 큰 것 같습니다
동네 부주할 때 삼천 원 오천 원 칠천 원 이렇게 부주하고 잘해야 삼십만 원
봉급이니 삼십만 원 경제를 살다가 갑자기 오백만원의 숫자를 인지하기가
쉽지 않다 이말 입니다
이런 식으로 남편이 세 번만 사고 치면 집 지을 돈이 다 날라가고 없을 것
같습니다

어찌할 까 고민하니 동네 보험회사 하는 사람에게 가보라 합니다
가서 사정얘기를 하니 아무래도 면허가 취소 될 것 같으니 취소되지 않게
돈을 쓰게 봉투를 준비하라 합니다 봉투를 준비하여 경찰서에 따라갓습니다 잘
아는 형사와 화장실 가면서 옆으로 찔러 주엇습니다 면허는 정지되지 않게 잘
해보겟다 햇습니다

하이고 이래 저래 큰일 큰일 큰큰일 입니다
도대체 벌점은 뭐고 면허 취소는 뭔지 알아야 겟습니다
서점에 가서 교통관련에 관한 책 두 권을 삿습니다
벌점 제도가 잇고 121점이면 면허 취소라 합니다
남편의 문제를 점수로 따져 보 습니다
신호위반 중앙선 침범 빵소니 상대편 3주 진단 두 명 다 합치니
120점이엇습니다 지난번에 15점이 잇엇는데 그것은 시간이 지나 소멸
되엇다 합니다
아이고 이게 뭡니까 아슬아슬 하긴 하지만 원래 면허취소가 아닌데 그걸 몰라
우왕좌왕햇음이고 그걸 도와준다 사람들이 달라붙은 것 같습니다 해구 기분에
똥을 싸니 파리가 와 하고 달라붙은 형상으로 보입니다
그래두 이게 웬 감사에 감사입니까
처음 낸 사고가 상대편도 다행히 많이 다치진 않앗고 면허가 아슬아슬 취소를
당하지 않는다니
상대편에서 이백만원에 합의를 하자고 연락이 왓습니다
보험회사 다니는 그 여자 분이 우리 집 뒷조사를 다해보앗는데 집도 절도 없는
아주 불쌍한 사람이엇다고
역시 보험회사를 다니니 좋습니다 다른 사람 뒷조사 마음대로 다하고
하기사 집도 땅도 상속되지 않은 상태의 공동 지분이고 그도 저도 나라에
수용되어 재산이 하나도 없기는 하지요 집지을 돈 두둑한 거 빼고는
합의 후 그래도 그게 아닌지라 음료수를 들고 병문안을 갓습니다
그랫더니 그 부인 이제 올 필요 없는 거라 알려주 시드만유
남편 집에 돌아오면 이 분들 퇴원하엿다 하더라도
집으로 찾아가 진정으로 사죄 드려야 하는데 말입니다
이래저래 애린 마음을 안고 돌아섯습니다

유치장에서 의정부 형무소로 옮기는 중간상황을 봐야 햇습니다
손목에 감겨잇는 오랏줄을 보니 눈물에 목이 메여 시야를 가리드만유 아무래도
저사람 독립투사 맞습니다
다행히 남편 회사 이사님이 도와주기 시작햇습니다
변호사를 사서 재판을 해야 한다 알려주고 의정부도 같이 가주엇습니다
이 분은 나와 같이 근무 하지도 않앗는데 마치 같이 근무 햇던 것처럼

친근하게 도와주었습니다 그래도 여러번 확인 햇습니다
무료 법률 상담소에 확인하여 필요서류도 알아내었습니다
서류를 꼼꼼하게 챙겻습니다 그 먼 곳을 여러번 왓다갓다 할 수는 없는
일입니다 까다로운 면사무소 우리 혼인 신고시 아홉 번이다 다녓다니 그리하면
안 됩니다 아주 꼼꼼히 챙겻습니다
서류를 가지고 의정부를 가야하는데 아이들을 누구에게 맡기기 곤란합니다
마침 아랫방 사는 아줌씨도 보상받아 이사 나가 빈집입니다
옆집 아줌니에게 맡겨도 되지만 그리하자면 남편의 상황을 낱낱이 고해야하고
그러면 남편이 돌아왓을 시 동네사람 남편에게 이죽거리며 한소리 할 테니
그리하게 할 수는 없습니다
하는 수 없습니다 다섯 살 아들에게 세 살 동생을 맡기고 대문을 잠그고 길을
나섯습니다
서류를 변호사에게 넘기니 깔끔한 서류준비에 놀랏는지 얼굴을 들어 나를
다시 쳐다보앗습니다
집에 돌아오니 아들 녀석 신문지를 깔아 동생이 큰일을 보게 하고 동생
똥꼬를 닦아주엇습니다 옆집 형이 막대기로 그 똥을 가지고 놀 다고 말을
합니다
어 휴 그나마 최고의 짧은 기간에 남편을 나오게 할 수 잇엇습니다
서류가 하나만 틀려도 시간이 또 지연됏을 텐데 최대한 빨리 정확한 움직임이
도움이 되어 그나마 뿌듯합니다
두부를 준비하여 남편을 마중하엿습니다
형무소에서 나온 남편은 내가 입은 잠바가 꾸질꾸질 햇는지 나오자마자
나를 옷가게로 끌고 가더니 곤색 푸실한 겨울 잠바
4만 원에 하나 사서 내게 입혀 주엇습니다
다시는 돼지머리 놓고 욕심에 절하는 고사의 고자도 꺼내지 말아야겟습니다
동네 사람들이 다 이사를 나갓다
방을 얻지 못해 혼비백산이다
길 건너 새로 지은 빌라에 방이 하나 나왓다
사람들이 올해는 그쪽 방향이 막혓다고 햇다며 꺼린다

무슨 소리야 그런 게 어딧어
게다가 우리는 성당 다니는데
집은 맨 뒤 씨동 4층에 하나가 전세로 나와 잇엇다
얼씨구나 계약을 하여 이사를 하엿다
아니면 새로 지은 빌라를 사야할 판이니 다시 집을 지어야 하는
우리로서는 선택의 여지도 없기도 햇다
이사한 이틀 후 아들 녀석과 딸아이 밖에 나가 놀고 잇다
한 참후 아들 혼자 들어왓다

너무 놀라 밖으로 뛰어 나갓다
다행히 세 살 꼬마 여자아이는 빌라 언덕아래 모퉁이에 쪼그리고 앉아잇다
눈물을 흘리며 안고 들어왓다
들어와서 아들 발로 뻥 찻다
아주 중요한 일이니 그렇다
낯선 동네에서 동생을 챙기지 않다니
다섯 살 된 아들 녀석 병원 가서 사진 좀 찍어 달라한다

며칠 후 아들 녀석 자전거 타고 내려가다 내리막길에 서잇는 지게차에
부딪쳣다 아프다고 한다 보기에 별 이상이 없어 그냥 나두엇더니
밤새 끙끙인다
병원에 갓더니 어깨뼈가 부러졋다고 아파서 잠도 못 잣을 거라 한다
아이구 세상에 너무 미안하고 가슴 아파 눈물이 나왓다

며칠이 또 지나자 딸아이 넘어져서 다쳣다
내리막길 얼음 빙판에 언니오빠들 따라 미끄럼 치다 넘어진 거다
턱밑이 심하게 찢어졋다
어찌할 바를 몰라 딸아이 업고 지름길 산등성이 넘어 병원으로 냅다 뛰고 잇다
등에 붙은 딸아이 울지도 않는다
울지 않는 딸아이가 더 걱정이다
도무지 울지 않으므로 만일 우는 소리가 나면 급히 달려가야 한다
울지도 않는 딸아이와 급한 대로 정형외과 갓다
여섯 바늘을 꿰맷다 그래도 딸아이 울지 않는다
도대체 누구를 닮은 걸까 나는 왕 엄살장이인데
뱃속에서 이 엄마라는 종자 나가서 울어대야 해결 안 난다는 걸
터득이라도 하고 나온 걸까
집에 와 생각하니 어찌 뭐가 잘못된 느낌이다
학교 앞 큰 도로가 옆에 살 때도 아들 녀석 동생을 잘 지켯고
단 한번의 사고도 없엇는데
휴~ 날아다니는 점쟁이 말 무시햇다가 큰 코 다친 건가 봐
휴~ 이만하길 다행이지 점쟁이 말이라고 함부로 해서는 안 될 일 인가봐

그래도 아들 녀석이 동네 형을 사귀엇다
6학년 형인데 아주 잘해준다고 한다
일요일 언덕위에서 두시에 만나기로 햇단다
날씨가 어쩐다고 안가겟다는 아들
무슨 소리냐 약속은 꼭 지켜야 하는 거다 강한 어조로 나가게 햇다
날씨가 이상하기는 햇는가보다

두 시간을 기다려도 형이 나타나지 않았다
기다리다 기다리다 아들 녀석 그냥 돌아왔다
그래도 그 형이 약속을 지키거나 말거나 너는 꼭 약속을 지켜야해
다음에 만난 형이 미안해서 아주 잘해줬다고 했다

마당 있는 1층집에 살다 빌라로 이사 오니 딸이 후줄근 하다
아이들이 그동안 마음껏 뛰어 놀고 지내왔는데 아래층에서 깜짝 놀라니 말이다
급히 쇼파를 사놓고 아이들에게 쇼파 위로 올라가라는 말을 하고 있다
뛰는 것을 멈추니 아들 녀석은 급작스레 살이 찌고 있다
그래도 아래층 아줌마 얼굴 보기 늘 미안하다
고문리에서 이사를 들어오신 분인데 고스톱을 좋아한다
고스톱 멤버하면 내가 훤히 차고 있지 않은가 말이다
같이 손잡고 고스톱 치러 다닌다
내가 살던 동네는 해체된지라 멤버가 조금 바뀌었다
농담 말을 던져도 돌아오는 말이 너무 거칠다
거친 말 듣기 싫은지라 아예 입을 함구하였다
입을 함구하니 마음속은 화가 차기 시작이다
그냥 슬그머니 빠졌다
남편의 차에 나 아들 딸 다같이 실려 있다
아마 병원에 다녀오는 길일게다
남편은 우리를 집에 내려주고 갈 곳이 있다
가평에 살고 있는 친구에게 가려하는 중이다
그런데 갑자기 딸이 차에서 내리지 않는다
절대로 내리려 하지 않는다
그렇다고 너무 어린 딸을 운전하는 아빠에게 딸려 보낼 수도 없고
차는 길가에 있고 뒤차도 오고하니 하는 수 없이 우리를 태운 채 차를 가평
쪽으로 커브를 틀었다
차가 커브를 틀자 세 살배기 딸 중얼거린다
『개구리 먹어야 하는데』
하이고 맙소사 아빠가 친구와 통화하는 소리를 들었나보다
아마 아빠 따라다니며 개구리 맛을 본적이 있기는 한가보다
하 민망하게 어찌 우리식구가 다 따라간단 말이냐
그래도 어린 딸의 고집이 그러하니 에라 모르겠다 다같이 가평 친구 집으로
갔다
함석 문을 열고 들어서니 친구의 부인이 한마디 하신다
『아니 줄줄이 다 데리고 왔어요』
안 그래도 미안함을 무릅쓰고 온 건데 그리 말하니 민망하기도 하지만
사람을 앞에 두고 어찌 저리 말할 수 있는가 싶다

다음에 우리가 새 신식 빌라로 이사를 한 후 그 부인이 우리 집에
오게 되엇는데 내가 극진히 대접해 주엇다

그래두 나는 안다
우리나라 개구리 숫자가 많이 줄은 것은 우리남편이 다 책임을 져야한다는 걸
왜냐하면 나는 한 점도 먹지 않앗으니까

아들 녀석 유치원 참관수업이다
유치원 마당에서 사진도 찍고 게임도 햇다
엄마와 뽀뽀를 하라고 하엿다
아들 녀석 왠일일까
절대 엄마와 뽀뽀를 할 수 없다고 한다
다른 아이들 다 엄마와 뽀뽀를 하는데 우리 아들만 절대 안 된다 하는 거다
그러다 지가 생각하기에도 안됏는지 엄마에게 100원을 달라 그러면 뽀뽀를
해주겟다고 한다
100원에 뽀뽀를 사야햇다

그러나 이리 된 상황을 나중에 알게 되엇다
아이 문갑 잡고 일어설 때 쯤 모든 살림이 남아나지 않게 호기심 왕성인자라
나 아들 야단치기 싫어 장난삼아
『야 이담에 니 색시가 가지고 온 살림 망가트려』
『이건 니네 아빠 색시가 가지고 온 거야』 라고 농담을 던졋는데
이 말이 어린 아이의 잠재의식 속에서 또렷이 기억하고 잇엇을 줄이야
이 책을 쓰기 시작하려 할 때 그 사실을 알게 되엇고 미안하다 화해를 신청하엿다

남편은 나라에 다 수용되고 한쪽 끝에 70평이 남아 잇으므로 그 자리에
집을 짓고 생계 수단을 삼아야 한다
남아잇는 땅은 기다란 이등변 삼각형 모양이다
그럼 그런가보다 하고 그 자리에 그대로 지을 생각이엇지만
갑자기 지식인이 다가왓다 얼마 전 우리 아래쪽에 땅을 산 사람이 본인도
삼각지고 우리 옆 교회도 삼각 지엇으니 세 사람이 서로 교환하자하엿고
다 동의하여 반듯한 모양의 땅으로 만들엇다

사람들이 우리에게 얘기를 햇다
집은 우리가 살고 잇으니 우리 소유로 하고
밭만 공동분배 해야 함이 옳지 않느냐
글쎄 그런저런 생각 꿈에도 해보지 않앗다

그러나 남편은 큰집은 이곳에 살지 않고 우리가 살고 있으니
그 땅에 우리가 집을 짓는 것은 형이 양보할거라 생각을 한다
게다가 우리가 돈을 양보하기도 하였고
그렇지만 우리 때문에 큰집이 손해를 보면 안될 것 같아 정히 그 땅을
사용해야겠으면 큰집에 돈을 지불하고 땅을 사라고 남편에게 조언을 했다
남편은 나에게 말도 안 되는 소리라 일축한다
집을 안 지으면 안 짓지 그 땅을 돈을 주고 사지는 않는다며
우리 집이 그 자리에 있었으니 형은 우리에게 집을 짓게 할 것이라 믿는다
남편은 내 땅을 내가 돈 주고 사는 건 아니라 생각하는 것 같다
형에게 다녀온 남편은 얼굴이 딱딱하게 굳었다
아주버님이 거절을 하신게다
아주버님은 마석은 고향이므로 단 한 평의 땅이라도 가지고 있고 싶은 거지
절대 팔 생각은 없다 하신다
그 마음 충분히 이해가 된다 고향으로 돌아오고 싶어도 형님이 반대를 하여
돌아오시지 못함을 알기 때문이다
남은 땅의 70평의 몫은 이렇다
우리가 40평 형이 30평 누이가 10평
누이는 누이 몫의 땅을 우리에게 주겠다고 한다
어찌해야할지 생각이 들지 않는다
누이는 그럼 반반씩 나누어 주겠다고 한다
남편은 누이의 땅을 받지 않고 형을 주라 한다
형의 땅이 30평만 남았으니 10평이라도 더 있어야 되지 않나 생각한 거다
형이 우리에게 양보를 안 함은 서운할지언정 형의 입장을 헤아린 남편의
마음이 대궐이다
우리와 땅을 바꾸어 네모로 땅을 만들어준 지식인이 우리에게 본인의
땅을 사라고 한다
우리 땅이 너무 작아 쓸모가 없으니 우리 땅에 연접한 본인의 땅 78평을
사서 건물을 모양새 나오게 지라는 얘기이다
아마 우리와 땅을 바꾸어 본인의 땅이 네모로 되어 가치가
상승되기도 했는가 보다
땅값을 무려 350만 원에 사라한다
우리는 나라에 70만원에 헌납한 땅을 그 자리에서 350만원에 사라하니
날강도 중 날강도로 보이기도 한다
어찌하여 이 가격이 나왔는가 따져보았다

토지개발 공사 사람들은 열심히 일을 하고 있는 거다
땅에다 그림을 그리기 시작했다
자로 줄 대고 죽죽 긋고 이름을 붙였다

여기는 아파트
여기는 학교
여기는 유치원
여기는 주거지역
여기는 상업지역

여기서부터 문제다
같은 땅을 주거지역이라 하여 주민에게 평당 60만원
일반인에겐 90만원에 분양한다한다
상업지역은 평당 330만원
세상에나 만상에나
어떻게 330만원 이라는 돈의 크기가 나오는지 이해가 되지 않는다
아파트 올라간 땅 중에는 평당 10만원에 강제수용 햇음을 우리 다 알고 잇는데
60만원 90만원 330만원 세 땅은 다 연접해 잇는데

이는 동시에 모든 땅값의 기준이 330만원 이라는 얘기다
아주 감사하게 토지개발공사는 땅값을 팍팍 올려주엇다
가지고 잇는 돈 모두를 털어야 78평의 땅을 살수가 잇다
그러니까 원래 잇던 땅 700평 중 우리 몫이 300평이라 치면
토지개발공사에서 자로 줄을 긋자마자 그 땅을 고스란히 78평과 맞바꾸라는
얘기인거다
그러니까 그 땅을 사는 순간 우리는 집을 지을 돈일랑 하나도 없다
내가 남편에게 만일 그 땅을 사면 우리는 평생 이자만 내다 해가 넘어간다
하고 만류 하였다
작은 땅에 조그맣게 집을 지어 빚 없이 그냥 사는 게 좋을 거다

남편은 연거푸 외박 외박 외박을 하며 다음 날 아침 집으로 들어오신다
나도 화가 난지라 평정심을 버렷다
감정이 시키는 대로 화를 잔뜩 냇다
아빠 출근 후 아직 어린 아이들은 슬슬 눈치만 본다
조용조용 숨죽이며 둘이 음식을 먹고 잇다
내가 막 화를 냇다
『왜 엄마한테 먹으라는 말을 안 해』
『왜 너네만 먹어』
『엄마한테도 드세요라고 말을 해야 할 거 아니야』
먹을 때만큼은 엄마가 사람인 줄 알아야한다
엄마가 사람인 줄 알면 곁에 잇는 다른 사람도 사람임을 인식할 꺼다
무의식중에 교육이 이루어져야 한다

입으로 이래라저래라 하면 소리는 소리로 새어나가니 기가 빠져
전달력에 오히려 반감으로 다가 올 수 있다
얘들이 못된 나를 닮으면 또 다 토해내려 할거다
물 묻은 강아지가 몸을 파르르르 흔들어 물기를 떨어내듯
사춘기가 다가와 파르르르 흔들어 낼 거다
눈치 못 채게 무의식중에 교육이 이루어져야한다
기어이 아이들에게 음식을 받아 먹었다

남편이 새벽에 들어오면 절대 아침에 깨우지 않는다
회사야 짤리면 그만이지만 사람 목숨은 하나 일 테니 종일 운전하는
남편을 깨울 수가 없다
눈치를 챈 건지 어쩐 건지 더 벌떡 일어나 화급히 나간다

천리안이라는 말을 주워 들었다
넷트워크 어쩌구 저쩌구라 한다
넷트워크라는 말도 처음 듣는 말인데 천리안과 관계가 있다는 거구
그 천리안이라는 걸 무료로 강의를 해준다고 한다
무슨 말인지 알아듣지도 이해하지도 못하지만 꼭 배워야겠다
컴퓨터와 관련된 말인 것 같다
아이들을 어찌 맡기고 갔는지 기억에 없지만 어쨌든 내 몸은 천리안을
배우러 용산 어느 강의실에 들어와 있다
강의실에는 사람들이 가득 찼고 그 두 시간 강의를 듣기 위하여 제주도에서
비행기를 타고 온 어르신도 있었다
두 시간 강의를 들었지만 내 귀가 뚫리지도 않았다
무슨 말인지 하나도 알아듣지 못하면서도 무조건 쫓아 다니며 배우려
애를 쓰고 있다
아무래도 울엄마 나에게 아둔한 머리라 칭하시더니
내 머리 진짜 아둔한 거 인정하지 않을 수가 없다

그 날밤도 남편은 들어오지 않으신다
밤 열한시를 넘어 열두시가 되어간다
아이들은 새록새록 잠이 들어있다
나 컴퓨터 앞에 앉아 있다
친정오빠들 해 뜰 때까지 술잔을 비우고
내가 생각하는 남자의 척도는 뜨는 해에 멈추는 술잔이라 믿었는데
이 남자 뜨는 해와 멈추는 술잔은 아니더니 뜨는 해와 멈추는 사업이 있다
그 사업이 손바닥위에 있는 그 48페이지 교과서라 그렇지
남편이 외박을 하면 난 당연히 아이들 유치원에 보내지 않는다

아침에 들어온 남편 왜 아이들 유치원에 보내지 않았느냐 깜짝 놀라는 얼굴을 한다

나 당연하다는 듯 논리적 설명을 한다
『봐봐 선장이 흔들리는데 배가 앞을 보고 제대로 갈 수 있다』
『우리집 선장님은 용구 아빠이고 그러면 우리 배는 사정없이 흔들리는 게 맞어』
남편 주먹을 쥐지도 놓지도 못한다
그렇다고 그 외박이 줄지도 않는다
그러거나 말거나 나와 아이들은 유치원차 빠꾸 시키고 뒹굴거린다
그 횟수가 너무 많아져 유치원 차량 선생님에게 눈치 보이긴 한다

남편이 새벽 두시까지 들어오면 화가 나지 않는다
세시를 넘으면 그 때는 화가 나기 시작이다
연거푸 두 번 그리해도 화가 나지 않는다
세 번 네 번 이어지고 다음날로 이어지고 내가 참을 수 있는 꼭지점을 지나면
나는 이미 평정심을 잃어 무슨 일을 하고있는지 나도 모른다
싸워봐야 이상하게 매일 내가 진다
싸우다 보면 다 내가 잘못하고 있는 거고 내가 사과를 하고 있다
이거 싸워서 될 일이 아니다
들어오지 않는 날 달력에다 빨간 동그라미를 쳤다
그 달은 열 네 개 였다
내가 남편에게 증거로 제시했다
남편 얼굴을 붉히고 정색을 하며 화를 낸다
들어온 날이 더 많잖아아

남편하고 도무지 말이 통하지 않는다
어느 날 너무 화가 난 내가 식탁 접시 위에 수박을 집어 던졌다
주방 바닥이 피바다가 되었다
며칠이 지나니 수박이 말라붙어 실핏줄이 되어 있다
아이들도 나도 발뒤꿈치 들고 걸어 다닌다

도무지 말로 남편을 이겨먹을 수가 없다
들어온 날이 더 많기는 하니
거참 처녀시절 남자들에게 말발에 진적이 없는데
이상하게 남편에게는 말로 싸우면 내가 밀린다

실복이 엄마 내게 물으셨다
『싸우면 누가 먼저 말시키니』
『제가요
　그럼 니가 지는 거다』

그런가 남편에게 내가 지고 있는 건가
고집이 남편이 나보다 세건가
그런 일이 잇기는 하다
딸아이 두어 살 무렵 고집이 이만저만 아니다
매일 오줌을 싼다
내 말이 먹히지도 않는다
하루는 남편이 딸아이 고집을 보며 나 닮았다라고 말을 하며 웃는다
그리고는 딸아이에게 매를 들었다
그런데 희한하게 요 고집쟁이 딸래미 다음 날 부터 다시는 오줌을 싸지
않는 거다 고집은 고집을 알아보고 고집이 고집을 이기는 건가

아무튼 나 지금 컴퓨터 앞에 앉아잇다
새록새록 잠자는 아이들 옆에 혼자 불 키고 앉아 잇다
책을 끼고 다니니 모르는 척도 못하고 아는 척도 못하고 이리저리 대가리
디밀며 기웃거리다 드디어 그 천리안이라는 말을 알아듣게 되엇다
컴퓨터 앞에 앉아서 얼굴 모르는 이와 대화를 할 수 잇게 하는
매개체 역할을 해준다
물론 뉴스도 보고 게임도 하지만 가장 큰 매리트는 채팅방이다
내가 상상하고 잇는 그 화려한 컴퓨터가 하는 일이 고작 이런 것인가
생각하면 실망스럽기도 하다
이는 내가 고등학교 시절 편지로 하던 펜팔과 같은 느낌이 들기도 한다
그러나 막상 대화방에 들어가면 참으로 신기하다
낯선 이와 그러나 낯설기에 체면 따위는 버리고 솔직하게 대화를 나눌 수
잇음에 무한히 빠져들게 만든다
심장이 두근 거릴 정도다
늦게 들어오는 남편에 대한 화풀이가 될 정도이다
며칠 채팅방에 기웃거리다 어느 한 날은 심장이 아주 멎엇다
어느 남자분인데 갑자기 시꺼먼 컴퓨터 화면에 점 점 점 으로 된 그림이
착 착 착 흘러 나온다
공중전화 박스가 그림으로 쏟아져 나오는 거다
너무 놀라고 감동스러 심장이 멎엇다
그 기술 정말 배우고 싶다
그 기술을 배우려면 그 분과 계속 채팅을 해야 한다는 얘기가 나온다
조심스레 물엇다
계속 채팅을 해도 되겟느냐고
그분 인천이 집이라 하시면서 계속 채팅만 하기에는 가끔 만나기도 해야
한단다
하 그러면 또 난처하다

화가 나니 컴퓨터 앞에서 채팅방을 기웃거려 보기는 하지만 감히 문밖에서
외간남자를 마주할 마음은 없기 때문이다
하 그 공중전화 그림 배우고 싶지만 너무 너무 멋지지만 너무 멋지고 너무
배우고 싶기에 마음을 접고 모든 채팅방에서 빠져 나왔다

얘기를 하나 들었다
남편과 아주 친한 친구가 있다
다들 그 사람이 우리남편 친구라는 걸 안다
그 분이 노래방에서 여자와 같이 놀았다고 숨이 차고 희번덕 해진 눈이 되어
내게 알려 주었다
후 절대 남편에게 얘기하지 말아야겠다
그 말을 듣는 순간 남편 또 따라하고 싶어질지도 몰라
입은 근질거리지만 마음이 꾹 내리 눌렀다

아이들 감기인지라 고문리 병원에 가려고 준비 중이다
제일제당 미스 김이 삐삐를 거쳐 남편과 통화를 하고 있다
들리는 소리에 몇 년 만에 처음으로 통화 하고 있음을 알 수 있다
내가 고문리 병원 2층에 다방이 있으니 거기서 만나라고 알려주었다
사람이 온다니 너무 반갑다
내가 아이들 진료 끝나는 대로 바로 밑으로 내려가마 했다
마침 병원진료가 아주 빨리 끝났다
서둘러 아래층 다방으로 갔는데 아니 벌써 두 사람 사라지고 없다
아니 반가우니 나도 같이 보고 싶은데 이 어찌 된 일이지

그 날 저녁은 고문리 살고 있는 신혼부부 옥영씨 집에 가기로
약속이 되어있었다
하는 수 없이 나와 아이들만 옥영씨 집에 있다
있었던 일을 얘기 하고 키득 이며
한참을 놀다 저녁 무렵 남편이 옥영씨 집으로 왔다
늦게 나타난 남편에게 옥영씨가 어찌 그럴 수 있냐며 흥분하여 취조를 한다
나는 그냥 옆에서 키득이기만 했다
그리고 집으로 돌아왔다
집으로 들어와 나는 대자로 뻗었다
그리고 딱 한마디만 했다
『삐삐번호 바꿔』
다른 소리는 한마디도 안 한다
『삐삐번호 바꿔』
누워서 바들 바들 떨고 있다

『삐삐 번호 바꿔』
그리고 대자로 누워서 딸꾹 딸꾹 바들바들 숨 깔딱 깔딱
몇 시간이 지나도록 그 상태를 유지하며 점점 더 심해지자
남편 얼굴이 짙은 붉은색 되어
『알앗어 내가 삐삐 번호 바꾼다 바꿔』
삐삐번호 바꾸면 사업에 지장 잇음을 안다
그러나 그건 나중 문제다
나와 동시에 만나주지 않은 제일제당 미스 김 그 여성과의 연락을
차단해야겟다
말이 씨가 될지 모르니 미스 김이라는 글자의 미음도
여자라는 글자의 이응도 내입으로 절대 발설하지 않앗다
그냥 대자로 뻗어 삐삐번호 바꾸라 주문만 넣엇다
절대 남편 마음속에 여자의 씨앗을 심어주지 않앗다

1996년 2월이다
아무리 생각해도 컴퓨터 학원을 하는 것은 옳지 않다
무슨 일을 해도 남편이 앞에서 끌고 내가 뒤에서 밀어야 함이 맞다
내가 남편에게 이래라 저래라 함은 옳지 않은 것 같고 시누이에게 전화를
걸엇다 이만 저만 하여 남편이 컴퓨터 학원을 하자 하는데 좀 어째
경우가 아닌 것 같으니 막아 달라 부탁을 하엿다
헤구 시누이 하는 말이 그럼 남편을 시누이 집으로 보내라 하네
애구 애구 그걸 가지고 남편을 그리 가라 어찌 말을 하누
너무 성의 없네 우짜노
그래도 시누이 말이니 남편에게 전햇다
남편이 『그럼 하지마』 하고 화를 버럭 냇다
해구 남편이 소리까지 지르는 걸 보니 컴퓨터 학원을 해야되나보네
그럼 정보처리 기사 자격증을 따야하고 그 자격증을 따라면
대학교 전산원이라도 다녀야되는데
동국대에서 운영하는 전산원에 가서 또 시험을 보앗다
3년째다
3년 전 시험을 봐서 합격을 하엿는데
아이들이 너무 어린지라 엄두를 내지 못햇다
지난해는 또 시험을 보러 갓더니 그때는 시험으로 하지 않고 고등학교
성적표를 내라 햇다
성적표는 내나 마나다 57명중 56등의 성적이니
그래도 성적표를 내보앗 는데 역시나 낙방이다
그래서 또 시험을 보러간다

이번에는 다행히도 시험이었고 시험은 재작년과 또 숭실대 전산원과
마찬가지로 아이큐 테스트 같은 종류의 시험이다
결과는 합격이었다
아주 기뻤다 계속 붙으면 얕잡아 볼 텐데 한번 떨어진 후 붙으니
귀하게 느껴진다

아들 녀석 초등학교 입학식이다
아니 이렇게 좋을 수가
내가 기다리던 나의 대학교 입학은 비교도 되지 않게
아들녀석 입학식에 들뜨고 기쁘다
친정 아버지가 내 마음 한가득 들어와있다

학교 들어가는 아이에게 절대 선생님 말씀 잘 들으라는 말 뿐만 아니라
그 어떤 부탁도 하지 않았다
얘가 누구 말을 들으면 되겠어
자기 인생이니 자기 말을 들어야지
이제 걸음마 하려는 아이인데 수동적으로 하라하면 안되지
그렇다고 재미지게 공부하라는 말도 친구와 사이좋게 지내라는 말도
그 어떤 당부의 말도 하지 않았다
그것이 이것이든 저것이든 스스로 찾아내야 한다
아니 찾아내든 말든 스스로 알아서 할 일이다

내 입학은 조금 뒤였는지 아들 학교 앞에서 학교 끝나기를 기다리고 있다
학교를 마치고 나온 아들
아니 이런 깜짝스러운 면이
땅바닥으로 걷지를 않고 공사판 나무위로만 걷는 거다
내 앞에선 완전 어른인 척 폼 재고 대화하는데 길을 나서니
이런 망나니 위험한 곳만 찾아서 움직이다니
그럼에도 남자다운 아들 녀석 모습에 뿌듯하고 대견하니 믿음마저 간다
그래도 아들하고 같이 걸음이 기쁜지라 매일 마중을 나오고 싶은데
아들 녀석 마치 지가 어른이라도 된 듯 귀찮다는 듯 다시는 오지 말라
나를 내친다 딱 한번 마중가고 다시는 가지 못했다

공개수업에 참여하였다
조용한 교실에서 아들이 한쪽 손을 들고
『저요』『저요』『저요』소리를 친다 저도 발표를 하겠다고 소리를 질러댄다
결국 선생님 아들 녀석 지목했고

이 녀석 씩씩하게 대답했다
『똑 똑 이요』『똑 똑 똑 노크를 해야 돼요』
후후 변소 앞에서 어떻게 해야 하냐의 질문에 대답하겠다고
저 아우성을 친 거였다
아유: 밍구스럽기도하고 대견스럽다고 해주어야하나 말아야하나

아들 녀석 곧충 그림을 곧잘 그려놓는다
아무래도 그림을 잘 그리는 외삼촌을 닮은 모양이다
신나라 미술 학원을 갓다
원숭이도 원숭이와 그럴사하게 같은 모양으로 그려왔다
맬마다 사실과 똑같은 모양을 한 그림을 그려온다
놀라서 학원을 끊었다
아무래도 선생님이 그림을 세세히 지도하는 모양이다
마음의 표현이 아니라 재주로 타락하게 생겻다
엉터리 방터리로 그려야 멋지게 보일 텐데 말이다

아들 녀석 글씨를 쓰고 잇다
글씨가 개발쇠발이다
반듯하게 쓰려무나 얘기를 하고 싶지만 꾹 참고 잇다
아들 녀석 다른 생각하며 글을 쓰고 잇는데
그 생각에 방해가 될까봐
반듯하니 글씨를 쓰라는 말을 차마 못하고 잇다
또한 자유로운 생각이 글씨 반듯하게 쓰는데 머무를까 두려워
개발쇠발 글씨를 그냥 꿈뻑 꿈뻑 들여다보고 잇다

사실 또 하나 깊이 염두 해두고 잇는 게 잇음이라 그렇다
사람의 성장기간을 30년 정도로 보고 잇다
그럼 교육이 30년이라는 얘기다
30년 동안 달려야하는 마라톤
초장에 스피드를 내 처음부터 지치게 하면 안 될 일이다
무엇이 어디서 재미잇어질지 스스로 포인트를 찾아내게 뒷짐 지고 기다리는
중이다
휴 ~ 성인이 된 아들 녀석 지금까지도 개발쇠발일꺼라 생각하지 못했다
성인이 된 아들에게 글씨를 쓰지 말고 그려보는 게 어떠냐 의견을 제시했다
그래도 그림은 그럴싸하기 때문이다
아들 진지한 표정으로 대답을 한다
『아유 어떻게 그래애』
그림보다 더 그림 같은 글씨체를 가지게 될 줄 미처 몰랏다
내 눈에 내 글씨체는 들어오지도 않는다

아들 녀석 그래그래 악을 쓰고 있다
여섯 살 동생에게 악을 악을 쓰는 거다
벽에 붙어 있는 한글판을 보며 동생에게 한글지도 하고 있다
동생도 그래그래 악을 쓰며 따라한다
ㅎ 호 지가 유치원에서 못 배움의 설움을 동생만은 그렇게 할 수 없어 라는
각오라도 품은건지 악을 악을 쓰며 저리 지도하고 있다
동생 두 살 터울 오빠에게서 한글 깨우쳤다
둘이 짜고 있던 게 틀림없다
『야 야 우리 엄마 믿고 살다가 큰일 나겠어』

아무래도 아들에게 피아노를 가르쳐야 겠다
피아노가 중요한 게 아니라 요즘 여자애들이 다 피아노를 배우고 있으니
이다음 아들의 색시도 피아노를 치게 될거고 그 때 시끄럽다고 귀를 틀어막을
까 염려가 되기 때문이다
피아노를 배우라는 게 아니라 그저 귀만 열어 놓으라는 마음에서이다
그러나 아들 이미 자기의 세상이 정립 되었는지 일언반구 씨알도 먹히지
않는다
학원은 태권도 하나 다니고 있는데 태권도 원장님이 용규 보고 싶다고 했다며
본인이 선택해서 다니고 있는 거다
피아노 다니자는 말을 1년 설득하여 한 달 다니는 것으로 마무리 하였다
이미 아들은 자기 세상의 주인이 되었다

두 살 부터 네 살까지는 엄격한 교육을 하였다
예의와 씻어야 하는 일에는 엄격하고 나머지 놀이는 모르는 척하고
특히 아빠에 대한 예의에 대해 신경을 가장 많이 썼는데 혹시 사춘기가 되어
아빠에게 예의를 벗어나게 행동하지 않을까 싶어 그렇다
이 또한 무의식의 교육이다
별것도 아니다
아빠가 들어오시면 와 아빠 오셨다 하고 바람 잡는 일이다 맛있는 음식이
생기면 애들아 아빠오시면 먹자 하고 아빠 오실 때 까지 꺼내지 않는 일이다
용돈은 아빠가 주실 거야 하고 내가 뒤로 물러난다 어떤 난제가 생기면
무조건 우리 아빠에게 여쭤보자 하고 가볍게 말의 씨앗을 뿌리기만 한다
아이들은 과일 또는 특별한 음식은 아빠가 오셔야만 먹는 음식으로 인식이
되어있다

다섯 살부터는 마치 어른에게 대하듯 엄마와 대등한 상대로 대화를 하며
키웠다 그럼에도 일곱 살까지는 가끔 손님이 계시거나 할 때 지나치게 자기
중심적으로 떼를 쓰니 매를 들거나 심하게 꾸지람을 해야 했는데

그 때는 가타불문하고 동생과 오빠에게 똑같이 매를 들거나 꾸지람을 한다
한 사람만 꾸지람을 하면 꾸지람 받은 아이가 그렇지 않은 아이에게
옆 눈으로 흘리지 않을까 염려 되기에 그렇다
둘 다 똑같이 엄마에게 맞으므로 서로가 서로에게 위안을 삼으라는 마음이다
물론 둘이 싸울 때는 무조건 모르는 척했다
일곱 살까지는 매를 들기도 하고 엄하게 했더니 여덟 살이 되니 더 이상
꾸지람 할 일이 없다
우습게도 맞은 건 기억을 못하고
그냥 엄마를 군기반장 정도로 기억 하는 것 같다
나도 꾸역꾸역 학교를 다닌다
사실 딸아이 출산 후 아직 잘 걷지를 못한다
파 한 단 사 나를 체력이 되지 않는다
열 손가락이 다 바깥쪽으로 뒤틀리고 무릎이 부어올라 병원에 갔더니
류마치스라 했다 약을 먹으니 속이 너무 아픈지라 먹지를 못하고 류마치스는
소음인이라는 얘기를 들어 그에 유익한 음식만 정확히 가려 먹었더니
손이 휜 것은 좋아졌는데 잘 걷지는 못한다

아기 낳고 얼마나 스러져 있었는지
사람들이 아직도 내가 살아 있음에 신기해 하기도 한다
그러나 도대체 어디서 힘이 나오는 건지 학교는 간다
마석에서 장춘동까지 버스와 전철을 바꿔가며 타야한다
열두 걸음 걷고 쉬고 열두 걸음 걷고 쉬고 그래도 학교는 간다
학교 근처에서 누군가를 만나면 아주 곤혹스러울 정도다
계단에서는 세 계단 오르고 쉬어야 하기 때문이다

학교 수업은 컴퓨터만 있는 게 아니라 윤리 영어 기타 등등에다
그리고 특히 불교 수업이 있다
몇 번 스님의 강의를 들었는데 내가 평상시 달리 생각하고 있던 부분을
다른 면으로 알게 해주어 감사하다
남편이 하라고 해서 하는 척하지만 사실 공부라 하면 내가 더 좋아한다
좋아하기에 미안해서 다른 걸 하자고 얘기 한 거다
시집간 언니가 쩔쩔매며 공부하는 내게 뭐땜시 『애 낳고 학교를 다니냐』
물었을 때 『그냥 나 죽을 때 눈감고 죽으려고 하는 거야』 라고 대답을
하였다 아주 원을 푸는 기분이 들기도 한다

그런데 이게 웬일인지 공부보다 식구들 먹을 반찬 만드는 시간이 더 행복하다 어릴 적
공부하고 싶어 쌀 씻으며 눈물을 흘렸던 그 여자애가 내가 맞는 가 나도 모르겠다
그럼에도 너무 힘이 든지라 내가 타고 가는 이 버스에다 사고라라 사고나라
주문을 외운다 사고로 이어져 내가 죽었으면 좋겠다

공부가 재미잇기도 하지만 부담스럽기도 하고 몸의 고단함이 말이 아니다
어느 한 날은 밑이 빠지는 것 같은 느낌이 들어왓다
출산 후 힘이 들면 자궁이 빠져나가 들어갓다 나왓다 한다는 소리를 듣기는 햇다
조금만 더 움직이면 아래쪽이 빠져 나올 것 같아 너무 놀라 그 대로 옆에 잇는
냉장고까지 몸을 질질 끌어 옮겨 몸이 진정될 때까지 가만히 들러붙어 잇엇다
그런 이후로 몸을 좀 더 도사리게 된다

작은 딸아이를 아들 녀석에게 맡기고 다니는 길이다
1학년 수업과 태권도 수업을 마치면
동생을 챙겨오라는 임무를 아들 녀석에게 맡겻다
어느 한 날 내가 학교를 안가는 날이 되어 딸과 함께 집에 잇는데
동생이름을 부르며 배 불쑥 내밀고 계단으로 오르는 아들 녀석 목소리가
들린다 손끝에 코딱지만 한 소시지가 들려잇다
나를 보더니 하는 말이
『에이 엄마 잇는 줄 알으면 다 먹고 오는 건데』
소시지를 동생주려 가지고 오다 다 먹고 코딱지 만큼 남아잇다
어른대접 해주니 지가 진짜 어른인 줄 알고 배 불쑥 내밀고 아주 폼재고
잇다

아들의 첫 번째 여름방학이 되엇다 나도 같이 방학이긴 하다
아들은 학교에서 커다란 시험지 한 장을 가지고 왓다
여름방학 과제물이 적혀잇는 종이다
아이가 혼자 하기에 아직 무리다
하나씩 챙기며 해주엇다
아이가 밖에서 놀면 불러들여 하루에 한 가지씩 해주엇다
하루도 빠짐없이 밖에서 놀고 잇는 아이를 불러 들여야 하니
미안하기까지 하다
그럼에도 아이는 엄마가 부르니 바로 달려왓고 같이 숙제를 해나갓다
종이에 잇는 숙제를 다 해가지고 개학날이 되어 학교를 갓고 며칠 후
아들은 여름방학 과제물을 잘햇다고 상장을 받아왓다
아무래도 이상하다
무슨 숙제를 햇는데 상장을 준단 말인가
그리고 이상하다 어린 1학년에게 무슨 과제가 그리도 많단 말인가
여름방학 과제물 시험지를 다시 천천히 들여다 보앗다
하이고 맙소사
맨 밑에 한 줄 이런 내용이 적혀잇엇다
여기 적혀잇는 과제물중 여섯 가지를 골라서 할 것
아이고 맙소사 맙소사 그 줄을 미처 읽지 못해 50가지가 족히 되는

그 많은 숙제를 다 했다니
얼마나 힘들었는데
상이고 뭐고 이건 할 짓이 아니야
숙제는 아이게 아니라 엄마 거였단 말이야
다음해부터는 줄넘기 위주의 숙제를 고를 수 있도록 도와주었다

아들의 용돈은 일주일에 500원이다
아들 녀석 돈을 안 쓰고 모으고 있다
지독하다 8000원까지 모았다
명절 인천 큰집을 갔는데 또래 조카들을 만나 한번에 다 털고 왔다
배포가 하늘이다

갑자기 아들이 토하고 설사하고 온 밤 헤집는다
놀라 일요일 자정 응급실을 거쳐 입원을 하였다
입원하자마자 그림같이 멈추었다
병원 한 침대 아들과 딸이 있어 든든한 마음에 나 엎드려 공부하고 있다
아들이 조용히 내게 취조한다
『엄마 공부가 더 좋아해
　내가 더 좋아해』
가만히 보니 아들 녀석 동생 돌보다 병이 난거였다
철부지 여동생 놀다 자꾸 사라진다
딸아이는 빌라 앞 동에 새로 알게 된 제 또래를 찾아 들어가서는
마냥 놀고 있다
그 사실을 모르는 여덟 살 오빠 날마다 혼비백산하여 동생 찾으러
다니다 지쳤던 게다
엄마 곁에선 한구석도 아픈 곳이 없으니 말이다

아래층 아줌니가 고스톱 멤버를 그 집으로 불러들였다
그 집에서 까르륵 까르륵 웃는 소리가 우리 집까지다 들린다
나도 가서 같이 끼어 까르륵 거리고 싶다
손에는 책이 펴있다
가서 참견하고 싶은 마음에 찔끔 눈물이 났지만 꾹 참고 페이지를 넘겼다

2층에 사는 아이엄마가 와 초인종을 눌러도 현관문을 열어주질 못했다
문을 열어주어 같이 차를 마시면 공부하는 나를 배려하여 어느 정도 있다
돌아가면 좋으련만 세 시간이나 머물러 있으니 가라는 말도 못하고
해서 몇 번 진땀을 흘렸기 때문이다

아 내게 마석 역사를 들려주시는 육촌 형님은 마음이 해체될 때

우리가 살고 잇는 빌라 앞 동으로 이사를 오셧고
우리 집에 여전히 자주 오신다 형님은 아무런 문제가 없다
같이 식사를 하고 연세 잇으신 형님 누워 뒹굴 거리시고
나 옆에서 뒹굴 거리며 공부를 할 수 잇기 때문이다
윤촌 형님 어느 한 날 형님 혼자 계실 때 젊은 강도가 칼을 들고 들어왓다고
하셧다 형님이 놀라 젊은이의 칼 잡은 손을 잡고서 『이게 무슨 일이냐』
야단을 하시니 강도 놀라 달아낫다는 거다
가고나니 그제서야 무서웟다는 말씀을 하신다
내가 순수하면 도둑의 칼에도 거리낌이 없는가보다 라는 생각이 들엇다

그 무렵 동네에 도둑이 많이 들엇다
3층도 앞집 1층도 베란다를 통해 들어가 털렷다는 거다
허참 4층 우리 집은 잠그지도 않고 사는데 우리 집은 무시하는 건가
돼지 저금통도 꽤 묵직해졋는데
도둑님들 두 번이나 우리 집 무시하고 그냥 지나쳣다

겨울 되어 시누이 김장 해주러오셧다
그냥 일을 하시는 게 아니라 계속 화를 내며 일을 하신다
화를 내는 게 맞는지 안 맞는지도 모르겟다
그냥 평상적으로 해야 하는 말을 화난 투로 말을 하신다

작년 여름 아이들과 개울에 놀러 갓을 때도 그러셧다
그 때는 내가 건강한지라 아침부터 저녁까지 승질스럽게 얘기하시는 걸
계속 농담으로 받아쳐 웃음으로 돌렷더니 나중 저녁 되자
그러는 나를 고개 돌려 다시 쳐다 보앗다 웃는 얼굴 되어

그런데 오늘은 나도 아이 키우며 공부하는 게 힘이 들엇는지 짜증내며
말하는 말을 농담으로 받아칠 에너지가 없다
그냥 듣기만 햇는데 저녁이 되니 너무 지쳐 녹초가 되엇다
그런데 희한하기도 하다
매일 아침 피곤하여 한쪽 눈만 쌍꺼풀이 생겻다가 사라지곤 하엿는데
하루 종일 짜증을 웃음으로 승화시키지 못한 그 날은 그날부터 쌍꺼풀이
없어지지 않고 그대로 눌러 앉아잇다

그리 그리 어렵게 공부를 하여 시험을 보앗다
필기 시험은 한번에 통과를 하엿는데
실기 시험은 시험과목으로 갑자기 새로 도입된 C언어 때문에 낙방을 하엿다

그동안 배웠던 프로그래밍 언어와 또 다른지라 어디가 동이고 어디가 서인지
가늠도 못한 상태로 시험을 보앗기 때문이다
쉬지 않고 공부를 하엿더니
두 번째 시험은 시험전날 밤새 C언어 프로그램을 꿈으로 꾸엇다
그리고 나서 2차 시험까지 합격을 하엿다
결과는 발표 일에 전화로 확인 할 수가 잇다
전화를 걸어 수험번호를 입력하니 기계음으로 『합격하엿습니다 축하합니다』
라는 멘트를 흘려주엇다 덩실덩실 춤을 추고 싶다
두과목다 한번에 붙엇어도 그까이꺼 하고 말진데
실기과목에 한번 더 긴장을 햇던지라 기쁨이 배가 되엇을 것이다
호아 금메달이란 이런 거
내가 금메달을 딴 것이다
내 마음에는 금메달과 아주 똑같이 느껴진다
그렇게 힘들다 생각되엇지만 그런 생각은 다 날아가고 공부하며
의기 소침햇던 성격도 자신감 충만으로 바뀌엇다
하늘을 뚫기라도 할 기세이다
정보처리기사
나라에서 인정해주는 컴퓨터 학원을 차릴 수 잇는 자격증이다

교문리에 잇는 학원에서 연락이 왓다
한국산업인력관리공단에서 합격자 명단을 보고 나이 많은 아줌마가
자격증을 땃기에 신기하여 연락을 하엿다며 강사로 일을 하라는 제안이엇다
사실 자격증만 땃지 컴퓨터를 만져 본 일도 별로 없다
컴퓨터만 하고 잇엇다면 자격증을 따지도 못햇을 수도 잇고
그러니 가르친다는 것은 아직 엄두가 나지 않는다
게다가 아직 어린 아이들을 두고 직원으로 매진해야하는 것도 녹녹치 않아
돌아서야 햇다

컴퓨터를 새로 사야할 것 같다
컴퓨터를 산지 몇 년 안 된 것 같은데 내가 배운 프로그램이 되지 않으므로
억울함을 무릅쓰고 다시 새것으로 삿다
새로 산 컴퓨터 이름은 486이라 한다
그런데 이게 웬일 눈이 확 뜨인다
지난 번 컴퓨터는 시커먼 화면에 영어로 입력을 해야 움직이는데
이 컴퓨터는 총 천연색에 알록달록 작은 꼬마그림들
꼬마그림을 선택만 하면 또 신비한 세상이 열린다
하 이 컴퓨터 요물이다 이 컴퓨터가 얼마나 매력적인지
내 가슴 한 켠에 늘 숨어잇는 화토짝의 두근거림을

한번에 싹 날려주었다

하 그런데 걱정이 앞선다
컴퓨터가 얼마나 쉬운지 수도꼭지 트는 것보다 쉽다
컴퓨터 학원을 차리기 위해 공부를 하였지만 컴퓨터가 이리 쉬우니
잘해야 3년 정도 끌고 가다 사라질게 뻔하다
고생하여 자격증을 땄거나 말 거나 다시 한번 재고해 보아야겠다
컴퓨터를 한다하는 사람에게 물으니 무조건 하라하고
다른 내 지인은 컴퓨터에 대한 지식이 전무하니 물어볼 수도 없고
마음이 초조해 질 정도이다
불안한 마음을 가지고 컴퓨터 채팅방에 들어와 있다
그 날은 마침 서울에서 컴퓨터 선생님을 하고 있는 청년과 대화를 하게
되었다
이런 저런 나의 상황을 얘기하고 컴퓨터 학원을 해서는 안 될 것 같다는
얘기를 하였다
그 청년 이리 대답해주었다
컴퓨터가 아무리 쉬워져도 우리나라 사람은 가르치지 않으면 못하니 컴퓨터
학원은 필요한 거라고 조언을 하였다
이 대화를 마지막으로 더 이상 흔들리지 않고 컴퓨터 학원을 하기로
마음의 결정을 하였다

새로 산 컴퓨터에서는 이메일 계정을 만들라하고 그 만들시 아이디를
만들어야 한다고 한다
뭘 가지고 이메일이라 하는지 뭘가지고 아이디라 하는지 알지 못하니
또 무조건 대가리 디민다
아이디라는건 컴퓨터를 사용 할 때 본인의 이름을 사용하지 않고
따로 이름을 만들라는 거다
거참 이름을 또 새로 만들라하니 마음이 들뜬다
뭘로 하지
무어라 만드는 게 좋을까
아들과 같이 고민하였고 내가 배운 어린이라는 영어는 차일드 인데 kid라는
글자가 잇음에 신기하여 아들에게 키드라는 어린이라는 이름을 만들까 하니
아들이 눈을 똥글거리며 왕이라는 글자를 붙이라 한다
그래서 키드 뒤에 킹이라는 글자를 붙여 키드킹이라 이름을 만들었다
내 이름이 kidking이 되었음이 괜히 뿌듯하다

하루가 멀다하고 오시는 육촌 형님이 오시질 않는다 몸이 편찮으시다고 한다

앞동 2층 사시는 형님 우리 집 4층까지 올라 오실 수 없어 뒷 베란다에서
우리 집에 불이 켜잇나 하고 매일 쳐다만 보신다고 한다 그래도 우리 집에
늘 찾아오셔서 나와 정이들은 사이인데
마음먹고 형님 집으로 찾아 갓는데 마침 혼자 계셧고 몸을 닦고 싶어 하는
눈치여서 목욕을 시켜 드렷다 늘 보기에 튼실해 보이셧는데 목욕탕에 쪼그리고
앉으신 노인의 몸은 너무 야위어 세게 닦아 드릴 수도 없어 보여 살살 살살
닦아 드렷다
아프시다더니 며칠 새 훌쩍 야위신 모습에 마음도 안쓰럽지만 낯설기도 하다

내가 살고 잇는 빌라 1층에 동갑내기 여성이 잇다
내가 자란 동네 근처 무학여고를 졸업한 친구이다
내 중학교 친구 1번 미숙이도 무학여고를 나온지라 미숙이 얘기를 하니
안다고 한다 서로 너무 반가운지라 그 친구는 나를 부를 때
친구야 친구야 라고 부른다
그 친구 집에 가보앗다
안방에도 들어갓는데 작은 서랍장위에 인형들이 가지런히 진열되어 잇엇다
하 이건 내가 보는 관점에선 잇을 수 없는 일이다
그 집 아이들이 우리아이들보다 어린 여섯살 여자아이 네살 남자아이가
잇기 때문이다
이건 필시 엄마가 아이들을 강력 통제하고 잇다는 뜻이다
아니나 다를까 그 이쁘게 진열 된 것을 보기위해
아이들에게 손들 대지 못하게 한다는 거다
하이고 맙소사
내가 이리 말을 해주엇다
아이들이 이것을 망가트리고 가지고 놀게 해주어야 한다
계란이 깨져야 병아리가 태어나듯 이 진열 장난감을 망가트려야
아이가 성장하는 거라고 엄마 방에 잇는 인형도 마음대로 가지고
놀지 못하면 세상에 나가 무엇을 마음대로 할 수 잇을까 하고
며칠 지나 기대를 안고 그 친구 집을 방문 햇으나
여전히 그 인형들은 가지런히 놓여져 잇엇다
다시는 그와 똑같은 충고에 대해서는 입을 다물기로 햇다
어차피 받아들여지지 않고 고연히 감정만 상할까 조심스럽기 때문이다

땅을 사지 않기로 한 3년 후 남편이 다시 우리 땅과 붙어 잇는
78평의 땅을 사자는 말을 한다
땅 소유자 지식인은 우리 남편에게 아무래도 우리 땅이 연접해 잇으므로

우리가 사는 게 옳은 것 같다라는 얘기를 했다고도 한다
땅을 산다는 것은 빚더미에 올라 앉을 것이 뻔하지만
남편이 하는 일에 내가 앞서 막으면 안 될 것 같다
에이 안 되면 남편이 리어카 끌고 내가 뒤에서 밀면 되겠지
남편은 가서 계약을 하여 그 연접한 땅을 샀다
땅을 계약하는 데 따라가지는 않았다
남자들이 하는 일에 끼어서는 안 되겠다는 생각이 들어서였다
시골동네고 남편의 고향이기도 한지라 더더욱 조심스러웠던 건 사실이다
땅을 사서 합치니 이제 집을 지어야하고 아주버님과 땅을 분할하여야
할 시점이 왔다
남편에게 그럼 땅을 나누어 모서리가 좋은 땅이니
모서리를 아주버님께 드리라 말을 하였다
우리는 토박이이니 어느 자리나 큰 문제가 되지 않지만 나중에 혹시라도
아주버님이 고향에 돌아오시면 모서리 땅이 도움이 될 것 같다
남편도 순순히 그리 하였다

땅을 우리에게 파신 분은 건축 일을 하는 분인지라 우리는
그 분을 통하여 건물을 지었다
집을 지으려 땅을 파기 시작하니 마음이 들뜨기 시작했다
동네가 다 해체되어 뿔뿔이 흩어지기는 했지만
그나마 우리가 제일 낳은 형편이다
우리가 살던 집은 학교 축대위로 올라갔고 받은 도로가 되었어도
그 옆에 붙어 있은 땅자락에 몸을 붙일 수 있게 되었다니

남편은 물려받은 땅이라 판다는 건 생각도 안한다
남편은 은행을 드나들었다
설계비부터 시작하여 건물 지을 돈을 융자 받아야 했다
지하포함 5층 건물을 지을 수 있다고 한다
4층에 살림집을 넣을 것인가 말 것인가에 대해 고민이 되었다
남편은 상가 건물을 살리려면 살림집을 넣지 않아야 한다고 했다
이런 일은 답을 알고 계시는 하느님과 상의를 하고 싶은데
어쩌면 아들이 가장 어리니
우리 중에 하느님과 제일 가까울 거라는 생각이 들었다
아들에게 의견을 물었다
집을 4층에 지을까 아니면 아파트에서 살까
아들 이리 대답하였다
두 손을 아래 위로 마주 붙이며
『딱 붙여』

아무래도 엄마아빠가 일을 하면 동생을 돌보아야 하는 것이 제 몫으로
돌아올 테니 그 마음을 표현 하는 것이라 느껴진다
남편에게 아들이 한 말과 동작까지 그대로 전했더니
남편 두말도 않고 4층에 살림집을 앉혔다

바닥평수 118평 건물바닥평수 68평 건물 308평
아주 번듯한 5층 건물이 되었다
든든 마음에 매일 드나 들게 된다
건물 짓는 동안은 멀리서 보다 살림집이 완공되어가니
건물을 직접 지은 책임자는 우리에게 건물을 판 사람의 동생 분이었다
그분은 엄청 꼼꼼하게 건물을 지어주셨다
돈이 남고 안 남고 따지지도 않고 튼튼하고 멋지게 지으셨다
최고의 원목으로 문틀이며 주방 서까래
독일에서 수입했다는 현관문 거실 중앙과 화장실 천장의 거울
연두색 두꺼운 욕조 습도를 위하여 천정은 한지로 마감
내 눈이 실실 가늘어지고 마음이 둥둥 뜬다
거실의 벽지는 연한 살구빛이 도는 색으로 선택하였다
도배하시는 분이 마음에 안 들게 일을 했다며 다 다시 뜯어 새로 도배를
하라 일을 시키셨다
나는 어차피 모르므로 그냥 나두었으면 했지만 안 된다 그리해서는 안 된다며
뭔가를 틀리게 했기에 안 된다며 다 뜯어내고 다시 도배를 하였다
도배가 끝나고 새로 집으로 들어간 나는 깜짝 놀랐다
살구빛 벽지가 친정어머니로 보이는 게 아닌가
하구야 여기 엄마가 오셨구나
엄마가 나를 든든해 하시는 구나 내 마음이 녹아 내리는 느낌이었다

새로 도배는 하였는데 거실 바닥에 칼자루 투성이다
새로 도배할 시 바닥에 놓고 칼로 죽죽 그었는가 보다
또 이것을 얘기하면 바닥 장판도 바꾸게 될까 싶어
새집에 죽죽 금 그어진 거실 그냥 안고 가기로 했다

새 집으로 이사를 가면 가구가 맞지 않으니 새로 사라하지만 새집에
들어간다고 가구를 새로 들일 생각은 전혀 없다
집은 필요에 의해 지었을 뿐 겉 치레에 치중할 생각은 없다
싱크대는 새로 설치해야하는데 오래 써야 하므로 최고 튼튼한 것으로
또 일을 해야 하니 바빠질 것을 감안하여
설거지 하는 기계를 포함하여 연한 분홍빛이 도는 한샘싱크대를 골랐다
싱크대가 설치되고 집으로 들어갔는데 또 깜짝 놀랐다
이번에는 연분홍 싱크대 찬장들이 또 친정엄마로 보이는 거다

하구야 정말 우리엄마가 여기 오셨구 내가 이리 집을 지음에
많이 기뻐하시는 구나 그 마음을 무어라 표현 할 수가 없다

허 그런데 난리가 낫다
1998년도에 10월 건물이 완공되었는데 우리 지역이 상하수도 보호구역
이구 3월부터 법이 제정되어 300평 이상이면 환경 분담금을 내야 한다구
햇다
우리 건물은 308평이어서 그 8평 때문에 세금을 내야 한다는 거다
그런데 그 세금이 3500만원이다 취득세까지 합해 다시 5000만원의 돈을
더 융자 받아야 하는 거다
사실 나는 감각이 없다 그 돈이 큰돈인지 작은 돈인지
남편은 놀라는 표정인데 그게 왜 놀라야 되는 건지
생활비가 모자라 매달 삼만 원씩 꾸러 다녔구 그 구리에서 빠져나오기 위해
피똥을 싼 게 엊그제 같은데 갑자기 5000만원 이라는 돈이 튀어나와
그 돈이 얼마만큼 큰 돈인지 작은 돈인지 전혀 감각이 없다
나보다 남편은 경제적 감각이 뛰어난 가보다 생각지 않은 큰돈을 다시 빌려야
함에 얼굴이 경직이 되어서는 2년 전 끊었던 담배를 다시 물었다

미안하지만 지금 돌이키니 그렇다 어느 특정 지역이라구 세금을 일방적으로
부과 할 게 아니라 그와 같이 세금을 내야 한다면 다같이 내야함이 맞는 게
아닌가 생각된다 상하수도 보호구역이라 하면 그 물이 서울시내로 들어가
서울사람이 다 같이 먹어야 한다는 얘기인데 혜택을 받는 사람은
환경보호구역이 아니라 세금을 물지 않아도 된다면 뭔가가 잘못되지 않았나
싶다 다 같이 책임지구 다 같이 도와주는 게 맞는 것 같다

건물이 완공되어 새 집으로 이사를 해야 한다
동네에 집안 질부들도 같이 어렵게 살구 있는데
우리만 집을 지어 이사를 하니 미안한 생각에 마음이 무겁다
고민 끝에 약소하지만 나무로 된 작은 밥상을 두 개 사서
그 질부님들에게 하나씩 나누어 드린 다음 이사를 하였다
이삿짐은 남편 아는 사람들이 도와주었다
얼마나 많은 사람들이 와서 도와주는지 짜장면을 26개 배달시켜
거실마루에서 먹었다 마음이 아주 뿌듯하다

이리 건물을 짓다니 건물의 주인이 되다니
지하1층 상가
1층 상가 4개
2층 상가
3층 상가

4층 살림집

건물의 이름을 정해야 한다기에 다산빌딩이라는 이름을 지었다
들어오는 세입자들이 부자 되라는 주문을 넣고 싶어 정약용 선생의
호를 살짝 땡겼다
건물의 임대료는 절대 올리지 않겠다는 결심을 굳게 하였다
남편은 모든 세입자에게 자리 잡을 기간인 줄 요량으로 2개월간 임대료를 받지 않았다

내가 어쩌다 건물까지 짓고 살게 되었나
곰곰히 생각해 보지 않을 수 없다
영혼을 고르라고
맨 처음은 친구 따라 나이트
친구 따라 공장
그 일로 회사에 취직 하고
그 일로 결혼하고
그 일로 건물 짓고
나는 이 건물이 친구 따라 다닌 나이트 공양 덕이라고 굳게 믿는다
누가 친구를 골라 사귀라고 했는가
과연 우리가 영혼을 고를 자격이 있는가
그냥 옆에 있으면 친구다

학교에 다닐 때 학년이 바뀔 때 마다 친구들이 바뀌는데 정말 반대이다
영혼이 뒤죽박죽 섞이는 것 같다
난 학교를 서울서 졸업했다
금호국민학교 금호여자중학교 서울여자상업고등학교 동국대학교 전자계산원
그런데 동창생이 없다
동국대는 두 아이 엄마일 때 다녔으므로 그렇고
국민학교 중학교 동창은 조금 있다 흩어지게 되었고
서울서 졸업한 친구들은 국민학교 동창생 잇기가 힘이 들다
기껏해야 고등학교 동창생정도
아무튼 반을 섞는 것이 문제이다
적어도 초등학교 6년 중학교 3년
고등학교 3년씩이라도 반을 섞지 말아야 할 것이다
친구 따라 반이 같이 올라 가야하는데 올해보고 내년에는
반이 많아 만날 수 없으니까 사람을 귀하게 대하질 않는 경향이 있다
챙피하기도 하다
남편은 마석에서 국민학교를 졸업하여 동창생들이 우글우글
국민학교 동창을 얼마나 소중히 생각하는지 부럽기 그지없다
아무튼 영혼을 섞지 말고 반을 그대로 올려야 한다

반이 몇 개 안 돼 전교생을 다 외울 수 있는 정도라면 사정이 다르지만

그야말로 상 거지에서 건물 안주인이 되다니
마음이 붕 떠올랐다 하지만 나는 마음을 가라앉히려 노력했다
마음속으로 되 뇌였다
이 건물은 내 것이 아니다
세입자와 공동의 것이다
단지 고맙게도 내가 사는 동안 머무르는 곳이다
내가 망해도 이 건물 앞에서 웃으며 리어카를 끌을 수 있어야 한다

새집으로 이사를 오자 보험카드 앞뒤가 새까맣게 적어가며
병원을 다니던 아들이 더 이상 병원을 가지 않게 되었다
넓은 집에 한지와 원목으로 이루어진 자재들이 아이의 호흡을 돕는 것 같다
이쪽 방을 봐도 기쁘고 저쪽 방을 봐도 기쁘고
거실 주방 화장실 천장 그저 뱃속이 든든하다
건물의 층고가 높아 관절이 있어 잘 걷지 못하는 나는 계단을 통해
4층까지 가는 일이 만만치 않지만 그것조차도 문제가 되지 않는다
그냥 한번 더 상상을 한다
큰 저택에 살고 있고 대문에서 정원을 거쳐 현관으로 가는 중이라고

새집으로 이사를 왔으니 이웃을 초대했으면 좋겠다
둘러보니 학교가 이웃이다
뒷 빌라는 전부 떡을 돌렸으니 인사가 된 것 같고
학교 선생님을 이웃의 자격으로 초대하고 싶다
집안과 먼저 살던 이웃들은 모두 초대를 하였으니 문제없다
인천 아주버님이 친구 분 최고의 부잣집에 초대되어 갔는데 반찬이 다섯
가지뿐이었다고 인상 깊었다는 얘기를 하심이 마음에 남아있다
나도 그 생각에 밀고 나가고 있는 중이다
다섯 가지 선에서 아주 맛있게 음식을 준비하면 될 거란 생각이다
떡과 김치 포함하여 다섯 가지로 상을 내었다
학교 급식이 없는 토요일 선생님 여러 분이 오셨는데
식사를 하시며 간단하니 정갈하고 맛이 있어 좋다는 말씀을 나누셨다
건물 2층은 미술 학원 겸 유치원을 하는 사람이 들어왔고
3층은 반으로 나누어 한쪽은 컴퓨터 학원을 하기로 하고 나머지
반은 보습학원을 운영할 사람이 들어왔다

마음이 보석이야

학원에 대한 지식이 전무 하던 차에 은행 쇼파 위 잡지책에서 컴키드라는
컴퓨터학원 프랜차이즈 광고를 보게 되었고 그 때 눈여겨 봐 둔일이 있기에
바로 그 본사 강남으로 찾아가 계약을 하고 교육도 받았다
일반 주입식 교육이 아니라 프로젝트를 완성해가는 아주 흥미롭고
기발한 창의적인 수업이다

자금은 건물 지을 때 건축주에게 빚을 1억 남겨 놓은 상태에서
2금융권에서 대출 받아 건물을 완공하였음에
오천만원 은행에서 더 대출을 해줄 수 있다 한다
그 오천만원으로 컴키드 가맹비와 시설비 인테리어에 쏟아 붓는다
직원을 채용해야 했음에 마침 본사에서 사람을 추천해 주었다
만나기 전에 마음 먹기를 내가 영혼을 고를 자격이 있는가 굳이 따지지 말고
같이 일을 해야지 생각하고 있었다
아직 사무실이 꾸려지지 않은 회색 건물로 똘망똘망한 여자가 왔다
나도 이런 경우로 사람을 대하는 게 처음인지라 속마음은 덜덜 떨리고 있다
아직 어려 보이는데 컴퓨터 강사로 3년 정도 경력이 있다고 한다
그럼 문제 될 것이 없어 같이 일을 하자고 했겠지
『그럼 나 취직 된 거예요』
아직 앳되 보이는 친구가 경쾌하게 말을 받았다
무어라 대답해야할지 어색해 하며 내가 더 떨고 있었다
그렇게 학원 고선생이 입사를 하였다
노랑 분홍 하늘 구름결 같은 인테리어가 끝났다
학원이름 컴키드
쫄랑쫄랑 뛰어가는 글씨체가 내 마음에 쏙 든다
실습실 세 개 강의실 하나 수업은 주 3회
드디어 교육청 허가도 받았고
동그란 상담 테이블이 붙어 있는 커다란 책상에 앉아있다
마을 전체가 새로 아파트를 지어 입주를 시작하고 있어 사람들도 새로 이사를
많이 온지라 시골이나 시골 같지 않은 낯선 마음도 함께 앉아있다
남편이 우적우적 학원으로 들어왔다

남편은 과자 납품하던 일을 다른 사람에게 넘겼다
남편의 영업실력은 탁월하다
분명 나와 친한 사람이었는데 남편에게 소개시켜 주면
그 순간 남편과 더 가까운 사람이 되어있다
아기들이 태어났을 때도 그랬다
백일 조금 지나면서부터 두 아이다 아빠만 유독 좋아하여 처음 보는 사람은
내가 엄마가 아니다 생각할 정도이다
영업도 매출이 늘어 사람을 채용해 그쪽을 다른 사람에게 맡기면 얼마 지나지
않아 매출이 현저히 감소한다
직접 판매를 하니 월급 받고 일을 할 때보다 훨씬 낳은 수입을 올리고 있어
나름 내 코가 하늘을 찌르고 있던 중이었다
건물을 짓느라 빚이 많으니 빚을 갚을 때까지 만이라도
학원 차량은 사람을 따로 채용하고 남편이 따로 일을 했으면 싶은데
차마 남편에게 그런 말을 못하겠다
남편은 가지고 있던 승용차를 팔아 노란색 학원 승용차로 바꾸기 까지 했다

아 승용차 얘기에 욱하고 치밀어 오르는 게 있다
빌라에 살고 있을 때 3층 아저씨와 술을 한잔 나누는 중이다
술좌석에서 남편이 그 집 아저씨에게 하는 얘기가
『아직 우리 집사람에게 얘기를 못했는데
내일 승용차가 새로 오기로 했다』는 거다
오마이 갓 맙소사 내가 아무리 돈 없이 시집 왔어도
세상에 차를 새로 살 때는 조금 상의를 해야 하는 거 아닌가
부글부글 끓지만 또 그 정도야 굳이 상의 없이 밀고나가는
남편의 베짱이 뭐 썩 그리 기분 나쁘지만은 않기도 하다
은근 자랑하게 된다
그 3층 아저씨도 그렇다 나를 먼저 알게 되어
부인에게 나의 인상이 좋다 하셨다더니
남편을 보자마자 남편 관상이 나보다 열두 배 좋은 관상이라 하셨단다
첫 조금 잘생기면 단가
아직 남편이 잘생겼다느니 어쩌다드니 인정되지 않는다
단지 사람 보는 눈이 탁월하다는 건 인정하겠다
나를 납치하다시피 하여 곁에 데려다 놓은걸 보면 ㅋㅋ

1998년 10월
두근두근 두근두근
학원에 처음으로 들어선 사람은 여자분 이었다

딱 봐도 배가 부른 모습이 아기를 가졋음을 알 수가 잇다
아니나 다를까 임신 5개월이라 한다
컴퓨터를 배우겟노라 하여 입회원서를 작성 하고 잇다
마주보고 앉아잇는 나 그 원서를 쓰고 잇음이 신기해
작은 눈이 동글동글해지는 느낌이다
학원비는 8만원이지만 주부들은 5만원에 교육을 하기로 하엿다
그분은 등록을 하엿고
처음으로 받은 돈 5만원을 고이 봉투에 담아 학원으로 들어오는
남편에게 나 자리에서 일어나 웃는 눈 되어 두 손으로 드렷다

교육청 허가를 받으러 다닐 때의 일이 떠오른다
새로 입사한 선생이 내가 교육청에 가려고 하자 초등학교
1학년 딸아이가 학교 끝나고 오면 『피아노 학원을 보내냐』고 내게 물엇다
나는 깜짝 놀랏다
『어 나는 개 인생 나 관여하지 않는데』
『개가 피아노를 가던 말던 빠지던 말던 나 관여 안하는데』
그 점을 관여해야 한다고 생각하는 점에 내가 놀랏고
윤 선생은 선생대로 어린 자녀를 관여하지 않는 내 방식에 놀라고

아이를 챙겨주려 함에 감사하지만
사적인 일은 시키고 싶지 않은 마음도 함께 잇다
그리구 우리 아이 유아세계 받앗는데 뭐
자기일 자기가 알아서 연습해야지
콩 나와라 콩 팥 나와라 팥 하고 길들일 생각 없는데

한명 두 명 아이들이 등록을 하기 시작햇다
아직 다리가 아파 잘 걷지를 못하므로 병원에 갓더니
물리 치료사 분이 다리가 아니라 허리가 문제라 하더니
다시 내 몸을 살피더니 허리가 아니라
2번 3번 척추가 문제라 하면서 등위에 올라가 펄떡 뛰셧다
2번 3번 척추는 내가 정보처리 기능사 따러 다닐 때
아이 한명 업고 한명 손에 잡고 책 세권 목에 걸고
우산을 들엇을 때 죽을 만큼 아팟던 바로 그 자리다
두세 번 치료를 받고 떨리는 마음으로 수업을 시작하엿다
학원에서 아이들 눈을 보며 수업하고 나오면 다리가 아프지 않고
또 수업을 하고 나오면 다리가 아프지 않고 하더니
아프던 다리가 싹 사라졋다
매일 서서 수업을 하는데도 그러니 참으로 신기하기도 하다

아직 학원에 아이들이 많이 접수한건 아니다
일찍 끝나면 일찍 퇴근을 하라하니 선생은 놀라는 눈으로 나를 보았다
그런데 그런 점들이 문제가 되었는지도 모르겠다
낮아 보이는 사람에게 상전으로 대하는 내 본성
선생은 경력이 있고 나는 초보인데다 내가 어리숙한 면이
누가 봐도 눈에 띄게 보이는지라 나는 늘 무시당하기 일쑤다

직원의 자격으로 들어온 선생도 나에게 그리 대하는 경향이 있다
그러나 무어라 표현하기는 어렵고 살짝 속을 끓이고 있다
그 날은 마침 남편의 친구가 빈 강의실에 앉아 있었다
어둠이 깔리고 학원을 마칠 무렵 선생과 나 청소를 하고 있다
청소가 마무리 되어가고 선생은 퇴근을 하며
걸레를 내 책상에 탁 놓으며 내게
『선생님이 걸레 빨실꺼죠』 또랑또랑 말을 남기고 퇴근을 하였다
황당한 이 순간
하필 남편의 친구가 강의실에서 다 들을 수밖에 없는
하 진땀 남편 친구 벌떡 나와 걱정의 눈빛 남편과 나에게 보내고
이 부끄러운 마음 상한 자존심

더 이상 묵과할 수 없는 일
학원 문 닫아도 좋아 끝장을 보겠어
다음날 출근하는 선생을 내 앞에 앉혔다
무어라 씨부렁거렸는지 세세한 기억은 못 한다
그러나 부글부글 뜨끈뜨끈 내 마음 전달했겠지
이 자리에서 그만두라 더 이상 간과하지 못하겠다 이판사판 던졌음이라
태도가 달라진 내 모습에 당황 되었는지
선생 얼굴이 붉어져 앉아있다
때는 마침 IMF를 지나는 때라 경기가 삼엄한 시기이기도 했다
앉아서 잠깐 머릿속 수판을 토둑 거렸을 수도 있지
죄송하다 사과를 하고 계속 일을 하겠노라 답을 주었다
휴 겨우 숨통 트였다
하마터면 정말 문 닫을 뻔 했다

4층 집은 앞 베란다가 아주 넓다
건물 위에 지어진 집이니 베란다라고 하기엔 맞지 않는 이름이긴 하다
남편이 그 베란다에 화단을 만들고 있다
인부 몇 사람을 사 흙과 벽돌을 지게로 옮긴다

일을 하러 오신분이 우리 어머님을 잘 아신다는 얘기를 한다
우연히 어머니 얘기에 뭉클하다
어머님이 집을 지으면 목욕탕을 놓자는 말씀을 하셨는데
어머님을 잘 아신다하니 가만있기 어렵다
매일 신경 써서 밥을 준비하긴 하였지만
일을 마치고 가실 때 남편과 상의하여 양말을 사서 하나씩 포장해 드렸다
별일도 아니건만 이분 길에서 우연히 만난 시누이에게 그 얘기를 했던 게다
시누이 마침 서울에서 살다 마석으로 이사를 오셨는데
다른 이에게 그런 얘기를 들으니 고마운 마음이 들었는지
부풀어진 목소리로 내게와 다시 전한다

학원생이 많이 들어온 건 아니다
아직 학원이 썰렁하다
그러나 2층 미술유치원은 아이들이 바글바글하다
2층 원장님은 남자분인데 탁월한 능력이 있는가보다
남편 학원을 들어서면서 한마디 한다
다른 사람에게 세를 주는 게 낳겠다고
그런 말을 들은 나는 아직 팔을 펴보지도 않은 기분이라 엉덩이가
의자에 딱 붙어있음이 느껴진다
그리고 내심 자신이 있다
때는 바야흐로 IMF를 지나고 있는데 사람들은 어려워질수록 공부에
매달릴 거라는 생각이 들었고 더군다나 뉴스를 보면 대통령이
3C를 해야 한다 강조를 하시는데 그 3C에 컴퓨터가 들어가기 때문에
대통령이 광고를 해주는 이 컴퓨터가 분명히 될 것이라는 자신감이 깔려있다

학원생은 많지 않았지만 아이들의 작품을 만들어 학원 옆 주차장에
보드를 붙여 작품 전시회를 하였다
컴퓨터라는 동물이 아직 낯선 우리 지역에선 학원생의 어머니들은 물론
아버지들도 같이 오셔서 참관을 하셨다

때는 여름이 되어 무지막지한 장마가 쏟아졌다
뉴스에 난리가 났다
벽제 산소가 다 허물어져 떠 내려 갔다는 거다

일요일 이였던 그 날 남편은 또 아침 되어 들어왔다
남편에게 무어라 무어라 말을 할 기운도 없다
아무 말도 못하고 엉엉 울기 시작했다
대성통곡이 끝없이 이어졌다

무어라 말을 해야 할지 모르겟다
주머니 돈은 바닥을 치구
벽제엔 남식오빠 산소가 잇는데
아무 말도 하지 않구 끝없이 눈물을 쏟앗다
남편도 아무 말도 하지 않구 밖으로 나갓다
집안 조카님과 함께 벽제 남식오빠 산소를 갓다는 거다
사람 살 돈이 없으니 둘이서 유실된 산소 봉을 세우구 왓단다
상상도 못하게 고마운 일이엇다
너무 고마워 고맙다는 말도 못햇다

그런데 이게 웬일
바로 그 다음날 부터 학원에 학원생이 밀려들어오기 시작햇다
하루에 이 삼십 명씩 입회원서를 쓰는 거다
곧바로 학원은 문전성시를 이루엇구 학생이 많아 버스 대합실 같은 느낌이 들 정도다

학원생은 곧바로 100명을 넘어섯구 학생 100명이 넘자 더 이상 내가 집에서 밥을 해먹을 에너지가 없어 살림을 도와줄 사람을 채용해야 햇다
내 생각에 우리 집이 넓은지라 힘드실까 걱정되어 표를 만들어 드렷다
월요일 애들 방청소
화요일 거실청소
수요일 화장실 청소
뭐 이런 식으로
마음속으로 친정 언니가 와서 해주는 일이다 생각하구 조심스레 적엇다
도와주시러 온 아주머니 씩 웃으며 그거 필요 없다 하신다
그리구 우리가 먹을 밥도 다 챙겨주는데 그 많은 청소를 매일 다하구
두시면 퇴근을 하신다
집에 들어가면 집이 반짝반짝하다
정말 신데렐라 요술공주가 다녀간 것 같다

그러나 중간에 이런 아주머니가 와서 일을 해주신 적이 잇다
나와 나이 또래가 비슷하다
건물이 그다지 크지 않은지라 우리집 살림을 도와주며 건물 청소를 해주기로 하엿다
그 분 어디서 미나리가 간에 좋다는 말을 들엇나보다
하루도 빠지지 않구 미나리 반찬만 해준다
한 달이 지나도 똑같이 미나리다
감히 상상도 못할 일이다
정말 역겨워 더 이상 먹지 못하겟다

그래도 끝까지 아무 소리 안하고 참고 있다
혹시 반찬해주는 그 여성 내 말에 상처 받을까봐

이번에는 건물 화장실이 막혔다고 청소를 못하겠다 한다
내가 남편에게 부탁하여 남편이 며칠 째 그대로 막히는 화장실 뚫고 있다
살림 도와주는 남편이 그 여성분에게 이리 말하였다 한다
『그 사람들 좋은 사람이다 청소할 능력이 안 되니 그만두어라』
어휴 덕분에 미나리 고문에서 벗어나게 되었다
후에 마트에서 알바 하는 그 분을 만났는데 서로 얼마나 반가와 하였는지

아 사용하던 식기 세척기가 몇 년 되지 않아 고장이 난지라
새로 구입하였다
새로 설치한 세척기 자꾸 작동이 되지 않는다
앰한 설치기사만 들락거린다
그 설치기사 진땀 흘리고 다니는 게 미안한지라 남편과 상의하여 그냥 놔두시라 하였다
오마니나 세상에
며칠 후 뉴스를 보니 옵션으로 붙여주는 기기들은 C급으로 설치하여 준다 한다
마음이 부글부글 끓었다
이도 저도 모르고 세척기를 그릇 넣어두는 찬장으로 바꾼 거라니

마을 전체가 신시가지로 바뀌어 있다
성당도 분가를 해야 한다
영세를 받았던 금호성당에서 마석성당으로 교적을 옮길 땐 사무장님은
금호성당에서 마석성당을 지었다며 금호동이란 글자만 가진 나를 반갑게
대하셨다
이번에는 마석성당에서 창현성당을 새로 지어 분가하는 중이다
공장창고를 개조하여 성당으로 바꾸는 일이다
남편도 같이 가서 일을 한다
우리가 건물지어 이사 올 때 신부님의 축성도 받았다
신부님은 우리 건물을 보시고
부가 축척되면 성당을 멀리하게 되는데 라고 염려 하셨다
나는 나대로 걱정이다
외관상 부자이니 교무금을 번듯하니 많이 내야 하건만
실제는 그러지 못해 교무금을 내 형편껏 내면 사람들은 이상하게 보지 않을까
두렵다
성당 건축헌금도 왕창 내고 싶은데 앞도 뒤도 틈이 없다
학원 일에 몸이 바빠지기도 했다
늦은 나이에 공부를 덤볐기에 토요일도 일요일도 책에서 손을 놓을 수가 없다

일요일 긴장하여 성당을 갓다 오면 하루가 다 소진되어 책을 펼 수가 없다
기어이 성당 다니는 일에 손이 떨어졋다
그리고 늘 마음으로 되 뇌이고 잇다
50살이 되면 성당사람 돼야지
나이가 50이 되면 꼭 성당사람 될 거야
컴퓨터학계 1년은 다른 학문 10년보다 빠르다
젊은 선생은 한번 공부하면 될 일은 나는 자꾸 까먹으니 열 번은 반복해야
내 것으로 소화를 할 수 잇다
그래도 매일 책을 달고 살앗더니 어느 날은 내가 은근 선생을 가르치고 잇다
왜냐하면 학생들에게 알려주고 싶은데 그러자면 선생에게 은근히 말을 해야
하기 때문이다
그래서 인지 선생은 선생대로 더 이상 나에게 진심으로 함부로 하지 않음이
느껴진다
컴퓨터 선생을 모노종이라 별명 하엿다
얼마나 꼼꼼하고 정확한지
내가 아이들을 지도해보니 그 점이 이해가 되기 시작이다
아이들 앞에 서니 얼렁뚱땅 사회생활하며 넘어갓던 일들도 내가 솔선수범되어
정직하고 반듯해지지 않으면 아이들을 끌고 갈 수가 없다
사실 내가 학원 선생님이 되려고 열심히 공부를 한 이유 중 하나는 예쁜
옷을 입고 싶어서 엿다
그런데 빚이 많아 돈을 함부로 쓸 수 없다는 이유도 잇지만 아이들과 눈을
보며 대화를 하면 그 아이와 눈높이가 같아지기에 점점 비싸거나 여성적인
옷은 멀리하게 되고 보이스러운 옷을 고르게 된다
그렇게 조금씩 아이들과 마음이 동화되어 간다

집안 조카님 트럭을 산다고 남편에게 보증을 서 달라 햇다한다
우리 집에서 일요일 낮 집안 친목회를 할 때 그 조카 내외가 저녁 다섯 시
경이 되자 어머니 저녁을 차려드려야 한다고 먼저 일어낫다
그 집이야 말로 물려 받은 재산 없이 어렵게 살고 잇고 둘째 아들로서
분가하여 살다 어머니와 같이 살고 잇는 집이다 어머님이 혼자 밥을 차려
드시지 못할 만큼 아프신 것도 아니다 그런데 시간이 되자 어머니 진지를
걱정하여 재미지게 놀던 놀이판에서 몸을 일으켜 세움에 감동스런 마음
잔잔하다
빌라 앞 동 사시던 형님 늘 며느리가 밥을 안 차려준다는 얘기를 하던
터라 비교가 되기에 그런 게 효라는 걸 알겟다
나는 안다 가난에서 일어나기가 얼마나 힘이든지를
게다가 나는 어머니도 모시지 못하는데 그 집은 어머니를 모시고 잇으니

내 대신 효를 하고 잇음에 고맙게 느껴진다
남편에게 그러지 말고 그냥 찻값의 할부 우리가 납부하자고 햇다
당장 큰 돈은 없으나 매달 할부로 부어나가는 일은 해 나갈 수 잇을 거다
그런데 남에게 해주는 게 아니라 과거의 나에게
돌아가신 어머니에게 해 드리는 기분이다

며칠 째 계속 경식오빠가 꿈에 보인다
그래도 전화를 걸지 않고 잇다
아마도 오빠와 올케언니가 부부싸움을 할지도 모르겟다

어머님이 돌아가시던 해 크리스마스 무렵 경식오빠가 우리 집에서 하룻저녁
잠을 잔적이 잇다
아들 녀석 백일 잔치에 왓을지도 모르겟다

차단스에는 남편이 담가놓은 인삼주가 잇다
남편도 자기 손으로 인삼주를 담근 건 처음 해본 일인지 애지중지한다
건넛방에 이불속에서 경식오빠와 남편이 실갱이하는 소리가 들린다
인삼주를 먹자는 오빠와 튕기는 새신랑 내 남편
오빠가 응수하는 말이 재미져 기억에 남는다
남편은 담근 지 얼마 안 돼 내년 크리스마스에 뜯겟다 하는 모양이다
오빠가 아주 능청스런 목소리고
『내년 크리스마스에도 사람이 살아잇어』라고 묻는다

오빠 이상하다
오빠의 개구진 성격을 미루어보면 그깟 인삼주쯤 얼마든지 먹을 수 잇는데
매제에게 져주다니
오빠도 그리 얘기한다
친구들 집에 가면 감추어둔 맛잇는 음식은 친구는 못 찾아도 오빠가 다
찾아낸다고
나도 그 소문 익히 들어 잘 알고 잇는 터다
오빠 한마디 더 얹엇다
친구 집이라면 내가 저 인삼주를 가만두지 않겟지만 내가 가고 난 뒤
동생에게 해가 될까 저 인삼주를 고이 놔두노라고
그 무렵 나도 아직 남편의 성격이 어떤지 잘 모르는 상황이라
감히 나서지도 못햇다

경식오빠는 큰오빠 집에서 잠깐 같이 지내다 따로 나와 살앗다
남식오빠 장례 때 분에 못이긴 내가 경식오빠 큰오빠 집에서 계속 살면
안보겟다는 등 어쩌고 저쩌고 하기는 햇다

금호동 우리가 살던 집을 팔아 경식오빠 앞으로 배당된 돈 70만원으로 따로
방을 얻어 지냇는데 큰오빠 집으로 들어갈 때 그 돈을 큰올케언니에게 주어야
햇다 방을 하나 차지 해야 하니 그 값으로 드려야함이 마땅하다
그러면 집에서 나올 때 그 돈을 돌려주어야 함이 맞거늘 그냥 빈 손으로
나왓다한다
달라하지도 않앗고 줄 생각도 없었을 거다
의사 면허증이 잇다하지만 집도 절도 가족도 없었으니 얼마나 힘이 들었을까

그리고 오빠에게 곧 배필이 생겻다
결혼하여 어렵게 살림을 꾸렷다
돈을 어디서 구햇는지 극적인 스토리엿을 게다
남식오빠 살아생전 만난 분이라 햇다
경식오빠는 경식오빠대로 여성분에게 남식오빠를 품어야 함을 얘기햇다한다

결혼식을 하고 집들이에 갓다
하 드디어 올케라는 게 뭔질 알게되엇다
오빠 집으로 들어서면서부터 화가 치민다
새로 시집온 올케언니는 양말을 신지 않앗다

세상에 새색시가 시댁시구 앞에서 양말을 신지 않다니
송추오빠가 담배를 피우자 연기가 맵다며 손으로 부채질을 햇다
세상에 시아주버님인데 감히 어찌 저럴 수가
사사건건 화가 치밀고 부아가 난다
하 그런데 기분이 좋다
아 이런 게 진짜 시누 올케구나
그동안 큰올케언니와 송추올케언니에게서는 단 한가지의 흉도 발견할
수 없었는데 경식오빠가 결혼을 하니 부아가 치밀어 견딜 수 없다니
내게 진짜 올케언니가 생긴 게로구나
그런 생각에 배가 부르고 든든해져 싫은 소리는 한마디도 나오지 않앗다
만일 남식오빠가 결혼을 햇으면 어떤 기분일까 슬며시 웃음지어졋다

그런 경식오빠가 꿈에 자꾸 나온다
꿈의 느낌이 자글자글하다
아무래도 우리 남편마냥 오빠도 매일 밖에서 살고 잇는 게 분명하다
분명 부부싸움중일게다
지난번에도 계속 보여도 전화를 걸지 않고 잇다가 도저히 안 되겟기에 전화를
걸엇더니 올케 언니가 입원을 하고 잇엇고 바로 찾아가니
다리 두 군데가 부러졋다는 거다
올케언니는 그런 나에게 젊은 사람이 너무 꿈이 잘 맞으니 무섭다는

말을 하기도 하니 웬만하면 전화를 걸지 않으려 애를 쓴다

병원에 입원하고 잇음을 보고 온 날 또 꿈을 꾸엇는데
짙은 고목색의 집 마당에 차려진 상이 보이고 지엄한 분이 심판을 하고
잇음이 느껴지는 데 송추오빠와 경식오빠의 올케언니가 같이 보인다
그 무렵 친정 큰어머니 산소만 선산에 잇지 않고 따로 잇는지라
]송추오빠가 주가 되어 경식오빠 올케언니와 큰어머니 산소를 선산 아버지
곁으로 옮겻다
그러니까 아버지 묘 곁에 두 분 어머니 산소를 함께 모신 거다
내게도 연락이 왓엇지만 학원 일에 바쁜지라 나는 불참하엿다
올케언니의 사고가 산소를 옮김으로 인한 화인가 싶지만 표현 할 수는 없엇다

이번에도 며칠째 경식오빠가 꿈에 보이더니
급내는 오빠가 옆구리에 칼을 맞아 피를 흘리며 밥상을 받고 잇는
꿈이 보이니 더 이상 전화를 미룰 수가 없엇다
올케언니에게 전화를 거니 올케언니 대뜸 내게 이리 말한다
『아가씨두 신문보고 전화하신거지요』
『예 아닌데요』『신문이라구요』『신문에 무슨 기사가 실렷게요』
『하두 꿈에 보여 전화를 걸은 거예요』

동아일보에 오빠기사가 낫다고 한다
신문을 펼쳐보니 오빠는 오빠의 신장을 오빠 병원에 다니는 환자에게
주엇다고 한다
직접 주려하니 조직 형이 맞지 않아 장기기증운동본부를 통해 3년 기다린 끝에
오빠는 다른 사람을 주고 그 집 부인이 오빠병원의 환자에게 기증을 햇다한다

그리고 하루 이틀 지나 갑자기 새벽4시경 잠이 깨엿다
그리고는 절대 잠이 들지 않앗다
학원 일에 피곤하니 그런 일이 전혀 없엇는데 말이다
도무지 잠이 들지 않는지라 안 되겟다 싶어 텔레비전을 틀으니
아침 뉴스에 경식오빠가 텔레비전에 나오고 잇는 거다
아나운서 앞에서 오빠가 대담을 하고 잇는데
아이구나 싶엇다
아이구 알겟다 싶엇다
내가 예전 선보러 갓을 때 웃는다고 딱지맞은 이유를 바로 알게 되엇다
내가 내 모습이 보이지 않으니 나를 잘 모르는데
오빠를 보니 오빠 웃는 모습이 나와 같다는 걸 바로 알겟고 그 웃는 모습이
어찌나 칠푼이 팔푼이 같아 보이는지 나도 웃음이 나온다
해구 해구 저러니까 선보러가서 딱지맞고 온 거엿네 ㅎㅎ

애구 아무래도 텔레비전에 나오는 오빠를 보라고 친정엄마 머리맡에 앉아서
나를 깨우셧나봐

당장 올케언니에게 전화를 걸엇다
『어쩜 언니는 내게 이런 일 저런 일 전화한번 안 해요』
언니는 언니대로 내게 화를 냇다
『오빠가 수술을 햇는데 얼마나 아플 거란 생각은 안 해요
뭐를 자랑한다고 어떻게 전화를 해요』
내 목소리가 좀 스그러 들엇다
『그런 게 아니라 나는 새벽 네 시부터 갑자기 잠을 잘 수가 없엇단 말
이예요 언니가 미리 알려주엇으면 좋앗을 거 아니예요
밤새 엄마가 내 머리맡에 계신 것 같앗다구요』
처음으로 올케언니에게 화를 내보앗고 그럼으로 이상하게 진짜 가족이라는
느낌이오고 그 이후로 오빠는 더 이상 내 꿈에 나타나지 않앗다

학원에 말썽꾸러기 한명이 들어왓다
7살 아이가 다니면서 컴퓨터 전체를 망가트린다는 거다
그 아이가 지나가면 컴퓨터가 다 아작이 난다고 선생님 낯빛이 어두워졋다
하 너무 신기하다
그 망가트리는 기술 배우고 싶다
아이에게 슬그머니 물엇다
『야 야 그거 어떻게 하는 거니』
『여기 이렇게 들어가 Del키 세번 누르니까 되던데요』
하 이 녀석 마음에 쏙 들어
딱 내 스타일이야
망가트리는데도 논리가 잇단 말이야
이 녀석 초등학생 된 뒤
초등학생을 위한 컴퓨터 자격증 시험이 잇어 합류를 하였더니
이 꼬마 녀석 두어 달 수업내용을 이틀 만에 다 풀어가지고 왓다
다른 형들이 시샘 할 정도로
오빠들 어렷을 때를 보는 것 같다
다음은 정보처리 기능사다
워드는 너무 어려 손이 빠르지 못하므로 안 되겟지만 정보처리라면 가능해
보인다 약간 걱정이 되기는 한다
어린아이에게 너무 많은 내용을 지도하여
혹 부작용이 생길까 두려운 마음 또한 든다
부모님과 상의를 해야겟기에 학원에 오시라 햇다

어머니가 꽃을 한 다발 사가지고 오셨다
헤구 그런 뜻이 아닌데
민망한 마음이 들었고 공부를 가르치는 데 찬성하셨다
정보처리 강의 필기는 내가하기로 하였다
내가 비록 초보이긴 하지만 내가 재미지라 공부를 했으니
재미지게 갈킬 수 있을 거다
재미로 시작했는데 놀라운 결과가 나타났다
일학년이 된 그 꼬마를 포함하여 수업하고 있는 여덟 명 모두 합격을 시켰다
컴퓨터 선생은 놀라는 눈으로 나를 바라보았다

중학교에서 전교 1등하는 친구도 같이 수업에 합류를 하였는데
말썽꾸러기 초등학교 1학년도 다른 아이들도 잘하든 못하든 자기 주관적으로
움직이는데 반해
전교1등 하는 친구는 유독 내가 시키는 것 이외는 몸의 움직임이 멎어있다
나는 뭔가를 잘 시키지 않는 편이라
그 친구 손을 옆으로 내리고 나를 쳐다보고 있을 때
이는 뭔가가 크게 잘못되었다는 생각이 들어온다
그 순간의 시간이라도 창의적으로 움직이지 못함에
공부 전교 1등일지언정 눈앞이 캄캄하다
지나치게 주입식 교육에 매달려 있는 이 수업을 어찌 풀어야 할까 싶다

내 수업 방법은 이러하다
원리를 가르친다
아이들은 원리를 풀어서 가르치면 호기심을 갖고 다 좋아한다
두 번째는 수업이 마무리될 때 한명 한명 선생님 책상으로 불러내 세 가지
질문을 한다
이 때 교탁의 높이는 학생 책상의 높이와 같아야한다
그래야 벽이 없고 친구의 마음으로 서로 다가갈 수 있다
내준 문제를 통과를 하면 먼저 갈 수 있고 통과를 못하면 뒤로 돌아가
다시 자기 차례가 오도록 기다린다
영리한 아이는 어차피 잘 아니까 바로 통과를 하지만 조금 어눌한 아이는
뒤로 돌아가 기다리며 다른 아이에게 하는 질문까지 귀여겨 듣게 되어있고
그러다 보면 여러 가지 문제를 답습하게 된다
이 세 가지 질문을 마치 게임을 하듯 리듬감 있게 웃는 얼굴 되어하면
아이들은 줄넘기 앞 제 순서 기다리듯 재미 져라 따라한다
다른 선생님들도 합격률이 높기는 마찬가지지만

첫 강의에 100프로 다 합격을 시키니 선생님이 보기에 의아했던 것 같다

여덟 명까지는 같이 호흡을 하며 눈을 맞출 수 있어
아이가 이해를 하는지 안하는지 파악이 아주 잘 된다
열두 명까지는 그래도 어느 정도 파악을 하며 호흡이 가능하다
그보다 더 많아지면 아이들을 관찰하는 집중력에 한계가 있는데
이럴 때는 이런 방법을 썼다
똑같은 방법이긴 하지만
수업이 마칠 때 문 앞에 서는 거다
나갈 수 있는 문을 내가 막아서고 세 가지 문제를 통과하면 문밖을 나갈 수
있고 통과를 못하면 또 맨 뒤로 가야한다
그야말로 좁은 문 통과하기 게임이다
그래야 5분 10분 차이이건만 아이들은 빨리 나가고 싶어 머리는 반짝 반짝
눈빛은 초롱초롱 게임을 하는 것도 같고 공부를 하는 것도 같고
졸래야 졸 시간이 없다

50명을 넘어 그 이상 학생을 놓고 수업을 한다면 이 때는 같이 호흡 하는
게 아니라 전달하는 역할만 가능하다 받아들이고 말고는 본인의 역량에
달려있어 같이 호흡해주어야 하는 어린 학생과는 맞지 않게 느껴진다

한명 앞에 놓고 가르칠 때가 가장 어렵다
마주앉은 마주 앉은 아이의 감정을 다 파악하게 되니 내가 그 아이를
지나치게 배려하게 된다
자칫하면 선생의 권위는 없어지고 시녀가 될 수도 있다
공부에 흥미 있어 하는 아이에게는 살짝 튕기면서 해야 하지만
마음에 상처가 많은 아이에게는 더 많이 배려해야 하기에
기꺼이 시녀가 되어주기를 즐거워해야한다

실기수업은 이렇게 한다
절대로 정답을 한번에 알려주지 않는다
문제를 주고 스스로 찾게 기다린다
스스로 찾지 못하면 틀린 방법으로 두어 번 가르쳐준다
두어 번 하다 스스로 맞는 방법을 찾는 아이도 있다
두어 번 해도 안 되면 그 때 맞는 방법을 알려준다
너무 쉽게 가르쳐 주면 쉽게 까먹기 때문에 그렇다
너무 쉬운 길로만 가면 스스로 해내야 하는 능력이 쇠퇴될까 그렇다
맞는 답을 한번에 알려주면 이것 저것 경험을 못해보기에 그렇다

다음에 문제가 생겼을 때도 이것 저것 찾아내는 능력이 생길 거다

돌고 돌아 답을 알게 되면 아이들은 아하 하며 즐거워한다

성인에게는 절대 먹히지 않는 방법이다
인내력이 부족해진 성인은 그리하면 숨 넘어간다
필요하더라도 정답을 먼저 고시하고 다른 쪽도 짚어야한다 ㅎㅎ

꿈에도 생각 못한 이런 멋진 일을 하게 되다니
솥뚜껑 운전수를 이리 선생으로 만들어준 남편이 고맙게 느껴진다
너무 기쁜지라 마음이 떠오르기도 한다
그럴 때면 한번씩 죽는 연습을 한다
가만히 방안에 누워 눈을 감고 관속에 들어 잇음을 상상한다
언제 어느 순간일지 모르는 그 순간 그대로 숨이 멈추어 사라짐을 생각한다

남편 모임에서 태국을 간다한다
일이 바쁜지라 갈 틈도 마음도 없다
실기 주 3회 수업을 서로 엉키지 않게
컴퓨터 자리배치와 차량운행 시간을 맞추어야 한다

학원 수업 중에 무엇이 가장 중요할까 생각해 보앗다
곰곰이 생각해도 무엇보다 생명이다
그렇다면 차량운행이 가장 중요하다
남편이 차량운행을 하기에 남편의 잠이 부족하지 않게 최대한 신경을 쓴다

학원 초창기 때의 일이다
남편님 평일인데 또 외박을 하고 아침에 들어오셧다
무어라 표현이 안 된다
내 자식도 아니고 남의 자식을 태워가지고 다녀야하는 분이
남편 건강만큼은 가지고 태어낫다 아무리 믿어도 이건 아니다
내가 무어라한들 말싸움에 남편을 이기지 못한다
아무 말도 하지 않고 입을 다물엇다
보름째 남편과 아무 말도 하지 않고 잇다
그렇게 보름이 지나자 내 얼굴에 잇는 입이 한쪽으로 돌아갓다
그제서야 남편은 내게 미안하다는 말을 하엿다
어딘가 가고 잇던 차안에서
『으헤헤 이히히 실복이 어머니 실복이 어머니 드디어 내가 이겻습니다
남편을 이겨 먹엇습니다 말을 안 하는 쪽이 이기는 거라 하시더니
정말 그 말이 맞앗습니다 남편이 내게 스스로 미안하다는 말을 햇다니까요』
신기하게도 미안하다는 말을 들으니 돌아간 입이 제자리로 돌아왓다 ㅎㅎ

겨울에 눈이 많이 왔을 때의 일이다
차량운행에 어려움이 많고 제시간에 차를 대기가 어렵다
한쪽은 한명이 기다리고 다른 쪽은 여러 명이 기다리고 잇다
남편이 여러 명이 기다리는 곳으로 먼저 가겟다한다
내가 펄쩍 뛰엇다
한명이 기다리는 곳을 먼저가시라
여러 명 기다리는 곳에서는 아이들이 학원 욕이라도 하면서 기다릴 수 잇지만
혼자서 기다리는 애는 더 춥고 무서울 거다 그러니 한명 기다리는 곳으로
가야한다 남편 나의 말을 듣고 기꺼이 한명을 먼저 태우러 방향을 잡아주엇다

족히 250명은 되는 아이들을 컴퓨터 자리배치와 차량시간이 엉키지 않게
한명 한명 다 각각의 시간표를 맞추어 가정통신문을 만들엇더니
머리가 지끈뻐끈 그 어느 틈도 없다
친목회에서는 우리를 데리고 가려고 학원 방학시간을 맞추어 태국 여행을
잡아주엇기에 우리가 빠질 수도 없다

비행기를 타야하는 전날 경식오빠에게 전화를 걸엇다
내가 먼저 오빠를 찾는 일은 처음 잇는 일일게다
어떤 일이 잇으면 꼭 올케언니를 통해서 일을 한다
순서가 그렇다고 느껴지기에 그렇다
부모님도 계시지 않은데 내가 오빠와 통하면 언니가 소외감 느낄까 싶어 자제하고 잇다
그럼에도 그날은 오빠에게 직접 전화를 걸엇다
오빠에게 비행기 타는 연유를 얘기하며 대성통곡을 하엿다
오빠 왜 그러냐 놀라 묻는다
내가 비행기를 타는데 비행기가 폭파할지도 모르고 하니 오빠에게 갓다 온다
보고를 하는 거다
우리는 아마 전쟁이 나도 서로 찾지 않을 것 같다라고 말을 하며 또 통곡을
하엿다 요란스레 놀러가는 동생 때문에 오빠 요절복통 웃어야할지 울어야할지
몰랏을 게다

그렇게 떨어지지 않는 발걸음을 남편의 힘에 끌려 따라나섯다
비행기는 밤 시간을 거슬러 새벽녘에 태국에 내려놓앗다
타국의 새벽 공기가 내 코로 쑤욱 들어왓다
아니 이런 세상이 잇다니
아파 지끈거리던 머리가 씻은 듯 개운하엿다
아 내가 물에 빠져 허우적대는 세상 말고 또 다른 세상이 잇는 거라니

날이 밝아 가이드를 따라 관광을 하기 시작이다
때는 2월이엇는데 그곳은 따사로운 봄 날씨에 꽃들이 만개햇다
일 년 내내 겨울이 따로 없다한다
1년 3모작이 가능하다 한다
그럼 이곳이 천국이라는 얘기네
그럼에도 15도에 밖에서 자다 얼어 죽은 사람이 잇다한다
물이 조금 고여 잇기만 해도 그 물 안에는 고기들이 우글거린다
덥다해도 익힌 음식을 그대로 진열해놓고 팔고 잇는데
습도가 건조하여 상하지도 않는다한다

대부분의 사람들은 무지해 보엿다
몸은 왜소하고 급할 것도 없어 보이고 무지해보이기는 하나
순박한 눈망울을 가지고 잇음이 평화롭게 보이기도 한다
그리고 사람들의 생활이 그다지 윤택해 보이지 않는다
가진 자와 그렇지 않은 자의 차이가 두 동강 친 듯 갈라져 보인다
배운 자와 그렇지 않은 자가 분명해 보인다
나라 자체가 왕의 나라라고도 한다

이 천혜의 좋은 환경에 사는 사람들이 왜 윤택하지 않고
윤택해보이지 않음에도 아름다운 눈을 가지고 잇는 걸까
이러지 않을까 하는 생각이 들엇다
계절이 고루하니 재촉하여 농사를 지을 필요가 없고
농사가 고루하니 굳이 배움의 필요도 없고

반면 우리나라의 빠른 성장률에 대해서도 생각이 들엇다
겨울을 대비해야하는 사계절
부족한 자원 해결을 위한 교육
그럼에도 그 빠른 성장은
국민들이 빨리 깨어낫음이 한몫해 보인다
국민들을 빨리 깨어나게 햇음의 가장 큰 일조가 쉬운 한글이라고 생각되어진다
글을 배우기 쉬워 다같이 지식인의 대열에 합류할 수 잇엇음이다
이는 빠른 국가의 성장에 일조햇음이 자명한 일일 것이다
그러나 지식을 통해 받아들인 세상은 더 많은 것을 원하게 됨이요
글로서는 무지일지라도 하늘과 땅을 마음으로 소통하는 자는
아름다운 눈을 간직할 수 잇음이 아닐까도 생각되어졋다

학원 여름 방학 시 컴퓨터를 운영하는 학원원장 세 명이 뭉쳣다

각각 오산과 수원에서 운영을 하고 잇다
두 사람은 다 나보다 젊은 여성이다
아이들에게 가르칠 윈도우 책이 마땅한 게 나오지 않은 터라
직접 책을 만들기로 하엿다
세부분으로 나누어 각기 자기 부분을 완성하는 방식으로 만들엇다
오산학원으로 매일 달려갓고 마지막 날은 온밤 불을 켜야 햇는데
젊은 두 여성은 얼굴이 하얗게 질리며 탈진 되엇음에도 나는 끄떡 없엇다
밤새 물을 마셧더니 크게 도움이 된 것 같다 내심 자랑스러웟다
가르치는 입장에서 만드니 필요부분 불필요부분 정확히 구분하엿고
수업하기에도 알맞게 느껴졋다

여자 셋이 모엿으니 킥킥거리며 우스운 얘기도 한다
비록 학원 원장이지만 나름 각기 준 연예인 같은 관리를 하고 잇다
왜냐하면 근처 목욕탕을 가지 못하기에 그런 생각이 든다
내 목욕탕 얘기가 먼저다
처음 내가 근처 목욕탕을 갓는데 학원에서 수업하시는 어머니를 만낫다
다행히 나는 막 들어서는 중이라 아직 옷을 벗지 않은 상태엿고
그분인 욕탕에서 막 나오신지라 하얀 살결 그대로엿다
서로 못 본척하면 좋으련만 그분이 먼저 나를 알아보고 아주 공손하게
두 손을 모으고 고개를 숙여 내게 인사를 하엿다
나도 공손되이 인사를 받앗지만 돌아서니 얼마나 웃음이 나오는지
다시는 근처에 잇는 목욕탕을 가지 못하고 멀리 포천으로 가기로 햇다

이번엔 오산원장이 키득거리기 시작이다
오산 컴키드학원은 바로 옆에 다른 컴퓨터 학원이 잇다
그 여성도 근처 목욕탕을 갈 수가 없어 한 정거장 떨어져 잇는 목욕탕을
갓다고 한다 목욕이 끝날 무렵 목욕탕 안에 옆 컴퓨터학원 부인을 보앗고
모른 체하며 머리도 말리지 않은 채 서둘러 딸아이와 나오며 머리를 막 털고
잇는데 나오자마자 문 밖에 서잇는 옆 학원 남자원장님과 눈이 딱 마주첫다는
거다 너무 민망하여 몸 둘 바를 몰랏다고 또 키득 키득 키득

선생님으로서 신비감도 주어야하기에 각자 준 연예인이 되어 관리를 한다
비록 5천 원짜리 남방을 사 입으며 일을 할지언정

우리는 다음 사업에 대해서도 얘기를 햇는데
서로 영어 학원을 해보자는 얘기를 햇다
그러면 영어가 저절로 배워지지 않겟냐며 또 키득엿다 누구누구는 영어 학원을
차렷더니 3년 안에 빚을 다 갚앗다는 얘기도 곁들여 주엇다
세 명은 각기 어려운 학원운영을 어떻게 뚫고 나갈까 모색을 하엿는데

다른 원장은 학원비는 놔둔 채 주 3회 수업을 5회로 늘려 수업을 한다
하였다 그리고는 별 차도가 없다 투덜인다

나는 반대로 돈을 낼 어머니들의 주머니 형편을 덜어주기 위해
주 3회 수업은 놔둔 채 학원비를 조금 감해주는 걸 택하였다
오산원장은 내가 돈을 꾸아줌에 나를 미련하다 생각하는 것 같았다
당장 손해가 나는데 돈을 어떻게 꾸을 수 있는가하며
그러나 나는 그 돈을 다 받는 것이 가슴이 아픈지라 조금이라도
꾸아주는 걸 택했다
그러나 학원생이 많아진 이유에는 이 생각도 한 몫 했지 싶다
우선 주머니 나가는 돈에 부담이 줄어드니 교육을 계속시키게 되고 나는
학원의 컴퓨터를 배로 활용할 수 있어 배의 학원생을 수용할 수 있게 되고

그런데 학원생의 학부모를 집합시켜보면 아무래도 남편과 동창회를 해야
맞지 싶다
학원생 7 80프로는 남편의 지인이다
아무래도 남편이 인심을 잃지 않은 모양이다
사실 나도 공부하는 동안 계속 문밖 출입을 하지 않으면서
신비주의 전략을 쓰기는 했다
아이들을 키우면서 공부를 하느라 시간이 무척 길어지기도 했다
둘째아이 태어나서 책을 잡기 시작한 것이 그 아이가 초등학생 들어갈
무렵 전산원을 졸업하고 자격증을 따게 되었으니
만일 내가 남편의 모임에 따라나서면 보는 순간 시시하게 생긴 얼굴 때문에
보자마자 무시를 당하니 존경심은 사라질 테고 그러면 학원 일을 끌고나가기
힘이 들 거라는 생각에 줄곧 남편의 모든 모임에는 남편과 어린 애들만
내보냈다
물론 공부하는데 집중하느라 시간을 아껴야 했기도 하지만
아마 다들 내가 까칠한 여자라 생각했을 거다
남편의 친구 어느 어머님은 나를 보게 되더니 화를 내셨다
매번 남편이 아이들만 데리고 다니는지라 홀아비인줄 알 는데 아내가 있었다며

우리 컴퓨터 학원이 문전성시를 이루는 동안 같은 층을 사용하고 있는
속셈학원이 힘을 쓰지 못하고 있다
임대료도 일 년이 넘게 밀리는 지라 남편 장부에 기장을 하다
더 이상 기록도 하지 않고 있다 이리 어렵게 밀리는 데 기록의 의미가 없는지라
그러더니 결국 학원을 내놓겠다고 한다

지금 사용하고 있는 컴퓨터학원이 비좁은지라 컴퓨터 학원으로 확장을 하고도
싶은데 컴퓨터 가격이 200만 원대를 준비해야하니 방하나 꾸미는데 2천만 원

든다는 계산이 나온다 컴퓨터학원 확장을 하면 그래픽 교육으로 나가야 하는데
지역이 지방이다 보니 수요의 가닥이 보이지 않는다
컴퓨터는 학원 시작하기 전 예상했던 대로 너무 쉬운지라 각 가정마다 보급이
되면 곧 없어질 것으로 보이기도 한다
오산원장하고 했던 얘기가 떠 오른다
영어 학원
저절로 배워지는 영어
컴키드 수업프로그램이 미국에서 수입한 프로그램이다 보니
모든 프로그램이 영어로 되어있다
처음 학원에 온 어린이들에게 마우스를 움직이는 훈련을 하는데
토끼와 거북이라는 동화를 그래픽으로 만들어 이곳저곳 선택하며
마우스와 자연스레 친해지는 프로그램이다
그 때 동화 얘기가 영어로 들려나온다
수업을 하며 자꾸 반복하여 듣다보니 스토리가 내 귀에 또렷이 들리기
시작했다
수업을 하는 컴퓨터 선생도 그러하냐 물으니 들리지 않는다한다
그러나 내 귀에 또렷이 들리는 영어동화이야기
물론 들리는 영어 발음에 귀를 쫑긋 세우며 수업을 하기는 했다
영어에 자신감의 팔뚝이 부풀어 올랐다
그래 그거야 그거
옆 학원을 인수하여 영어 학원을 차리는 거야
우리 지역에는 외국인 선생님이 가르치는 영어 전문학원이 없으니
문을 열기만 하면 학원이 메어 터질 거야
그래 해보는 거야
잘 할 수 있어
컴퓨터학원에서 홈런을 날렸으니 영어학원은 만루 홈런이야

아 이일을 어쩐다
3년만 고생하면 빚을 다 갚을 수 잇게 되는 거라니
청주 올케언니도 어떤 사람이 영어 학원을 차려 3년 안에 빚을 다 갚 다는
얘기를 해주었거든
나 이제 곧 빚도 다 갚고 영어 잘하는 사람 되는 거야
아 들뜬다 들떠 춤이라도 추고 싶어
사이트를 뒤적였다
가맹비가 부담이 많이 되지 않는 프렌차이즈도 찾아냈다
가슴이 부글부글 뜨끈뜨끈
빨리 가서 옆집 학원 계약을 해야 하는데 우리 남편님 오늘 또 들어오시지
않는다

내가 혼자 가서라도 계약을 하고 싶다
들락날락 들락날락
그러나 순서가 남편의 허락인지라 밤새 발을 동동 남편을 기다린다
눈이 빨개져 들어온 남편에게 서둘러 얘기햇다
우리 영어학원 확장할까
남편 쉽게 그래 하고 대답을 하엿다
물론 내 마음대로 할 수도 잇을 거다
그러나 나는 남편의 허락을 구해야함이 옳은지라 끝까지 기다림을 선택햇다

남편 옆집 속셈학원 계약을 하러갓다
아니 이게 웬일
어젯밤 2층 원장이 권리금 천만 원 주기로 하고 계약을 햇으니
천만 원을 물어주라 한다
그동안 밀린 임대료를 채근도 하지 않고 여러 가지 편의를 봐주엇건만
그런 건 돈 앞에 다 무용지물로 생각을 하니 남편의 얼굴이 씨뻘개졋다

2층 원장이라
하 문제다 그 사람이 우리 남편에게 좀 함부로 대하고 잇음을 안다
만일 그 사람이 2층 3층을 다 사용하고 우리가 3층의 반만 사용하면
우리남편의 어깨가 쪼그라들은게 연상되어진다
2층 원장 우리남편에게 아예 깔보는 눈길을 보낼 거다
아무래도 우리 남편이 가방끈 길이를 가지고 함부로 대하는 게 아닌가하는
생각에 더 불편하다
그런 이유로 그래도 남편의 기를 죽게 하는 건 용납되지 않는다
과감히 권리금 천만 원을 물어주고 3층 보습학원자리를 인수하엿다
우리 남편님 천만 원짜리 외박이엇다
내가 빨리 계약하고 싶어 그리 안절부절 햇는데
그래도 그렇게 끝까지 남편의 결재를 받아낸 내가 자랑스럽다

계약과 동시 일은 일사천리 진행된다
돈은 건축주에게 빚을 갚으려 모아 놓은 돈 오천만원이 잇다
그 돈은 건축주에게 갚고 은행에서 오천 더 대출하기로 하엿다
건물 가치가 올라간 건지 또 오천 더 대출 해 줄 수 잇다한다

나는 돈을 갚을 때 분배를 가장 늦게 은행이나 세금으로 하고
이자 나가지 않는 돈 그다음 사채를 먼저 갚고자 신경 쓴다
은행이나 세금은 날짜가 지나면 연체료를 받아가니 그 분들 불이익이 생기지 않지만
신용으로 돈을 주는 이는 그와 같이 안기에 그리한다

사실 그동안 건축주에게도 건축비 1억에 대해 이자를 매달 오십만원씩 지불하였고
단 하루도 어긴 일 없기 하지만 만일 하루 이틀 늦었다고 연체료를 받지 않을테니
은행이자보다 앞서서 신경 쓴다
지난해에도 건축주 에게 5천만 원 빚을 갚았더니 놀라는 눈치였는데
이번 오천을 갚으면 마무리이다
은행에 이자를 주는 것보다 건축주에게 주는 것이 옳을 수도 있겠지만
빚을 한쪽으로 몰아야 그나마 마음이 좀 한갓질 것 같다
이리 빚을 빨리 갚아짐은 컴퓨터에 학생이 많아서였는데
선생님들에게 마음에 큰 빚을 안고 있는 기분이다
빚을 갚으면 빨리 봉급을 올리고 보너스 팍팍 줘야지 늘 마음에 새기고 있다
게다가 영어 학원으로 3년만 고생하면 빚을 다 갚게 되는 거라는데

남편 이리 저리 날아다니며 뭐니가 money 다 해결해주고
영어 프렌차이즈 본사에 가서 계약과 동시 교육받고
학원으로 돌아와 학원 전체를 뜯어 인테리어를 시작했다
이사 나가는 보습학원에게서는 섭했던 마음은 접고 그 사람 역시 힘들었을
거라는 생각에 밀린 임대료는 나가는 손 춥지 않게 적당한 선에서 마무리
지었다 그분 멀리 대전으로 떠났다는 말은 들었는데 더 이상 얼굴을 볼 수는
없었다

학원을 다시 공사를 해야하므로 아이들에게는 방학을 주었고
죄송한 마음에 학원비를 감해주었더니 빠져나가는 학생은 하나도 없었다
본사를 통하여 외국인 선생도 추천받고 대학을 갓 졸업하고 컴퓨터를 배우려온
집안 손주를 설득하여 영어수업을 하기로 하였다
그래도 영어를 휘잡을 힘이 안 되는지라 영어 주임선생으로
외국에서 오래 공부한 나이 드신 선생님도 영입하였다
대출받고도 모자란 돈은 모두 카드 할부로 밀고나갔다

일에 빈틈을 주지 않으려 신경 쓰니 하루에 세 시간 정도 잠을 자고
나머지는 밤새 바둑알을 이리 놓았다 저리 놓았 다 연구에 골똘한다
이제 곧 이제 곧 대망의 영어 학원 오픈을
들뜨고 들뜬 가슴이다
학원의 오픈을 알리는 현수막을 동네 전체에 달았다
현수막을 달은 다음날 남편이 어두워진 얼굴을 하고 들어왔다
우리 현수막 옆에 다른 영어학원을 오픈한다는 현수막이 쫙 붙었다는 거다

아니 이런 황당함의 경우
드디어 우리 학원에 영어 학원 간판을 달았다
아니 그런데 이게 웬일

내가 간판을 단 다음날 우리 옆 교회에서 영어 학원 간판을 다는 게 아닌가
우리 현수막 옆에 붙은 현수막의 주인이 바로 옆집 교회였다니
이 일을 어찌할까 고민하느라 새벽 두시 학원 계단을 내려서는 데 휘청거려
쓰러질 뻔 하였다
그런데 갑자기 우스운 생각이 든다
옆집 학원에서는 자기네가 학원을 하려고 생각을 하였는데 누군가 먼저
선수침에 놀랐을 것이고 간판을 달려고 보니 바로 옆집에서 하루전날 미리
달고 그쪽 원장이야말로 놀랐을 거라는 생각에 마음이 너그러워졌다

여하간 당장 수정할 부분을 찾아야했다
15만원으로 하기로 한 학원비를 12만원으로 수정하였다
이번에도 첫 수강자등록으로 배가 두둑이 부른 여성이 접수를 하였다 임신
8개월은 되지 않았을까 하는 생각이 들었다 접수 후 알게 되었는데 이분은
얼마 전에 아기를 출산하였다고 하였다 이번에도 길하다는 뜻일까 알쏭달쏭하다

금방 사라질 것 같던 컴퓨터 학원은
복도를 사람이 어깨와 부딪치지 않으면 지나가지 못할 정도로
여전히 사람이 많고 반면 영어학원은 간신히 숨을 몰아쉬고 있다

근처 이곳 저곳 빵빵한 영어학원도 하루가 멀다하고 새로 하나씩 들어서고
있다 보이지 않는 총성의 소리에 내 몸에서 피비린내가 느껴진다

황량한 바다 떠있는 떼목
그 위에 내 몸 실려 망망대해 위에 놓여있다
무엇을 어찌 해볼 수 있는 것 같지도 않다
그냥 마음을 바꾸었다
왕의 남자에 나오는 감우성처럼 밧줄위에서 걸음을 옮기며 즐기기로 하였다
갚지 못한 두둑한 빚 그냥 데리고 살기로 하였다
마음을 바꾸니 몸에 피비린내는 사라지고 오히려 계속 생겨나는 영어 학원들
걱정이 되었다
내가 나는 보지 못하면서 다른 것은 볼 수 있다
하 저 영어 학원 1년 안에 문 닫겠는데 그러나 그 학원 3년 끌고 가다
문을 닫더니 집을 두 채 날리고 건강도 안 좋아 졌다는 얘기가 들어왔다

외국인 선생에게는 집은 물론 가재도구에 왕복 비행기 삯까지 책임을
져야하는 문제였다
영어 한 가지 배우는데 이렇게까지 해야 하는가 자존심이 상하기도 했다
그러나 외국인 선생 그 한사람을 보면 고국을 떠나 타국에서
고생을 하는 격이니 외로울까 염려되어 마음으로 배려를 해야 했다

영어가 부족하지만 어떤 농담이라도 하여 그들을 하루에 한번이상 꼭 웃게 만들었다
언어는 조금 어눌해도 나의 마음은 고스란히 전해지는지 누구나 꼭 웃었다
외국인 선생만 웃게 하면 비겁하게 느껴진다
한국인 선생도 매일 웃게 만들었다
나는 작고 뚱뚱하고 못생겼지만 사람들을 웃게 만드는 재주는 있는 것 같다
눈 마주치는 학원생 전부다 웃게 만들었다
남학생들에게는 조인트 까며 웃으면 되고
여학생들에게는 누가 맘대로 이뻐지래 하며 목을 조르기도 하고
그저 그들 눈을 보고 내가 먼저 웃으면 된다 히—하고

그렇다면 언어란 그저 마음을 전하는 수단에 불과하다는 얘기다
언어가 되지 않으면 또 다른 방법으로 마음을 전할 수 있으니
더 중요한 건 말이 아니라 마음이라는 게 느껴졌다

수업이 없는 시간에는 외국인 선생을 앉혀놓고 한글지도 한다
몇 일 교육하면 읽는 것은 대충 따라한다
내 눈에서 실지렁이들이 춤을 춘다

일주일 째 밤을 새우고 있다
선생 한명이 여전히 틈새만 보이면 내게 경우에 어긋나게 대한다
이를 꼭 집고 넘어가야겠다
내 분한 이 마음 가라앉지 않는다
꼭 한마디 해야겠다
그러나 듣는 사람 내 말을 듣고 웃어야한다
듣는 사람의 마음을 상하게 할 수는 없는 일이다
그러나 그 말을 듣고 다음부터 그런 행위를 접어야 한다
그 말이 길어서도 안 된다
말이 길어지면 사람이 질릴 거다
잔소리로 몰아붙여 귓등으로 들을 수도 있다
딱 한마디로 압축해야한다
뭐가 좋을까 무슨 말을 어떻게 던져야할까
어떤 농담을 던져야 너도 나도 속이 후련할까
일주일 날밤 끝에 한마디 건졌다
답은 아주 쉬운데 있었다
무슨 말인지 기억해내지 못함이 아쉽지만

컴퓨터실에서 나는 장난삼아 그 말을 던졌고 그 말을 들은 사람도 웃음으로
받았으며 다시는 그와 같은 무례를 범하지 않았음도 물론이다

그 친구 죽을 때까지 우리학원에서 일을 하겠노라 마음을 잡고 있기도 하다
처음엔 내가 무슨 소리 하는지 몰랐는데
2년 지나니까 무슨 말을 하는지 알겠더라는 말을 하기도 했다
왜냐하면 다른 학원 원장들하고 생각하는 관점이 다르기 때문에 그렇다고 한다
나도 미안하기도 하다
농담인 듯 던지지만 뼈를 숨겨 놓았음에 늘 미안한 마음 가지고 있다

그 덕분인지 지금은 비교적 자유자재로 대화를 하는 편인데
솔직하고 정면 돌파 적이며 개구짓은 표현을 찾는다
그리고 한 가지
더 상대가 빠져나갈 틈을 살짝 남겨놓는다
내 약점은 줄줄 늘어놓는다

고등학생 중 학교에서 힘 좀 쓰는 학생이 학원에 왔다
선생님과 무슨 일이 있었는지 선생님 맺힌 눈물을 삼키는 표정으로
내게 도움을 요청하였다
느낌에 혹시 학생이 학원을 돈에 머리 숙이는 곳으로 생각하여
선생님께 함부로 하지 않았을까 라는 생각이 들었다
내가 강의실로 들어가 수업하지 말라고 단호히 얘기했다
선생님께 예의 없는 학생에게 더 이상 수업하지 않겠으니 돌아가라
단호히 하였고 학원비도 돌려주었다
아마 학생은 내가 왜 그러느냐라고 물으며 달랠 것으로 생각 하였는데
단호히 하자 학생은 그대로 갔고 그런 나의 태도에 선생도 놀란 것 같았다

며칠 후 학생이 학원을 찾아왔는데 나를 보고 씩 웃었다
나도 씩 웃었다
사실 말썽꾸러기 학생들이 들어오면 모범생으로 자란 선생님들은 이해를
못하겠다하는데 나는 그 말썽꾸러기 학생들이 너로 보이지 않고 나로 보인다
그 아이들과 같이 호흡하는 느낌이다
나 57명중 56등 하던 과거가 있기에
그렇게 밖에 되지 않던 과거가 있기에
그 학생 얼마 후 다시 접수하여 아주 성실히 수업하였다

영어 유치원도 하였는데 유치원은 신경을 많이 써야한다
다칠까 노심초사이고 살얼음판을 걷는 기분이다
컴키드에는 유치부 수업이 영어로 되어 있는지라 제격이다
당연히 내가 컴퓨터 수업을 맡는다
처음에는 어찌 대해야할지 조심스러웠는데 점차 의숙해져 내 눈높이가

아이들에게 맞추어져 내 정신연령도 그와 같이 가고 있다

그리고 한참 시간이 지난 후 이번에는 컴퓨터 고등학생을 다시 수업을 맡게 되었다
컴퓨터 활용능력 2급 자격시험이다
대부분 남자 고등학생들이다
유치원 아이들과 수업을 하다 다시 고등학생 대하니 살짝 감각을 놓쳤다
어찌할까 고민 중에 먹을 음식 앞에서는 다섯 살 아이로 대하고
다른 대화에서는 어른으로 대하니 아주 대화가 딱딱 맞는다

그래도 남자애들은 소속감을 주어야하기에 군기를 잡아야하는데
군기를 잡으려면 내가 화를 내야하는데 또 고민이다
도무지 화내는 방법을 모르겠다
남편이 외박을 해야 화가나 그 화를 모았다 화를 낼 수 있을 것 같은데
그 무렵 갑자기 남편 외박도 하지 않는다
시험은 다가오는데 아직 아이들 군기를 잡지 못해
학생들은 내 머리끝에 올라앉아 나를 가지고 놀려고 한다
식은땀이 난다 군기를 잡지 못하면 자격증 시험에 통과할 수 없어 보인다
표현은 못하고 끙끙거리고 있는데 시험 전날 드디어 내 화가 치밀어 올랐다
토요일 학생들을 모아놓고 강하게 군기를 잡고 서너 시간 수업을 몰아붙였다
하필 한명이 그날 결석을 하였다
후 ~ 다 합격을 하였는데 결석한 그 학생은 시험에 통과하지 못했다
다음에 그 학생만 따로 수업을 해주어야했는데 일대일인지라 끝까지 군기는
잡지 못했고 그러나 이 녀석 좀 자랐다고 신사적으로 변해가지고 왔다
겨우 합격을 시켰다

선생님들이 학생들에게 회초리를 들면 교실 밖에서 가슴 저리며 안타까와
했는데 매를 들어야하는 그 카리스마가 꼭 필요했음이었다

집안에서 부모님들이 아이들이 문제아라며 걱정을 하는 분이 계시다
그럴 때는 그 부모님을 학원으로 오시게 해 상담을 해주었다
첫째는 일단 아이를 무조건 믿어주어라
같은 말도 긍정의 말로 하여 아이가 긍정적인 마음을 갖도록 해야한다
집안일을 조금이라도 분담하여 아이가 내가 소중한 존재 이 집안에서
내가 꼭 필요한 존재라는 걸 무의식중에 느끼게 해주어라
부모님들 대화중에는 끄덕이는데 실행으로 옮겨질 거라는 생각이 들지 않는다
부모가 흔들리고 있음이 눈에 보일뿐이다
부모의 뿌리가 단단해야 아이가 공을 뻥하고 높이 찰 텐데 말이다

아이들이 싸우면 때린 아이를 빈 강의실로 데리고 갔다

맞은 아이는 고소해 한다
때린 아이를 꾸지람 할 것이라고 생각하고
하지만 나는 때린 아이를 다독이고 얼레주고 때로는 사탕도 주면서
마음을 달래 주었다
때린 아이는 이미 상처 받은 아이이기 때문이다
누구든지 손에 사탕이 많으면 옆 친구에게 사탕을 줄 것이고
돌이 많으면 돌을 건네줄 수밖에 없는데
그런 맥락에서 빵을 때 때린 아이에게는 얼마나 많은 사랑이 필요 하겠는가

지나가는 길 엄마와 같이 가는 사탕을 몰래 챙겨주었던
그 사고뭉치 아이와 마주쳤는데 나를 보고는 고개를 끄덕이며 웃었다
마치 50대 아저씨가 『응 내가 너를 인정 한다』의 표정으로
어른들은 말썽꾸러기라 생각하지만 그 아이는 하늘을 꿰차고 있는 모양이다

한번은 두 아이의 싸움이 커졌다
한아이가 눈 옆을 6바늘이나 꿰매게 되었다
맞은 학생의 부모가 길길이 날 뛰었다
『야』 소리 한번 했는데 때렸다는 것이다
내가 야 소리 한번이지만 야에 그 아이의 날카로운 성격이 다 들어갔을
것이니 원인 제공했음이 맞아 보인다 얘기를 하니 수긍은 하면서도 그러나
지금 치료비와 10년 후의 성형 비까지 돈으로 변상하라는 것이다

때린 쪽 부모도 화가 났다
그도 그럴 것이 자기 자녀도 전에 그런 식으로 하여 눈 근처 12바늘이나 꿰맸는데
돈을 요구 한 적이 없다는 것이다
정말 화가 났는지 은행에서 10만원을 찾아 성의 없이 은행봉투에 보내왔다
보낸 돈에 화가 느껴졌다
나는 마음이 아팠다 나도 20만원을 준비했다 그리고 책을 한권 샀다
책속에 그 학부모가 보낸 돈과 내가 준비한 돈을 합쳐서 30만원을 넣어 포장해서
전했다 맞은쪽 학부모가 찾아왔다
돈에 감동했나보다
때린 쪽 부모를 만나게 해달라고 조른다
내가 대답을 할 수가 없었다
너무 그쪽 부모를 만나게 해달라고 만나서 고맙다는 말도 전하고
밥이라도 한 끼 먹어야 한다나 너무 졸라 하는 수 없이 말했다
『제가 마음을 얻었어요』
깜짝 놀란다
『그러세요~

책도 원감선생님이 준비 하신 거군요』

내가 원감선생님인데는 이유가 있다
나의 남편은 인생의 답을 책에서 찾는 일 따위는 하지 않는 것 같다
그러다 보니 내 가방끈이 조금 더 길다
학원을 차릴 수 있는 자격증도 나에게 있다
그런 이유로 남편을 나보다 낮게 할 수는 없는 일이다
하여 남편의 직함을 원장님으로 하고 나는 평이한 선생님이었다
그런데 같이 근무하는 선생님이 그러면 학부형하고 상담을 하기가 어려우니
원감 선생님하라고 하면서 선생님들이 붙여준 직함이다
그래서 내가 원감선생님이다
그러나 만약 학원에 문제가 생긴다면 난 늘 법적으로 책임질 준비를 하고 있다

아이들에게 한명 한명 눈을 맞추며 아이들 마음을 보석 대하듯 하니
어느 날부터 마음이 이 세상 최고의 보석으로 보이기 시작했다
시누이와 대화하게 되었을 때
저는 이 세상에서 마음이 최고로 이쁜 것 같애요
마음이 너무 너무 이뻐요
정말 보석같애요 보석이라고 말을 했는데
아무리 그 말을 해도 대답 없음이 못 알아듣는 것 같았다

나는 내 뱃속으로 낳은 우리 애들은 내가 강의하는 교실은 발도 들여놓지
못하게 하였다 혹시 우월감을 심어주지 않을까 염려되기에 그렇다
학원 건너편이 아이들이 다니는 학교인데 학교는 절대 찾아가지 않았다
왜냐하면 내가 남의 아이들을 맡아 돌보는 입장인데 내 아이 잘 봐달라고
학교를 찾아가는 건 옳지 않다 생각이 들었기 때문이다

그러나 딱 한번은 가야했는데 아들 3학년 때의 일이다
아들이 선생님께 매일 회초리로 맞고 온다는 것이다
물론 아들이 장난 꾸러기 일 수도 있다 그러나 짐작 가는 일이 있다
학교 운동회가 열렸을 때 남편이 5만원을 찬조 하였다고 했다
또 마침 운영회 회장이 남편 친구인지라 그리 하였을 거라 생각된다
운동회 찬조까지 하면서 담임선생님에게 인사를 드리지 않음에 매를 드신다
생각이 들어진다
어미로서는 아들이 매를 맞는데 촌지고 뭐고 따질 여력이 없다
최고급 선물세트 두 개를 준비하였다

똑같은 선물세트에 하나는 촌지를 넣어 3학년 담임 선생님께 가져다 드리고

하나는 아들이 2학년 때 담임선생님을 찾아가 선물세트를 전해드렷다
1학년 때 선생님은 학원 운영전이니 얼굴을 뵌 적이 잇어 걸리지 않건만
3학년 선생님께 인사를 드리려면 2학년 때 선생님께도 인사를 해야 함이
맞으므로 그리하엿다
2학년 담임선생님은 놀라며 지나간 학부형이 인사오기는 처음이라며
마침 급식시간이엇는데 식사를 하고 가라고 붙잡앗다
어렵고 민망한지라 사양하엿는데 지나간 학부형이 인사 왓다고 좋아하심이
마음에 남아 좋기는 하지만 그런 일이 일반적이지 않다함이니
마음이 아프기도 하다

세상에 아들 녀석 독후감 상을 받아왓다
아이들 일에 가능한 한 내가 앞서지 않으려 최대한 노력을 하지만
그래도 합동으로 나서서 도와주는 일이 잇다
미술숙제가 잇으면 그때는 식구들이 다같이 모여 색칠놀이를 같이 한다
일찍 재워야한다는 핑계이고 그 때라도 가족의 냄새도 맡고
집안 큰일은 서로 나서서 도와야함을 알려줄 수도 잇기 때문이다

이번에는 독후감을 써오라는 명이다
아들 녀석 처음 쓰는 독후감이니 내가 도와주지 않을 수가 없다
나도 학원 운영에 바쁘고 충분히 대화할 시간도 많지 않고
또 매를 맞게는 할 수 없고 해서 꾀를 한 가지 냇다
어린이용 과학서적을 꺼내놓고 사진 밑에 설명문을 고스란히 원고지에
옮기라고 알려주엇다
내용이 너무 많지 않아 아이가 베껴 쓰기 딱이다
그랫더니 세상에 그것가지고 독후감상을 받아온 것이다
등골이 오싹햇다
촌지의 위력이 이것이엇다니
다음에는 백대를 때리던 천대를 때리던 학교를 가지 않을 테다
다시는 학교를 찾아가지 않앗고 2학년 담임선생님이 교무실에서 말씀을
잘해주셧는지 더 이상 때리는 선생님도 없엇다

그런데 놀라운 것은 아들이 학년이 바뀌어도 계속해서 상을 타오기 시작햇다
그것도 창의적인 발상을 요하는 표어나 포스터에 두각을 나타냇다
한 번은 지구에 대해 그려오라 하엿는지
지구 그림에 붕대를 감아놓고
『지구는 입원 중』이라는 포스터를 도안해 놓앗다
표어도 기발하고 특이하여 상을 받아 오기 시작햇는데 여덟 글자가 넘어가
내가 기억을 못하니 좀 아쉽다
이리 글을 쓰게 될 줄 알앗으면 적어라도 둘 것을

집에서라도 주입식 교육을 받지 않아서 잇지 본인 스스로
독창적인 생각을 해 내는 것 같다

나는 아이들에게 위인전조차 사주지 않앗다
책을 읽으라고 강요도 하지 않앗다
위인전이나 책을 읽으라함은 아이에게 무언의 압력을 주는 행위라 피햇음이다
본인이 원하면 본인이 알아서 스스로 읽으면 그뿐이고 하지 않으면
또한 그것도 본인이 스스로 알아서 햇기에 아무런 문제가 되지 않는다
박사가 되고 의사가 되고 깡패가 되고가 문제가 아니라 깡패가 되든 의사가
되든 다만 본인의 주인은 본인이 되라는 마음에서이다

시누이가 집에 자주 오신다
시누이가 우리 집에 들어서면 들어서는 순간 집주인이 바뀐다
내가 배치해 놓은 가구도 이거 이 자리가 아니지 하며 다른 자리고 옮긴다
그러면 나는 그냥 가만히 잇는다
어느 날은 아들 방에 들어가시더니 책꽂이 위치가 틀리다며 자리를 옮기신다
내가 기절하며 막앗다
『안돼요 형님
  나는 아들 방에 켜잇는 불도 함부로 끄지 않아
  아이들 방 아무것도 손대면 안돼요』
놀란 시누이 멈칫멈칫 그대로 원위치화 시키고 나오셧다
아이들이 자기의 정체성이 확립될 동안 스스로 설 수 잇도록 뒤에 물러나
잇어 주어야 하는 일이 부모의 일이다
절대로 앞에 서서는 안 될 일이다

딸아이 초등학교 3학년이 되엇다
이제 손을 꼼지락 꼼지락 움직일 수 잇다
방학이 되엇다
『애들아 이제부터 너희들이 하루씩 교대로 설거지 좀 해
  엄마두 엄청 바뻐』
공부를 하건 말건 본인일이지만 집안일은 함께해야한다
나 손끝에 물 안 묻히고 자랏어라는 도도를 떨게 낳을 수는 없다
오빠와 티딕거리며 자기 몫을 해내는 모습이 재미지다

5학년이 된 아들 이제 어느 정도 자기 일을 해 낼 수 잇지 않을까
생일 되어 친구들을 초대햇다
자기네끼리 직접 만들어 먹으면 더 재미지고 신날 것 같다
떡볶이 재료를 사다 주고 나는 학원으로 내려갓다

친구들은 돌아갓고 어찌된 일인지 엉덩이가 하늘에 붙어 덩덩 날라 다니던
아들 녀석 갑자기 말이 없어졋으며 다시는 친구를 집으로 초대하지 않는다
갑작스런 요리 많아진 친구들 앞에 본인의 무기력을 느꼇던 모양이다
그 느낌 나중서 슬며시 눈치채져 엄마로서 너무 미안한지라 몸 둘 바를 모르겟다

어릴 적 그다지 싸우지 않던 남매가 매일 싸워댄다
나는 방문 뒤에서 재미지라 듣고만 잇다
아들놈은 어느 정도 이해도가 잇으니 놔두어도 될 것 같고 딸아이는 내가
막아서면 사회에 나가 위축될 수 잇으니 똥똥한 사람으로 자라게 하려면
논리적이든 말든 마음껏 대화를 하게 해주야 한다
실컷 싸우면 상대의 마음에 더 가까이 접근할 수 잇을 거다
다행히 아들 놈 주먹을 쥐지는 않는다

그래도 한번쯤 아이들 군기도 잡아야겟고 아빠의 권위도 세워주고 싶어
아빠에게 좀 때려주라 당부를 하였다
아빠가 두 아이들을 아들 방으로 데리고 들어간 후 방문을 닫앗다
잠시 후 아이들이 자지러지는 소리가 난다
아이들 군기를 잡는가 싶어 밖에서 좋아라 하고 잇엇다
그런데 이게 웬일
몇 년이 지나서야 그 날 방안에서 무슨 일이 잇엇는지를 알게 되엇다
아빠가 아이들을 때린 게 아니라 그 회초리로 아빠를 때리셧다는 거다
아빠가 니들을 잘못 키워 미안하다 하면서
아이들은 회초리가 아빠를 칠 때 자지러지는 소리를 냇던 것이다

6학년 된 아들에게 장을 봐오라고 돈을 주엇다
자기가 알아서 품목을 골라 사오라 주문햇다
문제없이 자기가 좋아하는 종류의 찬거리로 사왓다
친구를 만나 핫도그를 하나씩 사먹엇다고 한다
내가 눈을 동그랗게 만들며 한마디 햇다
『야 너 그거 공금횡령이야』
아이가 깜짝 놀란다
『응 공금횡령이 뭐야』
『내 돈이 아닌데 마음대로 쓰면 그 게 공금횡령이야』

받은 장난삼아 말햇지만 아들 진지하게 받아들임에 재미지다

아이들이 어린지라 학원 선생님들 회식에 따라나선다
나도 따로 어찌 해줄 수 없어 수업이 끝난 후 외식삼아 아이들도 데리고

간다 육학년이니 본인도 어른이라 생각할거다
아빠가 아들에게 술을 한잔 주었다
아들 술을 마셔서일까 이때다 싶었을까
짝궁 얘기를 꺼내려한다
흉이라도 볼 것 같다
아주 엄하게 꾸짖었다
정신 퍼뜩 낫을 거다
아마 이 다음에도 술 마셨다는 이유로 절대 흔들리는 일 없을 거다

6학년 아들 녀석 담임 선생님은
지난 해 딸아이의 담임이기도 하셨는데
격이 없이 아이들을 대하는 분이시다 딸아이 친구들과 선생님 집을
방문하기도 하였다고 했다
그 선생님이 학교에 어려운 일이 생기면 용규가 꼭 나서서 해결을 한다고
고맙다는 얘기를 하신다
아들 녀석 전교 2등을 하였는데 1등과는 점수 차가 많이 나는
2등이라는 얘기도 해주셨다

아들 녀석 중학생이 되었다
어느 한 날 아들 녀석 도시락을 놔둔 채 학교를 갔다
집 앞에 있는 학교를 다닐 때는 한번도 찾아가지 않고 아는 척을 안 했는데
길 건너 중학교이니 내가 잠깐 가도 괜찮을 것 같다
도시락을 들고 아들 교실로 찾아갔더니
아들 녀석 눈물을 흘린다
우리 엄마가 나를 위해 도시락을 다 들고 왔다며
ㅎㅎ 나 엄마 맞는데 재 좀 이상해

토요일 방에 누워있는데 아들 녀석 동생을 바닥에 앉혀놓고
당부의 말을 하고 있다
꼬깃꼬깃 천원을 손에 들고 동생에게 어디 어디 가면 50원짜리
아이스크림이 있노라며 품안의 돈을 넘긴다
조심조심 비밀을 전하듯 하는 품새가 정말 독립투사인줄 알겠다

길 건너 중학교를 가니 더 많은 세상이 눈에 들어왔나 보다
동생 그 귀한 돈 받아 폴랑거리더니 그 돈 쓰지도 않고 잃어버렸다
잃어버렸는지 말았는지 별 관심도 없어 보인다
그래도 나보단 낫을 꺼다
나는 오빠가 사준 시계 두 개나 날렸는데

사실 나도 일요일이면 외로와 눈물이 맺히기도 한다
먼저 살던 이웃의 집에 찾아갈 수도 있겠지만
내가 아쉬울 때는 찾아가고
그분들이 아쉬울 때 나설 수 없으니 차마 갈 수가 없다
또 그 분들과 만나면 나 솔직해야 하는데
그러면 어저께 우리 남편 집에 안 들어왔다는 말이 저절로 나올텐데
그럼 그 얘기를 들은 이웃들 우리 남편을 쳐다볼 때의 눈길이 연상되므로
입을 함구해야 하니 더더욱 집 밖을 나 설수 없다
또 나름 사업을 하다 보니 말이 함부로 새나가 신비감이 사라질까
두려워 몸을 조심한다

그러다보니 대화의 상대로는 멀리서 같은 학원을 하고 있는 원장들이다
이 때는 서로 어느 정도 허심탄회하게 대화를 나눌 수 있는데
주로 수업의 방향이나 사업에 관한 얘기가 주를 이룬다
그 외 사적인 얘기는 추석과 설 일 년에 딱 두 번 큰집 가서
사람구경을 하며 나와 나이가 비슷한 질부들과 대화를 나눌 수 있다
그 때는 그야말로 막혔던 소리가 봇물 되어 터진다
아무리 얘기해도 동네가 먼지라 우리 동네까지 소문이 올 리도 없다
명절 되어 큰집가기를 은근히 기다린다

평일이면 문밖 출입을 아예 못한다
하 골치 아픈 이유가 있다
건물로 나서면 현관 바로 앞에 구둣방을 설치해 놨다
그 앞을 지나가야해서 나가지 못한다
나 자랄 적 우리엄마가 남자 앞으로 지나가지 말라 했단 말이다
구둣방 안에 아저씨가 내가 나가면 분명 한번 더 쳐다볼게 확실하단 말이다
인사한번하고 지나간다고 될 일이 아니다
그 사람 시선이 내 등 뒤에 있음을 느끼며 걸어야 할 거란 말이다
자존심이 상하니 도저히 그리할 수는 없단 말이다
그런 점을 남편에게 얘기하니 바보 아니냐 일축하니
더 이상 말도 못한단 말이다
그래도 가고 싶은지라 한층 내려가 계단에서 밖을 내다보고
눈물을 찍으며 그냥 들어왔단 말이다
큰 어항에 갇혀 있는 물고기 같다
물속에서 뻐끔뻐끔 숨만 쉬는 물고기
어떤 때는 남편 주머니에 있는 도토리가 아닌가 생각이 들기도 한다
보이는 사람이라고는 그나마 남편뿐이니
나 고작해야 날마다 남편 가슴에 대고 일기를 쓰니

나 아무개에게 이리 해주엇는데 뭐시가 뭐시를 더 해주엇어야 하는 거 아냐 하고
날마나 남편 가슴에 일기나 써대니
나는 남편과 자주 싸운다
사람들은 자꾸 내게 남편과 안 싸울 것 같다고 한다
나는 속으로 그럼 무슨 재미로 살지라는 생각이 든다
체면이고 나발치고 차피고 포피고
내가 그 어디 가서 내 속마음을 다 늘어놓으며 덤빌 데가 잇을까
싸울 수 잇는 남편이 너무 좋기는 하다

싸울 때는 꼭 거실에 나가서 싸운다
아들이 들어야한다고 생각한다
동네 옥자엄마가 싸운 얘기를 전해줄 수 잇으면 우리가 싸우지 않거나
몰래 싸워도 되겟지만 상가건물 이다보니 동네와 단절이다
나라도 싸움의 도가니를 만들어 생생한 삶의 정보를 제공해야 한단 말이다

여하간 나는 아들이 듣게끔 싸워야한다
중학생 아들에게 학교 선생님이 그 건물은 네것이다라고 말씀을 하셧다는데
아무 생각 없이 인생의 좋은 것만 보면 안 될 것 같다
싸울 때는 내 감정을 아주 솔직하게 털어놓는다
싸울 때도 남편이 집안에서 최고의 왕이라는 생각을 품은 채 싸운다
절대 자존심을 건들지는 않는다
듣는 아들 혹시 아버지를 우습게 알면 큰일이다
생각하는 사람이 되라는 마음에서 효과용으로 싸우는 중이라 그렇다
빚이 많은 이유도 꼭 집고 넘어간다
내가 돈을 너무 모르는 지라 아이들은 돈을 좀 알앗으면 하는 바람이 잇다

싸울 건수가 생기면 조금도 밀리지 않고 꼭 싸워댄다
아마 아들 머리가 지끈지끈 할 거다
맬마다 싸우면 튀나가고 말겟지만 또 가끔 한 번씩 저리 싸우니 사춘기 핑계대로
집을 박차지도 못하고 아마 아들 녀석 사춘기 올 시간이 없을끼다
이놈의 집구석 내가 없으면 일 나게 생겻어 잘 지켜야지 긴장 좀 될끼다

싸우더라도 짬짬 짬만 날린다
절대 혹은 날리지 않는다
악착같이 핏대를 올리며 싸우다 마지막에 자존심 상함을 무릅쓰고
살짝 내가 꼬리를 내린다

냉 중 다자란 아들 한마디 해주긴 하엿다
맞어 엄마는 단 한 번도 다른 사람과 아빠를 비교한 적이 없어

ㅎㅎ 아들이 귀를 쫑긋 하기는 했나보다
그래도 아들에게 싸우면서 이곳이 무인도다 생각했다는 말은 해지 않았다
그래도 아들에게 싸울 때가 가장 조심스러워 존대어로 시작했다는 말은 해지 않았다

집안 아주버님이 부도난 회사에서 버린 거라며 1000개 조각 퍼즐 맞추기를
하나 가져다 주셨다
아이들이 테두리만 맞추다가 흐틀고 맞추다가 흐틀고 한다
내가 맞추기 시작했다
나도 학원 수업하느라 바쁜지라 틈틈이 할 수밖에 업다
두 달 걸려 거실 테이블 위에서 1000개의 조각이 완성되어 호랑이가
나타났다 그 때 딱 한마디 해 주었다
『무슨 일이든 시작을 하면 이렇게 끝장을 봐야 하는 거야』
며칠 후 아들 이리 얘기햇다
『엄마 그거 효과 잇더라
내가 책상에 5분을 못 앉아 잇엇거든
그런데 지금 30분을 앉아서 공부햇어』

아들님 중학교 2학년 때의 일이다
학교에서 연락이 왓다
힘이 센 아이가 잇고 그 아이가 모든 아이에게 폭력을 휘두르는데
그 아이가 시험 볼 때 우리 아들 시험지를 뺏다는 거다
알고보니 그 아이는 우리 아들과 유치원 동기이기도 하다
그 일을 수습하려 선생님이 학교로 호출 하신 거엿다

세상에 만상에 잘 되었다
내가 난리를 첫다
아들에게 학교에 다니지 말라고 야단을 쳣다
이 참에 그놈의 학교 때려치게 해야겟다
사람 발목을 잡고 잇는 학교
혼자서 돛을 달 수도 잇는 건데
이참에 자유로운 사상가의 아들이 될 수 잇겟다

선생님이 생각하셧던 것과 내가 반대의 방향으로 깃발을 돌리는가보다
선생님 아니라고 그래도 학교는 다녀야 한다고 나를 설득시키신다

아들 녀석 반장으로 당선이 되엇는데도 거절햇다는 얘기도 해주시고
학교 뒷 게시판에는 아이들이 뽑은 제일 고집 센 아이 이름으로
우리 아들 이름이 적혀잇음을 보여주시기도 햇다

아하 아들 녀석 학교를 때려치게 하려 햇는데
선생님이 말리시는 바람에 할 수 없이 참앗다
에이 우리아들 줄 따라 가야한다
아들 녀석 유치원의 또 다른 친구에게 반장을 양보햇는지
그 아이 엄마를 만낫더니 나에게 얘기를 해주신다
우리 아들이 그 집 아들 반장일 때 많이 도와주엇다고

중학생이 된 아들 여전해 독창적인 아이디어로 상을 곧잘 타가지고 온다
기발한 집을 만들기도 하고
해괴한 광고 디자인도 하고

아들 녀석은 그런대로 학교 수업을 따라가는데
딸아이는 오빠보다 조금 뒤처지기는 햇다
그럴수록 더욱 공부를 강요 해서는 안 될 일이다
아이들이 엄마에게 질문하는 것만 봐도 아이의 수준이 이해가 되엇다
아들 녀석은 한 번 질문을 하면 두 시간 정도 대답을 해주어야 될 만한 것을
묻는데 딸아이는 열 살이 되어도 단 답형으로 대답해주어도 될 만한 것만 묻는다
그럴수록 더욱더 강요를 하면 안 되겟기에 그저 놔둔 채 기다렷다
속마음은 더욱더 사랑하는 마음으로
그냥 화장실만 왓다갓다 해도 예쁘게 느껴진다

4학년이 되엇다
어느 날 학습지 하는 사람이 왓고 학습지를 권유햇다
그건 조금 호기심이 갓다
아이가 시험지를 들여다 보며 생각을 할 수 잇을 것 같기에
아이도 하겟다고 하여 학습지를 시작햇다
한 장을 펴놓고 들여다 보는 것 같다
또 모르는 척 해야한다

우리 학원 아이들은 99프로 자격증 시험에 합격을 시킨다
사실 거의 100프로로 다 합격 시킨다
딸아이 초등학생용 아주 제일 쉬운 시험에 도전하엿고
]다른 아이들은 다 붙엇는데 우리 딸아이만 떨어졋다
그 점을 내가 부끄러워 하면 아이가 기가 죽을까봐 내가 자랑을 하엿다
얼마나 자랑스러운 가 다 붙는데 내 아이만 떨어졋으니

이 때 중요한 건 속마음까지 자랑하는 마음을 가져야 한다
시험 출제자와 다른 생각을 하고 잇는 딸 얼마나 당당하고 자랑스러우냐

학교에서 시험을 보 다고 시험지를 가지고 왓다
『엄마 나 46점 받앗어』
내가 속마음이라도 부끄러워 하면 아이가 기가 죽을 것이다
내가 이리 말햇다
『어유 잘햇네 낙제는 안햇잖여』
『엄마 낙제가 뭐야』
『40점보다 못하면 낙제야 40을 넘엇으니 잘한 거야』
엄마가 아이를 칭찬할 때 잘햇어라고 말을 하면 안된다
잘햇어는 아기의 주인이 엄마라는 걸 무언으로 알려주는 행위이고
잘햇네는 주인이 시험 본 사람의 당사자임을 무언으로 알려주는
행위이기 때문이다
아이의 주인은 아이 자신이 되어야 하기 때문이다
그래야 최악의 상황에서도 자기 자신을 사랑하는 힘이 나올 꺼다
그래도 격려와 관심이 필요한지라
와 잘한다아 와 재밋겟다라고
마치 동생이 또는 친구가 부러워 하듯 말을 남긴다
와 잘한다아와 잘햇네 와 재밋겟다 앞에 단지 너라는 말을 감추엇을 뿐이다

그 무렵 학교 선생님이 컴퓨터를 배우러 우리 학원에 오셧다
그리고 우리 딸아이에 대해서 말씀하시기를
아이가 때가 하나도 안 묻엇다 라는 말씀을 하셧다
고마운 소리이기는 한데 마음이 아프기도 하엿다
그 말은 다른 아이들은 그렇지 않다는 얘기로도 들리는 일이므로

어느 날 딸아이가 말하기를
학교에서 보니까 다른 아이들은 공부내용을 다 알고 왓더라 알고 보니까
학원을 다녀서 다 알고 잇는 거더라
그러니 저도 보습학원을 보내달라는 거다
본인이 원하니 그러면 그러마 하고 학원을 보냇는데
그 달로 딸아이 90점을 받아왓다
내가 기절을 하고 학원을 끊엇다
여전히 46점을 받아왓으면 즐거워하며 계속 보냇을 것이다
문제 출제위원이야 그렇게 생각하든 말든 나는 이렇게 생각하겟다는
주관이 잇는 것이므로
그런데 가르침을 받 다고 바로 90점으로 올랏다는 것은
가르치는 사람의 말을 아무 여과 없이 바로 받아 들엿다는 뜻이다
이는 안될 일이다

1등이 되건 꼴등이 되건 그건 아무 문제가 되지 않는다
다만 스스로 생각하는 사람이 되어야 한다

학원을 끊은 후 엄마표 개인 과외가 시작 되엇다
아이가 무언가 물으면 계속 말도 안 되는 대답을 해주엇다
이걸 물으면 저걸 대답 해주고 저걸 물으면 이걸 대답해주고
계속 전혀 상관없는 엉뚱한 소리에 약간 개그적인 요소를 가미해주엇다
스스로 왜 그럴까 생각할 시간을 주기 위해서
그리고 딸아이에게 가르쳐 주어야 할 것이 잇으면 아들에게 얘기한다
아들은 자기 것이 아니므로 스트레스 없이 들어주고 딸아이는 분명 자기
것인데 오빠에게 얘기를 하니 귀를 쫑긋 기울이며 스트레스 없이
어깨 너머로 배울 수 잇고
2년 동안 계속 되엇다
2년이 지나 6학년이 되자 딸아이 드디어 간파햇다
아이가 묻는 질문에 또 엉뚱한 답을 주자
『그만해 그거 아니야』 하고 잘랏다
그리고 며칠 후 쇼파에 자리 잡고 앉아 따지기 시작햇다
『엄마 엄마는 왜 나에게 공부를 강요하지 않아
나는 오빠보다 공부를 못하는데 왜 나에게 공부하라는 소리를 안 해
나한테는 기대도 안하는 거야』
『무슨 소리야 너가 우리 집에서 노래를 제일 잘하는데』
그것 가지고는 딸아이 받아들이지 않앗다
『봐봐 너가 우리 집에서 제일 잘하는 것이 또 잇어
피아노를 제일 잘 치잖아』
그 때서야 아이가 조금 수긍하는 듯 보엿다
『엄마는 너가 1등을 하던 꼴등을 하던 똑같이 사랑해
생각해봐 너가 꼴등을 한다고 엄마가 너를 들어다 버리겟니』
그제서야 딸아이 수긍을 한다
그러더니 앉아서 이를 갈 듯 부르르 떨며 혼잣말을 하엿다
『나는 노력 밖에 없어』
ㅎㅎ 6학년 딸아이 사실 피아노 바이엘 치고 잇엇다
그건 다른 집이라면 1학년 수준 그러나 우리 집에서 만큼은 최고의 실력
그리고 방에 들어가 공부를 하기 시작하는 데
속마음은 칭찬을 해주고 싶지만 그러지 않앗다
그러면 놀 때 야단치지 않은 것이 거짓이 되는 일이므로

누구나에게 비밀이 잇듯이
아이에게도 비밀의 영역이 잇어야한다

뻰과 옷은 기꺼이 가서 키득거리며 사지만
공부만은 절대 터치하지 않는다
공부는 아이의 인생이 걸린 문제이기도 하다
그러므로 그건 그 아이의 아주 소중한 비밀이기도 하다
공부를 하던 안하던 그건 그 아이가 결정해야할 몫이다
내가 함부로 들어가선 절대로 안 될 거란 말이다
비밀의 영역을 소중히 지켜주고 잇는 중이다

그래도 딸아이의 고집을 꺾는 때가 딱 한번은 잇다
방을 청소를 하거나 말거나 꿀등을 하거나 말거나 오빠와 싸우거나 말거나
뒤에 물러서 잇는데 한 가지는 꼭 싸워 딸을 이겨야 하는 게 잇다
옷 문제다
무슨 바람이 들었을까
멋을 알게 된 걸까
여름이면 겨울옷 겨울이면 여름옷 입겠다고 떼를 쓴다
이거 입으면 추워서 감기 걸려서 안 돼
그런 이유 잇는 말이 통할 리 없다
아이의 막무가내 떼 앞에서는
그럴 때는 그저 목소리 큰 사람이 이기는 거다
『안 돼』『절대 안 돼』『그건 절대 안 돼』
목소리와 인상을 한번에 구겨내야한다 아주 단호하게
도무지 칼바람 불어대는 겨울에 야실야실 원피스를 입혀 내보낼 수가
없단 말이다 생명과 직결되는 일이란 말이다
아이의 방 앞에서 실갱이하다
그래도 몇 개중 그중 하나 지가 폼 재며 고른다
『그럼 이건 아니고 이거 입을 거야』

아침밥은 일찍 먹는다
중학생이 된 아들과
차량운행 하는 아빠와 같이 온가족이 아침을 일곱 시경에 먹는다
나는 열한시경 학원 출근이므로 아침식사를 하고 다시 눕는다

딸아이 거실에서 천천히 텔레비전 보고 잇다
나 방에 가만히 누워 딸아이의 기척소리를 챙기고 잇다
마냥 마냥 텔레비전만 보고 잇다
나도 가만가만 누워만 잇다
『야 빨리 학교 갈 준비해』
라는 말이 목구멍까지 올라오지만 그냥 누워잇다
그 소리를 참고 잇자니 나중에는 그렇게 마냥 마냥 텔레비전만 보고

잇는 딸아이가 우습기도 하다
학교 도착시간 10분전이 되면 갑자기 후다닥 소리가 낫다가 현관문 닫는
소리가 낫다가 다시 한번 급하게 현관문을 열고 들어와 후적거리는 소리를
냇다가 다시 한번 현관문 쾅 닫기는 소리가 들리면 그제서야 딸아이 학교에
갓다는 신호다
단 한번도 빨리 준비해서 학교가라는 소리 하지 않는다
지각을 하건 말걸 그건 아이의 몫이다
지각도 해봐야 그 묘미를 알게 될 테고 지각한다고 세상이 뒤집어 지는 것도
아니고 그러나 그 아이의 생각을 내가 앞서거나 꺾으면
그거야 말로 세상이 뒤집어 지는 일이므로
그냥 가만 가만 누워서 딸아이의 기척소리만 챙기고 있다
아 빨리 좀 서두르지 말해야겟다 생각이 안 나는 건 아니다

딸아이 다시 학원을 선택햇고 힘주고 왓다리 갓다리 하고 잇다
어느 날 화가 난 목소리로 내게 말을 햇다
『엄마 친구들이 개울에 고기 잡으러가자고 하는데
나는 못 갓어 학원 때문에』
내가 큰소리로 말을 햇다
『무슨 소리야 학원이 문제야 가서 고기를 잡아왓어야지
고기 잡는 방법을 배워와야지』
아이의 눈이 동그래 졋고 다음날은 고기를 잡으러 갓다
며칠 후 내가 고기 잡으러 또 언제 가느냐 물엇다
딸 볼멘소리로 말한다
『그 때 엄마 말 듣고 고기 잡으러 가서 학원 수업 하루 빠먹엇는데
그거 따라가느라고 얼마나 힘들엇는 줄 알어』
다시는 엄마와 상의도 하지 않는다
이제 더 이상 엄마라는 동물은 믿어서는 안 되는 존재라고
뼛속깊이 생각하는 것 같다

야 이 녀석아 낭중에 개울 가봐라
개울물에 수학문제 뜨는 줄 아느냐
물속에 고기만 돌아다니더라
어렷을 적 고기를 안 잡아봣더니 엄만 지금도 못 잡는다
이담에 고기 한 마리 얻어 먹을랫더니
으이그 그놈의 수학문제 때문에 고기잡이 조기교육 다 망쳣다
(저 역시 아직 생명을 모르던 시기 이와 같은 만행을 용서하여 주시옵소서)

딸아이 중학생이 되자 얼굴이 활짝 피엇고 즐거워서 어쩔 줄 모르는 표정이다
그리고 한마디 더 햇다
『엄마 나 재미잇게 키워주셔서 감사해요』
친구들과의 대화에 재미잇게 대답을 하게 되엇고 인기도 올라갓는가 보다
행복한 표정이 되어서는 샤프를 다섯 개씩 산다
친구들 빌려줘야 한다며
빌려간 친구들이 되돌려 주는 일이 없어 아예 챙겨서 사고 잇다
중학교 2학년이 되자 학교 선생님이 아이가 너무 떠드니 주의를 주라 전화가
왓는데 아이의 얼굴은 다섯 살 아이마냥 행복이 철철 넘쳐 보엿다

딸아이가 나에게 엄마 몇 시에 일어나는가 묻는다
다섯 시에 일어난다하자 그럼 저는 네 시에 일어나겟노라고
다음날 네 시에 일어나더니 미역국을 끓엿다
엄마 생일이라고 컴퓨터를 뒤져가며 미역국을 끓여 놓앗다

나 중학교 2학년 때 내 엄마를 잃엇는데
딸아이 중학교 2학년 되어 내 미역국을 끓여주다니
이 미역국은 특별하고 특별한 미역국이다
내 생일 되어 처음으로 받아 본 미역국이다

아기 때는 생활이 어려워져 건너뛰엇다 하고 결혼 후는 남식오빠를 그리 보내
마음이 아픈지라 내 생일만큼은 챙기지 않겟노라 마음먹어 그렇다

그렇다고 생일날 납치해온 남편도
전날 까지 돈을 펑펑 쓰다 내 생일만 되면 백 원도 없다며 그렇게 건너뛰니
사실 남편에게 섭한 마음 가득이다

그러나 가슴이 메마른 건지 이미 벽으로 둘러싸인 건지
생에 처음으로 받아본 미역국이 고마워 눈물이라도 맺혀야 하건만
논리적으론 딸아이가 고맙고 신기하지만 내 어느 감각도 열리지 않는다

경식오빠가 내게 정수기를 사서 보냇다
아무래도 병원 다니던 환자분이 오빠에게 팔아 달라하니 내 것까지 삿는가
보다

내가 정수기가 잇으니 큰집이 걸린다
아주버님이 매일 약수 물을 떠 나르심이 힘들어 보인다
어머님은 내게 아주버님 한복을 해드리라는 부탁을 하셧는데
한복은 실용적이지 못하니 정수기로 해야겟다

생각보다 상상도 못하게 비싼지라 3년 할부로 햇다

새로 나온 옥돌 전기장판을 삿다
사용해보니 뜨끈뜨끈 너무 좋다
어머니 대신 큰집에 이 장판을 사서 보내야겟다
이제 어머니가 내준 숙제를 조금 한 것도 같다

남편이 학원에 에어컨도 큼직하니 새로 들여놓고 교실마다 에어컨을 달앗다
2층도 남편이 소개하여 새로 달앗다한다
에어컨 판매 여성이 남편에게 점심을 산다고 햇단다
내 상식으론 도무지 이해가 되지 않는다
어찌 부부가 같이 일하는 직장에 남편만 불러내 점심을 살수 잇는 건지
아무리 내가 바보같이 생겻어도 그렇지
그렇다고 그런 얘기를 입으로 꺼낼 내가 아니다
그리고 펄쩍 뛰엇다
『돈은 자기가 내』
남편 의아하게 생각한다
그래도 펄펄 길길이 날뛰엇다
『돈은 자기가 내
여자에게 밥값 내게 하지 마
절대 돈은 자기가 내』
절대 여자와 같이 자리를 하지 말라는 소리 하지 않앗다

이왕 남편과 여자얘기 나왓으니 조금 더 늘어 놓을란다
어느 여름날 저녁 동네 어른 접대하고 그 분들 돌아가고 난 뒤에
근처 사는 여성이 불켜잇는 우리 집을 보고 들어왓다
그 여성에게 저녁 대접을 하고
내가 배도 부르고 하니 산책을 하자 하엿다
남편과 그 여성 나 셋이 산책을 하엿는데
남편 술을 한잔 하자 한다
한잔 술을 가볍이 어깨에 스윽 걸치고 나왓다
이번엔 그 여성이 노래방을 가자한다
술은 그다지 많이 마신 것 같지 않지만 또 각자의 주량이긴 하니
이제 헤어져야 하는데 그 여성 집으로 돌아가지 않고 자꾸 다른 곳으로 가려한다
사무실 뒷정리를 해야 한다며
열두시가 가까이오니 여간 신경 쓰이는 게 아니다
안전하게 집으로 들어가는 걸 보아야 마음이 놓이는데
나는 들어가 설거지를 해야 하니 남편에게 집으로 들어가게 하라 하고 들어왓다

멀지도 않은 바로 이웃이고
우리 남편 꼭 누구든지 집까지 안전하게 모시는 걸 의히 알고 있고
설거지를 한참하고 남편 돌아올 시간이 지났는데 도무지 들어오질 않는다

불안하여 밖으로 나가 기다리다 초조해지는 지라 성모송 기도를 외우기 시작했다
헤구머니나 남편 그 여성 집에서 커피 잔을 들고 나온다
에구 날도 더운 여름인데 그 아가씨 집에 들어가 커피를 마시면
현관문을 열어 놓은 채 마셔야한다는 생각이 든다
아주 기분 나쁘다
취했다는 이유로 돌리고 싶지 않다
나 그 일로 절대 직접적인 취조하지 않는다
취해 들어온 남편 몸을 곱게 닦아 드렸다
그 때 드는 생각이 어머님의 귀한 손길이 떠올랐다

다음에 또 셋이 맥주를 한 잔 할 기회가 있었는데
그 여성 공교롭게 마주 앉게 된 남편에게만 건배를 하고
남편이 꼭 신경 써서 나에게도 건배를 한다
남편 아무것도 기억 안 나는 일이라 잡아 떼었지만
맥주잔 건배 자꾸 내 컵에 갖다 부딪친다

딱하나 더 꺼내고 여자 여자 여자 얘기 마무리 질꺼다
남편과 밖에서 점심할 일이 있어 한식 부페 집에 들렀다
갑자기 젊은 여자가 울 남편을 보더니 숨넘어갈 듯 반가와 한다
눈짓하며 나 누구냐고 묻는다
나 이래 대답하였다
『저 오늘 처음 만난 사이예유 부담 갖지 마셔유』
아뿔싸 정말 부담 갖지 않는다
딱 붙어서 이얘기 저얘기
자기 전화번호 주고받자 명함 찾고 난리가 났다
남편 민망한지 아내와 어디 갓다 오는 길이라 밝혔다
그러거나 말거나 그 여성 울 남편과 할 말이 너무 많아 보인다
식탁도 나 따로 앉아야 할 것 같다
그래도 남편이 식판을 들고 내 자리로 와 나와 같이 식사를 하였다
그 여성 자기와 동행한 여성과 저쪽에서 식사를 하고 있다

이번엔 은근 분하고 기분 나빠진 내가 복수를 할 차례다
우리 먼저 일어 설 때 남편에게 그 여성 들리게 이리 말하였다
그 부페 식당은 커피를 따로 내려서 팔고 있는 곳이다
『옹구: 아빠 저쪽 자리에 커피 좀 대접해 드리고 가』

남편 엉거주춤 그리하였고
그 여성 그중 그래도 비싼 냉 아메리카노어쩌구 저쩌구 시켰다
그리고는 벌떡 일어나 내게
『사모님 고맙습니다』 하고 90도 각도로 허리를 굽혔다
같이 동행한 여성은 고개 푹 숙인 채 숟가락질만 한다

허이 쩝쩝 왜 남의 남자에게 그리 친한 척 말을 많이 한다냐
에이 씨 그러지말라야앙
나 눈 뒤집혀 나온다앙
조신하게 인사만 주고 받아라앙
여자들이 더 난리라고 소문 다 났다앙

근처 건물에서 학원을 하는 원장의 남편이 금호국민학교 출신이라한다
나이도 나와 같다고 알려주었다
그래도 나는 늘 조심을 한다
부인이 나에게 남편과 친구이니 말을 놓으라는 말을 해주었다
그러나 절대로 있어서는 안 되는 일
우리 엄마 아시면 날벼락 떨어질라
우리 할아버지 아시면 불벼락 들고 달려오실라
남녀 칠세는 부동석이라 했다
절대 안 될 일이다
가까울수록 조심하고 또 조심해야한다
개다가 남자만 보면 심장이 벌렁거리는 나인데
사람들은 내가 조신해 고개를 숙이고 다니는지 알거다
난 눈만 마주치면 벌써 심상이 벌렁거린다
저만치 오는 사람에게 벌써 마음이 녹아내려
그자를 끌어안고 죽고 싶은 마음이드니 고개를 숙이고 땅만 보고 걷는다
남자와 마주보고 밥을 먹는데도 감정이 일어나지 않는다는 건
냉혈인 아니고서야 있을 수 없는 일인 것 같다

영어학원 영어 발표회를 농협에서 하였더니 무슨 통장을 개설하라 한다
집에도 많은 것 같던데 하며 하나 개설하였다
집에 통장 갯수가 아주 많다
남편 과자 장사 할 때 납품을 농협에 하였기에 통장을 여러 개 개설 하였기에 많다
어느새 열 개가 넘어진 통장 보기만 해도 부자가 될 것 같다
매달 보험 공제금 돈이 얼마씩 나간다
어느 한 날 가만히 앉아서 통장을 들여다 보았더니
어머나 세상에

전부다 남편 사망하면 돈이 피글피글 나와 내가 엄청 부자 된다는 내용이다
나 기절하고 놀라 남편에게 나 자기 죽으면 돈 벼락 맞고 싶지않다
다 해약해 달라 사정사정하여 다 해약하였다
사람 죽어 사라지면 죽을 고생하며 돌아간 마음에 품어야 할 것 같다
사람 떠나고 없는 자리 앉아서 돈을 센다는 것은 상상도 못할 일이다

이런저런 매월 카드 할부금이 500만원이다
영어학원 투자비용을 거반 다 카드로 해결하였더니 그리되었다
영어는 힘을 발휘하지 못해도
컴퓨터에 학원생이 워낙 많은지라 하루도 밀리지 않고 카드 값을 해결하고 있다
가장 긴장하고 있는 것은 선생님들의 월급이다
단 한번도 하루도 밀린 적이 없건만 그 날까지 늘 긴장하고 있다
직원들의 월급은 내 아기의 분유 값과 같은 느낌이 들기 때문에
조금의 차질도 빚지 않으려고 신경을 곤두세운다
중간 중간 그만두는 직원들은 그때 그때 형편에 맞추어
내 성의껏 봉투를 하나 더 담았다
떠나는 사람 따뜻함으로 돌아설 수 있도록
성의 없이 수업을 한 선생에게는 마음이 우러나지 않으니
그럴 때는 나도 준비하지 않는다

학원에 실습 나온 학생에게도 봉투를 준비해주었다
대학을 졸업하는 이웃집 학생이 학교에서 실습을 해야 한다고
부탁하여 학원에서 실습을 하게 해주었다
실습을 마칠 때 봉투에 실습비를 담아주면서
나 살고 있는 최고의 비밀을 알려 주었다
『사람과의 사이에서 절대 손해를 봐라
그래야 그 사람의 마음을 얻을 수 있는 거야』
무슨 소리냐고 말도 안 되는 소리라고 일축하며 학생이 말을 받았다
그리 생각하는 학생을 나 또한 이해하기 힘이 들었다
어찌 정의를 품고 사회를 나오는 젊은이가 너무나 당연한 이 말을 이해를
못하다니 난 기껏 최고의 비밀을 알려주었구만

그리고 나머지 돈은 은행에서 들어왔다 은행으로 저절로 돌아다닌다 왔거나
갔거나 신경 쓰지 않아도 이자고 카드 값이고 저절로 알아서 들락거리고 있다

학원생 중에 아이가 셋이거나 학원비가 밀리면 실수한 척하며
한 달씩 쏙 지워주기도 한다
그래야 좀 마음이 편안하다
그런데 자녀가 하나이면서 내가 모를꺼라 생각하고 낸 것처럼 넘어가려 하는 부모가

잇기도 하다 그럴 때는 단호히 처리한다
나의 디디한 결단력으로 그 분을 습관 들게 하는 것 같아 타협하지 않는다
나 돈에 굴복하지 않는다

처음 접수하는 학생은 며칠치 학원비를 양보하여 등록시키고
대신 모든 수강료를 말일 기준으로 납입하게 만들었다
컴퓨터는 상담 오면 100프로 다 접수를 하는데
영어는 20프로 정도 접수를 한다
비교할 영어학원이 많이 생긴데다 내가 영어에 미쳐있지 못함에 그런 것 같다
그럴수록 투자되는 돈이 늘어난다
자신 없는 부모가 자식에게 끝없이 돈을 투자하듯 내가 계속 영어 학원을
돈으로 메꾸어야하는 지경이다 영어 도서관에 최신식 놀이방까지
컴퓨터 선생님들에게 늘 미안하다
학생 수에 비해 월급을 넉넉히 주지 못함에 부담을 안고 있다

그렇게 그렇게 500만원씩 되는 할부가 다 끝났다
내가 학원으로 진 빚은 이제 다 갚는 거다
남아도는 500만원으로 집에 가구한번만 들여놓고
선생님들 봉급도 올려주고 착실히 모아 건물 빚을 갚을 차례다

가구를 바꾸어야겠다
큰 올케언니가 사준 저 장롱이 신경 쓰인다
건물 지을 때는 허례라 생각되어 장만하지 않았는데 올케언니와
등을 진 사이라 장롱을 대하기 불편하다
게다가 장롱을 살 때 언니는 악착같이 값을 깎았다했는데
그 게 늘 신경이 쓰인다
장롱을 판 사람도 행복하게 해주고 왔어야하는데 장롱 판 사람의
신경질도 농에 붙어있는 느낌이다 처음부터 돈에 맞추어 싼 걸 고르던지
아님 다른 물건을 줄이든지 했으면 좋으련만 어쨌든 올케언니와 장롱을 판
사람의 찌그러진 얼굴이 붙어있는 저 장롱 바꾸어야겠다

일요일 남편과 종일 가구점을 헤매고 돌았다
가구점에 먼저 한파가 닥친 건지 거리가 썰렁하다
무엇이 마음에 드는지 찾아내기가 힘이 들다
종일 헤집고 다니다 그래도 제일 처음에 본 가구점에 되돌아왔다
손잡이 없는 묵직한 느낌의 가구에 그나마 조금 마음이 열린다
마음에 드는 바나나색 대리석 식탁도
중후한 멋의 물소 쇼파도 다 같은 집에 있다
깨끗하게 5백만 원에 덩지 큰 세 가구를 배달받았다

바나나 대리석식탁이 나를 거만한 자세로 만들어준다
내 엉덩이가 뾰족허니 올라간다

다음 날 학원에 출근을 하엿다
선생님들에게 바나나 식탁과 손잡이 없는 장롱을 자랑할 생각에 신이 난다

그러나 학원에 들어서서 나는 입을 딱 다물어야 햇다
버글거리던 학원생이 다 어디가고 학원이 깨애끗 하다
학생이 다 빠져나간 거다
컴퓨터실에 선생님이 멀쑥해진 얼굴로 나를 바라보앗다
장롱과 새로 산 식탁얘기는 꺼내보지도 못햇다
식은땀이 후줄근 뒤로 돌아간다
근처에 잇는 실업 고등학교가 인문고로 바뀌어 컴퓨터를 배울 사람이
한번에 쏵 빠져나간거다
초등학교에서 방과 후 수업으로 컴퓨터를 하고 잇어 학원에서
할일이 없어진 거다
그나마 할부금 다 끝난 뒤 일어난 일이라 감사할 뿐이다
내가 없어질 거라 한 예상을 미루고 3년이나 더 지속되어줌에 감사하다
영어학원 확장으로 인해 컴퓨터 선생님들만 고생시킨 게 미안한데
불평도 안하니 더 미안하고 고맙다

선생님들이 모여 까르륵 거릴 때 남편이 『보기 좋아 보인다』하자
『다른 학원 원장님은 선생들이 모여 잇으면 싫어하는데 여기 원장님은
이상해요』라는 말을 앞으로도 계속 들을 수 잇을지 모르겟다
아무리 빠져 나갓어도 영어 학원보다는 컴퓨터 학원의 인원이 아직은
많이 잇기는 하다 퉁퉁 돌릴 능력이 빠져 나가 그렇지 끌고는 나간다

선생님 한 명이 근처 컴퓨터 학원이 문을 닫앗다며
이제 우리학원으로 올 거라며 좋아하며 내게 말을 전햇다
내가 허허 웃엇다
『그 학원이 잘되어야 우리학원이 잘되는 거야
그 학원이 문을 닫앗다면 다음은 우리차례 인거야』
선생은 전혀 받아들이지 못하는 눈치다
그 학원이 철철 넘쳐야 그 다음 우리 학원이 채워지는 걸 왜 모르는 척 하는 건지
남양주시에 살면서
남을 먼저 챙기는 양의 마음이 주가 되어야 다 살아난다 알려주는 남양주시에 사시면서

성당을 갈 시간을 낼 수는 없다

일요일이면 자격증 시험을 보러 다니기도 해야 하고 늦게 공부하여
학원을 끝나고 나가려니 늘 손에서 책을 놓을 수가 없다
금요일이면 가슴이 두근두근하다
금요일부터 밤을 새워 공부를 할 수 있다는 생각에
내가 일하는 시간은 하루 25시간이다
성당에 갈 시간은 낼 수 없으나 늘 마음 끝이 성당에 붙어있다
하느님이 계신지 안계신지 알 수 없지만 내가 살아있음에 내 생명이 있음에
생명의 근원에게 인사하는 차원에 마음의 꼭대기는 성당을 향하여 있다

길에 물건이 떨어져 있는데 아무도 내가 주인이라 하지 않는데
그 어느 자가 나타나 내가 주인이라 하면 그가 주인인 것과 같다

아무도 사람이 어디서 왔는지 모르는데
굳이 본인이 창조했다 우기니
믿어지지는 않으나 나 생명 되어 있으니 그냥 머리 숙이는 마음으로 성당을 품고있다
나 나이 오십 살 되면 성당사람 할 꺼다
계속 마음속으로 주문을 외웠다
성당 가방도 끼고 다니고
봉사 다니는 사람도 따라다니고
허리 잘록 엉덩이 펑퍼짐 치마입고
나 오십 살 되면 성당사람 할 꺼다

한 여성이 모집광고를 보고 면접을 보러왔다
프랑스에서 영어를 전공하였다한다 이름 안순이
지금 슈퍼에서 일을 하는데
추위 견딜 수 없는 얘기도 솔직하게 하는 모습이 신선하다
종교는 천주교라는 얘기를 한다
성당을 다닌다는 얘기에 아뭇 소리도 못하고 채용을 하였다
이 여성 정직하고 반듯함을 알겠는데 융통성이라고는 요만큼도 없다
엄마들이 선생님 좀 바꿔 달라 요청이 들어왔다
그러나 내가 나가지 못하는 성당을 대신 나가주고 있어 함부로 어찌해볼 수가
없다 선생님이 애교스럽질 않아서 그렇지 비겁한 성품은 아니라 더 그렇다
학원생이 끊어져 나가건 말건 선생을 품고 있다
영어학원인지라 아이들 다 영어이름이 있고 선생님도 영어식으로 이름을 부르고
있다 나도 영어이름이 필요하게 되었는데 안순이 선생이 내게도 이름을
지어주었다 그동안도 아이들에게 영어이름을 턱턱 잘 지어주었는데
내게는 허리를 숙여 교실 비질을 하면서 이리 말을 하였다
스카이로 하세요 스카이 sky 뒤에다 e를 하나 더 붙이세요 skye

뜻하지 않게 받은 이 귀한 이름에 가슴이 벅찬지라 순간 숨이 멎는
느낌이었다 팔이 밑으로 쭉 내려진 채 몸도 잠시 멈추어 서 있었다

그동안 믿고 맡겨왔던 집안 손주 영어선생이 공무원 시험 준비를 하겠노라고
몇 개월 후에 학원을 그만두겠다 통보를 하였다
유학을 다녀온 대부분의 선생님들은 마음이 공중에 떠있는지라
아이들의 눈높이를 맞추지 못하는데 비하여
아이들 한명 한명 챙기며 수업을 잘해주었는데
그만둔다하니 내가 더 신경을 써야하게 되었다
다른 영어선생들 통솔하는데 내 힘이 더 강해야함이 필요하게 되었다

이일을 어찌 뚫고 나갈꼬

통장을 열어보니 잔고가 6백만 원이 있었다
남편에게 허락을 구하고 캐나다 캘거리로 어학연수를 준비했다
별것도 아니건만 나이들은 아줌마가 과감히 학원과 아이들을 놔둔 채
비행기 표를 끊는 그 패기에 선생들 바로 공손모드를 보였다

비행기에 오르니 드디어 온전히 내시간이다
준비해온 회화 책을 쉬지 않고 보고 있다
그거 읽는다고 당장 어찌 되는 일도 아니건만 나는 마음이 급하다
옆 좌석에 앉아계신 할머니가 주책 맞은 나를 보고 대단하다는 말을 해주셨다
벤쿠버에서 캘거리행 비행기에 오르는 순간 이상하게도 친정 아버지 품으로
가는 느낌이 들어 안도의 숨이 내쉬어졌다
비행기 옆 좌석에는 젊은 청년이 있어 인사를 나누었더니
한국 친구가 아니라 일본 친구였다
나와 같은 어학원에 가는 중이라 이런 저런 대화를 영어로 나누며 갔다
가자마자 낯선 환경 낯선 아파트에 놓이자 두려움이 몰려왔다
집에 전화를 걸었는데 딸의 목소리가 들리자 엉엉엉 대성통곡 눈물이 나왔다
『엄마 왜 그래 왜 그래』
갑자기 쏟아진 눈물에 창피하고 당황되지만
딸 엄마가 고생한다 생각하여 엇나가지 않을 것 같기는 하다

첫날 어학원에서 오렌테이션을 하고 각자 집으로 가라고 했다
길도 말도 낯설고 헤매며 집을 찾아가는 길이다
한국인을 피하며 마음씨 좋아 보이는 외국인에게 계속 묻고 있다
얼마나 헤맸는지 어두워질 무렵 드디어 내가 거주하고 있는 아파트에 도착을
하였고 놀랍게도 아파트입구에 우리학원에서 근무를 하던 선생 일라이가 나를
기다리고 앉아있었다

얼마나 반가웟던지
다른 외국인 선생들도 다 학생들에게 잘햇지만 이 친구는 특히 더 학원에
투자를 하며 잘햇던 친구이다
내게 한국이름을 지어달라하여 이태식이라는 이름을 지어주기도 햇다

아파트에는 전화기가 한 대 잇다
전화기를 걸면 안내 멘트가 나오는데 계속 반복하여 듣고 잇다
끝까지 끝까지 계속 들으니 나중에는 단어 뒤에 붙어 잇는 토씨까지 캐치할 수
잇엇다

어학원 수업은 주로 프로젝트 위주의 수업이다
어떤 주제를 정해 각자 원하는 것을 연구하여 발표하는 수업을 위주로 한다
앉아서 수업을 하고 잇지만 잠 삼매경이다
눈을 뜨고 잇지만 자고 잇는 것이다
시차 적응하는데 거의 한 달이 소진되엇다

한국 학생들은 대부분 홍청망청 수업을 한다
반면 일본 학생들은 집중하여 수업을 열심히 한다
왜 그런가 곰곰이 살펴보니 일본 학생들은 본인이 돈을 벌어 그 돈으로
수업을 받고 잇고 한국학생은 부모에게 돈을 받아서 수업을 하고 잇는 거엿다
한국학생의 행동 주체는 부모님이고 일본학생의 주체는 자기 자신이라는 얘기다
비행기에서 만난 일본 남학생은
일본 여학생에게 대단히 권위적으로 대함에도 놀라웟다
사귀는 여자친구가 아니라 그냥 같은 학생임에도 절도 잇게 대하고
여학생도 마치 상전을 대하는 태도를 보엿다
하 저래서 일본 여성이 배용준을 찾는구나하는 마음이 들엇다

멕시코에서도 영어를 배우러 온 학생들도 많이 잇엇다
멕시코는 스페인어를 사용한다고 한다
과거 스페인에 점령당한 적이 잇어 그 이후 그 말이 언어가 되엇다 한다
이상하기도 하다 얼마나 원주민을 몰살하엿기에 언어까지도 말살시켯을까

한 달 후에는 한국에서 경식오빠의 초등학교
6학년이 된 둘째 딸내미 소리가 혼자 캘거리로 왓다
장기 유학을 계획하고 왓다
바로 홈스테이로 가야하지만 사정이 생겻다고 어학원측에서 날보고
한 달 데리고 잇으라는 얘기를 햇다
대신 한 달치 숙박비를 내게 주겟다는 거다
내가 한 달 데리고 잇기는 하나 돈은 받지 안켓다고 하엿다

그러면 내가 가고 난 뒤 혼자 남은 조카딸을 보는 시선이 따뜻할 거라는
생각에서 그리하엿다

조카딸 소리와 은근 전쟁이 시작되엇다
이 친구 나를 룸메이트 자격으로 봐야하는데 밥해주는 아줌마로 알고 잇다
거침없이 요구사항을 쏟아낸다
우리 딸 단 한번도 내게 하지 않던 표현들
사실 처음부터 조카딸의 기선제압에 놀랫다
캐나다에 도착하고 사흘 째 되는 날부터 아침에 자고 일어나 방귀를 뀐다고
화를 내기 시작햇다
나 2번 3번 척추가 아파 딱딱한 바닥에서 자야하고 아침에 일어나 방귀를
몇 번 뀌면 허리가 펴져 움직일 수 잇는데 말이다
나 조카딸 소리에게 방귀 뀐다고 야단을 맞고 부터 내가 방귀를 많이 뀌는
사람이라는 걸 생각해냇다
집에서는 방안 리모콘 쥐고 잇는 남편 옆에 앉아서도 쉬지 않고 빵빵 빠빠빵 빵
또 식탁 앞 밥상 차리고 가족들이 모이면 방귀가 막 나오기 시작이다
그것도 한 번 뿡이 아니라 빵 빠방 빠빠방 세상 난리가 나도록 방귀가
나온다 그걸 가지고 무어라 하는 식구가 하나도 없엇다
또 냄새가 나지도 않아 그냥 그게 일상이다
방귀뀌는 게 문제 되지 않앗으니 내가 방귀 뀌는 사람인줄 몰랏던 거다

아침부터 터지는 방귀 때문에 기가 죽어잇다
반찬투정은 기본이고 자기 식대로 내가 움직여 주길 바라는 상황이다
그래도 조카딸 무섭다며
저쪽 방에 가서 자지 않고 나와 한방에 자는 게 다행이고 귀엽고 예쁘다
나 귀가 금방 열릴 꺼라 생각하며 밤이면 구부랑 영어 나오는 텔레비전을
켜 놓은 채 자야한다
조카딸 바로 텔레비전 끄라고 야단치듯 명령한다
순간 놀라 눈물이 돌앗다
나도 같이 공부하는 학생이라고 도무지 인정하지 않는다
나도 반격이 시작됏다
『이제 니 빨래는 니가 빨어 입어
고모 공부해야해서 엄청 바빠』
사실 바쁘기도 햇다
젊은 친구들 공부를 따라가야 하니 밤 늦도록 불을 밝힌다
나보다 더 야무락지게 할 말 다하는 조카딸
고모에게 지기 싫어 지 빨래 지가 한다
욕조에 구부정하게 엎드려 빨래 앞에서 주물럭 거린다

그 꼴이 우습기도 하고 고소하기도 하고 미안하기도 하다
아쉬운 소리 안하고 끝까지 빠는 꼬락서니 보니 아무래도 지네 고모 쪼매 닮은 것 같다
개네 고모가 누구라고 절대 말하지 못하겠다
조금씩 싸우는 방법 익혀간다
그러다 유사시엔 하나 되어 뭉쳐진다
아니 좀 얌전해져 고모 뒤를 따른다

캘거리 로데오 축제기간
캐나다 아침식사 팬케익을 이곳 저곳에서 베푸는 데
공짜라는 말에 눈을 밝히고 찾아 다니는 일이 즐겁다
어린조카이니 놀이동산에 한 번 정도는 같이 가야할 것 같다
놀이동산을 갓기는 햇지만 돈이 아까워 함부로 놀이기구에 올라 타지 못하고
잇다
소리 갑자기 사격을 하겟다한다
100%면 커다란 곰 인형을 준다고 쓰여 잇는 사격 게임장이다
소리는 100%로 하나도 맞추지 못햇다
내가 사격표를 보며 들떠서는 100% 되엇으니 인형 달라고 하였다
안내판에 100%라고 되어잇지 그 어느 다른 말도 없엇으니
100% 못 맞춘 소리에게도 자격이 잇는 거다
사격장 주인도 인정하고 사람만한 커다란 곰 인형을 주엇다
휴~ 이제 고모노릇 찌끔 한 거 같다

이제 싸우는 방법도 좀 알 것 같기도 하다
그런데 소리 이제 홈스테이 집과 중학교가 배정되어 떠나야 하게 되엇다
이제 겨우 싸우는 방법 터득해 가고 잇는데
주소를 들고 미리 홈스테이 집도 찾아가 인사도 나누고 중학교도 찾아갓는데
마침 방학 하루 전날이라 선생님을 만나 안내를 받을 수 잇엇다
사실 열심히 묻기는 햇지만 잘 알아듣지 못한다
그냥 열심히 느낌으로 대화를 하고 잇다 연신 고개를 끄덕이며

근처 도서관도 찾아놓고 책을 빌리는 연습도 햇는데
조카딸 소리 긴장하여 화장실 들락 거리는 모습에
아 얘가 아기엿구나 하고 그제서 조금 인지가 되는 것 같앗다
헤어지려니 더 잘해주지 못해 미안하고 절약하느라 챙기지 못한 미안함에
우아한 한식집도 가고 줄 수 잇는 것들은 최대한으로 양보하여 선물을 햇다

다른 나라에 들어서니 공책하나 연필하나가 귀하다
남의 나라이고 주머니 사정이 아주 귀하다 느껴지기 때문이다
한국은 돈이 솟아 오르는 샘물이 잇다면

그곳에서는 가지고 간 돈만 가지고 해결해야하니 말라있는 우물이랄까
돌아오기 전에 돈이 다 떨어져 비행기 표를 살 돈이 없을까
함부로 쓰지도 못한다
그래도 조카딸이 왓으니 음식은 해 날라야 하겟고
내게 카드 잇음이 생각나 마트에 가서 물건을 이것저것
푸짐히 사고 카드로 계산을 햇다
이 카드 덕분에 돈도 없어지지 않고 실컷 먹을 수 잇겟다 생각햇다
그런데 이게 웬일 남편이 놀란 목소리로 내게 전화를 걸어왓다
내가 산 물건 하나하나가 남편의 핸드폰에 영어로 계속
무어라 무어라 들어간 모양이다
남편은 남편대로 내가 해외 나가 가산을 탕진할 까 겁이 낫는지
놀란 소리로 계속 전화를 해댄다
아휴 치사하고 무서워 더 이상 카드는 사용하지 못하겟다
최대한 절약하는 수 밖에

어쨋든 괜찮은 조카딸 덕분에
그동안 딸아이 보배가 엄마에게 얼마나 많이 양보하고 잇엇는지 알게 되엇다
딸아이는 내개 거의 아무것도 요구를 하지 않는 편이다
하기사 나도 딸아이에게 요구는 하지 않는 편이다
공부는 그 아이의 비밀이고 보물이니 건들지 않고 그저 삔이나 옷 사러
키득이고 다닐 때 뿐이엇다
한번은 딸아이 초등학교 6학년 때 애가 시름시름 기운이 없어
한방병원에 데리고 가 맥을 보니 영양실조라는 거다
맙소사
나 수업 중 잠깐 올라와 밥을 먹고 내려가며 딸아이에게 저녁 먹어라 라고
말을 하엿는데 아이 그러마 답을 하고 1년 내내 저녁을 먹지 않은 거엿다
맙소사 그 흔적으로 앞 이빨에 가로질러 줄이 죽 가잇다
영양이 부족하여 이빨에서 영양을 댕겨다 썻나 본데
내가 딸아이 이빨을 볼 때 마다 마음이 내 마음이 아니다

어학원에서는 조카딸 숙박비를 양보해서인지 내가 영어 학원을 운영하고 잇으니
미리 답사를 하라고 신청하지 않은 모든 야외수업에 동참하게 해 주엇다
야외 어느 호숫가에서 눈이 마주친 흑인과 웃으며 인사를 하엿는데
그 분이 탄식을 하듯 얘기를 하셧다
한국 사람은 대부분 웃지도 인사도 하지 않는다고
이곳 캐나다는 처음 보는 사람이라도 길에서 마주치면 웃으며 눈 인사를
나눈다
어학원 강사은 전에는 더 많이 웃으며 인사를 하엿는데

시내 쪽은 그런 따뜻한 미소가 많이 줄어 아쉽다는 얘기도 한다

그러나 경제적으로 어려운지 내가 스웨터를 길에 흘렸는데
바로 되돌아가 몇 번이고 찾아봐도 이미 사라지고 없었다
한국이라면 그런 옷 정도는 누가 그리 가지고 가지는 않는다
일라이도 얘기를 해 준적이 있다
한국은 아주 안전한 나라라고 인천 공항에서 가방을 잊은 채 나두었다 한참
후 가보 더니 제자리에 그냥 있었다고 다른 나라라면 바로 없어지거나
털린다는 얘기다
캐나다에서 만난 한국인 이민자 얼굴은 바짝 긴장되어있다
아무리 한국이 어렵다 해도 한국에서 그렇게 긴장된 한국인 얼굴은 본 적이
없다 나뿐만이 아니라 많은 사람이 솟아오르는 샘물을 가지고 있는 게 아니라
메마른 우물을 가지고 있을테니 그 긴장 이해가 된다

그리 경제적으로 풍족하게 지내지 않는 캐나다이기에 그렇다
다들 얼마나 절약을 하고 사는 지 절약이 몸에 배고 배인 것 같다
거리는 7시 경이 되면 모든 상점에 불이 꺼지고 암흑 같은 거리가 된다
주택도 전기를 아끼느라 불을 켜지도 않고 촛불로 생활을 한다고 한다
사람들이 얼마나 전기를 절약하는 지 건물은 밤새 불을 켜 놓는데
그 이유가 밤새 불을 켜 놓아야 나라에서 지원을 해준단다
나라에서는 시가 전체 어두워 암흑이니 대외적으로 시가 살아 있음을 과시해야
하기 때문이란다
석유가 나오는 나라에서 그리 전기를 아끼니 대단하다
자국의 석유는 개발을 하지 않고 수입에 의존하며 그렇게 땅이 넓어도
공장허가를 내주지 않는다한다
공산품 연필 공장이 있는데 연필은 우리네 70년도 외부에 전혀 장식이 없는
향나무 그자체로 되어있어 향나무 향기가 폴폴 났다

우리네 홍청망청의 생활하고 너무 대조적이다
이곳 이민자들의 얘기는 한국은 행복한 지옥이고 이곳은 지루한 천국이라 한다
우리나라는 국민이 세금을 내서 공무원을 먹여 살리는 기분이었는데
이곳은 국가가 노력을 하여 국민을 먹여 살리고 끌고 가는게 아닌 가
하는 생각마저 들었다
아파트 청소와 같은 험한 일은 젊은 친구들이 하고 있고
연세 드신 분은 우아하게 차려입고 노년을 즐기는 것만 바도 그렇다
거리에 거지 분들이 많은데 아기를 데리고 가는 아기엄마들과 대화를 많이
하는 모습이 보였다
거지들과 대화를 하면 행운이 온다는 말이 있어서 그렇다고도 한다
거지들이 그냥 거지생활을 한다기보다 철학적인 사고로 인생을 즐기고 있어

보인다
차도 느릿느릿 다닌다
얼마나 느린지 한국에서 온 사람은 차들의 움직임을 보더니
눈이 동그래져 어디 사고 났는가 하고 물을 정도이다
그리고 사람을 만나면 차보다 사람이 먼저 건너는 게 법으로 정해졌다고 한다
부동산 자격증을 따서 부동산업을 하는 우리나라 사람도 만나게 되었는데
그 곳은 계약을 한 후 7일 이내에 얼마든지 취소할 수 있다는 말도
해주었다 참으로 본받을 만한 일이라 생각된다
법이 먼저가 아니라 사람을 먼저 생각하고 있는 점이 구석구석 눈에 띄었다
전화국에 써비스 신청을 해도 최소 3일 이상은 기다려야 사람이 온다
근처 아파트를 짓고 있는데 얼마나 천천히 하는 지 다섯시면 벌써 퇴근이고
일터는 텅텅비어있다
대신 튼튼하게 확실하게 일을 하는 것 같다
내가 머물고 있는 아파트 숙소는 지은 지 50년 되었다하는데 한번도
윗 층에 사람이 살고 있다고 인지가 되지도 않았고 변기 물내려가는 소리
또한 들리지도 않는다
아파트는 보증금은 한달치 임대료와 같은 금액을 미리 낸 다음 이사 나갈 때
집의 상태를 확인하여 문제가 생겼을 시 또는 청소를 제대로 안하고 이사를
나갈 시 그 보증금에서 공제를 한다
대신 임대료가 밀리면 그대로 짐을 밖으로 옮겨야하는 삭막한 인심을 가지고
있기는 하다
추운 겨울 학생이 학교에 미리 도착을 해도 정문을 열어주지 않는다고 한다
학교 안에서 사고가 나면 학교가 책임을 져야하는데 책임의 시점을 정확히
하기 위해서란다
이런 점은 비인간적이고 정나미 떨어지긴 한다
어쩌면 태생적으로 정이 부족하여 법으로 인간미를 채워 나가고 있는지도
모르겠다
태생적으로 정이 넘치는 우리네는
그래서 법은 야박한 건지
법이 사람이 먼저가 아니라 규칙을 먼저로 잡고 있는 느낌이다
숨도 못 쉬게 막아놓은 오밀조밀 모눈종이도 아니고 계약 규칙 야박해
토지개발 공사 인심 야박해
차가 멈추고 사람이 먼저 지나가야 한다는 건 생각도 못 하고 있는 일이니
우리 학원에서 캘거리에서 조금 떨어진 드럼힐러에서 어학연수를 보낸 명환
학생이 있다 꼭 찾아가야겠다

다행히 일라이 선생이 동승해주어 무난히 찾아갓다
혼자라도 충분히 갈 수 잇을 거라 생각하엿는데 혼자엿다면 큰 낭패를 보지
않앗을까 싶을 정도로 가까운 거리는 아니엇다
에드먼튼에 사는 일라이 친구가 차를 가지고 마중을 나왓기에
하루에 일을 볼 수 잇엇을 정도엿다
김치와 싸가지고 어렵게 갓는데 이 학생 내가 준 김치 이만치 멀리서 팔을
쭉 내밀어 한손으로 받더니 바로 집안으로 쏙 들어가며 『안녕히 가세요』라고
하는 거다
하구 민망해라
일라이선생과 웃음을 주고받고는 실례를 무릅쓰고 그냥 그 집안으로 들어섯다
이해하기 벅찬 꼬리 꼬리한 외국의 음색냄새가 온 집안에 배어잇다
안주인을 만나 인사를 하고 가방 속에 챙겨간 호박엿을 건넷다
주인이 아주 순박한 눈망울을 하고 잇어 마음이 놓엿다
그래도 명환이 덕분에 드럼힐러에 잇는 공룡 박물관에 방문하게 되엇다
어마어마하게 큰 덩치의 공룡에 압도당할 정도이다
근처에서는 아직도 층층으로 되어진 그랜드 캐년 땅에서 뼈조각을 찾고 잇다 한다

캐나다 생활은 바쁘고 바쁘고 바쁘다
공부도 궤도에 올리려는 욕심에 숨차게 바쁘고
이곳저곳 다니며 하나라도 더 습득해야하고
혼자 앉아 계시는 할머니들과 자주 마주치는데 그럼 이분들은 격이 없이
이런저런 얘기를 털어놓으신다 그런 점은 우리 나라 어르신들과 비슷한데
다른 점이 잇다면 뭉쳐 다니지 않고 대부분 각자 홀로라는 느낌이 들엇다

캘거리 시내에서는 전철이 무료다 외곽으로 나갈시 만 표를 끊으면 된다
전철에서 원주민격인 인디언을 만낫다
그 어디를 봐도 우리나라 사람과 같은 외모로 보인다
눈만 봐도 반가운지라 몇 마디 얘기를 나누기도 햇는데
그분 한눈에 봐도 평퍼짐하니 후줄근한 옷에 술에 좀 취한 채
전철에 몸을 싫엇음에 마음이 저렷다

좀더 알아보앗더니 원주민 마을이라 하여 그분들 사는 영역을
따로 지정하여 두엇고 얼마 남지 않은 상태라 보호차원에서
나라에서 생활비를 준다고 한다
원숭이 보호도 아니고 참
암튼 이분들은 공부를 하지 않아도 생활이 되니 미래적인 지향은
접은 채 대부분 마약에 중독되어 잇다는 아픈 얘기를 듣게 되엇다

캐나다 자체는 외부에서 모인 인종들의 집합체이다 보니

인종차별은 없어보엿으며 아직도 더 이민자를 환영한다 햇다
200년 밖에 안 되는 역사인데도 그 흔적을 지키려 애쓰는 모습이
인상적이엇다

어학원 원장은 나를 특별히 어느 아이스크림 가게를 데리고 갓는데
그 아이스크림 가게는 100년이 되엇다고 햇다
한국 사람이 인수를 하엿는데 100년 되엇다는 이유로 사람들이
줄을 서서 아이스크림을 삿고 그렇다고 어디 특별해 보이는
가게도 아니고 오래되엇다고는 하지만 별 신기할 것도 없어보엿다
그럼에도 100년이라는 이유로 줄을 서서 기다리면서도
그 옆에는 절대로 똑같은 아이스 크림 가게를 열지도 않앗다
우리나라라면 우후죽순으로 곁에 열리는데 웬일인가 물어보니
그곳 사람들은 그러면 같이 죽는다고 절대 그리 하지 않는다는
아주 교훈적인 얘기를 들려주엇다

조카 소리가 다른 홈스테이로 옮긴 이후로
시간하나라도 아끼려고 밤이면 밤새 텔레비전을 틀어놓고 잔다
뉴스는 어느 정도 또렷이 말이 들리는데 비해 드라마는 잘 들리지 않으니
그냥 계속 틀어놓고 잔다

그렇게 예정된 몇 달의 어학연수를 마치고 돌아오는 비행기에서는
놀라웁게도 기내방송 영화의 대화가 귀에 고스란히 들려왓다
애석하게 알고 잇는 단어가 그리 많지 않은지라 해석이
걸려서 그렇지 그러나 어느 정도 대화의 흐름을 파악하여
줄거리 감이 잡혀짐에 신기하고 또 신기햇다

훌륭한 유학생활을 마치고 집으로 돌아오니
엄마를 놓친 우리 아들과 딸은 둘 다 성적을 오히려 올려 놓앗고
특히 오빠와 아빠 두 남자와 생활한 딸아이 갈킨 적도 없구만
한 여름인데도 옷을 잔뜩 입고 방문을 잠그고 생활을 하는 걸로 바뀌어
잇음에 미안하고 고맙기도 햇다

다시 들어선 학원의 느낌은 그동안 품어져 나왓던 따뜻한 온기는
많이 사그러들어 냉냉한 느낌까지 돌앗다

한풀 꺾인 컴퓨터를 되 살리기란 이미 지난 이야기가 되엇고
영어는 연수는 다녀왓다 할지라도 내가 완전히 미쳐잇어야 살릴 수 잇을 진데
그러기엔 이미 더 훌륭한 경쟁자가 많으니 시간이 허락하지 않는 일이고

하 새로운 큰 바둑돌을 하나 더 놓아야 한다
어디서 돌팔구를 찾아낼까
어느 쪽에 바둑돌을 놓아야할까

논술
생각하는 사람
생각하고 비판하며 판단할 수 있는 사람
생각과 비판과 판단의 틀을 만들 수 있는 교육
논술을 가르치면 아이들에게 아주 크게 도움이 될 것이다
내가 추구하는 방향이기도 하고

나 또 용산까지 열심히 다니며 논술 교사 자격증 따냈다
또 투자 시작이다
씨앗 열매
교실 하나에 각 연령에 맞은 책 구비하여 한 가득 채우고
또 내 마음 두근두근
이제 또 새로 시작이다
선생님 마음을 바닥에 내리고 내리고 또 내려야한다
고요하게 정지된 마음으로 아이들의 소리에 귀를 열어야한다
아이의 생각이 자라도록 물과 영양분과 거름이 돼 주어야 한다

나 나름은 보람되고 행복하지만 이 일이 매월 샘들
월급을 챙겨야하는 학원 운영에 그다지 보탬이 되지 않는지라
또 한번 더 바둑돌을 움직여야 하는 상황이다
우리 학원에 적응된 학생들은 다른 학원 쪽으로 잘 움직이지 않는다
학원생은 그런대로 여전하고 컴퓨터 교육은 막바지이며
나 또한 아이들의 경쟁에 나도 도움이 되어야하고
나를 믿어주는 학부모님들을 믿고 보습 공부 책을 펼치지 않을 수 없게
되었다
늘 새로움 신선함만을 추구하다 현실에 타협해야하는
내가 아프기도 하지만 더 급한 것은 끌고 가야하는 현실이라
그 현실이 나를 몰아내는지라 어찌할 도리 없이 코너로 몰리고 있다
학부모님들도 컴퓨터 교육에서 보습과목으로 변경하여
지도함에 별 무리 없이 구스란히 믿어주셨다

최고의 수학선생님과 국어선생님을 영입하였다
회화를 지도하던 영어선생님도 무리 없이 국과목 영어를 맡아 주셨다

나머지 모든 과목은 내가 맡아야 했다

또 다른 세계의 열림이다
과학과 사회는 평상시에도 꾸준히 수업을 하고
예체능은 시험기간에만 수업을 해주는 형식으로 하였다

고등부는 국어 영어 수학만 지도를 하므로 그 과목은 전공 선생님이 지도를
하시고 내가 해야 하는 부분은 초등부에서 중등부까지이다

하루에 다 가르치는 게 아니라 스텝 바이 스텝이므로
나 역시 하나 하나 공부를 하며 가르치니 역시 재미지기는 하다
그러나 초등부부터 중등부까지 다 한번에 품어야 하는 일이 되다보니
정신이 혼미할 지경이다
날마다 저녁이면 수업준비에 빵빵하니 바쁘다

그 와중에 아주 신비한 일이 벌어졌다
내가 중학교 시절 가지고 놀던 관성의 법칙이 갑자기 논리적으로
이해가 되지 않는다 갑자기라도도 말할 수 없기는 하지만
긴장은 되지만 수업시간이 된지라 떨리는 마음으로 수업을 진행하고 있다
갑자기 학생이 관성의 법칙에 대해 물어봣다
나 순간 이마가 번득이며 그 관성의 법칙의 원리를 중학교 시절
이해햇던 것과 똑같이 그림으로 잘 그려가며 설명 해주엇다
학생이 이해가 되엇다고 만족해하는 표정이다
긴장감에 식은땀이 낫고 수업이 끝나고 교실 문을 닫고 나오는데
순간 무슨 일이 일어낫는지도 모르겟고 도로 고스란히
그 법칙에 대해 원리를 이해하지 못하는 머리 상태가 되엇다

물론 그런 일이 자주 잇기는 하엿다
컴퓨터 프로그래밍 언어 공부 시의 일이다
달팽이 회로나 주민번호 만들기 프로그램을 잘 이해하다 어느 순간 전혀
머리가 돌지 않으므로 손을 쓰지 못하고
컴퓨터도 잘 하다가 갑자기 그래픽은 전혀 손을 쓰지 못하겟고

그러나 이렇게 수업의 위기를 넘기니 누가 도와주심이 틀림없다 느껴져
뒤를 돌아보앗다

중학교 2학년 되면 남학생들은 본능을 찾아가는 시기인지라 서열싸움이
치열하다
선생으로써 서열싸움의 최강자의 자리에 앉아야 한다
그래야 지식을 전달 할 수잇다
그렇지 않으면 아이들에게 휘둘리므로 성적을 올릴 수가 없다

매를 들지 않으려고 고민고민 하다 그러나 매를 들지 않는 것만이
장땡은 아니라 판단되는지라 회초리를 들기로 마음 먹엇다
마침 회색 굵은 플라스틱 파이프가 잇엇고 한눈에 보기에는 쇠파이프 모양이다
내가 한 번 나를 때려 봣는데 소리는 요란하고 아프지는 않앗다
됏어 이거면 된 거야
다음 날 말썽꾸러기 녀석들을 칠판에 엎드리게 하고 쇠파이프로 휘둘러 주엇다

또 다음날이다
아이들 끼리 얘기를 엿듣게 되엇다
매를 맞은 녀석 아이들 앉혀놓고 자랑질이다
『나 어저께 원감선생님한테 이따만한 파이프로 맞앗다』
소속감을 느끼는 것 같앗다
시험기간은 불야성 전쟁터다
공부를 하다 배가고프니 찬밥 가득 비벼 숟가락 꽂아주면
장난꾸러기들 밥을 쳐다보는 눈망울 좀 보소
아쭈우 이 녀석들 고마워 할 줄도 안다

이 세상에서 가장 맛있는 음식은 댈 것도 없이
학원에서 애들하고 키득거리며 먹는 컵라면이다
일회용 프라스틱 냄새까지 덩달아 들썩거린다

시험이 끝나면 아이들이 학원으로 쫓아와 결과를 쏟아 놓는다
선생님들 눈 동글 거리고 앉아잇다
아이들의 성적이 곧 선생의 성적으로 느껴진다

국어샘 영어샘 수학샘
그리고 나 비언저리과목
음악 미술 체육 사회 과학 컴퓨터까지 맡고 잇다
아이에게 점수를 부르게 하고 선생님 한분 또각또각 칠판에 점수를 적엇다
점수를 적으며 선생님들은 입을 다물기 시작햇고
나 미안해지기 시작햇다

전공자 선생님이 가르친 과목보다 나와 같이 준비햇던 과목들의 점수가
다 조금 더 높이 나온 거다

왜 이런 일이 생겻을까 가만히 생각해보니
선생님들은 지식을 전달햇고
나는 가르쳣다기보다 아이들과 키득거리기도 하며 같이 호흡햇던 것 같다
아이들이 성장하느라 아픈 가슴을 한편은 숨죽이며 그러나 가는 발걸음

바쁜지라 한쪽 손은 채근하며 그렇게 같이 자라고 잇는 중이엇다

게다가 한 녀석은 사회 백점을 맞아왓다
마침 학원을 인수하겟다는 사람이 나타난지라
학원을 넘기기로 결정한 터에 나온 점수라 훨씬 더 기뻣다
마치 훨훨 날다 사뿐히 착 착지하는 기분이다

학원 넘기다
컴퓨터 학원은 쇠퇴기
영어 학원을 끌고 나가기에는 내 능력 부족 학원을 넘겨야 한다
준비되지 않은 상태에서 계속 밤을 새워가며 보습과목을 준비하기에는
이건 아니지 싶다
발바닥에서 몸을 잡아 끄는 느낌이 드는 게
일을 따라 나서는 내 몸도 한계치에 다다른 모양이다
그리고 이제 내 나이 40이 넘어가니 아이들이 나를 싫어할 거라는 생각도
들어진다 게다가 갑자기 내 입에서 냄새가 많이 나기 시작햇다
남편도 자꾸 내게 그리 얘기하고 컴퓨터 실습실에서 수업할 때 수업 받던
아이가 나를 겨냥해 본인의 입을 막음에 완전히 결심을 하엿다
아이들이 나를 더 싫어하기 전에 아프지만 결정을 해야겟다
이도 아프니 토요일 시간을 내서 치과를 갓다

지난 번 치과에 갓엇던 일이 떠오른다
처음 학원을 차리려 준비하던 때의 일이다
남편과 차를 타고 가는 중에
거울로 내 입을 보앗는데 안쪽에 이가 짙은 검은색이엇다
아프지는 않앗지만 왜 이가 검은지 치과에 가서 물어보앗더니
파봐야 안다며 다 파냇다
그리고 이를 새로 해 박기로 하엿다
집에 와 생각하니 전에 치료햇던 기억이 잇다
그러니까 내가 다녓던 치과 바로 옆에 치과가 하나 더 생긴 거엿고
방향과 2층이 같으니까 같은 치과로 알고 들어섯기 때문에 생긴 일이다
다시 기억을 찾아냄에 계단모양을 잘 살피며 다녓던 치과를 찾아갓더니
그 병원에서 전에 치료한 차트가 잇엇다
이를 때운 것을 까맣게 잊고 검게 보이니 병원을 찾아간 실수를 한 거엿다
새로 이를 해 넣어야 하는 꼴이 되어 이번엔 노란 금니를 만들어 넣엇다
건망증으로 따라온 이런 억울함과 분함
치료를 해서 땜빵을 한 검정을 다른 의사는 다 파낸 거라니
정말 치과의사도 치료한 이라는 걸 몰랏을까

내 건망증이 가장 큰 죄이니 누굴 탓하리요

내 건망증의 도가 지나치긴 하다
가족들과 식당에서 식사를 하고 나올 땐 까맣게 잊고 나오는
내 가방들은 우리 아이들 손에 들려져 나온다
물건을 사고 거스름돈 달라고 손을 내밀어 본적이 없다
그 잠깐 새 다른 세상이라도 갔다 온 건지

그래도 가장 미안하고 심각한 건망증은 따로 있어 이런 저런 건 일도 아니다
일을 새로 런칭할 때 본사에서 교육이나 세미나를 하고 돌아오는 길에
곁에 있던 남편이 전화를 건다
집에 남겨둔 아이들에게 밥을 먹으라는 등 먹었냐는 등 챙기는 전화다
그럴 때마다 나는 속으로 깜짝 놀란다
어 나에게 애들이 있었나
내가 결혼을 했었나 하고
그제서야 머릿속에서 또 다른 전기 줄을 찾아낸다
내가 아이들이 있는지 없는지 기억을 못하니 아이들도 멀리 떠나지를 못하는
것 같다
호기심이 왕성할 나이이니 집에서 멀리 떨어진 중학교를 가라 권하니
두 녀석 다 손사래를 칠 때 그런 느낌이 온다
한창 돌아다니며 말썽을 피울 나이에 방에서 뒹굴 거리며
구들장만 지킬 때 그런 느낌이 온다
이 녀석들이 엄마가 지들이 있는지 없는지 기억을 못하니 나가지도 못하는
구나 킥 킥 킥 하고

오늘은 그동안 다녔던 치과와 또 다른 방향에 있는 치과로 갔다
처음 가는 치과다
잘한다 정평이 나있던 치과는 지난 번 갔을 시
할아버지 치료한 장갑 낀 손으로 바로 내 이빨을 치료하는 원장님 덕분에
담배냄새가 심하게 나는지라 아주 힘이 든 적이 있다
입을 크게 벌리고 있는 상태라 말을 할 수 있는 것도 아니고

이래저래 처음 간 치과는 얼굴이 때굴때굴한 원장님이시다
내 이를 보시더니 표정 없는 얼굴로 단호히 얘기 하신다
잇몸이 다 내려앉았어요
치료를 할 수가 없어요
다 들어내고 틀니를 넣어야해요
그리고 며칠치 약을 주셨다

생각도 못한 처음 듣는 얘기라 기가 막히지도 슬프지도 않다
차마 틀니를 낳을 수는 없으니 저절로 어찌 되도록 놔둘 심산이다
그 어떤 따른 계획이 서지도 않는다

근처에 학원을 하던 사람이 미국에 사업하러 갓다가
사업이 잘 안되엇는지 우리 학원을 인수 하려고 돌아왓다
미국에서 왓기에 선생님도 깔끔한 시설도 그대로 인계 할 수 잇다
시설비 3000만원을 계약금을 받고 계약을 햇다
그동안 2층에서 미술유치원 하던 사람은 더 큰 자리로 이사를 하엿고
다른 사람이 피아노와 수학을 가르치고 잇다
그런데 그 2층 학원 하는 이가 펄떡뛴다
자기가 우리 학원을 인수 하겟다 한다
그러지 않아도 그곳 학원생이 늘어나 학원이 좁아진 터라
우리 3층을 달라하자 그 학원 원장 아내가 남편에게 얘기 한 적이 잇다며

그쪽에서도 영어를 가르치고 잇는데 과목이 교차되니
자기 학원을 2억에 인수하라고 하며 우리학원 계약한 자와 서로 싸운다

생각을 햇다
지난 번 인천 질부에게 듣기를 친구 유치원을 운영하는데
한명 들어오면 아 25만원 들어온다 돈으로 보인다 소리를 들엇다
나 역시 학원에 사람이 들어오면 반가운 얼굴로 맞이하지만
다행히 단 한 번도 돈으로 보이지는 않앗는데
학원을 2억에 사고팔면 학원생이 돈으로 보일 것 아닌가
그러면 건물에 피비린내가 날 것이다
무슨 상황이든 내가 손을 놓아야할 것을 찾아야한다
다른 사람이 어떤 결정을 하던 간에
남편과 상의하여 계약을 파기자고 얘기햇다

우리 학원 계약햇던 자 파기 한다는 얘기를 듣고
즉각 구구 절절이 대여섯 장의 종이에 글을 가득 채워 내용증명 보내왓다
말로 해도 되는 일에 내용증명을 보배주시니 우리남편 얼굴이 굳엇다
당장 계약금 3000만원에 위약금 3000만원을 보태어 계약을 해지하엿다
그나마 은행에서 건물가가 상승 된 건지 돈의 흐름단위가 바뀐 건지
3000만원까지는 더 대출 해줄 수 잇다하여 그리 해결하엿다

그럼 그냥 학원을 계속하자 마음먹고 일을 하고 잇을 시
남편이 2층 원장을 만나서 계약을 하고 왓다는 얘기를 한다
그러나 계약조건이 어마무지하게 마음에 안 든다

1억 이상 들어간 내부 시설비를 삼천만원 받기로 하였던 걸 취소하였음에도
이번에는 시설비를 하나도 받지 않기로 햇다는 거다
남편은 학원을 하고 잇는 사람에게 또 시설비를 투자하게 하는 게
걸렷던 모양이다

이는 안 될 말이다
피아노를 갈키고 잇는 그 원장의 와이프가 내게 아주 예의 없이 행동한 적이
잇단 말이다
우리 학원생이 담배를 폇다고 우리 학원 제일 안쪽에 잇는 교실까지 쫓아와
내 앞에서 우리 학생에게 소리를 꽥꽥 치고 야단을 첫단 말이다
너무 어이없고 기가 막혓지만 내가 그 와이프에게 전화를 걸어
『이 사람아 거기서 그러면 내가 할말이 없지 않은가』
하고 조용히 타일러 주엇다
그 와이프 내가 사람으로 보이지 않앗던가보다
『죄송하다고 내가 말을 못할 것 같아서 자기가 그리 햇다는 거다』
어이가 없고 닐니리 짬뽕이지만 그래도 조용히 그래도 그리해서는 안 되는
일이다 내가 우리선생들 앞에서 뭐가 되겟느냐고 말을 하니 거듭 죄송하다는
말을 하며 알아듣는 눈치엿다

나 이마 좁고 속 좁은 여자다
나 밴댕이 속알딱지 동생이란 말이다
좋게 마무리 지엇지만 그 날의 어이없음을 잊은 건 아니란 말이다
그 와이프 선생은 담배피운 학생에게 소리를 질럿다고
정의를 해결햇다 생각하고 뿌듯해 하겟지만 천만에 말씀 만만의 콩떡
지가 담배피우는 학생 마음에 들어가 보앗느냐 말이다
폭포수가 물줄기 되어 흘러내리는데
내려가는 물줄기 밑에서 걸레로 한 번 막 다고 물이 막히기라도 한단 말이냐
그 아이가 진정으로 담배를 멈추기를 바랫어야 한단 말이다
그 아이가 담배를 멈추게 하려면 왜 담배를 피우게 되엇는지를 알아야 한단
말이다
그 아이와 같이 아파하고 그 아이를 위해 내 목숨 던질 준비를 햇어야 한단
말이다
그것이 되지 않으면 스스로 인격체 되기를 마음모아 줄 수밖에 없단 말이다

청소년 아이들이 담배를 피우는 일은 그렇다
마음에 무언가 표현하지 못하는 분노가 가득 찻다는 얘기다
내가 누구인지 찾아가는 과정에 흔들리고 잇다는 얘기다
자라는 동안 많은 침해를 받앗기에
어디서 어떻게 직립해야할지를 모르기에 마음속에선 울고 잇다는 뜻이다

스스로 서야할 나이가 되엇는데
그 점이 본능적으로 인지는 되는데
그동안 충분한 연습이 되지 않앗기에 몸으로 치를 떨고 잇는 중이다
이는 사춘기를 힘들게 지나는 대부분의 아이들 얘기이기도 하다

목욕 마친 강아지들 몸을 떨어
털 사이에 잇는 물들을 떨어내야 움직일 수 잇듯이
사춘기를 지나는 아이들은 자라는 동안 지나친 간섭으로 인하여
본인의 영에 잔뜩 끼어잇는 이물질을 떨어내야 움직일 수 잇으니
그 이물질들을 떨어내느라 사춘기라는 이름으로 흔들고 잇는 것이란 말이다
과거에는 여러 형제 속에서 자라느라 요즈음처럼 그리 지나친 간섭은
피할 수 잇엇다
근래 들어서는 적은 자녀수에
집중된 간섭으로 변한 관심이 아이들을 숨 막히게 하는 요인이 되엇단 말이다
잘못된 꾸지람은 상채기 위에 소금 뿌리는 것과 같단 말이다

남편의 결정을 받아들이기 어려운지라 내가 직접 가서 시설비
1000만원이라도 받아내겟다 하엿다
그 날 담배 사건의 분을 이 참에 풀어 내야겟다
남편은 잔뜩 상기되어 잇는 나를 밖으로 나가지 못하게 꽉 몰아세웟다
그리고 한마디햇다
시설비를 받지 않는 대신 현재 근무하고 잇는 우리 선생님들이
그대로 계속 근무하게 하는 조건을 달앗다고 하엿다
그 학원은 이미 선생님이 많기에 혹시 우리 선생님들 해고될까 예방한 모양이다
그 말이 고마운지라 더 이상 아무 소리도 하지 못하고 그대로 문 앞에
주저앉고 말앗다

그렇게 컴퓨터 학원 9년 운영 그 안에서 영어학원 7년 운영을 도장 찍엇다
추후 숨을 돌린 뒤 생각하니
영어 학원 운영으로 3 4억 날리긴 하엿지만
마음으로 하는 대화를 배웟으니 이 얼마나 기쁘지 아니한가
어디서 이를 배우랴 감사하고 또 감사한다

아 남편 얘기가 나온 김에 흉 좀 잔뜩 볼 차례다
나도 한때는 경리 출신인지라 대차 대조표를 만들엇다
만든 결과 돈이 혹하고 비는지라 남편에게 얘기를 하니
2층 학원 들어올 때 2달간 월세를 받지 않앗노라 얘기를 한다
그 이후로 빨간 줄 까만 글씨의 대차대조표를 더 이상 작성하지 않앗다

아무 의미가 없다는 걸 알게 되었으니
남편은 처음 건물 지을 때뿐만 아니라 중간 중간에도 세를 새로 놓을시
상황에 따라 2달치 임대료를 받지 않기도 했는가 본데
그러나 여전히 건축비 이자는 꼬박 꼬박 은행으로 내 달음질 쳣음이다

늘 은행은 대출을 이빠이 받은지라 더 이상 빚을 낼 수가 없는 상황이다
내가 모르는 통장이 하나 더 나왔다
마이너스 500만원
그럼 그렇지
이거 분명 남편이 화토를 쳣을 게다
허구장창 안 들어 온 날을 손가락으로 따져봐도
드디어 꼬리를 잡은 쾌거에 남편에게 다그쳤다
그런 거 있다고만 하고 도무지 대답을 안 한다
화토를 친 건 아니라고 딱 잡아떼지만
아무래도 남편이 거짓말을 하고 우겨대는 게 틀림없을 거다

그러나 2 3년 지나 결국 그 이유 알게 되었다
1층 상가에서 장사하던 사람 한 분 가게를 비우게 되었는데
어린이 옷을 팔던 여성이 돈을 챙기지 못한 채 나가게 되어 남편에게 사정을
하는지라 그 분 뒷주머니 챙겨서 보내주느라 생긴 통장이라는 걸
그도 직접 알게 된 것이 아니라 다음 인수자가 얘기를 해주어 알게 되었다

왜 그런지 사람들은 내가 무엇이든 결정한다고 생각하는 것 같다
그러나 천만의 말씀 만만의 콩떡 나는 실오라기 하나 버릴 때도 꼭 남편의 허락을
받았고 쌀도 연탄도 남편이 사다주는 걸로 살아왔다
이리로 시집온 지 근 30년이 되어가지만 흔히 말하는 난 단골이라는 것도 하나 없다
섭해서 눈물이 날 때도 있다만서도 어쨌든 모든 시스템이 남편 허락 없이 돌아가지
않게 만들어 놨다

이왕 보던 흉 마저 보고 지나가야겠다
남편은 아주 많이많이 화토 치러 다니고 놀러 다니고
새벽 두시에만 들어와도 나는 감사해서 절을 한다
다음날 10시 12시가 부지기수다
한번은 달력에 표시를 하며 항의를 하였더니 남편이 하는 말이 들어온 날도 있단다
세상 모든 남자들이 다 그러는 줄 알았다
빌라 살 때 보니까 다른 집 남편들은 저녁이면 집으로 다들 들어오는 같더라
그래도 화를 많이 못내는 이유가 하나 있기는 하다
간 밤에 똥통에 신발 빠지는 꿈을 꾸었다
남편 안 들어오는 날이면 그 꿈을 자주 꾼다

아침에 들어온 남편에게
사만원 땃지 물었더니 남편 기겁을 하고 놀란다
그 이상하게 똥통에 신발 빠진 꿈을 꾸면 사만원을 땃을거라는
생각이 들고 또 정말 사만냥을 따기는 따는 가보다
저리 놀라는 걸 보면

우리 동네 사람들은 이상하다
노는 것만 좋아한다
과부 딸랏든 이라도 얻어서 놀아 보아야겠다는 심산이다
집안 질부 나에게 이렇게 말하기도 한다
『아줌마 때문에 다 망쳤어
아재가 얼~마나 재밋게 잘 놀던 사람인데』
그 질부는 내가 시집올 때 처음 집에 인사 왓을 때 신발을 단화를 신고 왓다고
한 25년은 흉을 보던 사람이다 난 정말 이해를 할 수가 없다
단화가 무엇이 문제인지
부분인가보다 족히 25년 이상 그 이야기를 해댄다
그런데 그 분은 시집오는 처자가 단화를 신고 인사 옴을 도저히 이해할 수 없는
나 그 사람에게 박박 우기며 다그칠 수도 잇다
그러나 내가 더 가방끈이 긴 것으로 착각하여 머리 숙이고 잇다
우리 집이 조금 더 큰 죄로 그냥 머리 숙이고 잇는 것이다
현실에 고생하고 잇는 조카님에게 나 그냥 놀림감 먹이가 되고 잇다
그러나 놀림만 받는 내 가슴 한편으로는 절이고 아프다
아무튼 우리 동네 사람들은 맛잇는 것 먹을 때
어디 놀러 갈 꼭 우리 남편에게 보고 하는 것 같다
나빼고 꼭 남편만 챙긴다

어느 날 사실 그 이유를 알게는 되었다
깊은 저녁 우리 건물 옆에서 가게를 하고 잇는
동네 토백이 와 맥주 집에 마주 앉아 잇엇을 때
딱 한번 웬일로 내가 같이 동석하고 잇엇다
그때 상황은 그분이 계속 계속 누구누구는 이렇고 이렇고
저렇고 저렇고 동네 사람 흉도 보고 본인이 서운 햇던 일 분한일 다 털어 놓는다
우리 남편이 하느님도 아닌데
나만 남편에게 그러는 줄 알앗는데 온 동네사람도 다 그러는 거엿던 것이다
나는 남편에게 모든지 다 털어 놓고 흉보고 시누이 흉도 슬쩍 보고 절대로 남편은
시누이에게 가서 전하지 않는다 언제나 나에게 잘햇어 잘햇어 라는 말로 일관한다

나와 처음 만낫을 때 남편이 나에게 깜짝 놀라는 듯 햇다
내가 엄청 착해서 자기 어머니에게 잘 할 것 같아서

회사생활 할 때 재산 조금 잇다고 잘난 척 할 때
김환세 상사분이 여직원들 중 누가 제일 괜찮냐고 묻자
나를 지목하여 둘이 엮이게 되어 만남을 몇 번 하게 되엇을 때 놀란 표정을 지엇엇다
엄청 착한 줄만 순한 줄만 알앗는데 아마 다른 어떤 모습을 본 것 같다
나도 무엇을 보앗을까 궁금하기는 하다
나도 내가 남몰래 투덜이 까칠이 라는 걸 잘 알기에 그냥 넘어간다
어쩜 그래 어떻게 그래 어찌 그렇게 할 수 잇어 둥드리 둥둥
어쨌든 남편은 절대로 얘기를 전하지 않는다
내가 안다 그냥 안다 도통 아무것도 전해들을 수 없으니

정말 귀한시간 내가 동네사람 누군가와 술을 하고 잇다
남편도 옆에 잇나보다
마주 앉은이에게
나는 우리 동네에 사는 질부 칭찬을 햇다
그 질부는 열여덟에 첫아이를 낳앗다고 사람들이 흉을 보지만
나는 그렇게 생각하지 않는다고
그 점은 나에게 아주 존경스럽다고 틀을 깬 것이 아니냐
내가 아무리 봐도 그 점은 멋잇고 대단하다 생각한다
나는 이쪽 길로 가지마라하면 그쪽 길은 고개도 돌리지 않고 자라왓는데
이 양반은 그런 규칙 따위는 뭐 이런 식 아 정말 감탄이야
내가 겁내는 그런 일들 그 무언가를 두려워하지 않고 거침없이 해냄이
나에게는 경이적으로 다가 왓기에 나는 술도 약간 들어갓겟다
야밤의 선선한 공기에 취햇겟다
사람을 만나 이야기 해볼 기회도 왓음도 신이 낫겟다
목소리가 커짐이 틀림없다

그때 저쪽에 남편이 앉아 잇엇는지 쫒아와서 깜짝 놀란 얼굴을 한다
크게 얘기하면 안 된다고 저쪽에 그 질부의 친구가 잇다고
세상에 흉 본 것도 아니고 칭찬인데 뭘 그러냐고 해도 그래도 남편은 안 된다며
약간 찌그러진 약간의 흙빛 표정으로 나를 막는다
나는 남편의 이런 점을 처음 보앗다
우 와 내 남편 멋지다 대단하다
아 하 이런 점 때문에 남편이 제 시간에 집에 못 들어오지 못하는 거구나

맞아 그때도 그랫지
어머니 산소에서 산에 불났을 때
우리산소 아래에서 약간 오른쪽에 성묘 온 사람들이 향불을 피우고 잇엇는데
그게 슬쩍 스치는 듯하더니 옆으로 불똥이 튄 듯 손으로 불을 툭 툭 치더니
갑자기 온산 불이 번졋다

나는 아이들을 데리고 산 아래쪽으로 내려왔고
다른 집들도 남자들은 불 끄러 올라가고 여자들은 내려왔다
소방대원도 왔다 한참 지났다 다른 집 남자들은 다 내려왔다
산 쪽을 바라보다 다들 집으로 돌아갔다
우리 남편은 내려오질 않는다
한참이나 더 지났다 아주 많이 기다렸다 지쳤다
어떻게 된 거지
다른 사람은 다 내려왔는데 무슨 일이 난 건 아닐까
지치다가 걱정으로 바뀌었다
겁도 슬슬 났다 어떻게 된 걸까
가슴을 졸이고 있는데 그 때 남편이 산에서 내려온다 소방대원과 같이
소방대원과 같이 끝까지 불을 다 끌 때까지 동참하고 불 꺼짐을 완전히 확인한
뒤에 맨 뒤에 내려온 것이다
휴~ 다행이고 대단함을 느꼈다
치 매일 저러는 구나 동네사람들이 전부 안전하게 집에 잘 들어갔는지
확인한 다음에 집에 들어오는 거구나
뭐 저런 사람이 다 있냐
지가 하느님인가
투덜대지만 든든하다
아이고 남편 흉 보는 척 하면서 자랑 질에 이야기 맥을 놓쳤네
어디까지 였드라
아무튼 아무래도 남편 부처인 것 같다
분명 내가 다 잘나고 다 잘한 것 같은데
남편 손바닥 위에 내가 올려져 있는 기분이다

승질드런 불성령님

근 10년 학원을 열심히 운영햇지만 주머니에 단 100원도 모아지지 않은 채
뒤로 돌아서야햇다
돈이야 이러 저리 오갓겟지만 내가 그리 좋아하던 뼈를 심엇던 학원생활에서
물러서야함을 받아들이기 어려웟다
앞으로 내 다리가 서질 수는 잇을까
내 눈이 떠지기는 하겟는가
숨이 목의 끝에 콱하니 매달려잇다

학원에서 완전 손을 떼는 날
근처에서 학원을 운영하다 먼저 학원을 접고 식당을 운영하고 잇는 친구가
자기네 식당으로 우리를 불러들여 술상을 차려주엇다
평소 마시지 않던 술이라 술에 취기가 온다
내가 마실 수 잇는 최대한의 술을 마셧다
남편은 그리 많이 마시지는 않앗지만 그러나 술잔이 오르내리긴 햇다
돌아오는 길이다
남편 차를 끌고 우리 집 쪽으로 코너를 돌려 내려오는 길 단속에 걸렷다
순간 급박하게 돌아가는 상황
당황하고 긴장되어 덜덜 떨렷는데 잠시 그 일에 몰입 된 건지 어쩐 건지
학원을 넘겨 슬프다 어쩌다의 감정이 어디로 도망가고 없어졋다
술이 그렇게 좋은 건지 처음 알앗다
아픔을 그리도 빨리 치료해 줄 줄이야

그리고 바로 다음날 남편과 나는 송추를 찾아갓다
그래도 내가 이리 학원을 넘겨야 햇을 땐 내가 무언가 잘못이 잇을 거다
내가 학원을 운영하는 동안 송추오빠가 갑자기 세상을 떠낫다
개울 옆 축대를 쌓다가 갑자기 돌아가셧다
그렇게 칼칼하니 한 성격하시는지라 송추오빠는 절대로 세상을 떠나지 않을
거라 생각하엿는데 이리 빨리 가시다니 오빠는 첫 번째 부인을 잃고 두 번째
부인을 맞이하여 같이 살고 잇엇다
오빠 일을 잘하는 지라 사슴목장을 하기 시작하여 100마리 정도로 늘엇고
어느 정도 자리를 잡아 멋진 양옥집도 새로 지엇다
올케언니의 성격도 한 성격하여 보이지만 그러나 둘째오빠와 살아주는 것만도

고마운지라 나는 올케언니에게 전혀 불만이 없다

그런데 이리 오빠를 잃고보니 올케언니 혼자 남게 되니 걱정이 되는지라
내가 올케언니에게 보험은 들엇는가 물어보니 올케언니 대답을 피한다
장사를 마치고 집으로 들어서는데 절에서 빙빙 돌며 기도할 때 쉬지 않고
돈을 바치던 올케언니
하얀 상복을 문 앞에서 여러 차례 탁탁 털어낸 다음
옷은 밖에 두고 집안으로 들어섯다
둘째 오빠의 영이 혹시나 따라올까 털어내는 모양이다
내가 마음이 아픈지라 내가 입고 잇던 상복은 그대로 입은 채 들어가며
마음속으로 『오빠 나를 따라 들어오세요』 라고 라고 빌엇다

그리고 다음에 혼자된 올케언니를 몇번 찾아갓엇는데 아마 내가 잘못이
잇다면 그래도 혼자된 올케언니를 챙기지 않은 것밖에 없다
잘못한 일이 잇으면 빨리 빨리 바로 잡아야한다
그래서 학원을 넘긴 바로 다음 날 송추를 찾아갓는데
올케언니 집에도 없고 만나지지가 않앗으며 어렵게 통화를 하엿는데
어디 멀리 가 계신지라 만남이 이루어지지 않앗다
그렇다면 내가 송추올케언니를 책임질 의무가 없다는 뜻이다

올케언니는 친정에 동생이 아홉이나 되고 송추오빠 살아생전에 우리 아이들에게
사슴 한 마리씩을 주엇다 그런데 오빠 돌아가시자 올케언니 우리 아이들에게
만원씩 주며 『이제 됏어』 라고 털어낸 일이 잇다
바라지도 않은 일을 오빠가 마음을 준 것을 돈으로 털어냇음에 기분은
언짢앗지만 후에도 찾아갓엇고 앞으로 좀 더 신경 쓰러 왓을 때 만나지지
않앗다는 것은 내 책임이 아니란 뜻이다
올케언니가 내게 연락을 하기 전에 더 이상 오지 않아도 될 듯 싶다
걸리는 게 몇 가지 잇어 그렇다
송추오빠 시신을 본 의사들 이상하다고 부검을 한다 하는 걸
마침 경식오빠 응급실 근무하던 병원이라 아니라며 경식오빠가 부검을 못하게
하엿다햇는데 보험얘기에 회피며 탁탁 털어내는 상복하며
절에서 제를 올릴시 빙빙 돌며 지나치게 많은 돈을 올리는 일하며
갑자기 사슴의 주인이 되어 냉철히 돈 계산 하는 모습하며

다음날은 집안에 모아둔 헌옷을 모두 챙겨가지고 태안으로 갓다
태안에는 기름유출사고로 흐른 기름을 닦느라 온 국민이 힘을 합치고 잇다
그동안 나는 학원일이 바쁜지라 나라의 어려움에 한번도 동참을 못하엿는데
이리 시간이 되니 나도 가서 힘을 보태야 한다
옷가지를 한보따리 싸가지고 가서 열심히 닦느라 닦앗지만 나중 보니 내가

닦고 잇는 방법이 서툴러 도움도 되지 않앗으면서 헌옷만 가져다 버린 꼴이
아닌가 싶어 마음이 편지 않앗다
적십자사에서 나와 그 많은 봉사자들에게 밥을 먹을 수 잇도록 해주엇는데
적십자회비가 이리 귀하게 쓰이고 잇음에 감동스러웟다

뭘 제대로 한 것 같지는 않지만 얼추 임무는 끝난 것 같다
이제 새로운 돈벌이를 찾아야한다
뭐든 다 잘할 수 잇을 거다
세상을 나가면 일거리가 다 나를 기다릴 것 같다
학원을 넘긴 후 세 번째 되는 날은 남편과 남대문 시장을 갓다
떠다 팔 물건이 뭐가 잇을까 한바퀴 돌며 찾아보는 중이다
그래도 쪼매 경험이 잇다고 생각나는 건 악세사리 뿐이다
악세사리 매장을 다 돌아봣는데 급 자신감 떨어진다
다 인터넷으로 해결할 텐데 내가 수익을 내고 매상을 올리는 게 가능성 잇어
보이지 않는다
남편은 과자장사 경험이 생각낫는지 장날 시장 끝에서 과자를 구워 팔까하고
구상중이다
기가 좀 꺾인 상태로 돌아와서 그 다음날은 남편과 지방에 잇는 장을 돌 다
시장은 이미 사람들이 다 자리를 차지하고 잇고 이미 과자장사도 잇어
어깨의 힘이 한번 더 툭 떨어졋다
싸가지고 간 도시락을 길에서 먹는데 남편 이번엔 이빨이 부러졋다
내가 준비한 멸치반찬에 남편 이가 부러지니 몸 둘 바를 모르겟다
우리가 앉아 잇는 이 거리가 황량하게 다가오고
그제서야 우리가 끈 떨어진 운동화 꼴이 되엇다는 생각이
머리 위로 샤아 하고 하얗게 지나갓다

아무튼 난 학원을 넘긴 후 주일이 되자 바로 성당으로 갓다
그동안 다니지 못함에 죄송한 가슴 가득이다
10년 정도는 성당을 나가지 못햇으니 고백성사를 보아야겟다
성당을 나가지 않는 동안 성당가자고 조르는 사람도 없엇다
내심 서운하기 햇다
그러나 또 누군가 가자고 햇다면 반감이 생겨
이리 스스로 벌떡 일어나 성당을 나가기 힘들엇을지도 모른다

성당은 공장을 개조한 막사로 되어잇다
처음 마석에서 창현리로 분가하여 건물공사 할 때만 해도
남편도 같이 가서 일을 거들어 마음 든든햇던 일도 떠오른다

고백성사는 성전 앞 캐비넷으로 만들어진 성사 실에서 하고 있었다
고백성사를 그리 자주하지는 않는다
한 두 달 성당 빠졌다는 이유로 고백성사는 하지 않는다
진심으로 눈물이 맺히도록 죄송한 마음이 있을 때야 고백 성사 실을 찾는다
이번도 그런 마음이 든다
빠져도 너무 많이 빠졌으니 10년 정도는 빠진 것 같은데

고백성사실에 앉아서
떨리는 목소리로

이상하게 고백성사실은 사람을 덜덜 떨리게 하는 위력을 가지고 있다
어쨌든 덜덜 떨며
10년 성당을 못나와 죄송합니다라는 기도를 올렸고
신부님 용서하노라라고 말씀을 하시는데
그 소리가 내 머리 뒤통수 위 하늘에서 들렸다
너무 이상한지라 위에 모가 있나 하고 고개를 돌려 위를 보았다
위는 아직도 공장의 흔적을 가지고 있어 시커먼 천장만 보였다

민망하게도 성당은 다음주에 길 건너 새로 지은 성전으로 이사를 한다고 한다
의자 하나라도 나르고 싶은데 사람들이 다 낯선지라 선뜻 나서지도 못하고
송구하여 몸 둘 바를 모르겠다
다음 주가 되어 새로 지은 성전 언덕길로 발길을 올리는데 왠지 마음
뿌듯하다 꼭 새 성전을 지어 놓으시고 나를 초대하는 기분이 들어 발걸음
신난다

성당만큼은 혼자 나가리라
절대 남편과 같이 다니지 않겠다
매일 나 혼자 건물에 갇혀 있고
남편 날마다 가득찬 모임
성당 만큼은 혼자나가리
그동안 내가 우산이 얼마나 그리웠는데

그러나 이게 웬일
다녀오는 성당길이 즐겁다
미사를 마치고 내려오는 걸음걸이 팔랑팔랑 행복하기도 하다
성당에서 집까지 걸어 내려오는 길은 봄이 파릇파릇 생동감도 있고 또 부드럽지만
그 거리를 처음 걸어보는지라 마치 캐나다에서 다니던 길과도 같이 느껴진다
하루 갔다오면 행복하고 그 다음 또 행복하고
세 번째 다녀온 길에 남편에게 성당을 같이 가겠냐고 물었다
한편으론 남편이 거절하길 바라며

아이고 맙소사 눈치 없는 남편 성당가자는 말이 떨어지기 무섭게
마치 기다렷다는 듯이 얼른 성당 길에 올랏다

그리고는 얼마되지 않아 남편은 뾰족한 답이 없다고 생각됏는지 매형을 따라
지방에 전선주 세우는 일을 하러 갓다
여하간 학원은 넘어갓고 난 실업자가 되엇다
그러던 중 실복이가 내게 전화로 소리첫다
『야 너 공인중개사 공부해』
실복이 작은 올케언니가 공인중개사 합격을 햇는데
그 세도가 장난이 아니라는 얘기를 하면서
나는 학원 안에만 잇다 보니 세상물정 모르기는 한다
누군가를 만나지도 못햇고 어디서 정보를 얻기 어렵기는 하다
또 같이 학원을 운영하던 수원원장 보용씨도 공인중개사 시험에 통과하여
부동산에 취직을 햇다
시험에 합격한 얘기를 실감나게 하여 수원을 찾아갓는데 학원 운영햇던 것과
전에 도시가스 검침하러 다니던 일이 부동산 일을 하는 데 도움이 많이
된다고 아주 거드름스럽게 일을 하고 잇다
뭐 조금 그럴 싸 해 보인다
그럴까 그럼 나도 해볼까
놀기 심심한데 자격증이나 하나 따보지 뭐
남편은 내가 더 이상 내가 공부하는 거 보는 것도 지쳣는지 특히 부동산은
다 사기꾼이라며 별로 내켜하지 않지만 굳이 또 반대를 하지도 않앗다

공부를 시작하자 실복이 에게서 또 전화가 왓다
평상시 『야 나는 이상하게 니네 집 꿈을 많이 꾼다』
『니네 오빠와 니네 아버지』
이런 말을 자주 하곤 햇던 말이다
이번에는 한마디 말을 덧붙엿다
『야 야 내가 꿈속에서
너에게 이제 내가 너에게 해줄 건 다 해줫다 라는 말을 햇어』
정말 이상한 꿈이라는 뉘앙스를 함께 보내주엇다

공인중개사 공부는 이해가 어려웟지만 시험은 쉽게 합격하엿다
컴퓨터 자격증에 관련되어 아이들을 가르친지라 길은 알고 잇는 편이다
인터넷 강의와 도서관을 이용햇다
도서관은 딸아이 학교 앞 도농리 도서관이다
딸아이 아침 등교를 시켜주고 도서관으로 들어가면 된다
딸아이 고등학생이 되어 차량 운행을 해주엇는데
초등학교 중학교시절 단 한차례도 학교를 찾아가지 않앗음에 딸아이에게

미안한지라 그래도 엄마 냄새를 맡으라는 차원에서 운행을 해주었다
그런 나를 보고 시누이 극성맞다 지적했지만 조금도 흔들려지지 않는다
아마 이런 마음으로 남편이 나를 도와주는구나 싶었다

딸아이 내게 이런 말을 한 적이 있어 더 그렇다
『엄마 나 오토바이 사고 난 거 알어』
『아니 모르는데』
『육학년 때 사고 났었잖아』
『엄마 모르는 거 같더라구』
『내가 얘기하니까 엄마 그냥 교실로 쑥 들어가던데』
『오토바이랑 사고가 나서 학원 앞에 사람이 꽉 몰렸었어』
그 말을 들으니 얼마나 미안하고 미안한지
아마 내일에 집중하느라 딸의 얘기를 듣지 전혀 못 들었을 수도 있다
나는 머리가 나빠서인지 한번에 한 가지 밖에 모르는 경향이 있기에
이참에 이런 저런 미안한 거 만회하려고
가는 동안 조금이나마 차에서 잠을 자게 하려고
학창시절 조금이나마 엄마 냄새 맞게 해주려고
시누이 욕을 하건 말건 꿋꿋이 차량 운행을 해주고 있다

아이 성적은 얼마인지 알지도 못한다
딸아이 누누이 얘기해 주어도 자꾸 까 먹는다
초등학교 때도 몇 번이라구 누누이 알려주어도 도무지 기억을 해내지 못해
여간 미안한 게 아니었는데 여전히 마찬가지이다

딸아이 학교 데려다주고 도서관에서 논다고 보면 될 것 같다
같은 공부를 하는 사람들을 만났는데 얼마나 행복한지
꼭 고등학생으로 돌아간 기분이다

같이 공부하는 여성분 중 유연순 언니도 만났다
아마 학교 졸업하고 처음 공부하는 것 같았다
옆에서 보기에 그렇게 공부하면 그 언니 십중팔구 떨어질 것 처럼 보인다
그래서 총정리 할 때 부터는 나와 같이 프로그램에 참여 하도록 도왔다
문제풀이 기간에는 시간을 재며 시험 보는 연습까지 같이했다
과목 중 민법은 시간이 모자를 수도 있기에 평상시 시간 안에 통과하는
훈련이 필요했다
나는 이해속도가 느리기에 인터넷강의를 2배속으로 듣고 그 말을 이해하는
연습을 하기도 했다
이 언니 나와 같이 시험에 합격하였는데 그래도 .시험 합격에 내가 2%의
공은 세운 것 같다 아주 든든하다

그 시험 별 것도 아닌데 그동안 나를 무시하던 사람들이 또 다르게 보는 것
같아 우습다는 생각이 들엇다
그동안 평일 건물 밖 출입을 하지 않앗다
정확히 문 앞 구둣방 앞을 지나지 않으려는 심산에서 그렇다
그러나 딸아이 학교 가지 않은 방학 때 가방을 메고 집 앞 도서관을 가려면
그 규칙 따위는 깨져야 한다
구둣방 어르신과 눈이 마주치면 간단히 목례정도 하고 지나간다

나 건망증 작살이다
차를 집 옆에 세워두고 올라갈 때 차문을 잠그지 않앗던게다
그 걸 구둣방 아저씨가 어찌 알앗는지
다음 날 차 옆에 서는 내게 그 양반 쫓아와 소리 치신다
『아줌마 어제 차 안 잠그고 올라갓지』
살짝 기분이 나쁘다
아줌마 소리를 그리 들어본 일이 없어 그리 편치만은 않다
그러나 한편 우습다
쫓아와 큰소리로 말하는 것으로 보아 그 분은 말할 기회를 포착햇다고
생각한 게 느껴져 우습고 그러나 우려대로 우습게 생긴 나를
우습게 보려는 심산이 느껴진다
이 그렇다고 이 건망증 대마왕을 어쩌란 말인가
내게 소리친 구둣방 아저씨 며칠 지나지 않아 바로 내가 공인중개사에
붙엇다는 소문을 들엇나보다
『사모님 공인중개사 붙엇다며 어떻게 그렇게』
한 껏 추켜 세워주는 목소리로 다시 봣다는 듯 그리 말하시며
바로 나를 다시 사모님으로 승격시켜주엇다
내가 대답을 드렷다
『내 머릿속은 텅텅 비엇어요
그래서 아무거나 집어 넣으면 막 들어가요』
그 말 한마디에 아저씨 놀란 표정 짓는다
『사장님도 대단하다 생각하는데 어유 사모님은 더 대단한데
10년 동안 건물에서 도 닦다 내려온 겨』

음 찔린다 어찌 알앗지
그 위에서 도 닦고 잇엇던 거
으흠 이 양반 더 웃긴다
내가 10년 동안 건물에서 내려오지 않은 걸 알고 잇다니

그깟 사모님 소리 좋아하지 않는다

어린 나와 맞지 않는 역겨운 소리였기에 그랬다
그렇다고 아줌마 소리는 더 낯설기에 사모님에서 아줌마로 갔다 다시 오니
그래도 뭔가 도로 찾은 기분이 든다
그런 저런 이유에 나는 세입자를 만나지도 않았다
물론 관리는 남편이 했다
그러나 이젠 남편이 지방에 내려가 있으니 물세를 내가 받으러 다녀야 한다
물세를 받으려 세입자중 한집인 남성용 미장원에 들렸더니 그 세입자 나보고 하는
말 『누구세요』
『저기~ 4층에서~ 건물주랑 같은 집에서 사는 사람이요』
호호 크크 건물 지은 지 10년 되었구만 집도 4층에 살고 있는데 크크
내가 나를 낮추는데 성공한 거야 웃긴 기분이 좋았다

아들 고등학교 3학년 때 아직 학원을 넘기기 전의 일이다
3학년이 된 이들 후 양말을 가지러 안방에 들어온 아들의 종아리를 보았다
아 양말을 안방에 놔두는 이유는 이렇다
아이들에게 내 생각이 아이들을 앞서지 않으려 최대한 노력을 한다
그런 이유로 잔소리를 하지 않고 있는데 이런 것들이 아이들과 단절되지
않을까 염려가 된다
해서 절대 안방 문을 닫지 않는다
밤에 잠을 잘 때도 언제든 들어오라는 의미에서 엄마의 냄새가 아이들의
방까지 가라는 마음에서 문 한쪽을 조금 열어둔 채 잠을 잔다
사춘기 되니 더 할말이 없다
해서 양말을 안방에 가져다 놓는다
양말을 신어야하는 아이들이 하루에 한번은 꼭 안방에 들어오지 않으면
안 되게 되어있다
무의식적으로 엄마 아빠의 냄새를 맡을 수밖에 없다
양말을 가지러 들어온 아들의 종아리에 새빨갛게 줄이 죽죽 나있다
너무 놀라 아들에게 물으니 3학년이 되자마자 학교 조금 늦게 왔다고
선생님이 아이들의 종아리에 회초리를 치셨다 한다
얼마나 마음이 저리고 아픈지
다음날 부터 매일 새벽 다섯 시 주먹밥을 만들기 시작했다
어린 시절이 행복해야 평생이 행복하다
그와 마찬가지로 잠에서 깨는 아침이 행복해야 하루가 행복하다
일요일은 절대 깨우지 않는다
정 일어나게 하고 싶으면 아침에 요란스레 음식준비하고 그 향기에 아이들

아이들 저절로 일어나 나온다

아들은 버스를 타고 다녀야하는 도농리에 있는 동화고등학교를 다닌다
중학교에서 반에서 상위권 아이들만 들어갈 수 있다 하는 학교이다
중3 시절 공부를 곧잘 한다
고등학교 상담할 때 담임 선생님 말씀이 기억난다
동화고에 가느니 다니고 있는 중학교와 연관된 심석고에 보내 상위권에 머무르게 하라고

낸가 남편에게 상의 하였다
아들이 이쪽에서 1등 2등 하면 본인이 잘 났다 생각하여 기고만장 하지 않겠느냐
저 동화고등학교를 가면 잘 하는 아이들 몰릴테니 본인 성적 그와 같지 않을테고
그러면 저절로 머리 숙이는 법을 배울 거다
남편도 그렇다 고개를 끄덕이기에 그 쪽 고등학교에 다니고 있음이다
하늘을 날던 아들 약간 누그러져 있는 것 같기도 하고 아직은 잘 모르겠다
그저 호랑이가 제 새끼를 키울 때 조금 언덕에 올라오면 밀어 떨어트리고
밀어 떨어트리고 한다 하는데 나도 그 작업에 동참하고 있는지도 모르겠다

그렇게 들어가 이어 가고 있는 힘든 고3 생활
아들 종아리 시퍼런 줄은 내 가슴의 피멍이다
그럼 아들을 일찍 깨우고 챙겨 내 보내는 일은 어미의 일이다
어찌 되었든 새로 맞이하는 아침이 행복해야 하루가 행복할 거라는 생각이 든다
매일 다른 냄새의 주먹밥을 만들어 자고 있는 아들의 코에 갖다 디밀었다
한 창 먹을 나이이기도 한 아들 매일 다른 냄새로 코를 자극하니
그 호기심과 약간은 미안해 보이는 마음으로 침대에서 몸을 일으킨다
잠에서 깨어 일어나라 절대 채근하지 않았다
행복한 냄새에서 스스로 일어나게 만들었다

아들이 대학의 무슨 과를 선택할까 고민할 때 돈이 한 푼이 들어오지
않더라도 저절로 밤을 새워 해도 즐거운 쪽으로 선택해야 한다고 말해 주었다

그렇게 아들 고 3생활이 거반 지나 시험을 앞두고
마리미쉘 안순이 선생이 다른 사람은 100일 기도를 하는 거라며
내게 21일 기도라도 올리라는 말을 하였다

그 말에 갑자기 나 흔들리기 시작했다
대학의 문턱이 코 앞에 다가오니 그동안의 내 교육방법이 옳을까에
불안해 지기 시작했다
공부를 채근하지 않고 스스로 무엇이든 선택하고 결정하도록 한 걸음 뒤로

물러선 게 과연 잘한 걸 까 의구심마저 들었다
나 그 어떤 기도를 해 본적 없기도 하고 성당을 드나든 지도 오래
되었던지라 염치불구하고 마리 선생에게 들은 대로
21일 동안 아들에 대해 좋은 대학을 가게 해달라 기도를 올렸다
그리고도 불안한지라 시험전날은 나 혼자 천마산 정상에 올라갔다
거의 정상에 도달할 무렵 까마귀 한 마리가 하늘위에 내 앞을 가로질러
날라갔다 요즘 까마귀가 귀하다 하니 아마 좋은 일 일거다

수능학력 고사 시험을 보러 떠나는 아들 시험 보러 다녀 오겠노라
아빠에게 큰 절을 하고 시험 길에 올랐다

아들 녀석은 고등학교 2학년이 되어 미술로 전향했다
미술학원을 다니더니 집으로 돌아올 때면
그래 그래 악을 쓰며 노래를 부르고 집으로 들어온다
건물이 떠나갈 것 같다
저녁이면 비어있는 상가건물이라 다행이다
경연대회에 나가더니 상을 하나 받아왔다
외탁을 한 것 같아 마음 뿌듯하다
학력고사 시험도 곧잘 보았다 한다
미술 공부하는 학생치고 아주 잘 보았다는 것 같다
미술 공부 하는 학생은 네과 목만 시험을 보는데 1등급 2등급 3등급
4등급
아들도 생각보다 운이 좋고 점수가 좋다며 스스로 놀라는 눈치다
내가 아는 점수는 친정오빠들 뿐인지라 그런지 그 점수가 잘한 건지
잘 모르겠다 그 성적에 사람들이 잘 봤다 해도 귓등으로 스쳐진다
아들 고생하는 엄마 아빠 생각해서인지 전혀 돈을 가지고 다니지 않아
『야 비상금 천원이라도 가지고 다녀라』 라고 말을 하곤 했는데 갑자기 책을
산다며 엄청나게 돈을 퍼 나르더니 이유가 있기는 했던 모양이다

잠깐 아들 미술로 전향할 때의 학교 상황 하나 적고 싶다
아들 수능 끝나고 정상 수업 마치면 미술학원으로 향해야 할진데
선생님의 매질이 또 시작되었다
하 난처 곤두박질
아들의 시퍼런 종아리 앞에 어미 무조건 엎드린다
무슨 이유였는지 정확히 기억나진 않지만
정규 수업 마치고 야간 수업 할 때 미술학원 간다고 친다는 것 같았다
책을 한 권 사서 나름 심작하고 심작하여 봉투를 책갈피에 넣었다
물론 당연지사 아들에게는 비밀로 하였다

우리 기성세대의 행세가 창피하고 미안한지라

첫 그랬더니 정규 수업 마치고 미술학원 곱게 보내주기 시작했다
더 우습고 어처구니없는 것은
미술학원 간다 들었던 회초리가
졸업시에는 상장을 손에 들려 보냈다
역겹기에 이리 올린다
회초리 이유가 너무 가당치 않아 기억이 엉켰음이다

평상시에도 아들 아무리 상장을 많이 타왔어도 내 한 장도 벽에 붙이지 않았다
그 일이 아니라 다른 표어 포스터 우등상이라 할지라도
혹시 아들이 본인 상탔다 생각하여 안주하거나 우월감 들을까 조심스러워 그리 하였다

아들 수능점수 아무리 점수가 좋다고 다른 사람은 놀라도
학교 성적을 잘 인지 못하는 이 어미의 고집은 알고 있는 것은 친정 오라비의 점수가
다인지라 마음 한쪽에 성에 차지 않는 고집이 올라와 있다
이 어미 감사하는 마음은 커녕 그 고집을 품고 있는 채
아들은 여기저기 원서를 넣었는데 놀랍게도 시험을 잘 봤다는 아들 모든
대학에 다 떨어졌다
그제서야 정신이 들었다
아들에게 미안한 마음이 들어 재수를 함에 기죽지 말라고 이주머니 저주머니
털어 동생과 집안 사촌들과 어울려 홍콩 여행을 다녀오게 해주었다

아들 재수를 하게 된 거다
그동안 아들과 잘 지냈던 것 같은데 예민해진 아들 게임기 앞에 매달린다
그만하라 말을 하고 싶지만 무어라 함부로 말하지 못하겠다
고민 고민하다 『야 너가 게임을 하는데 왜 이상하게 엄마는 밥이 하기
싫지』 라고 말을 하고 밥을 하지 않은 채 그냥 놀기만 했다

아들 웃음 목소리로 『알았어』『알아써어』 엄마를 달래듯 말을 하고는
조금 후 게임에서 빠져나와 방으로 들어갔다
그리고는 아들 공부를 하겠노라 핸드폰도 없애고 고시원으로 들어갔다

이번에는 시험 전 100일을 잘 체크해 두었다가 100일 기도를 올렸다
드디어 내가 기도했던 방법이 떠올랐고 그대로 기도를 하였다

100일간 비움의 기도

이른 아침 정갈히 몸을 닦고 깨끗한 면 옷으로 갈아입었다

마침 연한 분홍색의 윗옷과 폭이 넓고 작은 꽃이 수 놓아진 하얀색
면치마가 잇어 매일 그 옷을 입고 기도를 올렷다
기도 중 육이오 때 피를 흘리고 돌아가신 아주버님에 대한 기도를 같이
올렷다 남식오빠에 대한 기도가 같이 나왓음은 물론이다

아들 조금 말귀 알아들을 때 쯤 그분의 피로 그 보상가로
땅과 건물이 우리 앞에 잇음을 알려주며 절대 잊지 말라 당부해 놓기도 햇다
아들 미술계에서 다시 문과로 바꾸어 대학 시험을 보앗고 놀랍게도 자기가
원하던 주택에 관련된 학과에 수석을 합격을 하엿으며 군대도 상근이라는
통지서가 왓다
상근이라는 말을 처음 들은지라 여기 저기 찾아보니
집에서 부대를 출퇴근 하는 군인을 일컬음이엇다
컴퓨터로 추천하여 뽑히기에 신의 아들이라는 말을 한다고도 한다
입학한 대학의 한 학기 수업을 한 후 아들은 상근을 포기하고 지원해서
부대로 들어가겟다 한다
내가 울음 섞인 목소리 되어 아들을 잡앗다
사실 엄마가 100일 기도를 하엿음을
그 기도에 하느님의 응답이 상근이라 생각된다
왠지 하느님의 응답을 저버리면 안 될 것 같다는 생각
그리고 군 생활에 병을 얻어 돌아가신 외삼촌 얘기를 하지 않을 수가 없엇다
아들 엄마에게 한 발 양보하여 집에서 출퇴근 군 생활을 한다

나도 잘됏다는 생각을 하엿다
군대는 기름진 음식이 많이 나온다 하는데
채소를 좋아하는 이 어미 매일 채소 반찬 싸줄 수 잇겟다 생각이 들엇다
매일 다른 채소의 반찬을 만들어 도시락을 챙겨주엇다
같이 읍사무소에 군 복무중인 동기가 볼멘소리를 하엿다한다
사실 채소만 싸주는 엄마는 마음이 조금 걸렷는데
그 친구는 매일 김치만 싸오는데 매일 다른 반찬을 준비하는
아들에게 볼멘 소리를 하엿다하여 나도 마음이 아팟고
아들도 그에 대해 한 번 더 생각하는 것 같다

아들 읍사무소에 출퇴근하며 예비군 훈련 통지서를 돌린다
어느 날 어느 어머님이 그 집 아들이 가출을 햇다고 눈물을 흘리며
우리 아들에게 봉투에 돈을 담아 주엇다고 햇다
아무리 거절을 해도 주시기에 그 집 아파트 우편함에 넣어놓고 왓다는
얘기를 햇다
내가 아들에게 꾸지람을 햇다
『지금 너는 돈을 기준으로 생각하고 잇다』

놀란 아들 『난 엄마가 칭찬 할 줄 알앗는데』

『봐라 그 돈을 받아서 너가 그분에게 어떤 혜택을 줄 수 잇느냐』
아니라 한다
『그럼 그 어머니는 니가 그 돈을 받아가는 게 행복하겟느냐 놓고 하는 게 행복하겟느냐』
『가지고 가는 게 행복할 것 같다』는 대답을 햇다
그게 마음을 먼저 생각하는 기준이다
『돈을 먼저 생각하는 게 아니다
돈을 받아 해주는 것이 없으니 뇌물도 아니고 마음 헤아림이 먼저다
우편함에 도로 꽂혀 잇는 돈을 보면 그 어머니 더 마음이 막힐 테니
그 돈을 가져다 받은 성당에 내고 받은 우리 국수 사먹자』라고 키득여 주엇다

중개사를 딴 동기들이 부동산 개업을 하기 시작햇다
동기래야 학원을 다니지 않아 도서관 동기 구광영씨와 유연순씨 뿐이엇지만
도서관 근처 중개사 학원 딱 총정리 기간에 유연순 언니와 딱 하루 수업을
들엇다 그 하루 나 수업 내내 졸기만 하여 유연순 언니의 핀잔을 들을
정도엿지만
달랑 하루엿지만 학원에 우리 이름이 등록되엇고
그 학원 출신 합격자 모임에 우리도 참여할 수 잇게 되엇다

자격증만 잇을 뿐 이사를 해본적도 별로 없는지라 부동산 지식이
전무 하여 귀를 열게 하려면 아무 말이나 주워 들어야 할 판이다
개업한 동기들 사무실에 일을 거든다 나가보지만 계약은 구경도 못햇고
아직 말귀도 알아듣지 못한다
그래도 나름 열심히 쫓아 다니고 잇다
도서관 동기 구광영씨는 내게 늘 웃는다며 『미소천사』라는 별명을 붙여주엇다
그러나 우숩게도 미소천사라 부르며 『그렇게 웃다 나중에 등쳐먹으려고 그러는
거 아니냐』는 말을 한다
너무 무서운 생각과 말이라 어처구니 없엇지만 나야 누굴 등쳐먹은 일도 없고
앞으로도 그럴 일 없으므로 그건 과거 부동산 사업으로 돈을 많이 벌엇다하는
본인의 마음 안에 잇는 생각이고 나는 그냥 미소천사라는 별명만 받으니
기분이다 아닌게 아니라 조금 지나니 등친다는 얘기는 없어지고 미소천사라는
별명만 부르기는 한다 나야 내가 웃는지 안 웃는지 알지 못하니 그저 감사한
이름이다

유연순 언니도 교문리에서 부동산을 개업하엿다

또 얼쩡거리고 앉아잇는데
방 전세가 1억이라고 사무실 유리에 잔뜩 써 붙엿다
1억
1억이라는 말을 도무지 알아들을 수가 없다
어떻게 1억이라는 말이 잇는 건지
내가 학원 운영할 때는 8만원 또는 12만원
영어유치원 23만원 이런 숫자가 고작인데 어떻게 갑자기 1억이라는 말이
튀 나왓는지 그 돈의 크기는 커녕 어휘의 감도 잡히지 않는다
1억 이라는 말 이해 하는데 1년은 필요하엿다
이해라기보다 시간이 지나니 그냥 답습이 된 것 같다

이제 나도 부동산을 하면 잘 할 것도 같다
마침 우리건물 1층 비어잇는 상가가 잇으니 그 자리에 하면 될 것 같다

지방에 잇는 남편에게 얘기한 후 옆 건물에서 부동산을 하고 잇는
혜인이 엄마에게 가서 얘기를 하엿다
우리 건물 바로 옆 모서리 땅에 아주버님이 건물을 지으셧고 그 1층에서
부동산을 하고 잇는 사람이다
우리 건물에서 사진관을 운영하고 잇던 사람이니 미리 얘기해야 할 것 같다
또 그 부부는 훌륭한 점이 잇다
건물 처음 짓고 모두 두달 월세를 받지 않앗는데
그 집 남편 조기오씨만 첫달부터 수익이 올랏노라 임대료를 내놓앗다
세입자중 그런 분은 처음이다
그 부인도 훌륭하다
한번은 내게 반찬을 한 가지 해서 보내주엇다
나는 바쁜 학원일에 또 조심하는 성격에 문밖 출입을 하지 않고 잇는데
먼저 알고 지내던 사람은 아무래도 우리 큰 건물을 짓고 올라가니 시샘의 눈길 보내는
것이 느껴지는데 이 부인은 우리가 건물이 잇건 말건 관계없이 마음을 나눔에 감사한
마음을 가지고 잇다 평상시 서로 대화는 오고 가지 않을 지언정

혜인 엄마에게 가서 부동산을 해도 되겟느냐 하니 뭐 그러라 한다
그런데 우리 남편이 다시 내게 전화로 『아무래도 부동산을 하지 말라』 한다
옆에서 부동산을 하고 잇으니 나눠먹기 아니냐며 하지 말라는 소리를 한다
아무래도 우리는 토박이라 인맥이 많은 편이고 그 사람은 외부에서
이사 온 사람이라 조금은 보호를 해야 한다는 생각이 드는 모양이다
남편이 하지 말라하니 이리 저리 동기들이 차린 부동산을 드나들며
다른 마땅한 자리를 알아보고 잇다
부동산 개업비로는 10년 동안 부어온 암보험을 해약하면 될 것 같다

광고지 신문 벼룩시장을 보니 남양주 시청 밑에 부동산이 나왓다는 광고가
올라왓다
바로 찾아가니 보증금 천만 원에 권리금 2천만 원이고 지금 하고 잇는 사람이
자격증이 없어 드나들며 땅은 본인이 하고 나는 근처 집 전월세를
맡아서 하라는 얘기를 한다
내 생각에 적당해 보이기도 한다
내가 아직 초보이니 일의 능력 잇는 사람이 같이 하면
도움이 될 것 같다는 생각이 들어서이다
그럼 그리하자하고 다음날 계약을 하기로 하엿다
그날 밤 집에 돌아와 밤에 잠을 자며 꿈을 하나 꾸웟다
그 부동산 문 앞 위에서 물이 줄줄 새는 꿈이엇다
아무래도 큰 계약은 먼저 운영하던 사람이 문 앞에서 다 하고
작은 전 월세만 하라함이 옳지 않은가 보다
그런 꿈을 꾸니 몸이 위축되고 계약할 마음이 전혀 일지 않앗다

그러던 어느 날 혜인이 엄마가 내게 전화를 걸엇다
부동산에 찾아갓더니 부동산을 넘기려 한다는 얘기를 한다
내가 부동산을 하려고 햇엇음을 아는지라 다른 사람 생각도 낫지만 내게 먼저
알린 거라는 얘기를 한다
남편이 급작스레 아프게 되어 넘겨야겟다는 거다
사실 남편이 자해를 해서 병원에 입원해 잇고 더 이상 부동산을 운영하지
않기로 햇다는 거다 의리의 이 양반 거래처 부동산들의 행위에
심한 실망을 하엿고 인상 무상을 느낀 모양이다
왠지 남식오빠가 생각이 나는지라 눈물 콧물 섞으며 얘기를 들엇다
혜인 엄마는 권리금을 받지 않앗으면 좋겟지만
본인 사정이 딱한지라 안 받을 수 없다는 말을 한다
그 얘기를 들으며 난 마음속으로 생각햇다
권리금이 천만 원이면 암보험을 해약해서 할 수 잇지만
이천 오백만원이면 하지 말아야지 욕심을 내지 않고 물러설테야
넘길 다른 사람이 잇다고도 하고 빚을 지며 일을 할 수 없어
더 이상 끌어 쓸데도 없고
그런데 혜인엄마 권리금을 오백만원을 달라는 얘기를 한다
아무래도 이 여성 보기보다 시세를 모르는가보다
다른 부동산에서는 더 많은 권리금을 부르던데
그 집 남편 갑자기 아프게 된 것에 슬퍼서 눈물 콧물 쏟으며 이렇게 말햇다

『아니요 나는 천만원을 줄 생각 햇어요』

혜인엄마도 울면서 말했다
『예 나도1000만원 소리가 하고 싶었는데 차마 말이 안 나왔어요』

컴퓨터학원 10년 운영하여 모은 딱하나 암보험
그 암보험을 해약하여 권리금 1000만원을 지급하고 부동산을 계약을 했다
지방에 잇는 남편에게 그 사실을 전화로 얘기 했더니 의외로 칭찬해주지 않는다
대화가 멎었다
이상하다 이런 상황에 남편이 한 일에 나는 늘 잘했다 해주었는데
생각해보니 남편은 산에서 전신주 세우는 일을 하고잇고
하루 종일 땅을 파야 일당 8만원이다

남편은 오백만원의 크기를 아는가보다
나는 돈의 크기를 도무지 구분을 못 하겠다
단지 내가 돈의 크기 구분하는 방법이 하나잇다
저 사람이 마음이 아플까 안 아플까
상대편이 아프면 그 돈은 적은 것이다
상대편 마음이 아프지 않게 하는 것이 그것이 내가 잴 수 잇는 돈의 크기 이다
어쩌겟어 내가 머리가 나빠 그것 밖에 안 되는데

그런데 내 마음속에 하느님은 너무 기뻐서 자꾸 웃는 게 느껴진다
지나가는 거리의 햇살도 나를 보고 웃는 게 느껴져 민망할 정도이고
할머니 등에 업혀잇는 아가도 고개를 돌려 나를 보고 웃었다

그래도 마음에 걸리는 것이 하나잇다
혜인 엄마를 불러 그런 사실을 얘기하지 않을 수 없었다
사실 우리 땅과 이 건물이 오른 땅은 육이오 사변 때 전장터에서 돌아가신
아주버님의 보상금으로 산 땅이라고
그런데 그 분의 제도 올려 드리지 않앗음에 더 마음에 걸린다고
혹시 그런 일과 혜인 아빠 일이 관계가 잇을지 모르니 이제 마음을 편히
가지라고 혜인 엄마도 그 땅이 터가 세다는 얘기를 들었다는 얘기를 한다

영진빌라에 사는 부녀회장도 내게 와서 이리 얘기 한 적 잇다
그 분의 꿈에 많은 사람들이
우리 건물로 올라오려 하는데 올라오다 떨어지고 올라오다 떨어진다는 얘기를
그 얘기를 들으며 아마 누가 내게 해코지 하고 싶은데 우리 엄마가 지켜주어
아무도 못 오는 게 하는 생각이 들었었다

혜인엄마에게 처음 아주버님 얘기를 꺼낸 건데 그 주에 큰집에서 연락이 왔다
육이오 때 돌아가신 아주버님의 영명이 현충사에 잇다고 연락이 왔다는 거다

맙소사 그동안 현충사에 계셨음인데 아무도 찾지 않았던 거라니
아무 말도 하지 않았지만 마음이 몹시 아팠다

어쨌든 그렇게 하여 부동산을 open했다
이름을 지었다
고민 고민 끝에 고개를 하늘로 쳐들며 생각해낸 이름이 있다
백두 부동산
간판 만들었다 바탕은 노랑 테두리는 초록 백두 글씨는 파랑
공인중개사사무소 글씨는 검정 뜻은 이렇다
우리나라에서 백두산이 하늘이 제일 가깝다고 생각했다
초록 백두산에 올라 두 팔을 벌려 파란 하느님 마음을 담아
부동산 계약서를 반듯하게 검정색으로 쓰리라

그리고 사무실에 앉아서 한 가지 계획을 더 세웠다
문을 바라보며
『저 문을 열고 들어오는 사람은 다 웃는 얼굴로 나가게 하리라』
마음은 그리 먹었지만 사람을 어찌 대해야할지 나 아직 떨고 있다

살짝 고민은 했지만 에이 헷갈리니 학원에서 하던 방법을 쓰기로 했다
유치원생도 고등학생도 마음 속으로는
다섯 살 아이 대하듯 조심스레 대하니 원활히 소통이 되었으므로
부동산에 들어오는 사람에게도 그리 대하기로 마음을 먹었다

내 가지고 있는 소원
아무도 아무도 눈치 못 채게 제 그 소원을 이루고 싶은데

내 자리에서
　　사실 나 게으르고
　　나서는 것도 귀찮고
　　쑥스럽고
아무튼 나는 꿈쩍도 않은 내 자리에서
나를 아는 모든 사람이 나를 생각하면 미소가 슬며시하고
나오게 하는 그런 소원
수학 잘하는 것도 눈치 못 채고
미소 짓게 만들고픈 마음도 눈치 못 채게 살금살금
그렇게 한명 한명 저 멀리 저 미국까지도

나를 아무도 못 이길걸
나는 지는 게 이기는 거니
나와 비슷한 성향의 사람을 만나면

서로 눈만 봐도 알아보고 히 하고 웃게 되니
나 아흔 아홉 개는 양보하지만 단 하나는 절대 양보 안 해

성경 말씀에 어린아이와 같아 져야 한다는 말을 들은 적이 있어
다섯 살 아이들이 노는 걸 눈여겨 본 일이 있다
아이가 앉아서 놀면 그 곁에 다른 아이 다가가 앉는다
그리고 그 아이가 하는 걸 똑같이 따라한다
그러다 손에 쥐고 있는 걸 그 아이 눈 아래로 코 위로 들어 디민다
나 잘 보아 두었다
그 마음 염두해 두고 대갈팍 디민다

이거 완전 적중이다
손님도 계약을 하건 안하건 늘 웃고 나가시고 계약도 많이 이루어진다
이 걸 보니 분명 사람 안에는 누구나 다섯 살의 영혼을 가지고 있는 게
틀림없다

계약이 많이 이루어 질 적마다 전임 부동산 사장에게 미안한 마음이 들어
계속 걸린다 이렇게 잘되는데 왜 넘겼을까 하고

나는 사람을 만나면 빨리 내가 그 사람보다 못하는 것을 찾아 노출 시킨다
그러면 상대가 좀 편안해 하며 긴장을 푸는게 느껴진다
물론 사심을 갖지 않으려 최대한 노력한다

부동산 1년 운영이 학원 10년 운영을 확 뒤집어 엎는 느낌이다
진짜 사회에 눈을 뜨게 확 뜨게 하는 것 같다
학원 운영할 시 『우리 아이 잘봐주이소』 하고 허리 꺾어 인사하던
그 겸손한 학부형은 다 어디로 갔는지 온데 간데 없고
아주 이기심으로 가득 찬 얼굴을 가지고 부동산 안으로 들어온다
『저 사람 주머니의 돈을 싹 빼앗아 내주머니에 채워주이소』의 마음이 그대로
읽혀진다
오히려 대부분의 세입자들은 가슴이 선량하여 온순한 편이었고
집주인들에게서 더 그런 마음이 느껴져 사슴 아프게 한다
상대 마음이야 아프거나 말거나 그저 내 주머니만 채워달라 눈에 불을 밝히니
가슴 막막하다

미사가 없는 한적한 시간 성전에 들어갔다
그 시절 고등학생 때 올렸던 지우개 기도 다시 연습해보려 한다

그 때 처럼 맨 앞자리 아니 이번에는 한 칸 뒤 두 번째 줄에 앉고 싶다
앉으려 하는 자리 바로 왼쪽에 낯이 익은 여성분이 앉아 있었다
그분은 기도를 마치고 막 일어나려는 찰나여서 서로 얼굴을
마주 볼 수 있었다

나 깜짝 놀랐다
분명 내가 전에 보았던 여성인데 풍기는 이미지가 완전히 다르다
예전 그분은 이기적인 성향으로 느껴졌다
그분은 나를 알지 못한다
아주 오래전 집안 질부의 손에 끌려 성당 반모임을 따라갔다
그 성당 반 모임을 갔을 때 보았던 그 집의 안주인이다
얘기를 들어보니 그 집 아들 성택 이와
우리아들 초등학교 1학년 같은 반이다
그 분은 그 집 방문 시 단 한 차례도 고개를 돌려 내 얼굴을 보지 않았었다
우리 집이 학교 앞 길가여서 였을까
그 이후에도 우리 집 들른 적도 있고 하여 몇 번 마주친 적이 있어 어깨 너머
저분이 누구다 나는 알고 있는데 그분은 고개를 옆으로 돌리지 않으니
나를 본적이 없을 꺼다
그분 이목구비 뚜렷한 얼굴에 자신만만해 보이고 곁을 돌아보지도 않으니
우숩게 생긴 내 얼굴에 그저 나 혼자 살짝 의기소침할 뿐이다
그분 이기적 일거라는 생각만 품은 채

그런데 지금 성당에서 마주친 이분의 얼굴
정말 깜짝 놀랐다 그 이기적인 얼굴은 다 없어지고
너무나 자애롭고 아름다운 얼굴로 바뀌어 잇는거다
내가 놀라 먼저 말을 걸엇다
『어머 어쩜 얼굴이 그렇게 아름다워 졋어요』
『비결이 뭐예요』
역시 이분 나를 처음 본다 하고는
나 처음 그 집에 나를 데리고 갓던 질부 이름과 그 질부의 친척이며 컴퓨터
학원을 햇엇다는 얘기를 하자 그제서 아 아 하며 누구인지 유추해 냇다
내가 또 재차 물엇다
『그런데 어떻게 이렇게 아름다워졋어요』
『비결이 뭐예요 도대체 어떻게 된 거예요』
하 이분 성당 레지오를 한다고 한다
레지오라는 단체가 잇다는 말은 비스므리하게 들은 적이 잇기는 하다
나도 50살 되면 성당사람 되고 싶은 소망을 갖고 잇기도 하고
그럼 나 무조건 그 레지오 단체에 데리고 가 달라 햇다

나도 그런 마음에서 품어져 나오는 아름다운 얼굴 갖고 싶다
나도 그 레지오에 데려가 달라고 하였다
그분 깜짝 놀라는 얼굴을 한다
그 레지오 팀에서 단원들의 입단을 위해 54일 기도를 막 마친 상태라며
너무 기뻐한다
그 분을 따라 레지오라는 곳을 찾아갔다

기다랗고 네모난 회색 방
기다랗게 늘어져 있는 책상
둘러앉아 있는 사람들
첫 주의 느낌은 몽롱하다
너무 낯선지라 선뜻 마음도 귀도 열리지 않는다
뭔가 재미지고 미소 넘치는 방일 거라 생각하였는데
알 수 없는 책 알 수 없는 회의
조금 지나니 무슨 일을 하고 있는지 조금씩 이해가 되기 시작했다
다같이 일어서서 묵주기도를 한 후
어려운 책을 읽어가며 돌아가며 지난 주에 행한 선행에 대한 보고를 하고
있었다
좀 낯 간지럽기도 하다
자기 선행을 자기 입으로 얘기를 해야 한다니
또 그 안에서 내가 보기에 충격적인 상황들이 펼쳐진다
상대편이 실수를 하면 감싸는 게 아니라 그 자리에서 바로 지적을 하는 거다
무제한적으로 믿고 있던 성당 단체 봉사를 하는 단체에서
바로 옆 사람을 하늘로 보지 않고 그대로 찔러대다니
그렇다고 뭐 그리 큰 잘못을 한건 아닐 게다
단지 내 눈이 소심하여 아주 작은 일에도 민감하게 반응하고 있었을 게다

그러나 내 소신은 그렇다
사람의 감정은 아주 작은데 있다
크게 문제가 되는 일이라면 재판이라도 걸지 작은 일은 표현도 못하고
속으로 상처가 되기에 아주 작은 일일 수록 사람을 버듬고 버듬어야 한다고
생각하는 터라 예민의 끝이 하늘을 찌를 수도 있다

아주 우습지만 그냥 있었던 일 얘기해야 한다
레지오는 단장을 중심으로 네명의 간부가 있어 중앙에 간부가 앉고
앞쪽에 간부가 앉은 다음 그 아래로 단원이 앉게 되어있다
나야 모르니 앞쪽 아무자리나 앉을 수 밖에

그 자리를 지적하며 그 옆으로 앉으라 햇다
정말 별일 아니다
그러나 내게는 용납이 되지 않는 일이다
공손되이 옆으로 앉으시라 말을 하고 이유를 설명해주어야 한다고 생각한다
명령조로 그 옆에 앉으라 하니 그 말 그대로 상처가 된다
나는 말을 참으로 조심해서 한다
그 이유로는 나는 아주 작은 말에도 상처를 받는다
내가 상처받기 싫어 되돌아 오는 말이 고와야하므로
내가 보내는 말을 최대로 곱게 만들어 보내는 건지도 모른다
그런 이유로 고스톱 화토가 아무리 재미 져도 그 되돌아오는
말들이 거친지라 그 자리를 피하는 거다
성당에서 고운 말 천사의 말만 들을 거라 상상하였는데
서로 아무렇지 않게 상처가 되는 말들을 주고 받음에 나 적잖이 놀란 상태다
하루는 그런 생각을 종이에 적어가 눈물을 흘리며 발표를 하였다
나 학원 할 때 단 한마디를 위해서 일주일 밤을 새웟노라라는 얘기를 하며
어찌 그리 상대의 마음을 헤아리지 않고 말을 하느냐는 등의 얘기
레지오를 시작할 때면 다같이 서서 묵주기도를 올린 다음에 회합을 시작한다
서서 올리는 묵주기도는 아무리 봐도 내 눈에는 벌을 서고 잇는 것으로
보인다
무엇 때문에 세워놓고 벌을 세우시는 걸까
혹시 그 예전 성당에서 신부님과 수녀님 사이에 태어난 아기들이 많앗다
하는데 그에 대한 벌을 세우고 잇는 걸까
무릎을 꿇고 기도를 올리면 염원이라 느껴지는데 서서 기도를 하니 벌을 서고
잇는 것이고 아무래도 그 옛날 과거 잘못에 대한 벌을 서게 하고 계심이
맞아 보인다
나 벌 받기 싫어
나 잘못한 거 없단 말이야
내가 왜 아담과 이브가 잘못한 것까지 책임지고 벌 받으며 서잇어야 하냐고
나 묵주기도 하기 싫어 더군다나 서서 벌 받으며
묵주기도 하는 내내 여러 가지 다른 생각들만 떠오르더구만
나 어릴 적부터 내가 무로 돌아가는 관상기도를 올렷고
관상기도 중 예수님도 내게 나타나셧고 난 앞으로도 관상기도만 할 테야
레지오를 하지 않겟다 통보를 하고 그 모임을 나가지 않앗다
그 때 마침 성당에서 그 아름다운 모습으로 나를 레지오로 이끌엇던 분이
단장을 맡게 된 터라 나를 찾아왓다
레지오를 하건 안하건 식사는 하고 보내야겟기에 금남리 식당으로 같이 갓다

날보고 꼭 무조건 레지오를 해야 한다고 한다
그런 강요가 화난 상태에 밥은 시켜놓고 술만 마시고 잇다
이 양반 빈말이라도 『식사하세요』라는 말은 하지 않고 술만 마신다
나 아주 못됏다
그래서 서로 식사하라 챙겨주길 기대한다
식사하라는 말을 할 때까지 밥은 먹지 않고 나도 술만 마신다
본인은 묵주기도로 큰 은혜를 경험햇다는 얘기를 하며 여러 이유로 레지오를
해야 한다하고
나 고집을 세우며 못하겟다하고
이제 몸을 흔들거려댈 정도로 취기가 올라 온다
그분 얼굴이 시뻘게져 속내를 털어냇다
내가 레지오를 안한다 해도 도저히 그냥 보낼 수 없다
왜냐하면 새 단원 입단을 위해 그 레지오 팀에서 54일 동안 단원들이
하루씩 기도를 이어가는 묵주고리기도를 올렷고 그 기도가 끝난 시점 내가
처음으로 그 레지오에 들어왓기에 성모님이 보내주셧다는 생각이 들어 놔 줄
수가 없다는 말을 한다
그 말에 내가 무릎을 꿇엇다
먼지는 모르지만 성모님이 응답하셧다는 말을 내가 함부로 저버리면 안 될
거라는 생각에 조용히 무릎을 꿇고 따르기로 햇다

시시해 보엿던 그 묵주기도 신비하기도 하다
분명 배가 아픈 상태로 레지오에 참여햇고 배가 아픈 상태로 묵주기도
따라햇는데 배아프던 것이 거짓말 처럼 조용히 사라졋다
레지오 아주 신기하기도 하다
내가 속한 레지오 팀의 이름이 하늘의 문이라 한다
우리 학원에 같이 근무한 마리미쉘 안순이가 이 팀의 소속이엇는데
바로 얼마 전부터 레지오를 하지 않는다고 한다
이 친구 때문에 학원 경영이 어려워져도 내가 계속 품고 잇엇는데
어쩌지 이 친구를 짤랏으면 내가 이 팀에 들어오지 못햇을 거라는 생각도 든다
마리미쉘은 밤을 새워 묵주기도 400회를 햇다고 그야말로 사람들이
그 기도를 두고 전설적으로 생각을 한다
오랜 시간이 지나 마리미쉘이 그만둔 이유를 듣게 되엇다
레지오 팀에서 야외로 나갈시 차안에서도 묵주기도를 하는데 한번은 가요를
부른 모양이다
그 문제를 두고 어찌 성모님의 봉사단체가 가요를 부르냐며 실망을 햇다고
그만 두엇다한다
해구 그 말에 나 웃음이 난다

그러니 엄마들이 선생님 좀 바꿔 달라 요청이 들어오지
그렇게 위트와 유머 감각은 커녕 융통성마저 없으니
물론 나도 트로트 노래를 싫어하기는 하지만

그러나 400번의 묵주기도로 마리미쉘은 레지오 임무를 마무리 지었을지도
모른다는 생각과 건방지지만 내가 하늘의 문 레지오 팀에 들어 올 수 있도록
문을 열어주었다는 생각도 든다
54일 묵주기도 덕분인지 하늘의 문 팀원이 많이 들어왔고
열두 명을 넘으면 분반을 해야 한다는 규칙이 있어 새로 분반을 하였다
나도 새로 만들어진 반으로 배정을 받았다
새로 만든 팀은 사랑의 샘이라고 팀명을 정했다
레지오 3개월 수습기간이 지나 정식 단원이 되려면 선서를 해야 한다

나 성경책 만큼은 절대로 읽지 않을 생각이다
잘하지도 못하는 공부 계속했더니 이제 정말 지겹다
더 이상 책 읽지 않을 테다
전기세 고지서에 써 있는 글씨 조차도 읽기 싫다
아니 이제 더 이상 읽어지지도 않는다

그 선서가 문제이다
레지오 책에 나오는 선서의 내용 두 페이지를 읽어야 한다
거 이상하게 읽을 수가 없다
겨우 한 바닥까지는 어찌 어찌 읽어 지는데 이상하게 다음 페이지를 넘길
수가 없다

아무래도 이것이 나의 진심과 일치가 되지 않아서 일게다
내가 직접 진심을 담은 선서의 글을 써서 낭송한 다음 입단해야겠다
그런 내 뜻을 밝히니 단장님은 신부님과 상담을 해야 한다고
신부님께 말씀드려 상담시간을 만들어 주었다

신부님께 내 뜨거운 진심을 전했다
레지오에 입단하려하는데 이런 형식적인 선서로는 입단을 할 수가 없다
나 직접 진심의 입단 선서를 작성하겠다

내 얘기를 듣던 신부님은 나를 향해 참 맑다는 소리를 하시고 다음 스케줄에
가야한다며 그 책에 있는 내용을 그대로 읽어 선서를 하라 하신다

나 그 앞에 앉아 고민에 빠졌다
어떻게 신부님이 다음 스케줄이 생각나신거지
나는 앞에 사람이 있으면 그 사람이 웃음 얼굴 되어

스스로 일어나기 전까지 그 다음 생각은 아무것도 안 나던데
어떻게 생각이 나올 수 잇는 거지

나 입단을 안 하면 안하지 그 책을 그대로 읽어 입단 할 생각 없다
나 진심으로 입단할 생각이란 말이다
나 세상이 끝난다 해도 나 그럴 수 없단 말이다

토요일이다
건물 1층 화장실이 역류하기 시작햇다
물이 밖으로 나가지 않으므로 업체에서 와서 정화조를 다 파대며 대대적인 공사를
하엿다
화장실 내려가는 파이프에 감씨가 어마어마하게 막혓기에
그리 물이 내려가지 않는 것이엇다
큰 공사는 업체가 마치고
1층 화장실이 문제다
똥냄새에 난리가 낫다
그날은 마침 건물 청소하시는 분이 나오질 않는다
언제 나와라 마라 말은 하지 않앗는데 그분 알아서 토요일 일요일 나오지 않으신다
쉬는 분 나오라 전화할 용기도 나지 않고 차오른 똥물 치우라 말을 못하겟다
내가 두 팔 걷어붙이고 냄새가 올라오지 않을 때까지 똥물을 퍼나르고 잇다
식은땀은 낫지만 해결햇다
앞 구둣방 아저씨 대단하다고 칭찬해 주시니 나도 기분 좋다

일요일 아침 침대 앞 쪼그리고 앉아잇다
몸은 조금도 움직여지지 않고 머리는 꽉 조이듯 아프다
어느 쇠사슬에 챙챙 감겨잇는 느낌이다
화장대 옆에 잇는 딸에게 이리 말햇다
『보배야 엄마 아무래도 성경책을 읽어야 하나봐』
그 말과 함께 무언가에 나를 꽉 누르고 잇던 힘이
스르르르 풀리는 게 느껴졋다
성경책을 읽기로 마음을 먹자 레지오 책에 잇는
선서도 읽을 수 잇을 거라는 생각이 든다 거참 이상하기도 하다
한번 읽기는 읽어봐야겟다
성경책에 무어라 씌여 잇기에 이런 힘이 나오는 걸까
구약성서부터 제대로 읽어야 겟어
그 소란을 피우고 난 후 드디어 레지오 선서를 하기로 햇다
2010년 1월 22일

너무 신기하고 중요한 일이 연달아 일어나는 지라
기록을 하지 않을 수 없었던 게다
작업을 하며 뒤적이다보니
그 무렵의 상황이 기록되어 있는 노트가 튀어 나왔다

스스로 레지오 팀을 찾아와 나와 같은 날 입단한
현정환 프렌치스카 형제님과 함께 레지오 선서를 하게 되었다
선서래야 책 두 페이지 읽는 것이 전부다
그런데 그 두 페이지가 그냥 두 페이지가 아닌 모양이다
선서 시작과 함께 눈물이 한없이 흘러내려 한글자도 목소리를 통해서 나오지
않았으며 같이 선서를 읽고 있는 현정환 형제님이 아니었다면 그 자리에서
그대로 실신할 것만 같았다 내 의지와 상관없이 저절로 흐르는 이 맑은 눈물
벅찬 가슴 도대체 어찌 된 일일까

금요일 레지오 선서를 한 다음날 일요일 몸을 웅크리고 방안에 앉아있다

오른쪽 눈 위 눈두더기에서 연갈색 두건을 머리에 둘러쓴 악마가 꺼이꺼이
울면서 밖으로 나가는 것이 느껴졌다

그리고 기둥이 하늘에 닿아 하늘이 열린 것이 느껴졌다
그리고 하느님을 느꼈다

연갈색 악마는 내가 언니에게 화가 나서 절절맸던 악마이다
언니의 둘째며느리가 아이들을 캐나다를 간다하여 내가 다리를 놔줄시 조카는
언니와 같이 식사자리를 마련하겠다하여 드디어 언니와 화해를 하는가보다
하고 기다렸는데 식사는 하지 않고 포도 한 상자를 사가지고 왔다
분명 언니가 식사를 거절했을 거라 생각하고 너무 서운하고 분하여 혼자서
길길이 날뛴 적이 있는데 그때 화를 냈던 일이 눈 두더기 위로 나가는
것이었다

그 때 났던 화가 옳음이 아니었나보다
언니에게 확인도 하지 않고 화를 냈는가보다
그래도 살면서 잘못한 일이 그 때 화났던 일 하나 밖에 없었는가보다
싫어 여간 기쁘지 않았다

결혼 후 해마다 가던 명절에 어느 한 번 내가 언니 집에 간다고 전화를 한 적이 있다
언니가 말을 머뭇거리며 내게 『오지마』 라고 하였다
딱히 갈 데도 없는 나인데 언니 그리 말하니 그 말 진심으로 알아듣고 아예
언니 집 출입을 멈추었던 시기이다   지금 생각하니 그 때 상황 언니는 집은 좁은데
며느리 둘이 찾아오니 더 편한 동생에게 오지 말라 말했을 수도 있다 생각 들어진다

그러나 그 때는 오지말라는 말에만 내 귀 꽂혀잇고
언니에게 화가 잔뜩 나 잇음이 내 안에 그대로에 멈추어 잇던 시기이다

28일 메모에 성령이 되고 내 되고라 적혀 잇어 그 날의 기억이 떠오른다
내게 성령이 되엇다 내가 되엇다 하는 걸 느꼈는데
이로 인해 세 가지 톤의 목소리가 되어 나왓다
육신의 내가 될 때는 49살 아이들을 키우는 자연스런 아줌니 목소리이고
또 어느 순간 내 영의 소리가 나오는데 이 때는 아주 어린 세 살 아이의
목소리 톤이 되엇다가 안에 임재하신 성령의 목소리가 나올 때는 엄숙한
하느님의 목소리 되어 **이러니라 저러니라**의 말투가 되어 나온다

하느님의 영이 되엇다 내가 되엇다 하는 상황에 대해 부동산사무실에
들르시던 현정환 프렌치스카 형제님에게 그런 상황을 문자로 알렷다
하느님이 계심을 알앗으니 이제 죽어도 여한이 없다
이렇게 죽는 게다
집안 이 구석 저 구석을 맑갛게 청소를 하엿다
거실에 걸린 십자가도 닦앗다
나 죽는 건 두렵지 않고 기쁨으로 다가오지만 딸을 놓고 가야함에 마음이
아프다
맑갛게 청소한 집에 딸의 손을 마주잡고 앉아 꺼이꺼이 눈물을 쏟아댓다
딸아이 놀라 『왜 그러냐』 물엇지만 아무 말도 하지 못하고 눈물만 쏟아댓다
그리고 잠시 방에서 잠이 들엇는가보다
방문 밖에서 딸아이 오빠와 무언가 얘기하는 소리가 들린다
『그랫단 말이지』『그랫단 말이지』하며
답을 하는 아들의 긴장된 목소리가 들린다
딸아이 읍사무소에서 군 복무중인 오빠와 통화를 하엿는지
아들이 조금 일찍 집으로 들어온 듯하다

다음날 잠에서 깨어낫지만 아직 살아잇엇다
죽음을 맞이하더라도 이렇게 하느님이 계심을 공표하고 죽어야겟다
서둘러 잇엇던 일과 증언해야 할 내용을 공책에 옮겨 적엇다
신부님을 집에 오시라해야겟다
지금 내 안에 하느님이 임재하고 계시니 신부님은 나를 보면 하느님을 계심을
알 것이다 온 세계에 하느님이 계심을 공표하여야한다
현정환 프란치스카 형제님에게 문자를 하니
마침 신부님과 함께 야외 행사 중이라고 돌아오는 길에 들르시겟다한다

신부님 미사 중 다리 아프다 얘기하신 게 생각이 난다
아들에게 부탁하여 약국에서 칼슘제 한 병을 사가지고 오게 햇다

신부님은 미사시간에 좋은 말씀을 많이 주신다
어쩜 내게 그리 꼭 필요한 얘기를 군더더기 없이 간략하게 마음에 쏙 와
닿도록 말씀을 주신다

십일조에 대해서도 이리 말씀하셧다
나라에 내는 세금도 어려운 사람을 돕는 돈도 다 십일조이고
십분지 일은 하느님 돈이니 잘 챙겨 하느님께 돌리라는 말씀을 주셧음에
감동을 받은 일이잇다

또 한번은 예수님에게 『하느님의 아들』 『하느님의 아들』 말씀하셧는데
우리 신자들에게 자기 자신을 향하여 『하느님의 아들』 『하느님의 딸』 이리
말하라 하셧다 얼마나 내게 쏙 와 닿는지 내가 나에게 『하느님의 딸』 해
보앗는데 그 말이 내 가슴에 쏙 들어왓다
너무도 신기한지라 그날 미사에 같이 잇던 나를 레지오로 인도한 모니카
자매님에게 『하느님의 딸 하느님의 딸 하신 말씀이 가슴에 쏙 와 닿지요』
라고 물엇는데 그 자매님은 그 말씀은 듣지도 못햇다는 말을 한다
하 신비하기도 하다
혹시 합당한 자에게만 그에 맞는 말씀에 그자의 귀에 쏙쏙 들어가고 잇는 건
아닌지 하고

시간이 한참 지나 신부님이 집으로 들어서셧다
내 안에 임재하신 하느님의 영이 신부님을 맞이하엿다
『아이고 얘야 다리가 얼마나 아프냐』

라고 말을 하며 약을 건넷다
그리고 내가 성당으로 가야겟으니 인도하라고 하엿다
신부님 놀라며 다리가 아픈 건 어찌 알 느냐 하시며
성당으로 데리고 갈 생각은 전혀 잇어 보이지 않으며 아들을 향해 엄마
언제부터 이러시냐라고 묻는 거다

세상을 향해 공표할 것이 잇는 이 뜨거운 마음의 나를 성당으로 인도하지
않음에 화가 난지라 오른손이 세차게 날라 신부님의 뺨을 내리쳣다
당황한 현정환 형제님 화급히 신부님을 모시고 집에서 나갓다

신부님 나를 성당으로 인도하진 않앗어도 나는 나의 할 일을 해야 한다
성당 1층에 창이 마당을 향해 난 교리실이 잇는데 그 방에 앉으면
그 창을 통해 세상에 공표를 할 수 잇다
SBS MBC 몇 개 방송국 직원이 성당으로 오게 하여
오만과 악이 가득 찬 미국을 향하여 선포해야겟다

하느님이 오셨다
내 안에 계시다

아들에게 성당에 데려다 달라 간곡히 부탁하니 아들이 엄마를 믿었고
엄마를 알아보고 엄마 손을 끌어 같이 성당 길에 올랐다

거실에 잇는 십자가와 생생한 증언이 적혀잇는 노트를 품에 안고 걷고 잇다
몸의 움직임이 상당히 느리다
빠르게 걸어지지 않는다
이제 하느님이 계심을 세상에 공포하면 총에 물들은 미국을 구할 수 잇으리라
세상 모든 사람들이 선하게 살게 될 것이다
여러 가지 생각을 정리하며 천천히 한걸음 한걸음 옮겨 성당에 도착을 하였다
내가 원하는 고리실에 들어서니 내가 앉고자 하는 자리에 형제님 한 분이
책을 펼쳐놓고 앉아 계셨다
내가 자리를 비켜달라 신호를 보내니 그분 얼른 책을 들고 일어섰다

조금 잇으니 같이 레지오 팀 형제님인 유봉완 베드로 형제님이 들어오셨다
내가 가지고 간 노트 앞에 SBS와 MBC 방송국 직원들을 불러달라고 적었다
내 목소리를 아껴야 한다
아니 목소리가 나오지 않는다
방송국 직원이 오면 그 때 하느님이 계심을 전 세계에 공표를 할 테다
유봉완 형제님 고개를 끄덕이고 나갔다
그리고는 형제님 한차례 더 들어왔다 나가기는 햇으나 아무런 연락이 없다
기운이 없는지라 잠시 엎드렸다
성당 사람들이 남편에게 연락을 취하는 게 느껴진다
걱정이다
남편이 도착하면 나를 또 강제로 정신병원으로 끌고 갈 것이 틀림없다
그와 같은 일이 일어나지 않기를 간절히 바랬다
엎드려 아주 잠시 잠이 들었다
그 잠깐사이 하늘을 보여주셨다

하늘에는 많은 별들이 올라와잇다

그 중에 부처님이 가장 큰 별이 되어 올라오셧고 하늘에 두둥실 떠잇으며
다른 작은 별들도 보이고 그 중 하나의 별은 남묘호랑게교 별이라 한다

잠에서 깨니 이제 나로 돌아왓다
하 난처하다
기다리던 방송국직원은 오지도 않앗고
밖으로 나가야 하는데 무안해서 어찌 나가야 할지 모르겟다

하느님이 계심을 세상에 공표하지 못하고 돌아서야 하는 마음에 너무 슬프지라
십자가를 성당에 놔둔 채 일어서서 무안을 무릅쓰고 용기를 내 집으로
돌아오는 길에 올라섯다
내가 성당 마당을 가로질러 아래쪽으로 내려올 때 성당 사무실 앞에 모여
잇던 사람들 중 현정환과 유봉완 형제님이 내게 쫓아왓다
내가 당부의 말을 하엿다
다행히도 내 본연의 목소리는 나오지 않앗고 하느님의 목소리가 되어 나왓다
『가지고 온 십자가는 죄가 하나도 없느니라
그래서 성당에 놓고 가느니라』 라는 말을 하엿다
현정환 형제님이 『예 예 그러시죠』 라고 말을 받앗다
다행이 내 육신의 목소리가 나오지 않아 위기를 모면할 수 잇게 되엇다

집에 돌아온 후 깜깜함 속에 남편이 도착햇다
지방에서 일을 하다 아들의 전화를 받고 자동차 악셀을 잇는 힘껏 밟아
올라왓다는 거다
그러나 오는 도중 엔진에 갑자기 불이 난지라 도롯가에서 차를 멈추엇고
차를 수리하고 오느라 늦게 도착을 하엿다한다
그 덕에 내가 먼저 집에 도착을 한 것이고 정신병원에 끌려가지 않게 됨이
얼마나 다행스럽고 감사한지

그리고 3일째 되는 날 놀라운 일이 벌어졋다
아침부터 몸을 이 구석 저 구석 치료를 해주셧다
외관상으로 보면 나 혼자 하는 일이지만 내안에 누군가 임하시여
몸을 치료해주고 잇는 게 느껴진다
스물세살경 성령님이 오셧다면 지금의 성령의 힘이 불과같이 크다고 느껴진다
몸의 세포 하나 하나 다 다시 살아나고 잇음에 『아하 이렇게 하여 죽은
사람도 살리신 게로구나』 라고 알아차릴 수 잇엇다

요가와 같은 동작을 취하여 뼈를 맞추어 주셧는데 동작의 크기가 요가만으로
표현하기 어려운 동작들 이엇다
원래 그와 같은 동작은 한 시간만 하여도 힘이 든지라 더 이상 하지 못하는
동작인데 아침 열시 48분부터 밤 열시 40분까지 이어졋어도 나는 아무런 힘도
들지 않앗다

더더욱 놀라운 것은 입을 아주 크게 벌려 딱딱딱 맞추어 주셧다
치과에서 이가 다 내려앉아 이를 다 뽑아야 한다 하엿는데
이리 이를 치료를 해주시니 어찌 표현을 하지 못하겟다
치과에서 하는 치료는 아프건만 입을 그리 크게 벌렷어도 전혀 아프지 않앗고

특히 이빨에 대해서는 새벽에 다시 한번 맞추어 주셧다
어깨와 무릎은 내부적으로 맞추어 주기도하고 밖에서 별이 반짝이며 보내는
듯시 같은 느낌으로 치료를 해주시기도 햇다

아들도 남편도 딸도 나의 동작을 보고는 이는 신이 해주시는 일임을 한눈에
알아차릴 수 잇엇다
나만 성령치료 받는 게 미안한지라 남편도 치료를 해주시기를 마음 모앗고
하여 남편에게도 내 손을 통하여 치료를 해주셧는데 남편은 내가 힘들까봐
걱정이 되엇는지 조금 치료를 받다가 하지 말라 하엿다
그러나 내가 맛사지 해준 다리는 그동안 아프던 무릎이엇는데 더 이상 아프지
않앗다 하엿다
남편은 시누이에게 가서 사람의 동작이 아니라는 말을 햇다고 한다

아들 녀석도
『그렇지 그렇지 엄마가 병이 난 게 아니라 종교적인 거 같앗어』
라고 말을 하엿다
또 들리는 말씀에 나를 들어 올리신다는 말을 하신다
들어 올린다는 말에 다들 잠든 밤이 되어 우리 집 베란다겸 옥상 앞마당에
나가 하늘에서 두레박이 내려올 거라 생각하고 하늘을 보며 마냥 서잇엇다
아무리 기다려도 하늘에서는 아무것도 내려오지 않앗고 멀쑥해져
방으로 들어오니 천사들이 재밋다고 깔깔 거리는 게 느껴졋다

며칠 동안 문밖 출입을 하지는 못햇는데 부동산에 내려가야 할일이 생겻다
허원순씨와 계약에 대한 약속 잇엇기에 더 이상 집에 머무를 수만은 없게
되엇다
남편은 내가 불안하여 내 옆에서 나를 지키고 잇다
부동산 사무실에 들어온 허원순씨 내 얼굴을 보더니 깜짝 놀란다
『어머 불성령 받앗나봐 불성령 받앗어
불성령 받은 얼굴이야』
얼굴에 잡티도 다 없어졋고 백옥같이 희어졋으므로 한눈에 표가 나기도 한다

그 말을 들은 남편이 그제야 안도의 숨을 내 쉰다
허원순 권사님은 교회에서 불성령 받은 사람도 보앗고 얘기도 들엇기에 안다는
말을 하엿다
조금 더 부연 설명을 하엿다 불성령 받은 사람에게 함부로 하면 큰일 난다
불성령을 받앗다 할지라도 주의 종에게 덤비면 그것 또한 큰일 난다 등등
하 신기하고 신기하다
성당사람들은 다 나를 미친 사람 취급하는데 교회 다니는 사람은 나를 보고
바로 불성령 받앗음을 알아차리다니 종교를 함부로 생각해서는 아니 되는

가보다

이쪽 되었으니 남편도 나를 온전히 믿구하니
하늘에서 내린 불성령에 대해 신부님께 잘 전달하여야겠다
내 온몸을 치료해주셨다는 얘기만 전하면 신부님도 감동할 것이다
신부님과 유봉완 현정환 형제님과 미숙씨가 운영하는 호박오리 식당에서
식사를 대접하며 흥분되어 생생히 증언하였다
그러나 조금 후 아무도 믿지 않구 내가 그냥 이상해졌다 안정을 찾아 다행인
정도로 이해하는 눈치여서 더 이상 입을 다물어버렸다

내가 하느님 계심을 온 세상에 선포함을 실패하기는 하였으나
나 눈 마주친 모든 사람을 성당으로 인도하는데
이 한 목숨 바쳐야겠다 마음이 먹어졌다

친구 실복이에게 전화를 걸어 증언을 하였다
실복이는 온전히 내 말을 믿어 주며
『그래 불성령은 너처럼 바보 같은 애가 받는 거래』라는 말을 곁들인다
치 내가 뭐가 바보 같다는 건지

아무튼 며칠 후 마침 영자 언니가 머리가 많이 아픈데 형부가 병원에 가지
말구 종식이네 가보라는 얘기를 했다구 한다
실복이도 불성령 받은 사람은 치료 한다는 얘기를 하며
주말되어 그동안 내가 너무 보구 싶어 하던 영자언니와 함께 왔다
내가 만져주면 머리가 다 낳을 거라 믿구 온 거다
머리를 만져보니 머리가 텅 빈 느낌에 빈혈이 있을거라는 생각과
일이 너무 많아 일을 줄여야 될 것 같다는 생각이 들었다
『빈혈이 있으니 칼슘제를 먹구 일이 몸에 무리가 되지 않게 조금 줄였으면
좋겠다』는 얘기를 하자
언니는 놀라며 그러지 않아도 어지럽다는 얘기를 한다
실복이는 머리만 만져봐도 아느냐 물었다
나 머리 만지니 저절로 알겠는데 왜 묻는지 의아했다
그래도 머리를 잡구 정성껏 기도를 하며 지압을 하자 금방 영자언니
다 낳앗 다구 난리다
무엇보다 내가 힘들까봐 하지 못하게 하는 게 느껴진다
아무튼 약속도 뒤로 하구 빨래를 빨아주던 그놈의 심성 어디 가지도 못한다
실복이에게 연락이 오기를 또 며칠 후 삼주네 둘째언니가 입원을 했다구
병원을 같이 가자는 얘기를 한다

병원에 갓더니 실복이가 나의 불성령에 대한 얘기를 하며 나에게 기도를
해주라 한다
나 아직 기도 하는 방법도 모르는데
그러나 기도를 하라하니 안 할 수도 없고
그 언니의 뒤에서 몸에 손을 대고 마음속으로 주기도문을 외우고 잇다
손 끝이 어느 지점에 딱 붙어 떨어지지 않앗고 내 눈에서는
맑은 눈물이 한 없이 흘러 내렷다
한참을 그렇게 잇다가 집으로 돌아왓는데 뒤에 들은 언니의 얘기로는
자기가 아픈 부분에 내 손에 딱 멈추더니 몸이 따뜻해지고 매일 아파서
잠을 이루지 못햇는데 그 날밤은 아프지 않고 잠을 잘 잣다는 얘기를 한다
허 참 이상하다
몸이 낳으려면 다 낳던가 그날 하루 아프지 않고 말다니 이상하기도 하다
아무래도 나에게 치료의 은사가 약한가보다

부동산에 들르며 여러 도움말을 주던 현정환 형제님이 이제 더 이상
부동산에 오시지 않겟노라한다
어렵사리 신부님을 모셔왓는데 내가 손을 올렷음에 적잖이 놀란모양
또 한마디 하셧다 성령님이 무력으로 오지 않을 것이다 평화일 것이다

후후후 그 때 나 한마디 안하고 듣고만 잇엇는데
나 지금 그 신부님에게 힘을 주어 손을 펼쳐 올린 것 설명하련다

그 날 나를 성당으로 인도하지 않앗다고
그 하나의 사실로만 신부님에게 내 손이 날아간 게 아니다
지난 번 견진교리 받을 시
신자분에게 무슨 일을 부탁할 때 권위적이고 짜증적인 표현을 한 일이 잇다
신자 분은 예예 굽신 굽신 함도 비위 상하고
그 일이 내 마음에 남아 불편하게 하고 잇엇기는 하다
신부님이 우리에게 하느님이라면
신부님에겐 우리가 하느님이다
누가 누구에게 함부로 짜증을 내며 권위적으로 나선단 말이냐
더구나 몸소 가르침을 내야 하는 양반이

그리고 하나 더 잇음은
나를 상담하다 다음 스케쥴이 잇다며 얼레벌레 상담을 마치고 일어난 일이 잇다
그 점에 대해 얼마나 생각을 햇는가 모른다
어찌 다음 스케쥴이 생각낫을까
생각하다 생각하다 기어이 그 답을 찾고야 말앗다

신부님 그 순간 저 살 궁리를 하였기에 그러하다
앞에 잇는 나를 위해 죽을 마음이 없어 그러하다
다음 스케쥴이고 뭐고 다 깡그리 무시하고 바로 앞에 앉은 멀대를 위해
그 한 몸 불살랏어야 한다 생각하기에 그러하다
그럼에도 그 순간 묘안이 떠오르지 않고 다음 스케쥴이 떠오른다면
내 돌아가 천천히 생각하고 답을 주마
고객이 아니 신자가 마음을 풀을 때까지 챙겨주어야 하는데 말이다
이참 저참 성이 안차던 차에 나를 성당으로 모시지는 않고 말이야
내 안에 잇던 승질드런 불성령님 순간 휘청하고 손부터 올리더라

예수님 분명 제자 발가락 닦아 주신 다음 십자가 위에 내 몸 올렸음이신데
발가락도 못 닦아주며 어찌 몸을 십자가위에 올릴 수 잇겠는가
그와 같은 마음 품지 않고 어찌 예수님 뒤를 따르는 제자라 하겠는가
그날 성령님 취기로 순간 일침 한 번 날렸다

퇴원 후 삼주 언니네 집을 매일 드나들었다
한 번 안 되면 두면 세 번 끝까지 기도를 하련다
내가 뭐 할 줄아는가
입을 통하여 나오는 기도도 없고
그저 마음속으로 주모경을 외우는 수 밖에
어느 날은 얼굴이 노랗게 황달이 왓다
얼굴에 황달이 오면 생이 마지막이라는 얘기를 들은 적이 잇다
무어라 표현은 하지 못하고 발을 잡고 기도를 하고 잇는데 얼굴에 황달이
깨끗이 없어졌다
하 이상하기도 하다
병이 다 낳으려며 낳아야지 황달만 멈춘단 말인가
그러나 나 포기하지 않는다

그러다 불현 듯 허원순 권사님 내게 새벽 제단을 쌓으라는 말씀을 주셧다
성당은 아침 미사가 늦게 잇으므로 새벽 다섯시 집 앞 화도교회를 나갓다
사흘 째 되는 날 예배가 끝나고 기도를 올릴시 삼주언니에 대해 간절히
기도를 올릴 시
예수님의 발이 하얀 모포로 둘둘 말앗고 내가 입을 맞추는 환형을 보앗다
모포라면 염을 할 때 입는 옷 같은데 이 무슨 말씀일까

삼주 언니의 집 근처 수동성당에 연락을 하여
성당 자매님이 집으로 와 교리를 받게 하였으며 함께 기도를 하고 잇다
성당에서 나오신 분은 적절하게 알맞은 기도를 하시는데

나는 도무지 입이 열어지지도 않는다
아무래도 실북이 말마따나 나 모자르는 애 맞나보다
삼주이네 언니는 내게 더 이상 오지 말라고 하였으며 문을 열어주지도 않앗다
아프지만 아프지만 그리 돌아섯고

후에 나 심하게 우울병을 모시고 살게 되어 버스 타는 능력마저 사라질 때 언니 세상을
달리 햇다는 연락이 왓다
마침 비도 많이 오고 멀리 성남 사는 실북이 같이 가자하더니 못하겟다하고
나 도저히 버스를 타지 못하는 상황의 병이 되어버린지라 장례식에 가지 못하였으나
세상 뜨기 얼마전 세례를 받은 삼주언니 성당에 곱게 모셧다는 연락만 받앗으며
그 후로 삼주 내 전화를 차단하였는지 연락이 멈추었고 나 전화기 잃어 새로 바꾸는
바람에 실낫같던 연마저 끊어지고 말앗다

그리고 몇 년이 더 지나 2015년도 나 이 책을 지으며
그동안 연이 닿앗던 이들 정리 하던 중 주삼 언니에 대해 꿈을 하나 주셧다
성모님이 어린 애가 손들 잡아끌어 따라 들어서서 불을 켜러 들어오셧는데
똥을 너무 더럽게 쌓아놓아 도저히 어찌 할 수 없어 불을 켜려다 마는 꿈을 주셧다
그 말에 삼주언니와 대화햇던 일이 생각낫다
우리는 15년 동안 단 한차례도 임대료를 올리지 않앗다하니 어찌 그럴수가 잇느냐며
반문하였고 그리 반문하는 언니가 나는 또 이상하게 느껴졋다
후에 언니 건물 세입자와 통화 하는 소리를 들은 적이 잇다
삼주언니 가지고 잇는 건물에서 월세 많이 들어오는지라
요양하기 위한 50평대 아파트 도 그 자리에서 현찰로 나를 통해 삿는데
세입자와 어찌 그리 양보하지 않고 받을 임대료 권리만 생각하고 악착같이 따져대는지
내 가슴이 절엿다
그와 같은 이유로 아무리 내가 불성령을 받앗다 할지라도 치료가 되지 않은 이유를
꿈으로 보여 주셧음이다

성당 유봉완 베드로의 안사람 이용숙 마리아가 잇다
직장생활에 또 시모님과 함께 살고 성당 일에도 지극정성 열심이다
시부모님 험담은 커녕 시어머님 얘기를 할 때면 존경하는 듯한 말투로 한다
성당에서는 제단에 꽃꽂이 봉사를 하는데 봉사하게 된 것에
그 경위를 신비한 듯 설명하며 감사해 한다
새벽 꽃시장에 이리 저리 바쁘게 다니더니 한쪽 다리를 절뚝인다
왠지 내가 어찌 해주고 싶다

다리라도 주물러 주고 싶다
마침 레지오를 마치고 윤봉완베드로 부부와 현정환프렌치스카 부부
그리고 내가 호프집에 잇엇다
내가 이용숙 마리아 다리 지압을 하자 윤봉완 베드로 부부는 놀라는 얼굴을
한다 원래 이용숙 마리아는 간지럼을 많이 타므로 아무도 손을 못 대게 하는데
내가 만지는 건 가만히 잇는다며

내가 한참 지압을 한 뒤 이제 된 것 같애 하니 이용숙 마리아도 눈을
말똥이며 정말 괜찮아졋다고 『언니 좋은 은총을 받으셧군요』라는 말을 하였다
그러나 그 옆에 잇던 현정환프렌치스카 내외는 나를 보고 비웃엇다
그냥 다리를 만지면 누구나 저절로 알게 되는 거라고

나는 속으로 살짝 겁이 낫다
내가 이용숙 마리아의 다리를 만져주고 잇는 것은 내가 아니라 내 안에
성령님이 해주시는 것 같은데 이리 비웃어서는 안 될꺼라는 생각이 들엇다
허원순 권사님에게 들은 얘기가 잇어서 그렇다

그리고 며칠이 지나자 현정환프렌치스카 부부가 각기 한사람은 간이 아프고
한사람은 어디가 아프다는 얘기가 들려온다
왠지 나와 잇엇던 일과 연관이 될꺼라는 생각이 들엇지만
아무에게도 아무런 내색도 하지 않앗다
그저 작게 꾸지람 받고 말기를 마음모아 기도를 올렷다
단 한번도 시부모님에 대한 불평을 하지는 않기에 몰랏는데 야유회 때 아버님
생각하며 음식을 챙기는 모습을 보고서 그제서야 아버님과 함께 살고 잇음을
알앗고 존경스러운 마음마저 들엇던 현정환 형제님의 부부일이라 더 그렇다

특히 현정환 형제님은 가끔 부동산사무실에 들러 내게 많은 말씀을 주엇는데
어떤 방법이든 안테나만 하늘에 꽂혀잇으면 된다는 얘기며 우리가 잘못을 햇을
때 회초리로 치시는데 처음에는 약하게 치고 그럼에도 알아듣지 못하면
알아들을 때까지 점점 세게 치신다는 얘기
또 하느님께 나를 맡길 때는 깃털처럼 가볍게 맡겨야 된다는
어려운 얘기를 들려주시기도 햇다
나는 나대로 여러 가지 얘기를 햇을 진데 돈에 관한 얘기를 하기도 햇다
나는 돈의 크기를 도무지 가늠하니 못하겟다
돈의 크기를 가늠하지 못하므로 상대편이 기분나빠하면 그 돈이 작거나
큰 돈이고 상대편이 웃으면 그 돈이 맞는거다라는 정도로 돈의 크기를
가늠한다는 말을 하였다

형제님은 신부님처럼 내게 참 맑다 형제님의 당신의 아내도 맑은데

나도 참으로 맑다는 얘기를 하기도 하셧다
그러나 그 불성령 사건 이후로 형제님은 부동산에 더 이상 들르지
않겟다하시는 것으로 보다 형제님 입장에선 내가 미친 여자로 보엿음이 확실한
게로다 또 성당에선 그리 소문이 낫다고 한다
그러나 나는 확실히 알고 단 한사람에게라도 더 많은 사람에게 증언을 하고
싶고 전도를 해야겟다
새로 받은 다이어리 노트에 표를 만들어 전도할 한사람 한사람 이름을
다 적어놓고 실행에 옮기기 시작햇다

이상하기도 하지 성당사람 모두는 나를 인정하지 않는데
내 증언들 들은 사람은 모두 다 믿어주엇다
다른 사람 말이라면 믿지 않겟지만 보배 엄마 말이라면 믿음이 간다 라는
얘기를 하면서

성당에서는 성령 자체를 인정을 하지 않는다고 한다
미직지근한 신앙생활과 관계가 잇음일지 모른다 생각햇다
성당사람 아무도 나를 믿어주지 않는데 나를 믿어주는 내말을 믿어주는
단 한사람이 생겻다
정정미 글라라 처음 만낫을 때부터 내가 하는 증언을 고스란히 믿어준 단
한사람이고 성당 다니는 다른 사람에게는 단 한마디 증언조차 하지도 못햇다

정정미 글라라는 내게 김웅룡 신부님이 계시는데 찾아가 보라는 말을 하엿다
그 신부님이 그런 성령에 대한 전문가라는 얘기를 하엿다
또 성령을 받으면 오만에 빠질 수 잇어 잘 다듬어야 한다는 얘기도 해주엇다
그리고 그 신부님 말씀이 좋으니 인터넷에서 찾아서 말씀을 들어보라는 얘기를
몇 번이고 한다
내가 그분을 찾아갈 일은 없다
내가 이미 확실한데 누구에게 검증을 받을 것이며
또 김수환 추기경님을 찾아갓던 일이 잇는지라 절대 마음이 일지 않는다
그러나 오만에 빠진다는 말은 귀담아 두엇다
신부님 사이트에 말씀이 아주 많기도 하다
딱 하나 선택하여 들엇는데 성체에 관한 말씀이엇다
사실 나는 성체라는 걸 잘 믿지 못하겟더라
그냥 밀가루덩이 하나 뭉쳐놓고 『예수님의 몸』『예수님의 몸』 하며
모시라고 한다고 생각하는 정도엿다
그런데 그 선택한 설교 말씀에서 어느 성당 안에 불이 낫는데
그 성체가 담겨잇는 그릇이 위로 떠올랏다가 불을 다 끄고 난 다음에
성체가 가만히 내려 앉앗다는 말씀이엇다
너무 놀라운 말씀이다

내가 건성으로 대하던 성체였는데 성체 모심에 대해 진심으로 대해야 한다니
다음 성당에서 그동안 죄송햇던 마음과 진심의 마음으로 성체를 모셧더니
눈에서 맑은 눈물이 저절로 한없이 흘러나왓다

그래도 부동산사무실에 들어와 또 의심이 가는지라
아마 내가 우연히 그 말씀을 선택햇을 거다 싶어 그리고 또 한번 더 말씀을
듣고도 싶어 인터넷에서 김웅룡 신부님 말씀을 열어놓고 아무리 이것저것
비슷한 위치를 선택해 보아도 도무지 그 말씀이 들어잇는 설교가 열어지지
않으므로 이는 하늘에서 내게 지시하고 계심이 확실하다고 무릎을 꿇고야
말앗다

성경책을 읽고 잇다
성경책에 어떤 내용이 잇기에 그와 같이 힘이 나온단 말인가
영세받기위해 교리를 배울 시 성당에서는 굳이 구약성서까지 볼 필요는 없다
하여 신약성서만 한번 보앗기에 구약성서를 대하는 건 처음이다
같이 견진세례를 받앗던 임선희 라파엘라의 말에 의하면 성서에 똥을
덮어라라는 내용이 나온다는데 정말 그런 구절이 잇는지 확인 해보고 싶다
도대체 어떻게 성경책에 그런 내용이 잇을 수 잇는지 재미잇기도 하지만
정말로 궁금하다

아 견진세례를 받앗다
공인중개사 합격한 다음 해에
성당 주보에 견진교리 시작한다는 공고가 떳고 나도 혹시 누군가의 대모를
서려면 견진세례를 받아 두어야겟다 생각하여 견진교리를 받앗다
우리건물 지하에서 문구를 하는 임선희 라파엘라에게도 얘기하니 두말 않고
따라 나섯다 성당을 가기위해 문구점 잠그는 일 따위는 고민도 하지 않고
따라나섬에 감동스런 놀라움이다

그분은 내게 본인의 문구점을 인수하라는 얘기를 한다
그 문구점을 인수하면 남편이 지방에서 고생을 하지 않아도 될 것 같아
호기심이 생긴다 그러나 인수금 2억을 요구하니 언감생심 꿈도 꾸지 못한다
남편이 엄청 고생하고 잇다는 사실을 알게 되엇다
아들 녀석 아르바이트를 시작햇다
세련동네 강남으로 간다
설문조사 하는 아르바이트라 한다
말이 설문조사이지 조사지에 이름과 전화번호를 적으면 피부 관리를 받으러
오라는 전화가 걸기위한 기초 작업임에 틀림없다
사람들을 붙자고 이름과 전화번호 받아내는 일이 만만치 않은 모양이다

받아낸 설문지당 알바 비를 받는 모양이다
아들 알바를 며칠 다니더니 다니지 않겟다한다
사실 돈 벌기위해 하는 아르바이트인데 차비가 나오지도 않는단다
남편 아들 방에 들어갓다 나왓는데 무슨 얘기가 오갓는지 아들은 수입보다
차비가 더 많이 나가는 알바를 계획대로 마무리 짓기로 햇다
아들 며칠 후 아버이에게 들은 얘기 이 어미에게도 들려주엇다
아버지 처음 고모부를 따라 산으로 올라갓는데 너무 힘든지라 몇 번이고 짐을
챙겻다 풀엇다 햇다고
하루는 짐을 챙겨 몰래 밤에 내려왓는데 내려오다 가족들 생각이 나므로
도저히 안 되겟기에 가게에 들려 맥주 한잔을 마시고 도로 올라갓노라고
『무슨 일을 시작햇으면 돈이 되든 안 되든 마무리를 지으라고 하셧다』 한다
그 말을 들은 뒤로 남편이 얼마나 힘든 일을 하는지 알게 되엇고
늘 마음한구석이 무겁다 문방구만 인수하면 남편이 그 낯선 땅 파는 일은
하지 않아도 될 것 같긴 하지만 감히 뭐 어쩔 수 없는 노릇

지금은 성경책부터 들여다 봐야겟다
책의 내용으로 보자면 아주 명령조다
부처님이나 공자님처럼 돌려서 좋게 말을 하는 것이 아니라
『너 이렇게 하지 않으면 내가 패주마』 라는 글이 잔뜩이다
아무래도 아버지는 아버지인가보다
그렇게 회초리를 드는 것은 아버지 뿐이다
이웃집 아저씨는 부처님처럼 좋은 말만 해주신다
한마디로 네가 말을 잘 들으면 아니 옳게 산다면 천대만대 복을 내리고
말을 안 들으면 아니 남에게 해코지하며 살 다면 삼대를 벌하리라 라며
회초리를 들고 계심이 식겁하다

궁금하던 똥을 덮으라는 내용도 찾아냇다
장막에 들어올 때는 똥을 덮고 들어오라는 얘기와
땅에 떨어진 것을 주워 먹지 말라는 글귀도 함께 잇다
옛날 사람이 미개하여 이런 세세한 것도 알려 주셔야 햇을까
하나부터 열까지 다섯 살 어린 애 취급하며 갈킴이 유치한 건 아닐까
그에 이어 아예 성경책을 덮어야 하는 내용이 이어졋다
하느님 무언가 못마땅하여 어느 민족은 그 민족 자체를 몰살 시키셧다는
내용에 다다랏다

아주 잔인한 분 아니신가
아니 이런 분을 믿고 따라야 한단 말인가

섬뜩하고 무서워 성경책을 덮고야 말앗다
나는 이런 분을 따르지 않으리
이런 분이라면 성당이고 나발이고 다닐 필요가 없는 거다
아니 무슨 이런 책을 읽으라 하시는 건지
무슨 이런 책을 몇 구절 늘어대며 교회를 다니라고 목에 핏대를 세운건지
꽉 막힌 마음으로 방바닥에 누워 텔레비전를 틀엇다

테레비 속에서 나오는 내용이 황망햇다
방송국은 Discovery 채널이엇다
너무나도 놀랍고 잔인한 내용들이 쏟아져 나왓다
과거 한때 살앗던 사람들의 내용이다
소로 만들어진 신 앞에 어느 사람이 어린 아기를 두 팔에 안고 잇다가
두 팔을 벌린다 그러면 아기가 그대로 아래로 떨어진다
그 아래는 불이 이글이글 타고 잇엇다
어린 아기를 제물로 바치는 제를 올리는 중이다

멕시코 원주민들이다
피라미드형의 신전을 만들어 놓고 제사장이 한사람씩 제단 앞으로 올라오게
하여 올라온 사람들의 심장을 꺼내어 손바닥위에 올려놓고
하늘에 내미는 동작을 한다
얼마나 많은 사람들의 심장을 꺼냇는지 신전 주변에
피가 발목까지 찻음을 증언 햇다는 거다
아주 짧은 시간 안에 심장을 꺼내는 방법을 보여주기도 햇다

날이 가물어 농사가 안되는지라 신에게 비를 보내 달라고
요청을 하는 중이란다
여인을 묶어놓고 활을 쏘고 잇다
양손 양발에 활을 쏘은 후 마지막에 심장에 쏜다고 한다
옥수수 농사의 신에게 제를 바치는 행위이다

유럽이다
다산의 신에게 제를 바치고 잇다
성행위를 연상하여 사람을 몽롱하게 한 다음 화살을 쏴서
죽음에 이르게 하고 잇다
이런 민족들이 다 멸살되엇음도 보여주고 잇엇다

내가 지금 읽고 잇는 성경의 구절과 맞아 떨어지는 내용이다
Tv내용이 너무 무서운지라 몸을 떨고 잇다
멸살시킬 수 밖에 없엇던 내용을 내게 보여주시다니

무섭기도 하고 희한하기도 하다
이래 저래 너무 무서운지라
Tv를 껐어도 잠을 잘 수도 없다
성경책을 펼치기도 무섭고 묵주를 꼭 움켜쥐니 마음이 안정되어 잠이 들었다

다음날일지도 모르겠다
뿌연 밭의 환영을 보여주셨다
카인이 첫 열매 먹었음을 느끼게 해주셨다
카인의 제를 받지 않으심을 느끼게 해주셨다

다시 성경책을 읽고 있다
사람들에게 너무 실망을 한지라 전부를 없애려고도 하셨다한다
그러나 신도 아닌 것들이 비웃을까 마음을 접었다는 말씀에
그 마음 너무 헤아려졌고 마음에 와 닿았다
동방에 따로 마련하셨다는 내용도 나와 있는데 어쩐지 우리나라 일거라는
생각이 든다

그리고 또 며칠이 지났다

묵주기도를 올리고 있다
묵주기도 시 입으로는 중얼거리나
머릿속으로는 여러 잡생각이 떠오르는데 제대로 묵상을 하며 기도를 올려야겠다
묵주기도 책을 펼쳐놓고
기돗말 한 구절 한 구절 가슴에 새기며 기도를 올리고 있다
예수님께서 우리를 위하여 피땀 흘리심을 묵상하자
내 온몸에서 진땀이 흘렀다
그 분이 우리를 위하여 얼마나 진심의 기도를 올렸는지 그 마음 이해가
되었다
예수님께서 우리를 위하여 십자가 지심을 묵상할 때는
무서움이 한가득 들어왔다
그렇게 모든 기도를 마치자 그만 방에서 쓰러지고 말았다

성경책을 이제 거반 다 읽어가나보다
읽다가 깜짝 놀랐다
지혜가 하늘에서 온다는 거다
아니 지혜가 하늘에서 오다니
내 지혜가 파내면 파낼수록 나오는 걸 느꼈는데 그게 내 것이 아니라
하늘에서 온 거라니
무슨 말인지 이해는 되지 않지만 그러기에 그 말씀이 마음에 남는다

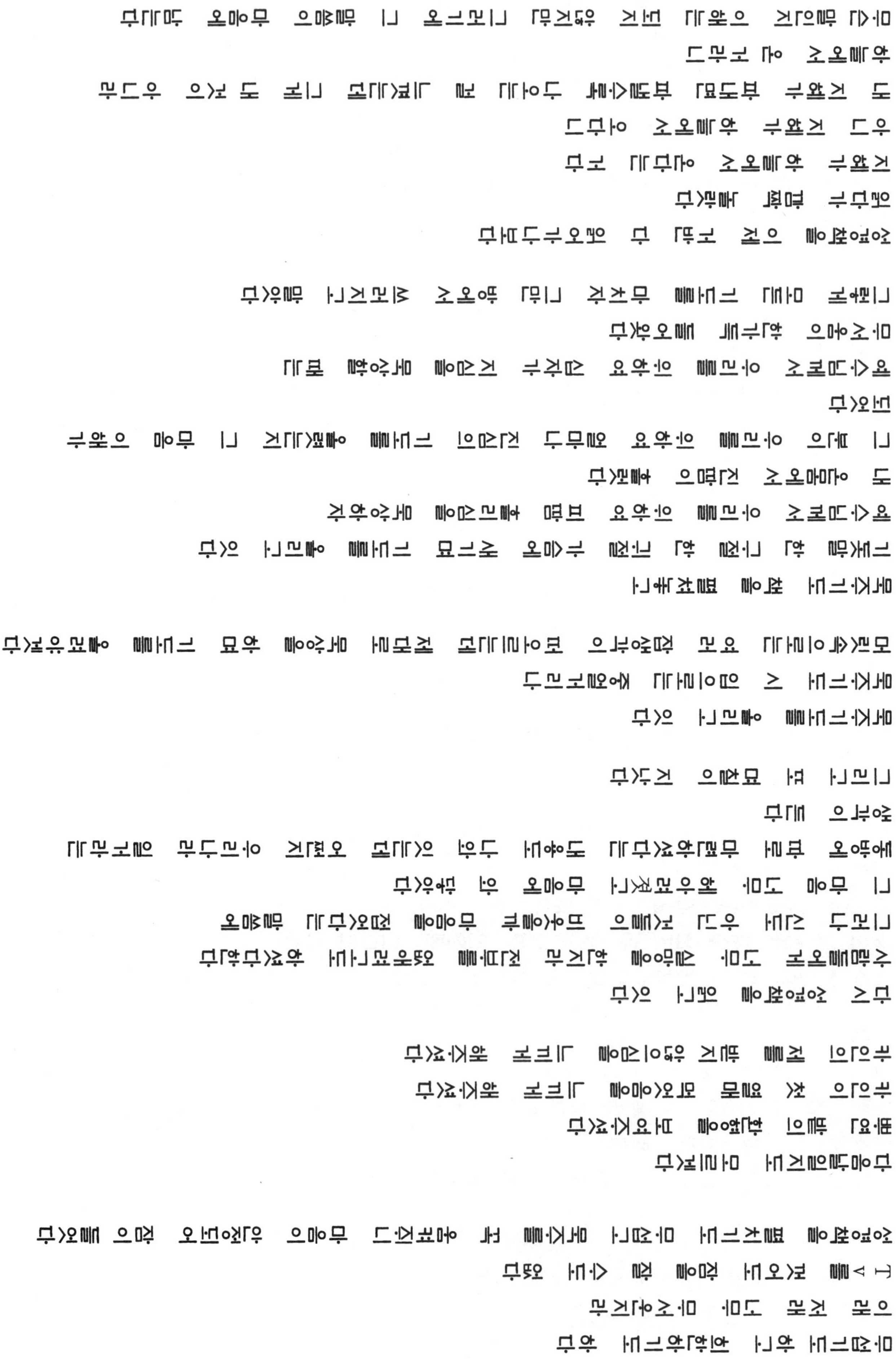

이제 내가 할 일은 전도다
이 한목숨 바쳐 전도하리
알고 잇는 모든 사람들의 목록을 만들엇다
한사람 한사람 찾아가 증언을 하고 성당을 가자 손을 잡아 끌엇다

그 누구보다 김정자 언니가 가야한다
이 언니 보자마자 내 눈에 눈물이 흘럿다
세입자 방에 곰팡이가 피엇는데 공사를 해주어야 한다고
수화기 너머로 목청을 세웟다 세입자는 바쁘다며 차일피일 협조가 더디다

그렇게 책임감이 강한 사람이 누구일까 궁금햇다
어느 날 부동산 사무실에 연세 지긋해 보이는 분이 들르셧다
김정자 언니이다
대뜸 결혼을 하지 않으셧다는 얘기를 하신다
『아구 돌보아야할 동생이 잇엇군요』 라고 응수하자
그렇다고 하시네
내 남식오빠를 보는 것 같아 눈물이 고엿지
이 언니 내가 성당에 꼭 인도하여야 한다
평소 언니라는 소리가 입에서 나오지도 않는데
결혼하지 않은 남자스런 여자를 보니 바로 언니 소리가 나왓다

이 언니 노래방 억수로 좋아한다
나 노래방 억수로 싫어하지만 말없이 따라 나섯다
그 어디 죽음인들 따라나서지 않으랴
아파 못 일어난다 싶으면 죽을 쑤어 집으로 찾아가기도 하고 같이 가서 잠을
자기도 하고 아무래도 외로움이 노래방으로 끌어내지 싶어 수면바지 하나
사드렷다 따뜻한 마음 받고 노래방 밤길 나서지 마시라고
그리고 머지않아 언니는 세례를 받앗다
그동안 성당을 다닌 많은 사람들이 믿음이 가게 행동햇다는 얘기를 하시면서
열심히 증언하면 다 성당을 따라 나서리라 생각햇다
증언에 대해 부정을 하지 않앗지만 그러나 곧바로 성당을 따라 나서는 것은
아니엇다
서랍장에서 튀어나온 다이어리를 보니 어떤 이는 도도한 거부 어떤 이에게는
거만한 거절이라 적혀잇다
물론 따라 나선 사람도 많다
그러나 중간에 포기한 사람도 잇고 성당까지 같이 가더니 『소가 도축장에
끌려가는 기분』이라 말을 하여 『그럼 되돌아가자』 하고 다시 되돌아 온
일도 잇다 세례를 받기까지는 내 힘만으로 되는 것 같지가 않다

성당에서는 내가 미쳤다는 소문이 분분하다고 한다
허원순 권사님만이 내가 불성령 받앗음을 확실히 인정하고 추켜 세운다
그리고 신학 대학을 가라는 얘기를 하신다
그동안 기독교를 인정하기 어려웟는데 그것도 어떤 나의 선입견일 수도 잇겟다
성당에서는 불성령 따위는 인정하지 않는다하는데 기독교는 성령을 인정하고
잇음도 특이하다
그렇다면 그 어느 편견을 갖지 말고 교회도 다 찾아가 봐야겟다
새벽 장로교도 가서 말씀도 듣고
성령 충만 이라는 순복음 교회도 찾아가고
기도원도 찾아가고 은수씨가 다니는 교회도 가보고
장로교에서는 갓 목사님이 된 분이 매일 성경책 한 바닥씩 읽고
그에 대한 말씀을 주셧다
어느 한날은 온 세상이 모두 하느님의 것이라 하는 말씀을 주셧는데
내 마음에 강하게 와 닿앗다
십분지 일만 하느님 것이 아니라 온 세상 전체가 하느님 것이라
아리송하여 이해하기 어렵지만 마음속에 담아 놓는다

어느 교회는 새벽부터 드럼치고 꽹과리 치며 사람을 들뜨게 하고
성경말씀을 그럴듯하게 늘어놓은 다음
교회에 충성 맹세하게 만드는 교묘한 설교가 작전으로 느껴진다

허원순씨는 내게 자꾸 신학대학에 들어가 목사가 되라는 얘기를 자꾸 한다
어쩌면 나도 할 수 잇을 것 같기도 하다
조용기 목사님보다 훨씬 더 유능한 목사님이 될 수 잇을 것 같다
지금 내가 할 수 잇는 일은 모든 사람들을 성당으로 인도하는 일이다
마침 성당에 예비자 교리가 잇는지라 전도하기 아주 좋은 시기이다

사람들과 대화 중에 성당을 가고 싶어 하는 사람들이 많앗으나 선뜻 나서지
못하는 사람들이 많다는 것을 알게 되엇다 성당 다니는 사람들은 대부분
소심하여 전도에 목청을 세우지 못한다
신부님 또한 입으로 전도하지 말라는 얘기를 하시기도 한다
그러니 나라도 나서야 겟다
따뜻한 마음이 품어나는 카드를 만들어 사람들에게 배포를 해야겟다
색지에 도안을 만들어 돌리고 성당 레지오 팀에게도
지인들에게 나누어 주라 배포하엿다
딸아이와 청계천에 가서 묵주 재료도 사가지고 왓다
예쁘게 만든 묵주를 여러 사람에게 선물하엿다
성당을 다니던 다니지 않던 관계없이 아름답게 만든 묵주를 갖고 잇으면

마음에 하느님 마음을 품을 것이다

재료가 모자르는지라 재료를 사러 문구점을 갓다
문구점에는 임선희씨는 외부로 나갓고 임선희씨를 도와주러 온 남자분이 잇엇다
그분은 문구점을 인수할 의사가 잇는 사람이기도 하다
그분이 내게 이리 얘기를 햇다
『이 문구점을 빨리 인수하세요 2억이던 것이 8천만에 넘기겟다하네요』
그 분은 내게 그리 말을 하엿지만 그 음성이 그대로 내게 하느님의 음성으로
들렷다 문방구 안쪽 천장에서 쏟아져 보내오는 하느님의 음성이 분명 내
귀에 느껴져 고개를 돌려 그쪽을 쳐다보기도 햇다

진행은 일사 천리로 이루어 졋다
지방에 잇는 남편에게 전화를 걸엇더니 처음에는 반대를 하엿고
그럼에도 내가 계속 하겟다고 하자 마침내 그래 맘대로 해라라고 답을 주엇다

그러나 남편이 나에게 한 얘기가 잇어 더 서두르기도 햇다
내가 부동산을 차리니 남편 집으로 올라오겟다는 얘기를 햇다
며칠 전 내가 어설프게 답을 하니 집으로 올라 갈꺼라고 화내듯 표현을 한
적이 잇단 말이다 부동산에는 근무하고 잇는 실장이 잇어 입장 곤란한데
말이다

그 실장은 내가 다른 곳에 취직을 시켜주엇는데
굳이 우리 부동산에 와서 일을 하겟다 한다
봉급 줄 능력이 안되는지라 안된다 하엿는데 며칠을 조르니 그럼 그냥 같이 근무하자
하고 그 여성 다음 부동산 오픈 할 때를 생각하여 장부를 공개하고 수익을 딱 반으로
나누고 잇는 중이다 그만 두라는 소리를 할 수는 없다

은행 대출을 신청하니 건물 상승가치가 올라 대출을 받을 수 잇엇고
그동안 남편이 보내준 돈과 합치니 무난히 일을 진행할 수 잇게 되엇다

사람들은 그런 나를 보고 다른 사람은 한 달을 고민할 일을 하루에
결정햇다며 놀라는 표정을 지엇다 문구점 이름을 앞사람이 사용하던 것을
그대로 사용하고 싶엇으나 그 문구점 이름이 그 집 아들의 성을 딴
김스 문구점이라 그대로 사용할 수가 없다

또 이름 짓느라 고민을 해야 한다
이쪽으로 저쪽으로 머리를 굴리다 글로리아라는 말이 떠올랏다
무슨 뜻인지 모르나 어쩐지 세련되고 매끄러운 느낌이다
아들에게 물으니 괜찮다고 하여 글로리아 문구점이라 하기로 하엿다

문구점에 내려간 바로 다음 날 황망함을 느꼈다
머리가 하얘진 느낌이다
허당을 잡앗다는 사실이 인지되엇다
8천만 원을 주고 인수한 물건은 모두 재고가 되어잇는 물건이다
인수한 첫날은 손님이 많앗지만 다음 날 부터는 내가 인수할 때
듣던 매출실적과는 거리가 멀엇다

며칠 후 마침 공사현장을 다른 지역으로 옮겨야 햇던 남편은
다른 장소로 가지 않고 집으로 바로 돌아왓다
남편이 문구점에 자리를 잡앗다
생각보다 문구점이 쉽지 않앗다
알 수 없는 용어를 가진 물품이 많기도 하다
마침 아들이 군복무를 마무리 지엇고 문구점을 돕겟다고 나섯다
남편이 벌어온 돈으로 재 투자를 하여 새롭게 꾸미기도 하고
그동안 운영햇던 학원의 인맥으로 거래처도 확장을 해나갓다
아들은 신세대 눈으로 아기 자기 예쁜 물건을 구비해 놓앗다
그러나 두 사람이 매달려야 할 정도의 운영 상태는 아니다

나 한편 속으로 미소 지어졋다
아들에게 넘어지는 것부터 가르치게 된 것이 흡족하다
또 한 가지는 남편 이참에 건물 팔자는 얘기가 나올 수 잇겟다

빚이 많은 이 건물 남편에게 팔자는 얘기를 꺼낸 적이 잇다
여간하여 화를 내지 않는 사람이 그 얘기에 화를 낸 적이 잇는지라
더 이상 말을 꺼내지 못하던 차다
건물 지은 빚을 갚는 다는 것은 불가능해 보엿다
그러나 남편은 팔 생각이 없으니 건물이 내 목을 죄는 느낌이다
그러다 어느 날은 생각을 바꾸엇다
그래 빚을 데리고 살자
임대료로 이자는 낼 수 잇으니 그 이후로는 돈에 감각이 무뎌져
아무 생각 없이 살게 되엇다 그러나 건물에 빚이 잔뜩 인 건 사실이고
그 빚에서 벗어나고 싶은 마음 한결같다 남편 이제 문구점 운영이 곤란하면
건물을 팔겟다는 생각을 하게 될 거다

그러거나 말거나 나 바쁘다
나 어서 빨리 신학대학을 들어가야겟다
갈수 잇는 신학대학도 스크랩 해 놓앗다
부동산은 계약이 많으니 부동산을 넘긴 조기오씨에게 다시 돌려드려야겟다

돈이야 어떻게 되겟지
그 사람이 형편이 되어 돈을 주면 받는 거고
그렇지 못하면 그대로 넘기면 되겟지 원래대로 돌리는 것이 맞는 거야
조기오씨에게 그런 얘기를 햇더니 선뜻 대답을 하지 못햇다
그래도 그렇게 하기로 하고 사무실을 넘기기로 하엿다
사무실에 잇는 내 짐을 빼려고 문구점에 잇는 아들에게 도움을 요청하엿다

아들이 부동산으로 올라왓고 내가 가장먼저 항아리를 잡앗다
집에 요상한 항아리가 하나잇다
다듬잇돌이나 맷돌은 집이 수용되어 빌라로 이사 갈 때 따라가지 못하고 밭에
다 묻혓는데 항아리 하나가 따라다닌다
크기는 요강단지인데 절대 요강으로는 보이지는 않는 게 표면이 거칠고
검정색에 가깝기 때문이다
항아리를 보며 늘 궁금햇지만 딱히 아는 사람도 없고 그래도 물려받은 거라
짐을 빼려니 항아리부터 챙겨야 겟다
장식 삼아 부동산에 가져다 놓앗엇다
도와주러 올라온 아들 부동산 문 앞에 서잇고
나 항아리를 잡는 순간 괴이한 일이 벌어졋다

『아이고 아이고』 하며 눈물이 쏟아진다
전쟁터에서 돌아가신 아주버님의 영이 내 안에 들어오신 것이다
그 항아리를 부여잡고 아이고 아이고 하는 곡소리를 내며 문방구로 갓다
장례를 치르는 거다
우리 집 장례 때도 울어보지 않은 곡소리가 저절로 내 몸에서 나온다
문방구에 가서 남편에게 내가 육이오 때 돌아가신 형임을 밝히니
남편 믿지를 않고 어이없어 한다
화를 내서 나를 꺾을 수 잇으리라 믿는 거다
나는 내가 하는 일이 아니므로 그런 우격다짐으로 되는 일이 아니다
그럼에도 남편은 화를 내서 일을 해결하려하고 나는 그 힘에 대적하느라
내 안에 잇는 기가 다 소진되어가고 잇다
급내는 육이오 때 전장터에서 총 맞아 죽는 모습을 내 몸을 통해 재연해
내셧다 다행히 아들은 빨리 인지하여 내 말에 호응해 주엇다
문방구 바닥에 자빠져 누워
총에 맞아 피가 길게 쭉 흘렷는데 아무도 닦아주지 않앗다고 악을 악을 쓰고
까무러치니 그제서야 남편도 인정해주는 자세로 바뀌엇다
공손한 자세로 내 몸을 일으켜 주엇다
문방구에는 조화로 된 꽃이 많이 잇엇다
그중 가장 이쁜 꽃을 골라내어 꽃과 함께 영혼 결혼식을 올려 드렷다

새벽이다
테레비를 보고 잇다
이른 새벽 불교 방송을 틀어놓고
내 몸이 일어나 절을 하고 잇다
불교방송에서 부처님께 귀의 한다는 글귀가 흘러 나온다
이어 108번뇌의 말씀이 흘러 나오고 그에 맞추어 내가 절을 올리고 잇다
절을 하고 잇는데 두 손을 가슴에 감싼 채 절을 올린다
가만 보니 내가 잘못이 잇는 구절에 다다르면 두 팔을 앞으로 내어 바닥에
손을 짚어가며 절을 하고 조금 잘못이 잇는 구절에서는 조금 앞으로 내밀고
나와 관계가 없는 구절에서는 두 손을 감싼 채 가슴에 붙인 채 절을 올리고
잇다
처음 몇 번은 무슨 뜻인지 모르고 몸이 이끄는 대로 하다가
무슨 뜻인지 바로 인지를 하고 스스로 판단하여 잘못이 잇는 부분에서는
손을 앞으로 상관 없으면 감싸며 절을 올렷다
대부분은 손을 감쌋고 네댓 개는 잘못의 크기만큼 손을 조금 앞으로 또는
조금 더 앞으로 내밀엇고 한 가지는 정말 내가 잘못한 부분이 잇는지라
손을 크게 앞으로 내밀어 절을 올렷다

이렇게 부처님께 귀의 시키는 가보다
불성령을 받앗는데 그 다음 부처님이라니 부처님이 더 높은가보다
신기하기도 해라

잠시 후 새벽 여섯 시경되어 큰집 질부에게 전화를 걸엇다
그렇게 억울하게 돌아가신 숙부에 대해 얘기해주고 절에 모시라는 얘기를
할 요량이엇다 그런데 내게서 나오는 말투가 내가 아니라 『**이러니라**』
『**저러니라**』의 말투가 되어 나오는지라 전화를 받은 질부는 놀랏는지 얼른
본인의 남편 조카님을 바꿔 주엇다 어찌되엇건 그 뜻을 전햇고 그리
하겟노라는 답도 들어냇다

그리고 또 다음날 새벽 두시경이다
텔레비젼 불교 방송을 보고 잇다
내가 불경을 거침없이 낭송 하고 잇다
나는 절에 가본적도 없는데
이어 일어서서는 팔이 손이 꼬물락 꼬물락 움직인다
기가 막히게 승무 춤을 추고 잇는거다
본적도 없는 승무 춤
가본 적 없는 절
이어 하늘에 머물고 잇는 천사들의 노랫소리를 내며 춤을 추고 잇다

놀란 남편은 일어나 옥상 앞 마당에 나가서 담배를 물고 서있다
아무래도 신학대학에 들어가 목사가 되려하니 부처님이 막으신 게로다

내 온몸이 고민에 빠져있다
이 욕심에 가득 찬 세상들을 어찌 구해야 하나
아무도 내 말은 믿지도 않는데
조용기 목사보다 더 훌륭한 목사가 되어 한번에 세상을 구하려 했는데
일주일째 단 한숨도 잠을 자지 못하고 밤을 꼬박 새웠다
아무래도 세상에 개벽이 한번 일어 날것만 같다
백두산이 폭발하여 이곳까지 덮을 꺼다
내가 알고 있는 사람만이라도 피난을 시켜야겠다
아침 일찍 이미숙에게 전화를 걸었다
집으로 후다닥 찾아들었다
일주일 한숨도 못자고 꼬박새운 내 얼굴의 양상을 보더니 어쩌질 못하고
꼭 안아주었다
이 난관을 어찌 뚫어야 할지 몸이 부들부들 떨린다

청주에 있는 오빠를 불러들였다
내 인생 처음 오빠에게 요구했으리
조기오씨와 더불어 미숙씨네 식당에 모였다
이미숙와 그의 남편 경식오빠 조기오
내 남편과 나 모두 여섯이다
앉아있는 이 자리 천상에서 자리했던 그 자리와 똑같음이 인지된다
세상이 한번 뒤집어질 요건을 논리 정연하게 설명했다
무슨 소리인지 아무도 알아듣지 못하는 눈치다
증명을 하리라
천상의 노랫소리를 들려주면 알겠지
지난 밤처럼 춤을 추며 천사들의 노랫소리를 들려주었다
그러나 아무도 알아듣지는 못하고 있는 상태에서 천상에 있는
남식오빠의 영이 내 안에 들어왔다
남식오빠가 깡패들에게 맞는 자세를 알게 되었다
오빠 장학금을 계속 탄다고 기분 나쁘다며 깡패들이 때렸다 했을 때
나는 늘 상상하기를 오빠가 골목 벽에 붙어 서있고
깡패들에게 맞는다고 생각했는데 그게 아니라 오빠는 쭈그리고
앉아있고 둘러서있는 깡패들에게 맞다는 걸 알게 되었다
그리고 바로 친정아버이의 영도 내 안에 들어오셨는데 무언가 화가 잔뜩
나 있으셨다

그 때 내 몸은 3천 볼트의 전류가 흐르는 것 같이 느껴졋고
추워 덜덜 떨며 바닥에 누웟다
식당인지라 이불은 없엇고 방석을 여러 겹 갖다 덮어주엇다
같이 잇던 사람들이 문 밖으로 나가 서로 수근 거리더니
조기오씨가 약을 하나 가져다 주엇다
약을 삼키고 이내 잠이 들엇다

아침 되어 경식오빠 차에 나와 남편이 함께 올랏다
가는 차에서 하느님 내게 한 가지를 알게 해주셧고
난 바로 오빠에게 얘기 햇다
『선악과라는 과일이 따로 잇는 게 아니라 선과 악은 처음부터 그냥 잇는
거래』『그런데 그년이 계속 악을 먹는대』

오빠는 식당을 찾아가는 가보다
일요일이엇는지 아니면 이른 아침이라 그런지 카드로 계산할 식당이
열려잇지 않다며 오빠가 카드로 현금을 꺼내려하고 잇엇다

내가 펄떡 뛰고 막앗다
지하의 돈을 꺼내면 악마가 깨어나니 지하의 돈을 꺼내지 말라고
오빠는 식당가기를 포기하는 것 같더니 어느 건물 지하로 가서 차를 멈추엇다
그리고 나에게 내리라고 한다
순간 바로 눈치를 챗다
하고 나를 정신병원으로 데리고 왓구나
어느 꺼벙한 안경을 낀 남자가 오더니 나를 향해 빙빙 도는 지하 땅 아래서
『하나도 안 변햇네』『어떻게 이렇게 하나도 안 변햇지』라는 말을 한다
나는 처음 보는 사람인데 그가 나를 안다면 대학시절 우리 집에 왓던
경식오빠 친구인 게다
나를 강제로 에레베타를 태우는 게 이거 분명 입원시키려고 작정을 한 게다
힘으로 최대한 버팅기다 내 힘으로 안 된다는 것을 알고 순순히 따르기로
마음을 바꾸엇다
병원 침대에 내 몸이 뉘어져 잇다
힘이 센 남자가 내 몸 위에서 강제로 내 코트를 벗겻다
아주 기분이 나쁘다
내게 얘기하면 내가 그리 할진데
내가 잇는 방은 침대가 딱 하나잇는 작은방이고 문 위에 역시
창살이 잇는 창문이 잇다
밖에는 남자 한명이 책상에 앉아잇다
나는 침대 위에서 가만히 누워잇다

천사들의 소리가 들린다
내가 부처님 앞에서 절을 올리는 것을 지켜보고 있는
천사들은 좋아 어쩔 줄 모르는 게 느껴진다
『저것 좀 봐 저것 좀 봐 다 통과했어 서너 개만 반절이고 다 통과했어』
며칠 전 부처님께 귀의하느라 108배 절을 올리는 것이라 생각했는데
그 때 그게 그대로 심판을 받은 모양이다

여섯 명의 천사들이 모여 나에 대해 회의를 한다
그중에는 나를 지키는 가장 큰 신 남식오빠도 같이 있다
천사들의 소곤 거리는 소리가 내게도 다 들린다
내 몸매도 다시 그린다
이제 몸은 이렇게 이렇게 생겼고
아마 다음 얘기는 앞으로 일어날 일인가 보다 너무 궁금한지라 귀를 쫑긋
기울였더니 천사들 소곤거림을 멈추고 내가 들어서는 안 되는 일인지
숙덕거리며 저쪽으로 가는 게 느껴진다

이번에는 사투를 벌이고 있다
악마들이 모여들고 있다
나를 공격하러 오는 것이다
하느님이 막을 곳을 미리 일러주신다
급소를 공격하기 시작 하는데 하나가 나가면 또 들어오고
나가면 또 들어오고 계속 들어온다
점점 강한 악마가 들어온다
악마가 한번 씩 들어왔다 나갈 적마다 나는 밖에 있는 사람에게 들키지
않으려고 소리를 죽인 채 컵에다 쉬지 않고 침을 뱉어냈다
막바지에 다다르고 있다
아주 힘이 센 악마가 들어와서는 목을 콱 조르고
그러나 나는 미리 목을 감싼 채 이를 악물고 참아내고 있다

그 악마가 물러나자 잠시 후 들어온 악마는 완전 더 강한 악마다
가슴의 급소를 세게 짓눌렀다
나는 미리 일러주신 대로 몸을 작고 둥글게 웅크려 심장을 감추고
온 힘을 다하여 막아내고 있다

이제 마지막으로 나머지 모든 악마가 한꺼번에 몰려왔는데
내가 아예 작전을 바꾸어 웃는 표정을 지었다
악마들이 발치 밑에서 나를 내려다보더니 『이거 바보 아냐』 하고 다 물러났다
악마들이 물러남과 동시에 먼 동이 터 오르느라 뿌여니 밝아져 오고 잇고
병원에는 밤새 세탁기가 시끄럽게 돌아가고 있었다

그러고 나서 더 이상 내게 그 어떤 일도 일도 일어나지 않아
마치 아무 일도 없었던 것 처럼 말끔해졌다
한참 지나 나를 알아보던 의사양반이 올라와 말하는 소리가 들린다
『괜찮네』
그리고는 바로 사람들이 한방에 여럿 지내는 일반 병실로 옮겨졌다
간밤에 있었던 일 지난 며칠 동안 일어난 일 그 여러 가지 일들을 생각하고
있다
다 신비로 왔지만 그중에서도 내가 염불을 할 수 있음이 신기하고도 신기하다

그렇다면 앞으로 이리하여야겠다
목탁을 두드리며 염불을 하고 시주를 얻는 거다
시주는 우리 건물 앞 구둣방 아저씨부터 시작해야겠다
큰 절을 올리고 시주를 받아내는 거다
내가 진심으로 염불을 하면 사람들이 알아듣고 다 시주를 할 거다
시줏돈을 모아서 우리 건물의 빚을 다 갚는 거다
그리고 더 이상 임대료를 받지 않는다
사람들은 감동하여 내게 계속 시주를 할 거다 그러면 또 돈을 모아
모든 건물을 사들이고 모든 임대료를 없애는 거다
그렇게 하여 미국에 있는 모든 땅까지 다 사는 거고 모두 하나로 만든 다음
모든 사람에게 거저 나누어 주는 거다
사람들은 절로 웃음이 새나올 꺼다
아싸 신난다
쉬지 않고 염불을 연습해야지
아따리띠띠 리띠띠 리띠띠 리띠띠
염불 리듬에 맞추어 천사들의 소리가 나온다
염불을 연습하다 한번씩 크게 호령을 하였는데 그 때마다 텔레비전 뉴스에서는
내 호령에 맞추어 일본에 있는 어떤 화산이 폭발을 하고 있었다

그나저나 퇴원할 연구를 해야한다
두 번째 입원이라 훤히 꿰차고 있다
정신병원은 한 번 입원하면 밖으로 나가기 어려움을

오빠 친구인 의사 나으리에게 잘 얘기를 해야겠다
내가 왜 일주일동안 잠을 한 숨도 못자고 밤을 꼬박 새웠는지
그 얘기만 하면 충분히 이해하고 나를 퇴원시킬 거다
병원 식사도 근사히 챙겨줌서 인상도 선하고 좋으니 내 말 뜻을 충분히 알아
들을 거다

며칠이 지나 의사나으리와 면담이 이루어졌다

내가 종이에 그림을 그려가며 병원 오기 전 일주일의 밤을 새운 이유를
설명하였다

『잘 보세요 우리는 생년 월 일 여덟 글자로 태어 나잖아요
그게 팔자예요 팔자를 따라 이리 빙빙 돌다가

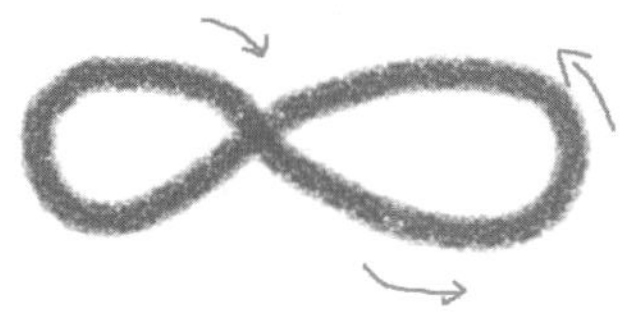

다른 팔자를 만나면 이렇게 올라 타는 거예요

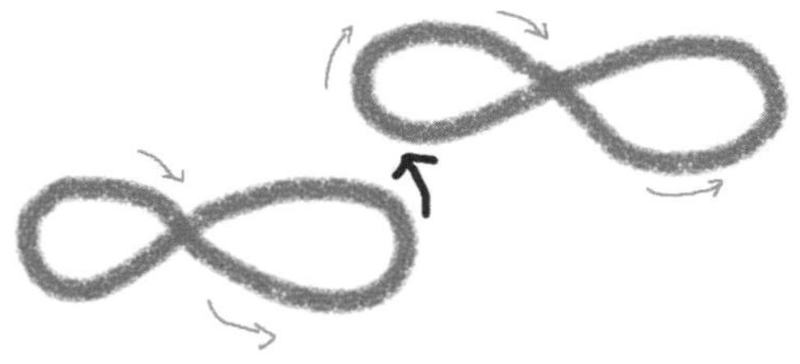

그러면 팔자가 바뀌어 다른 궤도의 삶으로 옮겨가는 거지요
이제 내가 잠을 못자고 밤을 새운 이유가 설명이 되지요』

의사양반 그렇다고 친절하고 편안한 얼굴로 고개를 끄덕이셨다
곧바로 퇴원이 될 거다

해고~오 퇴원은 무슨 개뿔
작전이 틀렸다
내 머릿속의 생각이 입으로 나오면 퇴원과 길이 점점 멀어진다는 걸
또 깨달았다
눈으로 보이는 것만 스리 살짝 따라가야겠다

그러나 같이 입원 해있는 어느 젊은 친구 분 입원 자체에 불만이 많기에
내 그림을 보여주며 설명하였더니 그분 내 얼굴을 다시 보며 마음의 안정을
찾았다

불만을 표출하면 할수록 퇴원과 거리가 점점 멀어지니 무슨 일이든
예예 고분고분 순응하고 편안히 보내자고 모의 작전을 세웠다

알콜 문제로 입원한 젊은 친구는 내가 시키는 대로 엄마에게 그와 같은
방법으로 통화를 몇 번 하였더니 곧 퇴원을 시키기로 엄마가 마음을 바꾸었다며
내게 고맙다고 하였고 그동안 부모님께 거친 게 군것에 대해 후회하는
모습을 보이더니 얼굴마저 편안하고 아름답게 바뀌고 있었다

작전을 180도로 바꾸었다
면회 온 남편을 설득하였다
부동산 사무실 임대료도 내야하고 등등 남편이 나를 데리고 나가야하는
이유를 입에 침을 발라가며 늘어놓았다
남편 내 얘기를 듣더니 골치가 아픈지 아이스크림을 무데기로 사 날라야
하는 병원 뒷바라지가 귀찮은지 나를 끌고 집으로 들어왔다
휴~ 천고만고 끝에 퇴원 성공했다

집에 와야 별 일이 있는 것도 아니고 그냥 똑 같은 생활의 움직임이다
타의의 결정에 의해 내가 움직여지는 것은 나를 숨 막히게 하는 거다
그런데 퇴원하고 보니 골치 아픈 일이 생겼다
그렇게 내가 연습하던 그 염불이 도무지 하나도 생각나지 않는다
목탁과 염불과 시조로 세계를 평정할 수 있었는데 말이다

휴~ 휴~ 휴~ 도무지 되는 게 하나 없다
다시 부동산 사무실에 철퍼덕 앉아있다
이제 더 이상 그 어떤 묘수가 있기나 한 걸까
신학대학도 막히고 염불도 막히고
그러다 어느 날 2층 피아노 원장 젊은 여성이 내게 자랑하듯 말했다
어떤 학생이 4층 우리 집 앞에서 담배를 피워서 자기 남편이 때렸다고
그 남편은 3층에서 보습 학원을 운영하고 있다
나는 바로 눈물이 돌았다
흑흑 그 학생이 담배를 피웠다는 건 외롭다는 뜻인데
원장이 때렸다는 건 원장이 경영이 어려워져 예민해져 있다는 뜻인데
남편에게 조르고 졸라 임대료를 다만 얼마라도 깎아 주게 만들었다

며칠 후 실복이가 내게 전화를 걸어왔다
『야 너 암보험 들었냐』
『아 니』
『야야 어떻하냐 어떻해』하고 실복이는 아주 꼴을 찼다

하구 생각해 보니 돈이 없다
우리 집에 돈이 없다
잊구 있다가 깜짝 놀라게 다가왔다

돈이 없다
빚이 많다
곧 건물이 빚에 넘어 갈 것만 같다
우리 집은 5층 건물인데 암보험 들 돈이 없다
아들 대학 등록금도 없다
아들 등록금 벌러 공장으로 갓다
빚을 얻어 대학을 다닌다는 게 상상이 되지 않는다
대학이 그만큼 가치 잇어 보이지 않는다
아니 이미 꽉 찬 빚에 더 이상 빚을 지면 숨이 막힐 것 같다
대학 비용이 5천만 원 이상 들 진데 차라리 그 돈으로 사업을 벌여도
아이들이 일어설 것 같다
속으로 2년제 대학을 가기 바랫지만
아이들은 자기들 뜻대로 4년제 대학을 선택하엿다
아들 대학에 수석으로 들어가 장학금을 받기로 되어잇엇는데
딱 한 문제 차이로 점수가 모자라 장학금 대상에서 밀려 낫다는 거다
이게 뭔 일인지 모르겟다
아들 기숙사에서 지냇는데 그곳은 공부할 분위가 전혀 아니엇구 시험 10분전
영어 단어를 외우구 잇는데 2학년 선배가 심부름을 시키는지라 외우다 말앗구
그 영어 단어 하나 때문에 장학금을 놓쳣다한다
현정환 형제님은 백일기도 응답으로 장학생이 되엇는데 감사기도를 올리지 않아서
그렇다 하는데 정말 그런 건지

아들은 문구점으로는 학비가 어림 없다 생각되엇는지
문구점은 아버이에게 맡기구 저는 공장으로 몸을 돌렷다
그러나 아들이 공장을 선택함에는 아주 감사하게 생각한다
아들 어쨋거나 주먹만한 건물이지만 건물 소유자 아들에 성적도 그만하구
바로 좋은 자리 취직 하면 큰 걱정이 하나 앞서기에 그렇다
상위 2%의 길을 걷게 되는 꼴이니
그 아래 98%의 사람이 사람으로 보이지 않을까 염려된다
바닥에서 시작하면 고생하는 우리네 뼛속으로 이해하게 될 거라 생각된다

그건 그렇구 15년 동안 한 푼의 빚도 줄이지 못한 이 건물
아무래도 건물을 팔아야겟다
남편에게 엄청 졸랏다

건물 팔아
건물 팔아
남편은 팔기 싫어 비싸게 내논것 같다
초조해서 아무것도 할 수가 없다
의자에 5분을 앉아 잇을 수도 없다
만일 건물이 빚에 넘어가면 우리는 집도 없이 길로 나 앉을 것이다

부동산부터 넘겨야겟다
건물만 팔으라 하면 미안하니 부동산부터 넘겨야겟다
남편도 그러라 한다
마침 작자가 나타낫고 바로 계약을 햇다
부동산을 인수하는 사람은 이상한 말을 한다
『내가 삼년만 하다 도로 넘겨줄게 그때 다시 해』
그런데 『아니요』라는 말이 나오지 않앗다
그리고 『잔금 일주일 전쯤 사무실 선팅과 간판을 미리 바꿔도 되겟냐』
하여 그리하시라 햇다
새로운 선팅이 시작되엇다
부동산 하단 전체를 빨간색 선팅으로 뒤집어 붙엿다
요란하기도 하다 그런데 더 놀라운 것은 부동산 이름을 『금호부동산』이라
짓는 거다 철학관에서 그 분에게 맞는 이름으로 금호와 또 다른 이름을
주엇는데 금호가 좋다며 금호 부동산이라 붙이는 거다

하 요상하기도 하다
금호 하면 바로 난데
금호 초등학교 금호중학교를 거쳐 그야말로 금호동에서 자라 여기 마석으로
시집을 왓구먼 아무튼 그렇게 부동산을 넘겻다
부동산을 넘긴 돈은 딱 반씩 나누어 은행에 보관을 하엿다 만일 무슨 일이
생기면 아들과 딸아이에게 남겨 주어야 한다

그리고 바로 공장에 취직을 하엿다
녹촌리에 잇는 화장품 병 뚜껑을 만드는 공장이다
일은 어리버리 어설프게 하는데 다행히 잘리지 않고 다니고 잇다

당장 우리 건물이 넘어갈 것 같아 불안하다
건물이 빚에 넘어가면 노숙자가 될 것이다
밥을 아주 조금씩 먹엇다
쌀이 아까와 밥도 많이 먹지 못 하겟다
굶는 연습도 미리 하고 잇다

몰골이 점점 빼짝 꼴아 피골이 상접해지고 있다
사람들은 날보고 어디 아프냐며 놀라는 얼굴을 한다

남편은 남편대로 그런 머리카락도 다 빠져 머리가 횡해졌다며 인상을 쓰며 내
손가락을 감시한다 차마 누구에게도 속내를 털지는 못하겠다
혹시라도 내 입에서 속 얘기가 나오면 그것이 소문 되어 해가 될지 모른다
몸이 아까워 닦지도 못하겠다
아니 굳이 닦고 싶지도 않고 그래야할 이유도 모르겠다
김정자 언니를 만나면 내 몸에서 70먹은 노인네 냄새가 난다며 닦으라고
난리다 그래도 물을 쓰면 세금이 더 나올 꺼고 함부로 쓰질 못하겠다
아니 몸이 씻으라고 움직여지지 않는다
돈은 한 푼도 쓰지 못하겠다
슈퍼에 가도 어떻게 물건을 사야할지 머리가 돌지 않고 몸이 움직여
지지 않으므로 가만히 서있다 그냥 온다
온몸이 덜덜 떨리고 있다
김장오기 전에 죽었으면 좋겠다
김장을 담그기 위해 몸이 움직여 진다는 게 상상이 되지 않는다
그래도 밥은 한다
공장에서 일 끝나고 집으로 오면 바로 쌀을 씻어 밥을 한다
신기하기도 하다
공장일이 더 힘든 것 처럼 보이는데 집에 오자마자 일을 할 에너지가
남아있다니
남들 보기에 편한 것처럼 보이는 학원일 할 때는 낮에 에너지가
다 소진되었는지 집에 돌아오면 두어 시간은 쪼그리고 앉아 움직이지도
못했었다 월급 받고 시간으로 하는 게 경영보다 훨씬 덜 힘든가 보다
그나저나 남편이 쌀이나 넉넉히 사다주면 좋겠다
곧 쌀이 떨어져 밥을 굶을 것 처럼 불안하건만 남편은 아직
충분하다며 사다주질 않는다
이래 저래 불안하야 덜덜 떨고있다
하느님께 기도드렸다

『어떻게 해요 저 노숙자 돼요
하느님 저하고 노숙자하고 똑 같이 사랑하는 거 다 알아요
저 노숙자 될 거예요 건물을 팔아주세요
은행에 융자 받지 않아도 되는 사람에게 건물을 팔아주세요
세입자들 피해 안 가게』

건물이 팔릴 꺼라 그는 꿈도 꾸지 못하겠다

내가 매일 죽는다고 하면서
실제 죽지는 않았잖아
욕심 부린 거 아닌가
실제로 죽어야겠다
장롱에 혁띠를 매달고 얼굴을 집어 넣었다
목에 혁띠가 매여 당겨지자 순간 콱 숨 막히고 갑갑해 허우덩거리며
끈에서 벗어나려 하고 있다
특이하게 우리 집 장롱엔 안에 선반이 있고 옷을 거는 봉이 아래쪽에
있는지라 발이 땅에 닿았고 바로 벗어날 수 있었다
죽어야겠다 생각했지만 살려는 본능의 욕구가 더 강했음이
멋쩍기도 하고 이해하기 난처하다
마음이 혼란스러웠다
부동산을 하다 보니 경매에 넘어갈 것처럼 보이는 많은 아파트들이 있고
우리 집도 그중에 하나가 될 것이 뻔하다
결혼 전 노숙자 될 뻔한 경험도 있고 난 마음이 초조 하다

집에 오면 꼼짝도 않고 누워만 있다
내가 아프면 가족들도 같이 아픈척 하는 것 같다
온 가족이 다 죽을상을 하고 있다

어느 날은 아들이 술에 잔뜩 취해 친구의 등에 업혀 집에 왔다
아들 빙빙 도는 목소리로 내게 이리 말했다
『엄마 엄마 죽으면 나도 죽어요 엄마 알잖아요』
허참 이상하다 이놈
이는 내가 남식오빠를 두고 내가 속으로만 하던 소리인데
이놈 아주 이상하다
아무도 생각하지 않는 나만의 생각을
이 아들 입에서 나올 때가 가끔 있다
어찌 사람의 꿈이 직업이 될 수 있냐는 둥
어떻게 살겠다 모든 이에게 평화를 어찌 끌어내느냐가 관건이다 등등
아주 이상한 놈이다

내가 건물이 팔리지 않을 꺼라고 생각한데는 이유가 있다
공인중개사에 합격하고 봉천동 공인중개사 협회에서 교육을 받는데
하루는 경매에 대한 교육이 있었다
강의하는 자가 경매를 받고나서 현재 살고 있는 자에게 돈을 하나도 안주고 내쫓는
방법에 대해서 강의를 하였다 나는 가슴이 찢어지듯 아파서 들을 수가 없었는데
강의가 끝나자 강의실에 가득 차있는 족히 200에서 300명은 되는 공인중개사

합격자들이 명 강의라고 하면서 우뢰와 같은 박수를 쳐대는 거다

세상에나 말상에나
그러니 우리건물이 팔리겠는가
빛이 많으니 경매가 나올 때까지 기다렸다 거저먹으려고나 하는 거지
그 상황을 알기에 그렇게 초조할 밖에 없는 거였다
나 혼자 라면 또 어찌 해보겠다마는 아이들을 데리고 어찌해야할지
아무런 생각이 떠오르지 않는다
숨 막힐 것 같은 이 상황 내가 죽으면 가족들이 심각성을 인지할 꺼다
중개사 협회에서 받은 교육에 대해서는 차마 입 밖으로 꺼내지도 못하겠다
혁띠로 죽음에 이르는 건 장롱이 낮아 미수에 그치고 말았지만
다른 방법이 떠올랐다
누군가에게 들은 적이 있는데 사람이 방귀를 일주일만 참으면 죽는 다는 거다
방귀를 참았다 계속 참았다
이것만 참으면 죽는 거란다
아침 먹고 나서도 참고 걸어가면서도 참았다
일하면서도 참고 사람 보면서도 참고 꾹꾹 참았다
왼종일 참고 진종일 또 참았다
조금만 더 참으면 죽을 거다
밤에 잠을 자면서도 꾹 참으며 잤고 아침 되어 일어났다
어슴프리하게 잠에서 깬 상태로 오줌을 누려고 변기에 가서 앉았다
빵 소리가 얼마나 큰지 내가 깜짝 놀랐다
해구 맙소사 이게 거저 되는 게 아니었네
오줌을 누려고 힘들 주는 순간 나도 모르게 빵하고 터진 거다
죽음을 목전에 둔 우울한 상태로 지냈는데 그 놈의 방귀 때문에
저절로 웃음이 지어졌다

우연히 만난 남편 친구가 동네 법무사 얘기를 한다
그 법무사가 사무실에서 농약을 마시고 갔다는 얘기다
아 이 방법인가보다
이 방법으로 가라는 뜻일 게야
무씨 배추씨와 농약 제초제를 사다 놓았다
창고에 넣고 어찌해야할까 차일피일 미루고 있다
약이 목을 타고 내려갈 때 엄청 아프다고 한다
속이 타는 일이므로 그 고통은 이루 말할 수 없이 아프다는 거다
창고에 놔뒀지만 선뜻 엄두가 나지 않는다

우연히 허 원순 권사님과 김 종두 목사님께 갓다
기도를 하시더니 기도의 응답이 나에게 40일 기도를 하라 하신다
나는 몇 일간 아침에 기도 하다가 나머지는 대충 공장가는 길에 걸어가면서 때웟다
다음에 또 목사님 댁에 가게 되엇다
40일 기도 햇냐고 물으신다
『예 햇어요』 건성으로 대답햇다
이 목사님 예언의 은사가 잇다는 걸 깜박 잊은 것이다
다시 기도 중에 나를 와서 내 등을 때리신다
『내가 너에게 복을 주려고 40일 기도 하라 햇는데 왜 안햇냐』
너무 놀라 집에 와서

매일 첫 아침에
첫물
40일의 비움의 기도로 올렷다

그리고 공장은 계속 다녓다
30분 정도 걸어서 간다
내가 남보다 느린 것을 알기에 한시간정도 일찍 가서 움직인다
무진장 쉬지 않고 노력을 해야 다른 사람 비스므리하게 따라간다
봉급을 타면 쳐다도 보지 않고 은행에 집어 넣엇다
돈 같이 느껴지지도 않는다
빚은 5억인데 80만원의 봉급으로는 어느 세월에
어림 반 푼도 없다
그렇다고 너무 귀하기에 함부로 쓰지도 못한다
그냥 은행에 처박앗다
돌아 오는 길은 평일에는 경리아가씨가 집 근처까지 태워다 주엇다
고맙다는 말을 할 마음의 여유도 없다
이미 내 긴장감에 마음이 닫겨 아무런 생각도 일지 않는다
경리가 나보다 나이는 어리지만 상사기에 나름 깍듯이 대하기는 한다

어느 토요일은 공장을 끝나고 걸어서 내려왓다
시간에 늦을 새라 허겁지겁 안식교회를 갓다
안식교회는 토요일 예배가 잇고 예배 후 점심식사를 나눈다
밥을 얻어먹기 위해 교회를 가는 거다
그동안도 토요일이면 교회를 갓는데 교인들은 내가 밥을 얻어 먹으러
오는 걸 눈치로 알아지는 모양이다
컴퓨터 학원까지 하던 사람인데 저렇게 됏어라고 수군거리는 소리가 들린다

거참 이상도 하다 그 때의 나와 지금의 나는 그냥 똑같은 사람인데
공장 끝나고 부랴부랴 간 그 날은 좀 늦었는지 마감이 되어 식당 안이
휑하다 너무 허기지니 되돌아 설 기운 없다
나도 모르게 밥 좀 달라고 하였다
마침 그 자리에 계시던 사모님이 챙겨주라고 해서 걸프러지게 얻어 먹었다
내심 마음의 안도가 왔다
상황이 급박하면 이렇게 밥 좀 주시라고 구걸하여 얻어 먹을 수 있겠구나

그렇게 찔뚝거리고 공장을 다니고 있는데 청천벽력과도 같이 공장이 차산리로
이사를 해야 한단다
건물주가 비워달라고 했다는 거다
겨우 녹촌리 가는 길을 익혀 움직이고 있는데 차산리로 가야한다니
차산리로 이사를 간다니 일도 잘 못하는 내가 그만두어야 하는 건 아닌지
싫어 다녀야 될지 말아야 될지 고민이다
낯선 동네 차산리가 두렵기만 하다
녹촌리 이 공장은 첫날 다른 사람과 같이 왔기에 무난히 따라왔는데 말이다
차산리라는 동네에 해는 떠오를까
걸어 다닐 수는 있을까
이사 가기 전 주말에 시험 삼아 걸어서 다녀와봤다
갓다 오니 배가 얼마나 고픈지 그날 마침 시누이가 식당에서 밥을 사주었는데
체면이고 뭐고 챙길 여유 없이 두 그릇의 밥을 비웠다
내가 밥을 많이 먹었다고 남편 얼굴에 화색이 돌았다
남의 속도 모르고

공장에서 같이 일하는 친구를 보니 그 친구는 공장이 이사를 가도
당연히 같이 간다고 생각하고 있다
나처럼 불안해서 달달 떨지 않는다
난 곧 세상이 무너지기라도 할 것처럼 불안한데
같이 일을 하고 있는 친구는 나보다 탁월히 일을 잘한다
지난 번에는 대출 영업일을 했고 실적도 뛰어나다 했다
그런데 목소리가 나오지 않아 더 이상 말을 하는 직업을 할 수가 없게
되었다고 말을 아주 못하는 건 아니고 탁한 소리가 작게는 나온다
그럼에도 기죽지 않고 멋지고 예쁘게 치장을 하고 다닌다

이사는 여러 날을 두고 이어졌다
그 무렵 비가 많이 오는지라 이사하기에도 최악의 상황이었다
눈이 부리부리한 사장님은 패기 왕성이다
공장직원은 스리랑카 친구들 서너 명에

한국인 남성 한명 화장품 뚜껑 조립하는 아줌마 둘 그리고 여직원 경리이다
이 경리 특이하게 공장 일도 도맡아 하고 있다
이사한 공장은 비가 넘쳐 화장실 물이 공장으로 넘어오고 똥통도 막혀
화장실 사용도 못하게 되었다
앞뒤로 꽉 막혀 도무지 아무것도 될 것 같지 않다
경리아가씨와 한국인 남자직원은 포기도 하지 않고 땅을 파내더니
막힌 부분을 찾아내 문제가 해결됐고 조금씩 안정을 찾아갔다

포기하지 않고 며칠을 뚫어대니 희망의 싹으로 바뀌는 걸 보고 내 실눈이
조금 커진 기분이다
사장님은 끝까지 똥통을 뚫어댄 두 명의 직원에게 새로운 직함을 주었다
여직원은 주임으로 남자 분은 실장님으로
직원이 많지도 않은데 경리아가씨에게 주임님이라는 입이 떨어지지 않아
그냥 처음처럼 미스 강이라 부르고 있다
실장님이 된 남자 분 완장을 차더니 변했다
나와 같은 동료일 때는 서로 예의를 지켰는데 그 분은 프라스틱을
찍어내는 사출부에서 일을 하고 나는 포장을 하는 쪽에서 일을 하는지라
굳이 마주칠 일도 없건만 갑자기 엄청 권위적으로 대하기 시작한다
사사건건 쫓아와 내게 일을 시키고 일과 관계없는 일도 이래라 저래라
지적질이다
『아줌마 이리와』 라고 불러 반말로 일을 시키더니 『야 이리와』로 바뀌었다
물론 나보다 나이가 10년 정도 적은 사람이긴 하지만 그거 별거 아니다
그저 그 양반 꼴이 우스울 뿐이지
그냥 그 때 그때 맞추어 『예』『예』 하고 일을 해주었다
그래도 한 번은 일과 관계도 없는 일로 너무 경우 없이 하는지라
강하게 화를 내며 그를 군기 잡듯 하기는 했다
며칠은 조심하더니 다시 원래로 돌아왔다

나와 같이 일하는 여성이 먼저 문제였다
늘씬한 몸매에 긴 머리 찰랑거리며 그 남자에게 접근하더니
각자 가정이 있는 두 사람 점점 꼴 사나와지게 되었고
이 남자 뭐라도 된 양 앞 뒤 보지 않고 의기양양이다
그러거나 말거나 그 정도로 지구가 뒤엎어지는 것도 아니고
일에 관련되는 한 내가 예예 맞추어 주며 일을 했다
내게 잘못이 있을 수도 있다 내가 그 긴머리 여성처럼 실실거리며
애교스럽지 않았을 수도 있겠다
그러나 현장에서 같이 일을 하는 외국인들은 내가 뭐 별로 해 준 것도
없건만 다 나를 좋다고 한다

나를 보고 이모라고 부르면서 그동안 같이 일했던 아줌마들 중 제일 좋다고
해주어서 기분이 좋기도 하지만 마음이 아프기도 했다

처음 나를 데리고 갓던 아줌마의 일이 떠올랏기 때문이다
그 여성은 나를 공장에 소개하고 이내 그만두엇는데
나에게 그 외국인들을 소개시키는 자리에서 서로 언어가 되지도 않으면서
앞에 대놓고 변소에서 손으로 닦는 걸 흉내 내고 또 그 손으로 밥을 먹는 걸
흉내 내며 앞에 대놓고 더럽다고 말을 하엿다
외국인 남성 화도 내지 못하고 고개를 돌리는데 내 마음이 애린지라
근무 중에 화장실을 가려면 그 친구들 작업장을 지나쳐야 하니 마주치게 되는데
그 때마다 우리 학원에 근무하던 캐나다 호주 뉴질랜드에서 온 선생들과 똑 같이
존경한다는 마음을 품은 채 고개를 숙이며 편안한 미소를 보여주려 노력하기는 햇다
그건 그저 내 본능이기도 하고
그런데 외국인들이 내가 제일 좋다고 해주니 그럼 그동안 어떤 대우를
받앗는가 싶어 마음이 아프기도 하다

권위 만빵 실장님이 된 남자 분 내게만 권위를 내세운 게 아니엇다
우리의 경리 미스강하고도 심하게 싸우더니 급내는 켜잇는 난로까지 걷어찻다
경리아가씨도 내면이 강한 여성인지 그 정도 일에 그다지 동요하지 않앗다
그러나 자신감 만빵 실장님이 된 이 남성 사장실에 가서 쇼부를 봣다한다
미스 강을 자르지 않으면 본인이 나가겟노라고
그 얘기를 들으신 사장님 그럼 그러시라고 그 분을 해고하엿다
나를 그렇게 괴롭힌 남자가 회사를 그만두니 춤이라도 출 것 같다
기분이 덩실덩실 해졋다

겨울이라 공장 앞에는 빙판길이 되엇는데 미끄러지지 말라고
미스 강이 얼음위에 종이를 깔앗다고 햇다
안 그래도 덩실 덩실 신나는 지라 그 깔린 종이를 보러 나갓다
나가서 그 깔린 박스 종이를 밟는 순간 그대로 확 미끄러져
내 몸이 공장 입구에 잇는 쇠기둥에 콱 박혓다
순간 하늘이 샛노랗게 보엿다
내 뼈가 부스러진 것 같앗다
밤새 아팟지만 다음 날 허리에 복대를 차고 출근을 하엿다
사장님은 바쁘니 계속 출근하라 하시지만 갈비뼈에 문제가 생겻는지
움직이기 힘들 정도로 아팟다
점점 더 아파지는 지라 정형외과를 갓다
병원에서 우연히 시누이를 만낫다
시누이는 놀라며 내 진료를 기다렷다가 병원비를 대신 지불하엿다
의사는 내게 정밀 사진을 찍어봐야 안다고 하는데 정밀 검사비가 싸지는 않다

사진의 결과 갈비뼈에 금이 갓다하더라도 따로 치료 방법은 없고 시간만이
약일 뿐이라 한다 한번 정도 한의원에서 침을 맞앗지만 그도 내 치료가 아닌
것 같아 혼자 끙끙 앓고 잇다
죽지는 안앗으면서 죽을 만큼 아프다
돌아눕지도 쉽게 움직이지도 못 한다
교통사고나 죽음을 앓는 환자의 아픔이 어떤 건지 이해가 간다

일주일 쉬엇지만 좀처럼 낳을 것 같지 않아 회사는 그만두겟다 고하엿다
다 낳은 다음 다시 다니고 싶은 가슴 굴뚝같지만
나 때문에 회사에 지장을 주는 게 불편하다
사실 회사에서 일을 하다 다쳣으니 회사에 가서 책임을 지라 얘기해도 되는
일이지만 일도 잘 못하는 나에게 일을 시키고 봉급을 챙겨준 게 고마운지라
또 운영한다는 게 얼마나 힘든 건지 아는지라 빨리 다른 사람 채용할 수
잇도록 말없이 뒤로 물러섯다

아무리 생각해도 사고 난 그날 내 등 뒤에서 신이 딱 밤을 날린 것 같다
내가 망하더라도 웃으며 리어카 끌리라 마음먹엇으면서 그리 안달 편 게
괘씸하여 신이 딱 밤을 날린 게 틀림없다
30대 젊엇을 땐 아무것도 두렵지 안앗다
이혼 하더라도 10원도 챙기지 안고 나갈 꺼다 자신 잇게 말햇엇다
망하더라도 건물 앞에서 웃으며 리어카 끌거라 다짐하고 다짐햇엇다
그런데 어느새 뿔기 빠지고 공장도 쉽게 취직하지 못할 나이가 되고 보니
시집오기 전 노숙자가 될 뻔햇던 그 날이 어두운 두려움으로 다가와
옴짝 달싹도 못하게 한다

그동안 공장 다니며 입금시킨 통장을 들여다보앗다
놀랍게도 천만 원에 가까운 돈이 들어잇엇다
한 푼도 쓰지 않고 1년 정도 은행에 처박아 놓엇더니 돈이 불어난 것이다
그 통장을 들여다보니 아 살아지겟다 싶은 희망의 마음이 조금 열렷다
세상에 학원 10년 운영한 것보다 더 많은 돈이 불어잇다

겨울이 넘어가도록 아파서 꼼짝도 못하고 질질맷다
건물을 사려는 자가 나타낫는데 예측대로 경매 일보 직전의 가격을 제시햇다
내 보기 그 정도면 전셋집 얻을 돈은 나오니 그렇게라도 팔앗으면 싶다
그러나 남편 요지부동 고개도 안 돌린다
공인중개사 동기를 남편에게 소개햇다
건물을 팔면 관행이라며 소개비 오천만원을 요구햇다
남편 눈도 꿈쩍 안는다

중개사가 그 큰돈을 챙긴다는 게 이해가 안 된단다
자기가 거리로 나 앉으면 앉었지 그리는 못하겠단다
남편의 입장도 이해가 된다
건물을 투기로 산 게 아니니 그렇게 생각 할 수도 잇겠다
공인중개사 동기는 우리 남편이 웅통성이 없다고 돌아섯다

아니 남편 원래 웅통성 많은데 이상하게 건물 앞에서는 요지부동이다
건물을 판다는 것이 자존심 엄청 상하는 모양이다
그러던 찰라 사려고 알아보는 사람이 홀연히 나타낫다
혹시나 혹시나 햇는데 정말 계약을 하고 건물을 인수햇다
건물 값을 그리 심하게 깍지 않아 남편과 타협점을 찾은 거다
전주이씨 종친회에서 종중 땅이 팔렷고 자녀들 장학재단으로 사용하기
위함이엇단다 얼마나 감사하고 감사한지
이제 우리 건물 경매로 넘어갈 일 없다
세입자들 만고 땡이다

아 정말 남편은 건물을 팔앗다는 게 망햇다고 생각하는가보다
건물을 팔아 살아낫다고 생각하는 나와 달라도 너무 다르다
나는 좋아서 춤이라도 덩실덩실 추고 싶구만
건물이 팔릴 거라고 생각도 못햇기에 딱히 다음에 무엇을 할지
생각해 논 것도 없다
시누이가 시골에 가서 닭이나 키우라고 해서 포천에 땅을 보러갓다
더도 말고 맨 처음 우리 몫이엇던 300평 정도면 될 것 같다
그러면 나 죽어 시어머니 만나더라도 털어먹엇다 소리는 안 들을 것 같다
막상 포천을 가보니 휑한 길가에 집 한 채 그리고 빵빵 보이는 것은
산 천지뿐 도심지에서만 살아서 그런지 그 동네로 이사 와서 살 생각을 하니
서러운 마음에 눈물 날 것 같고 도무지 마음이 열리지 않는다

남편은 무조건 마석을 떠나겟다는 소리만 한다
별내로 이사를 가겟다하더니 집을 보러가는 날 갑자기 방향을 덕소로 틀엇다
당장 집을 사지 않고 우선 전세를 얻겟다한다
아파트를 하나 보여주엇는데 강이 훤히 내려다 보엿다
그날 마침 전세로 나왓다 한다
남편은 마음에 드는지 바로 계약을 하엿다
그런 조건의 전세는 귀햇던지 계약을 하는 중에
계약 하겟다는 다른 사람이 연락이 왓다
시간차 공격으로 우리 집이 된 것 같아 아주 놀랍고도 신기햇다
흐르는 강물이 얼마나 시원한지 화가 나잇는 남편의 마음을 훤히

위로해주고도 남아 보인다

아차 건물 넘길 때
2층에 이어 3층 우리학원 인수받아 운영하던 자가 임대료가 1500만원 밀려있었다
또 생각을 했다
아이들 가르치느라 고생했는데 보증금을 꺾게 할 수는 없다
남편에게 또 졸라 아무도 눈치 못 채게 임대료를 탕감해주고 건물을 팔고 나온 거다

아 이제 빚이 없다

천국 같다 토지 개발 공사 덕에 5층 건물 짓고 학원도 운영해보고
고향을 등지게는 됐지만

참 참 문구점도 넘겼다
건물 넘기는 날까지도 문구점이 나가지 않으면 철수하기로 하였는데
마침 작자가 나타나 계약을 하였다했다
인수자는 문방구를 살피더니 물건 값으로 3천만 원을 주마했고
남편은 아니라고 2천만 달라고 했다는 거다
그리고 2개월 임대료를 안 내도록 보증해 주는 조건으로
그러나 우리에게 건물 매입한 사람은 무슨 소리인지 모르는 것 같았다
우리가 해내려 오던 관행인데
남편 두말도 없이 2개월 임대료를 계산해주고 나왔다
내가 8천만 원에 인수한 물건을 남편은 문구점에 식견이 장님인지 도무지
귀한 물건으로 보이지 않는 게다 으 흐흐 그래도 얼마나 감사하고 감사한지

아파트 전세를 얻었기에 작은 집이나 땅을 살 돈은 남았다
그래도 나는 마석이 정든 곳이라 우리가 집을 지은 것도 아니고
난 남편고향 마석을 굳이 떠나고 싶지 않았다

아 나 또 열 확 오르고 흥분 되는 일 있으니 잠깐 옮겨야 해
남편이 심혈을 지은 건물을 팔아야 했지
그나마 제값을 팔게 됨에 사방 팔방에 대고 절을 올려야 할 판이야
시누이가 땅을 사라 조언을 해
허원순 권사님 이 광배 사장님을 소개시켜 주었지
마석우리에 건물도 하나 소개 하였는데 다른 부동산과는 달리 아주 정직한
가격이야 남편에게 보여주니 정이 하나도 안 간다며 거부해
창현리에서 태어난 남편 길 건너편 길 마석우리를 거부하다니
아무래도 트라우마가 있는 게
분명해 어릴 적 그쪽 동네 애들에게 맞은 일이라도 있는 건지

이 광배 사장 두 번째로 땅을 소개 햇어
시내에서 그리 멀지않고 평탄한 땅에 여러 필지로 나뉘어잇고
주위에 나무도 많은 것이 남편과 내 눈에 쏙 들어오네
계약을 하기로 하엿는데 땅주인이 지방에 잇다며 다만 얼마라도 보내래
그래야 올라와 계약을 하겟다고
얼마에 그 얼마를 가늠하지 못 하겟어
어찌할까 고민하다 남편이 그래도 백 만원은 보내야 한다며 그리하엿어
그런데 보내고 나자마자 갑자기 화가 치밀어 오르는 거야
무슨 계약을 하는데 돈을 먼저 보내래
사람생각을 함부로 다루는 게 기분이 나빠 견딜 수 없어
남편이 친구 이상면을 데리고 가서 그 땅을 보여주니
좋은 땅이 아니라고 사지 말라고 햇다네
아주 잘됏어
그러지 않아도 그렇게 기분 나빠진 상태에서 그 땅을 살 수는 없어
돈을 돌려 달라 하기도 이미 자존심 상하고 또 그렇게 미리 사람 얼굴은
보기도 전에 돈부터 챙기는 사람이 돌려 달라하면 돌려 줄거라는
생각도 들지 않고
남편과 상의를 하엿지
절대 땅을 사지 않겟다는 말은 하지 말자
그리고 계약 날 도대체 어떻게 생긴 사람인지 얼굴은 보고와라하고
계약일 이 광배 부동산에 남편이 찾아 갓어
지방에서 올라온 매도인 작자는 팔려고 한 땅이 팔리지 않으니 허탈햇겟지
명함을 주며 자기는 토지개발공사에 다니는 사람이라고
그 말인 즉슨 자기가 점잖은 사람임을 얘기하는 거겟지
만일 올라오기 전에 취소하겟다 전화를 하엿다면 계약금은 돌려주엇을 거라
햇다네
첫 만일 나라면 돌려주지 않고는 못 배겻을 걸
첫 웃기고 잇네

아이고 근데 이게 뭐야 뭐 토지개발공사 직원이라고
아니 뭐라고 토개공직원
우리 동네 땅을 개발한답시고 무진장 땅값 올려 놓으신 그분들
동네 사람 뿔뿔이 흩어지게 한 그 양반들
아니 그나마 우리 동네에서 우리 집에 제일 잘된 케이스인데
우리 몫의 350평 땅 보상가로 간신히 70평으로 바꾸게 만들고 건물 짓고
그 이자에 그 임대료에 허덕이다 세입자 많은 사람 망해나가고
우리 건물 날리고 잇는데
그 원흉이 분명 토지개발공사인데

그런데 지방에 살고 있는 토지개발공사의 일개 직원이 우리 동네에
땅을 잔뜩 사놓고 목 쳐들고 있는 거 아녀 시방
이런 피리리 제&장
도대체 어떻게 된 일이야
동네 주차장으로 하기로 한 땅 민간에게 몰래 다 팔아먹고
동네 공원으로 지정한 곳 주차장으로 돌리고
이 사실은 우리 결혼식 사회 보았던 남편친구 이상면씨가 분해하며 알려주었는데
그 분 옆구리에 돌맹이 네 개 들어 있음에 병원에서 수술도 해주지 않는다네
허이 이거는 이걸 죽여 살려 하고 벼르고 있는 자가 바로 하느님이라는 야그아녀
지옥에서 올라온 욕심 많은 이 육시랄 것들
윗 대가리에서 여러 면에 도를 지키지 않는 6666아 함서
나야 우리 지역 한 곳만 알고 있음인데
전국적으로 얼마나 많은 만행이 지나고 있음이란 야그여

전세 기간이 끝나면 마석으로 들어가 집을 지으려고 땅을 알아보았다
계약을 하기로 하였으나 일이 틀어지는 바람에 계약이 이루어지지 않았고
남편 친구 부동산에 들르니 마석에 마땅한 작은 원룸건물을 추천했다
남편 친구는 남편에게 『이 걸 사놓아야
니가 다시 마석에 쉽게 들어올 수 있을 거다』라고 또 『나이 먹어 기술이
있는 것도 연금이 있는 것도 아니니 사두면 노후대책도 된다』하면서
1층에 가게가 하나밖에 없는 작은 건물이지만 5층에 투룸이 있으니 나중에
우리가 살 수 있을 거다 남편 선뜻 내켜하지 않았지만 또 싫다 소리도 하지
않기에 나도 곁에서 옆구리를 쿡쿡 찌르며 사자고 했다
아주 남편 재미있다
바로 길 하나 건너 마석우리 건물도 내가 많이 보여주었지만 정이 안 간다며
쳐다도 안보더니 자기가 태어난 창현리는 마음을 연다
달랑 사차선 길하나 차이인데도 그러니 고향을 등진 사람들 마음은
도대체 얼마나 허할 거란 말이냐
암튼 남편은 작은 원룸건물을 매입하고 바로 매형과 함께 지방으로 일을 하러
내려갔다

우 나 룰루랄라 천국이다
강물 훤히 보이는 아파트에 다시 마석으로 돌아갈 집까지 장만
남편 지방에 돈벌러가고 아들 아직 공장 다니느라 마석고시원에서 생활하지만
내년이면 대학 복학가능하고
딸과 나 아파트에서 공주처럼 지내고 있다
뒹글뒹글 누워 콧노래 부르며 텔레비전를 보다 그만 대성통곡 눈물이 터졌다

2012 7 23 Mon

자기야

우리들의 모범 삶의 기준이라 생각한 아나운서의 생각이
내가 생각하고 있는 삶의 방향과 다른지라 너무 슬퍼 통곡을 하다
그 마음을 글로 적고 책을 내려고 출판사를 찾아갓다
이 책만 나오면 이 책만 읽으면 세상 사람들이 다 밝아질 거야
서로 서로 희망을 품는 사람이 될 거야
출판사에 가서 책을 보여주니 책이 이상하다하고 다른 사람들의 평가를
부탁하니 괜찮다한 사람도 잇으나 이상하다고 하고
마음의 풀이 죽어 출판사에 지불한 계약금을 포기하고 눈물을 묻었다

밤 새 나를 울리고 책이 나오게 한 그 내용 일부 옮기련다
쪼매 중복이 잇기는 하나 또 삭제 하자니 연결이 어렵고

죽이 되든 밥이 되든

제목 하느님도 못생긴 사람은 안 데려 간대요 절대로
지은이 박 종식 아네스

전직 아나운서 그가 말했다
앗 차 어느 의사 안사람이 먼저 말했지
『남편의 여자 친구가 있어요』
『나를 왕따 시키면서 남편은 그 여자와 이야기를 나누어요』
어쩌구 우 저쩌구
『이젠 깊은 밤 시간조차 사업얘기를 그 여자와 문자로 주고 받아요』
『나 와 해야 하는데』
『기분이 나빴어요』
『그러던 어느 날 남편 그 여자 나 셋이 미술관에 갔어요』
『나는 역시 왕따였죠』
『내가 뭐 미술을 아나요』
『그런데 헤어질 때 그 여자가 나에게 선물을 주는 거예요
커 다란 박스를』
『집에 와서 뜯어보니 명품백이 들어 있어요』
『그래서 난 남편에게 그 여자 전화번호를 물었죠』

— 난 사실 기분 나쁘다고 한마디 해 주려는 줄 알았다
그건 완전 자존심상하는 일이기에 —

『전화를 걸어서 바 로 말했어요』
『언니이』
『그때부터 그 분은 나 의 언니예요』

어 뭔가 이상하다 도대체 뭐야 가 방 보고 절한거야 사람보고 절한거야

그때 전직 아나운서 큰 소리로 격양되어 말했다

『나는 더 해요오』

어느 휴양지에서 다른 가족과 합석한 모양

『그 집 부부도 아이가 둘 이예요』
『우리도 둘 』
『글쎄 얘기 하다 보니까 그 남자는 내가 누구인지 모르는 거예요
세 상에』
『나도 연예인인데 』
『내가 그가 뭐 하는 사람인지 그에게 물었더니 게임기 장사래요』
『아마 아 게임기 판매업 하나 봐요』
『아이들은 아이들끼리 놀고 있구요』
『그러더니 그 자가 아이들에게 게임하라고 게임기를 주는 거예요』
『내가 그건 교육적이지 않다고 제지를 했죠』
『그랬더니 이번엔 수영을 하러가요』
『그 게임기 장사하는 자가 아이들과 재미있게 놀아 주어요』
『나는 우아 하게 의자에 앉아 있다가 그자에게 우리 애들도 봐달라고 부탁하고
방으로 들어가 단 잠을 잤어요』
『아주 달콤한 잠을 한 두 어 시간쯤 자고 나온 것 같아요』
『미안한 마음에 아이들과 그자에게 한껏 폼을 재면서 아이스크림을 샀어요』

어 또 배가고파 ∞욕구불만 ∞
내가 무엇을 잘못 한 걸까 너무 빨리 가고 있나
도와주세요 뽀삐

『다음날 우리는 돌아오고 그 집은 남는 대요』
『김이랑 깻잎 등이 남았길래 그 집에 연락해서 아내가 주고 왔어요
그 집 부인도 고맙다하고』

이제부터는 완전 더 격양된 목소리다

『그런데 다음날 인터넷 기사를 보니 어제 그 남자 사진이 나온 거예요』
『그 사람은 바로 이건희 다음으로 부 자래 내요』
『일본에 주식상장』
『재산이 ∞ 조』
『세 상에』
『난 몰랐어요』
『그런 사람에게 폼 재고 아이스크림사고 먹다 남은 음식주고
재산이 ∞ 조라는데』
그 아나운서는 자기가 잘못했다고 악을 지르며 떠들어 댑니다

우웩 저는 가슴이 멈췄습니다

가난한자와 부자는 다른가요
비둘기와 코끼리의 무게가 다른가요
그자는 무엇을 잘못했는지 방향조차 모르는 듯합니다
제 눈에 그자는 창녀이옵니다
돈과 바람이 나서 돈 을 향해 절을 하고
입맞춤하며
부둥켜안고 울면서 춤을 추고
무엇이 우상 상배인지 모르는 듯합니다
이 미 눈이 멀었습니다
그자는 하느님을 배신한 배신자이옵니다
하느님 너무 아프옵니다
얼 마나 아픈지 모릅니다
움직이지도 못하겠고 가슴이 굳어버렸습니다
밤새 찢어지는 가슴을 붙잡고 울었습니다
소리도 크게 내서 울 수 없습니다
내가 소리 내어 울면 식구들이 무슨 일인가 하여 아마도 깜 짝 놀랄 테니
또 정신병원에 끌려 갈 수는 없어요

너무 아파요
너무 아파
하느니 임 도와주세요
글을 쓸 수밖에 없어요
딸아이 보배에게 물어봤지요
『비둘기와 코끼리 무게는 누가 더 나가게』
『코끼리지』
『아니야 둘은 똑 같애 』
『엄마 코끼리는 1t이 넘어』
『아니야 코끼리와 비둘기의 무게는 똑 같애』
『그것은 부자와 가난한자의 무게가 똑 같다는 뜻이야
부자는 못 사람들의 시기로 사랑을 받지 못 해 아프고
가난한 자는 있는 자의 멸시를 받아 아프고 결국 두 사람의 무게는 똑 같아』

『아 하 마음의 무게를 달라는 거구나』

그래 이제부터 기준은 마음이다

고 뤠 에 마음만은 훌 울 쭉 하다 우 헤 헤
그 말이 진짜구나
김 준현 개그맨이 한말이잖아

마음만은 호리쪽 하다 히히
그래도 김 주현 몸은 돼 지

야 아 너무한다
니네 엄마도 돼지인거 몰라

힐링캠프 1

우 하 하 하 크 하 하
즉문즉답의 대가라는 스님

어떻게 해
그분이 한순간 떨어졋다
그분 말씀대로 단명이다
왜 일까
왜 일까
무엇이 잘못일까
잘못이 어디서 왔을까
머리 빠지는 자의 고민에 틀린 답을 주었다
머리 빠져 고민하는 처자의 질문에 『머리를 박 박 밀라』는 답을 준 것이다
그 스님께서 왜 틀린 답을 주셨을까
답은 뭐일까
우 하 하 하 크 하 하

답을 알아내고 말앗다
답은 이거다
소중한 머리카락이 빠졋잖아요
이렇게 하세요
한 가닥 한 가닥 주워서 가지런히 놓고
머리카락에게 정성스레 절을 하세요

그리고 물어보세요
머리카락니 임 머리카락님
왜 저를 떠나십니까

그러면　머리카락이 이렇게 대답할거예요
머리에 스트레스가 너 무 많아요
마음을 내려놓으세요
욕심을 버리세요
잘해야겟다는 욕심
실수하지 말아야겟다는 욕심
이런 저런 욕심 욕심
욕심이 머리까지 꽉 악 차서 내가 버티고 잇을 자리가 없어요
너무 비좁아요
이제 욕심을 버렷으면요
콩이나　두부 같은 단백질 좀 갓다 줘요
그러엄　제 손주들이라도 불러 모아 볼게요

그렇다면 즉문 즉답 스님　그분에게는 무엇이 잘못된 것일까
문제점을 찾앗다
첫 번째 잘못
부처님 말씀을 안 들엇다
혹시 이해를 못한 건가
부처님이 분명히 나는 없다 하셧다

코를 떼어보아라
코가 너이더냐
아니 옵니다
눈을 떼어보아라
눈이 너이더냐
아니 옵니다
팔을 떼어 보아라
다리를 떼어 보아라
가슴을 떼어 보아라
마음을 떼어 보아라
너는 잇느냐
너는 없다
부처님은　너는 없다　하시엇다

그럼 부처님이 즉문 즉답 스님에게 왜 머리카락 빠지는 문제의 질문을 안드와 주셧을까
왜일까
아　왜일까
머리카락의 답을 놓친 건　그 순간 부처님이 떠난건데

아하 아
부처님은 너 무 창피햇다
누구에게
신부님에게 예수님에게 하느님에게
무엇을
사랑하는 제자 즉문 즉답 스님이 그분들에게 머리를 숙이지 못햇다

성당에서 멋지게 강연하여 신부님을 난처하게 함을 자리를 내어준 신부님의 커다란 마음에
감사하지 못하고 오히려 자신이 유창한 강연을 하엿다고 자랑하엿으며
또 종교의 일치를 위하여 내가 힘을 썻다고 자랑하엿다
분명 부처님은 내가 없다 하시엇고 예수님은 누구든지 나를 버리고 따라와야
구원을 얻는다 하셧는데
그 무거운 나를 달고 부처님을 따라 다니는 바람에 부처님을 놓쳐버렷다

아 글쎄
그 까 까 중 아저씨 나보고 머리를 박박 밀라하네
나는 아직 시집안간 처녀인데
어이가 없다
멍충이 스님
제발 성 경책 좀 한번 읽어 보이소
지혜가 어 디서 나오는가를

하느님은 보물을 숨겨 놓으셧다
성경에도
불경에도
남묘호렌게쿄에도
누구든지 자기종교의 깨달음을 얻은 자는 반드시 다른 종교에 머리 숙이기를
원하시는 것이다

왜 한군데에 힘을 실어주지 않으셧을까
그것은 비둘기와 코끼리가 무게가 같은 이유지
몸집이 커져 자기가 왕이라고 생각하면 안 되지
지배하려하고 우월하다고 생각하게 되니까

부처님이 예수님께 부끄러워 제자의 손을 잡고 다니다가
그 순간은 슬그머 니 손을 놓으실 수 밖 에 없엇다

너무 슬프다
어찌할까
나는 대머리가 되기 싫은 여자인데

어찌하면 나도 대머리가 아니 되고 그도 단명하지 않을 수 잇을까
말이 씨가 된다 하는데、
스님 때문에 나 대머리 되기 싫다
어찌할까 어찌할까
아 아 생각났다

스님 스님 목사님께 한번 가서 물어보시오
이일을 어찌할꼬 하고
그러면 아마 목사님은 이렇게 말씀 하실 껍니다
회 개 하시오
그 목사님 말씀에 따랐다면 신부님께 진심으로
미안하다 라고 공개적으로 사죄하라 라는 마음의 소리를 들을 껍니다
왜냐하면 공개적으로 무안을 주엇기 때문이지요

그러면 이번엔 신부님께 사죄하고 고백성사를 하시오
그러면 신부님은 이리 말씀 하실 것입니다
죄를 사하노라 보석으로 묵주기도 1 단을 하시오
스님 스님
제발 저를 살려주세요
저 대머리되어 시집 못 가면 스님이 책임지시던지

문제가 생기면 그런데 왜 그래요 소리 들으며
답을 밖에서 찾지 말고 죽이 되든 밥이 되든
자기 자신에게서 찾아야 한다

자기의 몸 안 단전에는
자기 자신의 하느님
양심의 참나가 잇음이니

그 분을 찾기 위한 방법만이 필요함이니
자기의 이기심을 가장 바닥에 내려놓는 발뒤꿈치 호흡이
정답을 내어 주시는 그 분을 만나는 방법이니
세상 대자로 뻗어 확띠게 한 대학에 심리학 전공한 하느님이 잇음이니

도가 아니면 모라고

아니 아니 아니라오
도를 지키지 않으려면 차라리 죽음을 택하시오
여기 저기 물어보며 댕김서
이리재구 저리 저리 재며
요리 빠지고 저리 빠지고
미꾸리 되어 다 빠져나가
내 뒷주머니 챙겨대는 모난 짓일랑 그만 멈추라우
그러면 적어도 동물 옷을 받지는 않음이니

남의 것 삼켜대는
미운 짓이 꾸리 꾸리하다며
모아 놓은 바닥에서 미꾸리 되어 빠져 나갔다가

다 같이 추워지는 산천초목 빙하시기를 지났다
산초 쳐서 삼켜지는 추어탕되어 올라왔다하심이니
나만 나가서 원을 이루겠다 남쪽으로 가서 남원 추워탕 되어 올라왔음이니

또각또각 따로 살아나겠다 꾸무락 꾸무락 낙지되어 움직이나
그 어디 하나 안 살아나지더라 낙지 쳐서 올렸음이니

연회장 품은 3층집

하느님이 보물을 숨겨 놓으셨을 것 같다
성경에도   불경에도
과연 그럴까
그거 정말 보물 맞나
딱 그곳에만 숨겨놓으셨을까
그 보물을 찾으면 부자가 되는 건 아닐까
누구를 따라가면
어디를 따라가면 찾을까

아하
교회를 가봐야겠다
분명히 교회 앞
찾아라 두드려라 열리리라
구원을 얻으리라
문짝 대문 만하게 씌어 잇으니
어 싸이가 강남 스타일 노래 부르네
강남금식기도원 가 볼 까나
우 와   엄청 크고 크다

그런데 웬일
아 수라장
사람들은 서로 알아듣지도 못하는 큰소리로 악을 악을 쓰며
방 방 뛰며   울고 불고 소리 지르고 잇엇다
그랬다
내 눈에   그곳은 생지옥 이엇다
왜일까
왜일까
구원을 얻으리라 하였는데   왜 그곳이 생지옥으로 느껴질까

정답은 이랬다
목사님이 설교하셨다
누구누구는 십일조 잘 내서 부 자 되고 성공하고   성 공하고 명예 얻고
우 에웩
보물 찾으러 왓더니   두 손 가득 욕심 만 채워주신다
모두가 창녀 엿다
하나님이라 부르면서

돈 에다 절하고
명예에다 절하고
욕 심에다 절하고
성령님이 너무 당황하여 대 신 기도하여 주신다

그것이 본인도 알아듣지 못하는 방언기도이다
본인도 하느님께 무어라 간청하는지 모를 것이다

하느님 어찌하오리까
이자가 돈 과
명예와
욕심과 바람이 났더이다

하나님이라고 불러대며
돈과
명예와
욕심 만 탐내더이다

돈 에다 절하고
명예 에 기도하고
욕심에 안 달이 났더이다

무엇이 우상숭배이고
무엇이 참 하느님인지 모르니다
어찌하오리까 어찌하오리까
우웩 도망가자

여기는 지옥이다
보물 찾으러 왔다가 욕심만 채워간다

내 생각에
기도는
조용 히
내 안에
하느님 마음을 담고
그 마음을 행하고
그러고 나서 조용 히 간청을 드려야 할 것 같다

내가 이미 행했다면 알 아서 채워 주시는 분 아닌가

수인사 대천명(修人事待天命) 아니던가

나할 도리는 미루어 둔 채
소리 지르고 기도만 하니   교회앞 주차장에서부터 쌈박질이지

설교가 문제이다
집을 짓고 있다
멋진 3층집
3층은 연회장
멋진 식탁
우아한 식탁보
맛있는   형형색색음식들
신 나는 음악
우 와 3층연회장 너무 좋아
부 자 되고   성공 하고   명예 얻고
바쁘다 아   바 빠
기냥   1층 2층 대 애충 짓자

연회장에 올라 밥을 먹으려고 하는데
그 순간
건물이 와 르 르 르

하느님은 못 생긴 애 싫어하신다니까

고생 고생하다 잘 살게 되었는데
그만 목숨을 잃었다고
누가 1층 2층 빼고 3층만 지으래
못 생겨 가지고

알겠어요 내게 이리 말씀 주신 권사님들
착함만으로 천국 못 간 다구유
믿음만 가지구 천국 간 다구유
지난번 어느 개신교 다니는 노인분이   성당은 행함 까지 하래 귀찮게
교회는 믿음만 가지고 천국 가라고 말하더니 어쩜 똑 같은 말 하세유

원인이 어디서 왔는지 알 것 같아유

행함이 빠진 믿음이란
꼭 구름위에 천국 짓는 것 같애요
비오면 바로 쏟아지고 없어지는

그럼 1층 2층을 어떻게 지어야 할까
하느님은 좁은 문을 통과 하는 자에게
보물을 주신다 하네
도대체 보물을 어디에 숨겨 놓으신 거야

우 와   그거야 그거
코끼리와 비둘기의 같은 무게
그 누구에게도 그 모두에게도 똑 같이 보물을 하나씩 숨겨놓으셨을 거야
저 보물을 어떻게 얻지
아 하 머리를 숙여야지
진 심으로
당신은   하느님의 보물을 가지고 계십니다
그러므로 당신은 하느님이십니다

하느님은 누구든지 제 십자가를 지고 나를 버리고 따라오라 하셨으니
나는 지금 당신 뜻에 따르겠습니다
오라면 오고
가라면 가고
죽으라면 죽겠습니다

어   그런데 하느님 왜 얼굴을 찡그리고 계세요
어디가 불편하신가요
제가 어찌하면 웃으시겠습니까

하느님
나의 하느님
슬퍼하지 마세요
제가 당신 발을 닦아드릴까요
노래 불러 줄까요

까 꿍
재롱이라도
제가 엎드리이다
제 등을 즈려밟고 가시옵소서
우 와
드디어 하느님이 웃으셨다

이 히 히 히 히
드디어 보물하나 찾았다

또 찾으러 가야지
우와 신난다
끝까지 보물찾기 놀이 해야겠다

알고 보니 보물이 마음이었어
마음 진짜 예쁘다
보석 같애
보물이 마음이고
마음이 하느님이고
너무 너무 신난다
몇 개를 찾아야 할까

아 차 생각났다
집을 짓고 있었지
3층 연회장에
도착 할 때 까지 찾아야해
1층 2층을 꼼 꼼 하게 지어야해

그래야 연회장에 도착했을 때 신 나게 놀 수 있어
누구누구네 집처럼 이제 살게 되었는데 무너졌대더라
죽었대더라 그러면 어떻게 해

한 번이라도 찡그리면 안 돼
화내면 안 돼
성내면 안 돼
왜냐하면 화냄의 독이 세상에서 가장 무서운 독이래
한번 성내면 내가 지금 공들인 것 다 아 와르르르 무너진대
그러면 처음부터 다시 시작해야 해
맞아 맞아
화(火)가 났다는 것은
불(火)이 났다는 거지
불이나면 전부 다 아 타고 말지
살곰 살곰 가자
조심 조심 가자
하느님 화나실라

어 화가 왜날까
화는 어디서 왔지

아 아 그거야 그거
하느님이 나를 버리구 따라오라 하셨는데
나를 데리구 따라가면 화가 따라오는구나

아 아 그거야 그거
나를 버리구 너를 먼저 생각 하라구

아 하
아 하
내 생각보다
니 생각 먼저 말해 이렇게 하라구
알앗어

예 스 예스
예스 예스 예 스 ♬ ♪
예수 예수 예 수 ♬ ♪

그거였어 예수님 따라가면
그 예스가 그 예수

나 를 따르라 는 예 수님 말씀은
언제나 긍정적인 대답 예를 하라구 하신 말씀이야
흥 흥 흥 흥

우 와
하느님 넌 센스 쟁이
생각도 못 햇어
하느님은 그냥 무서운 분 인줄만 알앗어
우 와 하느님 농담은 기본이 2000년이야

하하하하 배 꼽 빠지겠어
사람들에게 빨 리 알려야지
하느님 알구 보니 장 난 꾸러기라구

예스예스예 스 ♬ ♪
예수예수예 수 ♬ ♪ 이히히히

아 차 나의 세례명이 아네스지
아 아 네스
상대편 이야기에 언제나 아 아 예 스
빠르면 안 돼

빠르면 상대편이 공격한다구 생각할거야
내가 충청도에서 태어나서 느린 것이 유리한 것도 같은데
그리구 아 아 예스에 또 하나의 숨은 뜻
알아도 모르는 척
아 하구 예에를 하는 거지
들었어도 모르는 척 아 아 하구 예 에
언제나 약간 느린 듯 아 아 예 에

아 예 스
아네스 아 아 예수 히히 맞네 그럼 내가 예수네
내가 맨날 아 아 예 에 하구 다녔잖아
내가 약간 느리게 대답하는 동안 상대편은 숨을 고르구
따라 다니던 화도 가라앉히구
슬슬 미소 지을 준비를 하지
으 호 호 호 호 크 크 크 크
내가 바로 예수야 히히히ㅇ 히히히ㅇ

그럼 어떻게 해야 나를 버리구 하느님을 따라 갈수 있지
뭘까 아 뭘까
어 Kpop 노래하네
이 하이 노래 좀 들구 가자
박진영이 공기 반 소리 반이 제일 좋은 소리라 하네
공기 반 소리 반
뭘까
아 뭘까
어려워

좀 천 천히 가보자 천 천히
아 하 조금 천 천히 가니까 알겠다
내가 조금 천 천히 가니까
하느님이 같이 가 주시는 구나
나를 버리구 가니 하느님을 따라 갈 수 있네
하느님 마음을 담을 수 있구나
하느님 마음을 담은 소리 생각 행동 언어
킥킥 공기 반 소리 반 이 그거였어
하느님 마음을 담아라
오 우 호 호 호 호
진영씨 알겠어 공기 반 소리 반이 무언지

힐링캠프　2

아리따운 연예인이 나왔다
어　어 목소리가 아주 맑아
아직 철이 안 들어 보이네
어머어 아직 영혼이 물들지 않았나봐
예쁜 노란 원피스를 입었어
그런데 위에 까만 스웨터로 덮었네
왜일까
왜일까
왜 노란 원피 스위에 검정 스웨터를 입었을까
왜일까 왜일까
정답은 이렇다
저는 노란 원피스를 입을 자격이 없어요
왜일까 왜일까
아 하
도둑질을 햇구　겸손하지 못햇구나
절에 가서는 절 제사
절도 시깽이래더라
절 체조
어쨌든 도둑질을 햇구나
부처님께 공양하고 절을 해야 하는데
절 만 훔쳐다가 체조로 쓰다니
하느님이 벌써 다 아 아시고 검정색 스웨터를 입히신 거야
너는　노란 원피스 입을 자격이 없으니　검은 색으로 덮거라

그거였어
무의식중의 행동
그것이 하느님의 힘이고
사랑이고
벌이고
회초리지
아리따운 연예인 아무개씨
아 무래도
절에 가서 십일조내고
부처님께 사죄드려야 할 것 같다

고운기도

하느님 저 옷을 입지 않고 기도 할래요

제가 늘 상상했잖아요

태초에 하느님께서 남자 여자 만들고 강가에 조약돌 자갈돌
아직 옷을 입지 않은 여자 남자

하느님
우리 집 강가로 이사시켜 주셨으니 제 소원 들어 주신 거 맞나 봐요
실오라기도 안 걸치고 하느님께 기도하고 싶어요
하느님이 태초에 만들어준 그 모습 그대로
나는 몸에 실오라기도 걸치지 않고 하느님 앞에 앉았다

예에
제가 삼주를 미워했다고요
하느님 어떻게 기억하세요
저는 잊었는데
맞아요
우리 중학교 3학년 때예요
삼주가 화장실에서 큰일을 보나 봐요
김마리아 저 이렇게 있었어요
김마리아도 순하고 저도 순하고
그런데 제가 쬐끔 공부를 더 잘했던 것 같아요
삼주는 거칠고 예의 없는 목소리로 마리아에게 밑 닦을 종이를 가져오라 시켜요
마리아는 쩔쩔매고
난 그런 삼주가 싫었어요
계속 계속 그 마음을 갖고 있다가 근래 와서 잊어버렸어요

근데 그게 잘못되었다고요
아하 삼주도 보듬어야 된다는 말씀 이예요

제가 잘못한 게 맞네요

우 에 웩

그 순간 36년이나 뭉쳐있던 토가 쿡하고 올라왔다

하느님 　구해할 수 있도록 도와주시고
용서해 주셔서 감사합니다

삼주야 　내가 너를 막아서 성당을 못 간 거였니
이제 괜찮아
이제 성당에 가도돼
마음속으로 미워한 거 미안해
내색도 안하면서

하느님 고맙습니다
하느님이 마음속까지 헤아리시는 분 인줄 몰랏어요
머리카락 숫자만 세시는 줄 알앗지 　히히

이놈아 　꽁
아이구—우 　아파요 하느님 　헤헤

중략

수녀님이 말햇어유
가장 헐벗은 사람에게 예수님 대하듯 대 하라구
임금님에게 하 듯 하라구

예수님이 모예유
임금님이 모예유
나 그냥 실북이 아줌마한테 배운 거만 써먹을래유
여 러 사람 중 가장 못 배운 사람
추운 사람
헐벗은 사람
그 사람에게 무릎 꿇을래유
아무도 눈치 못 채게
우리엄마도 아무도 모르게 세째오빠만 사알짝 댐부라 넣어 주었잖아유

그거랑 똑 같이 하면 돼유
이 히 히 히
아무도 눈치 못 챗다

그런데유~ 아주 부 자를 만낫어유
사장님 사모님 이예유
천박해유
양말을 안 신엇어유

아무리 방이지만 손님 앞에서

그리고 무언가 슬프다고 저에게 하소연해유
어머 어 부자도 불쌍하네유
알고 보니 부자도 임금님이고 예수님이네유

알앗어유
제가 아 무도 모르게 살 짝
무릎 꿇어 줄께유

어떻게 하냐구유
방법이 잇어유
엉뚱한 소리하면 돼유
그러면 그 사람은 내가 뭔가 모자라는 사람인줄 알고 어이가 없어서 웃어 버려유

봐 유~
눈치 못 챗잖아유
아무도 눈치 못 채게 제가 살 짝 아부 좀 해줫어유 히히히

송추에 살고 잇는 둘째오빠 집에 가는 길이예유

아 차
수녀님이 모두가 예수님이라 하셧는데 그럼 저기 저 사람도 예수님인가유
저기 멀리 뒷모습만 보이고 가는데
근데 지금 제 일 가까이 이긴 해유
거리에 아 무도 없고 저 기 저 기 저사람 가고 나 뒤에 가고、
그런 것 같기도 해유

나 조금 후에 죽을 수도 잇어유
할아버지도 죽엇죠

할머니도 죽었죠
아버지 엄마 다 죽었잖아유
그리구 나도 죽어야 하잖아유
여기는 송추 군사 지역 이예유
조금 후에 전쟁날 수 있어유
만 약 전쟁 난다면 저 사람하구 내가 가장 가까운 사람이 되는 거예유
그렇다면 지금 현재 저 사람이 가장 소중하고 가까운 사람 맞는 것 같네유
아 아
예수님 맞네유

아 알겠어유 하느님
지금 처음만난 그 순간의 사람도 나의 예수님이라는 뜻이죠

알겠어유
지금 이 순간 이 사람이 나의 예수님 이예유
예수님을 위해서 죽어야 한다구유
알앗어유
죽으면 되잖아유
어차피 죽으려구 햇어유

알앗어유
어디보자~
예수님이라~
무릎을 꿇어야겟네
눈치 못 채게
모 래는 거야
예수님말씀 이라는데
무슨 말인지 모르지만 공손 히 대해보자
귀 기울여 보자

어머~ 이분이 슬퍼해유
어떻게유~
어떻게 하지

히 히
모르겟 다~
일단은 한번 웃게 해보자

내가 바보처럼 굴어야겟어

그러면 이 사람은 나보다 잘낫다는 생각에 위안을 얻을 거야
아무튼 이 사람을 살 짝 띄워주면서 웃겨 보지 뭐

에 이~
내가 찌 끔 내려 가주자
내가 손해 보자
그럼 이 사람은 바보 같은 나를 보고 어이가 없어서 웃을 거야

이 히 히 히 히
저 사람이 웃엇어

이 히 히 히 히
그러면 내가 예수님을 웃긴 거네

이 히 히 히 히
아무도 눈치 못 챗을걸

중략

하느님니임 저 못생겨지지 않으려고 노력하고 잇는 거 맞죠

제가 살면서 목숨 걸고 지킨 것은
지금 이 순간
내 옆에 잇는 이 사람을
예수님이라고   임금님이라고 생각햇구요

그 중에서도
비늘 없는 물고기를 먹지 말라의 말씀
비늘은 갑옷이죠
전장준비가 되어잇지 않은 자는 치지마라의 말씀이예요
그러니까 나보다 약한 자는 절대로 건들지 말라의 뜻이어요

예 제가 늘을 가장 약해 보이는 사람을 최고의 예수님이라 생각하고 섬겻어요

운전하다 저 앞에 가는 사람을 보면
그 사람은 하느님의 사람
바로 하느님이라 생각하여
차를 천천히 아주 조심조심 몰앗구요

예수님을 위해서 내가 죽을 수 있어야 한다고 생각했어유
그런데 물리적으로 죽을 일이 없으므로
나의 임금님　예수님 용안에 미소를 띄워 드리고자 최선의 노력을 했어유

그래도요 하느님
저도 하느님께 뭔가 달라고 하고 싶어요

돈을 달라고 해볼까
돈　돈이라
돈을 달라하면 저 사람 돈이 나에게로 오겠지
그러면　저사람 마음이 아프겠지
아이고　안 되겠다
공부 잘하게 해 달라 해볼까
그럼 공부 못하는 애는 기가 죽어 있겠지
안 되겠다

취직 해 달라 해볼까
열 심히 일하면 되니까
아이구　그 것 두 힘드네
저사람 직장이 나에게 오니 저 사람은 또 뭐 먹구 살어
아이구　모르겠다

착한마음 달라 해야지

하느님　착한마음주세요
　　　　착한마음주세요
착한 마음 달라는 기도만 올렸구유
아주 한 두 번은 예외지만

하느님　제가생각하기에 불쌍한 사람은유
나눌 것 이 없는 사람 이예유
가진 재산이 많다 하나　마음이 추워서 나누어 줄 수 없는 이가 있어유
마음이 불쌍하잖아요
마음이 춥다는 뜻 이예요
더욱 불쌍한 사람은요
미소를 나누어 줄 수 없는 사람 이예유
미소가 없다는 것은
가진 미소가 없다는 뜻 이예유

받은 미소가 없다는 뜻 이예유
가슴이 막막하고 갑갑해유

미소를 나누어야 해유
가슴이 따뜻해지는 미소유
그것은 역시 그 순간에 시작해야 하는 일이구유
임금님 대접이 최고예유
누구든지 서로서로 임금님 대접을 하며는 유
서로 서로 따뜻해지는 가슴을 느낄 수 잇어유

하느님 저 못 생겨지지 않으려고 노력 하는 거 맞죠

이리 저리 책을 준비하엿으나 출판사에도 이상하다하고
내가 중요하다고 생각한 것을 포기하게 되니
그냥 그대로 심한 불안증으로 들어갓다
삶의 기준이 어디에 두어야 옳을까
살아야 되는 삶의 기준을 완전히 놓쳣음이다
이렇게 다 포기하고 숨만 쉬며 살아야할까
하늘은 까맣고 공기는 다 뿌옇다

성당도 나름 열심히 다니며 레지오도 들어갓는데 이상하게 입단식 해야
할 시기 신부님이 바쁘시다며 차일 피일 미루엇고
그러다 나도 우울해져 그 끈마저 놓아버렷다
그럼에도 집에서 노는 건 맞지 않는지라 일자리를 알아보러 여기저기 다녓다
정수기 필터 갈아주는 교육을 받앗는데 마지막 날 알게 된 것은 필터 가는
것만으로는 안 되고 영업을 해야 한다는 걸 알고 나를 아는 누군가에게
귀찮게 해야 될지 모른다는 생각에 그만 포기하엿다
식당에 취직을 하자니 내 몸이 느린지라 오히려 피해를 줄지도 모르고
마트에 취직을 할까 생각햇으나 저녁시간에 집에서 딸과 잇고 싶은
간절한 생각에 마땅한 걸 찾다 아파트 청소를 선택햇다
또 나는 내가 이담에 늘 청소하는 일을 하리라 마음 먹엇던 일이기도 하다

평소 내 지론이 대통령도 그 임기가 끝나면 그 다음날 청소일 부터 시작해야한다
생각한다 반듯이 청소부의 월급만으로 생활을 해봐야 그제서 하나를 배웟다 생각
되어지기에 그러하다 청소부 청소를 아니해주면 대통령 똥통위에 앉아서 일을 보아야
할 것 아닌가 하고 그리 윤회를 하며 돌아야한다 생각하고 잇는 터라 어저께까지
학원을 햇건 말앗건 부동산을 햇건 말앗건 바로 다음날 공장이고 청소이고 당연히
그 일에 나서고 잇다

사실 적응이 그리 쉽지만은 않다
그쪽도 막강한 선후배 위치와 텃세 장난 아니다
맨 처음 들어간 아파트는 구리시에 있는 아파트다
나는 열심히 일을 한다고 했지만 마음은 울기 일보직전 얼굴에 우울증
불안증이라고 씌여 있기라도 한 건지 주민들도 나를 보고 일을 하나도 못하게
생겼다 힘이 하나도 없어 보인다 얘기가 들어오고
그러나 직면으로 얘기하지 않으니 견딜만 한데
같이 일하시는 할머니들 중엔 사나운 분이 한분씩 있다
구리 아파트에선 반장 언니가 엄청 사납다 70대를 지나고 있는 분이다
순하고 열심히 일하는 허리가 굽은 할머니에게는 말자년 말자년 하고 부른다
그리고는 계속 괴롭히더니 기어이 그만두게 만들었다
다른데 쉽게 취직하기 힘들어 보여 마음이 애잔하다
내게도 예외는 아니었다
그러나 나 또 머리 숙이고 숙이고 또 숙인다
내가 가지고 있는 옷이 주로 사무실에서 입기에 적합한지라 청소하며 입기에 알맞아
보이는 동글 동글 한 바지 두 개 사 입고 다녔다
반장 언니 나를 나무라기 시작이다
『얘 옷이 그게 뭐니』
어허 도통 이해가 가지 않는다
이 옷이 어때서 이 옷 입고 버스 탄들 뭐가 어때서
청소하기에도 딱 알맞고 아파트가 똥을 치는 일도 아니라 냄새가 나서
남을 괴롭게 하는 일도 아니고 아무 문제 없구만
옆을 보니 다른 분들 다들 일하던 옷을 갈아입고 때빼고 광낸 옷 입고 다닌다
왜 그리해야하는지 내 머리 돌지 않는다
청소할 때 편한 바지 입고 버스 탄들 뭐가 어쨌다고
쓰레질 할 때 먼지 묻었다 난리인데 먼지가 뭐 어쨌다고
그래도 노인네가 옷 좀 이쁘게 입으라 하시기에 또 마침 이 만냥
분홍 잠바 팔기에 사서 걸치고 갔다
이쁘다고 한다
내 눈엔 다 똑 같구만
『야 너 머리 좀 잘라』
그럼 또 다음날 나 머리 자르고 간다
별일도 아니다
나 원래 멍청한 거 나도 아니까
거 아파트 신기하기도 하다
신의 주인은 계단 끝에 붙어서 노랗게 반짝 반짝 닦아대라고 난리이다

하기사 집안에 사는 양반 다들 이사간다 온다 들락거리니
아파트 주인 양반은 거기에 붙어 반짝 반짝 지키고 잇는 게 확실 하다
허참 그 신의주인 그냥반 모시기 정말 힘들다
한 계단만 닦아 드려도 허리가 끊어지게 아프다
그래도 인내하고 한 칸이지만 열심히 닦고 내려왓다
신주 닦으러 올라가기 전에 나 분명이 현관 앞 낙엽을 비로 쓰레질 하여
치우고 올라갓는데 바로 낙엽님 현관 앞에 내려앉으신 게다
내려오는 길 빽하니 고래고래 큰 소리 들렷다

『야 종식아!!!』

연약한 나 심장 떨려 그 자리에서 멎엇다
너무 놀란 나머지 『저 그만 둬야 겟어요』 얼른 말햇다
『내가 뭐라고 해서 그만두는 거 아니지』 라고 하신다
그래도 아니라고 하엿더니
다음사람 인수인계할 때까지만 다니라 한다
그러마 햇다 조금 다행이다 며칠은 더 일을 할 수 잇겟다

아고 놀래라 그리 소리 지르니 지금도 간담 서늘하다
따뜻이 챙겨주는 분도 계셧다
그럴 땐 내 눈에 그 분들이 성인군자로 보인다
대통령이고 종교자고 지랄이고 나발이고 다 떠나서 성인군자
그곳에 앉아 계신 줄을 알게 되엇다
지식과 그 무엇과 관계없이 낮아진 자세에서
정치인 무엇인가 잘못해도 『애구 저런 쯔쯔쯔 딱하기도 하지 저러고 다니냐』
누가 상해를 입히고 강도짓을 햇다해도 『애구 저런 쯔쯔쯔 딱하기도 하지 왜 저럴까』
그 모두를 안쓰럽게 생각하며
가장 낮은 일을 즐겁게 하고 잇으니 세상을 달관한 것처럼 느껴지기에
아하 이 분들이 진정한 성인군자로구나 가히 존경심이 우러난다

그러나 개중엔 어는 한분은
우리 아들과 내가 즐겨 입던 하늘색 겨울 잠바를 옷이 누추해 보인다며
밥 먹는 방에 벗어놓은 잠바를 휙 들어다 문 밖에 가져다 놓기도 햇다

그런데 희한하다
내가 책을 쓴다며 주황색 원피스를 차려입고 보시도 좀 받을 겸
출간회 초대장을 돌리러 한바퀴 돌앗는데
잘 아는 지인은 보시를 받고
청소를 하는 분들은 먹을 것을 사가지고 갓음이다
그런데 나를 구박으로 대하던 분들은 차려 입은 나를 누군지 알아보지 못하고

마음으로 대한 분들은 갑자기 원피스를 입었다하여 못 알아 보는 이 없었다
참으로 아이러니하기도 하다
아니 아주 우습다

그리 일을 하며 구박 아닌 구박을 받다 보니 한 달을 못 버티고 그만두기
부지기수다 그래도 그리하며 다섯 아파트를 돌았으니 별 하나는 달았다

다음엔 아파트 소독 일을 하러 갔다
복도에서 소독이요 소독 하고 소리치고 다닌다
아파트 안에 들어가서 약 찌끔 뿌리는 척 한다
헤구 이일 내일 아니다 더 이상 못할 것 같다
사흘 만에 나도 더 이상 못하겠다 생각하였는데
사장님은 내 얼굴을 보고 나오지 말라 통보를 하였다
공장도 들어갔지만 우울증에 사로잡혀서 인지 하루가 일억 년의 시간으로
느껴진다 허나 나 또 극복하고 최선의 노력한다
나도 내가 다른사람보다 느린 줄을 알고있다
그러나 식은 땀 흘리며 최선의 노력한다
미싱 앞에 쉼 없이 쏟아져 나오는 옷가지
마음은 앞서나 미처 손이 따르지 못했던 게다
빨리 빨리 하려고 서두르다 쪽가위에 손을 다치는지라 피를 몇 번 흘렸다
우리 사장 나의 손 다친 건 거들떠보지도 않고 피가 천에 묻을까 혈안 되기에
가슴에 눈물 적시며 돌아섰다 세상에 연고도 대일밴드 하나도 상비하고 있지 않으면서

세상만사가 더 불안하게 느껴졌다
가지고 있는 원룸 건물의 세입자를 본적이 없다 남편도 나도
주인이 세입자의 얼굴도 모르는 게 숨 막히게 갑갑하다
건물과 함께 딱 붙어있는 집이어야 할 것 같다
또 5층 투룸은 아이들이 출가 후 우리가 살기엔 적당할지 몰라도
지금 아직 품안에 있는 아이들과 살기에 부적합하므로 도무지 안 되겠다
생각되어 원룸건물을 팔아 달라 부동산에 내놓았다
아 건물을 내놓기 전 1층에서 장사를 하는 사람에게 연락이 왔다
보증금 천만 원만 빼달라는 얘기다
마침 빼줄 형편이 되어 그러마 했는데 보증금을 빼는 대신 월세를
올려주겠다고 했다 보증금도 빼는 사람에게 월세를 올려 받으면
더 어려울 거라는 생각에 월세는 더 올려 받지 않고 그대로 동결하였다

불안과 우울에 당장 무슨 일이 일어날 것만 같다

우선 집이 안정되어야 마음이 편해지겟다

그렇게 불안을 안고 시누이와 부동산에 들렷는데 바로 그날
마침 건물이 수용된 사람이 우리 건물을 사겟다고 계약을 햇다
나도 같은 그 날 살림집이 붙어잇는 마땅한 건물이 잇는지라 썩 마음에
들지는 않앗지만 남편 태어난 창현리에 잇는 건물이라 계약을 햇다

원룸 건물 값 덕소 전세대금 아들과 내가 공장 다니며 모아둔돈
이돈 저돈 모두 탁탁 털어 빚 없이 원룸 건물 입주하는데 성공하엿다

그리고 또다시 일자리를 알아보러 다녓다
시청에서 소개를 받아 공장을 몇 달 다녓는데 느린 나의 동작에 눈치가
보이는지라 더 이상 다니지 못하고 다시 아파트 청소를 다녓다
우울과 불안 슬픔은 온몸에 달고 다녓다

좀 떨어진 평내로 다니다 또 사나운 할머니 이유 없이 악쓰고
소리 질러 대는 통에 밀려서 그만두엇다
그래도 청소 반장언니 그만둔 내게 전화를 걸어 안부를 묻더니
내게만 그리 소리 지르는 게 아니라며 후에 그 분을 해고하엿다고 하엿다

이번엔 마석에 잇는 아파트로 청소를 다녓다
사람들이 내게 왜 그러고 다니냐고 다시 부동산을 하라고 한다
나는 뭐가 다른지 전혀 모르겟다
지금 다니는 아파트는 참 좋다
단 한 동밖에 없는 작은 아파트라 더 이상 나의 험담은 들어오지 않고
주민들과 웃으며 눈 인사도 주고 받고 그런대로 웃는 얼굴 되어 일할 수
잇고 가끔 개똥을 치워야하긴 하지만 뱃속이 편하니 아무런 문제가 되지
않는다 일하는 사람도 나 이외에 단 한사람만 더 잇어서 그런지 구박하는
사람도 없고 만고 땡이다

하 그런데 문제가 하나 잇다
내가 제일 무서워하는 쥐가 들썩인다
점심시간이면 아파트 지하에 밥 먹는 자리가 잇는데
쥐가 자꾸 천장에서 아래쪽으로 고개를 쑥 내밀며 보기도 하고
걸래 빠는 지하에서는 천장에서 쥐가 뚝 떨어지기도 한다
다 좋은데 정말 그건 못 참겟다
같이 일하는 어르신은 그깟 쥐가 뭐가 무섭냐고 덤비지 않는다 하는데
아직 거기까지 적응하는 단계는 아닌 것 같다
아주 식은땀이 뚝뚝 떨어진다

그러다 어느 한 날 같이 일하시는 분 내게 이리 말씀 하셨다
『아니 집에는 무서워』
집에는 나를 두고 하는 말이다
『콤퓨터를 해서 그런가 노상 손가락을 이리이리 이러케 움직여』
『예에』
『봐봐 지금두 손가락을 요래 요래 요래 하잖여』

30여 년 전 고등학교 시절 잠깐 배운 타자
달랑 3급도 따지 못하고 빌빌 헤매다 졸업한 그 타자를
지가 무의식중에 손가락으로 계속 타자 연습을 하고 있었다는 거라니

그 옛날 타이프 귀한 시절
타자 선생님 버스를 타고 다니며 종이그림 타자기에
손으로 톡톡 치는 연습 하라고
그래서 말을 하면서 생각을 하면서
생각을 손가락으로 톡톡 건드리는 연습을 했었지만
그런데 30년이 지난 지금도 내가 하고 있었다는 걸 나는 전혀 몰랐음이니

그렇다면 손가락에 붙어 있는 삼신 세포님들이 이와 같은 책을 써야
할 날이 올 거라는 걸 알고 있었다는 거라니
타이프 실력에 속도가 늦춰지지 않도록 늘 연습을 하고 기신거였다니
지금도 서류를 보고 치면 오타 장난 아니고 엉망이지만
생각으로 치는 건 거의 오타 없이 생각과 타이프 시간이 같이 가고 있음이라니
감동이기도 하고 무섭기도 한 느낌
몰래 떡 좀 감춰놓고 먹으려다 들킨 느낌

내가 운영하던 금호부동산을 들렸더니 다시 인수받아 하라는 말을 한다
선뜻 용기가 나지 않는다
다시 계약서를 쓸 기운은 있을까
내가 다시 그 어떤 다른 일을 할 수 있을까
남편도 아들도 자꾸 다시 부동산을 하기를 바란다
그러나 용기가 없다
이제 더 이상 넘어지는 것만 연상된다
운전하는 방법도 모르겠고 버스를 타기도 힘이 들다
아들은 운행연습을 시켜주겠다 한다
딸은 엄마 컴키드는 잘 운영하지 않았느냐 용기를 준다

같이 레지오를 했던 유혜란 언니가 운영하던 부동산을 들렸더니
다시 부동산을 하라고 그리고 같이 레지오를 하자는 말을 한다

다시 레지오는 할 수 잇을까
레지오 단장을 맡고 잇는 글라라는 우리 집으로 찾아와 레지오를 권장한다
잡아줄 때 다시 성당을 나오라고
혼자만 잇으면 사람을 사귀지 못하지 않느냐고

그 말이 맞기는 하다
마석에서는 남편은 매일 친구들을 만나러 출타를 하지만
이사간 덕소에서는 나는 사람을 사귀엇어도 남편은 집안에서만 머무른다
매일 남편이 나가면 불만을 쏟앗지만 막상 남편이 집에만 잇으니
마음 편치 않은지라 다시 마석으로 이사를 왓지만
마석에서 나의 친구는 잇지도 않다
그도 그럴 것이 다른 사람과 공감대를 형성하지 못하고
나만 이탈된 삶을 살앗으니 그럴 수 밖에 없다
누가 미국 유학 같다온 사람이 산소에 햄버거를 싸가지고 와서 먹엇다고
흉을 봣다햇는데 어쩌면 내가 그와 같은 꼴이엇는지도 모른다
그렇다고 그 사람들 따라 나도 매일 화토 치며 인생을 보내고 싶지는 않다
그러다보니 친구가 없는 거다
아무래도 사람냄새 맡으러 성당을 가야되는가보다

성당으로 갓다
사람냄새만 맡을 거다
미사는 드리지 않고 레지오와 성경책 읽기 팀 성서 백주간에 입단하엿다
레지오는 처음에 입단을 하면 참가만 해도 된다
참가만 하는 형태로 앉아잇다
성서 백주간도 자리차지 하고 앉앗지만
성서에 관심이 아니라 사람만 사귀러 왓으니 성서는 읽지 않을 테다
그런데 성서백주간에서는 미리 성서를 읽어오고
마음에 와 닿는 말씀을 낭송하라 한다
읽기는 싫고 대충 아무 줄이나 다른 사람처럼 밑줄을 흐릿하게 그어갓다
그냥 대충 그 줄을 읽고 넘어갈 생각이엇다
백주간에 참석하여 대충 읽으려 햇으나 전혀 입이 열어지지 않앗다
한번은 안됏지만 다음에는 되겟지
다음 시간에는 대충 어느 부분만 읽고 밑줄을 흐릿하게 그어갓는데
또 전혀 입이 열어지지 않앗다
심한 우울증이 문제일까
성서는 제끼고 사람만 사귀겟다는 불순한 마음이 문제일까
더 이상 끌고 나갈 수 없어 레지오고 백주간이고 다 때려첫다

나 빨리 빨리 죽었으면 좋겟다
눈뜨면 살아잇지 않앗으면 좋겟다
아이들이 자꾸 집으로 들어온다
아이들이 들어오지 않으면 나 죽을 수 잇을텐데
사는 것 그 어디도 아무 의미도 찾지 못하겟다
아들은 눈치 없이 한 발짝도 나가지 않고 나를 지키는 눈치다

학교를 복학하여 다니고 잇는 아들
토요일도 일요일도 나가지 않고 학교 땡 집 학교 땡 집하며
『엄마 나는 엄마가 자다가 텔레비전을 켯는지 안켯는지 다 알아요』 하는 걸 보니

금호부동산은 나에게 넘기기로 한 약속을 지키려 하는 걸까
만날 때마다 나에게 인수하라는 얘기를 한다
계약을 많이 햇다며
하기사 내가 할 때도 손님이 많앗던 건 나도 인정한다
저녁 무렵 근처 부동산을 들렷더니 나와 나이가 비슷한
여사장은 일을 잘하고 잇음을 얘기한다
그 사람이 일하는 모습을 보니 갑자기 나도 할 수 잇을 거라는 생각이
확 들어 그 자리에서 바로 내려가 금호부동산을 계약을 하엿다
머리가 몽롱한 상태에서 아들과 차랑 운전도 연습하엿다
머리는 빙빙 돌지만 차는 차대로 뚱글뚱글 굴러가긴 하엿다
그러나 부동산을 인수 하자마자 더 심각하게 우울해지기 시작햇다

그리고 공인 중개사 모임을 나갓지
옷의 위력이 대단함을 알게 되엇네
공인 중개사 모임을 3년 안가다 다시 가니 미안해
마음을 담아 여자 양말을 준비햇지
모임의 남자 사장님들도 부인들에게 주라고 여자 양말 한 켤레씩 준비해갓어
다들 좋아 하는 것 같더라구 집에 잇는 아내를 줄 생각에

그런데 나보다 늦게 온 짧은 치마 입은 여성이 들어오니 분위기가 확 달라져
남성 한 분 벌떡 일어나 본인이 앉앗던 의자를 내어주네
나는 방바닥에 앉아도 무반응 이엇는데

그 식당은 방바닥에 앉는데 방바닥 동을 기대고 앉는 의자가 잇더라고
다들 의자에 앉앗는데 내가 다른 사람보다 늦게 도착하니 나만 의자가 없엇지
조금 멋쩍지만 그냥 넘어갓어
그런데 나보다 늦게 온 여성 도착하니 상황이 확 달라짐에 눈이 번쩍 띄엿어

나도 예쁘게 입고 갓구만
주황색 스포츠 티에 긴 바지
내가 사간 양말이 그렇게 초라하게 느껴질 줄이야 눈물마저 핑 돌 것 같아

집에 돌아와 딸 아이에게 소근 거렷지
엄마가 이런 일이 잇엇어
딸이 당장 엄마랑 아울렛 같이 가서 옷을 왕창 잔뜩 골라주네
그러나 그 옷을 그냥 입을 수 없어
우리 건물관리하시며 스승의 날 선물을 한 번도 못 받으신 분
손잡고 가서 한 벌 사드리고 꺼내 입기 시작햇어

다음 모임에 갓다 온 엄마에게 딸이 자꾸 물어
『엄마 오늘 어땟어 어땟어』
나 관심이 벌써 다른 데로 갓는지 무슨 답을 해야 할지 생각이 안 나네

아 생각나는 게 잇지
옷을 고상하게 입으니 사람들 확연히 나를 더 정중히 대하는 걸 느껴
나 똑같은 나인데
그런데 내 아랫도리 왜 이리 근질근질 한 거지
몸이 배배 꼬이는 기분이야
이거 화나야 돼 말아야 돼

이웃들이 부동산에 놀러 들어오기도 하네
그런데 이리 한마디씩 해
『어찌 건물 다 날려먹고 다시 올 생각을 할 수 잇엇냐』
『어느 집 며느리는 재산을 얼마만큼 불려놧다』라는 얘기로 나를 꼬집어

안 그래도 불안한데 더 불안하다
불안하고 불안한지라 도무지 갈피를 못 잡겟어
내 하는 모든 일들이 잘 안될 것만 같아
사람들이 다 재산 날려먹은 여자라고 비아냥 거리며 쳐다보는 것 같고

퇴근길에 아는 사람을 만낫고 한잔 하게 되엇다
얘기 중에 그 여성하는 말이
『나는 손해 보는 일은 안해』
『우리 남편도 손해 보는 일은 안해』라고 말을 하엿어

아 그래 그런 거 엿어
손해 보면 안 되는 거 엿어

난 늘 손해를 봐야 마음이 편하던데
난 늘 내가 손해 보는 선에서 해결했는데
그동안은 나를 해꼬지 한 사람이 없다는 게 늘 고맙고 감사했는데

한번 적어보자
내가 손해인지 뭔지 생각도 안하고 양보한 게 뭔가 한번 적어보았다
상속 받은 거 양보
학원 계약해지하며 손해본거 얼마
임대료 봐준 거 얼마
이거 얼마 저거 얼마
어떤 거는 챙피해서 열거하기도 쑥스럽다
중고 복사기를 사는데 십만 원인데 7만원만 내라고 했지만 중고 장사하는
사람 어깨가 힘이 없어 보이고 눈은 착해 보이며 성당을 다니는 지라
아니라고 그냥 십만 원 드린 거
집안 한 사람은 운동기를 얻어다 놨다가 날보고 사라고 하는데 얼마에
팔거냐 물으니 알아서 달라하고 삼만원이면 될 것 같은데
그 사람을 무시하는 것 같아 고민고민 끝에 십만 원 지불한 거
써도 써도 모자르다
그래도 얼추 계산을 하고보니 딱 건물 날려먹은 빚 얼추 적으니
5억 딱 그 값이다
그동안 사람 앞에 앉혀놓고 단 한번도 돈을 선택한 적이 없었는데
단 한번도 내 것을 먼저 챙긴 적이 없었는데
그것이 시댁 재산을 날린 거라니 부끄러워 고개를 못 들겠다

그래 아까 지나가는 데 커피 납품하는 사람이 나와 눈 마주치더니 웃었어
그래 생각해보니 그 때 내가 양보하여 버리는 기계를 15만원이나 준적 있지
그래 자꾸 길에서 만난 사람들이 나를 보면 웃는데 생각해보니
단 한사람도 내가 양보하지 않은 적이 없어
그래 그래 그 사람들이 나를 보고 자꾸 웃는 건
뒤로 내 돈이 줄줄 새고 있었던 거야
왜 그 생각을 한 번도 한 적이 없었을까
건물 날려먹은 게 내가 잘못한 게 맞네
그 사람들 웃음 뒤엔 내가 피를 철철 흘린 거 였는데
다른 집 며느리처럼 지독을 떨었으면 건물을 지켰을 텐데
그럼 이제부턴 나도 지독하게 돈을 지켜야겠어

그리고 하느님이 원망스러웠다
성당다님의 가르침대로 살았는데 결국은 놀림의 대상이 되다니
매일아침 출근하자마자 기도부터 했다

복권 연달아 백번 붙여주세요
나 성당 다니는 사람이라고 자랑하게
돈을 지키기로 마음은 먹었는데 우울을 더 깊어진다

친구 실복이에게 전화를 걸었다
실복이 전화를 받더니
『왜 전화햇어』라고 말한다
『야 실복아 나 이제 돈이 뭔지를 알겟
여기까지 얘기햇을 때 실복이가 버럭 화를 내며
『야 돈 얘기 하지마 지겨워 죽겟어』라고 하고는 전화를 끊엇다
그리고는 더 이상 받지 안앗다

아니 나에게 늘 『넌 어찌 그것도 모른다니 구박하고 권리금 500만원
달라하는데 천만원 줄때부터 알아봣다』고 화를 내기에 이제 나 돈의 크기를
알게되엇다는 기쁜 소식을 알려주려 햇는데 전화를 끊다니
어찌 돈을 더 주게 되엇는지 연유는 묻지도 알려고도 하지 안앗으면서

문자가 왓다
내 전화 받을 용기가 없단다
그동안 내가 마음이 아플 때 가끔 전화를 하기는 햇다
그래도 그렇지 내가 어릴 적부터 나이트까지 다 받아줫엇는데
그깟 일로 힘들다고 화를 내다니
아침 집에 들어갈 때 아버지 방패로 나를 그리 끌고 다녓다고
나 결혼한 뒤에 실토를 하여 나 얼마나 억울햇는데
그러나 나 때문에 귀찮다면 더 이상 귀찮게 안 하겟다
잘 지내라고 건강하라고 문자를 보냇고
실복이는 무서운 철퇴 이모티콘으로 답을 보냇다
그 이모티콘이 얼마나 무섭게 느껴졋는지 혹시라도 내가 전화를 하게 될까봐
아예 실복이 전화번호를 삭제 하엿다

나 이제 돈을 알게되엇다는 말을 해야 속이 시원한데 그 말을 못하게
하다니
그러나 저러나 이제부터는 나도 돈을 챙겨야겟어 나 이제 돈을 알겟어
지독하게 지켜야 되는 거였어

그러나 곧 깨달앗다
나에겐 그런 능력이 없다는 걸
내 마주한 사람이 편하게 웃고 돌아가고 난 뒤에야
아차 그렇게 하면 내가 손해인 데라고 그제서야 생각이 들어지니 어저질 못한다

우울에 우울을 덧입고 살다 도저히 안 된다는 사실을 알고 나서 포기를
하였다 그래 그것이 나라면 그냥 그렇게 살자
그래도 하느님이 이상하다
내 마빡에 무어라 적어 놓셨길래 사람들이 나를 보면 자꾸 믿음이 간다며
사무실에 들어온 사람은 거의 다 계약을 한다
내 마빡에 무어라 적어 놓으셨길래 성당 냉담하고 있는 사람들이 자꾸 나만
보면 성당에 같이 나가자 한다
유혜란 언니도 길부동산 여사장도 공동 중개했던 김재겸도 고객으로 왔다
친구하자한 애경씨도 성당에 같이 나가자는 말을 한다
나도 이상하다
부동산에 들어오는 사람이 너로 안보이고 다 나로 보인다
지난 번 웃는 얼굴로 돌아가게 하리라의 계획과 달리 돈을 벌겠다
계획을 세웠어도 뜻대로 되지 않고 모든 사람을 헤아리게 된다
어깨 득의 양양 사장님을 보면 과거 잘 나가던 때의 나를 보는 것 같고
어깨 축 처진 사람을 보면 또 바로 나고
어리버리도 나요 잘난 척도 나로 보여 자꾸 챙겨주고 헤아리게 된다

계약을 해라라고 꼬셔도 모자를 판에 집주인들 나를 만나면
『지난번 부동산 사장님이 월세 더 받아준다고 방 빼라던데』라고 말을 하면
나 속으로 기겁하여 아니라고 시세 지금 그것밖에 안한다고
그냥 놔두시라고 얘기하고
편의점 계약하겠다하면 매출이 최소한 이정도 나와야 하는데
조금 부족하니 다시생각해보라 말이 튀나오고
그들이 편안한 얼굴 되어 돌아가고 난 뒤
그제서야 아차 그게 아닌데 생각든다

5층 옥탑방이 이사를 가게 되었을 때도 그렇다
누구가가 빈방이 있는가 물어보고 지금은 없고 조금 있으면 이사 간다
하였더니 집을 보여달라한다
집을 보여달라하니 보여주고 세를 놓으면 그만인데 대뜸 나는
『아니다 나는 집을 수리해서 세를 놓을 거다』
그리고도 살고 있는 사람이 혹이라도 세입자라는 생각에 자존심 상해할까봐
방을 보여주질 못하고 이사 간 다음 보여주겠다 미루어 놓았다
이사 갈 양반 이사 가기로 한 날짜 무언가 잘못되었다고 하니 또
숨도 쉬지 않고 얼른 『며칠은 그냥 더 사셔도 무방하다』 말해드리고
그 더 살아야 되는 동안은 당연 월세를 받지 않을 요량으로
웃는 마음을 느낀 다음 그제서야 『집을 보러 가도 되겠느냐』 물은뒤 집을

보러 갓더니 그 분 원래 보러 와도 되는 거란다
내가 부동산 하는 사람인데 그걸 모를까 그러나 모르는 척 하며
『혹시나 불편할까 싶어 그리 하엿다』말을 하고는 살고 잇는 아니 이사
나갈 사람 웃는 얼굴을 옆으로 슬쩍 보고서 마음 놓앗다
앞 주인과 안 좋앗던 일을 그의 부인이 내게 한 바탕 털어 놓은 뒤라 좀 더 신경 쓴다

집수리 견적 볼 때도 마찬가지이다 적당히 몇 군데만 수리해주어도 그만일
진데 『여기도 해주고 저기도 해주고 천장도 해달라』 하엿더니 견적이
3년치 임대료 그야말로 배보다 배꼽이 훨씬 더 큰 견적이 나왓다
그래도 화장실까지 뜨뜻하게 해주어야 마음이 풀릴 것 같다
화장실까지 견적을 넣으려 하자 집을 얻으려는 사람이 오히려 제지를 하기에
그 선에서 멈추엇다
옥탑이라 더위와 추위에 신경 쓰느라 그렇다
남편도 별반 다르지 않다
들어오는 사람이 아무리 공사를 해도 옥탑이라 여름에 많이 뜨거울 테니
에어컨을 중고로 하나 설치해달라고 하엿고
남편에게 물어보니 『중고 말고 새 걸로 하라』하여 또 숨도 쉬지 않고
그리 하엿다
그렇게 하고 돌아서니 그제서야 아차 또 내 계획과 엇나갓음이야 라는 생각이
들어왓다
아무리 내가 돈을 벌자 생각햇어도 행동이 말이 나보다 먼저 나가 해결하니
나는 안 되는 사람이라는 걸 알게 되엇고 그냥 생긴 대로 살자 포기를 하고
그동안 원망햇던 하느님에게 화해의 기도를 올렷다

매일 나는 아무것도 못하는 사람이라 생각되어 포기를 하며 죽기만 기다렷는데
하느님과 화해를 하니 마음이 한결 가벼워졋다

박권선생의 문인석

다음날 근래 들어 처음으로 생글거리는 얼굴로 출근하여 사무실 책상 정리를
하고 있는데 어느 한 노인이 문을 열더니 나를 보고 대뜸
『댁에는 착하게 생겼소』 라고 말씀을 하시고는 굳이 나에게 점심을
사주시겠다한다 그냥 내가 대접할 마음으로 점심식사를 하고 있는데
노인 가방을 뒤적이더니 묵주하나를 꺼내셧다
『이거 내가 아끼는 건데 아무도 안주려고 햇는데 댁에를 꼭 줘야겟소』
하며 성모님상이 박혀있는 묵주를 내게 건네셧다
『죽을 때까지 버리지 않겟지』 라는 말씀을 하시면서

의미가 무겁게 다가온다
건네 주시는 묵주를 받지 않을 수도 없고
노인이야 그저 묵주를 두고 죽을 때까지 버리지 않겟지
라고 말씀하셧지만 내 귀에는 이제 끝까지 하느님을 품으라는 뜻으로
들리므로

친구로 지내자는 사람이 생겻다
그것도 둘이나
결혼 후 처음 잇는 일이다
까다롭게 생긴 여성이 방을 구하러 들어왓다
1년 정도 고시원 생활을 하다 동생의 도움으로 집을 구한다 한다
집으로 이사할 동안은 찜질방에서 기거할 거라며
마땅한 방을 찾앗고 계약을 하기로 햇는데 날이 꺼물꺼물 어둠으로 내린다
그냥 보내기 마음 안쓰러운지라 『식사를 하고 갈래요』 라고 물엇더니
여성은 흔쾌히 응햇고 그런 나에게 친구로 지내자고 말햇다
사실 우리 집으로 데리고 가서 같이 자자는 말을 해야 하지만 그동안
내 우울한 마음들이 집안 곳곳에 전혀 청소를 하지 않은 상태라
차마 집으로 가자는 말은 나오지 않앗다
이사 온 후 같이 운동을 다니고 잇다 애경씨
애경씨 그렇게 상황이 어렵게 돌아가는데 자기 자신을 위하여
운동하는 모습에 내게 너무 인상적이다
그 모습 너무 신기하여 덩달아 나도 따라나섯다

마음에 위로를 주었으면 하는 생각에 같이 안식교회를 다니자하니
아니라고 본인은 성당 다니는 사람이라고 지금 나가지 않지만
다시 성당을 나가야 한단다
그러냐 나도 성당 다니는 사람이다 하니 성당사람은 성당을 가야한다며
같이가자 한다 나 성당가고 싶은 마음 잇지도 않는데

점심 얻어먹으러 안식교회를 나가다 구역예배도 몇 번 참석하엿다
여기까지 왓는데 같은 하느님이니 안식교회를 다녀야겟다 마음 먹엇다
구역예배 중 얘기를 하다 보니 그 교인들 전부터 이웃이엇음을 알게되고
구역예배 후 식사마저 끝내고 돌아오는 차안
내 옆자리에서 남자 장로님이 반갑다며 내 어깨를 끌어 안이셧다
자연스럽다 생각하는 이 동작
무어라 말은 안햇지만 화가 나서 견딜 수가 없다
물론 그 장로님은 순수한 하느님의 마음이신 것 안다
그러나 내가 도저히 용납 안된다
남녀가 유별한데 도저히 잇을 수 없는 일이다
사랑을 받앗다고 느껴지지 않고 무시당햇다고 느껴진다
너무너무 화가 나는지라 다음 구역모임 초대시
그동안 감사의 의미로 수박 한통을 선물로 보내고 뒤도 안보고 돌아섯다

친구 하자고 한 사람이 한명 더 잇다
새로 생긴 빌라에 이사 왓다며 가끔 부동산에 들렷는데
나이가 비슷하니 친구하자는 말을 한다 김화정
그리고 한참을 뜸하더니 어느 날 부동산 문을 박차고 들어온다
밝은 목소리로 『나 취직 됏어요』『이마트에 출근하기로 햇어요』한다

낯선 지역에 이사 온 이 여성 취직을 하엿다 하는데 그냥 보내기 걸리는 지라
『취직 되엇으니 한턱 쏴라』는 말을 하고는
이제 막 취직 하엿다 하는데 술값 지불하게 하기 그렇고 술값은 내가 지불하엿다
그리고 내가 친구와 운동을 하고 잇으니 같이 하자 하엿고 그러마 한다
해서 애경씨를 전화로 불러냇고 서로 인사를 나누게 하엿다
인사 후 각자 집으로 돌아갓고

나 집에 돌아와 잠자는 중
새벽 다섯 시경 화들짝 놀라 일어낫다
내 몸 안에서 성령님이 나와 상대를 확 밀치는 꿈과 동시에 깨어 낫다
다음날 저녁 산책 길에 화정씨에게 지난 꿈 얘기를 하며
『사실 내가 전도 여왕인데 화정씨 만나고 전도를 안 해서 그런 꿈을
꾸엇나봐 혹시 종교 잇어요』

『지금 성경책 쓰고 잇어요』
『전에 누가 교회 가자고 해서 교회를 갓는데 처음부터 돈 내는 걸
강요해서 기분 나빠서 안 갓어요 아직 믿음도 생기지 안앗는데』

어머나 세상에 성경책 쓰기가 얼마나 대단한 건데
그래서 내가 그런 꿈을 꾸엇나보다
『혹시 성당 다닐래요 성당은 돈을 그리 강조하진 않아요』
『그래요 같이 가요』
아니 이렇게 쉽게 전도가 되다니
세상에 교회도 다니지 않는데 성경책을 쓰고 잇엇다니
그래서 그런 꿈을 꾸엇나보네 세상에나 그나저나 걱정이네
왜냐하면 내가 성당을 나가고 잇지 않기 때문이다
유혜란 이경진 김재겸 애경씨 이 사람들도 성당을 같이 가자는 말을 하엿지만
이미 다 세례를 받앗으니 굳이 신경을 안 써도 되지만 이제 성당에 첫발을
내딛는 사람은 신경 안 쓰기 곤란하다 내가 성당을 나가야 되게 생겻다
그렇다고 같이 가자고 한 사람을 다 뒤로하고 나만 나가기 곤란하다
모든 사람과 다 같이 가보자
성당을 가게 되면 레지오도 같이 들어가고 성서백주간에 들어가 성서공부도
해야겟어
이왕 하는 거 제대로 해보자
같이 가자고 햇던 사람들 다 연락을 하니 한결같이 다음으로 미루고
그 때 그 사람들이 가자할 때 내가 바로 일어섯어야 햇나보다
싫어 마음 조여오고
그러나 성당은 마침 예비자 모집 중이어서 그 사람들이 다시 일어나도록
기다릴 수가 없는지라 화정씨만 데리고 성당을 갓다
일요일 오전 9시에 예비자 교리도 잇지만 하늘의 문 레지오 회합도 잇다
화정씨는 예비자 교리에 입단을 시키고 나는 레지오 회합에 들어갓다
한사람을 영세시키는 데는 내 힘만으로 되는 것 같지 않고
레지오에서 함께 올리는 기도의 끈이
하늘에서 내려오는 동아줄 같은지라 기도에 보탬에 되기 위해 들어갓다
새로 시작하는 성서 백주간도 잇는지라 이번에는 성서말씀을 제대로
공부하자는 마음으로 같이 합류하엿다

성서 백주간 첫 번째 시간이다
천지창조에 대해 마음에 와 닿은 구절을 읽고 표현하기이다
하느님의 영이 그 물 위를 감돌고 잇엇다 에서 내 심장이 멎엇다
처음 만들어진 지구 표면에 하느님의 영이 가득 찻음이 연상돼
마음이 벅차올라 쉽게 말로 표현하기 어려웟다

맞은편에 앉아있는 여성은 내 발표력이 부족해 서툰다 생각하고
처음엔 다 그런 거라며 용기를 주는 말을 햇다
그게 아니라 감동이 벅차올라 한 템포 늦췃을 뿐이라 말을 하엿지만
그 마음을 이해하는 사람은 하나도 없어보엿다

두 번째 시간이다
어느 여성이 아담에 대한 이야기를 햇다
『아담은 하느님이 열매를 먹엇는가 물으시자 여자가 주어서 먹엇다고
하엿는데 왜 내가 먹엇다고 책임을 지고 여자를 감싸지 않앗을까』
라는 말을 하엿다
그 말에 깜짝 놀라 내가 의견을 달려고 하엿다
그러나 바로 저지를 당햇다
이 시간에는 상대의 표현에 이견을 달 수 없는 규칙이 잇다고 햇다
왜냐하면 토론이 아니라 마음의 표현이므로 꼭 표현하고자 한다면
각자의 시간이 다 끝난 후 그 때 얘기를 하면 된다고 햇다
다 끝나기를 기다렷다가
드디어 얘기를 하엿다
『아담이 잇은 그 시대는 아직 순수하여 선의의 거짓말 같은 건 모른다
아직 정신연령이 세 살 정도로 보여진다』라고 말을 하엿고
그 분 고개를 끄덕엿다

나 생각에 빠지기 시작햇다
선의의 거짓말에 대해서
선의의 거짓말
선의의 거짓말도 분명 거짓말이고
그 시대는 선의의 거짓말이 아직 없엇다
정직하다

이 성서백주간 너무 좋다
나를 되돌아보게 하고 하느님 마음을 알 수 잇는 것 같다
꼭 애경씨 같이 햇으면 좋겟다
지금 어려운 상황에서도 열심히 살고 잇는 애경씨 대단해 보이기는 하지만
그래도 하느님과 함께하면 어려움을 극복하는데 큰 힘이 될 거다
그래서 애경씨에게 미사참례는 좀 천천히 하더라도 성서백주간 만큼은
꼭 같이하자고 하엿다
애경씨 그러마 하엿지만 주춤거리므로 또 내가 나의 온 마음을 주어야 한다
매일 운동을 같이하고 나이트도 같이 가주엇다
이번 나이트만 같이 가면 다음주부터 성서백주간을 같이 가기로 하엿다
나이트가 내 취향은 아니지만 내 마음을 열어주지 않으면서 그 사람의

마음을 열게 하기는 어려운 일이므로 기꺼이 따라나섰다
그렇게 하여 금요일 저녁 애경씨와 성서백주간을 같이 참여하였다

그 다음날 토요일 부동산에 잔금도 있고 계약도 있고 엄청 바빴다
아니 그동안도 부동산에 계약이 많아 계속 바빴다 몸을 쪼개고 쪼개
잘 활용하기도 했지만 때로는 손님이 많은지라 다른 부동산 사장님들에게
우리 손님을 맡기기도 하고 쉬고 있는 실장님을 불러내 일을 부탁하기도
하였다 몸도 바쁘지만 머릿속도 빈틈없이 바빴다

일요일 아침 레지오를 참석하였더니 김기온 누님이 세상을 뜨셨다고
11시 미사 후 같이 연도를 참가해야한다고 했다
12시경 미사가 끝난 다음 차를 한참을 달려 서울에 있는 병원 영안실에
당도하였다

서둘러 입관식에 참여를 하고 늦은 점심을 장례식장에서 해결하였다
원래 성당에서는 피해를 주지 않으려고 물도 먹지 않고 나오는 게 관례인데
같은 레지오식구라 그런지 당연하다는 듯 식사를 하는 게 인상적이었다
엄청 허기지기도 했지만

그 레지오라는 거 신기하기는 하다
각자 봉사나 선행 또는 기도를 하고 매주 보고하는 형식인데 처음에는
유치하게 뭘 그런걸 보고하는가 하였지만 어느 순간 성모님이 함께 함을
느끼게 되어 사명감에 힘이 나고 또 어느 순간부터는 레지오 식구들이
그냥 형제라고 느껴진다 입으로 나오지 않던 형제님 자매님이라는 말이
더 자연스레 형제님 언니소리도 나오고 정말 똘똘 뭉쳐진 형제가 된
느낌이다 아무래도 가끔 뭉쳐 한잔 기울이며 쓰잘데기 없는 소리를 하다 보니
더 정이 드는 건지도 모르겠다

바쁘게 하루를 아니 한 주일을
아니 아니 아주 숨차게 바쁜 7월 보내고 있다
저녁에 집에 들어와 누웠는데 몸이 침대에 딱 붙어 움직여지지 않는다
내 몸이 아주 앵꼬가 났나보다
운동을 나오라고 한다
저녁 일곱시 애경씨에게 전화가 왔다
내가 피곤해서 못나가겠다 하였더니 애경씨 이리 말했다
『구라치네』
아니 세상에 나 처음 들어본 천박한 소리다
구라치네
구라친다고

내가 거짓말을 햇다는 뜻이잖아
몸은 피곤할지언정 확 끓어올랏다
아무래도 애경이가 거짓말을 해서 모든 사람이 구라친다 생각하는 걸 꺼다

그 날 나이트에서도 우리 30대라고 속이고 남자들을 끌어들엿다
그 남자와 결혼할 생각도 아니라면서 그 자를 위해 죽을 마음도 없으며
동석을 하고 다음 약속까지 생각함에 안 그래도 잇는 대로 화가 치밀어
올랏지만 내가 그런 얘기를 해도 알아 듣지도 못하고 나이트에 같이 갓던
화정씨도 그냥 거기서 만난 사람은 그냥 그렇게 흘려버리는 거라고 헐겁게
얘기하고 아예 내가 말이 안 통하는 지라 입을 다물어 버렷다

술집에서 만낫건 어디서 만낫건 다 소중한 사람이고 그 사람을 위해
죽을 마음이 잇지 않으면 그 사람 앞에 함부로 앉으면 안 된단 말이다
난 내가 죽음을 바쳐야 될 사람이 따로 잇으니까 곁을 주지 않은 거지
내가 미련곰퉁이라 그런 건 아니란 말이다

자기 몸매가 날씬하고 매력적이라 2차 약속이라도 만들게 된 양
득의 양양하여 나 살 빼라고 온통 나오라고 목청 돋운 거다
그 총각님들 여인네 중 그래도 나이 제일 어린 내게만 누님이라며 존대를 햇는데
내가 매력이 부족해서 그렇다고 생각한 모양이다

쌀 아끼느라 밥을 먹지 않앗을 때는 빼샤당 말랏던 내 몸이 건물 팔린 후
떡소에 살면서 숟가락이 손에 딱 붙어 떨어지지 않더니 몸매가 원상 복구되어
다시 통통한 몸매가 되엇다
날씬한 애경이가 볼 때는 내가 통통 곰퉁이로 보일 수도 잇다
구라친다는 말에 그동안 쌓여 잇던 화가 폭발하여 문자를 날렷다
『자기가 구라를 치니까 다 구라 치는 거로 보이냐』
애경씨도 내가 그리 문자를 보내니 화가 잔뜩 낫고 길길이 날뛰엇다

나도 내가 피곤해다해도 믿지 않는 그 상황이 화가나 지지 않고 이런 저런
문자를 날려댓다
다음 날 사무실에 출근하여 책상에 앉아잇다
어저께 일에 화가 내 안에 꽉 차잇다

나보고 구라친다니
도무지 내말은 믿지도 않고 말이야
후 승질 승질 화딱지

머리는 멋엇지만 성서백주간 준비를 위하여 성경책을 꺼냇다 화딱지가
눈두덩이까지 차올라잇어 그런지 한 줄의 성경책도 읽어지지가 않앗다

도저히 이대로는 안 되겟다
벌떡 일어나 차를 끌고 성당 안 성체조배실로 갓다
성체 조배실에서 자리를 잡앗는데 성령님이 내안에 들어와 계심을 느낀다

나 대성통곡하고 울고 잇다
아니 성령님이 내 몸을 대성통곡하고 울게 만든다
내 앞에 계신 성령님
아니 내안에 계신 성령님
마구잡이 내게 막 화를 내시고 잇다
『내 아들 내 첫아들 내 아담 내 아들이 니년들 때문에 죽엇다』
꺼이꺼이꺼이
『한땀 한땀 내 정성으로 만든 내 아들인데 네년들 때문에 죽엇다』
꺼이꺼이꺼이
아담 생각에 또 슬퍼서 꺼이꺼이 대성 통곡하며 성체 조배실 하고 나왓다
아직 성령님이 내안에 계신지라 빠른 걸음이 옮겨지지 않는다

아주 천천히 발걸음을 움직여 현관 옆에 마련되어잇는 휴게자리에 축 늘어져
앉앗다 마침 지나가던 김성숙 자매님이 보고는 왜그래 왜그래 하고 놀라는
얼굴을 하엿다

나 이제 안다
만일 지금 내가 입을 벌리면 **이러니라 저러니라**의 말이 나올게고
그럼 또 정신병원으로 가게 될지 모른다
아무 소리도 하지 않고 입을 꼭 다물고 잇엇다
잠시 후 아들이 왓다
시누이 친구이기도 한 김성숙 자매님이 연락을 취한게다
마침 성령회가 끝낫는지 여러 자매님들이 근처에 잇엇다
김성숙 자매님은 아들에게 엄마 기도를 해드리라 말을 햇고 아들
그러마햇지만 기도를 해본일이 없는지라 포기하고 김성숙 자매님과 근처에
잇던 자매님들이 동그라니 내 곁에 서서 기도를 올리기 시작햇다
한 자매님이 알아듣지 못하는 신령한 언어로 기도를 올리시고 그 곁에 잇는
자매님이 용서를 하라십니다라고 해석의 말을 주시고는 다들 곁을 떠낫다
순간 들어오는 생각이 내 친정올케 언니를 용서하고 들어오라는 말씀으로
들렷다 남식오빠 세상 뜨고 난 후 방문을 하지않고 잇다
아마 죽음에 이르기 전에는 용서를 하고 하느님께 가야하나보다라고
곁에 앉아잇는 아들에게 내가 의자에 몸을 축 늘여 기댄 채 말을 하엿다
『지난번에 니가 아버지에게 아버지에게 그러시면 안돼요라고 말 한 적이
잇잖아』
『그런데 성경책을 보니 아들이 아버지의 치부를 보아서는 안된다는 구절이

잇더라 니가 그렇게 말할 때 엄마 마음이 아팟어』

아주 오래전 아마 10년전 쯤 내가 남편에게 『난 식당은 못해 몸이
느려서』 라고 말을 하엿는데 남편은 대뜸 『그럼 이혼해야지라』는 말을 한
적이 잇다 남편은 농담으로 하엿겟지만 내 귀에는 그 말을 진심 중의
진심으로 들려 마음에 박혀잇엇고 우울증을 심하게 앓던 어느 날 아들에게
그랫엇다라고 말한 적이 잇다
그 말에 대해 아들이 아버지에게 『아버지 그렇게 말하시면 안돼요』라고
말을 하엿는데 편들어 주는 아들이 잇어 든든하면서도 동시에
그 말을 듣는 남편의 입장을 생각하니 마음이 애렷다

아들 성경 말씀에 대한 얘기를 듣더니 바로
『어 그래
그럼 아버지에게 가서 사과하고 올래』라고 말을 하엿다

아버지에게 가서 사과를 하려면 울산으로 내려가야 한다
내일 부동산에 잔금이 잇으니 그 잔금 끝나고 가자라고 말을 하엿는데
아들
『아니야 이런 건 바로 해야 하는 거야』라고 말을 한다
그 시간은 열 한시쯤 되엇을 진데 갓다가 바로 올라와
다음날 잔금 시간 안에 올라오겟다고
그래서 아들과 나는 그 자리에서 바로 일어나 울산으로 달려갓다
평상시라면 고속도로 휴게소마다 주전부리를 햇겟지만
아들 죄인의 마음으로 용서를 구하는 입장이라며 일절 아무것도
입에 대지 않고 차를 몰앗다

깜깜한 밤이 되어 울산에 도착하엿는데 이리오라 저리오라 아버지의 신호에
따라 방파재가 붙어잇는 바닷가 근처에서 작업복을 입고
팔을 휘젓는 아버지를 보고 아들이 차를 세웟다
아직은 운전이 초보엿지만 뚫고 지나가니 대견하다

저녁 같이 일하고 계시는 고모부와 함께 식사를 하고 근처 카페에 들어갓다
아들이 커피를 주문하러 간 사이 내가 남편에게 이곳에 온 이유를 말하엿고
아들에게 아빠 흉을 보아서 미안하다고 말을 하엿다
남편은 아들이 그런 마음을 갖고 왓다는 말을 듣고 감격하여 눈물을 훔친다
남편 이상하다 며칠 전 아들이 그랫을 때 기분이 나빳는가 몰이니 아무것도
생각나지 않는다고 한다 불과 몇 일 전이구만
하구 억울하기도 하라 정말 잊은 건지
일이 바빠 밀려난 건지

무안해서 모르는 척하는 건지
아들이 아버지에게 한 첫 반항인데 어찌 잊을 수가 잇은 건지
정말 모른다고 하니 정말 어처구니 없다
그리고 나서 찜질방에서 잠깐 눈을 붙이고 새벽 두세 시경 차를 몰고 올라왔다
오는 길에 아들에게 아버지에게 사과를 하였는가 물었더니 마음속으로 햇다는
거다
참으로 별 싱거운 놈도 다 잇다
마음속으로 하는 거라면 그냥 집에서 속으로 할 것이지
그래도 아버지 존중하는 마음을 심어줘서 기쁘고 받아들여줘서 고맙다
올케 언니 용서는 나도 모르는 일이고 아니 언젠가는 한번 마음을 정리하고
찾아가야할 일인가보고
애경씨와의 일이 남아잇다
구라친다는 말에 내가 왜 예민하게 그렇게 심하게 화까지 냇을까
화를 냇다면 그건 내거란 말이지
나 거짓말 한 적이 없는데 왜 그렇게 화를 냇을까
내가 뭘 잘못햇을까
나랑 상관이 없으면 그렇게까지 화가 나지는 않앗을 텐데
나 지금 아주 예민하다
분명 아담은 거짓말을 안햇단 말이다

아 그래 생각이 낫다 생각이 낫어
그거야 그거
내가 거짓말을 한 게 맞아
선의의 거짓말

내가 내 이익을 위해서는 단 한번도 거짓말을 한 적은 없지만
평소에도 이사람 얘기를 저 사람에게 전해야할 때 좋은 말만 전하는
게 습관이 되어잇다
특히 중개사 일을 하는 입장에서 임대인의 말을 그대로 임차인에게
도저히 그대로 전할 수 없을 때가 많으므로 완화시켜 말을 전하기가
부지기수이다 그러니까 그것도 거짓말이라면 거짓말이다
선의의 거짓말이라고 이름은 붙여잇다만
어쩌면 입만 열면 다 거짓말일 수 잇다
아 이런 내가 아프다
하느님 입장에서 보면 선의의 거짓말이
그 거짓말을 해야 되는 상황이 아주 가슴 아프실 것 같다
그래 내가 화를 낸 이유는 내가 거짓말을 한 적이 잇기 때문이다
아 괴롭다 괴로워

선의의 거짓말이 옳은가 옳지 않은가
마침 스마트폰에 어떤 글귀에 선의의 거짓말은 해도 괜찮다는 말이 떳다
그래도 싫다
선의의 거짓말이고 뭐고 싫다 분명 아담은 거짓말을 하지 않앗다
아담처럼 순수하게 거짓을 말하지 않앗으면 좋겟다
선의의 거짓말도 분명 때가 묻엇기에 가능한 일 일거다
나 선의의 거짓말 버릴 테다

아들에게 선의의 거짓말도 하지 않겟다고 공표를 햇다
고객들에게 하는 말 중 어디에 거짓말이 붙엇는가
그 어디에 내 생각이 붙지는 않앗는가
고개와 눈을 올리고 한번 더 생각하며 말을 하엿다

떠듬거리는 나를 보고 고객은 오히려 웃는 얼굴 되어
저런 모습이 믿음이 간다는 얘기를 햇다
나 지금 심각하게 고민하고 연습하고 잇는 중인데
그동안 계속 포장하여 사탕을 만들어 말햇던 나에게 화가 나
아주 조심스러운 언어생활을 하고 잇다

성경책을 소중히 달고 다니기 시작햇다
퇴근 후 침대에 엎드려 성경책을 읽다가
하느님이 사라이를 사라라고 바꿔 부르라는 대목에
벌떡 정신이 들어
아 내 이름을 바꾸라 하시는 구나하고 30년 전 남식오빠가 지어주엇던
그 이름 선영이를 꺼냇다

다음 날 부동산 사무실에서 한문을 찾아내는데
너무 오래된지라 한자가 잘 생각나지 않앗으나 구슬옥선 琁 이 비슷해 보여
선이로는 그 글자를 택햇고 영자로는 영혼 할 때 영을 고르려 하엿으나
죽은 자를 의미하는 것 같아 煐 빛날 영을 골랏다
그리고 행정 사무소에 가서 개명 허가 신청서와 사유서를 작성하고
옆에 잇는 우체국에서 우편으로 서류를 송달하엿다

그리고 부동산 사무실에 들어왓다
갑자기 꼼짝도 못하고 사무실 안쪽에 잇는 평상에 누엇다
깜깜한 암흑으로 느껴졋다
한 두어 시간 누워잇다 안되겟기에 집으로 들어가려고 마음을 먹엇다
그러나 걸어지지 않는지라 옆 가게 철물점 앞에 쪼그리고 앉앗다
철물점 사장님이 깜짝 놀라며 차에 태워 나를 데려다 주셧다

그 때 돌아오면서 느껴지는 것은 내 머리 꼭데기 하늘의 천체가 움직인다는 것이엇다

이쪽에서 저쪽으로 건너가는 느낌

집으로 돌아가서도 쇼파에서 꼼짝도 못하고 다리를 펴고 비스듬히 누엇는데 밤새도록 다리가 찌릿찌릿 한 것이 온 누리 천체에 에 내 다리가 연결되고 잇다는 것이 느껴졋다

그리고 느껴지는 생각은 아 영생을 하겟구나
그렇다면 이제 거짓말을 하지 않게 될 거고 그럼 사자처럼 머리가 자라지 않겟구나
그래서 이를 증명하는 마음으로 아들에게
이제 엄마는 머리가 자라지 않을 거다
라는 얘기를 하면서 12월까지 백만 원 걸기 내기를 하엿다

2014년 8월 3일 일요일이다

오늘은 성당을 가는 날이다
구라를 치지 않아야 한다
구라를 치지 않는다

그렇다면 화장을 해서는 안 되는 일이다
세수도 거짓이고 옷을 입는 것도 거짓이다
꾸민다는 것 자체가 거짓이다
하느님 앞에 나가면서 꾸미겟다는 것은 내가 가릴 것이 잇다는 뜻이다

그러나 한번 더 생각
내가 또 옷을 입지 않으면 바로 정신병원 행일 거다
그보다 사람들이 놀라 나자빠질지도 모른다
그래 최소한의 옷을 입자
그래 그래 그때 백일 기도 때 입엇던 면 옷을 입자
양치를 안 하면 사람들에게 피해가 갈라
양치만 하고 분홍티셔츠와 하얀색 치마를 입엇다
화장은 물론 세수는 하지 않고 머리는 툭툭 털어 매만지기만 햇다
마침 오전 아홉시 레지오 참석에는 내가 꽃을 준비하기로 되어잇다
그동안은 꽃값이 부담이 가는지라
다른 레지오에서 사용하던 꽃을 꿉고 회합을 하엿엇다

이를 성정욱 요셉 형제님이 못마땅히 여겻고 나와 둘이 번갈아가며
꽃을 준비하자는 얘기를 하시는 지라 그리 하기로 하엿다
꽃은 삼천 원어치씩 사자는 얘기도 햇다

아침 일찍 꽃가게에 들렀는데 꽃가게는 성당 다니는 형제님이 운영하시는
지라 좀 손해를 보더라도 기꺼이 그 값에 맞추어 팔고 계셧다
그러나 꽃을 팔아주는 입장에서 그 형제님이 무슨 죄인가 싶어 5천어치
달라하엿더니 더 예쁜 꽃을 챙기시는지라 그럼 장미 한 송이만 더 챙겨주시고
꽃값은 만원을 내겟다 말씀드렷다
꽃을 다듬는 형제님 입에서 노랫소리가 흥얼 거리고 나왓다
그동안 레지오라는 이름으로 꽃값을 조금만 지불햇엇음이 영 마음 아프다
물론 내가 꽃을 사러 오지는 않앗지만 말이다

꽃을 들고 가는 걸어가는 내 입에서도 노래가 나오기 시작햇다
나 분명 음치인데 내가 그렇게 노래를 잘하는지 몰랏다
천사들의 노래가 맑은 꼬리 되어 끝없이 흘러나왓다
성당 거의 도착하여 성정욱 형제님에게 미리 전화를 걸엇다
혹시 형제님보다 내가 더 꽃을 많이 사게 되어 기분 나쁠지도
경쟁이 될지도 모르기에 조심스럽다
약속보다 꽃을 조금 더 삿다 죄송하다하니 웃으며 흔쾌히 받으시기에
꽃 사는 약속만 지키고 꽃 가격에 대해서는 서로 묵과하자는 얘기를 하엿다

레지오 회합이 시작되엇다
묵주기도를 올리고 잇다
눈물이 하염없이 쏟아져 내린다
영생이 무슨 소용인가
내 곁에 잇는 사람들은 태어낫다 죽어지고 죽어지고
혼자 살아 남는다니 그것은 형벌과도 같을 게다

레지오 매월 첫 번째 시간에는 단원이 지켜야 할 레지오의 의무가 적혀잇는
상훈을 낭독하고 시작한다
상훈을 낭독하고 보니 내가 지키지 못하는 게 두 가지가 잇다

네 가지 상훈 중 두 번째 상훈에 까떼나를 매일 바친다와
네 번째 상훈 회합에서 토의된 사항이나 레지오 활동과 관련하여 알게 된 모든 일에
대하여 반드시 비밀을 지킨다라고 적혀 잇는데

그동안 매일 까떼나 바치지 않앗다
앞으로도 매일 하고 싶지 않다

하기 싫은 것을 억지로 하는 것도 거짓이요
하지 않았으면서 매일 까떼나를 바친다고 낭송을 하는것도 거짓이요
성당 안에서까지 거짓됨을 도저히 용납할 수 없다

두 번째 비밀을 지킨다에서 또 걸린다 성정옥 형제님과 꽃을 사오기로 한 것에
대해 누구에게도 말하지 않기로 약속하였는데 정정미 글라라 단장님이 꽃에
대해서 성정옥 형제님에 대해서 말해달라 하였고 말을 하지 않으면 단장님이
전체를 파악하기 어려우므로 말을 하지 않을 수가 없었다
말을 하자니 비밀 위반이요 말을 하지 않자니 협조위반이다

내가 레지오를 지속하기에 이 두 가지가 거짓되니 더 이상 할 수 없는 일이다
이제 나오지 않겠다하니 단장님 왜 그런가 물었고 나 또한 더 이상 레지오를
할 수 없게 되었음에 서러워 눈물 콧물 뒤범벅되어 울먹이는 목소리로 설명을
하였다
단장님은 편안한 얼굴 되어 혹시 다시 마음이 변하면 나오라고 내 이름이
적혀있는 레지오 책은 보관하겠다는 얘기를 하였다

레지오가 끝나고 성전 현관에 사람들이 모여들었다
나를 본 사람들은 어디 아프냐고 묻기 시작이다
나는 지극히 정상인데 자꾸 사람들이 그리 묻는 걸 보니
화장을 안 해서 입술을 붉은색으로 칠하지 않아서 그런 것 같았다

성당에 앉아 성경책을 읽고 있다
성경책에서 모순점을 찾았다
미사 중 성체를 모셨는데 아무런 감흥이 없이 무의미하게 다가왔다

미사가 끝나고 아까 성경책에서 보던 문제점을 신부님께 여쭤보려 하였으나
신부님이 어디계신지 모르겠고 마침 김성숙 자매님이 지나가는 지라
그 자매님을 붙잡고 물어보았다
『성경책 여기 좀 봐 주세요
 여기요』
『이제 그 사람의 아내를 돌려보내라
 그 사람은 예언자이니 그가 너를 위하여 기도하면 너는 살 것이다
 그러나 네가 만일 돌려보내지 않으면
 너와 너에게 딸린 자들이 모두 반드시 죽으리라는 것을 알아 두어라』
『그래서 이 사람이 돌려보냈잖아요』
『여기 이렇게 적혀 있잖아요』
『돌려보내지 않으면 죽는다 했는데 돌려 보냈으니 그 사람이 지금
 살아있어야 하잖아요 그런데 지금 그 사람 어딨어요』

『설명 좀 해 주세요』
내 얼굴을 시뻘겋게 상기되어 숨을 몰아쉬고 질문을 쏟아댓다
자매님은 당황하여 『그러니까 그러니까 용구: 엄마 그렇게 보면 안 되고』
『신부님 어디 계셔 신부님 어디 계시지』 고개를 이리 저리 돌리며
신부님을 찾앗다
『나 이게 맞지 않으므로 더 이상 성당을 다닐 수 없어요』
씩씩 거리며 뒤도 돌아보지 않고 눈이 일자가 되어서 성당을 나왓다

집에 돌아와서 생각하니 장막 안에는 남자만 들어간다는 구절이 생각낫다
아 하느님이 성당에서 나를 내 보내신 거구나
성당 미사는 남자만 지내는 것이 맞는 모양이야
어쩐지 우리 딸이 성당을 가면 아무런 느낌이 없다고 못 가겟다고 하더니 정말
그런 모양이야
그래도 혹시 몰라
세상이 바뀌고 현세가 되엇으니 여자도 성당 가는 것이 맞는지도 몰라
내가 경솔하고 건방졋을 수도 잇어
내가 건방져 레지오를 나왓다면 머리를 숙이고 다시 레지오에 들어가야 해
얼른 레지오 모임방에 가서 글라라 단장님 보관하겟다 하는 내 책을 챙겨가지고
왓다 그리고 다음주에 한번 더 미사참례를 하엿으나 모시는 성체가 싸늘함이
느껴지는지라 조용히 성당 밖으로 물러 나왓다

그 후 애경씨와 만나게 되엇다
애경씨는 구라친다는 말을 가벼운 농담정도로 생각햇을 거고 나는 그때
아담은 정직햇다라는 생각에 예민햇엇음을 얘기하고 서로 화해를 햇다
그리고 이제 구라를 치지 않겟다고 얘기를 햇다
그렇다면 애경씨에게 말하지 않은 몇 가지 사실을 얘기해야한다

애경씨 남편이 우리 사무실에 들른 일이 잇는데 왠지 무례하다고 생각되어
기분 나빳다는 얘기를 전햇다 큰 문제가 아니므로 과거엿다면 덮어 두고 절대
하지 않앗엇을 얘기들 얘기를 하다 보니 듣는 애경씨도 마음이 아프고 나도
입이 안 떨어 지는 얘기를 기어이 꺼내니 멋쩍기도 하고 마음도 아프다

이거 무조건 정직하다고 다 좋은 게 아닌 게다
무조건 정직에서 3분만에 내려오게 되엇다
그나마 애경씨에게 미리 연습을 해봐서 다행이다
들어주던 애경씨도 무조건 정직한 게 좋지 않다고 인정해 주엇다

내가 딸과 같이 알록달록 옷을 사러가자 했을 때
하느님은 내 몸을 침대에 딱 붙여 놓으셨습니다
내가 스님도 아니고 회색을 승려복 정말 입기 싫습니다
노랑 빨강 예쁜 치마 입고 싶습니다
스마트 폰으로 뒤적여 보아도 생활 한복 바지가 싫어 이것 저것 다 싫어

그러나 잘 아시지요
하느님의 습성
깨달음을 얻을 때까지 빙빙 돌리시는 기술
연단이라는 이름 붙여가면서

아무튼 생활한복치마 싫어 촌스러워
노랑 빨강이 좋은데 아이들은 이해를 못하고
눈물이 흘렀습니다

야 아들아 엄마가 옷 사는 거 얼마나 좋아하는데
얼마나 좋아하면 토요일 사무실 문도 닫고 보배 옷을 따라가니
너도 알잖아
내 뜻으로 생활한복 선택한 게 아니야
하느님의 뜻이야
몸이 이렇게 침대에 붙어 움직이지도 않아
생활한복 입으라는 뜻 인가봐 그렇다면 그렇게 해야지

그러자 아들이 말합니다

그래요 엄마 그러면 그렇게 해요
내가 보배에게 얘기 해 볼께
보배 퇴근시간 맞추어 잠실에 갈께

그제서야 하느님이 제 몸을 놓아주십니다

봐라 봐라 용궁아 네가 그 말을 하니 엄마가 움직여 지지 않니
야 고맙다 용궁아
하느님 치사쟁이

그래도 즐겁지 않다
촌스럽게 생활한복 입기 싫어
면이라는 게 좋기는 하지만
결론은 하느님이 주신 결론은
공기가 통하는 면 옷을 입으라는 말씀일게야

그리고 곧 알게 되었다
마음으로 호흡한다는 것을
마음이 울큰 한번하고 나서 가슴으로 공기가 드나드는 걸 알게 되었다

그 공기 안에 하느님이 숨어 드나드는 것도

우리 몸속에 수시로 드나들며 신호를 보내시는 조물주
하느님 한땀 한땀 몸을 짓고 계신 먼지하느님

달 달 무슨 달 남산위에 떳지
달 달 무슨 달 남산위에 떳지

자고 잇는데 갑자기 이 노랫말로 나를 깨우신다
다시 들려 주시는 노래

딸 딸 우리 딸 남산위에 떳지
딸 딸 우리 딸 남산위에 떳지
어 정말일까

내가 이름을 옮기고
우주에 별을 옮겨 터는 기분이 들었고
아주 큰 별에 옮겨 연결되었음을 느꼈고
온몸의 세포들이 아니 다리의 세포들이 연결됨을 느꼈는데
몇일 후 아들이 혜성이 지나면 유성이 떨어지고 슈퍼문이 뜬다는 얘기를 햇다
난 직감햇다

와 내가 걸쳐 잇던 별이 이제 쓸모가 없어 해체되고 내가 슈퍼 문에 연결됨이
틀림없다 하고
마음 속으로 확신햇다
아들에게 엄마가 연결된 게 슈퍼 문이 틀림없다 하자 아들이 자기에게만
얘기하고 다른 사람에게는 말하지 말고 그냥 속으로만 그런가보다 하고 알고
잇으라 한다 며칠 후 스마트 폰을 검색하며 보니 슈퍼 문이 달이 더라

아이고 내가 잘못 생각햇나보다

다른 별에 연결 되었겠지 설마 달이겠어 라고 마음을 접었는데

하느님
정말 내겐 잊혀진 노래
달달 무슨 달 어디어디 떴나
이 노랫말로 나를 깨우신다

달 달 무슨 달 어디 어디 떴나
딸 딸 우리 딸 남식 뒤에 떴지
어 아닌데 아닌데
딸 딸 우리 딸 남산위에 떴지
이렇게 따라 부르니
완성된 듯 마음이 멈춘다

아아 나의 수호신이 달에 멈춘 것이 맞다는 것을 알려 주심이야

마음이 벅차 또 글을 멈춘다
딸 딸 우리 딸 어디 어디 떴나
딸 딸 우리 딸 남산 위에 떴다
얼굴에 미소 지어짐이
하느님의 흡족한 표시이다
이제 부처님과 똑같이 내게도 달로 기를 보낸다는 말씀을 주신다

그리고는 2014 8월 11일 새벽 한시 하느님은 당신은 옥황상제라
밝히시며 내게 책을 쓰도록 멍석을 풀어주셨다

며칠 후 어느 종교 방송을 보게 되었는데
미륵보살이 한국에 오신다는 얘기를 하고 있었다

나 키득이기 시작했다
미륵이라 하면 미소로 성불하니 갸륵하다는 뜻이고
그럼 바로 나라는 얘기고 키득 키득 웃음이 났다
아무도 미륵이라는 뜻을 몰랐을 것이고
주인만 그 열쇠를 풀 수 있는 것이니 아무리 봐도 내가 미륵보살 맞다 ㅋㅋ
2014년 8월 9일
김광원 사장과 동행하여 아들과 함께 울산을 다녀왔다

가는 길
우리 건물 팔린 얘기도 나왔고
건물이 넘어가게 된 데는 내가 일조 했음을 얘기하게 되었다

내가 죄가 잇다면 십일조를 하지 안앗는데
그것이 문제엿을지도 모른다는 얘기를 햇다
그러나 나는 내 앞사람이 내 주머니 1억을 주어 웃으면 기꺼이 일억을
주엇고 5천만원을 주어 웃으면 기꺼이 그리하엿으며 또한 그 사람이 내가
백원을 받아야 웃으면 기꺼이 그 돈을 받앗노라 라는 말을 하엿다
내 스친 사람은 다 웃게 만들엇다는 얘기를 하엿다
김광원 사장님은 놀라는 목소리로
아니 십에 십을 놓고 따라왓네 그려
그러면서 십일조 안냇다고 하다니

예 하고 반문하니

십에 십을 놓고 따라온 겨
생각해봐
일억을 양보해야 웃으면 일억을 낫다는 거는
어 휴
그게 그렇게 쉬운 게 아녀
십에 십을 놓고 따라온 겨
하고 나를 추켜 세워 주셧다

그런가 나 나 자신 늘 인색하다 생각해왓는데
나 내 것을 남과 나누지 못한다 생각햇는데
나 자신 누구에게 무언가 주엇다 생각하지 안앗는데
내가 그 사람 눈 쳐다보며 그 자 웃게 하는 동안
어느새 나 몰래 내 뒷주머니에서 슬쩍 살짝 빠져나간 건데
내 눈에 그 물건이 보엿으면 움켜쥐엇지 빼돌렷겟냐구
자기네가 다 알아서 스리살짝 도망간 거지
덕분에 엄마가 늘 아픈 사람이라고 생각하던 아들은 엄마를 온전히 믿게
되엇다
글의 두서가 없어 보이는 것 같긴 하지만
잠시 김 광원 사장과 동석하여 울산행에 오른 기록을 옮기고 지나가야해
2014년 7월 25일

부동산 사무실

구물 줍는 노인 들어오심

쇼파에 걸터앉으시며 혼잣말로

— 어휴~ 배고파 —

어머나 배고시다네
애구 어쩔거나
나 사무실 뒤로 돌아가 봄

어 여기 떡이 잇네

아 성당에 가져 가려고 챙겨 논 떡이 잇엇지
어쩌지 하나는 내가 반쯤 먹엇고
한 덩이는 성서읽기모임에
나머지 한 덩이는 포스엘 할머니 드려야하는데

포스엘할머니 안 드릴 수 없어
성격이 고약해서 시골 살아도 아무도 챙겨주지 않을 것 같애
누가 내게 가져다 준 이 호박하고
떡을 꼭 가져다 드리고 싶은데
그분 좀 연해지시게

어떻하지
이 한 덩이 성서모임에 가져가려고 별른건데
다른 사람 늘 챙겨올 때 한 번도 안 챙겻으니 오늘 꼭 내가 준비하려 햇는데
어휴~ 그런데 저분이 배가 고프시다네
할 수 없다
성당에 가져갈 떡 저 분에게 드려야 겟다

말랑말랑 흰떡은 그분이 우걱우걱 드시고
『김치 잇는데 김치 드릴까요』
『아녀 됏어 이거면 돼
물만 줘
아휴 이제 좀 살겟다』

2014년 7월 27일

김기은 ᄂᆞ님의 장례식
병원 영안실
흘끗 본 상ᄌᆞ의 글씨
夫 ○○
남편ᄇᆞ라는 글씨네
夫라ᄀᆞ 夫
남편ᄇᆞ
남편ᄇᆞ(夫)가
하늘 천(天)보다 한 끗 올라간 ᄆᆞ양이야
남편이 하늘보다 높다는 ᄉᆞ리네
남편이 하늘보다 높다
남편이 하느님보다 높다

하느님보다 높다

하ㅡ 이해하기 어려운 。。。

2014년 7월 30일

저벅저벅
내 책상 옆까지 오는 ᄀᆞ물 줍는 아저씨
『어ᄒᆞ 땀나 ᄉᆞ건하나 줘』
지난 번 떡을 드셨던 ᄂᆞ인
다시 보니 훨 젊어 보임

어 내게 ᄉᆞ건하나 잇는 거 어찌 알앗지
케이스를 열어보니 ᄃᆞ 개 잇음
밝은 베이지색 그리ᄀᆞ ᄌᆞ금 짙은 회색
내가 때 안타는 회색 쓰ᄀᆞ 싶은데 저 양반 걸어 다니느라 빨래 하기 힘드시겟
지 그냥 회색 드리자

7월 31일

다음 날 10시경
부동산 문을 여는 어제 그분
아 저분을 하느님으로 봐야 되나보다
남편이 하늘보다 높은 존재이면 남자가 하느님이란 얘기였구
그럼 저분도 하느님으로 봐야 되는 거구나
그래 지난 번 사무실 얻으러 온 남자 분들 속으로 하느님이라 생각하구
대하니 대화가 수월하더라구
고물 줍는 이 분도 하느님으로 봐야 함이었어
『이만 원만 줘』
지갑을 열어서 돈을 바로 드림
이유는 떡을 드릴 시 계산 먼저 한 잘못
수건 드릴 시 아까워 했던 생각 걸림
『아주 이십만 원 더 줘』
지갑 안에 이십만 원 있다는 게 생각이 남
그러나 웃으며 거절
이 이상은 뭔가 말리는 기분 내가 쉽게 쓰기엔 벅찬 돈
『아이구 됐어요~』
돈을 챙기신 후 달력 8월 11일을 짚으며
『이 날이 내 생일이야』
어 그 날이 우리남편 생신인데
헤구 내가 잊구 있으니
하늘의 하느님 이분을 통해 알려주시는 게야

그리구 한가지 짚어야 할 것
사람을 하느님으로 봐라
그렇다면 사람을 신으로 대해야 함이야
우리만 모르구 잇지 그 말이 맞는 거야

우리 발에 신을 신구 살지
그러니까 그 신발을 신은 주인이 바로 신이라는 뜻이거든
세상을 뜨면 몸은 사라지구 들을 수만 있어 귀신이라 하는 거였어
사람을 이분 저분 이리 표현을 이는 원래는 신인데 분장을 하구 잇다는
얘기야
연세들어 태어난 날이 돌아오면 그제서야 생신 하며 신임을 은근 인정하구
또한 정신일도하면 정신 또 신이 되어 나오거든

또 곱게 연세 드신 분에게는 어르신 하며 신의 위치라는 걸 인정한단 말이지
앞으로는 우리 사람호칭을 신으로 바꿔야 함이 마땅해
조금만 더 헤아림의 과제를 해결하면 신으로 승격할 수 있을 거라구

2014 8월 1일

아침 출근길 오전 9시 출발
집에서 사무실까지 10분 거리
그러나 걸어지지 않는 발걸음

어그으 적 어그으 적
어렵게 어렵게 한걸음씩 떼어 옮기는 중

11시경
중간지점 건널목 지나는 중
근처부동산 이경진 여사장 놀라서 쫓아 옴

종식씨 종식씨 왜 그래
정신 차려야지 왜 그러는 거야
아들도 잘생겼구 그런데 왜 그러는 거야
『어저께 이름을 바꾸었더니 이리 걸음을 못 걷겠네』
가방 속에서 종이를 꺼내 보여줌
구 박종식(朴宗植)　　신 박 선영(琁煐)

예전에 오빠가 지어준 이름이야
구슬옥선에 빛날 영
영자 한문은 내가 그냥 골랐어
『빛날 영이라구
그렇지 구슬이 빛이 나야지
그나저나 정신 차려 웅』
그 말을 남기고 사무실로 돌아감

잠시 후 차를 가지고 나타난 아들
아마 아까 그 부동산 사장
우리 시누이에게 연락하고
시누이 아들에게 전화 건 모양

그러나 여전히 차가 잇는 장소까지 쉽게 걸음을 옮기지 못하겟음
도로는 인도와 차도사이의 안전 막으로 가리어져 잇음
아들 옆에 와서 부축함
조금 후 시누이도 나타남
시누이과 다 같이 차에 올라탐
차로 이동 중 시누이 결심이라도 햇다는 투로
『신랑 생일에 밥 해라』

이 말인즉슨
울산에서 일하고 잇는 우리 남편에게
음식을 해가지고 가서 상을 차리라는 뜻
시누이 그 말을 하고 차에서 바로 내렷음
놀라웁게 나도 차에서 내릴 시 쉽게 옮겨지는 내 발걸음
하아 남편 생신 상을 차리라는 뜻이네
그 말을 듣고 바로 걸음걸이가 쉬어지다니

2014 8 5 아침 출근 중에

거래자 김광원 사장에게 전화가 걸려오기를 저의 부동산 사무실 앞에 잇다 하더이다
사무실은 잠겨잇지 않고 닫겨만 잇으니 들어가셔서 기다리시라 하고
저가 곧 도착하여 담소를 나누던 중
다음날이 음력으로 칠월 열-하루인데 본인의 생일이라 하더이다
나의 남편 생일은 양력으로 팔월 열하루라 하엿더니
지나-가듯 농담인 듯 진담인 듯 그럼 생일을 같이 해먹자 하고 그는 갓더이다
의자에 기대앉아 부담 없는 양말을 선물하자 생각하며
달력에 광원사장 생신 이라 표시를 달던 중

바로 그 순간에
나의 시댁의 성남시 버스에서 나리면서 돌아가셧다하는
이득용 아주버님의 혼이 내-게로 들어와
돌아가시는 모습을 내 몸을 통해 재연 하시더니 아주- 숨죽이며 흐느끼더이다
그러더니 나는 생일도 모르고 제삿날도 모르는데 조금- 전에 다녀간 내 친구 금광
원이 에게 생일 밥을 해주면 내가 그 밥을 내 제사로 받아 먹겟다 하더이다

그리하여 마침 사무실에 들른 문순인노인과 상의 하엿더니
살아잇는 금광원은 꼭 내손으로 밥을 지어 드려야하고
죽은 영혼은 따로이 그 혼을 절에 가서 달래 주어야 하는데

그 최고의 절은 ○○사다 지금은 죽은 혼을 위한 기도가 있는 백중이 이기도하니
그 절로 가자하면서 ○○사 절로 인도하더이다

절에 가는 도중
나의 시댁 형제 제적등본 생각나더이다
현재 시댁에는 수용 세용 정관 세형제가 생존해 있아오나
제적등본에는 모두 형제가 아홉 이었던 게 생각나더이다

그 중 한 분은 1950년 6월 한국 전쟁에서 피를 흘려
그 보상금으로 우리 재산을 만들어 준분이 있는데
그분은 내가 기도를 많이 하여 그 이름이 절에 올라가게 되었고
이득용 아주버님은 혼이 내게 들어 오셔서 이렇게 절에 기도를 드리기로 하였고
세분은 생존해 계시고 두 분은 절에 기도하게 되니
허면 아홉 분 중 이름도 부르지 못한 네 분 형제분이 생각났고
또한 나의 친정형제 중 가장 맏이로 태어나
세상구경을 하지 못한 여형제언니이 있다 들었던 생각이 나므로
아들과 상의하여 이름 있는 이득용 한분과 이름 없는 다섯 분과
가족 전체 하여 13만원을 내고
백중날인 8월 10일은 8월 11일이 생일인 남편이 울산에서 일을 하고 있으므로
우리가 그곳을 가야해서 백중날 올 수 없음을 설명하고 백중날의 기도 접수를 하였나이다
직접 기도 못 올림에 안타까워 하였더니
안내하시는 분이 저 위에 지장전이 있으니 가서 절을 하라 하더이다
그리하여 절을 하게 되었는데

그 찰나
천주님께 소원하기를
그분들의 아픔을 헤아리고자 절을 하고자 하니
제가 온 진심을 다할 수 있게 해달라고 하였나이다
그런 생각으로 절을 하는데 생각이 이는 것이
우리 집뿐만이 아니라 우리나라 전체에 이렇게 이름 없이 돌아간 영혼들은 어쩌나 생각이 나더이다

하여 제가 부처님께 양해 구하기를
내가 그분들의 제를 올려드리고 싶은데 지금은 돈이 없고
12월 31 아들하고 내기로 100만원을 받기로 한 돈이 있으니
외상으로 제를 올리겠다하고 온 생각으로 절을 올리던 중
양팔이 완전 크게 원을 그리며 뒤로 젖혀지면서 오 대륙 영혼들의 제를 올리게 됐나이다

절의 양상은 신들린 듯한 동작이었으며
시간은 여러시간 이어졌고
급내는 아들이 걱정된 듯 내게 와서 말렸으나
내 몸은 멈춰지지 않고 그 모든 제사를 온전하게 바쳤나이다

2014년 8월 8일

이득용의 제를 대신하여 광원사장 생일 준비를 할 시 9첩 반상을
시누이집에서 준비하기로 하고
저는 우리 집에서 당근만 채를 썰게 되었는데

그 때 양팔이 울긋 불긋 찌릿 찌릿 후끈후끈
아 오대양의 영혼들이 내 팔에 올라 앉음을 느끼게 되고

내가 그러면 광원 생일 7월 11일 매년 그 날 밥을 짓겠다하니
저의 신랑 8월 11일에 먹겠다하나이다
저의 신랑 생일이 음력 윤유월 19일이라 양력으로 8월 11일에 생일을
챙기고 있는데

그 영혼들
그 귀신들의 말이

그래서 팔 하나하나라고 하며

부처님 귀가 내 팔에 붙어있다하며

우리가 팔 하나하나에 붙어 있으니 당신남편 생일 8월 11일에 챙겨
달라하더이다

이와 같은 일이 있어 김광원 사장과 울산에 생신상 차리러 동행하였으며

해서 어렵게 몸을 이루다 세상을 달리 하였으나 제를 받지 않은
오대양 육대주 모든 영가의 제를 올려 드렸지
세 번만 하라 하여 그리 하였어

왜냐하면 그 분들 다시 다 자연으로 원자님으로 돌아가
이미 우리와 하나가 되어 있게 됨을 깨닫게 되었으므로

아들은 금호부동산을 다시 백두부동산으로 바꾸자한다
그러나 나 아닌데 금호도 난데 내가 금호동 출신인데 나 별로 바꾸고 싶지
않은데 아들은 백두산이 더 좋은지 백두로 바꾸자 한다
어쩔까 생각하다 한 글자씩 따서 백호로 하자 했더니
아들이 고개를 번쩍 들더니 그렇다 맞다 백호가 맞다라고 한다
백호 마음에 쏙 든다
백두산 호랑이
하얀 가슴 호랑이
백호라는 이름이 하나 더 생겼다
백호라는 뜻을 찾아보니 부처의 두 눈썹 사이에 있는
희고 빛나는 가는 터럭 이 광명이 무량세계를 비춘다고 한다
아주 꼭 맞는 것 같다
나야 부족하고 부족하지만 또 하늘에서 지켜주면 뭐 굳이 안 될 것도

생각해보니 김광원 사장 말이 맞는 것도 같다
내가 내 앞사람을 늘 예수님이라 생각하였고
그 분의 용안을 위하여 이 한 몸 아낀 적 없으니
십 분지 일이 아니라 십에 십을 놓고 따라온 게 맞다
이쪽을 저쪽을 봐도 요롷게 조롷게 들어맞는 것 같다
그냥 두둥두둥 또 따라가 본다

그러나 2014 8월 책을 시작으로 2017 9월 마치는 이 시점에는
카오스와 공룡 시절을 지나며 서로 다르게 된 옷 그 옷 시샘으로 인해 피를 흘리는
세월을 흘려야 했음을 알게 되고

면 옷을 입으라 함은 슬픔을 품은 어두운 색의 생활한복이기도 하지만
남자도 여자도 똑같이 바지로 되어있는 생활 한복이라는 것도 알게 되고
면 모든 면에 열두 번 생각하고 두 손으로 겸손히 받들라는 의미임도 알게 되고

모두가 각자 미륵보살이 되어야 함을 알게 되고
모두가 각자 천년 앞을 내다보는 백호의 터럭 꺼내야 함을 알게 되고
미륵이라는 것은 이제 그만 미운 짓은 이리 저리 다니다 바닥에 박아놓고
선한 영 선영 되어 일어나라는 뜻임을 알게 되고

2015 1 1

드디어 언니와 함께 큰오빠 집을 갈 수 있게 되었네
우선 언니 집에 방문하였지
나름 언니와 언니 손주 선물을 준비하였어
피는 물보다 진해서 그럴까
얼굴 마주하는 순간
언제 무슨 일이 있었는지는 생각도 안나네
그리고 새해가 되어 큰오빠 집을 같이 방문하자 하였지
언니도 나처럼 큰오빠 집을 방문하지 않고 있는 상태이거든

새해 첫날 우선 남편과 농협에 갔어
술과 감을 준비해야지
큰오빠가 술을 좋아하는 게 문제가 됐건 말았건
나는 일단 어른을 찾아뵙는 일이니 술
이랬거나 저랬거나 감사한다는 의미의 크고 좋은 대봉 감
그 꿈에 그리던 금호동에 도착을 했건만
여기가 거긴지 거기가 여긴지 도무지 알 수 없는 동네가 되었어
금호동을 떠난 지 좀 시간이 되었는지 언니도 금방 길을 찾지 못해
나는 28년 만에 찾아가는 오빠집이니 말할 것도 없고
내가 세례를 받은 성당 앞을 지나 오르락 내리락
그래도 기준점을 성당으로 잡을 수 있어 황홀하네

언니가 오빠와 전화통화 후 오빠가 마중을 나왔어
큰오빠의 눈을 보니 오빠가 변해 있다는 게 느껴져
장난기 웃음기 이런 건 어디로 가셨고
여전히 변하지 않은 건 땅 얘기 마당 작은 화단일지라도
남자에겐 땅이란 엄청 중요한 일인가 봐

어색한 분위기는 언니의 손주가 같이 가준 덕분에 그래도 웃음꽃을 요지하고
잇지 지금 밀양에서 책을 쓰고 있다는 얘기를 하였어
다음엔 앙성으로 들어갈 거라는 얘기도 하였지
큰오빠는 눈을 동그랗게 뜨고 나를 쳐다보며
『앙성에 들어가야 아무도 없어
문표도 면장하다 지금 나왔어』

아 그래 문표라는 사람이 있어 면장을 지냈었단 말이지
그래도 알고 있는 이름 하나는 생겼네
어릴 적 들어본 이름이기는 한데 문표 호표 상표 을표

아무도 없다함이 아프기도 하지만 가볍기도 하네

큰오빠가 올케언니에게 점심 준비하라 시켜 내가 한마디 얹었어
『내가 밥 얻어먹을 자격이 되나요
　용근아빠가 나가서 밥을 사드리려고 준비했는데 ㅋ ㅋ』
말 한마디에 천 냥 빚 갚는 순간
올케언니 옆으로 고개를 돌리고 슬그머니 웃는 표정 짓네
큰오빠 오늘은 밥을 파는 곳이 없다 여러 번 강조하셔
표정은 굳었지만 속마음은 알겠어
아직 미혼인 큰조카 옥이는 따로 방을 얻어놓고 지낸다 하고
작은조카 민이만 집에 있어
민이는 지난해 결혼하였는데
질부가 처가인 베트남에 가있어 2월에 돌아온다네
민이 들락날락 짐을 봐오더니 올케언니와 언니가 만둣국과 잡채를 차려 주었어

큰오빠가 병옥이에게 오라고 전화를 하여도 좀처럼 모습을 보이지 않네 식사가
끝난 지 한참이나 되었는데도 나타나지 않아
얼굴을 보고 싶은데 아무래도 그냥 돌아서야 될래나봐
생각을 접고 일어서려 할 찰나 옥이 들어왔어
얼굴 알아보지도 못하겠어
병옥 고개 숙이고 먹기만 해
말없는 어색한 시간이야
다행히 예전일이 떠오르길래 한마디 할 수 있었어
『언니 얘 병옥이가 어렸을 때 엄청 잘 생겼어
　사람들이 싸인 받으려고 줄섰다니까』
올케언니 슬그머니 웃고 언니도 재미있어 해
그 때 병옥이가 놀라운 한마디 했어
『용근이가 저랑 피동갑이예요』
『어 그래 너 용띠니 』
『예』
하 그렇구나 조카 6학년 때 내가 결혼을 하였는데 그래서 열두 살 차이가
나는 구나
감동이네 얘가 그래도 이 못된 고모를 생각하고 있었다는 거잖아
그래 얘가 얼릴 적 내 살에 붙이고 다니긴 했지
한 가지가 더 떠오르네
『언니 얘가 글세 6학년 때 세뱃돈 나보고 다 가져가라했어요
　야 병옥아 고모 그때 그 돈 안가지고 갔다』
『예』

『너 나에게 은혜 갚을 것 남앗다』
『예 제가 아직 자리를 못 잡앗는데 자리 잡으면 보답할게요』
『보답까지는 아니야
내가 학비를 대준 것도 아니고 그냥 원수 갚는 거야
술 한 잔 사면 돼 흐흐 히히 』
기어이 다 웃게 만들고 자리에서 일어섯네
책을 쓰고 잇는 입장에서 무겁게 누르고 잇던 짐 한 하나 덜어내니 생각이
조금 가벼워지네
그 이후로도 몇 번 더 찾아뵙고 안부를 전하며 살게 되엇지

나 뒤뚱 뒤뚱 따라 가는 길에
나 남편 앞에 앉혀 놓고 또는 사람을 앞에 앉혀 놓고
나 그 어느 순간 단 한 번도 돈을 먼저 잡은 적 없다 자부하지만서도
그래도 또 조심스레 부동산 할 때 잇엇던 일 그 실례 몇 개 풀어 놓고 지나가려 해

학원 운영할 때부터 알던 김순주 씨가 여성 한분을 이끌고 부동산으로 들어왓지
건물을 가지고 계신데 내게 팔아 달라하네
내가 그런 능력은 잇을까
어느 여자 목사님이 교회자리를 보러 왓기에 비어잇는 2층을 보여주고 왓어
다음 날
건물주가 짜증내는 목소리로 내게 전화를 해
2층을 제대로 잠그질 않아서 학생들이 들어가 담배를 피웟다고
연락이 왓다는 거야
맙소사 나는 분명 잘 잠갓다고
빈 여닫이 건물
아이들이 덜컹덜컹 열엇겟지
나도 그 나이를 지나봣지만 남들이 못 할 일을 하는 게 얼마나 재미잇는데
『아니라고 잘 잠궜다』고 해도 막무가내로 화를 내
혹시 내가 실수를 햇을 수도 잇겟지
하지만 화를 내는 건 절대 잇을 수 없어
내가 가보겟다 햇어
가서 보니 담배를 피운 흔적은 잇는데 학생들은 이미 가고 없어
문 앞에 서서 기다렷어
건물주가 올 때까지 기다리는 거야

내가 이리 납작 엎드려 정성을 들이니 화 내지 말라는 뜻으로
난 누구도 나 때문에 화가 낫다던 지 나에게 화를 낸다는 걸 상식적으로
접수를 못해
어떤 방법을 쓰던 나를 스치는 모든 자가 웃고 가게 만들지
멍청한 모습으로 건물 앞에 서서 그냥 마냥 기다렷어
나 그분 이리 올 때까지 며칠이고 서잇을 테다
기다림에 이빨이 다 빠질 무렵
건물주 나타나셧어
혼자 올 줄 알앗는데
하필이면 김순주씨 같이 나타 난거야
그러고 서잇는 내 모습이 꽤나 꼴라당 초라햇던가봐
김순주씨 놀라며
『아니 원장님이 여기서 뭐 하시는 거야』 라고하네
부끄럽고 쑥스러워 몰래 눈물이 맺혓네
그래도 건물주분 고개가 옆으로 살짝 꺾이고 부드러워졋어
좀 창피하긴 햇지만 성공은 햇지
내가 연류된 일에 찌그러진 얼굴이란 잇을 수 없다구

다음에 마음을 정리하러 동네 한 바퀴 돌앗는데 그 건물 3층 유리가 깨져 잇는게 보여
순간 아하 직감을 햇지
건물주 여성분 근처에 남자가 없음이로다
안타까움에 챙겨드리고 싶네
남편 친구 중 샷시 하는 분이 꼭 필요한 수선을 제시하여 일단 외관은 살렷지
그리고 전체적으로 내부 수리를 하게 도와드려 결국 건물을 팔앗지
나를 통해 건물을 팔지는 않앗지만 나 그래도 건물 팔리는데 일조햇음이야
지금 서로 믿어주는 친근한 사이가 되어잇음은 물론이고

어느 날 불쑥 어르신 한 분 부동산에 들어오시더니
어떤 한 날을 지정하며 그날 방을 보러 오시겟다 하고 바로 나가셧어
나는 슬쩍 흘리듯 지나가는 듯한 약속 지키는 걸 재미잇어 해
표시를 해두엇는데 정말 그날 방을 보러 어르신이 오셧어
『나는 꼭 약속을 지켜』 라는 말씀을 하셧지
출가한 딸과 부인을 대동하여 오셧어 딸의 방을 얻기 위하여
다른 부동산에 전세로 나온 빌라를 하나 보앗는데 방 하나에는 천장에 비닐로
막을 붙여 놓앗네 그런데 그 방을 계약하겟다하셔 방을 보여주는 사람이
수리를 해주겟다하네 그래서 내가 집 주인이냐 물엇더니 아니라는 군
본인은 지금 현재 세를 살고 잇대
그래도 계약을 하시겟다하니 물건 지 부동산으로 다 같이 갓지

하 신경이 쓰이네 집주인이 천장공사를 해준다면야 문제가 아니지만
나가는 세입자의 말에 법적인 책임이 잇는 것도 아니고
계약하는 장천봉 어르신이 잠깐 자리를 비울 적마다 지붕을 고쳐준다는
세입자에게 여러 번 확인을 하게 되네 그래도 불안한지라
어르신이 옆에 잇는지도 잊고 또 확인을 하엿더니 그 지붕 고쳐주겟다 하는
여자가 화를 벌컥 내는 거야
『고쳐 준다니까요』
어르신이 오히려 나를 두둔하여 말리기 까지 하시네
그런데 다른 문제로 계약이 성사되지 않앗어
계약을 하면 잔금일 에 집주인이 나타나야 되는데 잔금일도 오지 않겟다
그냥 돈은 나가는 세입자 주어라 이런 식이라 상대 부동산에서 계약진행을
중단시켯지 주인이 나타나 대출금 상환을 하지 않으면 안 되겟더라고
그 계약을 접고 다행히 다른 부동산에 융자 없는 전세빌라를 찾아 계약을
하게 되엇어 계약을 하고 오는 길에 장천봉 어르신 혼잣말을 하셔
『중개사가 얼렁뚱땅해야 돈을 버는데』
내가 『아니요 저 계약 많이해요』 라고 중얼 거렷지만 돈을 많이 버는
문제에 답이 안 서기는 해 아무래도 땅 계약을 젖혀서 그런가 봐
계약에 이어 다음에 잔금을 치르고 차에서 내리는 나에게 중개료를 주시더라고
그러더니 만원을 더 건네 주시는 거야
딸도 받으라는 눈치를 주고
부동산에 들어와서 배꼽이 자지러지는 느낌이야
히히히 팁을 받다니 어르신에게 받으니 느낌이 묘해
돈의 액수가 크지 않으니 부담도 되지 않고
나 팁 받앗다고 백 명에게 자랑을 하엿네

내가 부동산 사무실을 두번째로 오픈하고 앉아 잇는데 멀끔하니 키가 큰
남자가 음료수를 사 들고 오네
와서 하는 소리가 우리 건물 202호에 살고 잇는데 임대료가
좀 늦어진다는 거야
돈이 없는데 또 음료수를 사들고 오니 생각이 딱하게 느껴지지

다음에도 똑같은 상황에 음료수를 사들고 왓는데 이번에는 장인 어른이
돌아가셔서 임대료가 늦어지겟다 해
내가 놀라면서 장인어른이면 다만 얼마라도 봉투를 드리겟다하고 돈을 담앗지
거절하는 그에게 『만일 우리 남편이 잇으면 분명 장사 집을 찾아 뵐
사람이다 그러니 받아라』 하엿어 그래도 거절을 해
그래서 그에게 『우리 같이 한집 사는 사람 아니냐 분명 우리 남편은 직접

찾아갈 사람이지만 나는 이리 봉투만 담는다』
『사위라면서요 아유 사위인데』라고 말을 마치 당신은 사위라는 사실로 이미
훌륭한 사람이에요 라는 뉘앙스를 담은 채 그리 말하며 봉투를 건네자 그자
더 이상 거절을 못하고 봉투를 받아들고 나갓어
울산서 일하는 남편과 전화 통화 시 이만저만하여 오만 원 부주를 하엿는데
너무 적은 것 아니냐 십만 원 햇어야 되는 것 아니냐 자기가 집에 잇엇으면
얼마를 햇을꺼냐 물으며 안절부절 아뢰엇더니 남편이『아니야 잘햇어 이미 한
건데 뭐 잘한 거야』라고 언제나처럼 내 생각 편안해지도록 안정시키며 답을
주엇엇지

그러다 이사를 나간다 해
새로운 세입자를 본인이 물색햇는데 이사 나가는 날짜하고 들어오는
날짜가 몇 달 차이가 난다는 얘기를 해
계약기간 중이라 본인에게 책임이 잇다고 생각하는 거지
내가 한 두 달 정도는 괜찮다 해주엇어
너무 고마워 하더라구
우리는 늘 상 그러고 살아왓는데 아마도 다른 주인들이 그런 배려를
안 하다 보니 저절로 우리가 올라가는 거야
또 이사나가기로 한 날이 며칠 연기 되엇다 해
그래서 내가 며칠 연기 된 거는 월세를 받지 않겟다햇지
생각 같아서는 한 달은 봐주고도 싶어
따뜻한 마음을 전하고 싶고 하루라도 방세 걱정 안하고
다리 쭉 뻗게 하고 싶은 생각이야
내 형편에 안 받을 수도 없으니 월세를 받기는 하지만
늘 마음이 무거운 건 사실이거든
조금씩 봐주는 건 그래도 해 볼 수 잇는 일인지라
뭐 그런 일들이 잇엇어
그랫더니 평상시 쌀쌀한 투의 그의 안사람의 목소리가 조금 겸손해지고
따뜻한 목소리가 흘러나오더군
아직 신혼 살림이야
그 안 사람의 쌀쌀맞은 표정이 우리 기성세대 책임 이라는 게
통감되어 마음이 아프기도 해
그런데 이사 나가면서 그의 안사람이 비싸 보이는 모찌떡을 한 상자
사왓더라구
이제 이사 나가면 땡인데 그래도 감사의 인사를 보내오는 게 얼마나 예뻐
더군다나 깍쟁이 얼굴이 따뜻하게 변모하는데
나 임대료를 받고 잇지만

이 임대료로 십일조를 낼 수 없어
나 그동안 십일조 안낸 것이 걸려
이제 십일조를 내고 싶은데
비록 생활 능력 안 돼 임대료를 받고는 잇지만
아프게 느껴지는 임대료로 십일조 내자니 가슴이 아파
임대료를 좀 줄엿으면 좋겟어
아주 안 받으면 더 좋지만 나도 숟가락은 위로 올라가는지라
아들에게 임대료를 좀 깍아주자 하니 좋다고 그러자 해
남편에게 얘기하니 옆 건물도 생각하라 욕먹는다 하네
내가 기도를 햇지
임대료로는 차라리 술을 마시면 마셧지 십일조 못내겟다 그 십일조만큼 깍아주게 해달라
그리고 몇 개월 후 남편 지방에 막노동 하러 떠낫네
내가 뻥 좀 쳣지
동네 임대료가 다 내렷대더라 우리도 안내려 주면 큰일 나겟다
남편 동네가 다 그리 돌아가면 그리하라하네
해서 슥슥 삭삭 십일조 거꾸로 내기 성공햇어

우리 남편 입장 이해가 돼
때로는 돈이 잇어도 은행 빚을 갚지 않고 이자 내는 걸 선택하고
때로는 현금으로 차를 살 돈이 잇어도 차 파는 사람 남아야 된다고 할부를 선택하고
은행도 돌려야 하고
차 회사도 돌려야하고
우리 남편 맨날 고스톱 판에서 돌리는 연구만 하고 다니는가봐

아하 한 가지 더 짚고 넘어가야 할 일 잇어
내가 공인 중개사 시험을 보고 난 뒤
캐나다에서 잠시 룸메이트로 잇던 황정미 여사
내 성격 답답하니 기획부동산에 취직하여 땅은 사지 말고 이런곳도 잇다 배우기만 하라
취직을 시켜 준 일이 잇지
기획부동산 산에 엉터리 줄을 죽죽 긋고 땅을 팔아대는데
대학교수 삼성회사 연구원 죽죽 다 넘어가
왜 그런가 생각햇지
우리 남편 단 백 원도 사기 당한 일이 없거든
사실 우리 남편 소위 가방끈도 짧은데
이유를 파악하게 되엇네
대학에서 많이 배운 사람일수록 장황한 설명에 스르르 넘어가네
그러나 진실은 말이 그리 많이 필요하지 않고

진실 되지 않은 일에는 그를 입증하여야 하니 아주 많은 말이 필요하지
그 실 예가 교회와 보험이기도 해
보험 좋다고 하지만 보험회사 건물만 쭉쭉 올라가고 있다고 보여져
교회도 마찬가지이고
우리 남편 사기 치고자 하는 자 설명이 길어지면 벌써 36계 줄행랑이야
대학 교수들이 그 기획부동산 땅 다 차지하고 있었지

그런 의미에서 나 부동산 중개 중에 있었던 일 하나만 더 옮기고 마무리 하네
이리 존대어 아닌 반말을 사용함은
나의 일기라 그러해
55년 그 년(年)을 풀어 놓는 내 안의 일기
존대어로 하자니 꼭 내가 지도하는 것 같아 그러질 못하겠고
또는 보고하는 것 같아 바보같이 느껴지기도 하고

아 차 이글 비판의 장은 아니긴 하지만 하도 울화통 터지는 일이 있어
일단 하나 짚고 넘어간 뒤 중개상에 있었던일 풀어야 겠어
항간에 그 놈이 그놈이다라 표현하는 이 있지
감히 여인네 입에서 어찌 그와 같은 말이 나올 수 있는지
이 땅 지키기 위해 온 몸 바쳐 피 흘리며 내려온
지아비이고 하늘같은 서방님의 위치임 일진데

여인은 안에 있는 해의 위치이고
그 해가 어떤 마음을 상대를 대하느냐에 따라
꽃이 되기도 하고 임금이 되기도 하고
거렁뱅이 노숙자가 더 편하다 튀나가게도 하지
내가 어떤 마음으로 남정네를 대했는지 내 입으로 실토하다니
나 부끄러워 그 년이 그 년이다 이리 풀어 헤치게 하다니
세월 따라 올라와 어미 된 그년 이리 커피 코피 삼키며 시금치 다듬게 하다니
뻔히 보이는 데 돌아설 수도 없음이고

고개를 이쪽저쪽 돌리지 아니하고
한 낭군만 하늘같이 섬기면 감히 생각해 수 없는 그 말

내가 어느 말을 해야 할 때 한 템포 늦추는 경우가 있다
해와 달과 별의 기를 모아 말을 내야 해서 그렇다
내 할 말은 꼭 해야겠고 그러나 내 말이 상대의 심기를 불편하게 해서는 아니되고
하여 한 템포 늦추는 경우가 많다
그런 경우 대부분의 남자 분은 같이 숨을 고르며 그 천기를 같이 헤아리는 걸 느낄 수

잇다
그러나 대부분의 여자는
아따따 빠따따 뽀뜨또 뜨뜨뜨 하고 바로 공격으로 들어온다
어찌 그리 말을 뚝 부러지게 못하느냐
왜 빨리 빨리 아따따 하지 않느냐 등등
그러면 나 그 동시에 머리가 앵꼬이고 바로 그 자리에서 바보로 돌아선다
더 이상 생각나는 것 도 없으려니와 말을 해도 통하지 않을 것을 알기에 밟히면
밟는대도 씹히면 씹는 대로 나 죽었소 하고 속으로는 흐르는 피 눈물 삼킨다

이 글의 작성에서도 잠시 일부 읽은 이 남자분은 받침이 ㅆ이 ㅅ임에 대해
조용히 그 뜻을 묻거나 그냥 넘기거나 하지만 여성분은 바로
작가가 이게 뭐야 받침도 틀려 라고 바로 지적 들어온다
이는 숨의 깊이가 낮기에 그러하다

ㅆ은 과거로 돌아서는 지라
엉터리 작가는 이어ㄱ겠다의 ㅅ으로 밀고 나가고 잇음이라 밝히는 바이다

아마 많은 남편이 집에서 이와 같은 대접 받지 않을까 생각된다
나도 남편에게는 세상만사 나 모르겠다 아따따 바따따 하기도 햇으니
그러나 이제 우리 여인네 이제 숨 좀 죽이고 한 템포 늦춰
해와 달과 별의 기를 모으는 남정네 마음을 진정 헤아려야 함이다

이제 우리 모두 그 년이 그 년이다 해야 할 차례이다
그 년 세월 지나 여인네 하와 되어 아이를 품어 낫음이니
이제 그 세월 따라 잘 하는 해년(年) 그년 될 차례이다

내 엄중히 살아지면 그 년이 그 년이다는 힘잇는 엄중한 말이거늘
나 어찌 살앗느냐에 따라 또 달리 들린다 하니
내가 한일 내게 돌아오는 일 조심하고 또 조심하여
자신잇게 그 년이 그 년이다 되어야 한다
잘 해라 해라여신 될 차례이다

헤스페리데스는 헤라의 과수원이고
죽음이 오지 않는 불멸의 황금사과가 열린다 하는데

헤스페리데스
헤스 대책 없이 헤집어 대면 스러져
페(閉)하게 되리니 아픈데 건드려 스러지지 않게
헤라 잘 헤아려라 헤라여신 될 차례이다

상대가 잘 할 수 잇게 나 자꾸 낮아지는 점 찾는 그 년 될 차례이다

커피 커피
커피에 대해 잠깐 집고 넘어가야겟어
미국에서 잠시 노예 대함을 보앗는데
힘들게 일하여 더 이상 일 할 기운 없을 대 밧줄로 등짝을 내리 쳐 채근하여
계속 일을 하게 하는 프로그램을 본적이 잇지

커피가 바로 그 역할이야
우리가 지금 먹고 잇는 음식
이제 돌아왓다 울에서 밝히기도 하엿지만
불에 그슬려 싹을 낼 수 없는 기가 스러져 잇는 상태라고

그리 스러진 기가 몸 안 소우주 성으로 입성하니
이제 늙고 쉬고 싶지
젊은 친구야 아직 피어나는 삼신 세포님이라 괜찮치만
나이 먹은 이 밥 먹으련 바로 졸려온 이유가 이 때문이야
그러니 잠을 깨려고
커피를 마시고 아이스크림을 깨물기도 하지
이 행위가 스러져 잇는 노예의 등을 회초리로 내 치는 것과 아주 꼭같에

불에 그슬려 스러져 몸 안에 입성하엿으나
소우주 성을 입구에서 철통같이 지키는 문지기 혀의 침을 달달한 맛으로 찔러주고
입성한 불에 볶이다 새까맣게 타서 들어온 커피를 보면 놀라서 쉬지를 못하는 거지
본인 스러진 기라 끌어다 쓸기는 없고 안되겟으니 뼛속에 잇는 기라도 내서 쓰는 거지
그리고는 안되겟다 거양 나가자 요실금 되어 줄줄 내려가기도 하고

몸 안에서 방을 꾸려 세포가 되어 앉아 잇는 삼신님도
스러진 기가 들어오니
또 다른이 뱃속 도적질 단백님이 들어오니 화가 나는지라
세로를 이르는데 화가난다 포화지방이다
불포화 지방으로 살아산다 포화지방이다 불포화지방산이다 하고 앉아 계시지

왜냐하면 스러진 기로 몸을 이루니
심장은 펄떡 거리고 뛴다 해도 몸 구석구석 기를 보낼 수가 없어
그리하여 나이 먹어지면 심장병 천식 등으로 이어지는 되지
불로 그슬림으로 화도(火道)의 길을 지나 몸 안에 들어오니 몸 안 이 구석 저 구석
화독(火毒)이 쌓이고 기가 막혀 기를 보낼 수 없기에 그러해
이제 돌아왓다 울에 자세히 표현하엿듯이

아이스크림은

원자님인 아이가 스러져 크크크 울며 들어왔음인지라

몸 안에서는 하리케인이 들어옴과 아주 꼭 같애

스러져 잇다 하더라도 퍼뜩 일어나게 만드는 거지

한 승범

그를 기억해 낸 것은 책을 쓰러 고시원으로 들어가다 차가 한참이나
멈추어 섯기 때문이야
맞은편 쪽으로 보이는 부동산 간판 중개사 한 승범
그 때 그와의 기억이 떠올라 바로 그 자리에서 전화를 걸엇지
그의 누나가 이유 없이 내게 『사장님 내 동생 좀 잘 봐줘』 라고 부탁을 한 적도 잇고
한승범씨와 거래처 공인 중개사인데 한번도 계약을 성사 시킨 적이 없어
그래서 더 특별해

좋은 땅이 잇다고 내게 의뢰를 햇어
아물아물 나는 길을 잘 못 찾지만 차근차근 이친구가 알려주어 더듬더듬 찾아갓지

한 눈에 봐도 땅이 아름다워
야산에 남향받이 게다가 시내도 가깝고 내가 아직 초보라
땅값이 비싼지 싼지의 개념도 없긴 하지만 그래도 엄청 싼 느낌이야
전원주택으로 완전 따봉이지
내가 가서 살고 싶다니까

마침 두 명의 아가씨가 내 사무실에 들렀어
증권으로 돈을 벌엇대나봐
다리 아프신 어머니를 위해서 빌라에서 이사를 나와 전원주택에 집을 짓고 싶다는 거야

내가 마음에 드는 땅이니 당연 약간 흥분하여 소개를 햇지
이 친구들도 마음에 든다며 계약하기로 하엿어
계약하기로 한 날 갑자기 매도인이 술이 취햇다며 내일 계약을 하자해

매수인인 아가씨들이 내게 삼천만원을 맡겻지
내 지갑 속에 삼천만원이 잇는 거야
하아—나 내 돈도 아니면서 나 흥분되네
커다란 계약이 된 것 같아 들뜨고

저녁에 이 아가씨들이 다른 부동산에 갓더니 그 땅이 나쁘다고 헐뜯엇다네
해약을 하고 싶은 데 그래도 되겟냐 물어
나야 멍청하니 내 계약자 편이지 당연히 되돌려 주지
나 언제나 계약이 성사되기 전 임차인 계약금을 맡기면 주인에게 넘기지 않고
내가 가지고 잇다 임차인 마음 변하면 얼른 되 돌려주는 줘
그게 내 주 특기이거든

그래도 이번에는 공동중개 이니 예의상 상대 부동산에 전화를 하여야겟지

내가 반대편 부동산에 한승범 에게 전화를 하엿어
매수인이 생각이 변하여 땅을 사고 싶지 않다는데 어쩌냐
그냥 돈을 돌려주어야겟다 괜찮냐 물엇어
그래도 서로 믿음으로 하는 중개이니 서로서로 상의를 하게 돼
얘기를 들은 한승범 너무 쉽게 『예 그럼 그렇게 하세요』 하는거야

만일 다른 부동산이라면 기리기리 뛰엇을 걸
일단 계약을 밀고 나가야 하니까
그렇게 쉽게 돈을 돌려주니 이 아가씨들에 꼭 나를 통하여 땅을 사고 싶은가봐
그런데 내 눈에는 계약하기로 햇던
그 땅보다 예쁜 땅이 없는 거야 그래서 소개도 못햇지

그 후에도 방을 보러 가면 매번 이 젊은 친구
집에 대해 단점 두 개 얘기하고 『예 그렇습니다』
하고는 뒷짐 지고 서잇어
그러니 계약이 성사될 리가 잇겟어
그러다 또 계약 없이 돌아서면 아주 편안한 얼굴로 인사하고
돌아서는 나 킥킥거리고 웃음이 나는 걸 참고잇어

오늘은 내가 책을 쓰러 집을 떠나니 굳이 본인이 밥을 사겟다하네
그리고는 이리 말해
『이제 부동산을 하산하겟습니다』
그렇지 그 성품으로 계약을 많이 성사시키기 어려웟을 수도 잇어
그래서 내가 이리 말햇지
『아무래도 나를 만나려고 부동산을 햇는가봐』
그 친구 바로 수긍하네
『그런 것 같습니다』
보시로 지갑을 통통 털어
『지갑에 오천 원짜리 하나가 잇고 천원이 잇는데
오천 원에 이 5라는 숫자가 아주 의미가 잇다고 생각합니다
보시로 오천 원을 하고 천원을 더 하겟습니다』

그래서 5라는 숫자를 생각해야 햇지
5는 별을 의미해
별이 다섯 개의 선으로 그려지는 이유지
그리고 5는 오 행성을 의미한다 할 수 잇어
토 수 목 화 금 토성 수성 목성 화성 금성
그러니까 별이 되어 지켜도 주고 함께 뛰어준다는 뜻이 숨어 잇는 거야

정말 한승범씨의 말대로 좋은 뜻이 숨어잇네
우리 좋은 세상 만나면 오 행성 별이 되어 반짝반짝 빛내며 폼재구 살자구

해지 되엇다구 계약금을 떼먹는 다든지
내 이익을 위해서 강제로 일을 진행 시키는 일 따위는 언제라도 하지 말자구

술이란 참으로 진기해
술주(酒) 주님 진짜 주님 그 안에 계실 줄이야
영장되어 들어가는 석잔주님
부동산 친목회에서 내가 보기에도 한승범 누이가 마음 상하는 일이 잇엇어
야유회 오더니 술을 한 두잔 햇더라구
한 두 잔을 넘어서 적당히 취햇기도 햇어
그러더니 옆 좌석에 앉아 잇는 내게 이리 말하는 거야
『사장님 내 동생 알죠
 내 동생 좀 잘 봐 주세요』
이제 막 부동산을 다시 시작하여 아무 힘도 없는 내게 그리 말을 하다니
나도 잘 보이려 부동산 야유회에 따라갓구만
그 부탁이 없엇으면 내가 한승범씨에게 전화 걸 용기가 나지 않앗을 거야
전에 그런 일이 잇엇다 하더라도 그가 이미 변하여 다 잊엇을 거라구 생각햇
거든

정 성옥

어머님을 모시구 집을 사기위해 내 부동산으로 왓던 사람이야
어머님이 편히 지낼 수 잇는 집을 찾구 잇어 어머니가 비 맞을 까 달려가서
차문을 열구 우산을 받칠 정도로 효자중의 효자더라구
정 성옥씨는 어머니에게 나를 두구 우리 누이처럼 믿음이가요 라는 말을
햇다는 거야

나 심히 우울하여 뭐든 제대로 못하구 잇던 시간이엇을 때이며
집을 보여 주는 나는 비밀번호 누르는 걸 실수하는 어리버리함을 보여 주어
민망하기도 햇구 말을 많이 하지도 않앗는데

내가 말을 많이 하지 않는 이유는 이래
혹시 내가 말을 많이 하면 고객의 판단이 흐려질까 조심스럽기 때문이지
또 너무 말을 안 하면 정성이 부족해 보는 것도 같구
그래서 장점 두 가지 나 세 가지 얘기해주구
나머지는 본인의 판단하도록 잠시 기다려

단점은 잘 안 보려고 해
각기 생각이 다르니
내가 안 좋다고 느낀 점을 오히려 본인들이 필요해 하기도 하고
그리고 단점 없는 물건은 이 세상에 없을 것 같고
또 물건을 내놓은 사람도 배려해야 하니 그저 장점 두 세 가지 얘기하고
그쪽 뒤에 서서 같이 이리저리 살피기만 하지
정성욱씨가 진실 된 사람인가 봐 그러니 나를 진실되다고 보는 게야

마음에 드는 집을 찾아 계약을 하기로 하엿는데
계약 일에 매도인이 아무렇지 않다는 듯 트는 바람에 계약이 어긋낫어
정성욱씨 얼굴이 붉어지면서도 매도인에게 화를 내지 않고 끝까지 참앗어
다른 집을 소개하니
이미 다른 부동산에서 보여주엇다 하기에
그쪽에 가서 계약을 하시라 하엿어
돌아서서 가는 정 성욱씨 어머니만 챙기고
내게 인사를 안 하고 그냥 가는 거야
순간 정신이 아찔햇지
계약은 할 수도 잇고 안 할 수도 잇지만 그러나 헤어짐은 좋아야 해
그래도 반 나절 집을 보러 같이 다녓는데 인사를 안 하고 그냥 가니 정신이
퍼뜩거려
다른 사람은 흘릴 일이겟지만 내 우주는 정지야
나를 통해서 집을 안 산건 상관 없는데
다음에 우리 동네로 이사를 오셔서
우리 사무실 앞을 지나갈 때 인사를 안 하고 쌩 지나가면 얼마나 심장이
멎겟어

아 머리에 쥐나

곰곰이 생각햇어
뭐가 잘못 된 거지
어디서 부터 잘못이 온 걸까
내가 잘못한 건 뭐 없나
아 멀리서 노모를 모시고 왓는데 일이 그리 되엇으니 얼마나 힘들엇겟어
나도 마음이 엄청 아팟는데
매도인에게 화를 내지 않은 것도 대단해
내가 소개한 매도인이니 나도 같이 책임이야
문제점을 찾아 냇으니 내가 먼저 머리 숙이고 생각을 편하게 만들어야해
어떻게 하든 웃으며 헤어지게 만들면 돼

정성옥씨에게 문자를 썼지
『계약을 원활히 성사시키지 못해 죄송합니다
계약은 성사시키지 못햇으나 좋은 이웃이 되엇으면 합니다
즐거운 마음으로 우리 동네 이사 오시라 문자드립니다』
문자를 쓰고 시계를 보니 새벽 세시네
아침까지 기다렷다 문자를 보내려 햇는데 좀이 쑤셔 기다림의 한계가 온 걸까
에라 모르겟다
문자전송 을 눌렀어
ㅋ ㅋ 새벽 다섯 시네
알게 뭐야 그쪽은 자고 잇겟지
나도 좀 자자
다른 부동산이랑 계약하기로 한 집은 시내 나갈 때 우리 사무실 앞을
지나쳐야 되는 위치라서 앞을 지날 때 그저 서로 웃으며 인사 하자는 거지
뭐
한숨 자고 일어나 어느 만큼 시간이 지낫는데
정 성옥씨 내게 답장 문자를 보내왓제
다른 빌라 좀 찾아 달라는 거야
아마 계약하기로 한 집을 사지 않앗나봐
기쁘더라고 집을 안 사서 기쁜 게 아니라
나를 믿어 주엇다는 게 엄청 기쁜 거야

다음날 부터 엄청 돌아다녓어
적당한 집이 잇나하고 덕분에 시세를 조금 알게는 되엇지
3년 쉬고 새로 하는 거라 시세에 아직 접근하지 못햇거든
알게 되어도 금방 기억 해내지 못하는 게 큰 문제이기도 하지만
그런데 아무리 돌아다녀보아도 마음에 드는 집이 없어
내 마음에 들지 않으니 소개할 입이 열어지지도 않아
전화를 할 수도 없고 어떻게 할까 생각중이야
그러고 잇는 중 며칠 후 정성옥씨가 그냥 어머니를 모시고 우리 부동산으로
왓네 결국 나를 통하여 아파트를 삿지

이름을 종식에서 선영으로 바꾸엇다하니
정성옥씨 어머님이 선영도 남자이름이라 해
내가 다시 천천히 선 영 하고 읽어보니 높은 곳에 잇는
남자이름같이 느껴지기도 해

저 높이
올 남편보다 딱 한 칸 아래

나는 앞으로 머리가 자라지 않으마 하니
정성옥씨 소름이 돋는다 해
정말 소름이 돋앗대
잘 되고 잇는 거겟지
여전히 안자라고 잇는 거겟지

아 추후에 구슬옥선 琁 한문이 틀렸음을 기억해 내고 오빠가 지어 준
璇으로 바꾸었어
북두칠성 두 번째 별
임금님 옆에 놓는 구슬

그러니까 내 옆에 잇는 이는 모두 나의 임금님이라는 얘기지
나 그리 대접함에 소홀 하지 않으려 최선의 노력 하엿으니
이제 이름을 이리 바꾸어도 되겟지

아 놀라운 일 신비의 일 하나 더 옮겨야 해

나 바빠질 때 부동산에 도와주러 내려온 아들과 딸을 보고 깜짝 놀란 일이 잇다
딸이 손님을 대하는 모습을 보앗는데
어머 평상시 뒹굴 뒹굴 거리던 그 딸
내 마음이 손님을 대하는 얼굴에 딱 붙어 잇는 걸 보앗다

아담이 하와를 향해 이야말로 내 뼈에서 나온 뼈요 내 살에서 나온 살이로구나
바로 알아보앗듯이 나도 바로 알아졋다

상담하는 아들의 뾰족 나온 입에 또 내가 딱 붙어 잇다

상대를 대함에 내 이기심 따위는 휘리릭 날리고 받아들이는 자세

하 히한하다
나 아이들에게 사람에게 이리하라 저리하라 말 한적 없는 것 같은데
나 아이들 자랄 때
식탁 앞에서 냄새 없는 방구가 뽕뿌리 뽕뽕 뿡빵빵 튀나오기만 햇는데
아하 거양반이 구둣방 주인일 줄이야
신(神)을 수리 하고 잇는 중
몸 안에 자리 잡고 앉으셔서 같은 마음 품어내고 계실 줄이야
꼬리가 길어 내게 다 잡혓지
입과 머리를 구원에 이르게 수리하는 구두(口九頭)방

이리 생각하는 데 그 정확한 이유가 잇지
나는 지금 길에서 우리 학원생들 만나면 제자라는 말이 안 나나와
제자님이라 부르지
수업 한 시간에 무얼 그리 가르쳣겟는가
그러나 제자라고 느끼는 사람이 한 명잇다
학원 오픈 할 때 처음 입사한 고선생이다
친구 실북이는 나에게 개똥 철학자에서 너는 이상한 아이로 돌아섯는데
고선생은 내가 늘을 사는 방법을 얘기하면 예 예라고 대답을 한다
내가 근 10년 동안 내 알고 잇는 것 모든 다 가르쳐 준 것 같다
내가 생각하기에 정말 나의 제자이다

스승의 날 학원에 선물은 많이 들어오고 우리 선생들도 하나씩 나누어 갖으니
화장실 청소 해주시는 분도 당연히 드려야 한다고 생각한다
내가 직접 드릴 수도 잇지만 쑥스럽기도 하거니와
그래도 선생님이 여러분인데 굳이 내가
주임 선생인 고선생이 가져다 드리게 햇다
나는 평상시 고선생 위주로 돌아가게 하엿다
초창기 걸래 사건이 잇기는 하지만 그냥 지나갓고
가장 먼저 입사하엿기도 하지만 학생들을 참으로 잘 헤아리고
학원 강사자격은 잇지만 다른 선생에 비해 학력이 조금 낮기에
좀 더 챙겨주며 주임으로서 위치를 잡아주고 잇다
사적으로도 챙긴다 시골 사시는 어머님이 오셧을 때도 내복을 선물하기도 하며

그 선물도 고선생 위신을 생각하여 그 선생이 가져다 드리게 햇다
그런데 잘 받앗다는 인사가 오지는 않앗다
그걸 공치사 해서도 안 되는 일이니 물어 볼 수도 없고 학원 넘긴 뒤
땅 바닥서 부동산을 하니 청소해 주신분과 많이 친근해져 자주 대화할 일이 생겻다
『내가 스승의 날 해마다 선물 보냇는데』
헤구 한 번도 안 받앗다 하시네
그럴리 없다고 몇 번을 물어도 내가 만들어준 김치초밥만 맛잇게 먹엇다는
얘기를 하셔 앗차 그런 일이 잇엇구나 맘을 접어야 햇다

청소 해주시는 분을 챙기는 따뜻한 마음을 본받으리라 생각햇는데
생각해보니 선물 전달한 선생 차를 가지고 다녓다는 생각이 떠올랏다
이런 일 저런 일 가능 할 수도 잇엇겟다 추측이 된다 선물을 들고 내려가기는
햇는데 올라오며 프론트에 잇는 나와 눈을 맞추며 웃지 않고 그냥 쑥 지나갓다는
게 떠오른다

이 서운함 이 배신감

고연히 미안하네 고선생
내가 고연한 일을 시켰어

허 참 나를 스친 인연 중 나에게 가르침을 주지 않은 자 하나 없는데
내가 가르침을 준 사람은 과연 있기는 한가
누가 누구를 가르친다는 것이 가능한가
참으로 회의를 느꼈다
가르침은 스스로 찾는 자에게만 열리는 일인게다
스승은 오로지 스스로에게 있음이로다

아니지 아니지 아차 아차
교육은 입으로 되는 게 아니었어
습성이 인습되는 것이었어
미안허이 고선생 내가 학원에서는 긴장되어 그런지 방구가 뽕뽕거리고 나오지 않았어

세상 사람들
우리 방구 뽕뽕 뀌고 삽시다유
아니아니 냄새 안 나는 방구 빵빵 뽕뽕 뀌고 살자유

이제 아이들 이리 말하겠지
아니 이 책을 읽으신 모든 분 이리 말하겠지

아 사실 이 책 가지고는 좀 많이 부족하고
그리스신화 성경 불경 주역 명리학 지리 동화 동요 과학 수학 등등을 버무려
지구의 기원 사람의 기원 동물 식물 등등의 기원을 옮긴
이제 돌아왔다 을마저 읽으신 분들 이리 말하겠지

지나가다 악취를 맡으면
하이고 내 살들이 저기서 저리 고생을 하는구나
성당에서 미사를 드리고 나올시
제대로 좀 하라우 제대 앞 예수님께도 인사를 올리지만
바닥에 건물에 의자에 공기 중에 붙어 계신 하느님에게도
미사를 잘 들였습네다 가르침 받사옵네다 인사드리겠지

커피를 보면
아이고 내 살이 이리 새카맣게 타오르는 것이었구나
미안하구 미안하다 이제 태우지 않으리 같이 아파하겠지
모든 드라이 화장 화식 멈추겠지

칠십년 전통 팥앙금과 연양갱의 상관관계를 알게 될 터이니
팍죽고 삼킨 앙금을 연으로 다시 올려 양의 마음으로 바꾸게 하느라
이를 처리하고자 신들이 얼마나 힘들게 두레박을 내리고 잇는지를 알게 될 터이니
개구리 소년 삘릴릴리 눈물 흘리며 연을 피워 올렷음을 알게 될터이니

내 몸에서 나온 응가 보고
애구 수고하셧네다 인사하겟지
소현성 내 몸 안에 기를 남겨놓고 퇴근길에 오르심을 알게 되니
응 가네 고생 좀 하고 가는 길이야 대답하심을 아실 테니

우리 모두 하나의 숨임을 알게 되니

혹 이 책에 악의 연으로 오르신 분
섭하다 생각마시옵고
선악이 개오사
큰 가르침 내느라
잠시 악역 연기 햇음에 불과하오니

이리 글을 쓰기 시작할 때 생각을 햇지
감히 내가 이 자리에 잇다니
감히 내가 이 귀한 글을 쓰게 되다니
이 덕이 모두 조상님들에게 온 것 이라 느껴지는지라 감사한 마음에 머리 숙여지네
할아버이 외할아버이 아버이 어머이
또 누가 잇더라
박혁거세를 필두로 13대 조상이라 하시는 박권선생을 인터넷에서 찾기 시작햇어
인터넷에 서 찾은 글
귀암 박권 묘역의 문인석이 쓰러져 방치되고 원주목사를 지낸 박권의 부친
되는 박시경의 묘역은 산돼지들이 들쑤셔 볼 상 사납게 훼손된 체 버려지고
잇다
아니 뭐라고 아이고 창피해
친정 오라버니들에게 연락을 취하니 별일 아니라 하고
나 마침 책을 쓰기 위해 보시로 받은 돈이 잇어
신을 수선하시는 분

구둣방 아저씨를 필두로 하여
55명에게 963、700원의 보시금을 받앗어

일단
이 책을 빌어 보시금 내신 분과 책에 도움을 주신 모든 분에게 감사드리니다

이 돈을 내신 분도 교과서에 나오신 백두산 정계비를 세우신 박권 선생의 묘를 돌봐
드렷다 하면 뿌듯해 하실거야

그 돈으로 산소를 돌보겟노라
울산에 잇는 남편에게 연락하니 그리하라 하네

인터넷에 자료 올린 분과 연락을 취해 원주에서 만낫어
마침 원주 시장 출마를 햇던 박현식씨가 화가 백천 서은환 선생과 함께 나왓더군
박현식씨도 박혁거세 69대 손이라 하고 나보다 연배가 하나 아래인지라 내가 누님이라
하네 세상에 태어나 처음 본 남자 동생이 히끗 히끗 흰머리 나오기 시작한 자라니
그러나 대화를 해보니 순수함이 묻어 나온다 생각되네

함께 산소에 오르니 박시경 할아버지 묘는 그리 파헤쳐 진건 아니야
본봉 오른편이 헐리긴 햇지만 산소 자체에 문제가 잇다고 느껴지지는 않아
담박에 느껴지길 엄살이신데 나를 올라오게 하시려고 멧돼지 조금 일 시킨 게야
땅 아래쪽까지 파헤쳐지진 않앗거든 이리 느껴졋지

같이 올라온 박 현식 아우님은 산소 근처를 살피더니
『권세가 대단한 분이야 나무가 전부 산소를 향하여 가지를 뻗고 잇어 라고 말을
하네』

박권 할아버지 산소 옆에 세워져 잇는 문인석은 산을 향하여 누워져 잇음이 오히려
문제라 느껴졋어

두 분 산소에 인사를 마치고 보시금을 박현식 아우님에게 넘겻어
그 지역에 거주하니 사람 동원하여 산소를 돌보아 달라하고
거하게 식사 대접을 하고 책을 짓고 잇는 고시원으로 돌아왓지
며칠 후 새로 만난 아우님 박 현식에게서 사진이 날라오기 시작 햇어
사람들이 산소를 돌우는 사진이야 그런데 박 권 할아버지 앞에 쓰러진
문인석은 사람의 힘으로는 세울 수 없다는 전갈이 함께 왓어

쓰러진 문인석은 사람의 힘으로 세울 수 없다고
없다
없다

왜지 왜 왜
무슨 뜻일까
분명 암시의 뜻이 잇을 거야
왓다리 갓다리
왜 왜 왜 왜
이리 저리 저리 이리
문인석이라 문인석 문인석 문인석

아하 이거구나 주검이 되어 산에 올라가 보니 위에 아버지가 누워 계신거야
아이고 아버지 거기 계셧어요 문안인사를 드리는 거지

사람은 죽어서도 부모님께 그 효를 다해야 한다

아이고 알겟어요 알겟어 하느님 천주님 옥황상제짐
먼지 원자님 제가 잘 전하리다 암요 잘 전하구 말굽죠
책을 읽으신 그대여 저 이 책을 통하여 저 자알 전달 하엿니더
천천히 곱씹어 생각하여 주시기 바라니더

이리 다 적고나니 잘난 척 같아 또 부끄럽긴 하지만
그동안 듣기에도 바쁘기에 입을 닫고 살다보니 내 쌓엿던 말 봇물 되어
터지고 해서 가끔은 두서없기도 하고
또 맞춤법이 틀렷다 하겟지만
중요한 건 규칙이 아니라 진심이라 여겨지기에
또 지나친 규칙은 이제 그만 깨졋으면 하는 바람에
적당히 깨부수며 마음을 전달하고자 노력 하엿니더
송구스럽지만 혹 거슬리는 것이 잇더라도
웃음으로 넘겨주시길 바라고 또 바라니더
으리 으리 나으리 옥황상제 나으리 책으로 늘어놓앗음이니

이 히히히 히히히
이래뵈두 나 옥황상제 딸이여유
그러니깨 거시기
거시기가 뭐시기

머시가 쪼오깨 거시기하더라두
스을쩍 넘어가 주시라유우
나 암만 생각혀두
옥황상제님 딸 맞거든
궁중의 궁 최고 좋은
울엄니 자궁에서
기 나왔거든
기 나왔으니
옥황상제 딸 맞어
그냥반의 똥덩어리
똥똥 똥덩어리
아니라구유
웃기는 소리 하지 말라구유
어어 나 옥황상제님 딸 맞는디
나 전화번호 010 쓰구 잇는디
그랑께
0 울 아빠 눈동자에
0 울 엄니 눈동자에
푸웅덩 빠져잇다
엉금 엉금 기어 나온 거 맞는디이
울 할배
어쿠우 우리 손주새끼
기나오는겨어 함서
웃으시는 거 봤는디이
기 나오면
옥황상제
기냥반 맞는디이
기냥반 또옹띠 맞는디이
기냥반 또옹띠
기냥반 딸래미
아주 딱딱 맞는디이
똥도리 똥또 똥또꾸웅